# Lehrbuch

des

# deutschen Zivilprozeß- und Konkursrechts

Von

**Otto Fischer**

**Berlin 1918**
J. Guttentag, Verlagsbuchhandlung,
G. m. b. H.

Dem

**Oberlandesgericht in Breslau**

zum Abschied

# Vorwort.

Dieser Leitfaden hat sich das bescheidenste Ziel gesetzt, welches ein Lehrwerk haben kann, nämlich ein die mündliche Unterweisung erleichterndes und unterstützendes Hilfsmittel zu bieten für die erste Einführung des Studierenden und jungen Praktikers in knappster Form ohne unnötiges doktrinäres Beiwerk, aber auch ohne eingehende Begründung und weiteren Ausbau.

Auch für diese Aufgabe sind bereits ernste wissenschaftliche Werke vorhanden. Da aber Grundanschauung, Einteilung und Lehrgang, wie sie sich bei dem Verfasser in 36 jähriger Lehrtätigkeit unter dem Einflusse 44 jähriger praktischer Erfahrung herausgebildet haben, mit keinem dieser Lehrbücher vollständig übereinstimmen, so möchte er seine Lehrweise einem weiteren Kreise unterbreiten.

Zur Ermöglichung des auch für den Anfänger unerläßlichen Quellenstudiums sind überall die Gesetzesstellen, auf welche sich die Ausführungen stützen, angeführt, mit deren Hilfe sich auch der Stand der Lehre und Rechtsprechung im einzelnen aus den Kommentaren ermitteln läßt.

Dabei ist auch das Landesrecht, in erster Linie das preußische und das bayerische, mit berücksichtigt. Die Darstellung selbst hat das Kriegsrecht als etwas Vorübergehendes außer Acht gelassen. Dagegen ist in den Anmerkungen auf die Abweichungen des Kriegsrechts hingewiesen.

Herrn Amtsrichter Dr. Arnulf Meyer in Erlangen schulde ich für die Durchsicht und Ergänzung der das bayerische Landesrecht betreffenden Ausführungen wärmsten Dank. Das Sachregister verdanke ich Herrn Fakultätsassistenten Gerichtsassessor Rudolf Lauterbach in Breslau.

Breslau, im August 1917.

Otto Fischer

# Inhaltsverzeichnis.

## Einleitung.



## I. Buch: Allgemeines.

### 1. Abschnitt. Verfassung der streitigen Zivilgerichtsbarkeit.



### 2. Abschnitt. Parteien.



### 3. Abschnitt. Verfahren im allgemeinen.

## II. Buch: Feststellungsverfahren.

### 1. Abschnitt. Der Prozeßstoff des ordentlichen Rechtsstreits.



### 2. Abschnitt. Der Gang des ordentlichen Rechtsstreits in der ersten Instanz.



### 3. Abschnitt. Abänderung und Anfechtung der Entscheidungen.

### 4. Abschnitt. Wirkung der Entscheidungen.



### 5. Abschnitt. Abweichungen vom regelmäßigen Verlauf.



### 6. Abschnitt. Wechsel und Mehrheit der Begehren, Parteien und Verfahren.

I. Begehren



II. Parteien.



III. Verfahren.



### 7. Abschnitt. Besondere Arten des Feststellungsverfahrens.



I. Ersatzverfahren.



II. Sonderverfahren.

## III. Buch: Zwangsvollstreckung.

### 1. Abschnitt. Allgemeines.



### 2. Abschnitt. Ausführung.

I Außerhalb der Geldvollstreckung.



II. Geldvollstreckung.



### 3. Abschnitt. Schutz.



## IV. Buch: Konkurs.

### 1. Abschnitt. Allgemeines.



### 2. Abschnitt. Eröffnung.

### 3. Abschnitt. Teilungs- und Schuldenmasse.



### 4. Abschnitt. Beendigung.

## Abkürzungen.

A. = Anmerkung.
a. = Artikel.
B. = Bekanntmachung.
E. = Einführungsgesetz, und zwar ohne Zusatz = Einführungsgesetz zur Zivilprozeßordnung
F = Fassung.
G. = Gesetz.
G.V = Gerichtsverfassungsgesetz
K = Konkursordnung.
R. = Entscheidungen des Reichsgerichts in Zivilsachen.
Z. = Zivilprozeßordnung.
Z.V. = Gesetz über die Zwangsversteigerung und die Zwangsverwaltung.

Die §§ ohne Zusatz sind aus der Zivilprozeßordnung. Verweisungen auf einen § mit dem Zusatze „oben" oder „unten" beziehen sich auf die §§ dieses Lehrbuchs Verweisungen auf Anmerkungen beziehen sich auch auf den Text, bei dem sich die A. befindet Absätze werden mit dem Exponenten bezeichnet Im übrigen sind die Vorschläge des Deutschen Juristentages befolgt

## Zusätze und Berichtigungen.

S. 39, zu § 8 A. 13: „Für Kriegsteilnehmer pr. G 9. 4 17, Allg. Vf. 23. 4 17."
S. 102 Z. 20 zu lesen: „Mündlichkeit" statt „Möglichkeit".
S. 138 Z. 17 u. 21 v o. zu lesen „Gestaltungsbegehren" statt „Gestellungsbegehren".
S 231 Z. 15 v. o. zu lesen „kein" statt „ein".
S 291 Z. 5 v. o zu lesen „des" statt „das"
S. 324, zu § 93 A. 31: „Änderungen durch B. 9. 8. 17, insbesondere hinsichtlich der Berichtigung des Todestages und der Mitwirkung der Staatsanwaltschaft"

# Einleitung.

## § 1. Rechtsschutz und Gerichtsbarkeit.

Die Rechtsordnung ist zunächst dazu bestimmt, durch die freiwillige Erfüllung der von ihr auferlegten Rechtspflichten verwirklicht zu werden, also dadurch, daß Jedermann ihre Gebote ohne weiteres befolgt und sich der Übertretung ihrer Verbote enthält. Das geschieht auch im Leben überwiegend. Nur in Ausnahmefällen[1]) bedarf es der Inanspruchnahme besonderer Rechtsschutzeinrichtungen. Diese dienen sowohl der Feststellung, Sicherung und Verwirklichung des Rechtsmäßigen, wie der Verhütung, Beseitigung und Bestrafung des Rechtswidrigen.

Der Schutz der Berechtigung gehört aber nicht zu dem begrifflich notwendigen Inhalt der Berechtigung selbst. Mit dieser ist zwar die Befugnis zur Ausübung der dem Berechtigten gewährleisteten Macht ohne weiteres gegeben, z. B. das Recht des Grundstückseigentümers, auf seinem Boden zu bauen oder des Dienstbarkeitsberechtigten, über ein fremdes Grundstück zu gehen. Aber diese Befugnis reicht nicht weiter, als der Inhalt des Rechts. So beschränkt sich das Recht des Darlehnsgläubigers darauf, am Fälligkeitstage die Zurückzahlung des Darlehns zu fordern. Es schließt aber nicht das Recht in sich, dem Schuldner die schuldige Summe selbst abzunehmen, vielmehr fällt letzteres, soweit es ausnahmsweise gestattet ist, bereits in das Gebiet des Rechtsschutzes. Übrigens schließen wichtige und unzweifelhafte Rechtspflichten, wie die des Monarchen und persönliche Pflichten der Ehegatten durch ihre be-

[1]) O. Bülow (Arch.Ziv.Prax. 62, 85) meint: „Die Parteien haben vor Gericht die Gewißheit ihres Rechts sich erst zu erringen. Die Rechtsgüter sind nicht mit der Garantie ruhigen, bequemen Genusses einbeschert.“ Aber so wenig der Krieg die regelmäßige Verkehrsform der Staaten ist, so wenig ist sie für die einzelnen Menschen der Prozeß. Insofern darf auch Iherings berühmte Schrift: „Der Kampf ums Recht“ nicht urteilslos hingenommen werden.

sondere Beschaffenheit den Rechtsschutz oder doch den Schutz durch Zwang aus.

Es muß deshalb auch die die Berechtigung gewährende primäre Rechtsnorm von der sekundären unterschieden werden, auf welche der Rechtsschutz sich gründet.

Die Rechtsschutzeinrichtungen sind entweder privatrechtlicher oder öffentlich-rechtlicher Natur, je nachdem der Rechtsschutz durch die Tätigkeit von Privatpersonen oder durch die Fürsorge der öffentlichen Gewalt erfolgt.

Sache des Privatrechts ist vor allem die Regelung der Grenzen zwischen erlaubter und verbotener Eigenmacht oder der Voraussetzungen, unter denen zum Rechtsschutz eine in fremdes Rechtsgebiet eingreifende Selbsthilfe (Eigenmacht) angewendet werden darf.[2]) Aber es dienen auch andere Einrichtungen des Privatrechts als sekundäre dem Schutz primärer Rechtsverhältnisse, so die Sicherung der Rechtsverwirklichung durch Sicherheitsleistung,[3]) Pfandrecht,[4]) Hinterlegung,[5]) Bürgschaft,[6]) sowie die Feststellung durch Anerkenntnisvertrag[7]) und Vergleich,[8]) und deren Vorbereitung durch Vorlegung,[9]) Auskunft, Rechnungslegung, Offenbarungseid.[10])

Insbesondere ist auch die Entscheidung einer Rechtsstreitigkeit durch auf privater Verfügung beruhende Schiedsgerichte eine zunächst lediglich dem Privatrecht angehörige Einrichtung.[11])

Unter Rechtspflege versteht man, im Gegensatz zu den privatrechtlichen Rechtsschutzeinrichtungen, nur den auf der Fürsorge einer öffentlichen Gewalt beruhenden Rechtsschutz. Als öffentliche Gewalten kommen neben der unmittelbaren Staatsgewalt auch noch andere Gewalten in Betracht, wie Gemeinde und Kirche. Auf dem Gebiete der ordentlichen streitigen Zivilgerichtsbarkeit handelt es sich aber im geltenden Recht ausschließlich um staatliche Rechtspflege.

---

[2]) B.G.B. §§ 227, 229—231, 561, 859, 860, 904, 910, 962, 1373, 2205; K § 117; E.B.G.B. a. 89; StPO. § 127.

[3]) B.G.B. § 232 ff.

[4]) Grundpfand B.G.B. §§ 1113 ff. Fahrnispfand § 1204 ff.

[5]) z. B. B.G.B. § 1392.

[6]) B.G.B. § 765 ff.

[7]) B.G.B. § 782.

[8]) B.G.B. § 779.

[9]) B.G.B. § 809 ff.

[10]) B.G.B. § 260.

[11]) Gleichwohl wird wegen der Anlehnung der gesetzlichen Regelung des Schiedsgerichts an die Ordnung der Gerichtsbarkeit und des zwischen beiden Einrichtungen bestehenden Zusammenhangs das Schiedsgericht zweckmäßig in der Zivilprozeßlehre mitbehandelt, unten § 71.

Alle staatliche Tätigkeit ist entweder *Gesetzgebung* oder *vollziehende* Gewalt. Erstere stellt Rechtsnormen fest, nicht nur für die Durchführung der Staatsaufgaben, sondern für das Verhalten der Menschen überhaupt. Die letztere umfaßt die gesamte, auf die Erfüllung der einzelnen Staatsaufgaben gerichtete Tätigkeit, welche aber über die bloße Durchführung der Gesetze weit hinausgeht.

Für die *Rechtspflege* wird diese Tätigkeit in erster Linie durch Gerichte geübt und heißt daher *Gerichtsbarkeit* (iurisdictio)[12]) oder Justiz. Alle nicht zur Gerichtsbarkeit gehörige Tätigkeit der vollziehenden Gewalt heißt *Verwaltung*.

Heute ist die *Trennung* von Justiz und Verwaltung grundsätzlich derart durchgeführt, daß regelmäßig für die Gerichtsbarkeit andere Organe bestehen wie für die Verwaltung.[13]) Indessen entsprechen die den Geschäftskreisen der Justizorgane und der Verwaltungsorgane gezogenen Grenzen nicht genau den sachlichen Grenzen der Gebiete der Rechtspflege und der Verwaltung. Vor allem ist die zunächst dem Schutze des Verwaltungsrechts[14]) dienende *Verwaltungsgerichtsbarkeit* Organen übertragen, die mit der Verwaltung eng verbunden sind. Aber auch die zur Verwaltung gehörige *Polizei* ist in großem Umfange mit Rechtsschutzaufgaben betraut, die auch den Schutz von Privatinteressen mitumfassen.[15])

Da aber für die Rechtssystematik nur feste, äußerlich erkennbare Grenzen brauchbar sind, so empfiehlt es sich, dem Begriff der *Gerichtsbarkeit* die *gesamte* Tätigkeit der *Justizorgane*[16]) zu unterstellen, dagegen die *gesamte* Tätigkeit der *Verwaltungsorgane* einschließlich der durch solche ausgeübten Verwaltungsgerichtsbarkeit davon auszunehmen.[17])

Die Gerichtsbarkeit in *diesem* Sinne zerfällt in die Justizverwaltung[18]) und die Gerichtsbarkeit im engeren Sinne. Die *Justizverwaltung* umfaßt die allgemeine Ausübung der Justiz-

---

[12]) Doch wurde unter diesem Ausdrucke im weiteren Sinne die gesamte obrigkeitliche Gewalt verstanden.

[13]) E.G.V. § 4, unten § 6.

[14]) Sie kann aber auch dem Schutze des Privatrechts dienen, unten § 38

[15]) Pr. A.L.R. II, 17, § 10.

[16]) Auch die Verwaltungsgerichtsbarkeit dann, wenn sie nach E.G.V. § 4 den ordentlichen Gerichten übertragen ist.

[17]) Nur, wo auf dem Gebiete der besonderen Gerichtsbarkeit noch *gemischte* Behörden bestehen, muß *sachlich* unterschieden werden.

[18]) Unten § 15.

hoheit oder Gerichtsherrlichkeit (iurisdictio eminens),[19]) die Aufsicht über die Organe der Gerichtsbarkeit und die beschaffende und erhaltende Fürsorge für persönliche und sachliche Bedürfnisse. Die Gerichtsbarkeit im engeren Sinne ist dagegen die auf die Gewährung des Rechtsschutzes im einzelnen Falle gerichtete Tätigkeit. Aber auch hier decken sich die Grenzen der Geschäftskreise der Behörden insofern nicht genau mit den sachlichen Grenzen, als dem Staatsoberhaupt und den Organen der Justizverwaltung eine gewisse Rechtspflegetätigkeit im Einzelfalle verblieben ist. Auch hier empfiehlt es sich, die äußere Grenze maßgebend sein zu lassen und auch diese Tätigkeit zur Justizverwaltung zu rechnen

Die Gerichtsbarkeit im engeren Sinne zerfällt in die ordentliche und die besondere Gerichtsbarkeit,[20]) je nachdem die Rechtsschutzgewährung den im Rahmen der allgemeinen Gerichtsverfassung stehenden Behörden obliegt oder solchen anderen Behörden zugewiesen ist, welche als Gerichte oder doch als gemischte Behörden angesehen werden können

Die ordentliche Gerichtsbarkeit[21]) ist entweder Strafgerichtsbarkeit oder Zivilgerichtsbarkeit Die Zivilgerichtsbarkeit wird wiederum in streitige und freiwillige eingeteilt. Die Strafgerichtsbarkeit hat es mit der Bestrafung des Unrechts zu tun.[22]) Dagegen ist die Aufgabe der streitigen Zivil-

[19]) Solange der Träger der höchsten Staatsgewalt auch selbst Recht sprechen konnte, wurde diese Tätigkeit der Gerichte iurisdictio vicaria genannt, insofern die Gerichtsorgane als Vertreter des Staatsoberhaupts gedacht waren. Aber auch heute noch bringen die Formeln: „Im Namen des Königs" (unten § 57), „im Namen des Deutschen Reiches" (unten § 62), zum Ausdruck, daß die Gerichtsbarkeit ein Ausfluß der höchsten Staatsgewalt ist.

[20]) Über letztere unten § 16. Die folgende Darstellung beschränkt sich im übrigen auf die ordentliche Gerichtsbarkeit.

[21]) Übrigens ähnlich auch die besondere Gerichtsbarkeit.

[22]) Sie überschreitet die Grenze in der Zuerkennung von Bußen, welche weitere Entschädigung ausschließen (St.G.B. §§ 188, 231, 340, Unl.W. § 26) und in der mit der Zivilgerichtsbarkeit konkurrierenden Anordnung der Vernichtung von Nachdrucken (Lit.U.G. § 46). Bei der Entschädigung für ungerechtfertigte Strafe oder Haft ist die Feststellung der Verpflichtung Sache der Strafgerichtsbarkeit (bei der Sicherheitshaft im Kriegszustande des Reichsmilitärgerichts). Den Betrag setzt die Justizverwaltung (bei der Sicherheitshaft die Militärverwaltung oder die allgemeine Verwaltung) fest, aber mit Offenhaltung des Weges der streitigen Zivilgerichtsbarkeit (G. 20. 5. 98, 14. 7. 04, M. St.G.O. §§ 465—468, für das Kriegsrecht V. 8. 12. 17 und G. 4. 12. 16, § 13.

gerichtsbarkeit die Feststellung, Verwirklichung, auch die Sicherung rechtlicher Begehren, und zwar die Feststellung auch dann, wenn sie nicht mittels Rechtsstreits erfolgt. Für die freiwillige Zivilgerichtsbarkeit bleibt dann der Rest der Gerichtsbarkeit im engeren Sinne übrig. Freiwilligkeit und Unstreitigkeit sind aber keine völlig durchgreifende Entscheidungsmerkmale der freiwilligen Gerichtsbarkeit. Es handelt sich bei ihr überwiegend um eine Mitwirkung der Justizorgane bei der Gestaltung der Rechtsverhältnisse selbst; doch kann auch eine Handlung der streitigen Gerichtsbarkeit rechtsgestaltende Kraft haben.

Um feste äußerlich erkennbare Grenzen zu erhalten, muß aber auch hier der Geschäftskreis der Behörden zum Ausgangspunkt genommen werden. Dann versteht man unter Strafgerichtsbarkeit die gesamte Tätigkeit der Gerichtsabteilungen für Strafsachen[23]) und unter Zivilgerichtsbarkeit die gesamte Tätigkeit der Zivilabteilungen. Da den zunächst für die streitige Gerichtsbarkeit bestimmten Zivilabteilungen der Gerichte auch freiwillige Gerichtsbarkeit überwiesen ist,[24]) so kann hier die erforderliche äußere Grenze nicht ohne weiteres aus der Abgrenzung der Geschäftskreise entnommen werden. Sie ergibt sich aber aus dem Gerichtsverfassungsgesetz.[25]) Dieses beschränkt sich ausdrücklich auf die „streitige Gerichtsbarkeit",[26]) und zerlegt[27]) diese in „Strafsachen" und in „bürgerliche Rechtsstreitigkeiten",[28]) so daß letztere mit den „Angelegenheiten der streitigen Zivilgerichtsbarkeit" gleichbedeutend sind. Zu ihnen rechnet das Gesetz jedenfalls alle Angelegenheiten, für welche die Zivilabteilungen der Gerichte nach ihm selbst und den es ergänzenden Prozeßordnungen sachlich zuständig sind.[29])

---

[23]) Diese sind bei den Kollegialgerichten von den Zivilabteilungen völlig getrennt und auch bei den Amtsgerichten genügend erkennbar. Die Festsetzung einer Ordnungsstrafe nach G.V. § 179 gehört also nur dann zur Strafgerichtsbarkeit, wenn sie in einer Strafsache erfolgt, während sie sonst der Zivilgerichtsbarkeit zuzurechnen ist und dann in der Beschwerdeinstanz zur Zuständigkeit der Zivilsenate gehört. (G.V. § 183³.)

[24]) Auf Grund von E.G.V. § 4. Es handelt sich in erster Linie, aber keineswegs ausschließlich, um die durch die Gesetze über die freiwillige Gerichtsbarkeit (Reichsg. 17. 5. 98, pr. 21. 9. 99, bad. 17. 6. 99, bay. A.G G.V. 15) geordneten Angelegenheiten.

[25]) O. Fischer, Z.P.Z. 10, 414 ff., Recht und Rechtsschutz, 12 ff.

[26]) G.V. § 12. [27]) G.V. § 13.

[28]) Nicht zu verwechseln mit Rechtsstreit, unten § 2 A. 6.

[29]) Vgl. auch G.V. § 24 u. E.Z. § 3¹.

Danach gehören also zur streitigen Zivilgerichtsbarkeit zunächst alle gerichtlichen Verfahrensarten, welche durch die Zivilprozeßordnung geregelt sind, namentlich auch Mahnverfahren, Entmündigung, Aufgebot und Zwangsvollstreckung.

Aber auch die Konkursordnung ist als Prozeßordnung im Sinne des Gerichtsverfassungsgesetzes anzusehen. Deshalb muß auch das durch sie in Ergänzung der Zivilprozeßordnung[30]) geregelte Konkursverfahren der streitigen Zivilgerichtsbarkeit zugerechnet werden.[31])

Die außerhalb der Prozeßordnungen behandelten Angelegenheiten sind der ordentlichen streitigen Zivilgerichtsbarkeit nur soweit zuzurechnen, als sie ersichtlich dem durch die Prozeßordnungen abgegrenzten Geschäftskreise der Zivilabteilungen der Gerichte angehören, so daß alles übrige der freiwilligen Gerichtsbarkeit im weiteren Sinne zugeteilt werden muß[32])

## § 2. Zivilprozeß.

Der dem Mittelalter entstammende Ausdruck „processus“, der zunächst stets mit dem Beiwort iudicarius oder iudicii, seit Tankredus (1216) aber auch ohne ihn vorkommt, will das römische Wort iudicium ersetzen. Er bezeichnet zunächst den Inbegriff der einem bestimmten Ziele zuschreitenden, das Verfahren der streitigen Gerichtsbarkeit bildenden Partei und Gerichtshandlungen;[1]) dann aber auch die Gegenstände dieser Vorgänge, die genauer Prozeßsachen genannt werden müßten.

Im Anschluß daran versteht die heutige Theorie und Praxis im Gegensatz zu dem die gesamte Strafgerichtsbarkeit umschließenden

[30]) K § 72

[31]) Daß das G K.G. die Gebühren in bürgerlichen Rechtsstreitigkeiten (2. Abschnitt) zu den Gebühren im Konkursverfahren (3. Abschnitt) in Gegensatz bringt, kann demgegenüber für die allgemeine Systematik nicht in Betracht kommen.

[32]) Die gerichtliche Unterstützung der außerhalb der Gerichtsbarkeit liegenden schiedsgerichtlichen Tätigkeit (unten § 71) ist zur streitigen Gerichtsbarkeit zu rechnen — Wegen der Abgrenzung auf dem Gebiete des Gesetzes über die Zwangsversteigerung und Zwangsverwaltung unten § 111. — Außerhalb der streitigen Gerichtsbarkeit stehen die Beschwerde bei Vereinsanmeldung (B G.B. § 60[2]), obwohl das Verfahren (nicht aber der Instanzengang) der Z P.O. folgt, ebenso die Verklarung trotz ihrer Verwandtschaft mit der Sicherung des Beweises (unten § 74).

[1]) Sehr üblich ist die Bestimmung als actus trium personarum· actoris, rei, iudicis

Strafprozeß unter *Zivilprozeß* im weiteren und gewöhnlichen Sinne das gesamte Gebiet der *streitigen Zivilgerichtsbarkeit*.[2])

Die Aufgabe der streitigen Zivilgerichtsbarkeit ist aber schon ihrem Begriff nach keine einheitliche, sondern eine *mehrfache*. Der Zivilprozeß im weiteren Sinne umfaßt deshalb mehrere Verfahrensarten mit verschiedenem Zweck und Gang.[3])

Zunächst heben sich die beiden Hauptaufgaben: *Feststellung* rechtlicher Begehren und ihre *Verwirklichung*[4]) scharf voneinander ab. Sie stehen sachlich nicht in notwendigem innerlichen Zusammenhange, und ihre Durchführung ist heute auch äußerlich völlig getrennt.[5]) Danach sind *Feststellungsverfahren* und *Zwangsvollstreckung* zu unterscheiden. Ihnen tritt aber als dritte Hauptaufgabe das *Konkursverfahren* hinzu, welches die Verwirklichung, aber als deren Voraussetzung auch die Feststellung, rechtlicher Begehren in einer abweichenden, nur unter besonderen Verhältnissen eintretenden Verfahrensart bezweckt und der Geldzwangsvollstreckung nahe verwandt ist.

Das Feststellungsverfahren zerfällt in das *ordentliche* Feststellungsverfahren und die *besonderen* Arten, welche in ihrer Gestaltung von der des ordentlichen Verfahrens abweichen.

Das Feststellungsverfahren ist entweder Rechtsstreit oder es entbehrt des Rechtsstreitscharakters. Unter einem *Rechtsstreit* oder Zivilprozeß im *engeren* Sinne[6]) verstehen Gesetz und Theorie ein Verfahren, in welchem für eine Streitverhandlung der Parteien und eine richterliche Entscheidung über die Rechtmäßigkeit des Be-

[2]) In der Zivilprozeßordnung wird das Wort „Prozeß" in einem engeren Sinne gebraucht, nämlich gleichbedeutend mit Rechtsstreit. (A. 6.) Es dient in der Mehrzahl zum Ersatz des fehlenden Plural des Ausdrucks „Rechtsstreit", kommt freilich auch vereinzelt (§ 76 [4]) in der Einzahl im gleichen Sinne vor. Auch bei dem Ausdruck „Hauptprozeß" (§§ 65, 69, 82) handelt es sich um den engeren Sinn.

[3]) Daher ist es von vornherein aussichtlos, für das Gesamtgebiet des Zivilprozesses Untersuchungen über Prozeßzweck und Prozeßgang usw. mit dem Ziele eines einheitlichen Ergebnisses anzustellen.

[4]) Einschließlich der Sicherung und Verhütung oder Beseitigung von Störungen.

[5]) Nicht jede Feststellung kann vollstreckbar werden, die Vollstreckung setzt die Feststellung im Zivilprozeß nicht notwendig voraus.

[6]) Auch Streitverfahren und von dem das Verfahren abschließenden Urteil oder Erkenntnis Urteils- oder Erkenntnisverfahren genannt.

gehrens durch Urteil auf Grund dieser Verhandlung Raum ist. Andere Feststellungsverfahren fallen nicht unter den Begriff des Rechtsstreits.[7])

Zwangsvollstreckung und Konkurs haben keinen Rechtsstreitcharakter und gehören auch nicht zu einem Rechtsstreit, wenn es auch möglich ist, daß sich aus ihnen wieder ein Rechtsstreit entwickelt.[8])

Als regelmäßiges Feststellungsverfahren dient der ordentliche Rechtsstreit.

Die besonderen Arten des Feststellungsverfahrens haben zum Teil den Rechtsstreitcharakter, zum Teil entbehren sie eines solchen[9])

Neben den den drei Hauptaufgaben des Zivilprozesses gewidmeten drei Hauptverfahren stehen Nebenverfahren, welche zur Vorbereitung,[10]) Unterstützung[11]) oder Ergänzung[12]) der Hauptverfahren dienen.

In anderen Verfahrensarten und mit anderen Zielen als den durch das Prozeßrecht gegebenen, wird ein Zivilprozeß oder Rechtschutz nicht gewährt.

Unter Zivilprozeßsache oder bürgerlicher Rechtsstreitigkeit[13]) versteht man demgemäß jede Angelegenheit, für welche der Rechtsschutz in den Formen und durch die Organe der ordentlichen streitigen Gerichtsbarkeit gewährt wird oder, was dasselbe ist, für welche der Gerichtsweg (Rechtsweg) zulässig ist. Das Nähere darüber ist im besonderen Teil darzulegen.[14])

---

[7]) Für das Mahnverfahren ergibt sich das schon äußerlich aus § 689, welcher die Kosten des Mahnverfahrens von den Kosten des Rechtsstreits abscheidet und damit den entstehenden Rechtsstreit zu dem vorangegangenen Mahnverfahren in Gegensatz bringt.

[8]) Auch hier bietet einen äußeren Anhalt § 788, welcher über die Kosten der Zwangsvollstreckung eine besondere Bestimmung trifft, nach der sie nicht zu den im § 91 behandelten Kosten des etwa vorangegangenen Rechtsstreits gehören. Daß §§ 81, 82 die für den Rechtsstreit erteilte Prozeßvollmacht auch auf Zwangsvollstreckung, Arrest und einstweilige Verfügung erstreckt, steht nicht entgegen. Auch die in § 82 erwähnte Hauptintervention gehört nicht zu dem Rechtsstreit, auf welchen sich die Vollmacht zunächst bezieht.

Damit ist aber nicht ausgeschlossen, daß Rechtssätze, welche nach dem zu engen Wortlaut des Gesetzes sich nur auf den Rechtsstreit beziehen, auch in anderen Verfahrensarten Anwendung finden müssen (Brie, O. Fischer, Fleischmann, Zwangsvollstreckung gegen fremde Staaten, 171).

[9]) Unten § 87.

[10]) Armenrecht (unten § 35), Arrest (unten § 112).

[11]) Sicherung des Beweises (unten § 74).

[12]) Kostenfestsetzungsverfahren (unten § 69).

[13]) G.V. § 13. [14]) Unten §§ 38, 97, 116, 127.

Ein Rechtsschutzinteresse des diesen Rechtsschutz Begehrenden wird zwar vom Gesetz nicht ausdrücklich erfordert, doch wird der Rechtsschutz zu versagen sein, wenn ein solches ersichtlich fehlt.[15]) Eine Rechtsverletzung oder Rechtsgefährdung ist dagegen keineswegs allgemeines[16]) Erfordernis dieses Rechtsschutzes.

Jedes zivilprozessualische Verfahren ist ein fortschreitender auf ein bestimmtes Rechtsschutzziel gerichteter Vorgang. Es ist also selbst kein Rechtsverhältnis, wenngleich aus ihm Rechtsverhältnisse unter den Parteien oder auch zwischen dem Staat und den Parteien hervorgehen können. Es ist daher irreführend, die Auffassung des Prozesses als eines Rechtsverhältnisses zum Ausgangspunkt der Zivilprozeßrechtstheorie zu nehmen.[17])

Unter Zivilprozeßrecht ist der Inbegriff der Rechtsnormen zu verstehen, welche die streitige Zivilgerichtsbarkeit regeln. Da es sich hierbei um die Ordnung einer Staatsaufgabe handelt, so gehört das Zivilprozeßrecht ausnahmslos zum öffentlichen Recht. Gleichwohl enthalten Prozeßgesetze aus guten Gründen vielfach auch privatrechtliche Normen,[18]) wie umgekehrt auch in Privatrechtsbüchern Prozeßvorschriften vorkommen.[19]) Auch empfiehlt es sich, in der Zivilprozeßlehre auch solche privatrechtliche Einrichtungen mit zu behandeln, welche das Dasein des Zivilprozesses zur Voraussetzung haben oder mit ihm im nahen Zusammenhange stehen, wie z. B. die privatrechtlichen Wirkungen der Prozeßhandlungen oder die Anfechtung von Rechtshandlungen im Interesse der Zwangsvollstreckung oder des Konkurses.

Die staatlichen Rechtsschutzeinrichtungen haben ihre Grundlage nicht in Berechtigungen der Einzelnen, sondern in der allgemeinen Pflicht des Staates für die Aufrechterhaltung der

---

[15]) Z. B. für das Begehren der nochmaligen Feststellung eines Anspruchs, der bereits rechtskräftig, z. B. durch Vollstreckungsbefehl (§§ 699, 700) festgestellt ist, wenn nicht besondere Umstände, wie z. B. die Vernichtung der Prozeßakten, ein Interesse an der nochmaligen Feststellung begründen.

[16]) Wohl aber besonderes z. B. nach §§ 917, 918, 985, 940.

[17]) Die abgelehnte Auffassung (O. Bülow, Die Lehre von den Prozeßeinreden und den Prozeßvoraussetzungen, 1888) entstammte der Erinnerung an die Römische Litiscontestatio, die allerdings ein vertragsmäßiges Verhältnis unter den Parteien begründete.

[18]) Z. B. §§ $302^4$, $717^2$, 804, $815^3$, 819, 894, 895.

[19]) Z. B. BGB. §§ $12^2$, $407^2$, $862^1$, 1380, 1400, 1407, 1435, 1450, 1454 O. Fischer, Recht und Rechtsschutz, 8 ff.

Rechtsordnung zu sorgen. Allerdings kann der Einzelne bewirken, daß die Gerichtsorgane in Tätigkeit treten, wenn er sie, gleichviel ob begründet oder unbegründet, anruft. Man kann aber daraus besondere öffentlich-rechtliche Beziehungen gegen den Staat nicht herleiten, auch nicht in der Beschränkung auf begründete Rechtsschutzgesuche, zumal die Rechtmäßigkeit sich vielfach erst am Schluß des Verfahrens herausstellt.

Deshalb ist es auch nicht angebracht, im Anschluß an die einzelnen vom Prozeßrecht gewährten Verfahrensarten besondere Rechtsschutzansprüche[20]) zu konstruieren, wenn es auch richtig bleibt, daß der Rechtsschutz nur in den vom Gesetz geordneten Verfahrensarten gewährt wird und der Rechtsuchende auf solche Gewährung ein Recht hat. Am allerwenigsten ist es aber angängig, als Gegenstand des Verfahrens die Verfolgung eines entsprechenden Rechtsschutzanspruchs gegen den Staat oder gegen den Gegner zu betrachten. Das Verfahren richtet sich nicht gegen den Staat, sondern, sofern nicht ausnahmsweise ein besonderer Gegner fehlt und es daher gegen Jedermann geht, gegen den Gegner. Aber auch in der Richtung gegen den Gegner wird nicht ein besonderer öffentlicher Rechtsschutzanspruch verfolgt, für dessen Annahme im Gesetz kein Anhalt, in der Theorie kein Bedürfnis besteht, sondern das freilich bei mangelndem Rechtsschutzinteresse abzulehnende Rechtsschutzbegehren des Antragstellers, dessen behauptete Rechtmäßigkeit zunächst dahingestellt bleibt und jedenfalls nicht von dem Vorhandensein eines besonderen Rechtsschutzanspruches abhängig zu machen ist[21]).

Die Anwendung des Prozeßrechts ist, wie die Anwendung des Rechts überhaupt, von dem Willen der Parteien unabhängig. Nachgiebiges Recht in dem Sinne, daß die Parteien Rechtssätze außer

[20]) Feststellungsanspruch, Vollstreckungsanspruch, Arrestanspruch, Konkursanspruch u. dergl.

[21]) Die Lehre vom Rechtsschutzanspruch begründete Wach, Vorträge über die R.Z.P.O. (1879). Auch hier haben römische Erinnerungen mitgewirkt. Richtiger wäre man nicht von der actio ausgegangen, sondern von dem desiderium, quod actor intentione concludit (Gaj. 4, 41). — Während diese Rechtsschutzansprüche nur der im Rechte befindlichen (handelnden oder leidenden) Partei zugeschrieben werden, wollte Degenkolb (Einlassungszwang) jedermann, auch dem Unberechtigten ein besonderes Klagerecht geben, eine offenbare Verwechslung der rechtlich gegebenen, aber notwendig auch dem Mißbrauch ausgesetzten Möglichkeit mit einem Recht. — Näheres O. Fischer, Z.Z.P. 10, 427 ff., Recht und Rechtsschutz 73 ff., Geib, Rechtsschutzbegehren (O. Fischer, Abh. 18, Heft 1).

Kraft setzen könnten, gibt es überhaupt nicht.[22]) Daher ist es ausgeschlossen, daß die Parteien an die Stelle der gesetzlich geordneten Verfahrensarten andere setzen[23]) oder daß sie durch Vereinbarung eine dem inländischen Recht nicht bekannte Verfahrensart, etwa aus einem ausländischen Prozeßrecht, einführen. Ebensowenig können sie durch Vertrag für ein bestimmtes Recht oder Rechtsverhältnis den Rechtsschutz schlechthin ausschließen.

Unter nachgiebigem Recht[24]) versteht man vielmehr nur solche Rechtssätze, welche selbst ihre Anwendung für den Fall ausschließen, daß die Parteien[25]) etwas anderes vereinbart haben oder welche bestimmen, daß ein gewisses Verhalten auch nur einer Partei auf ihre Anwendung einen Einfluß haben solle. Eine solche Selbstbeschränkung kann sich auch ohne ausdrückliche Bestimmung aus dem Zweck des Gesetzes ergeben. Insbesondere kann man mit Rücksicht auf die das Privatrecht beherrschende Vertragsfreiheit Privatrechtssätze im allgemeinen schon dann als nachgiebig ansehen, wenn dies nicht ausdrücklich oder durch die Natur der Sache, insbesondere durch ein entgegenstehendes öffentliches Interesse ausgeschlossen erscheint. Auf dem Gebiete des öffentlichen Rechts bildet dagegen die Nachgiebigkeit eine durch besondere Umstände zu rechtfertigende Ausnahme.

Die Zivilprozeßordnung bezeichnet das nachgiebige Recht als solches, auf dessen Befolgung die Parteien wirksam verzichten können[26]) und erkennt damit an, daß es solches auch im Gebiete des Zivilprozeßrechts gibt. Dagegen fehlt es an einer allgemeinen gesetzlichen Regel für die Abgrenzung gegenüber dem zwingenden Recht.

Grundsätzlich müssen alle Vorschriften des Zivilprozeßrechts, nicht nur diejenigen, welche Prüfung von Amts wegen vorschreiben[27]) oder den Parteiwillen ausdrücklich ausschließen[28]) als zwingend angesehen werden, da das Zivilprozeßrecht, wie gezeigt wurde, ganz zum öffentlichen Recht gehört.

Es gibt aber zunächst positive Bestimmungen, welche der Parteivereinbarung Einfluß gewähren[29]) oder eine Wahl gestatten[30]) oder

[22]) O. Fischer, Iherings J. 65, 155 ff.

[23]) Unstatthaftigkeit des sogen. Konventionalprozesses.

[24]) Ehrlich, Das zwingende und nichtzwingende Recht (O. Fischer, Abh. 2, Heft 4).

[25]) Abhängigkeit von richterlichem Ermessen, z. B. § $393^{2}$, begründet keine Nachgiebigkeit

[26]) §§ $295^{2}$, $274^{3}$  [27]) §§ 341, 535.

[28]) § $40^{2}$ und bezüglich der Notfristen § $224^{1}$.

[29]) Z P §§ 38, $224^{1}$, $391^{2}$, 450, 461, 489.  [30]) § 835

nur dann zur Anwendung kommen wollen, wenn ein darauf gerichteter Parteiwille rechtzeitig ersichtlich gemacht ist.[31]) Aber man wird auch andere Vorschriften dann als nachgiebig behandeln dürfen, wenn es klar ersichtlich ist, daß ein öffentliches Interesse an ihrer ausnahmslosen Durchführung nicht besteht.[32])

Unter Zivilprozeßmaximen versteht man wesentliche Grundsätze oder Richtungen, die einem Prozeßrecht zugrunde liegen können und in denen zum Teil die Gegensätzlichkeit der positiven Prozeßrechte in Vergangenheit und Gegenwart zum Ausdruck gelangen. Vielfach werden sie aber in den positiven Rechten nicht rein, sondern nur mit gewissen Einschränkungen durchgeführt. Diese Maximen werden in ihrer Bedeutung an den Stellen erörtert werden, wo sie im einzelnen in die Erscheinung treten.[33])

## § 3. Geschichtliche Entwicklung.

Auch das Zivilprozeß- und Konkursrecht ist aus der zwiespältigen Wurzel des antiken und universalen römischen Rechts und des einheimischen nationalen und daher partikularen Rechts hervorgegangen.[1]) Seine Entwicklung ist aber auch durch das mittelalterliche italienische, das kanonische und das französische Recht stark beeinflußt und steht in besonderer Wechselwirkung mit dem österreichischen Recht. So ergeben sich die nachfolgenden Entwicklungsstufen:

1. Das römische Recht begegnet uns zunächst in der Zeit der Spruchformeln (legis actiones). Es folgt die klassische Zeit mit den

---

[31]) §§ 39, 88, 269.

[32]) Z. B. §§ 162, 249², 357, 398³, 460, 493², 929³, keineswegs aber alle sogenannten Sollvorschriften (unten § 23).

[33]) Es handelt sich hauptsächlich um 1. Trennung von Justiz und Verwaltung, Verbot der Kabinettsjustiz und der Ausnahmegerichte, unten § 6; 2. Einzelrichter, Kollegialgerichte, unten § 7; 3. Instanzenzug, unten § 7; 4. Wechselseitiges Gehör, unten § 28; 5. Unmittelbarkeit bezw. Mündlichkeit — Mittelbarkeit bezw. Schriftlichkeit, unten §§ 28, 46; 6. Öffentlichkeit — Heimlichkeit, unten § 28; 7. Einheitlichkeit der Verhandlung — Desaisierungsprinzip — Cäsur, unten §§ 28, 46, 8. Parteibetrieb (Reinerhaltung des richterlichen Amts) — Offizialbetrieb, unten § 23; 9. Handlungszwang — Handlungslast — Ausschluß, insbesondere Eventualmaxime, unten §§ 31, 36; 10. Verhandlungsmaxime — Offizialmaxime, §§ 23, 36; 11. Freie Beweistheorie — Beweisregeln, unten § 46; 12. Unentgeltlichkeit — Entgeltlichkeit, unten §§ 34, 35.

[1]) O. Fischer, Ziel und Methode des rechtsgeschichtlichen Unterrichts (auch in Jhering, J. 54, 303 ff.).

Schriftformeln (formulae), welche dann in der letzten Periode durch den Amtsprozeß (cognitiones, Libellprozeß) abgelöst wurde.

Der römische Prozeß hat eine streng objektive Auffassung des Streits um die Berechtigung bezw. Verpflichtung.[2]) Es fehlt aber eine scharfe Scheidung von Privatrecht und Prozeß, da in der actio Prozeßhandlung und Verfolgungsrecht miteinander verschmolzen sind. Die Trennung des Verfahrens in das vor dem Magistrat (in iure) und vor dem Privatrichter (in iudicio) verschwindet mit der Schriftformel und der Verdrängung des ordo judiciorum durch das amtliche Extraordinarverfahren. Mündlichkeit, Öffentlichkeit und Parteibetrieb treten zurück. Es entwickelt sich der Instanzenzug. Es bleibt aber das System der nunmehr beamteten Einzelrichter.

In der Generalzwangsvollstreckung mit missio in bona und venditio bonorum[3]) entwickelt sich die Wurzel für ein in den Händen der Gläubigergemeinschaft bleibendes Konkursverfahren, während die Einzelvollstreckung Amtssache wird.

2. Der germanische Zivilprozeß hat sich im engen Anschluß an den Strafprozeß entwickelt und nimmt bei durchaus subjektiver Auffassung des Rechtsstreits von der Rechtsverletzung seinen Ausgang.[4]) Daher zunächst der Mangel objektiver Beweisführung. Die Rechtspflegetätigkeit ist geteilt zwischen dem die Gerichtsgewalt übenden staatlichen Gerichtsherrn und den das Recht findenden Urteilern, welche dem Volke entnommen werden. Auch hier Mündlichkeit und Öffentlichkeit und zunächst Parteibetrieb. Feste Hauptabschnitte und weitere Zerlegung durch rechtswirksame Urteile. Allmähliche Entwicklung eines Rechtszuges aus der Urteilsschelte. Neben der privaten auch staatliche Vollstreckung. Auch vorbeugender Zwang (Arrest) und bei Gläubigermehrheit allmählich gleichmäßige Befriedigung.

3. Der italienische Prozeß des Mittelalters knüpfte zwar an das in ununterbrochener Geltung gewesene römische Recht an, und beließ dem Gerichtsleiter die Rechtsprechung. Er wurde aber durch

---

[2]) Vgl. die Spruchformeln: Ajo hunc hominem meum esse, te mihi decem dare oportere

[3]) Diese später durch Einzelveräußerung ersetzt.

[4]) Vergleiche die Klagformeln: Her richter, so steit hir N. unde claget unseme Heren gode unde ja in godes stede, dat N. si komen wedder gode unde wedder recht unde — hebbe eme waldinges afgerovet N. — Haec mihi iniuste abstulisti, quae reddere debes. — Petre te appellat Martinus, quod tu tenes sibi malo ordine unum bovem.

das deutsche Recht, namentlich das nach Norditalien gelangte langobardische Recht und das Statutarrecht der Städte bedeutend umgestaltet. Verhandlungsmaxime und Beweisregeln verschaffen sich Engang. Entwicklung der summarischen Prozesse und des durch gerichtlihe Beschlagnahme und öffentliche Aufforderung eingeleiteten, auch de Feststellung der Forderungen umfassenden Konkurses.

4. Der kanonische Prozeß der geistlichen Gerichte, wethe sich in erheblichem Umfange auch mit weltlichen Prozeßsachen beschätigten, fußt ebenfalls auf dem römischen Prozeß, erfuhr aber ähnlide Umgestaltungen wie der mit ihm in enger Wechselwirkung stehend weltliche Prozeß Die Besonderheit seiner Gegenstände führt zu Entwicklung der Untersuchungsmaxime. Eine wichtige Vereinachung brachte die Clementina Saepe.[5]) — Zwar gab das speculum iudiciale des Guilelmus Durandus aus der zweiten Hälfte des 13. Jahrhunderts diesem gelehrten Prozeß des Mittelalters einen gewissn Abschluß Doch blieben italienische Doktrin und Praxis bis ins 16 Jahrhundert von Bedeutung und Einfluß.

5. Der gemeine deutsche Prozeß entwickelt sich ausgangs des Mittelalters bei der Ersetzung der deutschen Volksgerichte durch gelehrte Beamtengerichte auf der Grundlage des italienischen und des kanonischen Prozesses, deren Kenntnis nicht nur durch das Univesitätsstudium, sondern auch durch eine populäre Literatur[6]) vermittelt wurde. Seine Fortbildung erfolgte durch die Reichsgesetzgebung[7]) und die partikularen Prozeßgesetze und Gerichtsgebräuche, welche insbesondere dem sächsischen Prozeß[8]) eine Sonderstellung anwiesen. Das Verfahren wird schriftlich und heimlich, der Betrieb amtlich. Auch bei verweigerter Litiskontestation kann es zum Urteil kommen Für das Parteivorbringen gilt strenge Verhandlungsmaxime. Die Behauptungen sind selbst für das nur eventuell Erhebliche (Eventualmaxime) an eine strenge Folgeordnung gebunden. Das Beweisurteil zerlegt das Verfahren in das Stadium der Behauptungen und das des Beweises (Caesur). Die Beweiswürdigung bleibt in den Fesseln der formalen Beweistheorie.

---

[5]) Cl. ult d. V. S. 5, 11.

[6]) Zu der auch die Satansprozesse zählen.

[7]) Namentlich durch die Reichskammergerichtsordnungen von 1495, 1523, 1548 und den Jüngsten Reichsabschied von 1654

[8]) Der aber auch den Jüngsten Reichsabschied beeinflußt hat.

Der Konkurs wird zu einem umständlichen Amtsverfahren mit streng gegliederten Abschnitten und einem weit verzweigten Vorrangsystem, das auch die Pfandrechte aufnimmt. Auf seine Entwicklung war das spanische Recht von einem gewissen Einflusse, vor allem das Werk des Salgado de Samoza: Labyrinthus creditorum (1645).

6. Der ebenfalls auf römischer kanonischer Grundlage unter germanischer Beeinflussung erwachsene französische Prozeß ist zunächst durch die Ordonnance Ludwig XIV. von 1667 und dann durch den Code de procédure civile von 1806 geordnet. Für das Konkursrecht tritt das auf der Ordonance von 1673 beruhende dritte Buch des Code de commerce: des faillites et des banqueroutes, erheblich abgeändert durch das Gesetz von 1838, hinzu. Im französischen Prozeß herrschen Mündlichkeit mit vorbereitenden Schriftsätzen und Öffentlichkeit, sowie Parteibetrieb, dabei selbständige Stellung des Gerichtsvollziehers, doppelte Parteivertretung (avoué und avocat), Verhandlungsmaxime, aber keine Eventualmaxime, Mitwirkung des Staatsanwalts. In der Hauptsache auch freie Beweiswürdigung, aber eine gewisse Formenstrenge. Keine Zerlegung des Verfahrens, sondern Beweisverbindung unter starker Beschränkung des Zeugenbeweises. Nach dem Desaisierungsprinzip hört bei ergebnislosem Verlauf der Verhandlung das Gericht auf, mit der Sache befaßt zu sein.

Im Konkurs (Falliment) blieb im Anschluß an das italienische Recht des Mittelalters die Besorgung durch die Gläubigergemeinschaft unter gerichtlicher Leitung.

7. Der Prozeß der deutschen Partikularrechte.

a) Vom gemeinen Prozeß trennte sich zuerst Preußen durch die Allgemeine Gerichtsordnung von 1793, welche in ihrem ersten Teil den Zivilprozeß einschließlich des Konkurses behandelt. Sie eröffnete einen unmittelbaren Verkehr der Parteien mit dem Instruktionsrichter. Parteivertretung durch Beamte (Assistenzräte, Justizkommissare). Sie kehrte unter Beseitigung auch der Eventualmaxime zur Untersuchungsmaxime zurück. Das Beweisurteil wurde aufgegeben, dagegen an den gesetzlichen Beweisregeln festgehalten.

Die vom französischen Recht beeinflußten Verordnungen von 1833 und 1846 brachten eine beschränkte Mündlichkeit und führten die Verhandlungsmaxime wieder ein. Auch die Konkursordnung von 1855 war nach französischem Vorbild gestaltet.

b) Mit dem Eindringen der Franzosen in Deutschland im Anfange des 19. Jahrhunderts wurde in den eroberten Gebieten auch das rein französische Recht und Verfahren eingeführt und in einem erheblichen Teil dieses Gebietes auch nach der Vertreibung der Franzosen beibehalten.

Die Erwerbung Elsaß-Lothringens im Jahre 1871 brachte ein weiteres Gebiet mit französischem Prozeß zum Deutschen Reich.

c) Die hannoversche bürgerliche Prozeßordnung von 1850 führte unter Beibehaltung der Cäsur Mündlichkeit und Parteibetrieb nach französischem Muster ein. Auch die Eventualmaxime fiel.

d) Die badische Zivilprozeßordnung von 1864 und die württembergische von 1868 schlossen sich an den hannoverschen Entwurf an, dagegen die bayerische von 1869 noch enger an das französische Recht.[9])

8 Für die Folgezeit tritt wieder die gemeinsame deutsche Rechtsentwicklung in den Vordergrund.

Bereits zur Zeit des Deutschen Bundes entstand der von einer Bundeskommission ausgearbeitete, an die Hannoversche Prozeßordnung angeschlossene hannoversche Entwurf von 1866. Schon vorher (1864) hatte die preußische Regierung, welche an der Bundeskommission nicht teilgenommen hatte, einen noch enger an das französische Recht angelehnten Entwurf einer Zivilprozeßordnung veröffentlicht.

Nachdem die Verfassung des Norddeutschen Bundes[10]) die Zuständigkeit der Bundesgesetzgebung für das Gerichtsverfahren begründet hatte, wurde der an den hannoverschen Entwurf angeschlossene norddeutsche Entwurf 1870 fertiggestellt.

Die Verfassung des Deutschen Reiches[11]) übernahm die Zuständigkeit zur Regelung des Gerichtsverfahrens. Dem 1874 dem Reichstag vorgelegten Entwurf einer Zivilprozeßordnung waren vorangegangen der an den norddeutschen Entwurf angelehnte Entwurf des preußischen Justizministeriums von 1871 und der Kommissionsentwurf von 1872.

Dem zugleich vorgelegten Entwurf der Konkursordnung lag ein Entwurf einer Gemeinschuldordnung aus dem preußischen Justizministerium zugrunde, welcher seinerseits die preußische Konkursordnung von 1855 weiter fortgebildet hatte.

---

[9]) Ohne besonderen Einfluß auf die Entwicklung waren die Z.P.O. für Braunschweig (1850), Oldenburg (1857), Lübeck (1862).

[10]) a. 4, Nr. 3. [11]) a. 4, Nr. 13.

Mit dem Entwurf der Zivilprozeßordnung und der Konkursordnung wurde auch ein Entwurf einer Strafprozeßordnung vorgelegt sowie der Entwurf eines Gerichtsverfassungsgesetzes, welcher auch einige für Zivilprozeß und Strafprozeß gemeinsame Vorschriften über das Verfahren enthielt. Zu den Entwürfen waren besondere Einführungsgesetze gearbeitet. Auch war ihnen eine eingehende Begründung beigegeben. Die Konkursordnung wurde einer besonderen Kommission des Reichstages überwiesen, während die drei anderen Entwürfe an eine gemeinsame Kommission gingen. Beide Kommissionen konnten auf Grund eines besonderen Gesetzes ihre Arbeit auch außerhalb der Reichstagssession fortsetzen.

Zivilprozeßordnung und Konkursordnung fanden mit den von der Kommission beschlossenen Abänderungen 1876 fast einstimmige Annahme. Auch das Gerichtsverfassungsgesetz und die Strafprozeßordnung wurden angenommen, nachdem einige das politische Gebiet berührende, zum Teil auch für den Zivilprozeß wichtige Streitpunkte, wie die Fragen des Kompetenzkonflikts und des Amtskonflikts, durch Kompromiß zwischen Bundestag und Reichstag beseitigt war. Als Zeitpunkt des Inkrafttretens wurde der 1. Oktober 1879 festgesetzt. Mit dem gleichen Zeitpunkt traten auch eine Reihe Nebengesetze, insbesondere Rechtsanwaltsordnung, Anfechtungsgesetz, Kostengesetze, in Kraft, ebenso die meisten Ausführungsgesetze der Gliedstaaten, welche das Landesrecht mit den neuen Justizgesetzen in Einklang zu bringen suchten.

9. In der Zeit vor 1898 wurden nur zwei geringfügige Änderungen der Zivilprozeßordnung vorgenommen. Dagegen brachten die Gesetze vom 17. Mai 1898 eine bedeutsame, den Einklang mit dem neuen Bürgerlichen Gesetzbuch erstrebende, aber keine grundsätzliche Änderung bringende Umgestaltung und Ergänzung der Zivilprozeßordnung, der Konkursordnung und des Gerichtsverfassungsgesetzes, sowie der Nebengesetze, welche auch zu einer Änderung der Nummernfolge der Paragraphen führte und mit dem Bürgerlichen Gesetzbuch am 1. Januar 1900 in Kraft trat.[12])

Zur gleichen Zeit trat das Reichsgesetz vom 24. März 1897 in Kraft, welches die bis dahin dem Landesrecht überlassen gewesene Zwangsversteigerung und Zwangsverwaltung von unbeweglichem Vermögen regelt.

[12]) O. Fischer, Bemerkungen zur Zivilprozeßnovelle in Iherings J. 38, 359 ff.

In der Folgezeit haben eine Reihe von Einzelgesetzen[13]) Änderungen gebracht. In der Hauptsache handelte es sich um die Entlastung des Reichsgerichts, eine Umgestaltung des amtsgerichtlichen Verfahrens und die Sicherung des Grundpfandgläubigers hinsichtlich des Miet- und Pachtzinses.

10. Infolge des am 31. Juli 1914 eingetretenen Kriegszustandes sind zahlreiche Gesetze und Verordnungen ergangen, deren Aufhebung nach Beendigung des Krieges in Aussicht genommen ist. Von den am 4. August 1914 erlassenen Reichsgesetzen ist das über den Schutz behinderter Personen von besonderer Bedeutung für den Zivilprozeß. Vor allem aber hat § 3 des an diesem Tage erlassenen Ermächtigungsgesetzes den Bundesrat zu gesetzlichen Maßnahmen gegen wirtschaftliche Schädigungen ermächtigt, die jedoch auf Verlangen des Reichstages wieder aufgehoben werden müssen. Sie werden durch Bekanntmachungen des Reichskanzlers im Reichsgesetzblatt kund gegeben.

Auch diese Verordnungen berühren den Zivilprozeß und den Konkurs in bedeutsamer Weise. In erster Linie steht die Bekanntmachung vom 9. September 1915, welche aber am 13. Mai 1916 erheblich eingeschränkt wurde. Von besonderer praktischer Wichtigkeit ist die Bekanntmachung über die Todeserklärung Kriegsverschollener vom 18. April 1916.

11. Österreich hat 1895 und 1896 eine neue Zivilprozeßgesetzgebung erhalten, welche hauptsächlich aus der Jurisdiktionsnorm, der Zivilprozeßordnung, der Exekutionsordnung und dem Gerichtsorganisationsgesetz besteht.[14]) Sie hat sich zwar vielfach an das deutsche Reichsrecht eng angeschlossen, aber dennoch selbständige Fortschritte angebahnt. Zum Schutz gegen Verschleppung und im Interesse der Wahrheitsermittelung ist die Parteiherrschaft, wie sie sich im Parteibetriebe und in der Verhandlungsmaxime zeigt, bedeutend eingeschränkt. — Weitere Besonderheiten sind die der Streitverhandlung vorangehende erste Tagsatzung (Vortermin) vor dem Einzelrichter sowie Beschränkungen des Versäumnisverfahrens und des Umfangs der Prüfung in der Berufungsinstanz.

12. Auf dem Gebiet des internationalen Prozeßrechts haben namentlich die Haager internationalen Abkommen[15])

---

[13]) Vom 20. 3. 05, 5. 6. 05, 1. 6. 09, 22. 5. 10, 20. 2. 11, 10. 6. 14, 8. 6. 15.

[14]) Die Konkursordnung ist vom 25. 12. 68.

[15]) Dittmann, Die sechs Haager Abkommen.

förderlich gewirkt. Für das Prozeßrecht steht im Vordergrunde das Abkommen über den Zivilprozeß vom 17. Juli 1905, welchem von den größeren europäischen Staaten nur England, die Türkei, Serbien, Montenegro, Griechenland und Bulgarien nicht beigetreten sind. Doch ist mit Bulgarien ein Vertrag vom 29. September 1911[16]) geschlossen, welcher die gleichen Vorschriften enthält.[17])

## § 4. Das geltende Zivilprozeßrecht.[1])

### I. Reichsrecht.

1. Den Kernpunkt des die ordentliche streitige Zivilgerichtsbarkeit regelnden Reichsgesetzesrechts bilden die am 1. Oktober 1879 in Kraft getretenen[2]) Reichsjustizgesetze mit ihren Einführungsgesetzen und den späteren Abänderungsgesetzen.[3]) Es kommen in der Hauptsache in Betracht:

a) das Gerichtsverfassungsgesetz vom 27. Januar 1877, zuletzt abgeändert durch das Gesetz vom 20. Februar 1911;
b) die Zivilprozeßordnung vom 13. Januar 1877, ebenfalls zuletzt geändert durch das besagte Gesetz;
c) die Konkursordnung vom 10. Februar 1877, zuletzt geändert durch das Gesetz vom 8. Juni 1915;
d) Gesetz betreffend die Anfechtung von Rechtshandlungen eines Schuldners außerhalb des Konkursverfahrens vom 21. Juli 1879, zuletzt geändert durch das Gesetz vom 17. Mai 1898;
e) die Rechtsanwaltsordnung vom 1. Juli 1878, zuletzt geändert durch das Gesetz vom 22. Mai 1910;
f) das Gerichtskostengesetz vom 18. Juni 1878, zuletzt geändert durch Gesetz vom 8. November 1916;
g) Gebührenordnung für Zeugen und Sachverständige vom 30. Juni 1878, zuletzt geändert durch Gesetz vom 10. Juni 1914;

---

[16]) R.G.Bl. 1913, S. 457, dazu G. 29. 11. 12 (das. S. 492).

[17]) Neue und umfassende Verträge mit der Türkei v. 11. 1. 17.

[1]) Wegen des Kriegsrechts, welches nur in den Anmerkungen berücksichtigt wird, oben § 3, Nr. 10.

[2]) E.G.V. § 1, E.Z. § 1, E.K. § 1, R.A.O. § 103.

[3]) Diese brachten in der Hauptsache nur Textänderungen in den bestehenden Gesetzen. Vereinzelt enthalten sie aber außerhalb dieses Textes stehende und daher besonders anzuführende Bestimmungen, insbesondere E. zu den G. betr. Änderungen der Z.P.O. 17. 5. 98, G. betr. Änderungen des G.V. mit der St.P.O. 17. 5. 98, G. 5. 6. 05, 1. 6. 09, 22. 5. 10.

h) Gebührenordnung für Gerichtsvollzieher vom 24. Juni 1878, zuletzt geändert durch Gesetz vom 8. November 1916;

i) Gebührenordnung für Rechtsanwälte vom 7. Juli 1879, zuletzt geändert durch Gesetz vom 8. November 1916.

Dazu kommt das am 1. Januar 1900 in Kraft getretene Gesetz über die Zwangsversteigerung und die Zwangsverwaltung vom 24. März 1897, zuletzt geändert durch das Gesetz vom 8. Juni 1915.

2. Die vereinzelten prozeßrechtlichen Vorschriften älterer Reichsgesetze sind in Kraft geblieben, soweit sie nicht im einzelnen abgeändert oder aufgehoben sind.[4])

3. Auch in neueren Einzelreichsgesetzen, welche nicht ausdrücklich dem Zivilprozeßrecht gewidmet sind, finden sich einzelne prozeßrechtliche Vorschriften,[5]) aber auch in nicht unerheblichem Umfange im Bürgerlichen Gesetzbuche, dem Handelsgesetzbuche und der Wechselordnung.

4. Für das Verordnungsrecht des Kaisers, des Bundesrats und des Reichskanzlers gilt die allgemeine Regel, daß Rechtsverordnungen im Gegensatze zu den im Bereiche der Justizverwaltung liegenden Anordnungen nur auf Grund gesetzlicher Ermächtigung erlassen werden dürfen. Von besonderer Wichtigkeit ist die später gesetzlich geänderte kaiserliche Verordnung betreffend die Revision vom 28. September 1879.

5. Für das internationale Zivilprozeßrecht[6]) kommen neben dem Haager Abkommen vom 17. Juli 1905[7]) auch die Haager Abkommen vom 12. Juli 1902 und 22. April 1909 in Betracht, denen Sondervereinbarungen hinzugetreten sind. Von Bedeutung ist auch das internationale Abkommen über den Eisenbahnfrachtverkehr vom 14. Oktober 1890, mit Ergänzungen vom 16. Juni 1898 und 19. September 1906.

---

[4]) E. § 13, E.K. § 3, E.Z.B. § 12. Noch geltende Bestimmungen z. B. in den G. 29. 5. 68, 21. 6. 69, 21. 7. 69, 21. 12. 71, 31. 3. 73, 17. 5. 74, 6. 2. 75, 1. 5. 78.

[5]) Z. B. G. 3. 5. 86 (Pfändung von Eisenbahnbetriebsmitteln, 1. 5. 89 Erwerbs- und Wirtschaftsgenossenschaften), 2. 6. 02 (Seemannsordnung), 11. 3. 08 Scheckgesetz), 7. 6. 09 (unlauterer Wettbewerb), 19. 7. 11 (Versicherungsordnung), ferner in der Gewerbeordnung und den Gesetzen über Urheber- und Erfinderrecht.

[6]) O. Fischer, Methode der Rechtsfindung im internationalen Recht (auch in Iherings J. 65, 125 ff.).

[7]) Oben § 3, Nr. 12.

Rechtsverordnungen in den Staatsverträgen des Deutschen Reiches bedürfen der Genehmigung durch Reichsgesetz.

Auch bezüglich des Reichsgewohnheitsrechts gelten die allgemeinen Grundsätze. Eine Anerkennung des Gewohnheitsrechts enthält die Gesetzesvorschrift:[8]) „Gesetz im Sinne der Zivilprozeßordnung und dieses Gesetzes ist jede Rechtsnorm."

6. Hinsichtlich der Auslegung der Reichsgesetze und der Ausfüllung von Lücken ist auf die Grundsätze der allgemeinen Rechtslehre zu verweisen.[9])

Die Gesetzesmaterialien, auch die sogenannten authentischen Interpretationen der Reichstagskommission, haben keine die Freiheit der Auslegung beschränkende Kraft, sondern nur die Bedeutung, welche ihnen als Teil der Entstehungsgeschichte zukommt. In den Aussprüchen der Mitarbeiter an der Gesetzgebung darf ein für die Rechtsanwendung maßgebender „Wille des Gesetzgebers" nicht gefunden werden.

Bei dem auch in den Prozeßgesetzen nicht seltenen[10]) Gebrauch der Fiktion ist der Gesetzessprache im Interesse bequemeren Ausdrucks ein bewußt unwahres Element, wie die Gleichstellung zweier in Wahrheit verschiedener Tatbestände beigemischt. Die Rechtsanwendung hat dann nur mit dem wahren, durch Auslegung aufzudeckenden Inhalt der unter dieser Ausdrucksweise verborgenen wahren Rechtsnorm zu arbeiten.[11]) Die zahlreichen Lücken im Recht, die insbesondere auch dann sich ergeben, wenn Zweifel durch Auslegung nicht sicher zu beseitigen sind, sind, soweit sie nicht durch Analogie ausgefüllt werden können, entsprechend dem Rechtsbewußtsein der Gegenwart, nach den Grundsätzen der Gerechtigkeit, Sittlichkeit und Zweckmäßigkeit auszufüllen.

## II. Landesrecht.

1. Schon nach der Reichsverfassung[12]) geht das Reichsrecht dem Landesrecht vor, aber darüber hinaus sind die „zivilprozeßrechtlichen

---

[8]) E. § 12, E.K. § 2, E.Z.B. § 1².

[9]) O. Fischer, Handausgabe des B.G.B., XXVIII ff., preußisches Privatrecht 20 ff., Intern. Wochenschrift für Wissenschaft usw. (1909) 1443 ff., Methode der Rechtsfindung 21.

[10]) Z.B. §§ 39, 138², 894, K. § 108².

[11]) Von Interesse auch Vaihinger, Die Philosophie des als Ob.

[12]) a. 2.

Vorschriften" der Landesgesetze[13]) für den Bereich der ordentlichen streitigen Zivilgerichtsbarkeit[14]) ausdrücklich *aufgehoben* und damit auch *verboten*, daß sich auf diesem Gebiete Landesrecht neu bilde.[15]) Das bezieht sich aber nicht auf das eigentliche Gerichtsverfassungsrecht, dessen bedeutende Lücken durch Landesrecht auszufüllen sind. So ist vor allem die Frage nach der Zulässigkeit des Rechtswegs[16]) dem Landesrecht überlassen, soweit nicht das Reichsrecht im einzelnen eingegriffen hat.

2 Eine Ausnahme macht zunächst die reichsrechtliche *Verweisung* auf das Landesrecht.[17]) Eine solche lag ursprünglich auch in der Verweisung auf das Bürgerliche Recht.[18]) Nachdem aber das bürgerliche Recht durch das Bürgerliche Gesetzbuch geregelt und dabei auch auf diesem Gebiete das Landesrecht grundsätzlich beseitigt ist,[19]) kann auf Grund dieser Verweisung Landesrecht nur noch soweit bestehen, als dies die Vorbehalte im B.G.B. und seinem Einführungsgesetze gestatten.[20])

3. Eine fernere Ausnahme macht das Gesetz für die Fälle, in denen bestimmt ist, daß landesgesetzliche Vorschriften *unberührt* bleiben.[21])

4. Eine weitere Ausnahme muß aber über das Gesetz hinaus für solche Materien gemacht werden, die nach der Theorie dem Prozeßrecht zuzurechnen sind, aber von der Reichsgesetzgebung deshalb *nicht geordnet* wurden, weil man sie dem bürgerlichen Recht zurechnete, wie z. B. die Beweislast. Aber auch hier ist zu berücksichtigen, daß

[13]) Aber nicht der Landesstaatsverträge (ähnlich E.B.G.B.A. 56). — Als Bundesstaat gilt überall auch Elsaß-Lothringen, E.Z.V. § $1^{2}$.

[14]) Auch wenn es sich um das Verfahren in Angelegenheiten handelt, deren sachliche Ordnung dem Landesrecht zusteht. Die Vorbehalte für das B.G.B. gelten nicht ohne weiteres für den Zivilprozeß. Davon macht E. § 15 Nr. 2 eine Ausnahme für die dem Landesrecht nach E.B.G.B. a. 109 überlassene *Enteignung*, pr. G. 11. 6 74, 2. 7. 75, A.G.Z.B. a. 35 ff., bay. G. 17. 11. 37, 13. 8. 10, A.G.B.G.B. a. 139, A.G.Z. a. 16 ff. — Außerdem gelten die Vorbehalte des B.G.B. auch für die Grundstücks-Zwangsvollstreckung, E.Z.V. § 2.

[15]) E. § $14^{1}$, auch E.K. § 4, E.Z.V. §§ $1^{2}$, $2^{1}$. E. § $14^{2}$ setzt die Erstreckung dieser Aufhebung auf gewisse dort im einzelnen aufgeführte Grenzgebiete besonders fest. — Nicht betroffen wird das Recht der landesherrlichen und gleichgestellten Familien (unten III, 3). — Wegen des Sonderrechts der landschaftlichen *Kreditanstalten* E.Z.V. § $2^{2}$, pr. A.G.Z.V. a. 34.

[16]) Oben § 2 A. 13. [17]) Z.V. § $418^{2, 3}$. [18]) Z.V. § 51.

[19]) E.G.B.G.B. a. 55. [20]) Vgl. auch E.Z.V. § $1^{2}$.

[21]) E. § $14^{1}$, Einzelne Beispiele in E. §§ 15–17 u. E.K. §§ 5, 17.

das bürgerliche Recht zurzeit grundsätzlich vom Reichsrecht in Anspruch genommen ist.

5. Das Landesprozeßrecht ist in der Hauptsache in den Ausführungsgesetzen zu den Reichsjustizgesetzen enthalten.[22]) Es kommen aber auch noch einzelne Bestimmungen älterer Gesetze, z. B. der Preußischen allgemeinen Gerichtsordnung, in Frage.

6. In einzelnen Fällen hat das Reichsrecht auch für Verordnungen der Landesherren oder der Landesjustizverwaltung Raum gelassen.[23])

7. Statutarrecht (Autonomie und Observanz) kann in Frage kommen, soweit die Vorbehalte für das Landesrecht reichen und dieses Statutarrecht zuläßt.[24])

### III. Anwendung nach Zeit, Ort und Person.

1. Neues Prozeßrecht umfaßt grundsätzlich nicht nur die erst beginnenden Verfahren, sondern auch die bereits schwebenden.

Jedoch waren für den Übergang am 1. Oktober 1879 besondere Übergangsvorschriften[25]) gegeben, welche das Gegenteil bestimmten, aber nur für den damaligen Übergang Geltung hatten. Auch die späteren Gesetze haben vereinzelte Übergangsbestimmungen gegeben,[26]) welche mehrfach auch bestimmen, daß gesetzliche Verweisungen auf aufgehobenes Recht fortan auf die Ersatzvorschriften zu beziehen sind.[27])

Das Gesetz über die Zwangsversteigerung und Zwangsverwaltung ist hinsichtlich seiner Anwendung davon abhängig, daß in dem betreffenden Bezirk das Grundbuch als angelegt anzusehen ist.[28])

---

[22]) Pr. A.G.G.V. 24. 4. 78 (F. 21. 9. 99), A.G.Z. 24. 3. 79 (F. 6. 10. 99), A.G.K. 6. 3. 79, A.G. z. R.G. 17. 5. 93, A.G.Z.V. 23. 9. 99, bay. A.G.Z. u. K. 23. 2. 79 (F. 26. 6. 99), A.G.G.V. mit A.G.B.G.B. a. 167, Vollzugs V. 23. 8. 79 (F. 16. 12. 08), sächs. A.G.G.V. 23. 2. 79 (F. 9. 6. 99), A.G.Z.V. 9. 6. 99, württb. A.G.Z. 18. 8. 79, bad. E. 3. 3. 79.

[23]) E.G. § 17², G.V. §§ 100, 154, 155.

[24]) Wegen des Sonderrechts der landesherrlichen und gleichgestellten Familien unten III, 3.

[25]) E. §§ 18—23, E.G.V. §§ 14—16.

[26]) Für den 1. Januar 1900: G. 17. 5. 98, a. 8—10, E.G.Z.V. § 15, pr. A.G.Z.V. a. 42, 43, 47, 48, bay. Übergangs G. 9. 6. 99 a. 7, 24, A.G.B.G.B. a. 166, A.G.Z.V. a. 52—57. — Für spätere Übergänge, G. 5. 6. 05 a. 3, 1. 6. 09 a. 8—10, 22. 5. 10 a. 11, 12. — Für das Kriegsrecht, V. 9. 9. 15 a. 29—31, 18. 5. 16 a. 2.

[27]) E.Z.V. § 1², G. 5. 6. 05 a. 2, G. 1. 6. 99 a. 6, G. 22. 5. 10 a. 10.

[28]) E.Z.V. § 1.

Gewisse Änderungen des Gesetzes vom 17. Mai 1898[29]) setzen voraus, daß auf die zu behandelnde Angelegenheit sachlich das seit dem 1. Januar 1900 geltende Recht Anwendung zu finden hat.

2. Der ordentliche Geltungsbereich der Prozeßgesetze richtet sich nach den allgemeinen Regeln. Soweit die deutsche Gerichtsgewalt reicht,[30]) muß nach deutschem Recht verfahren werden.[31]) Bezüglich der Voraussetzungen des Gerichtsverfahrens in Person und Sache sowie hinsichtlich der Wirkungen der Prozeßhandlungen können nach den Grundsätzen des internationalen Rechts ausländische Rechtsvorschriften zur Anwendung kommen.[32]) Gegen ausländische Staaten ist aber ein Vergeltungsrecht vorgesehen, welches eine Anordnung des Reichskanzlers mit Zustimmung des Bundesrats voraussetzt.[33])

3. Die landesherrlichen Familien, denen die fürstliche Familie Hohenzollern, das vormalige hannoversche Königshaus und die Fürstenhäuser von Holstein, Kurhessen und Nassau gleichgestellt sind, haben das Vorrecht, daß in Ansehung ihrer Mitglieder Sondervorschriften der Hausverfassung und der Landesgesetze dem gemeinen Reichs- und Landesrecht vorgehen.[34])

Ausländer sind, abgesehen von dem Vergeltungsrecht, nur in einzelnen Punkten ungünstiger gestellt.[35])

[29]) Z. B. §§ 242, 305, $325^3$, 739—747, 780—784, 787, 794, 800, 830, 864.

[30]) Darüber unten § 6.

[31]) Bei Rechtshilfe im Inlande ist aber auf besonderes Ersuchen Beobachtung nicht verbotener ausländischer Formen statthaft (Haager Abkommen vom 17. 7. 05 a. $14^2$). — Für die Gültigkeit der Rechtshilfeakte ausländischer Behörden genügt sowohl die ausländische, wie die inländische Form (§ 369).

[32]) Für die Prozeßfähigkeit des Ausländers genügen aber auch die inländischen Voraussetzungen, § 55.

[33]) E. § 24, E.K. $5^2$.

[34]) E. § 5, E.G.B. § 5, E.K. § 7, G. 25. 3. 04. Unzulässigkeit der Abhängigmachung des Rechtsweges von landesherrlicher Zustimmung für vermögensrechtliche Beziehungen zu Dritten, E. § $5^1$ a. 6, bay. A.G.G.B. a. $81^2$.

[35]) §§ 110, 114. — Aber auch diese Nachteile beseitigt das Haager Abkommen vom 17. 7. 05 für die Angehörigen der beteiligten Staaten. — Das Kriegsrecht (B. 7. 8. 4, S. 360) hat (vorläufig bis zum 30. 4. 17, B. 4. 1. 17), den im Auslande Wohnenden die Geltendmachung der nicht bei inländischen Niederlassungen vor dem 31. 7. 14 entstandenen vermögensrechtlichen Begehren derart genommen, daß auch die anhängigen Prozesse unterbrochen werden. Im Wege der Vergeltung Ausdehnung auf im Inlande befindliche ausländische Betriebe und Personen. Der Reichskanzler hat Ausnahmen zugelassen für Österreich-Ungarn (B. 20. 4. 15),

Im übrigen begründen im Bereiche der deutschen Gerichtsgewalt persönliche Eigenschaften keine Besonderheiten bezüglich der Anwendung des Prozeßrechts. Auch die Sonderstellung der Exterritorialen[36]) beruht nicht so sehr auf der Anwendung anderen Rechts, als auf der Befreiung von der Gerichtsgewalt.

## IV. System.

Einigkeit dürfte darüber bestehen, daß es vor der deutschen Zivilprozeßordnung keinem Gesetzes- oder Lehrwerk gelungen ist, ein wissenschaftlichen Anforderungen entsprechendes System des Zivilprozeßrechts zu schaffen. Die gemeinrechtlichen Systeme sind ebenso unzulänglich wie die des französischen Rechts.

Auch das System der deutschen Zivilprozeßgesetzgebung kann nicht befriedigen.[37]) Aber mit ihrem Erscheinen haben die Bestrebungen nach der Herstellung eines Systems des Zivilprozeßrechts im Deutschen Reich und in Österreich mit neuer Kraft eingesetzt, zu einem durchschlagenden Erfolge aber noch nicht geführt. Diese Arbeit darf aber nicht erlahmen. Denn da die Zusammenfassung des Wissens durch ein auf Begriffen beruhendem System das Merkmal jeder Wissenschaft ist, so kann auch die Prozeßrechtslehre des Systems nicht entraten, wenn sie zu den Wissenschaften gerechnet werden will.

Zunächst muß das System des Zivilprozeßrechts auf den aus den Sätzen dieses Rechts selbst zu entwickelnden Begriffen aufgebaut werden und nicht auf von außen hineingetragene Begriffe, wie es Prozeßrechtsverhältnis und Rechtsschutzanspruch sein dürften.[38])

---

Schweiz (V. 25. 6. 15 unter Ausschluß der dort wohnenden Angehörigen feindlicher Staaten), für Vollstreckbarkeitserklärung und Vollstreckung der Kostenentscheidungen aus den nicht feindlichen Staaten (V. 18. 2. 16) und für die Anrufung des Reichsgerichts in Konsulargerichtssachen (V. 31. 7. 16).

[36]) Unten § 6.

[37]) Das G.V. enthält Vorschriften des Verfahrens, z. B. §§ 186 ff, 194 ff. — Der allgemeine Teil der Z.P.O. enthält Vorschriften, die sich nur auf das Feststellungsverfahren beziehen, z. B. §§ 12 ff, §§ 59 ff., 64 ff., 91 ff., 146 ff. — Bestimmungen für das Feststellungsverfahren stehen im Zwangsvollstreckungsrechte, z. B. §§ 705, 706, 708—714. — Das Gesetz über die Zwangsversteigerung und Zwangsverwaltung ist nicht eingegliedert.

[38]) Non ex regula jus sumatur, sed est jure quod ex regula fiat, fr. 1 D. de R. J. 50, 17.

Im weiteren bedarf es der scharfen **Trennung** zwischen Privatrecht und -Prozeß, an der es sowohl im römischen wie im germanischen Rechte fehlte.

Auch darf der Begriff des Prozesses als eines fortschreitenden Vorgangs nicht dazu führen, die Darstellung der zeitlichen **Folge** der Prozeßhandlungen in den Vordergrund zu stellen, da zunächst das Ziel erkannt werden muß.

Vor allem aber bedarf das Zivilprozeßrechtssystem wie jedes Rechtssystem der **Zerlegung** in einen besonderen und in einen allgemeinen Teil.

Der **besondere** Teil hat die einzelnen Hauptaufgaben des Zivilprozesses: Feststellungsverfahren (2. Buch), Zwangsvollstreckung (3. Buch) und Konkurs (4. Buch) zur Darstellung zu bringen.

Den **allgemeinen** Teil müssen diejenigen Lehren bilden, welche eine über die einzelnen besonderen Teile hinausgehende Bedeutung zu beanspruchen haben Da jedes zivilprozessuale Verfahren aus Handlungen besteht, bei welchem einerseits die Gerichtsorgane, andererseits die Parteien beteiligt sind,[39]) so müssen im allgemeinen Teil Gericht, Parteien und Verfahren in bezug auf das behandelt werden, was für alle besonderen Aufgaben des Zivilprozesses in Betracht kommt.[40])

## § 5. Ausgewählte Literatur.

### 1. Rechtsgeschichte.

a) **Römisches Recht.**

**Bethmann-Hollweg**, Der Zivilprozeß des gemeinen Rechts in geschichtlicher Entwicklung, Bd. 1—3 (1864—66).

**Keller**, Der römische Zivilprozeß und die Aktionen. 6. Ausgabe von Wach (1883).

**Bekker**, Die Aktionen des römischen Privatrechts, 2 Bde. (1871—73).

**Wlassak**, Die römischen Prozeßgesetze, 2 Bde. (1888, 1891), und Litiskontestation im Formularprozeß (1889).

**Czyhlarz**, Lehrbuch der Institutionen des römischen Rechts, 10. Aufl. (1908).

**Girard**, Manuel élémentaire de droit romain. Übersetzung von v. **Mayr** (1908).

**Engelmann**, Der Zivilprozeß, Bd. 2, Heft 2 (1891).

---

[39]) Oben § 2. A. 1.

[40]) Zweifelhaft bleibt namentlich ob und inwieweit Verhandlung und Entscheidung in den allgemeinen Teil gehören. Ihre Hauptbedeutung haben sie für das Feststellungsverfahren. Sie kommen aber auch für Zwangsvollstreckung und Konkurs in Betracht.

b) Germanisches Recht.

Bethmann-Hollweg, a. a. O., Bd. 4 und 5 (1868, 1871).

J. W. Planck, Das deutsche Gerichtsverfahren im Mittelalter, 2 Bde. (1879).

Brunner, Grundzüge der deutschen Rechtsgeschichte, 6. Aufl. (1913).

Engelmann, a. a. O., Bd. 2, Heft 1 (1890).

c) Italienisches Recht.

Bethmann-Hollweg, a. a. O., Bd. 5 und 6 (1871, 1874).

Briegleb, Einleitung in die Theorie der summarischen Prozesse (1859).

Wach, Der italienische Arrestprozeß (1868).

Engelmann, a. a. O., Bd. 2, Heft 3 (1895).

d) Kanonisches Recht.

Bethmann-Hollweg, a. a. O, Bd. 6 (1874).

Engelmann, a. a. O., Bd. 2, Heft 3, Abschn. 1—4.

e) Gemeines Prozeßrecht.

Wetzell, System des ordentlichen Zivilprozesses, 3. Aufl. (1878).

Engelmann, a. a. O., Bd. 2, Heft 3, Abschn. 5—7.

f) Französisches Recht.

Garsonnet, Traité théorique et pratique des procédures, 8 Bde., 2. Aufl. (1898—1904).

Engelmann, a. a. O., Bd. 2, Heft 3, Abschn. 8.

g) Deutsche Partikularrechte.

Schwartz, Vierhundert Jahre deutscher Zivilprozeßgesetzgebung (1898).

Koch, Der preußische Zivilprozeß, 2. Aufl. (1855).

Leonhardt, Hannoversches Prozeßrecht, 3. Aufl. (1861).

Canstein, Österreichisches Zivilprozeßrecht, 2 Bde., 3. Aufl. (1905).

Klein, Vorlesungen über die Praxis des Österreichischen Zivilprozesses (1900).

Rintelen, Österreichisches Konkursrecht (1910).

Engelmann, a. a. O, Bd. 2, Heft 3, Abschn. 9.

## 2. Materialien.

Hahn-Mugdan, Die gesamten Materialien zu den Reichsjustizgesetzen, 8 Bde.

## 3. Kommentare.

a) Zur Zivilprozeßordnung.

L. Seuffert, 2 Bde., 11. Aufl. (1910). Besonderer Kommentar zu der B. v. 9. 9. 15 (1916).

Gaupp-Stein, 2 Bde., 10. Aufl. (1911), mit Anhängen für das Landesrecht in Baden, Bayern, Elsaß-Lothringen, Preußen, Königreich Sachsen, Württemberg.

Foerster-Kann, 1. Bd., 3. Aufl. (1913), 2. Bd. im Erscheinen.

Struckmann-Koch, 8. Aufl. (1901).

b) Zur Konkursordnung.

Wilmowski-Kurlbaum-Kühne, 6. Aufl. (1906).
Jaeger, 2 Bde, 5. Aufl. (1916).

c) Zum Zwangsversteigerungsgesetz.

Fischer-Schaefer (Krech und Fischer), 2. Aufl. (1910).
Jäckel-Güthe, 5. Aufl. (1915).

d) Zum Anfechtungsgesetz.

Hartmann-Meikel, 6. Aufl. (1913).

## 4. Handausgaben.

Textausgabe der gesamten Zivilprozeß- und Konkursgesetzgebung von Heinsheimer (mit landesrechtlichen Ergänzungen), 4. Aufl. (1913), und im Beckschen Verlage, 8. Aufl. (1912), hier aber Konkursordnung und Zwangsversteigerungsgesetz abgetrennt. Umfangreicher Kayser mit den preußischen Ergänzungen, 7. Aufl. (1910).

a) Zur Zivilprozeßordnung und dem Gerichtsverfassungsgesetz.

Sydow-Busch, 14 Aufl. (1913) mit Nachtrag von 1915.
Freudenthal, 3. Aufl. (1910) mit Nachtrag.

b) Zur Konkursordnung und dem Anfechtungsgesetz.

Sydow-Busch, 12. Aufl. (1916).
Harburger, 2. Aufl. (1907).

c) Zum Zwangsversteigerungsgesetz.

L. Fischer, 8 Aufl. (1916).

## 5. Lehrbücher.[1]

a) Zivilprozeß ohne Konkurs.

Wach, Handbuch, nur Band 1 (1885).
Hellwig, System, ohne Zwangsvollstreckung (1912).
Weismann, Lehrbuch, 2 Bde. (1903, 1905).
Fitting, Der Reichszivilprozeß, 13. Aufl. (1909).
R. Schmidt, Lehrbuch, 2. Aufl. (1906).
Kleinfeller, Lehrbuch, 2. Aufl. (1910).
Kisch, Deutsches Zivilprozeßrecht (Sammlung Göschen), 3 Bändchen (1909).

[1]) Allgemeine Erörterungen, auf die gelegentlich verwiesen wird, finden sich in folgenden Schriften des Verfassers dieses Lehrbuchs: Über Wachs Handbuch des Zivilprozesses, Z.Z.P. 10, 406—436 (1886), Lehrbuch des preußischen Privatrechts, 6. Teil, Privatrecht und Rechtsschutz, 688—797 (1887), Recht und Rechtsschutz, Heft 6 v. Bekker u. Fischer, Beiträge zur Erläuterung und Beurteilung des Entwurfes eines B.G.B. (1889).

b) Konkurs.

L. Seuffert, Deutsches Konkursrecht (1899).

Fitting, Reichskonkursrecht und Konkursverfahren, 3. Aufl. (1904).

Kleinfeller, Lehrbuch (1912).

Kohler, Leitfaden, 2. Aufl. (1903).

## 6. Anleitungen für die Praxis.

Stein, Aktenstücke zur Einführung in das Prozeßrecht, Zivilprozeß, 7. Aufl. (1910).

Hellwig, Zivilprozeß-Praktikum, 4. Aufl. (1911).

Heinzheimer, Typische Prozesse, 2. Aufl. (1908).

Stölzel, Schulung für die zivilistische Praxis, 1. Teil, 8. Aufl. (1909), 4. Aufl. (1906).

Ebert, Das amtsgerichtliche Dezernat, 10. Aufl. (1913).

## 7. Sammlungen von Entscheidungen.

Entscheidungen des Reichsgerichts in Zivilsachen.

Sammlung von Entscheidungen des Obersten Landesgerichts für Bayern in Zivilsachen.

Falkmann und Mugdan, Die Rechtsprechung der Oberlandesgerichte.

Juristische Wochenschrift.

## 8. Zeitschriften und Sammlungen von Abhandlungen.[1])

Zeitschrift für Zivilprozeß, herausgegeben von Vierhaus und Schulzenstein.

Archiv für die zivilistische Praxis, herausgegeben von der Tübinger Juristenfakultät.

Beiträge zur Erläuterung des deutschen Rechts, herausgegeben von Gruchot.

Iherings Jahrbücher für die Dogmatik des Bürgerlichen Rechts.

Abhandlungen zum Privatrecht und Zivilprozeß des Deutschen Reiches, herausgegeben von O. Fischer.

[1]) Zivilprozessualische Arbeiten finden sich auch in anderen privatrechtlichen Zeitschriften und in Zeitschriften allgemeinen Inhalts.

# I. Buch.

# Allgemeines.

## 1. Abschnitt.

## Verfassung der streitigen Zivilgerichtsbarkeit.[1])

### § 6. Gerichtsgewalt.

Die Gerichtsgewalt als Teil der Staatsgewalt ist das Recht und die Pflicht des Staates, Handlungen der Rechtspflege vorzunehmen. Sie steht im Deutschen Reiche sowohl dem Reich wie auch Kraft eignen Rechts den Bundesstaaten zu.

Der örtliche Umfang der Gerichtsgewalt des Reiches wird durch die Reichsgrenzen zu Lande und im Küstenmeer bestimmt. Doch erweitert er sich nach Vorschriften des Staats- und Völkerrechts durch die Befugnis zur Ausübung von Gerichtsgewalt in den Bezirken der deutschen Konsulargerichte, den deutschen Schutzgebieten, den Geschäftsräumen der deutschen Gesandtschaften, den besetzten feindlichen Gebieten, sowie auf Wasser- und Luftfahrzeugen und bei Truppen im Auslande.[2])

Andererseits bestehen Beschränkungen durch die örtliche Exterritorialität, wie sie für die fremdstaatlichen Gesandtschaftsräume (franchise de l'hotel) und Kriegsschiffe anerkannt sind.[3])

Die in der Staatsgewalt eines Bundesstaates[4]) liegende Gerichtsgewalt wird durch die Landesgrenzen örtlich festgelegt. Aber auch hier sind dieselben Erweiterungen und Ausnahmen zu berücksichtigen wie bei der Gerichtsgewalt des Reiches.[5])

Dem einzelnen Gericht ist die Ausübung der Gerichtsgewalt für den ihm zugewiesenen sachlichen Geschäftskreis derart auf seinen

---

[1]) Für Pr. Allgemeine Darstellung der Gerichtsverfassung in Preußen. Bearbeitet im Justizministerium (1914).

[2]) Ullmann, Völkerrecht (1908), 190, 228 ff., 289, 291 f., 298 ff., 314, Holtzendorff, Handbuch des Völkerrechts II, 664. Bei deutschen Gesandtschaftsräumen und Schiffen handelt es sich aber nicht um volle Ausübung einer Gerichtsbarkeit.

[3]) Ullmann, 189.

[4]) In Elsaß-Lothringen übt der Kaiser die Staatsgewalt aus. G. 31. 5. 11 a. II § 1.

[5]) Konsularbezirke und Schutzgebiete kommen nicht in Betracht.

örtlichen Bezirk beschränkt, daß es nur in diesem Amtshandlungen vornehmen darf. Indessen sind Grenzüberschreitungen bei Gefahr im Verzuge unter bloßer Anzeige an das Amtsgericht des Bezirks und sonst mit Zustimmung dieses Gerichts gestattet.[6])

Ungeachtet dieser Grenzen erstreckt sich aber auch die Gerichtsgewalt der Landesgerichte insofern auf das ganze Gebiet der Reichsgerichtsgewalt, als sie in diesem Zustellungen, insbesondere Ladungen und Vollstreckungen veranlassen und dazu die Mitwirkung auch der Gerichtsvollzieher der anderen Staaten, sowie die Vermittelung der Gerichtsschreiber für Aufträge an die Gerichtsvollzieher in Anspruch nehmen können,[7]) als für das Gebiet der ordentlichen Gerichtsbarkeit die Vornahme richterlicher Handlungen im Wege der Rechtshilfe[8]) durch die Gerichte[9]) der andern Staaten gesichert ist und als vor allem die rechtlichen Wirkungen ihrer Handlungen innerhalb ihrer reichsrechtlichen Wirksamkeit eintreten, ohne daß die der Wirksamkeit ausländischer Gerichtshandlungen gesetzten Schranken[10]) in Frage kommen.

Durch die örtliche Begrenzung der Gerichtsgewalt mit ihren Erweiterungen und Beschränkungen allein ist aber die Zulässigkeit des deutschen Rechtswegs für die einzelnen Angelegenheiten oder ihre Zugehörigkeit zur deutschen Reichs- oder Landesgerichtsbarkeit noch nicht ohne weiteres gegeben. Diese beruht vielmehr auf der unter Berücksichtigung der für die staatliche Gebiets- und Personenhoheit maßgebenden Grundsätze aufgestellten Zuständigkeitsordnung für die Gerichte[11]) mit ihrer Anknüpfung an Personen, Sachen und Ereignisse. Ist nach dieser ein deutsches Gericht für eine Angelegenheit zuständig, so besteht die deutsche Gerichtsgewalt auch für die beteiligten Ausländer oder im Auslande Wohnenden oder sich Aufhaltenden. Fehlt es dagegen an einer solchen Zuständigkeit, so erstreckt sich die Gerichtsbarkeit nicht auf die Angelegenheit, auch wenn Inländer oder im Inlande Wohnende bezw. Sichaufhaltende beteiligt sind.

---

[6]) G.V. § 167. [7]) G.V. §§ 161, 162.

[8]) Unten § 12.

[9]) Auch die landesrechtliche Verpflichtung anderer Behörden zur Mitteilung von Akten an Gerichte ist auf die Mitteilung an Gerichte oder Bundesstaaten ausgedehnt, G.V. § 169.

[10]) Z.V. § 328.

[11]) Zunächst unten § 11, ferner unten §§ 37, 38, 87—91, 93, 116.

Ausnahmen bestehen aber in persönlicher Hinsicht durch die von dem Völkerrecht und dem Staatsrecht gewährten Befreiungen (Exemtionen) von der Gerichtsgewalt.

Eine solche liegt nach Völkerrecht in der persönlichen Exterritorialität von Ausländern. Diese macht alle Gerichtshandlungen gegen den Exterritorialen, insbesondere Klagen, auch Widerklagen sowie Vollstreckungen, auch Arrest und Konkurs unzulässig, soweit nicht auf die Befreiung verzichtet oder der Handlung zugestimmt wird. Dagegen läßt sie dem Exterritorialen die inländische Rechtsverfolgung, so daß die dagegen gegebene Rechtsverteidigung und die damit verbundenen Betriebshandlungen, wie Zustellungen und Ladungen gegenüber dem Exterritorialen zulässig bleiben, und nur, wenn sie an seine Person gerichtet sind, der diplomatischen Vermittlung bedürfen. Das Reichsrecht gibt die Befreiung von der Gerichtsgewalt des Reiches und aller Bundesstaaten den Chefs und Mitgliedern der bei dem Reich beglaubigten Missionen, ihren Familienmitgliedern, ihrem Geschäftspersonal und ihren nicht deutschen Bediensteten. Wenn sie aber Reichsangehörige sind, haben sie nur dann Exterritorialität, wenn sich der Staat, dem sie angehören, der Gerichtsbarkeit über sie begeben hat.[12])

Diese Befreiungen erstrecken sich jedoch nicht auf den, Grundstücke und anderes liegende Gut betreffenden ausschließlich dinglichen Gerichtsstand.[13])

Konsuln sind nur auf Grund von Verträge des Reiches befreit.[14])

Entsprechende Befreiungen von der Gerichtsgewalt eines Bundesstaates haben die bei ihm beglaubigten, von der Gerichtsgewalt des Reiches nicht ausgenommenen Gesandten und gegenüber Preußen die nichtpreußischen Mitglieder des Bundesrats.[15])

Nach einem Völkerrechtssatz, der auch im Deutschen Reich gewohnheitsrechtlich anerkannt ist,[16]) haben ferner im Friedensstande eine un-

[12]) G.V. § $18^{1}$, 19.

[13]) G.V. § 20 mit Z. § 24.

[14]) G.V. § 21.

[15]) G.V. § $18^{2}$.

[16]) Grundlage der Kanonische Satz: Par in parem non habet imperium, vergl. Loening, Die Gerichtsbarkeit über fremde Staaten und Souveräne, O. Fischer, Verfolgung vermögensrechtlicher Ansprüche gegen ausländische Staaten (Breslauer Festgabe für Brie), sowie die oben § 2 A. 8 angeführte Schrift.

umschränkte Exterritorialität die ausländischen Staaten und ihre Oberhäupter,[17]) unbeschadet ihrer Befugnis, darauf zu verzichten.

Die Mitglieder der inländischen landesherrlichen und gleichgestellten Familien haben die Befreiungen, welche Landesrecht oder Hausverfassung gewähren.[18])

Die Gerichtsgewalt des Staates (Reiches oder Bundesstaates) ist derart ausschließlich, daß die Ausübung der Gerichtsbarkeit durch andere verboten und als Vornahme von Handlungen, welche nur kraft Ausübung eines öffentlichen Amtes vorgenommen werden dürfen, strafbar ist.[19])

Das gilt nicht nur für Privatpersonen, sondern auch für Gerichte und andere Behörden fremder Staaten, soweit sie außerhalb der völkerrechtlichen Erweiterungen des Gebiets ihrer Gerichtsgewalt[20]) handeln. Dagegen können sich die Wirkungen von Urteilen und anderen Handlungen ausländischer Gerichtsbarkeit auch auf das Inland erstrecken, soweit die im Deutschen Reich geltenden Grundsätze des internationalen Rechts solches rechtfertigen.[21]) Auch kann der ausländischen Gerichtsbarkeit Rechtshilfe geleistet werden.[22])

Durch das Verbot der Ausübung der Gerichtsbarkeit durch Private ist die schiedsrichterliche Tätigkeit nicht ausgeschlossen, weil sie keine Ausübung von Gerichtsbarkeit ist.[23])

Kirchliche Gerichtsbarkeit ist als solche nicht verboten. Sie ist aber in den „weltlichen" Angelegenheiten, d. h. denjenigen Angelegenheiten, welche der Staat zu seinem Gebiete rechnet, besonders in Ehe- und Verlöbnissachen, ohne eine vom Staate anzuerkennende Wirkung.[24])

Gemeindegerichtsbarkeit besteht nur noch außerhalb der ordentlichen Zivilgerichtsbarkeit.[25])

---

[17]) Diese Exterritorialität haben auch die Bundesstaaten und ihre Häupter gegenüber der Gerichtsgewalt der anderen Bundesstaaten. Gegenüber der Gerichtsbarkeit des eigenen Staates und der Gerichtsbarkeit des Reiches greift dieser Gesichtspunkt nicht durch.

[18]) E G V. § 5, unten § 16. — Den Landesherrn selbst schützt seine verfassungsmäßige Unverletzlichkeit (pr. Vf.U. a. 43) nicht nur vor der Strafgerichtsbarkeit, sondern vor aller Ausübung einer Gerichtsgewalt gegen seine Person. — Die im E.G.V. § 7 gegebenen Befreiungen der Standesherren durch das Recht auf Austräge (judicium parium) und der Militärpersonen durch die Unterstellung unter die Militärgerichtsbarkeit beziehen sich nicht auf die ordentliche streitige Zivilgerichtsbarkeit

[19]) G.V. § 15 [1], St.G.B. § 132. [20]) Oben A. 2.

[21]) v. Bar, Theorie und Praxis des internationalen Rechts, 2, 409 ff.

[22]) Unten § 12. [23]) Oben § 1 A. 11. [24]) G.V. § 15 [3]. [25]) Unten § 16.

Abgeschafft ist auch die auf der Grundherrlichkeit der Eigentümer beruhende, von der staatlichen Gerichtsbarkeit abgezweigte Patrimonialgerichtsbarkeit.[26])

Wenn nun auch die Gerichtsgewalt ein Teil der höchsten Staatsgewalt ist,[27]) so besteht doch das Verbot der sogenannten Kabinettsjustiz. Der Träger der Staatshoheit darf die Gerichtsgewalt grundsätzlich nur durch die vom Staate nach Maßgabe der Rechtsordnung eingerichteten ordentlichen Gerichte und sonstige Organe der ordentlichen Gerichtsbarkeit ausüben lassen, welche dabei im Namen der höchsten Staatsgewalt handeln.[28])

Es ist der Staatsgewalt nicht gestattet, im Verordnungswege den ordentlichen Gerichten Angelegenheiten zu entziehen und besonderen Behörden (Ausnahmegerichten) zu überweisen.[29])

Das bezieht sich aber nur auf die streitige Gerichtsbarkeit im engeren Sinne, und nicht auf die freiwillige Gerichtsbarkeit und die Justizverwaltung. Auch ist dadurch nicht ausgeschlossen, daß nach gesetzlicher Bestimmung gewisse Handlungen der Gerichtsbarkeit vom Träger der Staatsgewalt oder durch andere Behörden vorgenommen werden dürfen.[30])

Das Landesrecht kann auch Angelegenheiten der streitigen Zivilgerichtsbarkeit besonderen Gerichten zuweisen, soweit sie in den reichsrechtlich bestimmten Geschäftskreis der vom Reichsrecht zugelassenen besonderen Gerichte fallen.[31])

Das Landesrecht kann ferner, soweit nicht das Reichsrecht im einzelnen entgegensteht, ebenso wie das Reichsrecht Angelegenheiten, die nach ihrer Beschaffenheit zur ordentlichen streitigen Gerichtsbarkeit gehören würden, also auch rein privatrechtliche Begehren, dieser entziehen und nicht nur Verwaltungsgerichten, sondern auch

---

[26]) G.O. § 15² nennt sie Privatgerichtsbarkeit. — Beseitigt ist auch die besondere Universitätsgerichtsbarkeit und die Tätigkeit der Juristenfakultäten als Spruchkollegien (Schöffenbank) im Dienste der staatlichen Gerichtsbarkeit.

[27]) Daher erforderlichenfalls die Unterstützung durch Heer und Polizei nach Maßgabe der §§ 172, 378, 380⁴, 758, 790, 912 und des Landesrechts.

[28]) G.V. §§ 1, 12, 13, 15¹.

[29]) G.V. § 16. „Niemand darf seinem gesetzlichen Richter entzogen werden." Der dort gemachte Vorbehalt für Kriegs- und Standgerichte bezieht sich nicht auf die streitige Zivilgerichtsbarkeit. Pr. Verf.U a. 7.

[30]) Unten § 15. [31]) G.V. § 13, unten § 16.

sonstigen Verwaltungsbehörden zur Erledigung überweisen, womit sie dann die Eigenschaft der Zivilprozeßsache verlieren.[32])

Endlich muß aber auch, ohne daß dieses reichsgesetzlich besonders bestimmt wurde, angenommen werden, daß nicht bloß das Reichsrecht, sondern auch das Landesrecht eine Angelegenheit der streitigen Zivilgerichtsbarkeit dadurch entziehen kann, daß sie solche der freiwilligen Gerichtsbarkeit oder der Strafgerichtsbarkeit[33]) zur endgültigen und ausschließlichen Erledigung überweist.

Die ordentlichen Gerichte sind bei Ausübung der ordentlichen streitigen Gerichtsbarkeit unabhängig von den Weisungen der Staatsgewalt, insbesondere der Justizverwaltung, verfahren vielmehr, soweit die Rechtsordnung Spielraum läßt, nach eigenem pflichtmäßigem Ermessen.[34])

Andere Arten der Gerichtsbarkeit (freiwillige, besondere, Verwaltungsgerichtsbarkeit) sowie Geschäfte der Justizverwaltung können ihnen übertragen werden, nicht aber andere Staatsgeschäfte (Verwaltungsgeschäfte).[35])

## § 7. Ordentliche Gerichte.

Die Mehrheit der Arten ordentlicher Gerichte[1]) beruht zum Teil darauf, daß die zu erledigenden Angelegenheiten mit Rücksicht auf die Beschaffenheit des Gegenstandes und die Aufgabe des Verfahrens von vornherein verschiedenen Gerichten zugewiesen sind; zum anderen Teil aber auf dem Instanzenzug (Rechtszug), nach welchem eine Angelegenheit zu einer zweiten oder sogar dritten Entscheidung an ein höheres Gericht gebracht werden kann.

Mit Ausnahme der mit Einzelrichtern[2]) besetzten Amtsgerichte sind die Gerichte Kollegialgerichte, welche als solche nur im Zusammenwirken mehrerer Richter handeln können.[3])

Für die ordentliche Reichsgerichtsbarkeit besteht nur das Reichsgericht in Leipzig.[4])

---

32) G.V. § 13. 33) Oben § 1 A. 22. 34) G.V. § 1.

35) E.G.V. § 4. — Dagegen ist dem Richter die Übernahme eines Verwaltungsamtes nicht verboten.

1) G.V. § 12.

2) Das ein Kollegium bildende Schöffengericht kommt nur für Strafsachen in Betracht.

3) G.V. §§ 22¹, 59, 120, 132.

4) G.V. § 125, G. 11. 4. 1877.

Für die *Landesgerichtsbarkeit* bestehen Oberlandesgerichte,[5]) Landgerichte und Amtsgerichte mit bestimmten Sitzen und Bezirken,[6]) außerdem für Bayern das oberste Landesgericht in München.[7]) Die *Bezirke* der Landesgerichte sind örtlich derart abgegrenzt, daß sie das Staatsgebiet eines Bundesstaats oder einen Teil davon umfassen. Durch Staatsverträge sind aber sowohl gemeinsame Gerichte mehrerer Bundesstaaten gebildet, als auch Gebiete eines Bundesstaats an das Gericht eines andern angeschlossen.[8])

Innerhalb der ordentlichen streitigen Zivilgerichtsbarkeit ist die *erste* Instanz lediglich[9]) zwischen dem Amtsgericht und dem Landgericht geteilt. Mit Rücksicht darauf, daß der Einzelrichter billiger, einfacher und schneller arbeiten kann und über größere Ortskunde verfügt, sind den Amtsgerichten nicht nur geringwertige, einfache und der Beschleunigung bedürftige Prozesse im engeren Sinne,[10]) sondern auch fast die gesamte *außerhalb* des Rechtsstreits liegende Tätigkeit überwiesen, so daß den Landgerichten nur die Entscheidung der übrigen Prozesse im engeren Sinne verbleibt.

Das Landgericht ist zugleich die höhere Instanz gegenüber dem Amtsgericht. Das *Oberlandesgericht* ist höhere Instanz gegenüber dem Landgericht. Die höhere Instanz gegenüber dem Oberlandesgericht bildet das *Reichsgericht*, mit welchem aber in Bayern das *oberste Landesgericht*[11]) in Konkurrenz tritt.

[5]) Das O.L.G. Berlin führt die geschichtliche Bezeichnung Kammergericht, Erl. 1. 9. 79

[6]) Pr. G. 4. 3. 78, V. 26. 7. 78, 5. 7. 79, A.G.G.V. §§ 21, 37, 47. Für Groß-Berlin G. 16. 9 99. Bay. V. 2. 4. 79 — In Pr. umfassen die O.L.G.-Bezirke meistens eine Provinz. — Wegen der außerhalb des Gerichtssitzes abzuhaltenden Gerichtstage der Amtsgerichte pr. A.G.G.V. § 22.

[7]) Bay. A.G.G.V. a. 42. Pr. hat von der durch E.G.V. §§ 8—10 gegebenen Befugnis keinen Gebrauch gemacht.

[8]) Pr. Verträge mit Anhalt, beiden Lippe, Oldenburg, Waldeck und den Thüringischen Staaten. Pr Gebietsteile befinden sich nur bei den gemeinschaftlichen L.G. Meiningen und Rudolstadt, zum gem. O.L. Jena gehörig. Vgl. Allg. Darstellung der G.V. 64.

[9]) Anders bei der Strafgerichtsbarkeit u. freiw. Ger.

[10]) Oben § 2, A. 6.

[11]) Näheres unten § 60. — Außerhalb des Zivilprozesses hat das oberste Landesgericht für ganz Bayern im Allgemeinen diejenige Tätigkeit eines Oberlandesgerichts, welche, namentlich nach E.G.G.V. § 9, F.G. § 199, G.B.O. § 102 einem einzigen Gericht überwiesen werden kann (bay A.G.G.V. a. 42[2]) und welche in Pr. (insbesondere durch A.G.G.V. § 50, F.G. a. 7, 8) dem Kammergericht übertragen ist.

Es gibt höchstens drei Instanzen. Der Instanzenzug geht regelmäßig an das zunächst höhere Gericht, in dessen Bezirk das niedere liegt.[12])

Ein dienstliches Vorgesetztenverhältnis wird dadurch, daß ein Gericht dem anderen im Instanzenzuge vorgesetzt ist, nicht begründet.[13]) Das Gericht der niederen Instanz muß aber die von dem Gericht höherer Instanz innerhalb seiner Zuständigkeit vorgenommenen Entscheidungen und Anordnungen als zu Recht bestehend anerkennen und befolgen. Es ist aber, soweit dies nicht besonders vorgeschrieben ist,[14]) bei seinen eigenen Entscheidungen, selbst in der betreffenden Angelegenheit, nicht an die von der höheren Instanz ausgesprochene Rechtsanschauung gebunden.

## § 8. Gerichtspersonen.

I. Die bei den ordentlichen Gerichten tätigen Personen sind entweder Hauptpersonen oder Nebenpersonen, je nachdem ihr Vorhandensein für die Ausübung der Gerichtsbarkeit notwendig ist oder nicht. Als Hauptpersonen kommen nur in Betracht: Richter, Gerichtsschreiber und Gerichtsvollzieher. Alle übrigen Personen: Gerichtsdiener, Schreiber, Rechnungs- und Kassenbeamte, Gefängnisbeamte, angestellte Dolmetscher sind Nebenpersonen, deren Dienstverhältnis durch die Justizverwaltung geordnet wird.[1])

Sämtliche Gerichtspersonen werden vom Staat angestellt. Vorschlagsrechte Dritter sind für Richter durch das Reichsrecht ausgeschlossen.[2]) Sie unterstehen als unmittelbare Staatsbeamte, soweit nicht Ausnahmen gemacht sind, dem Beamtenrecht ihres Staates, und, soweit sie bei dem Reichsgericht angestellt sind, dem Reichsbeamtenrecht.[3])

II. Richter sind diejenigen Gerichtspersonen, welche allein oder zusammen mit anderen Richtern[4]) alle Rechtspflegetätigkeit

---

[12]) Die Ausnahmen im Zivilprozeß beschränken sich darauf, daß in Rechtshilfesachen und bei Ordnungsstrafen das Oberlandesgericht die zweite Instanz gegenüber dem Amtsgericht bildet G.V. §§ 160, 183.

[13]) Vgl. jedoch G.V. § 159², unten § 12.

[14]) Wie, übrigens abweichend vom französischen Recht, nach § 565².

[1]) Für Pr. Müller, Bd. 1 des unten § 16, A. 1 angeführten Werkes. — In Bay. für Diener VollzugsV. §§ 27—29, 33.

[2]) G.V. § 15².

[3]) G. 31. 3. 73 (auch für die Richter).

[4]) In Strafsachen auch mit Schöffen bezw. unter Teilung der richterlichen Tätigkeit mit den Geschworenen.

auszuüben haben, soweit sie nicht den Gerichtsschreibern oder den Gerichtsvollziehern übertragen ist. Man unterscheidet rechtsgelehrte Richter und Laienrichter, je nachdem die Stellung eine rechtsgelehrte Vorbildung voraussetzt oder nicht.

Die rechtsgelehrten Richter sind entweder ordentliche Richter und Hilfsrichter, je nachdem sie bei dem Gericht, an welchem sie tätig sind, eine feste Richterstelle innehaben oder nicht.

Für die Richter im allgemeinen sind besondere gesetzliche Eigenschaften nicht vorgeschrieben. Es werden daher zunächst nur die allgemeinen Beamteneigenschaften,[5]) inbesondere die Fähigkeit zur Bekleidung öffentlicher Ämter im Sinne des Strafrechts[6]) zu erfordern sein. Auch männliches Geschlecht erscheint als selbstverständliche[7]) Voraussetzung Eine allgemeine Altersgrenze ist nicht fest gestellt. Alle Richter leisten den Diensteid.[8])

1. Die ordentlichen rechtsgelehrten Richter sind bei den Kollegialgerichten in verschiedene Arten eingeteilt, nämlich in die an die Spitze der Gerichte gestellten Gerichtspräsidenten, die Abteilungsvorsitzenden (Senatspräsidenten, Landgerichtsdirektoren) und die einfachen Mitglieder (Räte, Landrichter).[9])

Bei den Amtsgerichten besteht dagegen nur die eine Art der Amtsrichter, in welcher auch diejenigen verbleiben, denen die allgemeine Dienstaufsicht übertragen ist, auch wenn ihnen nach Landesrecht eine gehobene Stellung gegeben wurde.[10])

Die für die Anstellung als ordentlicher rechtsgelehrter Richter nötigen besonderen Erfordernisse werden unter dem Ausdruck: „Fähigkeit zum Richteramt"[11]) zusammengefaßt.

Die ordentlichen reichsrechtlichen Erfordernisse sind: dreijähriges Universitätsstudium der Rechtswissenschaft, dreijähriger Vor-

[5]) Erwerb der Staatsangehörigkeit durch die Anstellung, R. u. St.A.G. § 14

[6]) St.G.B. §§ 31, 33–36, 358. Der Verlust zieht das Erlöschen des Amtes nach sich

[7]) Ausdrücklicher Ausschluß des weiblichen Geschlechts in Kaufm.G.G. § 10

[8]) Für Handelsrichter G.V. § 115. Für die Reichsrichter R.B.G. § 3, pr V. 26. 5. 67, bay A G.G V. a. 2—4, Vollzugs V. §§ 2[1], 7, 8, 37. V. 23. 8. 79 §§ 1, 2[1], 5, 6[1], 7, 8, 36, 37, 41.

[9]) G.V. §§ 58, 119, 126. pr. A.G.G.V. § 8, bay. A G.G.V. a. 43.

[10]) G.V. § 22, bay. Vollzugs V. §§ 2[2], 7, 8 pr. G. 10. 4. 92. In Pr. stehen im allgemeinen Landrichter und Amtsrichter in Rang und Gehalt gleich, A G.G.V. § 10.

[11]) G.V. § 2.

bereitungsdienst, beide mit einer Abschlußprüfung.[12]) Das Landesrecht kann die Zeiträume verlängern.[13]) Für das Rechtsstudium ist reichsrechtlich vorgeschrieben, daß drei Halbjahre auf einer deutschen Universität verbracht werden müssen, für den Vorbereitungsdienst, daß er bei Gerichten und Rechtsanwälten stattfinden muß und bei der Staatsanwaltschaft stattfinden kann. Das Landesrecht darf auch vorschreiben, daß der Vorbereitungsdienst bis zu einem Jahre bei Verwaltungsbehörden stattfinden muß oder kann. Die nähere Ordnung dieser Vorbedingungen ist dem Landesrecht überlassen.[14])

Außerdem haben die Fähigkeit zum Richteramt ohne weiteres die ordentlichen öffentlichen Lehrer des Rechts an einer deutschen Universität.[15])

Die Fähigkeit zum Richteramt gilt grundsätzlich für alle Bundesstaaten.[16]) Auch kann die in einem Bundesstaate bestandene erste Prüfung oder zugebrachte Vorbereitungszeit in jedem anderen Staate angerechnet werden. Eine Verpflichtung dazu besteht aber nicht.[17])

Die Ernennung der Mitglieder des Reichsgerichts erfolgt durch den Kaiser auf Vorschlag des Bundesrats und verlangt die Vollendung des 35. Lebensjahres.[18]) Im übrigen erfolgt die Ernennung nach Landesrecht, in Preußen und Bayern durch den König.[19])

Bezüglich der Dienstverhältnisse sichert das Reichsrecht lebenslange Anstellung, festes Gehalt mit Ausschluß von Gebühren zu.[20]) Es gestattet die Amtsenthebung oder Versetzung nur aus gesetzlichen Gründen und in gesetzlichen Formen, unbeschadet der infolge gewisser Ereignisse, z. B. der Untersuchungshaft von selbst eintretenden

---

[12]) In Pr. Ernennung zum Gerichtsreferendar auf Grund der ersten, zum Gerichtsassessor auf Grund der zweiten Prüfung, G. 6. 5. 69 §§ 5, 11. — In Bay. ohne besondere Ernennung Rechtspraktikanten bezw. geprüfte Rechtspraktikanten.

[13]) Pr. Verlängerung des Vorbereitungsdienstes, G. 6. 5. 69, § 6, A.G.G.B. § 1, bay. der Studienzeit vgl. A. 14.

[14]) Pr G. v. 6. 5. 69, A.G G.B. §§ 1, 2, 14 mit PrüfungsO. 17 6. 13. — Bay. B. 4. 7. 99, neu gefaßt mit B. 1. 8. 12, dazu VollzugsB. 25. 10. 10, geänd. 1. 8. 12 u. 8. 8 14, B. 4. 1. 01 u. 7. 1. 01 mit B. 15. 7. 09, 2. 3. 10, 21. 2. 14, dazu B. 5. 11. 07 (wirtschaftl. Ausbild.).

[15]) G.B. § 4. [16]) G B. § 5. [17]) G.B. § 3. [18]) G.B. § 127.

[19]) Pr. A.G.G.B. § 7 (B U. a. 87 gestattete auch Ernennung im Namen des Königs), Bay. A.G.G.B. a. 1[1].

[20]) G.B §§ 6, 7. Für die Richter des Reichsgerichts G. 15. 7. 09 mit G.B. § 130. Pr. A.G.G B. §§ 11, G. 29. 5. 07, Bf. 8. 2. 08, PensionsG, 27. 3. 72, zuletzt geändert durch G. 27. 5 07, Bf. 17. 3. 85. — Bay. GehaltsO. 6 9. 08.

vorläufigen Amtsenthebung,[21]) den ordentlichen Gerichtsweg wegen der vermögensrechtlichen Ansprüche aus dem Dienstverhältnisse.[22])

Jeder Richter wird bei einem bestimmten Gericht angestellt, doch können Landrichter zugleich Amtsrichter im Landgerichtsbezirk sein.[23])

2. Rechtsgelehrte Hilfsrichter sind solche, welche bei einem Gericht richterliche Tätigkeit ausüben, ohne bei ihm als ordentlicher Richter ständig angestellt zu sein.

Bei dem Reichsgericht und bei dem obersten Landesgericht in Bayern sind sie überhaupt unzulässig.[24]) Bei den Oberlandesgerichten dürfen nur ordentliche Richter eines anderen Gerichts Hilfsrichter sein.[25]) Für die Hilfsrichter der Landgerichte bestimmt das Reichsrecht Unwiderruflichkeit der Beiordnung bis zum Ablauf der festgesetzten Zeit oder bei Berufung auf unbestimmte Zeit bis zum Wegfall des betreffenden Bedürfnisses, sowie Feststellung der etwaigen Entschädigung im voraus für die ganze Dauer.[26]) Im übrigen, also auch hinsichtlich der Fähigkeit zum Hilfsrichter, ist das Landesrecht maßgebend.[27]) Dieses kann die Hilfsrichter bei den Landgerichten auf anderweit ständig angestellte Richter beschränken oder andere Einschränkungen festsetzen.[28]) Bezüglich der Hilfsrichter bei den Amtsgerichten ist, auch hinsichtlich der Befähigung, lediglich das Landesrecht maßgebend.[29])

---

21) G.V. § 8. — Wegen des Einflusses einer Änderung in der Gerichtsorganisation oder den Gerichtsbezirken G.V. § $8^3$, G. 1. 6. 09 a. 8. Für den Übergang E.G.V. § 13, pr. A.G.G.V. § 1.

22) G.V. § 9. — Für Bay. Wohnsitzpflicht A.G.G.V. a. 6, Ausschluß von Familienangehörigen bereits angestellter Richter oder Staatsanwälte bei Kollegialger. a. 5

23) G.V. § $58^2$.

24) G.V. § 134. Eine vorübergehende Ausnahme machte G. 22. 5. 10 a. 12 und G. 8. 12. 13.

25) G.V. § 122. 26) G.V. § $69^2$. 27) G.V. § 10.

28) G.V. § $69^3$. In Pr. Fähigkeit zum Richteramt und Gewährung einer Entschädigung, A.G. G.V.G. § 5 In Bay. nur ständig angestellte Richter, A.G.G.V. a. 33.

29) G.V. § 10. In Pr. keine notwendige Entgeltlichkeit und Unwiderruflichkeit. Die Gerichtsassessoren müssen bei dem Amtsgericht, dem sie überwiesen sind, unentgeltlich tätig sein. Auch Gerichtsreferendare können nach zweijährigem Vorbereitungsdienste richterliche Geschäfte wahrnehmen, jedoch nur mit erheblichen Einschränkungen, insbesondere dem Verbot der Urteilsfällung, das überhaupt von der Richtertätigkeit bei der Verhandlung eines Rechtsstreits ausschließt, A.G.G.V. §§ 2—4. In Bay. auch hier ständig nur angestellte Richter, A.G.G.V. a. 20.

3. Die Handelsrichter müssen den Kaufleuten[30]) entnommen werden, denen an Seeplätzen die Schiffahrtskundigen hinzutreten. Sie müssen die Reichsangehörigkeit besitzen und 30 Jahre alt sein. Sie sollen im Gerichtsbezirk wohnen oder geschäftlich tätig sein und dürfen in der Verfügung über ihr Vermögen nicht gerichtlich beschränkt sein.[31]) Ihre Ernennung erfolgt jedesmal für drei Jahre[32]) auf gutachtlichen Vorschlag der Vertretung des Handelsstandes. Ihr Amt ist ein Ehrenamt und daher unentgeltlich zu verwalten.[33]) Bei Verlust der erforderlichen Eigenschaften werden sie durch den ersten Zivilsenat des Oberlandesgerichts ihres Amtes enthoben.[34]) Im übrigen sind die Handelsrichter in Rechten und Pflichten den ordentlichen rechtsgelehrten Richtern gleichgestellt.[35]) Für die Stellvertreter gelten die gleichen Grundsätze wie für die ordentlichen Handelsrichter.[36])

III. Die Gerichtsschreiber[37]) haben als Hauptaufgabe die Verwaltung der Gerichtsschreibereien[38]) mit ihrem Akten- und Listenwesen, die Aufnahme und Entgegennahme von Parteigesuchen,[39]) die Vermittelung von Aufträgen an die Gerichtsvollzieher,[40]) die Aufnahme der Verhandlungsniederschriften (Protokolle),[41]) sowie die Fertigung anderer Zeugnisse und Beurkundungen und Abschriften,[42]) auch die Besorgung des Amtsbetriebs;[43]) in einzelnen Fällen üben sie auch eine entscheidende Tätigkeit.[44]) Die Erfordernisse und Dienstverhältnisse regelt für die Landesgerichte das Landesrecht.[45])

---

30) Einschließlich der ins Handelsregister eingetragenen Gesellschaftsvorstände und Geschäftsführer.

31) G.V. §§ 113, 114.

32) G.V. § 112. In Pr. u. Bay. durch den König, pr. A.G.G.V. § 7 bezw. bay. A.G.G.V. a. 1¹. Den Vorschlag machen in Pr. u. Bay. regelmäßig die Handelskammern, pr. Vf. 10. 12. 03, bay. A.G.G.V. a. 1², V. 13. 9. 79.

33) G.V. § 111. 34) G.V. § 117.

35) G.V. § 116, pr. A.G.G.V. § 7.

36) In Pr. ebensoviele Stellvertreter wie ordentliche Handelsrichter Vf. 26. 7. 09 § 3².

37) Actuarius, secretarius, protonotarius, greffier.

38) Unten § 10 II. 39) §§ 133, 216, 364, 443, 118.

40) §§ 166², 753². 41) §§ 163, 165.

42) §§ 315², 316, 706, 299. 43) §§ 209, 377.

44) Kostenfestsetzung § 104, Vollstreckungsbefehl § 699, Vollstreckungsklausel § 725.

45) Pr. A.G.G.V. § 68, G. 3. 3. 79, pr. G.F.G. a. 131, GerichtsschreiberO. 5. 6. 13. Sie sind mittlere Beamte mit fester Besoldung. Die Anstellung erfordert dreijährigen Vorbereitungsdienst und eine Prüfung. Es genügt aber auch die erste juristische Prüfung und zweijähriges Referendariat. Die Tätigkeit als Gerichtsschreiber können auch Gerichtsschreibergehilfen, im Vorbereitungsdienst Befindliche und Referen

IV. Die Gerichtsvollzieher, welche dem französischen huissier nachgebildet wurden, sind mit der Zustellung und Vollstreckung in bezug auf Sachen und Personen[46]) beschäftigt. Die Erfordernisse für die Anstellung und das Dienstverhältnis werden durch die Justizverwaltung geregelt,[47]) die auch zu bestimmen hat, ob die Kosten, welche nach Reichsrecht[48]) für die Tätigkeit der Gerichtsvollzieher zu erheben sind, in die Staatskasse fließen oder dem Gerichtsvollzieher selbst ganz oder teilweise zufallen.[49])[50])

In den Angelegenheiten, für welche der Gerichtsvollzieher zuständig ist, können sich die Parteien ebenso unmittelbar an ihn wenden wie sie den Richter oder Gerichtsschreiber in den durch diese zu erledigenden Angelegenheiten angehen können[51]) Der Gerichtsvollzieher tritt auch zu der Partei, welche sich an ihn wendet, trotz des vom Gesetz für den Antrag gebrauchten, mißverstandenen Ausdrucks „Auftrag",[52]) ebensowenig in ein privatrechtliches Vertragsverhältnis, wie sie in ein solches zu dem Richter oder Gerichtsschreiber tritt, bei welchem sie eine Rechtspflegehandlung beantragt. Auch der Gerichtsvollzieher übt im Rahmen seines Geschäftskreises die staatliche Gerichtsgewalt ebenso aus wie der Richter oder Gerichtsschreiber. Er ist gleich ihnen Organ des Staats und nicht Parteiwerkzeug[53])

---

bare versehen. Im Notfalle kann auch eine besonders zu vereidigende Person zugezogen werden — Bay A G.G.V a 60, 61, 64, Vollzugs V. §§ 17, 23, 25, 26, V 1. 2. 80, 1. 3. 88, 28. 12. 12. — Nach Kriegsrecht Gehilfinnen, V. 14 12. 16.

[46]) §§ 166, 753

[47]) G V. § 155 Pr. A.G G V. § 73, Bay. A.G.G V. a. 65.

[48]) Unten § 32. [49]) Geb O für Gerichtsvollzieher, § 24 Nr. 2.

[50]) Bay. Gerichtsv O. 16 12. 99. — Pr. A.G G.V. § 73, Gerichtsv O. 23. 3. 14. Sie sind in Pr. mittlere Beamte mit fester Besoldung, Gebührenanteil und Entschädigungen. 9monatiger Vorbereitungsdienst. Die Prüfung kann durch die Gerichtsschreiberprüfung ersetzt werden. Zur Ergänzung und Vertretung dienen geprüfte Anwärter als Gerichtsvollzieher. Kraft Auftrags und für amtliche Aufträge auch Gerichtsdierer als Hilfsgerichtsvollzieher.

[51]) Wegen Vermittelung des Gerichtsschreibers s. oben A. 39.

[52]) §§ 166, 753.

[53]) Krech u. Fischer, Kommentar zur Zwangsvollstreckung in das unbewegl. Vermögen (1884) 604; O. Fischer, pr Privatrecht, 797 u. in Iherings J. 38, 371. Das Reichsgericht hatte sich durch den Plenarbeschluß v. 10. 6. 86 auf die entgegengesetzte, sogenannte Mandatstheorie festgelegt, R. 16, 396. Erst durch den Plenarbeschluß v. 2. 6. 13, R. 82, 85 hat es sich der richtigen Meinung (sog. Amtstheorie) angeschlossen, allerdings zunächst nur für die Vollstreckung.

V. Die Haftung aller Gerichtsbeamten (auch der Gerichtsvollzieher) gegenüber den durch ihr amtliches Verhalten Geschädigten, sowie die Haftung des Staates für sie richtet sich nach den allgemeinen Grundsätzen über Beamtenhaftung. Nach diesen macht aber das Verhalten bei einem Urteil in einer Rechtssache nur haftbar, soweit es strafbar ist, es sei denn, daß es sich um Weigerung oder Verzögerung handelt.[54])

## § 9. Ausschluß der Gerichtspersonen von der einzelnen Sache.

Eine Gerichtsperson[1]) ist an der Behandlung einer Angelegenheit rechtlich verhindert,[2]) wenn zwischen ihr und dieser Angelegenheit oder den bei ihr beteiligten Personen eine Beziehung[3]) besteht, welche ihre Unparteilichkeit beeinträchtigen könnte. Für Richter und Gerichtsschreiber ist die Frage in der Zivilprozeßordnung,[4]) für den Gerichtsvollzieher im Gerichtsverfassungsgesetz[5]) geregelt. Dabei müssen die Fälle der Ausschließung im engeren Sinne und die Besorgnis der Befangenheit auseinandergehalten werden.

Die Ausschließung im engeren Sinne (iudex inhabilis) tritt nur in bestimmten Fällen ein, welche im Gesetz erschöpfend aufgezählt sind. Für alle Gerichtspersonen handelt es sich um eigenes Interesse, wenn auch nur als Mitberechtigter, Mitverpflichteter oder Regreßpflichtiger oder um Familienzugehörigkeit zu der Partei durch Ehe, Verlöbnis, Schwägerschaft, auch Annahme an Kindesstatt in bestimmten Grenzen.[6])

Für Richter und Gerichtsschreiber treten als weitere Gründe hinzu, daß sie in derselben Prozeßsache Vertretungs- oder Beistandsbefugnis für eine Partei gehabt haben, daß sie als Zeuge oder Sachverständiger vernommen sind oder daß sie bei einer an-

---

[54]) B.G.B. § 839, E.B.G.B. a. 77, pr. G. 1. 8. 09, bay. A.G.B.G.B. a. 60, 61.

[1]) Niemals (trotz § 36, Nr. 1) aber ein Gericht als solches oder was auf dasselbe hinauskommen würde, die Gesamtheit der Richter des Gerichts ohne Geltendmachung von besonderen in den einzelnen Personen liegenden Gründen.

[2]) § 36, Nr. 1.

[3]) Andere Unfähigkeitsgründe, wie Fehlen der „Fähigkeit zum Richteramt" (oben § 8 A. 11) oder Geisteskrankheit fallen nicht unter den Ausschluß.

[4]) §§ 41—42. [5]) § 156 I.

[6]) § 41, Nr. 1—3, 49, G.V. § 156 I

gefochtenen Entscheidung als Richter oder Schiedsrichter mitgewirkt hatten, wobei aber die Tätigkeit als beauftragter oder ersuchter Richter nicht in Betracht kommt.[7])

Jede Partei kann den Ausschließungsgrund durch Ablehnungsgesuch geltend machen, in welchem der Grund glaubhaft zu machen ist, was aber nicht durch Versicherung an Eidesstatt, wohl aber durch Berufung auf das Zeugnis des abgelehnten Richters geschehen kann, der sich in jedem Falle über den Ablehnungsgrund dienstlich zu äußern hat.[8]) Ein Amtsrichter kann das Gesuch selbst für begründet erachten, sonst entscheidet das Landgericht. Ein Kollegialgericht entscheidet ohne den Abgelehnten. An seine Stelle tritt, wenn es durch das Ausscheiden des Abgelehnten beschlußunfähig geworden ist, das im Instanzenzuge zunächst höhere Gericht,[9]) Entscheidung durch Beschluß ohne Mündlichkeitszwang. Nur gegen die Ablehnung findet sofortige Beschwerde beider Parteien[10]) statt.

Aber auch ohne Ablehnung muß sich die ausgeschlossene Person ohne weiteres jeglicher auch unaufschieblicher Handlungen enthalten, sobald ihr ein Ausschlußgrund bekannt wird.[11]) Einer förmlichen Entscheidung über das Vorhandensein des Ausschlußgrundes, welche ohne Anhörung der Perteien erfolgt, bedarf es aber nur, wenn Zweifel vorliegen.[12])

Wenn objektiv ein Ausschlußgrund vorlag, so begründen die Handlungen des Richters nicht nur die Rechtsmittel, sondern auch die Nichtigkeitsklage, sofern nicht im Ablehnungsverfahren das Nichtvorhandensein des Ausschlußgrundes durch Entscheidung rechtskräftig festgestellt war,[13]) so daß erst mit dem Ablaufe der Frist für die Nichtigkeitsklage die Heilung eintritt. Die Unaufschieblichkeit macht keine Ausnahme.

Die Besorgnis der Befangenheit (iudex suspectus) kommt nur beim Richter und Gerichtsschreiber, nicht aber beim Gerichtsvollzieher in Betracht. Es genügt jeder Grund, der das Mißtrauen einer Partei gegen die Unparteilichkeit der Gerichtsperson rechtfertigen könnte.[14])

---

[7]) § 41, Nr. 4—6.

[8]) §§ $42^1$ u. $^2$, $44^1$, $^2$, $^3$, 294. [9]) § 45. [10]) § 46.

[11]) § 47 findet in diesem Falle keine Anwendung. Auch die übrigen Gerichtsmitglieder können den Ausschlußgrund zur Entscheidung bringen.

[12]) § 48. [13]) §§ 551 Nr. 2, 579 Nr. 2.

[14]) § $42^1$ u. $^2$, § 49.

Die Ablehnung steht beiden Parteien zu, kann also auch durch ein beim Gegner bestehendes Mißtrauen gerechtfertigt werden. Das Verfahren ist das gleiche wie bei der Ausschließung im engeren Sinne, aber das Ablehnungsrecht wird hier für jede Partei[15]) durch Antragstellung oder Einlassung bei der abzulehnenden Gerichtsperson ausgeschlossen, wenn sie es nicht vorher bei der ihr wenn auch nur zur schriftlichen Darlegung gegebenen Gelegenheit geltend gemacht hatte. Spätere Entstehung oder Kenntniserlangung hat die Partei glaubhaft zu machen.[16]) Auch dürfen von dem abgelehnten Richter inzwischen unaufschiebliche Teilhandlungen vorgenommen werden.[17])

Das Vorhandensein eines Befangenheitsgrundes kann aber auch auf Anzeige derjenigen Gerichtsperson festgestellt werden, deren Unbefangenheit fraglich ist. Hier bedarf es aber einer Entscheidung des Landgerichts auch dann, wenn ein Amtsrichter seine Befangenheit als vorhanden annimmt.[18])

Bei der Befangenheitsbesorgnis beschränkt sich die Nichtigkeitswirkung grundsätzlich auf die Tätigkeit des Richters nach dem Zeitpunkte der Feststellung der Befangenheitsbesorgnis durch Entscheidung oder der sie erübrigenden Erklärung, so daß vorher vorgenommene Handlungen gültig bleiben. Doch kann in der Vornahme einer aufschieblichen Handlung ein Verfahrensmangel liegen, der aber schon durch den Eintritt der Rechtskraft geheilt wird, weil er nur die Rechtsmittel nicht aber die Nichtigkeitsklage begründet.[19])

## § 10. Innere Gestaltung der Gerichte.

In der Hauptsache handelt es sich um das Gericht im engeren Sinne, die mit Richtern besetzten Bildungen. Daneben kommt aber auch die Einrichtung der Gerichtsschreibereien und die Ordnung des Gerichtsvollzieherwesens in Betracht.

### I. Richtereinteilung.

#### 1. Bei den Kollegialgerichten.

Die Rechtspflege wird im allgemeinen nicht durch das gesamte Gericht, sondern durch Abteilungen ausgeübt, welche bei den Landgerichten Kammern, bei den übrigen Kollegialgerichten

---

[15]) Nicht für den Richter selbst. [16]) §§ 43, 44⁴. [17]) § 47.

[18]) § 48 ist maßgebend, nicht § 45².

[19]) §§ 551 Nr. 3, 579 Nr. 3 einerseits, §§ 539, 548—550 andererseits.

Senate heißen. Für die Zivilgerichtsbarkeit[1]) sind die Zivilkammern (Zivilsenate) bestimmt.[2])

Eine besondere Art der Zivilkammern sind die Kammern für Handelssachen, welche, während alle übrigen Kollegien nur aus rechtsgelehrten Richtern bestehen können, Handelsrichter zu Beisitzern haben.[3]) Sie sind nur zu bilden, wenn die Justizverwaltung ein Bedürfnis dafür annimmt.[4])

Von den Zivilkammern können nur die Kammern für Handelssachen auch mit einem auswärtigen Sitz gebildet oder in ihrer örtlichen Zuständigkeit auf einen Teil des Landgerichtsbezirks beschränkt werden.[5])

Die Spruchabteilungen dürfen nur in der gesetzlich bestimmten Richterzahl tätig werden, welche bei dem Reichsgericht auf 7, dem Oberlandesgericht auf 5, dem Landgericht auf 3[6]) festgesetzt ist.[7]) Dadurch ist aber die Zuteilung einer größeren Zahl von Mitgliedern an die Abteilungen nicht ausgeschlossen. Zulässig ist auch die Zuziehung von überzähligen Ergänzungsrichtern zu einer Verhandlung, welche aber erst im Fall einer Verhinderung an Stelle des ausscheidenden Verhinderten tätig werden dürfen.[8])

Bei dem Reichsgericht treten außerdem unter Umständen die vereinigten Zivilsenate in Spruchtätigkeit.[9]) Hier genügt die Teilnahme von $^2/_3$ der den Zivilsenaten zugeteilten Mitglieder, bei gerader Zahl verliert ein Mitglied das Stimmrecht.[10])

Neben den Spruchabteilungen besteht das Präsidium, welches aus dem Präsidenten und sämtlichen ordentlichen Abteilungsvorsitzenden besteht, denen bei dem Landgericht ein ältestes, bei dem Oberlandesgericht zwei älteste, bei dem Reichsgericht vier älteste Mit-

[1]) Für die Strafsachen die Strafkammern, Strafsenate. An die Stelle der Strafkammern treten für die schwersten Fälle die Schwurgerichte.

[2]) G.V. §§ 59, 70, 120. 132. — Pr. A.G.G.V. §§ 42, 57, bay. A.G.G.V. a. 44.

[3]) G.V. § 109[1]. [4]) G.V. § 100[1].

[5]) G.V. § 100. Ebenso die Strafkammern. Schwurgerichte können mehrere Landgerichtsbezirke oder auch Teile solcher Bezirke umfassen und in einem beliebigen Ort ihres Bezirks zusammentreten. G.V. § 78, 98, 99.

[6]) In Strafsachen unter Umständen 5.

[7]) G.V. §§ 194[1], 77, 124, 140. [8]) G.V. § 194[2].

[9]) In Strafsachen die vereinigten Strafsenate, sowie eine Vereinigung von 2 Strafsenaten.

[10]) G.V. §§ 137—139. Die außerhalb der Spruchabteilungen stehenden Untersuchungsrichter (G.V. § 60) kommen nur für Strafsachen in Betracht.

glieder hinzutreten.[11]) Das Präsidium hat nur mit der Geschäftsverteilung zu tun.[12])

Das Plenum eines Gerichts besteht aus sämtlichen richterlichen Mitgliedern. Nur beim Reichsgericht hat es mit der Rechtsprechung zu tun, wobei die Anwesenheit von ²/₃ der Mitglieder erforderlich ist.[13]) Sonst sind dem Plenum durch das Reichsrecht nur einzelne Geschäfte der Justizverwaltung zugewiesen, so z. B. beim Reichsgericht die Ausarbeitung der Geschäftsordnung,[14]) bei den Oberlandesgerichten die Begutachtung der Zulassung eines Rechtsanwalts bei mehreren Gerichten.[15])

Vorsitzender des Plenums und des Präsidiums sowie mindestens einer Spruchabteilung ist der Präsident. Ordentliche Vorsitzende der übrigen Spruchabteilungen können nur Senatspräsidenten bezw. Landgerichtsdirektoren sein. Eine Ausnahme bilden die Kammern für Handelssachen, bei der auch einfache Mitglieder und, wenn sie auswärts tagen, auch Amtsrichter Vorsitzende sein dürfen.[16])

Grundsätzlich können bei einem Kollegium Gerichtshandlungen nur durch das Zusammenwirken aller Mitglieder zustande kommen, wobei der Vorsitzende gleiches Stimmrecht mit den Mitgliedern hat.[17]) Die Entwürfe der Entscheidungen des Gerichts werden, soweit sie gesondert von einer Sitzungsniederschrift abzufassen sind, durch ein vom Vorsitzenden bestimmtes[18]) Mitglied gefertigt. Sie bedürfen aber der Prüfung durch alle Gerichtsmitglieder und der Billigung durch die Mehrheit.

In einzelnen Fällen ist jedoch dem Vorsitzenden gestattet, an Stelle des Kollegiums zu handeln.[19]) Außerdem hat der Vorsitzende einzelne Handlungen für sich allein vorzunehmen. Zum Teil

---

[11]) G.V. §§ 63, 121, 133, bay. A.G.G.V. a. 45

[12]) Auch dem Präsidenten allein sind Verrichtungen bezüglich der Geschäftsverteilung zugewiesen, z. B. G.V. §§ 61, 64, ebenso dem Präsidenten mit dem ordentlichen Abteilungsvorsitzenden, G V. § 61.

[13]) G.V. §§ 137, 139. Für die Dienstgerichtsbarkeit G.V. §§ 128, 129, 131, unten § 15.

[14]) G.V. § 141. Ebenso beim obersten Landesgericht, bay. A.G.G.V. a. 49.

[15]) R.A O. § 10 (anders §§ 9, 12).

[16]) G.V. §§ 109, 110. Ebenso auswärtige Strafkammern und Schwurgerichte. G.V. §§ 61, 67, 121, 133.

[17]) Besonders ausgesprochen in G.V. § 109². Ausnahmen G.V. § 61 a. E. Z. § 320³.

[18]) G.V. § 68.

[19]) § 914, G V. § 109³.

handelt es sich dabei um den bloßen Betrieb des Verfahrens,[20]) teils aber auch um darüber hinausgehende Verrichtungen.[21]) Die Hauptaufgabe des Vorsitzenden ist die *Leitung* der vor dem Kollegium stattfindenden Verhandlungen und seiner Beratungen, sowie die Ordnung der inneren Angelegenheiten des Kollegiums[22]) und im Zusammenhang damit die Überwachung des Amtsbetriebs, soweit er ihm nicht selbst obliegt

In *einzelnen* Fällen ist der Vorsitzende den Beschlüssen des Kollegiums *unterworfen*;[23]) namentlich kann das Kollegium über die Zulässigkeit, nicht über die Zweckmäßigkeit einer in der mündlichen Verhandlung getroffenen Leitungsanordnung des Vorsitzenden oder einer von ihm gestellten Frage entscheiden, aber nur auf Beanstandung durch einen Beteiligten, nicht auf eine solche durch ein Gerichtsmitglied.[24]) In anderen Fällen kann das Kollegium durch einen Beschluß auf das Verhalten des Vorsitzenden, z. B. den Schluß, die Vertagung oder die Wiedereröffnung einer Verhandlung[25]) bestimmend einwirken.

Soweit aber nicht solche besondere Bestimmungen eingreifen, ist der Vorsitzende in seiner Tätigkeit, wie nach französischem Recht und abweichend von dem gemeinen und preußischen Recht, *unabhängig* von Beschlüssen des Kollegiums. Daher gehen Beschwerden über ihn nicht an das Kollegium, sondern an das höhere Gericht.[26])

Aber auch die einzelnen *Mitglieder* sind in den ihnen für sich allein zustehenden Befugnissen von dem Willen des Vorsitzenden *unabhängig*.[27]) Einzelne Gerichtshandlungen können nach gesetzlicher Vorschrift auch außerhalb der Gerichtssitzung durch ein einzelnes Mitglied des Kollegiums, den *beauftragten* Richter, vorgenommen werden.[28]) Die Ernennung erfolgt durch den Vorsitzenden.

Ein *Berichterstatter muß* nur in dem vereinzelten Falle bestellt werden, daß über eine *Zeugnisweigerung* in Abwesenheit des Zeugen zu entscheiden ist.[29]) Der Vorsitzende ist aber be-

[20]) §§ 188, 216, 226, 339, 349, 361, 362, G.V. § 181.

[21]) §§ 57, 58, 611, 668, 679, 730, 733, R.A.O. § 36.

[22]) §§ 136, 163, 396, 397. G.V. §§ 68, 177, $194^{2}$, 196.

[23]) § 337, G.V. §§ 196, $204^{4}$.

[24]) § 140.

[25]) §§ 136, 156, 228.

[26]) § 575.

[27]) Zur Fragestellung in der mündlichen Verhandlung ist allerdings Gestattung durch den Vorsitzenden erforderlich. Diese kann aber nicht von der zuvorigen Mitteilung der Frage oder der Prüfung ihrer Zulässigkeit abhängig gemacht werden, §§ $139^{3}$, $396^{3}$.

[28]) §§ 296, 348, 355, 619.

[29]) § 388.

rechtigt,[30]) in jeder Angelegenheit einen Berichterstatter zu bestellen, dem zugleich die Fertigung der Entscheidungsentwürfe übertragen zu werden pflegt.

Die Verteilung der Geschäfte unter die einzelnen Abteilungen erfolgt, nachdem die Justizverwaltung die Zahl der Abteilungen bestimmt hat, sofern mehrere Abteilungen der gleichen Art bestehen, durch das Präsidium für das ganze Jahr, wobei sachliche oder örtliche Grenzen bestimmt werden können, deren Nichtbeachtung aber keinen Einfluß auf die Gültigkeit der Gerichtshandlungen hat.[31]) In gleicher Weise erfolgt die Verteilung der Mitglieder, welche aber auch mehreren Abteilungen angehören können. Jedoch bestimmt der Präsident allein, in welcher Abteilung er den Vorsitz führen will, und bei der Zuteilung des sonstigen Vorsitzes in den Abteilungen wirken die einfachen Mitglieder des Präsidiums nicht mit.[32])

Für die Gerichtsferien können besondere Ferienabteilungen mit abweichender Geschäftsverteilung, auch für Zivilsachen und Strafsachen gemeinsam, gebildet werden.[33]) Es können auch bereits verhandelte Sachen einer Abteilung in der früheren Zusammensetzung belassen werden.[34]) Änderungen der Geschäftsverteilung im Laufe des Jahres dürfen nur wegen Überlastung einer Abteilung sowie Wechsels oder dauernder Verhinderung von Gerichtsmitgliedern stattfinden.[35])

Im Falle der rechtlichen oder tatsächlichen Behinderung eines Mitgliedes muß ein Vertreter einberufen werden.

Die Vertretung im Vorsitz einer Spruchabteilung geht immer auf das älteste Mitglied dieser Abteilung über.[36])

Die Vertretung des Präsidenten in den durch das G.V.G. bestimmten Fällen, also namentlich auch der Vorsitz im Plenum und Präsidium geht auf den ältesten Abteilungsvorsitzenden über.[37]) Dagegen ist die Vertretung hinsichtlich der ihm sonst obliegenden Justizverwaltungsgeschäfte durch das Reichsrecht nicht geregelt.[38])

Die Vertretung eines einfachen Mitgliedes, welche auch erforderlich wird, wenn dieses den Vorsitz übernehmen muß, erfolgt in

[30]) G.V. § 68. — Für das Reichsgericht GeschäftsO. §§ 7—13.

[31]) Anders, wenn das Gesetz die Abteilung bestimmt hat, G.V. § 117².

[32]) G.V. §§ 61—63, 121, 133.

[33]) G.V. § 203.

[34]) G.V. §§ 64, 121, 133.

[35]) G.V. §§ 62, 121, 133.

[36]) G.V. § 65¹.

[37]) G.V. § 65².

[38]) Aber bay. A.G.G.V. a. 32.

erster Linie durch die vom Präsidium für das Geschäftsjahr aus den Mitgliedern bestimmten regelmäßigen Vertreter,[39]) in zweiter Linie durch einen zeitweiligen Vertreter, den der Präsident allein unter den Mitgliedern ernennt,[40]) wenn auch das nicht möglich ist, durch Bestimmung eines Hilfsrichters,[41]) soweit ein solcher überhaupt zugelassen ist,[42]) seitens der Justizverwaltung, wozu aber beim Landgericht ein Antrag des Präsidiums erforderlich ist.[43]) Alle diese Vorschriften gelten nicht für die Kammern für Handelssachen, bei denen das Reichsrecht der Justizverwaltung keine Schranken gesetzt hat.[44])

## 2. Bei den Amtsgerichten.

Der Amtsrichter vereinigt in seiner Person die Tätigkeit des Gerichts mit der des Vorsitzenden. Einer Geschäftsverteilung bedarf es nur, wenn mehrere ordentliche oder Hilfsrichter vorhanden sind. Geschäftsverteilung und Vertretung regelt das Landesrecht.[45]) Das mehrgliederige Amtsgericht kann in Abteilungen zerlegt werden, welche mit einem oder mehreren Richtern besetzt werden können.

Bei den mit mehreren ordentlichen Richtern besetzten Amtsgerichten bedarf es außerdem der Übertragung der allgemeinen Dienstaufsicht an einen Richter durch die Justizverwaltung; bei einer Besetzung mit mehr als 15 ordentlichen Richtern kann eine Teilung der Dienstaufsicht stattfinden.[46])

---

[39]) G.V. §§ 62, 63, 121, 133. Für jedes Mitglied können auch mehrere regelmäßige Vertreter mit festzusetzender Folgeordnung bestimmt werden.

[40]) G.V. §§ 66, 121, 133.

[41]) In Pr. sind zur Vertretung in einzelnen Sitzungen der L.G. die Amtsrichter des Bezirks, und für die O.L.G. auch die Landrichter auf Einberufung durch den Präsidenten nach einer durch das Präsidium für das Geschäftsjahr festzusetzenden Reihenfolge verpflichtet. A.G.G.V. §§ 38, 48. — Bay. A.G.G.V. a. 33, 38², 40

[42]) Oben § 8.

[43]) G.V. § 69. — Für den Krieg Bay G 14. 3. 17

[44]) G.V § 67. Pr A.G.G.V. § 46. — Wegen des Untersuchungsrichters und der Schwurgerichte G.V. §§ 60², 83.

[45]) In Pr. besorgt das Präsidium des Landgerichts die sachliche und persönliche Geschäftsverteilung und die Bestimmung der regelmäßigen Vertreter für das Geschäftsjahr, A.G.G.V. §§ 23, 24. Auf die Gültigkeit der Amtshandlungen ist es auch hier ohne Einfluß, wenn ein anderes Mitglied des Gerichts tätig wurde. — Bay. A.G.G.V. a. 16—21.

[46]) G.V. § 22². Näheres unter § 15.

## II. Gerichtsschreiberei.

Das Reichsrecht verlangt, daß bei jedem Gericht eine Gerichtsschreiberei als Teil des Gerichts bestehen muß, überläßt aber die nähere Einrichtung der Justizverwaltung.[47])

## III. Gerichtsvollzieherwesen.

Nach Reichsrecht müssen für den gesamten Bereich der deutschen Gerichtsbarkeit Gerichtsvollzieher vorhanden sein.[48]) Die nähere Einrichtung des Gerichtsvollzieherwesens ist aber Sache der Justizverwaltung.[49])

Die Gerichtsvollziehereien bilden keinen Teil des Gerichts. Sie brauchen auch nicht bei einem Gericht und keinesfalls bei jedem Gericht eingerichtet zu werden.[50])

Aber die Gerichtsschreibereien aller Gerichte sind nach Reichsrecht in einem gewissen Umfange verpflichtet, Parteianträge an die Gerichtsvollzieherei entgegenzunehmen und weiter zu leiten.[51])

## § 11. Zuständigkeit.

In der Anwendung auf die ordentliche streitige Zivilgerichtsbarkeit versteht man unter Zuständigkeit das Recht und die Pflicht eines ordentlichen Gerichts oder Gerichtsorgans sich der Behandlung einer Angelegenheit, für welche die Zuständigkeit der deutschen ordentlichen Gerichte (Rechtsweg) an sich begründet ist[1]) (Zivilprozeßsache), deshalb zu unterziehen, weil sie in den Geschäftskreis dieses Gerichts fällt. Da der Geschäftskreis sachlich und örtlich begrenzt wird,[2]) so müssen

[47]) G.V. § 154 In Pr. GeschäftsO. für die Amtsgerichte 9. 5. 14, für die Landgerichte und Oberlandesgerichte 22. 10. 06 nebst Abänderungen und ergänzenden Einzelverfügungen. Bay. A.G.G.V. a. 59—62, V. 29. 7. 09 u. 3 Geschäftsanw. 2. 3. 10 (Änderung 8. 5. 13).

[48]) §§ 166, 753.

[49]) G.V. § 155.

[50]) Pr. Gerichtsvollz.O. 18. 9. 05, Geschäftsanweisung 24. 9. 14 (in ihren Belehrungen über das Gesetzesrecht ohne Gesetzeskraft). Die Gerichtsvollzieher werden bei einem oder mehreren Amtsgerichten angestellt, müssen aber auch in den vor den Kollegialgerichten schwebenden Sachen tätig sein. Hat ein Amtsgericht mehrere Gerichtsvollzieher, so erhalten diese getrennte Bezirke. Es wird aber an dem Amtsgericht eine Verteilungsstelle eingerichtet. — Bay. Ger.V.O. 16. 12. 99 vereinigt die Gerichtsvollzieher eines Amtsgerichts oder mehrerer Amtsgerichte mit gleichem Sitz zu Gerichtsvollziehereien. Dienstvorschr. 28. 12. 99, Geschäftsanw. 28. 4. 00. In Hamburg (G. 20. 12. 99) ein selbständiges Gerichtsvollzieheramt. Bad. Ger.V.O 16. 11. 99, Württ. A.G.G.V. a. 29.

[51]) §§ 166², 317¹, 508, 698, 753.

[1]) Oben § 2 A. 13.

[2]) Oben § 7.

die sachliche und die örtliche Seite der Zuständigkeit zusammentreffen, um die wirkliche Zuständigkeit zu begründen.

Die Frage der sachlichen Zuständigkeit im engeren Sinne bezieht sich nur auf die Gerichtsgattung. Im weiteren Sinn ist aber auch die sogenannte funktionelle Zuständigkeit dazu zu rechnen, bei welcher es sich darum handelt, welches Organ[3]) der betreffenden Gerichtsgattung zuständig ist.

Die örtliche Zuständigkeit behandelt dagegen die Frage, welches Gericht oder Gerichtsorgan mit Rücksicht auf seinen örtlichen Bezirk die Angelegenheit zu behandeln hat. Die örtliche Zuständigkeit wird im Gesetz auch Gerichtsstand (forum)[4]) genannt.

Man unterscheidet bei der örtlichen Zuständigkeit den allgemeinen Gerichtsstand, welcher sich nach der Person, und zwar meistens der leidenden Partei, richtet und grundsätzlich alle diese betreffenden Angelegenheiten umfaßt, soweit sie nicht besonders ausgenommen sind,[5]) und die besonderen Gerichtsstände, welche durch die Beschaffenheit der zu behandelnden Angelegenheit bestimmt werden.[6])

Nur in den gesetzlich besonders genannten Fällen[7]) ist die Zuständigkeit ausschließlich. Die Ausschließlichkeit kann sich nur auf die örtliche[8]) oder sachliche Seite[9]) beschränken, so daß mehrere Gerichte nebeneinander ausschließlich zuständig sein können. Selbst bei der Beziehung auf örtliche und sachliche Zuständigkeit[10]) ist es möglich, daß zwei ausschließlich zuständige Gerichte nebeneinander bestehen.[11]) Die Bedeutung der Ausschließlichkeit besteht daher zunächst nur darin, daß diejenigen Gerichte ausgeschlossen sind, welche sonst

---

[3]) Kammerart, Vorsitzender, beauftragter Richter, Gerichtsschreiber, Gerichtsvollzieher.

[4]) Überschrift über § 12. In § 40² wird aber unter Gerichtsstand auch die sachliche Zuständigkeit verstanden.

[5]) § 12. Näheres unten § 39. [6]) z. B. § 27.

[7]) Die funktionelle Zuständigkeit (oben A. 3) ist aber (abgesehen von der Zuständigkeit der Kammer für Handelssachen, unten § 40) immer ausschließlich. Der Richter kann daher nicht die Verrichtungen des Gerichtsschreibers oder Gerichtsvollziehers übernehmen. — Auch der Instanzenzug (oben § 7) ist durch das Gericht oder Gerichtsorgan, welches die angefochtene Entscheidung erlassen hat, unabänderlich festgelegt.

[8]) § 24. [9]) G.V. § 70².

[10]) § 606.

[11]) Z. B. § 919 in Verbindung mit § 802.

zuständig sein würden, aber keine ausschließliche Zuständigkeit haben.

Selbstverständlich ist es, daß die handelnde Partei jedes der mehreren zuständigen Gerichte angehen kann.[12])

Für die Beurteilung der Zuständigkeit sind die Voraussetzungen maßgebend, die bei Beginn des Verfahrens vorliegen, so daß ihre Veränderung den Verlust der Zuständigkeit nicht herbeiführt.[13])

Die Zuständigkeit wird zunächst durch die gesetzliche Zuständigkeitsordnung (forum legale) bestimmt. Die scheinbar allgemeine Zuständigkeitsordnung[14]) bezieht sich zunächst nur auf den ordentlichen Rechtsstreit und ist bei den anderen Arten des Feststellungsverfahrens nur soweit anzuwenden, als eine besondere Zuständigkeitsordnung fehlt.[15]) Für die meisten besonderen Arten des Feststellungsverfahrens, für Zwangsvollstreckung und für Konkurs bestehen besondere Zuständigkeitsordnungen. Daher gehört die nähere Darlegung der gesetzlichen Zuständigkeitsordnung in den besonderen Teil.[16])

Für gewisse Fälle,[17]) in denen die gesetzliche Zuständigkeitsordnung nicht ausreicht, ist vorgesehen, daß die Zuständigkeit gerichtlich bestimmt wird (forum iudiciale oder delegatum). Es handelt sich um die Beschaffung eines gemeinsamen allgemeinen Gerichtsstandes bei einer Mehrheit von leidenden Parteien und eines dinglichen Gerichtsstandes bei einer in mehreren Bezirken belegenen Liegenschaft,[18]) ferner um Behinderung des ganzen Gerichts, nicht bloß

[12]) § 35 ist daher überflüssig.

[13]) § 263², Nr. 2, der auch außerhalb des Rechtsstreits anzuwenden ist (O. Fischer in Iherings J. 38, 365). Eine Ausnahme macht die nachträgliche Einführung von Begehren, wenn sie durch die sachliche Zuständigkeit überschritten wird. (§ 506.)

[14]) §§ 1—34.

[15]) Z. B. für den gewöhnlichen Urkundenprozeß (unten § 88).

[16]) Namentlich unten §§ 37, 38, 87—91, 93, 116. — Soweit das Landesrecht ein abweichendes Verfahren gestatten kann (oben § 4 A. 14), darf es auch die Zuständigkeit abweichend regeln (E.G.V. § 3³).

[17]) § 36. — Nr. 2, 3, 5, 6 betreffen aber dem Wortlaut entgegen nicht bloß den Rechtsstreit (Iherings J. 38, 361). — Für den Bereich des Landesrechts pr. A.G.G.V. § 20, bayr. A.G.G.V. a. 10, 20, 21.

[18]) Bei der Zwangsvollstreckung auch bei mehreren in verschiedenen Bezirken befindlichen Liegenschaften, Z.V. § 2¹.

eines einzelnen Mitgliedes, Ungewißheit der Gerichtsgrenzen, negativen und positiven[19]) Kompetenzkonflikt unter Gerichten.[20])

Die Bestimmung erfolgt durch das allen in Betracht kommenden Gerichten gegenüber zunächst höhere Gericht im Beschlußverfahren ohne Mündlichkeitszwang, wobei nur gegen die Ablehnung einfache Beschwerde gegeben ist.[21]) Das Reichsgericht kann aber dabei mittels Anordnung der Landesjustizverwaltung für den Bereich eines Bundesstaats durch ein Oberlandesgericht ersetzt werden, wenn der Bundesstaat mehrere Oberlandesgerichte hat.[22])

Die Zuständigkeitsordnung gehört in einem gewissen Umfange insofern zum nachgiebigen Recht, als sie außer Anwendung bleibt, wenn die Parteien durch formfreie, also auch durch schlüssiges Verhalten erklärbare Vereinbarung einem nicht zuständigen Gericht, dessen Zustimmung nicht erforderlich ist, Zuständigkeit geben (forum prorogatum). Die Vereinbarung, welche im Zweifel auch die gesetzliche Zuständigkeit anderer Gerichte ausschließt,[23]) setzt voraus, daß der ordentliche Gerichtsweg an sich gegeben ist.[24]) Sie ist auch nur in vermögensrechtlichen Angelegenheiten zulässig und muß sich auf eine bestimmte Angelegenheit oder auf ein bestimmtes Rechtsverhältnis und die aus diesem entspringenden Angelegenheiten beschränken. Auch kann die ausschließliche Zuständigkeit durch eine solche Vereinbarung nicht abgeändert werden.[25])

In den Fällen, in denen eine Vereinbarung gestattet ist, kann die Zuständigkeit eines an sich unzuständigen Gerichts auch dadurch hergestellt werden, daß die leidende Partei zur Hauptsache verhandelt, ohne die Unzuständigkeit geltend zu machen.[26]) Da es sich hier nicht um eine wirkliche stillschweigende Vereinbarung handelt, sondern das Gesetz nur die Fiktion einer Vereinbarung aufstellt,[27]) so

[19]) Wenn mehrere Gerichte sich rechtskräftig für zuständig erklärt haben, braucht übrigens kein Kompetenzkonflikt vorzuliegen, da sehr wohl mehrere Gerichte für dasselbe Verfahren zuständig sein können. In einem solchen Falle greifen die Bestimmungen über doppelte Klage (unten § 84) Platz.

[20]) Die rechtskräftigen Urteile über die Zuständigkeit stehen nicht entgegen.

[21]) Unterbrechung der Verjährung durch das Gesuch, B.G.B. § 210.

[22]) § 37, G. 22. 5. 10 a. 5. Wegen des obersten Landesgerichts E. § 9.

[23]) Der Ausschluß ist unzulässig in Fällen des Versicherungsrechts (B.A.G. § 89, V.V.G. § 48).

[24]) Es kann insbesondere auch die Zuständigkeit der besonderen Gerichte nicht beeinträchtigt werden, K.G.G. § 6, G.G. § 6.

[25]) §§ 38, 40. [26]) § 39.

[27]) O. Fischer in Iherings J. 38, 361, oben § 4 A. 11.

kommt es nicht darauf an, ob die Partei die Unzuständigkeit gekannt hat oder nicht.[28])

## § 12. Rechtshilfe.[1])

Unter Rechtshilfe versteht man die Vornahme einer gerichtlichen Handlung[2]) durch ein anderes Gericht[3]) als dasjenige, welches die Angelegenheit im ganzen zu erledigen hat, auf Ersuchen des für die ganze Angelegenheit zuständigen Gerichts, weil der Vornahme durch das letztere örtliche oder andere Hindernisse entgegenstehen.

Innerhalb des gesamten Gebiets der deutschen Gerichtsgewalt sind die Amtsgerichte zunächst für die ordentliche streitige Gerichtsbarkeit verpflichtet, auf Ersuchen eines anderen ordentlichen deutschen Gerichts, für dieses Gerichtshandlungen in ihren Bezirken vorzunehmen.[4]) Die Notwendigkeit oder Angemessenheit des Ersuchens ist von dem ersuchten Gericht nicht nachzuprüfen.[5]) Die Ablehnung darf vielmehr nur erfolgen,

1. wegen Mangels der örtlichen Zuständigkeit,

2. weil die vorzunehmende Handlung nach dem Rechte des ersuchten Gerichts verboten ist, d. h. daß dort eine solche Handlung im Wege der Rechtshilfe überhaupt vorgenommen werden darf. Auch diese beiden Ablehnungsgründe versagen gegenüber einem im Instanzenzug direkt vorgesetzten Gerichte.[6])

Wenn das Gesuch abgelehnt oder ihm trotz Vorhandenseins gesetzlicher Ablehnungsgründe stattgegeben wird, so können die Beteiligten, und im ersten Falle auch das ersuchende Gericht, die Entscheidung eines höheren Gerichts nachsuchen. Zuständig ist das Oberlandesgericht, zu dessen Bezirk das ersuchte Gericht gehört. Es entscheidet durch Beschluß ohne Mündlichkeitszwang.

---

[28]) Auf § 274[3] kann nicht zurückgegriffen werden, da durch die Unterlassung der Geltendmachung der Unzuständigkeit die Zuständigkeit geschaffen wird.

[1]) Für Pr. Müller, Justizverwaltung II 1184 ff.

[2]) Im Zivilprozeß namentlich Sühneversuch (§ 296), sonstige Parteivernehmung (§§ 141, 619, 654, 671), Beweisaufnahme (§ 355), Zustellung (G.V. § 161) und Vollstreckung (G.V. § 161).

[3]) Den „ersuchten" Richter im Gegensatz zum beauftragten. Es können aber auch Gerichtsschreiber und Gerichtsvollzieher für den Bereich ihrer funktionellen Zuständigkeit in Frage kommen, G.V. § 162, oben § 8 A. 36, 45.

[4]) G.V. §§ 157, 158. [5]) G.V. § 159[1].

[6]) G.V. § 159[2]. — Die Vornahme einer verbotenen Handlung würde allerdings auch in diesem Falle nicht schlechthin erlaubt sein.

Eine weitere Beschwerde an das Reichsgericht findet nur statt bei Ablehnung des Ersuchens durch ein Oberlandesgericht, welches nicht auch dem ersuchenden Gericht im Instanzenzuge vorgesetzt ist.[7])

Bezüglich der Kosten der Rechtshilfe besteht der Grundsatz, daß die Gerichte sich im allgemeinen Kosten nicht zu erstatten haben, aber solche von der zahlungspflichtigen Partei für das ersuchte Gericht einziehen müssen.[8])

Die Rechtshilfeverpflichtung im ganzen Reiche besteht nach Reichsrecht auch für die freiwillige Gerichtsbarkeit, soweit diese durch Reichsrecht den Gerichten übertragen ist.[9]) Im übrigen ist die Rechtshilfe auf diesem Gebiete durch Landesrecht,[10]) und soweit es sich um die anderen Bundesstaaten handelt, durch Staatsverträge geregelt.

Im weiteren hat das Reichsrecht die Rechtshilfepflicht durchweg auch gegenüber den besonderen Gerichten[11]) anerkannt.[12])

Was die Verwaltungsbehörden zu leistende Rechtshilfe anbelangt, so kennt sie das Reichsrecht nur in bestimmten Fällen.[13]) Im übrigen ist das Landesrecht maßgebend.[14])

Endlich ist die Rechtshilfepflicht reichsrechtlich auch gegenüber den Ehrengerichten der Rechtsanwälte, Patentanwälte und der Börse anerkannt.[15])

Auch den Schiedsgerichten wird Unterstützung durch die ordentlichen Gerichte gewährt.[16])

---

[7]) G.V. § 160. Z. § 567² betrifft diesen Fall nicht. Die im Instanzenzuge vorgesetzten Gerichte können sich, ohne Nachsuchung der Entscheidung des Oberlandesgerichts auf Grund vom G.V. § 159² an die Justizverwaltung um Abhilfe wenden. Doch würde auch diese nicht mit Erfolg auf die Vornahme einer verbotenen Handlung dringen können.

[8]) Näheres G.V. §§ 165, 166. [9]) F.G. §§ 2, 194.

[10]) Pr. A.G.G.V. § 87, bay. A.G.G.V. a. 77.

[11]) Unten § 16.

[12]) G. 21. 6. 69 §§ 1, 20, Konf.G. § 18, Schutzg.G. § 2, G.G. § 61, K.G. § 16.

[13]) Z. V. G. betr. Seeunfälle 27. 7. 77 §§ 19, 20, Reichs V.O. § 115, Angest.V.G. § 322, Pat.G. § 32, V.A.G. § 79, Prisenger.O. 15. 4. 11 § 56. — Nach Kriegsrecht für den Kommissar für gewerbl. Schutzrecht, V. 2. 7. 15, die Ausschüsse für Kriegsschäden V. 19. 9. 16 § 10.

[14]) Für pr. Verwaltungsbehörden V. 2. 1. 49 § 38, G. 25. 7. 10 § 3² (öffentl. Feuerversicherungsanst.), G. v. 8. 12. 13 (Knappschaftsversicherung). — Für die Vollstreckung unten § 94.

[15]) R.A.O. §§ 86, 91, G. 21. 5. 00 §§ 9³, 12³, Börs.G. § 26. — In Pr. für die ärztlichen Ehrengerichte G. 25. 11. 99 §§ 11⁷, 24, 35.

[16]) Unten § 71.

Müssen Rechtshilfehandlungen im Auslande vorgenommen werden, so sind in erster Linie inländische[17]) Behörden anzugehen, wenn solche zur Vornahme der betreffenden Handlungen im Auslande befugt sind, wie z. B. Reichskonsuln, Gesandte, Schutzgebietsgerichte.[18])

Im übrigen muß die Hilfe ausländischer Behörden nachgesucht werden, welche unter Umständen auch ohne Verpflichtung Rechtshilfe gewähren können, wie dieses umgekehrt auch dem inländischen Richter nicht verboten ist. Eine Verpflichtung wird durch Staatsvertrag begründet, wobei auch die vor dem 1. Oktober 1879 geschlossenen Staatsverträge der Bundesstaaten in Betracht kommen. Der wichtigste Staatsvertrag ist das Haager Abkommen vom 17. Juli 1905,[19]) in welchem die beteiligten Staaten sich zur Vornahme von gerichtlichen Rechtshilfehandlungen, insbesondere auch zur Zustellung von Schriftstücken verpflichtet haben. Es ist aber die Ablehnung für den Fall vorgesehen, daß der ersuchte Staat seine Hoheitsrechte oder seine Sicherheit für gefährdet erachtet. Im übrigen ist nur die Echtheit des Ersuchungsschreibens und die Zugehörigkeit der Erledigung zur Gerichtsgewalt des ersuchten Staats zu prüfen.[20])

## § 13. Staatsanwaltschaft.

Die dem französischen Recht (ministère public, parquet, procureurs du roi bezw. de la république) nachgebildete Staatsanwaltschaft ist eine besondere, bei allen Gerichten gebildete,[1]) aber nicht zu ihnen gehörige[2]) und von ihnen unabhängige[3]) zur Mitwirkung bei der Rechtspflege berufene Behörde.

In erster Linie ist sie im Strafprozeß für die Strafverfolgung und die Strafvollstreckung tätig.[4])

Richterliche Geschäfte dürfen einem Staatsanwalt nicht übertragen werden.[5])

---

[17]) Für Pr. Bf. 16. 6. 10 und 20. 10. 13, 29. 12. 13 und die Zusammenstellung in den „Vorschriften über Rechtshilfe im Auslande“. Bay. B. 8. 10. 15, 8. 5. 13.

[18]) §§ 199, 200, 201, 363, 791². — Konf.G. § 18, SchutzG. § 2.

[19]) Oben § 3 A. 15 mit dem dort erwähnten Abkommen mit Bulgarien und dem A.G. 5. 4. 09. — Neuer Vertrag mit der Türkei 11. 1. 17.

[20]) a. 11.

[1]) G.V. § 142.

[2]) Daher ist es unzutreffend, den Vorstandsbeamten einer Staatsanwaltschaft als Vorstandsbeamten des betreffenden Gerichts zu bezeichnen.

[3]) G.V. § 151. [4]) St.P.O. §§ 152, 483.

[5]) G.V. § 152. Zulässig ist aber die Vertretung des Staatsanwalts durch einen Richter Verpflichtung des Richters dazu nach pr. A.G.G.V. § 66.

Dagegen kann die Staatsanwaltschaft an den Geschäften der Justizverwaltung teilnehmen, doch darf ihr — im Gegensatz zu Frankreich — keine Dienstaufsicht über Richter übertragen werden.[6])

Im Zivilprozeß kommt eine Tätigkeit der Staatsanwaltschaft nur[7]) bei denjenigen besonderen Arten des Feststellungsverfahrens in Frage, für welche der ordentliche Rechtsstreit ausgeschlossen ist. Sie hat hier das öffentliche Interesse wahrzunehmen.[8])

Die nähere Darstellung der Staatsanwaltschaft, namentlich ihrer Gliederung und Zuständigkeit, gehört in den Strafprozeß.[9])

## § 14. Rechtsanwaltschaft.

Die Rechtsanwälte sind berufen, Rechtsuchenden rechtskundige Hilfe zu gewähren, insbesondere auf dem Gebiete des Zivilprozesses die Parteivertretung oder die Stellung eines Beistandes zu übernehmen[1]) Soweit der Anwaltszwang[2]) reicht, müssen die Parteien sich eines Rechtsanwalts bedienen. Die Rechtsanwälte sind weder Beamte[3]) noch bloße Gewerbetreibende,[4]) sondern auf Gebühren und sonstiges Entgelt der Parteien angewiesene Angehörige eines im Interesse der Rechtspflege vom Staate eingerichteten und beaufsichtigten Standes mit öffentlich-

[6]) G.V. 152.

[7]) Ebenfalls im Gegensatz zu Frankreich, wo sie namentlich durch die avocats généraux in allen vor dem Kassationshof zu verhandelnden Zivilsachen plädieren muß.

[8]) Eheprozeß §§ 607, 619, Kindschaftsprozeß § 640, Entmündigungsverfahren §§ 646, 652, 666, 675, 679, Todeserklärung im Aufgebotsverfahren §§ 974, 975, unten §§ 90–93.

[9]) Landesrecht in pr. A G.G.V. §§ 58–67, bayr A G G V. a 52–58 mit VollzugsV. §§ 11, 16.

[1]) Es gibt nach deutschem Recht nur eine einheitliche Rechtsanwaltschaft. In Frankreich bestehen im Anschluß an die römischen Begriffe procurator und advocatus die beiden Klassen der mit dem Schriftwechsel betrauten avoués (früher procureurs) und der für den mündlichen Vortrag (plaidoirie) bestimmten avocats. Nur die Advokaten bilden den barreau, dessen Vorstand der conseil de l'ordre mit dem bâtonnier an der Spitze ist Die avoués sind zu einer besonderen Kammer (chambre des avoués) vereinigt. — Ähnlich in England sollicitors und barristers.

[2]) Unten § 20.

[3]) Anders früher in Pr, wo sie zunächst als Justizkommissare die vom Staate besoldeten Assistenzräte ablösten.

[4]) G O. § 6.

rechtlichen Befugnissen und Pflichten. Ihr Verhältnis zu den Parteien beruht allerdings auf einem privatrechtlichen Vertrage.[5]) Ihre Haftung ist daher Vertragshaftung und nicht Beamtenhaftung.[6])

Es besteht, abgesehen vom Reichsgericht, die sogenannte freie Anwaltsschaft mit einer gewissen örtlichen Gebundenheit.

Die Fähigkeit zur Rechtsanwaltschaft hat dieselben Erfordernisse wie die Fähigkeit zum Richteramt.[7]) Die Ausübung hängt von der bei einem Sitzwechsel zu erneuernden Zulassung ab, welche regelmäßig nur bei einem, ausnahmsweise aber auch bei mehreren bestimmten Gerichten erfolgt,[8]) und zwar durch die Justizverwaltung nach Anhörung des Vorstandes der Anwaltskammer.[9]) Eine Versagung wegen mangelnden Bedürfnisses ist ausgeschlossen.[10]) Die Versagung darf überhaupt nur aus bestimmten gesetzlichen Gründen erfolgen.

Die Gründe, welche je der Zulassung schlechthin entgegenstehen, betreffen neben körperlichen und geistigen Gebrechen die mangelnde Fähigkeit zur Bekleidung öffentlicher Ämter, den ehrengerichtlich erfolgten Ausschluß von der Rechtsanwaltschaft oder das Vorhandensein von Tatsachen, welche dazu führen müßten, die Beschränkung in der Verfügung über das Vermögen, endlich die Tätigkeit in mit der Rechtsanwaltschaft nicht vereinbarlichen Ämtern und Beschäftigungen.[11])

Dazu treten in das Ermessen der Zulassungsbehörde gestellte Gründe, welche teils die Zulassung überhaupt,[12]) teils die Zulassung bei einem anderen als dem bisherigen Gericht,[13]) teils die Zulassung bei einem bestimmten Gericht[14]) betreffen können.

Nur bei der Versagung wegen Gebrechen, wegen unverträglicher Nebenbeschäftigung und wegen noch nicht gerichtlich festgestellter Aus-

---

[5]) Regelmäßig entgeltliche Geschäftsbesorgung im Sinne von B.G.B. § 675.

[6]) Ausnahmsweise 5jährige Verjährung R.A.O. § 32a.

[7]) R.A.O. § 1. Eine beschränkte Freizügigkeit gegenüber den Landesgrenzen ergibt sich aus R.A.O. §§ 2, 4. — Ohne besondere Bedeutung pr. A.G.G.V. § 6.

[8]) Näheres R.A.O. §§ 8—12, 100[1].

[9]) R.A.O. § 3. Für den Übergang 1879 § 107.

[10]) R.A.O. § 13.

[11]) R.A.O. §§ 5, 7, St.G.B. § 31[2].

[12]) Längere Nichtausübung einer juristischen Beschäftigung, frühere Bestrafungen. R.A.O. § 6.

[13]) R.A.O. § 15, Bestrafungen und schwebendes Ehrengerichtsverfahren.

[14]) R.A.O. § 14, die Familienbeziehungen zu Richtern betreffend.

schlußgründe, bei welcher für die Zulassungsbehörde das Gutachten des Vorstandes der Anwaltskammer maßgebend ist, wird Anrufung der Dienstgerichte der Rechtsanwälte hinsichtlich des Grundes gewährt.[15])

Bei dem Reichsgericht erfolgt die Zulassung, welche die gleichzeitige Zulassung bei einem anderen Gerichte ausschließt, durch das Präsidium. Sie erfordert, wie alle Zulassungen, die gesetzliche Fähigkeit und die Abwesenheit der schlechthin wirksamen allgemeinen Versagungsgründe. Im übrigen hängt sie aber vom freien Ermessen des Präsidiums ab, welches daher nicht nur wegen mangelnden Bedürfnisses die Zulassung versagen, sondern auch bei vorhandenem Bedürfnis unter den Bewerbern eine Auswahl treffen kann.[16])

Die Zulassung erlischt ohne weiteres mit dem Tode, dem Verluste der Fähigkeit infolge Strafurteils und der Ausschließung von der Rechtsanwaltschaft.[17])

Die Zurücknahme der Zulassung erfolgt in ähnlicher Weise wie die Zulassung wegen mangelnder Fähigkeit zur Bekleidung öffentlicher Ämter zur Zeit der Zulassung, bei Nichteinnahme oder Aufgabe des pflichtmäßigen Wohnsitzes, bei pflichtwidriger Nichtbestellung eines Zustellungsbevollmächtigten und nach Ermessen auch bei Beschränkung in der Verfügung über das Vermögen.[18])

Die freiwillige Aufgabe der Zulassung erfolgt durch Anzeige an das Gericht, bei welchem der Anwalt zugelassen ist.[19])

Nach der ersten Zulassung wird der Rechtsanwalt in einer Gerichtssitzung vereidet.[20]) Er ist grundsätzlich verpflichtet, am Zulassungsorte zu wohnen und, sofern er dazu nicht verpflichtet ist, einen Zustellungsbevollmächtigten zu bestellen.[21]) Er wird in die Gerichtsliste (tableau) eingetragen und bei Beendigung der Stellung darin gelöscht.[22]) Bei Reisen über eine Woche bedarf er eines Stellvertreters, der auch ein bereits 2 Jahre im Vorbereitungsdienste Tätiger sein kann, aber, wenn er nicht ein Rechts-

[15]) R.A.O. § 16.

[16]) R.A.O. §§ 98—100. Für das oberste Landesgericht gelten diese Vorschriften nicht, vielmehr R.A.O. § 104.

[17]) R.A.O. §§ 24, 63. Nr. 4.

[18]) R.A.O. §§ 21—23.

[19]) R.A.O. § 24[1].

[20]) R.A.O. § 17.

[21]) R.A.O. §§ 18, 19.

[22]) R.A.O. §§ 20, 24. Die Eintragungen werden im Reichsanzeiger veröffentlicht

anwalt desselben Gerichts ist, durch die Justizverwaltung bestellt werden muß. Außerdem sind Abwesenheit und Vertreter dem Zulassungsgericht und dem Amtsgericht des Wohnorts anzuzeigen.[23])

Im allgemeinen kann der Rechtsanwalt bei allen Gerichten tätig werden.[24]) Eine wichtige Ausnahme macht hier aber der Anwaltszwang.[25]) Außerdem sind die Rechtsanwälte beim Reichsgericht streng auf dieses beschränkt.[26])

Neben den allgemeinen Pflichten gewissenhafter Berufstätigkeit und würdigen Verhaltens, auch außerhalb des Berufs,[27]) bestehen besondere Pflichten, namentlich die Wahrung des Berufsgeheimnisses (sécret professionel),[28]) die unverzügliche Mitteilung der Ablehnung von Parteiaufträgen, die Ablehnung der Tätigkeit bei Pflichtwidrigkeiten, für den Gegner der gegenwärtig oder auch nur früher vertretenen Partei und bei früherer richterlicher Tätigkeit in der Sache, sowie die Pflicht zum Halten von Handakten, die, wenn sie nicht zurückverlangt werden, 5 Jahre aufzubewahren sind.[29]) Außerdem muß der Anwalt sich bei bestimmten Voraussetzungen einer Partei, auch einer nicht armen, gerichtlich beiordnen lassen, wodurch er das Recht verliert, ohne besondere gesetzliche Gründe die Tätigkeit für diese Partei abzulehnen.[30]) Endlich muß er bei der Ausbildung im praktischen Vorbereitungsdienst mitwirken.[31])

Die Rechtsanwälte sind zu Anwaltskammern vereinigt, von denen eine für das Reichsgericht, die übrigen für bestimmte örtliche Bezirke, regelmäßig für einen Oberlandesgerichtsbezirk, bestehen und welche einen auf Zeit gewählten Vorstand haben.[32]) Zum Geschäftsbereich der Kammerversammlungen gehören die Geschäftsordnung, die Beiträge der Mitglieder, die Feststellung der Ausgaben und die Rechnungsabnahme sowie die Antragstellung in Angelegenheiten der Rechtspflege oder der Rechtsanwaltschaft.[33])

---

[23]) R.A.O. §§ 25, 29. — Nach Kriegsrecht Wirksamkeit der Handlungen von Stellvertretern Verstorbener, V. 9. 3. 16, §§ 1, 3.

[24]) R.A.O. § 26.

[25]) R.A.O. § 27, 101, unten § 20.

[26]) R.A.O. § 100.

[27]) R.A.O. § 28.

[28]) St.G.B. § 300.

[29]) R.A.O. §§ 30—32, St.G.B. § 356.

[30]) R.A.O. §§ 33—38. Über die Verpflichtung zur Verteidigung in Strafsachen § 39.

[31]) R.A.O. § 40.

[32]) Näheres R.A.O. §§ 41, 41a, 42—47, 102¹, 105, 106.

[33]) R.A.O. §§ 48, 50—58, 60. Beschlußfähigkeit nach Kriegsrecht V. 9. 3. 16, §§ 2, 3.

Der Vorstand, welcher aus seiner Mitte einen Vorsitzenden und einen Schriftführer nebst Stellvertreter erwählt, hat die Vermögensverwaltung, die Erstattung von Gutachten an die Justizverwaltung und — bei Streitigkeiten der Mitglieder mit ihren Parteien — auch an das Gericht, die Vermittlung von Streitigkeiten unter den Mitgliedern und zwischen den Mitgliedern und ihren Auftraggebern.[34]) Außerdem steht ihm die Aufsicht über die Mitglieder und die Ausübung der Dienststrafgewalt zu.[35])

Personen, welche nicht zur Rechtsanwaltschaft gehören, können, soweit nicht der Anwaltszwang entgegensteht, anwaltliche Tätigkeit auch gewerbsmäßig ausüben, ohne irgend eine Vorbildung nachweisen zu müssen (Prozeßagenten, hommes d'affaires). Sie unterstehen dann der Gewerbeordnung.[36]) Eine öffentliche Organisation würde nur in der Form einer Innung bestehen können.[37]) Das Gericht kann aber solche Personen von der mündlichen Verhandlung zurückweisen, wenn sie das Verhandeln gewerbsmäßig betreiben oder ihnen die Fähigkeit zum geeigneten Vortrage mangelt. Der erste Zurückweisungsgrund entfällt indessen, wenn ihnen von der Justizverwaltung allgemein das Verhandeln gestattet ist.[38])

## § 15. Justizverwaltung und Dienstgerichtsbarkeit.[1])

### I. Justizverwaltung.

Die Organe der grundsätzlich auf die Reichsgerichtsbarkeit beschränkten[2]) Reichsjustizverwaltung sind unter dem Bundesrat und dem Kaiser der Präsident, das Präsidium und das Plenum des Reichsgerichts sowie die Reichsanwaltschaft in den ihnen

[34]) R.A.O. § 49. [35]) R.A.O. § 49, unten § 15.

[36]) G.O. § 6. Untersagung des Gewerbebetriebs wegen Unzuverlässigkeit, G.O. § 35[3] — Bay. V. 18. 12. 83.

[37]) G.O. §§ 81 ff.

[38]) § 157. Die Erlaubnis soll nach Reichsrecht nur gegeben werden, wenn es an Rechtsanwälten mangelt. Für Preußen V. 25. 9. 99. Zuständig ist der Landgerichtspräsident. Die für einen oder mehrere Amtsgerichtsbezirke zu erteilende Erlaubnis ist jederzeit beliebig widerrufbar, aber nicht wegen mangelnden Bedürfnisses. Sind zwei Rechtsanwälte vorhanden, so ist die Erlaubnis nicht zu geben. — Bay. V. 4. 1. 00, württ. V. 4. 7. 99, sächs. Vf. 1. 11. 99, bad. V. 10. 11. 99. — O. Fischer in Iherings J. 38, 371.

[1]) Für Pr. Muller, Die pr. Justizverwaltung, 2 Bde. (1909, 1910).

[2]) Der Kaiser hat aber die Überwachung der Ausführung der Reichsgesetze durch die Landesbehörden (R.V. a. 17). Wegen des Einschreitens des Bundesrats gegen Rechtsweigerung unten N. 17.

besonders zugewiesenen Zweigen,[3]) im übrigen der Reichskanzler[4]) und als dessen ständiger Stellvertreter[5]) der Staatssekretär des Reichsjustizamts.[6])

Von den Geschäften der *Landesjustizverwaltung* sind bestimmte Aufgaben *reichsgesetzlich* bestimmten Organen zugewiesen, namentlich den Präsidenten und Präsidien der Gerichte, den dienstaufsichtsführenden Amtsrichtern und den Vorständen der Anwaltskammern.[7]) Im übrigen bestimmt das *Landesrecht* die Organe der Landesjustizverwaltung.[8]) Das Landesrecht bestimmt auch den Umfang der Aufsichtsbefugnisse der *dienstaufsichtsführenden* Amtsrichter.[9])

Als die *Aufgabe* der Justizverwaltung wurde[10]) die Ausübung der Justizhoheit bezeichnet, also derjenigen staatlichen Verrichtungen auf dem Gebiete der Rechtspflege, welche nicht von den *Gerichten* als solchen ausgeübt werden.

Es handelt sich dabei zunächst um eine nicht auf die einzelnen Rechtsangelegenheiten gerichtete *allgemeine* Tätigkeit, wie die Fürsorge für die persönlichen und sachlichen Bedürfnisse, die Ernennung und Entlassung der Beamten, ihre Besoldung, auch das Ruhegehalt und die Fürsorge für die Hinterbliebenen, Bau- und Kassenverwaltung. Die Justizverwaltung kann dabei auch allgemeine *Verwaltungsverordnungen* erlassen.[11])

---

3) Z. B. R V., a. 18, 19, G V. §§ 127—129, 131—133, 141, 150.

4) R.V., a. 15, G.V. §§ 132, 154, 155.

5) G. 17. 3 78, § 2.

6) Begründet durch das Reichshaushaltsgesetz für 1875, vom Reichskanzleramt abgetrennt durch das für 1877.

7) Z V G V. §§ $22^{2}$, 63, 64, 66, 69, $78^{2}$, $89^{2}$, 121, R A O. §§ 49, 50, 61.

8) In Pr. steht an ihrer Spitze unter dem König der Justizminister und unter diesem einerseits die Vorstände der Gerichte (also gemäß G V. § $22^{1}$ auch sämtliche Amtsrichter), andererseits die Vorstände der Staatsanwaltschaften. Diese Organe handeln als Einzelpersonen, können sich aber der Mitwirkung der ihnen unterstellten Richter und anderen Beamten bedienen, pr. A.G.G.V. §§ 77—79. Manche Angelegenheiten bearbeiten die Gerichtspräsidenten in Gemeinschaft mit dem ersten Beamten der Staatsanwaltschaft. — Ähnlich bay A.G G.V., a. 68—70.

9) In Pr. sind mit Ausnahme des Amtsgerichts Berlin-Mitte die übrigen Richter dieser Aufsicht nicht unterstellt, A.G.G.V. § $79^{2}$, G. 10. 4. 92, Vf. 4. 9 00. — Anders bay. A.G G.V., a. 17.

10) Oben § 1 a.

11) Wegen der Rechtsverordnungen oben § 4 I Nr. 4. — Veröffentlichung durch das Zentralblatt für das Deutsche Reich, in Pr. und Bay. durch das Justizministerialblatt.

Eine die sachliche Behandlung der einzelnen Angelegenheit betreffende Tätigkeit ist auf dem Gebiete der ordentlichen streitigen Gerichtsbarkeit durch das Verbot der Kabinettsjustiz[12]) der Justizverwaltung grundsätzlich ausgeschlossen, also nur da zulässig, wo sie im einzelnen besonders zugelassen ist.[13])

Da aber die Justizhoheit das Recht der Aufsicht über die nachgeordneten Behörden und Beamten in sich schließt,[14]) so haben die mit der Dienstaufsicht bekleideten Organe der Justizverwaltung sich auch mit den einzelnen Rechtspflegesachen in soweit zu befassen, als es die ihnen damit zugefallene Fürsorge für eine richtige und schnelle Tätigkeit der Gerichtsbarkeit erheischt. Die Aufsicht schließt das Recht in sich, Geschäftsrevisionen vorzunehmen, von Amts wegen oder auf Antrag eines Beteiligten auf Mängel der dienstlichen Tätigkeit hin zuweisen und auf ihre Abstellung zu dringen.[15]) In der Aufsicht liegt auch die Pflicht des Einschreitens gegen Rechtsverweigerung oder Rechtsverzögerung (denegata vel protracta justitia), d. h. die ungerechtfertigte Ablehnung oder Hinausschiebung der Vornahme einer begehrten zulässigen Tätigkeit.[16])

In dieser Beziehung kann auch der Bundesrat bei der Landesjustizverwaltung, in deren Bereich die Rechtsverweigerung

[12]) Oben § 6 A. 28.

[13]) Auf dem Gebiete der streitigen Zivilgerichtsbarkeit Mitwirkung bei der Zwangsvollstreckung gegen den Staat und andere juristische Personen des öffentlichen Rechts, unten § 97. — Für die Strafgerichtsbarkeit kommt namentlich das Begnadigungsrecht des Kaisers und der Staatsoberhäupter der Bundesstaaten in Betracht. — Weiter geht die Tätigkeit der Träger der Justizhoheit und der Justizverwaltung bei der freiwilligen Gerichtsbarkeit. Im großen Umfange sind ihnen die nach Bürgerlichem Recht zu gewährenden Befreiungen (z. B. B.G.B. § 1303²), auch die Ehelichkeitserklärung (B.G.B. § 1723) vorbehalten. In Pr. ist auf diesem Gebiete der Justizminister zuständig für die Entscheidung sachlicher Beschwerden in Fideikommißsachen (pr. F.G. a. 6²) und für gewisse Zuständigkeitsbestimmungen (z. B. A.G.G.V. § 20, F.G. 36²). Auch die sachlichen Beschwerden in Hinterlegungssachen erledigt die Justizverwaltung (G.V. § 3).

[14]) Pr. A.G.G.V. §§ 78, 79, bay. A.G.G.V., a. 69—71.

[15]) Beschwerden in Angelegenheiten der Justizverwaltung werden in Pr. im Allgemeinen im Aufsichtswege erledigt, pr. A.G.G.V. § 35. — Besondere Rechte der Aufsichtsbehörden sind in Pr. die Einforderung von Gutachten von den unterstellten Behörden (A.G.G.V. § 84, für Bay. A.G.G.V. a. 75), die allgemeine Beeidigung von Sachverstandigen (§ 410²), die Ausstellung von Zeugnissen über das inländische Recht (certificats de coutume, A.G.G.V. § 86). Beseitigt ist das Recht, Schadensersatz im Aufsichtswege herbeizuführen, A.G.G.V. § 82.

[16]) Für Bay. A.G.G.V., a. 73, 74.

stattgefunden hatte, „die gerichtliche Hilfe bewirken".[17]) Doch ist auch dann dem Gericht die Nachprüfung der Gesetzlichkeit der Anordnung des Bundesrats nicht genommen.

Dagegen gibt das Recht der Aufsicht nicht das Recht der Befugnis zum eigenen Handeln an Stelle des zuständigen Gerichtsorgans.

Die über den Gerichten und Richtern mit Dienstaufsicht stehenden Organe der Gerichtsverwaltung sind als deren Vorgesetzte zu betrachten, deren gesetzmäßige allgemeinen und besonderen Anordnungen von dem Justizbeamten zu befolgen sind. Aber ihre Befugnisse finden den Richtern gegenüber eine Schranke in dem Grundsatze des Reichsrechts, daß die richterliche Gewalt nur dem Gesetz unterworfen und im übrigen von Weisungen unabhängig ist,[18]) und daß ihre Absetzung, Versetzung und vorläufige Amtsenthebung, sofern sie nicht kraft Gesetzes eintritt, nur zufolge gerichtlicher Entscheidung erfolgen darf.[19])

Bei dem Reichsgericht steht den Organen der Justizverwaltung überhaupt keine Dienstzucht gegenüber den Richtern zu.[20])

Für die übrigen Richter ist das Landesrecht maßgebend.[21])

Den nichtrichterlichen Beamten gegenüber haben die Vorgesetzten die Zuchtmittel, welche für die Reichsbeamten reichsrechtlich[22]) und für die Landesjustizbeamten durch das Landesrecht[23]) festgesetzt sind.

In bezug auf Rechtsanwälte hat der Vorstand der Anwaltskammer das Recht der Aufsicht mit der besonderen Aufgabe der Vermittelung von Streitigkeiten mit Auftraggebern und mit anderen

---

[17]) R.V., a. 77.

[18]) G.V. § 1 oben § 6 A. 34.

[19]) G.V. § 8 oben § 8 A. 21.

[20]) R.V.G. § 158.

[21]) In Pr. hat der Gerichtspräsident gegenüber den Richtern seines Bezirks nur das Recht der Mahnung. Aber auch dagegen besteht wahlweise neben der Beschwerde im Aufsichtswege die Anrufung des Dienstgerichts, welches dann freilich auch schwerere Dienststrafen verhängen kann. (G. 7. 5. 51 § 13, 9. 4. 79 §§ 2, 3, 24, 10. 4. 92 § 4.) Im übrigen kann gegen preußische Richter nur auf gerichtlichem Wege vorgegangen werden.

[22]) R.V.G. §§ 80—83.

[23]) In Pr. haben die Vorgesetzten das Recht der Verhängung von Warnungen, Verweisen, Geldstrafen in begrenzter Höhe. Es besteht auch das Recht, die Ausführung angeordneter Geschäfte durch Ordnungsstrafen zu erzwingen. (Ebenso bay. A G.G.B a 71, 72.) Als Rechtsmittel ist dabei nur die Beschwerde im Aufsichtswege gegeben (A.G.G.V. §§ 80, 81, 85). — Gegenüber den Gerichtsvollziehern

Kammermitgliedern. Strafen, auch Mißbilligungen, Mahnungen und Verweise kann er aber nur im dienstgerichtlichen Wege verhängen.[24])

Der Geschäftsbetrieb des Vorstandes steht unter Aufsicht des Oberlandesgerichtspräsidenten nach Maßgabe der Bestimmungen für die Aufsicht über die Gerichte. Er entscheidet auch über Beschwerden hinsichtlich des Geschäftsbetriebs. Gesetzwidrige Beschlüsse oder Wahlen der Kammer oder des Vorstandes werden durch einen Zivilsenat des Oberlandesgerichts aufgehoben. Der Vorsitzende des Vorstandes muß der Justizverwaltung und dem Oberlandesgericht einen Jahresbericht erstatten.[25])

## II. Dienstgerichtsbarkeit (Disziplinargerichtsbarkeit).

Die Aufgabe der Dienstgerichtsbarkeit ist die Bestrafung und Amtsenthebung von Beamten und Rechtsanwälten wegen amtlicher Pflichtwidrigkeiten, bei denen diese Folgen nicht schon nach den Vorschriften des gemeinen Strafrechts eintreten und das zulässige Einschreiten der Justizverwaltung bezw. bei den Rechtsanwälten des Vorstandes der Anwaltskammer nicht ausreichend erscheint. Die Richter haben dabei mit Rücksicht auf ihre Unabhängigkeit eine besondere Stellung.

1. Bei dem Reichsgericht können die Richter durch Plenarbeschluß ihres Amtes für verlustig erklärt oder von solchem vorläufig enthoben werden, aber nur infolge der Verurteilung bezw. der Anklage wegen eines Verstoßes gegen das gemeine Strafrecht.[26]) In gleicher Weise kann bei Gebrechlichkeit die Versetzung in den Ruhestand ausgesprochen werden, wenn sie auf Aufforderung des Präsidenten nicht beantragt wird.[27]) Im übrigen besteht gegenüber Mitgliedern des Reichsgerichts eine Dienstgerichtsbarkeit nicht.[28])

Für die übrigen Richter ist das Landesrecht maßgebend.[29])

---

steht das Zwangsrecht auch den Richtern zu, welche Amtshandlungen anordnen können, sowie den Staatsanwaltschaften des Bezirks (Gerichtsv.O. § 33). Referendare (nicht aber Gerichtsassessoren) können wegen tadelhafter Führung oder Nichtfortschreitens ihrer Ausbildung vom Justizminister entlassen werden (G. 21. 7. 52 § 84). Für die bay Rechtspraktikanten, auch die geprüften V. 4. 7. 99 § 33, 4. 1. 01 § 10

[24]) R.A.O. § 49.

[25]) R.A.O. §§ 59, 60.

[26]) G.V. §§ 128, 129.

[27]) G.V. § 131.

[28]) R.B.G. § 138.

[29]) In Pr. ist, auch für Gerichtsassessoren, das Dienstgericht 1. Instanz ein aus 7 Mitgliedern bestehender Senat des Oberlandesgerichts, während die Berufung

2. Andere Justizbeamte einschließlich der Staatsanwälte[30]) unterstehen der für die nichtrichterlichen Beamten eingerichteten Dienstgerichtsbarkeit.[31])

3. Die Dienstgerichte der Rechtsanwälte führen den Namen Ehrengericht. Als Ehrengericht erster Instanz entscheidet der Vorstand der Anwaltskammer in der Besetzung von 5 Mitgliedern. Die Berufung geht an den Ehrengerichtshof in Leipzig,[32]) welcher aus 9 Mitgliedern des Reichsgerichts und 6 bei dem Reichsgericht tätigen Anwälten besteht, aber im einzelnen Falle mit 4 Richtern und 3 Anwälten besetzt ist.

Als Vergehen kommen alle Pflichtverletzungen, auch außerhalb der Berufsausübung liegende, in Betracht, vor der Zulassung begangene Handlungen aber nur, wenn sie einen Ausschließungsgrund abgegeben hätten.

Strafen sind Warnung, Verweis, Geldstrafe und Ausschließung von der Rechtsanwaltschaft.

Das Verfahren richtet sich mit einzelnen Abweichungen nach der Strafprozeßordnung.[33])

---

an den mit 15 Mitgliedern besetzten großen Disziplinarsenat des Kammergerichts geht. Hilfsrichter dürfen bei dem Dienstgericht nicht mitwirken. Als Dienstvergehen gilt jede Verletzung der Amtspflichten, sowie jedes unwürdige Verhalten auch außerhalb des Amtes. Dienststrafen sind Warnung, Verweis, Versetzung und Dienstentlassung. Verweis und Versetzung können mit Geldstrafen und anderen Vermögensnachteilen verbunden werden. Das Dienstgericht kann auch die vorläufige Enthebung vom Amte aussprechen. Der große Disziplinarsenat befindet auch über unfreiwillige Versetzung in den Ruhestand wegen Gebrechlichkeit und unfreiwillige Versetzung in ein anderes Amt wegen neu entstandener Schwägerschaft, G. 7. 5. 51, 26. 3. 55, 9. 4. 79. — Für Bay. G. 26. 3. 81 (F. 5. 12. 08) mit Vollzugsvorschriften 29. 12. 08, württ. G. 28. 6. 76, sächs. A.G.G.V. §§ 17—19, bad. G. 14. 2. 79, 29. 6. 88.

[30]) Bei der Staatsanwaltschaft besteht aber außerdem reichs- und landesrechtlich die Einrichtung der beliebigen einstweiligen Versetzung in den Ruhestand gegen Wartegeld. G.V. § 150², pr. G. 21. 7. 52, § 87 Nr. 2.

[31]) Für die Reichsbeamten R.B.G. §§ 72—79, 84—119. In Pr. ist das Dienstgericht erster Instanz für die mittleren und unteren Beamten und die Amtsanwälte ein unter dem Vorsitze des Präsidenten stehender Senat des O.L.G., für Staatsanwälte der Disziplinarhof in Berlin. Berufungsgericht ist das Staatsministerium. Dienstentlassung bedarf bei den vom König ernannten oder bestätigten Beamten der königlichen Bestätigung, G. 21. 7. 52 u. G. 9. 4. 79. Die Arreststrafe gegen Unterbeamte ist beseitigt, G. 25. 3. 17.

[32]) Beschwerden gehen dagegen an den Strafsenat des O.L.G., R.A.O. § 89.

[33]) R.A.O. §§ 62—97, 102².

## § 16. Besondere Gerichte.

Als besondere Gerichte[1]) brauchen bei der Darstellung der streitigen Zivilgerichtsbarkeit nur diejenigen berücksichtigt zu werden, welche nicht zur Verwaltung[2]) zu zählen sind.[3]) Der Verwaltungsgerichtsbarkeit dienen nicht nur die eigentlichen Verwaltungsgerichte[4]) und Verwaltungsdienstgerichte,[5]) sondern auch die unter dem Reichsversicherungsamt stehenden Spruchbehörden,[6]) die unter dem Bundesamt für das Heimatswesen zur Rechtsprechung in Sachen der Armenverbände berufenen Behörden,[7]) das Reichspatentamt,[8]) die Seeämter,[9]) die Prisengerichte.[10])

Im übrigen zerfallen die besonderen Gerichte in solche, welche durch *Reichsrecht* eingerichtet sind, oder solche, deren Einrichtung der *Landesgerichtsbarkeit*, wenn auch mit der Pflicht der Einrichtung, überwiesen ist.

I. Reichsrechtlich *bestellte* Gerichte kommen für die streitige Zivilgerichtsbarkeit[11]) nur in Betracht für die Ausübung der Gerichtsbarkeit *außerhalb* des Reichs. Es sind:

1. die *Konsulargerichte*.[12]) Sie üben da, wo es durch Gewohnheit oder Staatsvertrag ausnahmsweise gestattet ist, die volle

---

[1]) Über die ihnen im wesentlichen gleichstehenden *staatlich* eingerichteten Schiedsgerichte unten § 71.

[2]) Oben § 1 A. 15.

[3]) Auch Verwaltungsgerichtsbarkeit kann das Landesrecht dem ordentlichen Gerichte übertragen, B.G.B. § 4, oben § 6 A. 15. Das Reichsgericht ist zuständig für Hamburger Streitfragen zwischen Senat und Bürgerschaft, G. 14 3. 81.

[4]) Pr. G. 30. 7. 83 u. 3. 7. 75 (F. 2. 8. 8). Es treten hinzu Landeswasseramt, Bergausschüsse, Berufungskommissionen in Steuersachen.

[5]) Für Reichsbeamte R.B.G. §§ 72 ff. unter Beteiligung ordentlicher Richter, in zweiter Instanz des Reichsgerichts. — Für pr. Beamte G. 21. 7. 52, Privatdozenten G. 17. 6. 92, Studenten G. 29. 5. 79.

[6]) R.V.O. §§ 36–60, 61–82, 83–104.

[7]) G. 6. 6. 70 (F 30. 5. 08), pr. G. 8. 3. 71.

[8]) Mit dem Reichsgericht als Berufungsgericht, Pat.G. § 33, Hilfsrichter G. 18. 5. 08, 10. 3. 11, 2. 8. 14. — Kriegsrecht kais. V. 20. 2. 10, V. 13. 4. 16, 8. u. 9. 3. 17.

[9]) Seem.O. § 5.

[10]) G. 3. 5. 84, PrisenO. 30. 9. 09 (R.G Bl. 14, 275), PrisengerichtsO. 15. 4. 11 (R.G.Bl. 14, 300), kais. V. 26. 3., 18. 4, 16. 7., 4. 9. 15, V. 22. 7. 16, 9. 1. 17.

[11]) Die Militärgerichtsbarkeit liegt außerhalb der streitigen Zivilgerichtsbarkeit. Vgl. jedoch unten § 38.

[12]) Konf.G.G. (7. 4. 00) u. V. 25. 10. 00. — Für die Türkei beseitigt, neuer Konsularvertrag 11. 1. 17.

Gerichtsbarkeit über nicht exterritoriale Reichsangehörige und Schutzgenossen aus. Das Verfahren richtet sich nach der Zivilprozeßordnung. Höhere Instanz ist das Reichsgericht. Der Konsul ist bei der widerruflichen Zulassung von Rechtsanwälten freigestellt.

2. Die Gerichte der deutschen Schutzgebiete.[13]) Sie sind im allgemeinen den Konsulargerichten nachgebildet.[14])

II. Reichsrechtlich zugelassene Gerichte sind:[15])

1. Stromgerichte[16]) für den Rhein und die Elbe (Rheinschiffahrts- und Elbzollgerichte). Im allgemeinen mit ordentlichen Gerichten verbunden und nach der Zivilprozeßordnung verfahrend. Am Rhein steht als zweite Instanz neben den Landesgerichten die Zentralkommission für die Rheinschiffahrt in Mannheim.

2. Landbaugerichte,[17]) meistens verbunden mit der im Interesse der Landeskultur zu übenden Verwaltungstätigkeit.[18])

3. Gewerbe- und Kaufmannsgerichte[19]), reichsrechtlich geordnete Gemeindegerichte, welche in Gemeinden mit mehr als 20 000 Einwohnern eingerichtet werden müssen, zur Entscheidung und als Einigungsämter der Streitigkeiten zwischen Arbeitgebern und

---

[13]) Schutzgeb.G. (F. 10. 9. 00).

[14]) Ein oberster Kolonialgerichtshof ist geplant.

[15]) Ihre Gerichtsbarkeit kann, soweit nicht die reichsrechtlichen Bestimmungen für die einzelnen Arten entgegenstehen, den ordentlichen Gerichten übertragen werden und zwar auch mit Abweichungen vom ordentlichen Verfahren, E.G.V. § 3, E.Z. § 3².

[16]) G.V. § 14 Nr. 1. Rheinschiffahrtsakte 17. 10. 68, Elbschiffahrtsakte 13. 4. 44, pr. G. 8. u. 9. 3. 79, wegen der Aufsicht A.G.G.V. § 83; bay. A.G.G.V. a. 9.

[17]) G.V. § 14 Nr. 2, G.V. § 14 Nr. 4.

[18]) In Pr. sind in 1. Instanz die Generalkommissionen mit ihren Spezialkommissaren tätig, 2. Instanz ist das Oberlandes-Kulturgericht in Berlin, 3. Instanz das Reichsgericht. Die Zivilprozeßordnung ist in wichtigen Punkten abgeändert, insbesondere Beseitigung der Verhandlungsmaxime, der Mündlichkeit und des Parteibetriebs, Ausschluß der Anwälte, Einschränkung des Versäumnisurteils und Durchführung der altpreußischen Instruktionsmethode, G. 18. 2. 80 (F. 10. 10. 99) mit V. 20. 6. 1817, 7. 6. 21, 30. 6. 34, 22. 11. 44, A.G.Z. § 12, A.G.G.V. § 19, Kais.V. 26. 9. 79.

[19]) G.V. § 14 Nr 4, G.G.G. (29. 7. 90, F. 30. 6. 01), K.G.G. (6. 7. 04). Nach Kriegsrecht Verlängerung der Amtsdauer der Beisitzer, V. 26. 7. 15, 20. 7. 16. — In der pr. Rheinprovinz auf Grund G.G.G. § 85 und pr. G. 11. 7. 91 staatliche Gewerbegerichte (im Anschluß an die französ. conseils des prud 'hommes).

Arbeitnehmern. Sie haben Beisitzer aus den beteiligten Kreisen. Zweite Instanz ist das Landgericht. Rechtsanwälte und gewerbsmäßige Vertreter sind ausgeschlossen. Im allgemeinen gilt das amtsgerichtliche Verfahren.

4. Gemeinde-Gerichte, mit Vorbehalt des ordentlichen Rechtsweges für kleine vermögensrechtliche Streitigkeiten unter Gemeindegenossen.[20])

5. Sondergerichte für die Mitglieder der landesherrlichen Familien.[21])

6. Gerichtshöfe zur Vorentscheidung über die Zulässigkeit des Rechtswegs.[22])

# 2. Abschnitt.

## Parteien.

### § 17. Begriff und Arten.

Parteien im weiteren Sinne oder Beteiligte sind diejenigen, welche an einem zivilprozessualischen Verfahren im eigenen Namen zur Wahrnehmung eines Interesses teilnehmen oder gegen welche das Verfahren gerichtet wird.[1]) Sie stehen im Gegensatz einmal zu den Gerichtspersonen und denjenigen, welche, wie Dolmetscher, Zeugen und Sachverständige, in dem Verfahren ohne Wahrnehmung eines Interesses tätig werden, dann aber auch zu den Parteivertretern, zu welchen aber nur diejenigen zu rechnen sind, welche nicht für sich, sondern für einen bestimmten anderen, also in

---

[20]) G.V. § 14 Nr 3 nur in Württemberg und Baden. Württb. A.G.Z a. 3—13, A.G B G B. §§ 278, 283, bad. E.G.V. §§ 115—123.

[21]) E.G.V. § 5, E. § 5. Pr. Geheimer Justizrat bei dem Kammergericht, auch für die fürstliche Familie Hohenzollern, dritte Instanz das Reichsgericht. Es gilt der Anwaltsprozeß der Z.P.O, G. 26. 4. 81 a. 3, A G.G V. §§ 18, 91[a], A G.Z. § 4, V. 26. 9. 79 § 2, bay. A.G.G.V. a. 81[2], A.G Z. § 1, Familienstatut 5. 8. 19 Tit. 10 §§ 1—4, sächs. Hausg. 30. 12. 37, 20. 8. 79, 6. 7 00, württb. A.G.Z. a. 1, 2, Hausg 8. 6. 28 a. 65—66, bad G. 15. 2. 51 a. 1, hess. G. 7. 6. 79.

[22]) G.V. § 17, pr. V. 1. 8. 79 §§ 1—4, bay G. 18. 8. 79 a. 1—7, sächs. G. 3. 3. 79 § 1, württ. G. 25. 8. 79 a. 1—3, bad. G. 30. 1. 79 §§ 1—5. Für Bremen ist das Reichsgericht zuständig, V. 28. 9. 79.

[1]) Partei wird nur der wirkliche Teilnehmer nicht die Person, deren Namen sich der Teilnehmer beilegt.

fremdem Namen, an dem Verfahren teilnehmen bezw. gegen welche in dieser Eigenschaft das Verfahren gerichtet wird.[2])

Hauptparteien oder Parteien im engeren Sinne sind diejenigen Parteien, ohne welche das betreffende Verfahren nicht stattfinden kann. Unentbehrlich ist für jedes Verfahren eine handelnde Partei, von welcher regelmäßig das in dem Verfahren verfolgte Rechtsschutzbegehren ausgeht. Aber abgesehen vom Aufgebotsverfahren, bei welchem das Begehren sich gegen die Allgemeinheit wendet, bedarf es auch einer leidenden Partei, gegen welche das Begehren sich richtet.

Die Hauptparteien führen durchweg feste Namen. Im Rechtsstreit heißt die handelnde Partei Kläger, die leidende Beklagter. Bei dem Mahnverfahren und der Zwangsvollstreckung wird die handelnde Partei Gläubiger, die leidende Schuldner genannt. Im Konkurse stehen sich die Konkursgläubiger und der Gemeinschuldner gegenüber.[3])

Die nicht zu den Hauptparteien gehörigen Parteien nennt man Nebenparteien. Das von ihnen wahrzunehmende Interesse kann sich mit dem einer Hauptpartei decken oder auch ein Sonderinteresse sein. Sie führen nur teilweise besondere feste Namen, wie z. B. der Nebenintervenient,[4]) sonst werden sie Dritte genannt.[5]) Zu ihnen gehört auch der Staatsanwalt, soweit er nicht Hauptpartei ist.[6])

## § 18. Parteifähigkeit.

Die Fähigkeit, im Zivilprozeß Partei zu sein, fällt im allgemeinen mit der Rechtsfähigkeit des Privatrechts zusammen.[1]) Sie steht daher grundsätzlich nur den bereits und noch lebenden Menschen und den bereits und noch bestehenden juristischen Personen zu.[2])

Das Prozeßrecht hat aber in einzelnen Fällen die Parteifähigkeit auch Gebilden verliehen, welche nach bürgerlichem Recht keine volle Rechtsfähigkeit haben. Die volle Parteifähigkeit haben die offenen

---

[2]) Wegen der Güterpfleger unten § 21.

[3]) Doch steht hier die Inbetriebsetzung des Verfahrens auch dem Gemeinschuldner und einzelnen der Konkursgläubiger zu.

[4]) § 66. [5]) Z. B. § 771³.

[6]) Also in den Fällen §§ 607, 640, 652 gegenüber 632, 646².

[1]) § 50¹.

[2]) B.G.B. §§ 1 ff., 21 ff. Für ausländische Vereine a. 10. Für Aktiengesellschaften H.G.B. § 210.

Handelsgesellschaften,[3]) ebenso die Kommanditgesellschaften, auch die auf Aktien und die Gesamtheit ihrer Kommanditisten.[4])

Außerdem haben die nichtrechtsfähigen Vereine die Parteifähigkeit als leidende, nicht aber als handelnde Partei.[5]) Doch wird man ihnen das Handeln nicht verwehren können, welches auch anderen leidenden Parteien zusteht, wie z. B. die Erhebung einer Widerklage. Dagegen können im übrigen als handelnde Partei nur die Vereinsmitglieder in Betracht kommen, da die Zuerkennung der Fähigkeit als handelnde Partei ein zweifelloser Verstoß gegen die klare, wenn auch nicht zu billigende Gesetzesbestimmung sein würde.[6])

Beschränkte Parteifähigkeit hat aber ferner auch die Staatsanwaltschaft, soweit sie zur Prozeßführung im eigenen Namen berechtigt ist,[7]) sowie andere Behörden, soweit sie zuständig sind, die Vollziehung einer im öffentlichen Interesse liegenden Auflage zu verlangen.[8])

Angesichts der bestimmten Grundregel, daß nur die Rechtsfähigkeit die Parteifähigkeit verleiht, ist es nicht angängig, den Kreis der parteifähigen, aber nicht rechtsfähigen Gebilde zu erweitern. Wenn § 17 von Gesellschaften und Vermögensmassen spricht, welche „als solche verklagt werden können“, so setzt er dabei andere Rechtsvorschriften voraus, welche die Parteifähigkeit verliehen haben, keineswegs aber will er allen beliebigen Personenmehrheiten und Vermögensinbegriffen die Parteifähigkeit verleihen.[9])

Daher haben namentlich die Gesellschaft des Bürgerlichen Rechts, die stille Gesellschaft und die Reederei[10]) die Parteifähigkeit nicht, da ihnen nach Privatrecht die Rechtsfähigkeit fehlt und eine besondere Zuerkennung der Parteifähigkeit nicht erfolgt ist.

Ebensowenig wohnt der Konkursmasse, der Zwangsverwaltungsmasse, einem Sammelvermögen oder einer Leibesfrucht die Parteifähigkeit bei.[11])

---

[3]) H.G.B. §§ 124, 125, 129[4], Z.P.O. § 736.

[4]) H.G.B. §§ 161, 320, 328[2]. — Der Einzelkaufmann wird dadurch, daß er unter seiner Firma auftritt (H.G.B. § 17[2]), nicht zu einer anderen Partei.

[5]) § 50[2]. O. Fischer in Iherings J. 38, 361.

[6]) Daß B.G.B. § 62 für das Verwaltungsstreitverfahren die volle Parteifähigkeit gibt, kann daran nichts ändern.

[7]) § 637. [8]) B.G.B. §§ 525, 2194.

[9]) Wegen der Aushilfe durch die Güterpflege unten § 21.

[10]) B.G.B. §§ 705 ff., H.G.B. §§ 335 ff., 489 ff.

[11]) Darüber unten § 21.

Die Parteifähigkeit ist ebenso wie die im Gesetz nicht besonders erwähnte Parteiidentität eine unter zwingendem Recht stehende, jeder Zeit auch ohne Antrag zu berücksichtigende Voraussetzung der Zulässigkeit des Verfahrens.[12]) Doch kann einstweilige Zulassung[13]) gewährt werden, wenn die Beseitigung des Mangels in Aussicht gestellt werden kann, z. B. die Erlangung der Rechtsfähigkeit für einen nicht rechtsfähigen Verein.[14])

## § 19. Prozeßfähigkeit. Gesetzliche Vertretung. Ermächtigung.

### I. Prozeßfähigkeit.

Die Prozeßfähigkeit ist die Fähigkeit einer Partei, selbst diejenigen Prozeßhandlungen wirksam vorzunehmen beziehungsweise gegen sich vornehmen zu lassen, die von einer Partei und gegen eine solche vorzunehmen sind.[1])

Damit ist aber der prozeßfähigen Partei die volle Verhandlungsfähigkeit nicht unter allen Umständen gegeben. Diese wird durch den Anwaltszwang[2]) im allgemeinen, sowie dadurch im besonderen beschränkt, daß das Gericht[3]) tauben und zum mündlichen Vertrage ungeeigneten, sowie solchen Parteien, die sich zur Abwendung der Zurückweisung als geschäftsmäßige Parteivertreter das geltend zu machende Recht haben abtreten lassen, endlich im Anwaltsprozesse auch der deutschen Sprache nicht mächtigen Parteien den mündlichen Vortrag untersagen, auch Parteien, die den zur Aufrechterhaltung der Ordnung erlassenen Befehlen nicht gehorchen, aus dem Verhandlungsraum entfernen lassen kann.[4]) In solchen Fällen zeigt sich aber die Prozeßfähigkeit in der Fähigkeit, selbst den erforderlichen freiwilligen Vertreter zu bestellen.

Wiewohl § 51 bezüglich der Prozeßfähigkeit in erster Linie auf das bürgerliche Reichs- und Landesrecht verweist, und nur Abweichungen des Prozeßrechts vorsieht, so ist die Frage in der Haupt-

---

[12]) Anders bei mangelnder Parteirichtigkeit unten § 22.

[13]) Im Rechtsstreit muß aber in der dem Endurteil vorhergehenden Schlußverhandlung der Mangel beseitigt werden.

[14]) § 56.

[1]) Früher bezeichnete man die Prozeßfähigkeit als legitima persona standi in iudicio, daher die unzureichende Begriffsbestimmung in § 51; O. Fischer in Iherings J. 38, 382. Cod. III. 6 sprach nur von denjenigen, „qui legitimam personam in iudiciis habent“.

[2]) Unten § 20 II.

[3]) Nicht der Vorsitzende allein.

[4]) §§ 157 2–4, 158, G.V. §§ 178, 189.

sache in der Zivilprozeßordnung geregelt und tritt das bürgerliche Recht nur ergänzend ein.

Im allgemeinen entspricht die Prozeßfähigkeit der vollen privatrechtlichen Geschäftsfähigkeit, zu welcher Verpflichtungs- und Verfügungsfähigkeit gehören.[5]) Bei der Beschränkung der Verpflichtungsfähigkeit auf einen bestimmten Kreis von Rechtsgeschäften[6]) ist auch die Prozeßfähigkeit entsprechend beschränkt.

Die Eigenschaft der Ehefrau begründet daher keine Beschränkung der Prozeßfähigkeit.[7]) Damit ist aber nicht ausgeschlossen, daß nach ehelichem Güterrecht das Recht der Prozeßführung hinsichtlich des Vermögens der Ehefrau dem Ehemanne zusteht oder an seine Zustimmung gebunden ist.[8])

Für Ausländer ist die Zulässigkeit nach dem Rechte ihres Staates zu beurteilen, doch genügt für sie auch die inländische Prozeßfähigkeit.[9])

Durch einen Pfleger gesetzlich vertretene an sich prozeßfähige Personen[10]) werden für das betreffende Verfahren einer nicht prozeßfähigen Person gleichgestellt,[11]) ohne daß ihnen die Prozeßfähigkeit im allgemeinen genommen ist. Juristische Personen und andere parteifähige Gebilde sind nicht prozeßunfähig; sie handeln aber, wie im Privatrecht, durch ihre menschlichen Organe.

Die prozessualische Behandlung der Prozeßfähigkeit ist die gleiche wie die der Parteifähigkeit.[12])

Prozeßhandlungen des Prozeßunfähigen können durch Genehmigung des gesetzlichen Vertreters oder durch eigene Genehmigung nach erlangter Prozeßfähigkeit wirksam werden.[13])

---

[5]) § 52¹. B.G.B. §§ 104, 106, 114. — Erweiterung für Ehe- und Kindschaftsprozesse §§ 612, 641, für Entmündigungen § 664.

[6]) Z. B. nach B.G.B. §§ 112, 113, Seem.O. §§ 7², 8.

[7]) § 52². [8]) Unten §§ 21, 22, 42.

[9]) § 55. Vgl. E.G.B.G.B. a. 7, 8.

[10]) Z. B. Gebrechliche. B.G.B. § 1911. — In Pr. Mitglieder der landesherrlichen und gleichgestellten Familien im Geschäftskreise der für ihre Vermögensverwaltung bestehenden Organe, A.G.Z. § 2.

[11]) § 53. Eine Ausnahme macht V.A.G. § 62³ bezüglich des den Versicherten im Konkurse der Versicherungsunternehmung bestellten Pflegers insofern, als diese auch selbst ihre Rechte wahrnehmen dürfen.

[12]) § 56.

[13]) Folgt aus § 551 Nr. 5, 579¹ Nr. 4

## II. Die gesetzliche Vertretung.

Gesetzlicher Vertreter (Muntwalt) ist derjenige, welcher zufolge einer nicht auf dem Willen des Vertretenen beruhenden, sondern mit seiner sonstigen Rechtsstellung gesetzlich verbundenen Vertretungsmacht derart an die Stelle der Partei tritt, daß alle Parteihandlungen[14]) von ihm im Namen[15]) der Partei vorzunehmen bezw. gegen ihn als Parteivertreter vorzunehmen sind. Auch nicht durch einen Pfleger vertretene prozeßfähige Personen können in besonderen Fällen einen gesetzlichen Vertreter haben. Insbesondere vertritt die gütergemeinschaftliche Ehefrau ihren durch Krankheit oder Abwesenheit verhinderten Mann bei Gefahr im Verzuge.[16])

Die menschlichen Organe (Vorstände) juristischer Personen und anderer parteifähiger Gebilde werden wie gesetzliche Vertreter behandelt.[17])

Die Begründung der Eigenschaft eines gesetzlichen Vertreters und ihr Nachweis richtet sich nach bürgerlichem Reichs- und Landesrecht.[18]) Doch kann der vertreterlosen leidenden Partei auf Antrag der handelnden ein vorläufiger besonderer Vertreter durch den Vorsitzenden des Prozeßgerichts bestellt werden, wenn mit dem Verzuge Gefahr verbunden ist oder es sich um Prozeßhandlungen bei dem Gericht des Aufenthalts- oder Garnisonsorts der Partei handelt, welcher von ihrem Wohnsitz verschieden ist.[19])

---

[14]) Eine Besonderheit besteht bezüglich des Parteieides § 473² u. ³, pr. A.G Z. § 2. — Auch ist anzunehmen, das prozeßunfähigen Parteien Gehör gewährt und ihr Erscheinen zum Zwecke der Aufklärung angeordnet werden kann (§§ 137⁵, 141, 619).

[15]) Im eigenen Namen, aber für fremde Rechnung Handelnde sind dagegen Partei, unten § 21.

[16]) B.G.B. § 1450. — Eigenartig auch B.G.B. § 268².

[17]) Z. B. B.G.B. §§ 26², 29, 30, 36, H.G.B. §§ 114, 170, 231, 320. Aufsichtsrat und gewählte Vertreter der Gesamtheit der Kommanditisten. H.G.B. §§ 247, 328³. — Anders die Güterpfleger unten § 21.

[18]) Für Menschen z. B. B.G.B. §§ 1627, 1630, 1684, 1773³, 1795 Nr. 3, 1896.

[19]) § 57. Nach Kriegsrecht gilt dies für unvertretene Kriegsteilnehmer zur Verhütung offenbarer Unbilligkeiten, und zwar auch dann, wenn sie handelnde Partei oder Parteivertreter sind. Verwandte und Bekannte sind zuvor zu hören. Der Gegner hat die Kosten zu tragen. Der zubenachrichtigende Kriegsteilnehmer kann unter Bestellung eines anderen Vertreters die Vertretungsmacht entziehen. G. 4. 8. 14 § 9², B. 14. 1. 15 §§ 1, 3.

Eine Vertretung gegnerischer Parteien durch denselben Vertreter ist ausgeschlossen.[20]) Die prozessualische Behandlung der gesetzlichen Vertretung ist die gleiche wie bei der Prozeßfähigkeit.[21]) Die Beschränkungen der vollen Verhandlungsfähigkeit[22]) können den gesetzlichen Vertreter ebenso treffen wie eine prozeßfähige Partei.

### III. Ermächtigung.

Die Fälle, in denen zur Prozeßführung oder zu einzelnen Prozeßhandlungen eine besondere *Ermächtigung* erforderlich ist, sind durch das außerhalb des Zivilprozeßrechts liegende bürgerliche oder öffentliche Reichs- und Landesrecht geordnet.[23])

Betrifft das Erfordernis der Ermächtigung die Prozeßführung *im Ganzen*,[24]) so wird es ebenso behandelt wie das der Partei- und Prozeßfähigkeit.[25])

Handelt es sich dagegen um Ermächtigung zu der *einzelnen* Prozeßhandlung, so beeinträchtigt der Mangel die Gültigkeit der Prozeßhandlung nicht.[26])

## § 20. Freiwillige Vertreter und Beistände.

Es bestehen hinsichtlich der freiwilligen Vertreter und Beistände bedeutsame Unterschiede zwischen dem *Parteiprozeß*, d. h. dem Verfahren ohne Anwaltszwang, und dem *Anwaltsprozeß*, in welchem der Anwaltszwang besteht. Daher ist zunächst der Rechtszustand im Parteiprozeß darzustellen, und danach auf die Abweichungen im Anwaltsprozeß einzugehen.[1])

---

[20]) Das erscheint selbstverständlich. Die Ausnahmen des B.G.B. § 181 sind nicht anwendbar.

[21]) § 56. [22]) Oben A. 2—4. [23]) § 51.

[24]) Nur nach Landesrecht, z. B. staatliche Ermächtigung für Kirchenorgane, in Bay. für ortskirchl. Stiftungsverm. Kirchen-Gem.O. 24. 9. 12 (nur Untersagungsrecht), für Pfründenverm. V. 30. 1. 1811, 17. 12. 1825 § 74 und für die Pfalz V. 6. 12. 1808 u. 15, 8. 1. 19 und Dekret 6. 11. 1813 a 19, 29, 51, in Pr. im Allg. keine staatl. Ermächtigung. — Etwas anderes ist die zur Herstellung des sachlichen Prozeßführungsrechts erforderliche Zustimmung (unten §§ 21, 22).

[25]) § 56.

[26]) § 54. Die einen Rechtsstreit erledigenden Handlungen (Anerkenntnis, Verzicht, Vergleich) sind nicht ausgenommen, was namentlich angesichts des B.G.B. §§ $1643^2$, $1690^1$, 1714, 1822 Nr. 2 u. 12 von Bedeutung ist. — Die Verantwortlichkeit gegenüber dem Vertretenen bleibt.

[1]) Die *Vorzüge*, welche die Rechtsanwälte als Vertreter und Beistände auch in Parteiprozessen genießen (§§ $91^2$, $157^4$, 198, $397^3$, G.V. § 180), sind an ihrer Stelle zu erörtern.

## I. Im Parteiprozeß.

1. Freiwilliger Vertreter (procurator) ist der, welcher außerhalb des Falls der gesetzlichen Vertretung im Namen und an Stelle der Partei oder ihres gesetzlichen Vertreters die Parteirolle derart übernimmt, daß Prozeßhandlungen von ihm oder gegen ihn vorgenommen werden.

Auch im Parteiprozeß ist die freiwillige Vertretung allgemein zulässig, mit Ausnahme der Leistung des Parteieides.[2]) Dagegen besteht die Notwendigkeit eines solchen Vertreters im allgemeinen nicht. Sie entsteht für die mündliche Verhandlung nur dann, wenn die Partei selbst oder ihr gesetzlicher Vertreter nicht zugelassen oder aus dem Verhandlungsraume entfernt wird,[3]) sowie für Zustellungen, wenn eine dahingehende Anordnung getroffen ist.[4])

Der freiwillige Vertreter ist Prozeßvertreter, wenn er für das ganze Verfahren als Vertreter auftritt.[5]) Den Gegensatz bilden Vertreter für einzelne Prozeßhandlungen[6]) und die Zustellungsvertreter, welche nur mit der Empfangnahme von Schriftstücken für die Partei zu tun haben.[7])

Die gerichtliche Beiordnung eines Vertreters erfolgt im Parteiprozeß nur nach Bewilligung des Armenrechts.[8])

Hinsichtlich der in diesem Falle stets auf der Vollmacht des Vertretenen (Partei oder gesetzlichen Vertreters) beruhenden und daher durch die gerichtliche Beiordnung als solcher nicht verliehenen Vertretungsmacht, ihres Nachweises und ihrer Prüfung ist das Verhältnis des Vertreters zum Vertretenen, zum Gegner und zum Gericht zu unterscheiden.

Im Verhältnis zum Vertretenen bedarf die Erteilung der Vertretungsmacht, welche auch für den Prozeß durch einseitiges Geschäft des Vertretenen erfolgt, keiner Form. Selbst nachträgliche, auch stillschweigende Genehmigung hat die Wirksamkeit der Prozeßhandlungen für und gegen den Vertretenen zur Folge.[9])

Die Erteilung einer „Prozeßvollmacht"[10]) ohne nähere Angaben begründet die Vertretungsmacht in einem sehr weiten Um-

[2]) §§ 79, 478. — Außerdem ist die Vertretung auch ausgeschlossen, soweit das persönliche Erscheinen der Parteien zum Zwecke des Sühneversuchs oder der Aufklärung stattzufinden hat, §§ 141, 296, 610, 619.

[3]) Oben § 19 A. 4. [4]) §§ 174, 175. [5]) § 81. [6]) § 83². [7]) § 174. [8]) Unten § 35. [9]) § 89.

[10]) Eine Vollmacht für alle Angelegenheiten (Generalvollmacht, procurator omnium bonorum) ersetzt die Prozeßvollmacht, soweit nicht, wie in Familiensachen,

fang.[11]) Sie erstreckt sich nicht nur auf das betreffende Feststellungsverfahren, sondern auch auf die Zwangsvollstreckung und andere mit dem ursprünglichen Verfahren in Verbindung stehende Verfahren wie Hauptintervention, Arrest und einstweilige Verfügung. Sie bezieht sich aber nicht auf die Vertretung im Konkurse des Gegners. Auch die Befugnis zur Entgegennahme des Streitgegenstandes ist (abgesehen von den zu erstattenden Kosten) darin nicht enthalten. Dagegen hat sich ein Gewohnheitsrecht dahin gebildet, daß die Prozeßvollmacht sich außer auf eigentliche Prozeßhandlungen auch auf die Abgabe und den Empfang von solchen privatrechtlichen Erklärungen erstreckt, welche die Prozeßführung mit sich bringt, die aber, wie z. B. Kündigung, Widerruf, Rücktritt, Anfechtung oder Aufrechnung, in ihren Wirkungen weit über die bloße Prozeßführung hinausgehen.[12])

Außerdem ermächtigt die Prozeßvollmacht auch zur Bestellung von Untervertretern, auch für die höheren Instanzen.[13])

Der Vertretene kann aber die Prozeßvollmacht in einer den Vertreter bindenden Weise beliebig einschränken oder erweitern.[14])

Der Gegner kann nicht nur Einreichung der schriftlichen Vollmacht zu den Akten, sondern auch öffentliche Beglaubigung der Vollmacht verlangen.[15])

Ist Prozeßvollmacht erteilt, so kann solche gegenüber dem Gegner nur in bezug auf die einen Rechtsstreit sachlich erledigenden Handlungen (Anerkenntnis, Verzicht und Vergleich) beschränkt werden. Alle anderen Beschränkungen der Prozeßvollmacht durch den Vertretenen sind gegenüber dem Gegner auch dann ohne rechtliche Wirkung, wenn ihm die Einschränkung bekannt war.[16])

Das Gericht hat im allgemeinen die Zulassung des Bevollmächtigten zum mündlichen oder schriftlichen Verhandeln davon ab-

---

Sondervollmacht vorgeschrieben ist (§§ 613 S. 1, 640, 644). — Die gleiche Kraft haben in ihrem Geschäftskreise Prokura (H.G.B. § 49), Bestellung als Schiffer (H.G.B. § 527²), B.Sch.G. § 15), Handlungsvollmacht mit besonderem Zusatz (H.G.B. § 54²), Übertragung der Geschäftsführung bei der Gesellschaft des bürgerlichen Rechts (B.G.B. § 714). Bestellung zum Korrespondentreeder (H.G.B. § 493³), Patentvertretung für Ausländer (Pat.G. § 12).

[11]) §§ 81, 82; O. Fischer in Iherings J. 38, 363.

[12]) R. 50, 426. [13]) § 81. [14]) Folgt aus 83¹.

[15]) § 80. Schikanöse Ausübung des Rechts auf Beglaubigung verstößt aber gegen die Berufspflichten des Rechtsanwalts.

[16]) § 83¹.

hängig zu machen, daß, und zwar auch von einem gerichtlich beigeordneten Vertreter, eine einfache schriftliche Vollmacht zu den Gerichtsakten übergeben wird.[17]) Ein freiwilliger Vertreter kann mit den gleichen Einschränkungen wie ein gesetzlicher Vertreter einstweilen zugelassen werden, nicht nur, wenn er seine Vertretungsmacht nicht nachweisen kann, sondern auch dann, wenn er erklärtermaßen keine Vertretungsmacht hat und zwar nach freiem Ermessen des Gerichts, nicht bloß unter den beim gesetzlichen Vertreter gemachten Voraussetzungen. Die Zulassung kann aber von einer Sicherheitsleistung abhängig gemacht werden.[18])

Wird die Vollmacht nicht nachgebracht, so ist die betreffende Partei als nicht vertreten zu behandeln. Dieser Mangel der Vertretung gereicht aber bei der leidenden Partei dieser selbst zum Nachteil, während bei der gesetzlichen Vertretung die handelnde Partei den Schaden davon hat, wenn dem von ihr in das Verfahren einbezogenen Vertreter die Vertretungsmacht fehlt.

Der ohne Vertretungsmacht gebliebene Vertreter ist ohne Rücksicht auf Verschulden verpflichtet, dem Gegner die infolge der Zulassung entstandenen Schäden zu ersetzen. Soweit es sich dabei um dem Gegner erwachsene Kosten handelt, kann eine Verurteilung des Vertreters im Rahmen des schwebenden Verfahrens erfolgen.[19])

Das einzige allgemeine Erfordernis für den freiwilligen Vertreter ist seine persönliche Prozeßfähigkeit.[20]) Dagegen unterliegt seine Zulassung zur mündlichen Verhandlung denselben Beschränkungen wie die Zulassung einer Partei[21]) und außerdem der Zurückweisung wegen geschäftsmäßigen Betriebs nach freiem Ermessen.[22]) Auch ist selbstverständlich die Vertretung der Gegner durch denselben Vertreter ausgeschlossen.

Die Wirkungen der freiwilligen Vertretung entsprechen denen der Stellvertretung des bürgerlichen Rechts derart, daß alle Prozeßhandlungen des Vertreters, auch die Entgegennahme von mündlichen

---

[17]) §§ 80[1], 88[2]. [18]) § 89[1]. [19]) § 89[1].

[20]) § 79. [21]) Oben § 19 A. 3, 4.

[22]) § 157[1]. — Doch entfällt bei Rechtsanwälten und Rechtsanwaltsvertretern nicht nur die Zurückweisung wegen Geschäftsmäßigkeit sondern auch die wegen Vortragsunfähigkeit (§ 157[4], R.A.O. § 25[3]), während sie von der, zweifellos auch die Parteivertreter treffenden Zurückweisung wegen Taubheit (G.V. § 189) nicht ausgenommen sind. — Die von der Justizverwaltung zum Verhandeln zugelassenen Personen (oben § 14 A. 38) sind dagegen nur von der Zurückweisung wegen Geschäftsmäßigkeit ausgenommen (§ 157[4]).

oder schriftlichen Erklärungen des Gegners ebenso zu behandeln sind, als wenn sie von beziehungsweise gegenüber der Partei selbst vorgenommen werden. Doch gelten mündliche Erklärungen tatsächlicher Art (Behauptungen und Gegenerklärungen) nicht, wenn sie von der Partei selbst sofort berichtigt werden.[23])

Wenn der Vertreter stirbt oder die Prozeßfähigkeit verliert, so hört das Verhältnis auf, dagegen bleibt es bestehen, wenn der Vertretene stirbt, die Prozeßfähigkeit verliert oder seine gesetzliche Vertretung sich ändert. Es kann aber Aussetzung des Verfahrens beantragt werden, und bedarf es in diesem Falle später der Beibringung einer Vollmacht des Nachfolgers der Partei.[24])

Eine Kündigung des Vollmachtvertrages ist im allgemeinen zwar beiden Teilen gestattet;[25]) sie hindert aber nicht die Fortführung der Geschäfte durch den kündigenden Vertreter bis zur anderweiten Fürsorge seitens des Vertretenen.[26])

Gegenüber dem Gegner dauert die Vertretungsmacht solange fort, bis ihm das Erlöschen der Vollmacht angezeigt wird. Die bloße Kenntnis des Erlöschens genügt nicht.[27])

2. Der Beistand (advocatus) erscheint in der mündlichen Verhandlung neben der Partei oder deren Vertreter mit der Aufgabe, ebenfalls für die Partei zu verhandeln.[28]) Er steht im allgemeinen einem Vertreter gleich, der in Gegenwart der Partei für diese verhandelt. Doch ist ihm gegenüber das Berichtigungsrecht der Partei nicht auf Tatsächliches beschränkt.[29])

## II. Im Anwaltsprozeß.

1. Der Anwaltszwang besteht darin, daß die Parteien für ein Verfahren einem bei dem Prozeßgericht zugelassenen Rechtsanwalt Prozeßvollmacht erteilen müssen.[30]) Nur die dort zugelassenen Anwälte selbst sind als Parteien oder gesetzliche Vertreter allgemein von diesem

---

[23]) § 85. [24]) §§ 86, 246.

[25]) Doch können Ausnahmen nach dem für die Endigung des Verhältnisses im allgemeinen maßgebenden B.G.B. § 168 bestehen.

[26]) § 87². [27]) § 87¹.

[28]) Es ist unrichtig und unbeachtlich, wenn der Ehemann, der seine Zustimmung zur Prozeßführung der Ehefrau gegeben hat (B.G.B. § 1400²), als Beistand der Frau bezeichnet wird.

[29]) § 90. — Möglichkeit der Zurückweisung beim ehelichen Sühneversuch § 616¹.

[30]) § 78¹, R.A.O. § 27¹.

Zwange befreit.[31]) Damit ist zugleich die eigene Prozeßführung der Partei und anderer Parteivertreter und Beistände derart ausgeschlossen, daß grundsätzlich nur Prozeßhandlungen, die der Anwalt vornimmt oder die gegen ihn vorgenommen werden, wirksam sind.

Jedoch bleibt auch hier die Leistung des Parteieides ausgenommen.[32]) Auch kann die Partei mündlich neben dem Anwalt das Wort verlangen,[33]) und das Gericht das persönliche Erscheinen der Parteien anordnen.[34]) Die dabei von einer prozeßfähigen Partei abgegebenen Erklärungen sind als Parteierklärungen wirksam, während die Erklärungen einer nicht prozeßfähigen Partei nur als Beweisgründe in Betracht kommen können.

Außerdem darf neben dem Prozeßbevollmächtigten auch ein anderer, wenn auch bei dem Gericht nicht zugelassener Anwalt als Beistand auftreten und, abgesehen vom Reichsgericht, auch die ganze Vertretung in einer mündlichen Verhandlung übernehmen, wenn ihm der Prozeßbevollmächtigte solche überträgt.[35])

An die Stelle des Anwalts tritt — auch bei dem Reichsgericht — sein allgemeiner Vertreter. Im Vorbereitungsdienste zwei Jahre Beschäftigte dürfen unter Beistand eines Rechtsanwalts die Ausführung der Parteirechte übernehmen.[36])

Der Anwaltszwang besteht nur bei den Kollegialgerichten, aber auch hier bestehen Ausnahmen:

a) für Verhandlungen, die nicht vor dem Gesamtgericht stattfinden,[37])

b) für Schriftsätze, welche durch Gerichtsschreiberniederschrift ersetzt werden können.[38])

2. Der Anwaltsprozeß hat außer dem Anwaltszwange noch eine Reihe anderer, das Auftreten und die Vertretung betreffender[39]) Besonderheiten:

---

31) § 78³. Über den Ausdruck „sich selbst vertreten" O. Fischer in Iherings J 38, 368. — Wegen der Staatsanwälte unten § 21 A. 12.

32) § 478. 33) § 137⁴. 34) § 141.

35) R.A.O. §§ 27², 101 36) R.A.O. § 25.

37) Selbstverständlich auch für Anträge an den Gerichtsschreiber oder Gerichtsvollzieher für deren Geschäftsbereich, insbesondere für Zustellungsaufträge.

38) § 78², unten § 28.

39) Andere Unterschiede zwischen Anwaltsprozeß und Parteiprozeß sind an ihrer Stelle zu berücksichtigen. Soweit solche nicht angegeben sind, gelten für beide Prozeßformen die gleichen Grundsätze (§ 495).

a) Einer Partei, die einen zur Übernahme der Vertretung geneigten Rechtsanwalt nicht findet, ist ein solcher gerichtlich beizuordnen, wenn ihre Prozeßführung nicht mutwillig oder aussichtslos erscheint.[40])

b) Der Mangel der Vollmacht und ihre Nichteinreichung zu den Akten wird nur auf Antrag des Gegners beachtet.[41])

c) Die leidende Partei muß bei ihrer Einbeziehung in das Verfahren zur Anwaltsbestellung besonders aufgefordert werden.[42])

d) Der Tod des Anwalts führt zur Unterbrechung des Verfahrens.[43])

e) Der kündigende Anwalt behält gegenüber dem Gegner die Vertretungsmacht solange, bis diesem die Bestellung eines anderen Anwalts angezeigt wird.[44])

g) Nichtrechtsanwälte können auch als Beistände nicht auftreten.[45])

f) Nicht deutschredende Parteien brauchen nicht zum Worte verstattet zu werden.[46])

## § 21. Güterpfleger.

Wie es im Privatrecht Personen gibt, welche im eigenen Namen im fremden Rechtskreise zu handeln und insbesondere zu verfügen berufen sind,[1]) so kennt auch das Prozeßrecht Personen, welche im eigenen Namen prozessualisch auftreten oder in das Verfahren einbezogen werden, aber fremdes Interesse wahrnehmen.[2]) Von den Personenvertretern, insbesondere den gesetzlichen Vertretern, sowie den menschlichen Organen der juristischen Personen, unterscheiden sie sich dadurch, daß sie nicht für ein bestimmtes vorhan-

[40]) R.A.O. §§ 33, 35—38. — Wegen der Beiordnung an eine arme Partei unten § 35.

[41]) § 88, O. Fischer in Iherings J. 38, 363, entsprechend dem französischen Recht, welches beim Mangel den désaveu gibt. — Ausnahme in Familiensachen §§ 613, 640, 641.

[42]) § 215.

[43]) § 244.

[44]) § 87[1].

[45]) § 90[1], R.A.O. § 26.

[46]) G.V. § 189[1].

[1]) O. Fischer in Fischer-Henle, Handausgabe des B.G.B. A. * vor § 169.

[2]) O. Fischer in Krech und Fischer, Zwangsvollstreckungskommentar (1884) S. 127, pr. Privatrecht (1887) S. 706, Recht und Rechtsschutz (1889) S. 60. — Schott, Armenrecht in O. Fischer, Abh. 4 Heft 3, 60 ff.

denes Rechtssubjekt bezw. Prozeßpartei auftreten, sondern im eigenen Namen tätig zu sein haben. Man kann sie zusammenfassend als Güterpfleger (curatores bonis vel rei dati)[3]) bezeichnen; doch kommen als Gegenstände ihrer Wirksamkeit nicht lediglich Vermögensangelegenheiten in Betracht. Ihre Stellung ist vom Prozeßrecht ebensowenig allgemein geordnet wie vom Privatrecht, so daß sie unter Zugrundelegung der die einzelnen Fälle regelnden reichsrechtlichen oder landesrechtlichen Bestimmungen aus der Natur der Sache zu entnehmen ist. Als gesetzliche Vertreter können sie deshalb nicht aufgefaßt werden, weil es dann an einer bestimmten und vorhandenen parteifähigen Partei fehlen würde, welche nicht nur für den Begriff des Vertreters, sondern auch für die Möglichkeit eines prozessualischen Verfahrens unerläßlich ist. Deshalb bleibt nur übrig, sie als Partei aufzufassen. Dem steht auch der aufgestellte Parteibegriff[4]) nicht entgegen. Freilich kann von einer ausnahmslosen und unveränderten Anwendung aller gesetzlichen Vorschriften über die Parteien auf sie nicht die Rede sein, weil diese zunächst auf Parteien berechnet sind, die im eigenen Rechtskreise und für eigene Rechnung tätig sind. Vielmehr nähert sich ihre Wirksamkeit dadurch derjenigen eines Vertreters, daß ihr prozessualisches Verhalten für und gegen die von ihnen wahrgenommenen fremden Interessen wirkt.[5]) Auch die Verurteilung zu den Prozeßkosten[6]) hat keine persönliche Haftung des Güterpflegers zur Folge, wie auch die Voraussetzungen für die Bewilligung des Armenrechts[7]) nicht aus seinen persönlichen Verhältnissen zu entnehmen sind. Dagegen zeigt sich die Bedeutung der Parteieigenschaft des Güterpflegers und des Mangels einer solchen bei dem von ihm vermeintlich Vertretenen in der Anwendung solcher Vorschriften, welche zwar für Parteien, aber nicht für gesetzliche Vertreter gelten.[8]) So ist in allen Angelegenheiten, bei welchen ein Güterpfleger beteiligt ist, in Parteischriften und in gerichtlichen Entscheidungen und Niederschriften lediglich der Güterpfleger als Partei zu benennen, wenn sich auch ein seine Stellung näher kennzeichnender Zusatz[9]) empfehlen mag. Für den

[3]) Vgl. fr 22 D. de reb. auct. jud. 42, 5.

[4]) Oben § 17.

[5]) Unten § 67.

[6]) Unten § 54.

[7]) Unten § 35.

[8]) Z. B. §§ 12, 41 Nr. 1—3, 66, 91, 110, 114, 239 gegenüber 240, 241, 313 Nr. 1, 325, 383 Nr. 1—3, 406, 422, 445 mit 449 gegenüber §§ 473, 474.

[9]) Z. B. als Testamentsvollstrecker des verstorbenen A, als Verwalter des Konkurses B, als Schiffer des Schiffes C.

Parteieid kann nur der Güterpfleger in Betracht kommen. Seine Zeugnisunfähigkeit würde allerdings auch bei seiner Auffassung als gesetzlicher Vertreter außer Zweifel sein. Dagegen ist seine Auffassung als Partei wieder entscheidend für die Zeugnisfähigkeit der bei den von ihm wahrgenommenen Interessen Beteiligten.[10])

Als solche Güterpfleger kommen namentlich in Betracht:

1. Die Staatsanwaltschaft, wenn sie zur Wahrnehmung des öffentlichen Interesses in Familien- und Entmündigungssachen auftritt.[11]) Das „öffentliche Interesse" kann eine parteifähige Partei nicht darstellen. Aber auch der Staat tritt nicht als Partei auf.[12])
2. Andere öffentliche Behörden, welche die Vollziehung von Auflagen, die im öffentlichen Interesse liegen, betreiben.[13])
3. Die zur Verwaltung und Verwendung eines Sammelvermögens berufenen Personen oder die bei ihrem Wegfall bestellten Güterpfleger.[14]) Auch hier bleibt keine andre Annahme möglich, da das Sammelvermögen nicht rechts- und parteifähig ist.
4. Der zur Wahrnehmung der „sich aus dem Eigentum an einem eigentümerlosen Grundstück (contradictio in adjecto!) ergebenden Rechte und Verpflichtungen" vom Vorsitzenden des Prozeßgerichts oder dem Vollstreckungsgericht bestellte „Vertreter".[15]) Das Grundstück ist nicht parteifähig und der Aneignungsberechtigte kann um so weniger als Partei aufgefaßt werden, als es völlig ungewiß ist, ob er überhaupt das Grundstück erwerben wird.
5. Der Vertreter der Gläubiger aus umlaufsfähigen Schuldverschreibungen ist Partei, wenn er für die Gesamtheit der Gläubiger einen Rechtsstreit führt,[16]) obwohl ihm das Gesetz die

[10]) Z. B. der Erben im Prozesse des Testamentsvollstreckers, des Gemeinschuldners im Prozesse des Vertreters, des Reeders im Prozesse des Schiffers.

[11]) §§ 632, 646². Unter Umständen als Nebenpartei, oben § 17 A. 6.

[12]) § 637 bezeichnet den Staatsanwalt ausdrücklich als Partei, die freilich für Rechnung der Staatskasse prozessiert. — Anders, wenn die Staatsanwaltschaft gesetzliche Vertreterin des Fiskus ist, z. B. nach pr. G 14. 3. 85, Allg. Vf. 23. 3. 85. Hier unterliegt sie auch dem Anwaltszwange (oben § 20 II A. 31), während im ersteren Falle nur ein Staatsanwalt auftreten darf.

[13]) B.G.B. §§ 525, 2194. Auch hier im Gegensatz zu den Behörden, welche den Staat als juristische Person vertreten.

[14]) B.G.B. § 1914.

[15]) §§ 58, 787. O. Fischer in Iherings J. 38, 362.

[16]) Schuldverschr.G. § 14⁴.

Stellung eines gesetzlichen Vertreters zuweist. Sonst müßte man dieser Gesamtheit Parteifähigkeit zuschreiben oder die einzelnen Gläubiger, welche in der Klage und dem Urteil namentlich aufzuführen wären, als Streitgenossen betrachten.[17])

6 Die Pfleger bezw. Eltern, welche im Interesse einer Leibesfrucht oder noch nicht erzeugter Menschen zur Wahrung deren künftiger Rechte bestellt oder berufen sind,[18]) müssen als Parteien angesehen werden, da der Leibesfrucht und noch mehr dem noch nicht Erzeugten die gesetzliche Rechtsfähigkeit und Parteifähigkeit fehlt.[19])

7. Ferner ist der Testamentsvollstrecker als Partei aufzufassen. Weder der Verstorbene noch der Nachlaß sind parteifähig. Als Vertreter der Erben ist er aber nicht anzusehen, da er nicht in deren Namen auftritt, sondern behufs Durchführung des letzten Willens zur Prozeßführung im eigenen Namen, auch gegen die Erben, berechtigt ist.[20])

Das Gleiche muß von dem Nachlaßpfleger und dem Nachlaßverwalter gelten.[21]) Hierbei kommt auch in Betracht, daß die Erben vielfach noch gänzlich ungewiß sind, als Parteien aber nur individuell bestimmte Personen in Betracht kommen können.

8. Nicht minder fehlt die Rechts- und Parteifähigkeit den noch nicht zur Entstehung gelangten oder wieder untergegangenen oder doch ihrer privaten Rechtsfähigkeit beraubten juristischen Personen und sonstigen parteifähigen Gebilde. Daher sind die zur Wahrnehmung der betreffenden Interessen berufenen Personen, insbesondere die

---

[17]) Ähnlich steht es mit dem „Vertreter" der Gesamtheit der Beteiligten bei den durch ein Auseinandersetzungsverfahren begründeten Angelegenheiten nach dem pr. G. 2. 4. 87. — Dagegen handelt es sich in den Prozessen, welche die Aktiengesellschaft auf Verlangen und Kosten einer Minderheit gegen Gründer, Vorstände und Aufsichtsräte durch gerichtlich bestellte Vetreter zu führen hat, um eine Prozeßführung der Aktiengesellschaft durch einen besonderen gesetzlichen Vertreter. Die der Gesellschaft kostenpflichtige Minderheit ist nicht Partei. Ihre Angehörigen sind zeugnisfähig, H.G.B. §§ 268—270.

[18]) B.G.B. §§ 1, 1912, 1913.

[19]) Kommt ein Kind zur Welt, so kann dieses fortan Partei sein.

[20]) B.G.B. §§ 2212, 2213, R.G. 56, 330.

[21]) B.G.B. §§ 1960, 1975. Gegen die Vertretereigenschaft des Nachlaßpflegers spricht namentlich auch, daß seine Passivlegitimation im Gegensatz zu der der Erben schon während der Schwebezeit besteht, B.G.B. § 1960[3]. — Partei ist auch der Nachlaßkonkursverwalter unten Nr. 12.

Liquidatoren[22]) der aufgelösten und daher nicht mehr parteifähigen Gesellschaft als Partei zu behandeln.

9. Der dem „jeweiligen" Hypothekengläubiger bei Forderungen aus Inhaber- und Ordrepapieren zu bestimmende „Vertreter[23]) muß als Partei behandelt werden, da sonst eine individuell bestimmte Partei fehlen würde.

10. Als Partei ist aber auch der Abwesenheitspfleger[24]) zu betrachten. Denn wenn auch ein solcher nicht mehr bestellt werden darf, nachdem der Tod des Abwesenden feststeht oder Todeserklärung erfolgt ist und mit der Todeserklärung die Pflegschaft endet, so ist doch das Prozeßführungsrecht des Abwesenheitspflegers von dem Leben des Abwesenden unabhängig.[25])

11. Der Konkursverwalter ist kein gesetzlicher Vertreter des Gemeinschuldners, dessen Verfügungsrecht auf ihn übergegangen ist. Er hat dieses ihm zur Durchführung seiner amtlichen Aufgabe gegebene Recht in eigenem Namen und auch gegen den Gemeinschuldner auszuüben. Noch weniger ist er Vertreter der Konkursmasse oder der ganz unbestimmten Konkursgläubigerschaft, welche beide der juristischen Persönlichkeit und damit der Parteifähigkeit entbehren.[26]) Aus ganz ähnlichen Gründen wohnt die Parteieigenschaft auch dem Zwangsverwalter bei,[27]) ebenso dem zur Einziehung einer von der Zwangsversteigerung ausgeschlossenen Forderung bestellten Vertreter[28]) und dem bei Vollstreckung in einen Liegenschaftsanspruch bestellten Sequester.[29])

12. Schiff und Schiffsvermögen gehören dem Reeder. Aber es kann in bezug auf das Schiffsvermögen gegen den Schiffer in

---

[22]) Z. V. H.G.B. §§ 145, 149, 161², 294. A. M. Wimpfheiner, Gesellschaft im Stadium der Liquidation in O. Fischer, Abh 17 Heft 2, 95 ff.

[23]) B.G.B. § 1189. [24]) B.G.B. § 1911.

[25]) Wollte man den Abwesenden als Partei behandeln, so könnten ihm Eide zugeschoben oder zurückgeschoben bzw. richterliche Eide auferlegt werden, §§ 473, 477¹.

[26]) R.G. 29, 29¹, unten § 118 II.

[27]) Z.V. § 152. [28]) Z.V. § 65.

[29]) § 848¹. — Auch die Stellung des Gerichtsvollziehers und des Zwangsvollstreckungsrichters, deren Verfügung und Verwaltung fremde Vermögensstücke unterstehen (§ 754, Z.V. § 107²), ist die — eines Güterpflegers. — Nach pr. R. ist der Universitätsquästor und nicht der beteiligte Universitätslehrer Partei in den gestundete Vorlesungshonorare betreffenden Verfahren, Kab O. 5. 2. 44, 26. 9. 45.

eigenem Namen vorgegangen werden[30]) und in solchen Fällen ist der Schiffer Partei.[30])

13. Das beschlagnahmte Vermögen eines flüchtigen Verbrechers entbehrt der Parteifähigkeit. Partei ist in dem dieses Vermögen betreffenden zivilprozessualischen Verfahren nicht der Verbrecher, sondern der Pfleger.[31])

## § 22. Parteirichtigkeit.

Während die Fragen der Parteifähigkeit und Prozeßfähigkeit, der gesetzlichen und der freiwilligen Vertretung, sowie die Ermächtigung zur Prozeßführung die formelle Zulässigkeit der Prozeßführung (legitimatio ad processum) betreffen, handelt es sich bei der Parteirichtigkeit (legitimatio ad causam, Sachlegitimation) darum, ob gerade die auftretende handelnde Partei (Aktivlegitimation) gegen die einbezogene leidende Partei das Recht zur Geltendmachung des betreffenden Rechtsschutzbegehrens (Prozeßführungsrecht) hat. Sie bildet also eine Voraussetzung des Erfolges der Prozeßführung.

Prozeßführung ist keine Verfügung im Sinne des Privatrechts, wenn sie auch solche Verfügungen mit sich bringt.[1]) Gleichwohl steht das Prozeßführungsrecht in einem ähnlichen Verhältnisse zum privatrechtlichen Verfügungsrecht, wie Parteifähigkeit zur Rechtsfähigkeit und Prozeßfähigkeit zur Geschäftsfähigkeit. Die Frage der Parteirichtigkeit ist aber, ebenso wie die auch der Parteifähigkeit oder Prozeßfähigkeit, eine prozeßrechtliche, deren Regelung sich zwar im allgemeinen nach dem privatrechtlichen Verfügungsrecht richtet, im einzelnen aber davon abweichen kann.

Die Prozeßgesetzgebung hat keine allgemeine Regelung der Parteirichtigkeit gegeben.[2]) Auch die Einzelbestimmungen sind in den materiellen Gesetzen verblieben.[3])

In allen Fällen beruht die Parteirichtigkeit auf der Beziehung der Parteien zu der in dem Verfahren zu behandelnden Angelegenheit,

---

[30]) H.G.B. §§ $696^{2}$, $698^{3}$, $751^{2}$, $761^{2}$. Anders, wenn der Schiffer als Vertreter des Reeders klagt (H.G.B. § $527^{2}$). — Bezüglich des Binnenschiffrachtführers B.Sch.G. §§ $89^{3}$, $97^{2}$ und des Floßführers Flößerei G. §§ $22^{3}$, 28.

[31]) St.P.O. §§ $334^{2}$, 480, Mil.St.P.O. § 361.

[1]) Unten § 23 A. 11.

[2]) Auch die Parteifähigkeit war ursprünglich in der Z.P.O. nicht geregelt und ihre Verfasser hatten auch die Frage der Prozeßfähigkeit mehr als eine materielle angesehen.

[3]) Z. B. B.G.B. § $1443^{1}$. Vereinzelt erwähnt das Prozeßführungsrecht Z. § $265^{2}$. Vgl. auch den früheren § $236^{3}$.

welche aber keineswegs immer für die Aktivlegitimation die der materiell Berechtigten und für die Passivlegitimation die der materiell Verpflichteten sein muß.

Insbesondere kann auch da, wo es sich in dem Verfahren um eine Berechtigung handelt, doch das Prozeßführungsrecht bei andern Personen als den Berechtigten bezw. Verpflichteten,[4]) insbesondere bei einem Güterpfleger[5]) sein.

Vor allem kann zufolge von Rechtsscheinwirkungen[6]) die Parteirichtigkeit auch für einen Scheinberechtigten bezw. gegen einen Scheinverpflichteten gegeben sein oder doch die Prozeßführung solcher zugunsten anderer wirksam sein, welche den Schein nicht durchschauten und sich auch nicht in Fahrlässigkeit der Unkenntnis befanden.[7])

Es brauchen sich aber auch in dem Verfahren nicht immer Berechtigter und Verpflichteter gegenüberzustehen, wie z. B. bei dem Gläubigerstreit,[8]) der ohne persönliche Verpflichtung bestehenden Sachhaftung[9]) und in den persönlichen Ehesachen.[10])

Das Prozeßführungsrecht kann auch von der Zustimmung eines Dritten abhängen, welcher sonst nicht an der Prozeßführung Teil nimmt und daher nicht Partei wird.[11])

Da es prozessualischer Natur ist, so kann es nicht für sich allein durch Vertrag auf einen Dritten übertragen werden, sondern ist notwendig an seine gesetzlichen Voraussetzungen gebunden.[12]) Damit ist aber nicht ausgeschlossen, daß die Parteirichtigkeit durch Umstände beeinflußt wird, welche die materielle Berechtigung oder Verpflichtung nicht ändern, sondern in anderer Weise die Voraussetzungen des Prozeßführungsrechts berühren.[13])

Die Einzelheiten hinsichtlich der Parteirichtigkeit sind im besonderen Teil, zunächst für das ordentliche Feststellungsverfahren,[14]) zu erörtern.

---

[4]) Z. B. dem Manne bei dem eingebrachten Gute der Frau, B.G.B. § 1380.

[5]) Oben § 21.

[6]) O. Fischer, Sein und Schein im Rechtsleben. Intern. Wochenschr. (1909), 1443 ff. Fischer-Henle, Handausgabe des B.G.B. Einl. XXX, XXXI u. A. 6 u. 7 zu § 135

[7]) Z. B. B.G.B. § 1435.

[8]) § 75, unten § 82.

[9]) Unten § 37.

[10]) § 606.

[11]) B.G.B. § 1400², G. §§ 76², 265². Zu unterscheiden von der Ermächtigung zur Prozeßführung, oben § 19 III.

[12]) Oben § 2. A. M. R.G. 73, 308.

[13]) Z. B. die Beendigung des Konkurses, unten § 130.

[14]) Unten § 42. Für die Zwangsvollstreckung § 98

# 3. Abschnitt.

## Verfahren im allgemeinen.

### § 23. Übersicht.

Jedes zivilprozessualische Verfahren ist, wie bereits dargelegt wurde,[1] ein aus Gerichtshandlungen und Parteihandlungen bestehender Vorgang.

Es erstrebt im Endziel die Vornahme einer von einer Partei beantragten gerichtlichen Rechtsschutzhandlung. Diese kann in der entscheidenden Feststellung bestehen, ob ein gegenüber dem Gegner erhobenes Begehren rechtmäßig ist. So vor allem bei dem den Rechtsstreit beendigenden Urteil.[2]) Sie kann aber nicht bloß feststellender, sondern auch anordnender und ausführender Art sein, wie z. B. Zwangsbefriedigung oder Beweiserhebung.

In jedem Falle einer gerichtlichen Anordnung, gleichviel ob sie schon das Endziel des Verfahrens bildet oder dieses nur vorbereiten will, findet aber eine ausdrückliche oder stillschweigende Entscheidung insofern statt, als das Gericht oder Gerichtsorgan stets zu prüfen hat, ob die gesetzlichen Voraussetzungen der Anordnung vorhanden sind und im Falle der Verneinung von der Anordnung abstehen und den etwa darauf gerichteten Antrag zurückweisen muß. Mit Rücksicht darauf nennen die Prozeßgesetze jede solche Anordnung eine Entscheidung.[3])

Das einer Entscheidung vorangehende Verfahren zerfällt in die Verhandlung und den Betrieb.

Erstere bezweckt die Beschaffung und Behandlung des Prozeßstoffs (Streitstoffs), welcher die Grundlage der gerichtlichen Prüfung und Entscheidung bilden soll. Soweit die Verhandlungsmaxime besteht, ist seine Herbeischaffung und Behandlung ausschließlich Aufgabe der Parteien. Soweit dagegen das Gericht befugt ist, ihn auch auf anderen Wegen zu beschaffen, besteht die Untersuchungsmaxime[4]) (Offizialmaxime).

Im Gegensatz zu der die Stoffvorlage und Stoffbehandlung umfassenden Verhandlung stehen die Betriebshandlungen, durch welche der äußere Fortgang des Verfahrens bewirkt wird.

---

[1]) Oben § 2 A. 1.
[2]) Unten § 36.
[3]) Unten § 27.
[4]) Näheres zunächst unten § 36.

Soweit der Betrieb dem Gericht obliegt, spricht man von Amtsbetrieb, soweit die Beteiligten dabei tätig werden, von Parteibetrieb. Der bis zum 19. Jahrhundert in Deutschland fast unbeschränkt herrschende Amtsbetrieb wurde durch das französische Recht, welches die „Reinerhaltung des richterlichen Amts" von den Betriebshandlungen auf seine Fahne geschrieben hatte, in den Gebieten seiner unmittelbaren und mittelbaren Geltung zurückgedrängt. Das Reichsprozeßrecht hat aber von vornherein den Parteibetrieb nicht rein durchgeführt und später für den Parteiprozeß fast ganz beseitigt.

Die Gerichtshandlungen sind Staatshandlungen, da sie im Namen des Staates vorgenommen werden.[5]) Von einem privatrechtlichen Verhältnisse der Parteien zum Gericht oder Gerichtsorganen, auch den Gerichtsvollziehern und deren Haftung wegen Nichterfüllung vermeintlicher privatrechtlicher Verpflichtungen kann nicht die Rede sein.[6]) Aber auch die Gültigkeit der Gerichtshandlungen ist nicht nach den Vorschriften über Privatrechtsgeschäfte zu beurteilen.[7])

Die Parteihandlungen, welche, soweit es sich nicht um Vereinbarungen[8]) handelt, als einseitige Handlungen erscheinen, z. B. auch das prozessualische Anerkenntnis,[9]) sind, obwohl sie privatrechtliche Wirkungen haben können, doch keine privatrechtlichen Geschäfte, wenn nicht, wie z. B. bei dem Vergleich,[10]) ein Rechtsgeschäft des Privatrechts in den Dienst des prozessualischen Verfahrens gestellt wird. Da insbesondere die Prozeßführung keine Verfügung im Sinne des Privatrechts ist,[11]) so finden auch auf die Parteihandlungen die privatrechtlichen Vorschriften über Rechtsgeschäfte[12]) grundsätzlich keine Anwendung. Dagegen beherrscht der Grundsatz, daß Verbotenes, insbesondere gegen die guten Sitten Verstoßendes nicht vorgenommen werden dürfe, den Prozeß ebenso wie den gesamten übrigen Rechtsbereich.

Es ist auch für den Prozeß davon auszugehen, daß die Nichtbeobachtung wesentlicher Rechtsvorschriften sowohl die Parteihandlung wie die Gerichtshandlung unwirksam

---

[5]) Oben § 1. [6]) Oben § 8 A. 53.

[7]) Jellinek, Der fehlerhafte Staatsakt, Nußbaum, Prozeßhandlungen (O. Fischer, Abh. 17, Heft 1).

[8]) §§ 38, 224, 227, 251, 450, nicht 391².

[9]) § 307. [10]) Unten § 76. [11]) Oben § 22 A 1.

[12]) Z. B. die Anfechtung wegen Irrtums nach B.G.B. § 119.

machen, auch wenn dieses nicht ausdrücklich bestimmt ist, wie in französischen Gesetzen durch die dort beliebte Form: à peine de nullité, also z. B. das Fehlen eines Klageantrags in der Klageschrift[13]) die wirksame Klageerhebung oder der Mangel der vorherigen Zustellung des Schuldtitels[14]) die Wirksamkeit der Pfändung hindert. Durch den Ausdruck „soll“, im Gegensatz zum „muß“,[15]) wird ersichtlich gemacht, daß die Übertretung der Vorschrift, obwohl sie keineswegs zum nachgiebigen Recht gehört, die Gültigkeit nicht beeinflussen soll.

Handelt es sich um nachgiebiges[16]) Prozeßrecht, so ist die Heilung durch Unterlassung der Rüge des Gegners oder Verzicht auf das Rügerecht möglich. In dieser Beziehung besteht für die nachgiebigen Vorschriften, welche das Verfahren betreffen, die ganz allgemeine Regel, daß das Rügerecht auch dadurch verloren geht, daß eine Partei in der nächsten mündlichen Verhandlung, bei welcher sie anwesend war, den Mangel nicht gerügt hat, obwohl er ihr bekannt war oder ihre Unkenntnis auf Fahrlässigkeit beruhte.[17])

Außerdem muß bezüglich aller gerichtlichen Entscheidungen mit sachlichem Inhalt, welche sämtlich in bestimmten Fristen und Formen angefochten oder durch Widerspruch beseitigt werden können,[18]) der Satz gelten, daß die Unwirksamkeit geheilt wird, wenn die Anfechtung erfolglos geblieben oder das Anfechtungsrecht bezw. Widerspruchsrecht verloren gegangen ist.

Dieses setzt aber voraus, daß eine wirkliche Entscheidung vorliegt. Nichtentscheidungen[19]) sind der Anfechtung oder des Widerspruchs weder bedürftig noch fähig. Sie entbehren von vornherein und dauernd jeder Wirkung.

Die Hauptgegenstände der nachfolgenden allgemeinen Erörterungen bilden demgemäß Entscheidung,[20]) Verhandlung,[21]) und Betrieb,[22])

---

[13]) § 252² Nr. 2, unten § 55. [14]) § 750, unten § 101.

[15]) Z. B. § 253³ gegenüber § 253². — Vgl. auch § 129¹.

[16]) Oben § 2 A. 24. [17]) § 295.

[18]) Unten § 60.

[19]) Decisiones non existentes (im Gegensatz zu decisiones nullae), z. B. Anordnungen oder Aussprüche einer nicht mit Gerichtsbarkeit versehenen Person. — Unmöglichkeit der Ausführung stellt das Dasein einer Entscheidung ebensowenig in Frage, wie das eines Rechtsgeschäfts, O. Fischer, Unmöglichkeit als Nichtigkeitsgrund bei Urteilen und Rechtsgeschäften (Abh. 23 H. 2, 15 ff., 23 ff., 26 H. 1, 3 ff., 8 ff)

[20]) Unten § 27. [21]) Unten § 28. [22]) Unten §§ 29, 30.

woran sich zugleich eine Darlegung der Prozeßpflichten und der Folgen der Untätigkeit anzuschließen hat.[23]) Vorauszuschicken sind allgemeine Ausführungen über Zeitbestimmungen,[24]) Sprache[25]) und Schriftstücke (Akten),[26]) während weitere allgemeine bedeutsame Dinge, wie Wertbestimmung,[27]) Sicherheitsleistung[28]) und Kosten[29]) am Schluß besprochen werden.

## § 24. Zeitbestimmungen.

Die Ordnung der prozessualischen Vorgänge erfordert zeitliche Begrenzungen nach verschiedenen Richtungen. Dabei sind Zeitpunkte und Zeiträume zu unterscheiden. Als Zeitpunkt kommt im Zivilprozeß aber nur die Terminsbestimmung in Betracht, welche später im Anschluß an die Termine zu behandeln ist.[1])

Die Zeiträume sind in erster Linie dazu bestimmt, daß in ihnen Prozeßhandlungen vorgenommen werden sollen. Es können dies Gerichtshandlungen[2]) oder Parteihandlungen[3]) sein. Aber nur die für Parteihandlungen, nicht die für Gerichtshandlungen bestimmten Zeiträume sind als eigentliche Fristen im gesetzlichen Sinne zu betrachten.

Die eigentlichen Fristen zerfallen in gesetzliche und richterliche, je nachdem sie im Gesetz auch ihrer Dauer nach bestimmt oder von dem Gericht zu setzen oder ihrer Dauer nach zu bestimmen sind.[4])

Besondere Eigentümlichkeiten haben diejenigen dieser Fristen, welche im Gesetz als Notfristen (fatalia) bezeichnet sind.[5])

Einen anderen Zweck als die Fristen haben die Zeiträume, welche einer Partei für ihre Vorbereitung freigelassen werden müssen. Aber auch diese Zeiträume werden im Gesetz Fristen genannt. Es gehören dahin die Einlassungsfristen,[6]) welche im Rechtsstreit vor dem ersten Verhandlungstermin jeder Instanz frei bleiben müssen; ferner die Ladungsfristen,[7]) welche bei allen Terminen zu wahren sind, wenn der Gegner geladen werden muß, und die

---

[23]) Unten § 31.
[24]) Unten § 24.
[25]) Unten § 25.
[26]) Unten § 26.
[27]) Unten § 32.
[28]) Unten § 33
[29]) Unten §§ 34, 35.

[1]) Unten § 29.
[2]) Z. P. § 315².
[3]) Z. P. § 554².
[4]) §§ 221, 224.
[5]) Z. P. § 516. Es gibt auch richterliche Notfristen (§ 339²).
[6]) §§ 262, 499, 520, 555, 593, 604.
[7]) §§ 217, 239³, 604, 696

Fristen für die Zustellung vorbereitender Schriftsätze,[8]) insofern diese im allgemeinen dem Gegner eine bestimmte Zeit vor der Verhandlung zugehen müssen. Diese Vorbereitungsfristen haben die Eigentümlichkeit, daß sie nicht von ihrem Beginn ab, sondern von dem feststehenden Endpunkt ab rückwärts zu berechnen sind.[9])

Fernere prozeßrechtlich wichtige Zeiträume sind die Ruhezeiten, welche in einem gewissen Umfange der prozessualischen Tätigkeit entzogen sind. Zu ihnen gehören:

1. Die Gerichtsferien, welche vom 15. Juli bis zum 15. September dauern.[10]) Ihre Einwirkung auf die Gerichtsorganisation wurde bereits besprochen.[11]) Ihre Einwirkung auf das Verfahren besteht darin, daß weder Verhandlungen abgehalten, noch, abgesehen von Terminsbestimmungen und Kostenfestsetzungen, in Nichtferiensachen Entscheidungen erlassen werden.[12])

Nichtferiensachen sind auf dem Gebiete der streitigen Zivilgerichtsbarkeit[13]) nur der ordentliche Rechtsstreit und die besonderen Arten des Feststellungsverfahrens mit Ausschluß des Mahnverfahrens, nicht aber Zwangsvollstreckung und Konkurs. Auf dem so begrenzten Gebiete sind alle Angelegenheiten Nichtferiensachen, soweit sie nicht ausnahmsweise zu Feriensachen gemacht sind.

Das Gesetz bestimmt als Feriensachen die Meß- und Marktsachen, Wechsel- und Schecksachen, Bausachen (auch Störungen von Telegraphenleitungen durch elektrische Anlagen), Streitigkeiten aus Raum- und Dienstmiete sowie Ansprüche aus der außerehelichen Beiwohnung.[14])

Außerdem kann auf Antrag jede besonderer Beschleunigung bedürfende Sache durch das Gericht als Feriensache bezeichnet werden, und zwar bei den Kollegialgerichten auch durch den Vorsitzenden, vorbehaltlich der Entscheidung des Gerichts.[15])

---

[8]) § 132.

[9]) Dagegen sind die nach § 272² für vorbereitende Schriftsätze zu bestimmen, den Fristen eigentliche Fristen.

[10]) G.V. § 201. [11]) Oben § 10 A. 33.

[12]) G.V. §§ 202¹, 204. — Für Terminsbestimmungen folgt dies aus §§ 223², 253¹, 536¹, 585.

[13]) Im Gebiete der Strafgerichtsbarkeit gibt es keine Nichtferiensachen, G.V. § 202² Nr. 1. In Pr. n. Bay. auch nicht für die freiwillige Gerichtsbarkeit, pr. A.G.G.V. § 91, bay A.G.V.G.V. a. 129 mit F.G.G. § 10.

[14]) G.V. § 202², ScheckG. § 28³, G. 6. 4. 92 § 13.

[15]) G.V. § 202⁴.

Bei den Amtsgerichten muß auf Antrag jede Sache als Feriensache bezeichnet werden, aber, wenn die Sache nicht besonderer Beschleunigung bedürftig ist, muß die Bezeichnung wieder aufgehoben werden, sobald in mündlicher Verhandlung widersprechende Anträge gestellt sind.[16])

2. Die Sonntage und die nach Landesrecht zu bestimmenden allgemeinen Feiertage sind bei der Zustellung, der Zwangsvollstreckung, dem Fristablauf und der Terminsbestimmung zu beachten.[17])

3. Die Nachtzeit, welche um 9 Uhr beginnt und im Sommerhalbjahr um 4 Uhr, im Winterhalbjahr um 6 Uhr endet, beeinflußt Zustellung und Vollstreckung.[18])

Endlich kommen noch Zeiträume in Betracht, welche die Mindest- oder Höchstdauer gewisser Zustände bestimmen.[19])

Für alle diese Zeiträume gelten die im Bürgerlichen Gesetzbuch gegebenen Bestimmungen über Berechnung von Fristen und anderen Zeiträumen.[20]) Eine Abweichung besteht nur insofern, als die Nichtmitrechnung der Sonntage und Feiertage als Endtage und bei der Berechnung von Stundenfristen ganz allgemein bestimmt ist.[21])

Die übrigen Vorschriften der Zivilprozeßordnung über Fristen[22]) gelten dagegen zu einem Teil nur für die eigentlichen Fristen und zum anderen Teil nur für die Vorbereitungszeiten.

Für die eigentlichen Fristen ist bestimmt:[23])

1. Die richterliche Frist beginnt regelmäßig mit Zustellung der Fristsetzung. Nur wenn es einer Zustellung nicht bedarf, beginnt die Frist mit der Verkündung der Fristbestimmung.[24])

Die gesetzlichen Fristen beginnen mit dem im Einzelfalle bestimmten Ereignisse, z. B. die Einspruchsfrist mit der Zustellung des Versäumnisurteils.[25])

Zustellungen, welche Fristen in Gang bringen, wirken stets auch gegenüber dem Zustellenden.[26])

---

[16]) G.V. $202^{3}$.

[17]) §§ 188, $216^{3}$, $222^{2}$ u. $^{3}$, 761. Wegen der Feiertage Fischer-Henle, Handausgabe d. B.G.B. A. 6 zu § 193, für Bay. 4. 21. 5. 97, 2. 9. 6. 09, 13. 8. 10, 12. 5. 12.

[18]) §§ 188, 761.

[19]) §§ 206, 316, 621, 816, 875, 913.

[20]) § $222^{1}$ mit B.G.B. §§ 186 ff.

[21]) § $222^{2}$ u. $^{2}$.

[22]) §§ 221, 223—226.

[23]) Über den Einfluß eines Stillstands des Verfahrens unten § 75. Wegen der Folgen der Fristversäumung unten § 31.

[24]) § 221.

[25]) § $339^{1}$.

[26]) § $221^{2}$. Nach Kriegsrecht ausnahmsweise Berechnung der Frist erst von einer zweiten wirksamen Zustellung, V. 22. 12. 15 § 3.

2. Hemmung durch die Gerichtsferien, soweit es sich nicht um Feriensachen handelt.[27])

3. Verlängerung und Verkürzung durch Vereinbarung[28]) und auf einseitigen Antrag, welcher aber bei gesetzlichen Fristen nur in den besonders bestimmten Fällen zulässig ist. Der Antrag bedarf der Glaubhaftmachung erheblicher Gründe. Entscheidung durch Beschluß ohne Mündlichkeitszwang, aber mit vorgängigem Gehör des Gegners, wenn die Abkürzung oder wiederholte Verlängerung bewilligt werden soll. Die Anfechtung des Beschlusses unterliegt den allgemeinen Regeln, ist aber bei Ablehnung der Verlängerung ausgeschlossen. Die Verlängerung wird erst vom Ablauf der vorigen Frist an berechnet.[29])

Die Notfristen sind der Hemmung, Verlängerung und Abkürzung entzogen, dagegen besteht für sie die Besonderheit der Wiedereinsetzung in den vorigen Stand.[30])

Für die Vorbereitungszeiten gelten die für die eigentlichen Fristen gegebenen Vorschriften nicht, obwohl sie Fristen genannt werden. Eine Hemmung und Verlängerung gibt es bei ihnen nicht, sondern nur eine Verkürzung auf Antrag, welche selbst dann zulässig ist, wenn dadurch der Schriftwechsel vor der mündlichen Verhandlung unmöglich gemacht wird. Zuständig ist der Vorsitzende allein, eines Gehörs des Gegners bedarf es nicht.[31])

## § 25. Gerichtssprache.[1])

Die Prozeßhandlungen bestehen ganz überwiegend in mündlichen und schriftlichen Erklärungen. Für diese ist die Vorschrift gegeben, daß die Gerichtssprache deutsch ist. Es haben sich daher nicht bloß das Gericht, sondern auch alle Beteiligten in ihrem prozessualischen Verkehr mit dem Gericht und miteinander der deutschen Sprache zu bedienen.[2]) Die Benutzung fremdsprachlicher Beweismittel (Zeugen, Urkunden) bleibt aber zulässig.[3])

---

[27]) § $223^{1}$. — Wohl nicht zu beziehen auf die Jahresfristen der §§ $234^{3}$, $586^{2}$, $958^{2}$, $1044^{2}$.

[28]) Wohl ausgeschlossen bei den A. 27 erwähnten Jahresfristen.

[29]) §§ 224, 225.

[30]) §§ $223^{2}$, $224^{1}$, 233—238, unten § 66.

[31]) § 226.

[1]) Die Regelung gilt auch für den Strafprozeß.

[2]) G.V. § 186. Für Elf.-Loth. G. 12. 6. 89.

[3]) G.V. § 187.

Der deutschen Sprache nicht mächtige Parteien haben im Parteiprozeß das Recht zur Verhandlung in fremder Sprache, während im Anwaltsprozeß die Erlaubnis zum fremdsprachlichen mündlichen Vortrag vom Ermessen des Gerichts abhängt.[4])

Eide müssen von allen Eidleistenden in der ihnen geläufigen Sprache geleistet werden, so daß die Eidesformel zu diesem Zwecke nötigenfalls übersetzt werden muß.[5])

Sofern mit fremdsprachlichen Personen zu verhandeln ist oder fremdsprachliche Schriftstücke zu berücksichtigen sind, bedarf es der Zuziehung eines Dolmetschers, wenn nicht das Gericht und sämtliche Beteiligten der fremden Sprache mächtig sind.[6]) Der Dolmetscher ist zu vereidigen, wenn nicht, was zulässig ist, sein Dienst von dem Gerichtsschreiber mit wahrgenommen wird.[7])

Auf die Ausschließung und Ablehnung des Dolmetschers finden die Bestimmungen über Sachverständige mit der Maßgabe Anwendung, daß die Entscheidung stets das Gericht hat, welches den Dolmetscher zuzieht.[8]) Die Feststellung von Erklärungen in fremder Sprache durch fremdsprachliche Niederschrift oder durch Beifügung einer Übersetzung hängt vom gerichtlichen Ermessen ab.[9]) Die Dienstverhältnisse der Dolmetscher bestimmen die Dolmetscherordnungen der Justizverwaltung.[10])

Stumme Personen können selbstverständlich keine mündlichen Erklärungen abgeben. Auch die Zulassung tauber Personen zum mündlichen Vortrag ist in jedem Verfahren vom richterlichen Ermessen abhängig.[11]) Wenn die Verständigung mit Tauben und Stummen auch schriftlich nicht möglich ist, bedarf es der Zuziehung eines Dolmetschers.[12])

## § 26. Akten.[1])

1. Gerichtsakten. Die Gerichtsakten[2]) sind eine Sammlung der ein bestimmtes Verfahren betreffenden, bei Gericht ein-

[4]) G.V. §§ 187, 189.
[5]) G.V. § 190.
[6]) G.V. § 187.
[7]) G.V. §§ 191, 192.
[8]) G.V. § 193.
[9]) G.V. § 187[1].
[10]) Pr. DolmetscherO. 18. 12. 99.
[11]) G.V. § 189[1].
[12]) G.V. § 188. Wegen der Eidesleistung der Stummen § 483.

[1]) Akten = acta, also Inbegriff des Verhandelten, das im schriftlichen Verfahren sich vollständig aus den Akten ergab (quod non est in actis, non est in mundo).

[2]) § 80[1].

laufenden oder dort entstandenen Schriftstücke. Zu den Akten kommen auch diejenigen Schriftstücke, bezüglich deren das Gericht verordnet, daß sie auf der Gerichtsschreiberei niederzulegen seien,[3]) es sei denn, daß es sich nur um vorübergehende Niederlegung handelt.[4]) Die geschäftliche Behandlung der Akten ist Sache der Gerichtsschreiberei und wird im näheren durch die Geschäftsanweisungen der Justizverwaltung geregelt.[5])

Die Parteien des Verfahrens haben ein Recht auf Einsicht und Entnahme von Abschriften aus den Akten, das sich jedoch nicht auf Entwürfe, Vorbereitungsarbeiten, Abstimmungsberichte und Strafverfügungen erstreckt.[6]) Dritte, auch Behörden, haben ein solches Recht ohne Einwilligung der Parteien nicht, jedoch kann der Vorstand des Gerichts[7]) bei Glaubhaftmachung eines rechtlichen Interesses die Einsicht gestatten.[8])

Die einzelnen Schriftstücke sind entweder ursprüngliche Niederschriften (Urschriften) oder einfache bezw. hinsichtlich ihrer Richtigkeit beglaubigte Abschriften.[9]) Unter Ausfertigungen[10]) sind solche beglaubigte Abschriften zu verstehen, welche im äußeren Gebrauch die Urschrift ersetzen sollen.

2. Gleich dem Gericht führen auch der Gerichtsvollzieher und die Staatsanwaltschaft Akten. Die Akten des Gerichtsvollziehers sind in bezug auf Einsicht und Abschriftnahme wie Gerichtsakten zu behandeln.[11])

3. Die von dem Rechtsanwalt gefertigten oder bei ihm einlaufenden Schriften bilden dessen, dem Gegner und Dritten nicht zugängliche Handakten. Er ist verpflichtet, sie dem Auftraggeber nach Beendigung des Auftrages herauszugeben. Doch hat er ein Zurückbehaltungsrecht wegen seiner Auslagen und Ge-

---

[3]) Z. V. § 133. Der Ausdruck entstammt dem französischen Verfahren, welches keine Gerichtsakten kennt (da das Gericht erforderlichenfalls die Niederlegung der Parteiakten [dossier] verordnet). O. Fischer in Iherings J. 38, 371.

[4]) Z. V. § 134.

[5]) Oben § 10, II.

[6]) § 299 [1] u. [3].

[7]) Der Präsident bezw. bei dem Amtsgericht der betreffende Amtsrichter (G.V. § 22 [1]), nicht der die Dienstaufsicht führende Richter.

[8]) § 299 [2].

[9]) §§ 170 [1], 734.

[10]) §§ 169, 170.

[11]) § 760, pr. Gerichtsvollz.O. §§ 72–77, bay. V. 28. 12. 99.

bühren. Auch erlischt seine Aufbewahrungspflicht gegenüber der Partei nach fünf Jahren und, sofern eine Aufforderung zur Empfangnahme erfolgt ist, schon nach 6 Monaten.[12])

## § 27. Entscheidungen.

Entscheidungen im weitesten Sinne sind, wie bereits dargelegt wurde,[1]) alle Anordnungen, die in einem zivilprozessualischen Verfahren von einem Gericht oder Gerichtsorgan, auch dem Gerichtsvollzieher, erlassen sind, während die Anordnungen der Justizverwaltung[2]) nicht dazu gehören. Sie zerfallen in Urteile, Verfügungen und Beschlüsse.[3])

1. Für das Urteil ist eine besondere gesetzliche Form vorgeschrieben, welche erst später darzulegen ist.[4]) Regelmäßige Art des Urteils ist das unbedingte und vorbehaltlose End- und Vollurteil. Dieses ist grundsätzlich nur für die Entscheidung bestimmt, welche einen Rechtsstreit auf Grund mündlicher Verhandlung wenigstens für die Instanz im ganzen erledigt.[5])

Die Urteilsform ist aber ausgedehnt auf Teilurteile, bedingte Endurteile, Urteile mit Vorbehalt, gewöhnliche Zwischenurteile, Vorurteile und Zwischenstreiturteile. Die nähere Bedeutung dieser Arten ist erst im besonderen Teil darzulegen.[6]) Sie dienen aber sämtlich ebenfalls der, nur in verschiedenartiger Art eingeschränkten, entscheidenden Erledigung eines Rechtsstreits.

2. Verfügungen sind Anordnungen des Vorsitzenden oder eines anderen Gerichtsorgans lediglich prozeßleitender Natur,[7]) für welche allgemeine Vorschriften nicht gegeben sind.

---

[12]) R.A.O. § 32.

[1]) Oben § 23 A. 3.

[2]) Oben § 15 A. 15.

[3]) § 160 Nr. 5, 571, 572, 575, 576

[4]) Unten § 57.

[5]) § 300. — Nicht unter diesen Begriff fällt das Ausschlußurteil im Aufgebotsverfahren, § 952, unten § 93. Bei Arrest und einstweiligen Verfügungen (unten §§ 112, 113) erfolgt die Entscheidung entweder durch Urteil oder durch Beschluß, je nachdem mündliche Verhandlung vorangegangen ist oder nicht. Es hängt das damit zusammen, daß die Entscheidung nach mündlicher Verhandlung auf Grund Rechtsstreits erfolgt und die Instanz vollendet, während einer ohne mündliche Verhandlung erfolgenden Entscheidung ein Rechtsstreit nicht voranging und wegen des offenbleibenden Widerspruchsverfahrens die Instanz auch in dem behandelten Punkte noch nicht beendet ist.

[6]) Unten §§ 51, 61, 83, 84, 88.

[7]) § 329² u. ³. — § 160 Nr. 5 will unter Gericht wohl nur den Vorsitzenden verstehen.

3. Beschlüsse sind alle Entscheidungen des Gerichts oder auch des Vorsitzenden bezw. eines anderen Gerichtsorgans, welche nicht Urteile oder Verfügungen sind.

Allgemeine Vorschriften über Form und Inhalt bestehen auch hier nicht. Es bedarf auch sachlich nicht in allen Fällen der Beifügung von Gründen. Auch die Unterschrift aller Gerichtsmitglieder ist nicht vorgeschrieben.

Alle Entscheidungen eines Kollegialgerichts können nur durch Abstimmung[8]) sämtlicher zur Mitwirkung betreffenden Mitglieder zustande kommen.[9])

Die Leitung der Beratung und Abstimmung hat der Vorsitzende, welcher aber hier hinsichtlich der Fragestellung und der Feststellung des Abstimmungsergebnisses der Gerichtsentscheidung unterworfen ist.[10]) Die Beratung, welcher der Abstimmung vorangehen muß, ist zwanglos und namentlich an die für die Abstimmung festgesetzte Reihenfolge nicht gebunden.

Die Reihenfolge bei der Abstimmung beginnt mit dem Berichterstatter,[11]) sonst mit dem Jüngsten nach dem Dienstalter und bei Handelsrichtern nach dem Lebensalter. Der Vorsitzende stimmt zuletzt.[12])

Im Zivilprozeß erfolgen die Entscheidungen stets nach der einfachen absoluten Mehrheit. Dies gilt namentlich auch bei der Festsetzung von Summen.[13])

Die Minderheit darf zwar die Abstimmung über eine Frage nicht verweigern, welche das Ergebnis der Vorabstimmung zur Voraussetzung hat.[14]) Damit ist aber die Minderheit nicht, wie vielfach angenommen wird, verpflichtet, bei diesen weiteren Abstimmungen an die Stelle der eigenen Meinung die Meinung der Mehrheit hinsichtlich jener Vorfrage treten zu lassen.[15])

---

[8]) Die Frage ist in G.V. §§ 194 ff. für Zivil- und Strafprozeß gemeinsam geregelt. Anwendung außerhalb der ordentlichen streitigen Gerichtsbarkeit pr. A.G.G.V. § 90, bay. A.G.G.V. a. 79.

[9]) G.V. § 194. [10]) G.V. § 196.

[11]) Auch wenn seine Bestellung gesetzlich nicht erforderlich war, oben § 10 A. 30.

[12]) G.V. § 199.

[13]) G.V. § 198¹ u. ². — Ausschlag bei Stimmengleichheit § 320²; G.V. §§ 61, 63 betreffen die Justizverwaltung.

[14]) G.V. § 197.

[15]) Wenn die Schadensersatzpflicht des Täters von A und B gegen C und die Täterschaft des Beklagten von A und C gegen B bejaht ist, so sind gleichwohl

Das Dasein einer Entscheidung ist nicht allgemein davon abhängig zu machen, daß sie bereits schriftlich abgefaßt oder bekannt gemacht wurde. Bei Kollegialgerichten tritt die Entscheidung mit der Vollendung der Abstimmung ins Dasein, durch welche sie beschlossen wurde, bei gerichtlichen Einzelpersonen dagegen in dem Zeitpunkte des gefaßten Entschlusses, der freilich zunächst nur der Gerichtsperson bekannt ist. Das Dasein ist also von der schriftlichen Abfassung oder der Bekanntmachung unabhängig.

Grundsätzlich treten die Entscheidungen auch schon mit ihrem Dasein in Wirksamkeit.[16]) Doch bestehen in dieser Hinsicht erhebliche Ausnahmen, namentlich für Urteile.[17])

Für alle Entscheidungen ist aber die schriftliche Abfassung erforderlich. Sie kann indessen nachgeholt und besonders durch die Aufnahme in eine Sitzungsniederschrift oder deren Anlage ersetzt werden.[18]) Für Urteile bestehen hier Besonderheiten, insofern ihre Formel regelmäßig bereits vor der Verkündigung geschrieben sein muß,[19]) und später innerhalb einer bestimmten Frist eine von der Sitzungsniederschrift getrennt zu haltende vollständige Abfassung des Urteils zu erfolgen hat.[20])

Bezüglich der Bekanntmachung der Entscheidungen ist zu unterscheiden, ob sie auf Grund einer mündlichen Verhandlung ergehen oder nicht.

Im ersteren Falle sind die Entscheidungen sofort oder in einem sofort zu bestimmenden Verkündungstermine mündlich zu verkünden. Dabei ist die Anwesenheit der Parteien nicht erforderlich; auch schadet ein Wechsel in der Gerichtsbesetzung nicht.[21])

---

B und C berechtigt, gegen A das Vorhandensein des Klagegrundes der Schadensersatzpflicht zu verneinen und damit die Klage zu Falle zu bringen. Es ist im Zivilprozeß nicht anders, wie im Strafprozeß, wo es angesichts des StPO. § 262 keinem Zweifel unterliegen kann, daß jeder abstimmende Richter, Schöffe oder Geschworene die Schuldfrage seiner Überzeugung entsprechend auch dann verneinen muß, wenn sämtliche Schulderfordernisse im Einzelnen als vorhanden festgestellt waren. — Dagegen hat das Gericht und jeder Abstimmende bereits erfolgte selbständige Vorentscheidungen, so lange sie nicht aufgehoben sind, als zu Recht bestehend anzuerkennen.

[16]) So z. B. der Konkurseröffnungsbeschluß, K. § 108, unten § 119.

[17]) § 312.

[18]) § 160[3] Nr. 5 und Abs. 3.

[19]) § 311. [20]) § 315[2].

[21]) §§ 310—312, 329[1] u. [2].

Auf die Urteile wird ein besonderer Verkündungsvermerk gesetzt. Sie werden auch noch in einem auf der Gerichtsschreiberei auszuhängenden Urteilsverzeichnis verzeichnet.[22])

Neben der Verkündung bedarf es einer schriftlichen Zustellung[23]) an die Parteien nicht notwendig, sondern nur zu bestimmten Zwecken, z. B. um die Berufungsfrist in Gang zu setzen.[24]) Auch ist diese Zustellung, selbst im Parteiprozeß dem Parteibetrieb überlassen.[25]) Ausnahmen bestehen in Familiensachen und in Entmündigungssachen.[26]) Im Parteiprozeß soll sich die Urteilszustellung, sofern nicht ein anderes beantragt wird, auf die Zustellung der Formel beschränken.[27])

Ist die Entscheidung nicht verkündet, so muß die Zustellung erfolgen und zwar auch im Anwaltsprozeß im Amtsbetrieb.[28]) Eine Ausnahme ergibt sich nur für die auf die Ladung gesetzte Terminsbestimmung.[29])

In besonderen Fällen ist eine öffentliche Bekanntmachung durch Aushang an der Gerichtstafel und Veröffentlichung in Zeitungen vorgeschrieben.[30])

## § 28. Verhandlung.

### I. Mündlichkeit und Schriftlichkeit.

Der Gegensatz der Mündlichkeit und Schriftlichkeit betrifft nicht nur das Parteivorbringen, sondern auch die Beweiserhebung. Es handelt sich darum, ob der gesamte Entscheidungsstoff dem entscheidenden Gericht unmittelbar durch menschliche Rede oder mittelbar durch Schriftsätze oder anderswo entstandene Verhandlungsniederschriften vorzuführen ist.

Die ursprünglich überall herrschende Mündlichkeit war allmählich durch die Schriftlichkeit der Parteierklärungen und die Mittelbarkeit der Beweisbenutzung fast verdrängt. Bei der hauptsächlich erst im 19. Jahrhundert im Anschluß an das französische Recht er-

[22]) §§ $315^3$, 316. — In der Kriegszeit fällt dieser in der Tat ganz überflüssige Aushang fort, V. 9. 9. 15 § 25.

[23]) Unten § 30.

[24]) §§ $312^2$, 516.

[25]) §§ 317, $496^1$.

[26]) §§ 625, 640, 641, 659, 662.

[27]) § $496^6$. — Das gilt während der Kriegszeit auch im Anwaltsprozeß, V. 9. 9. 15 § 26.

[28]) § $329^3$.

[29]) §§ 214, 216.

[30]) § 206, K. §§ 76, 111, 116, 179, 190, 203, 205.

folgten **Rückkehr** zu Mündlichkeit und Unmittelbarkeit konnte es sich nicht darum handeln, die mit schriftlicher Mitteilung und Feststellung verbundenen Vorteile wieder preiszugeben und für alles prozessualische Handeln ausnahmslos von der Schrift abzusehen. Vielmehr mußte das Ziel auf diejenigen Verfahren und Verfahrensteile beschränkt werden, bei denen die mündliche und unmittelbare Vorführung des Prozeßstoffs und die damit verbundene Möglichkeit seiner Aufklärung in dem unmittelbaren Verkehr des Gerichts mit den Parteien und Beweispersonen für die Gewähr der Richtigkeit der zu treffenden Entscheidung Vorteile bietet, welche den größeren Zeitaufwand sowie die Schwierigkeit und Unsicherheit der Feststellung des Vorgetragenen offenbar überwiegen.

Während im **Strafprozeß** allgemein in der möglichst streng durchgeführten unmittelbaren und zusammengedrängten Vorführung des Entscheidungsstoffs in der Hauptsache eine unerläßliche Voraussetzung der Rechtssicherheit erblickt wird, sind für den **Zivilprozeß** die Meinungen geteilt. Wenn es nun auch hier nicht in demselben Maße auf den persönlichen Eindruck ankommt, und daher Entscheidungen auf schriftlicher und mittelbarer Unterlage eher angängig erscheinen, so bleibt doch auch hier eine nicht zu übertreibende und frei zu handhabende Möglichkeit und Unmittelbarkeit eine unentbehrliche Vorbedingung guter Rechtsfindung, an welcher um so mehr **festzuhalten** ist, als daneben die Vorteile schriftlicher Feststellung durch vorbereitende Schriftsätze und Verhandlungsniederschriften gewahrt bleiben können.

Das **geltende** Prozeßrecht beruht, was zunächst den Parteivortrag anbelangt,[1]) auf dem Grundsatz, daß gerichtliche Entscheidungen nur erfolgen sollen, nachdem den Parteien unter Gewährung beiderseitigen Gehörs (audiatur et altera pars) Gelegenheit gegeben war, ihre den Entscheidungsstoff betreffenden Vorträge **unmittelbar** vor dem entscheidenden Gericht zu halten.[2])

Der Grundsatz erleidet aber erhebliche Einschränkungen. Zunächst bezieht er sich nur auf den **Rechtsstreit**, so daß nicht nur Zwangsvollstreckung und Konkurs, sondern auch diejenigen Arten des Feststellungsverfahrens, welche nicht Rechtsstreit sind,[3]) dem Mündlichkeitszwang nicht unterstehen. Er bezieht sich weiter nicht auf die Entscheidungen der Gerichtsorgane, des Vorsitzenden, des beauftragten und

---

[1]) Über die Unmittelbarkeit beim Beweise unten § 46.

[2]) § 128. — Besonders hervorgehoben für Zwischenstreit (§§ 71, 135, 389), Tatbestandsberichtigung (§ 321), Vollstreckbarkeitserklärung (§ 714).

[3]) Darüber unten V.

ersuchten Richters, des Gerichtsschreibers und des Gerichtsvollziehers, sondern nur auf die Entscheidung des Prozeßgerichts selbst. Aber auch den Rechtsstreit betreffende Entscheidungen des Prozeßgerichts sind im einzelnen von dem Mündlichkeitszwang ausgenommen.[4]) Außerdem wird man aber für die Entscheidungen, welche nicht durch Urteil erfolgen müssen, die Vereinbarung der Parteien, daß ohne mündliche Verhandlung entschieden werden solle, für zulässig erachten dürfen.[5])

Die schriftlichen Parteierklärungen, für welche hiernach ein erheblicher Spielraum bleibt, hat die Partei bezw. der Parteivertreter dem Gericht einzureichen, wobei ebenfalls der Anwaltszwang[6]) gilt.

Im Parteiprozeß können alle,[7]) auch die anderen Beteiligten mitzuteilenden Erklärungen mündlich vor dem Gerichtsschreiber abgegeben werden, der darüber in der Regel[8]) eine Niederschrift aufzunehmen hat. In einzelnen[9]) Fällen ist dieses auch im Anwaltsprozeß zulässig und damit zugleich die Befreiung solcher Erklärungen vom Anwaltszwang derart gegeben, daß die Partei sie auch in einer von ihr selbst unterschriebenen Schrift abzugeben vermag.[10])

## II. Arten der mündlichen Verhandlung.

Die Zivilprozeßordnung gebraucht das Wort Verhandlung in einem dreifachen Sinne. Im weitesten Sinne ist darunter jeder unmittelbare Verkehr der Beteiligten mit dem Gericht oder einem Gerichtsorgan zu verstehen, um diesem den für eine Entscheidung notwendigen Stoff zu unterbreiten, auch wenn dieser „außerhalb der Sitzung"[11]) geschieht. Sofern diese Verhandlung vor einem Richter stattfindet, wird sie auch Termin genannt.[12])

Im engeren und eigentlichen Sinne versteht man dagegen unter Verhandlung nur die Verhandlung innerhalb der Sitzung vor demjenigen Gericht, welches mit der sachlichen Erledigung der Angelegenheit betraut ist. Aber auch in diesem Sinne umfaßt die

---

[4]) Z. B. § 204[1].

[5]) Oben § 2 A. 32.

[6]) Oben § 20 II, 1.

[7]) § 496[2].

[8]) Ausnahme § 702.

[9]) Z. B. §§ 44[1], 103[2], 118[1], 248[1], 406[2], 486[1], 569[2].

[10]) § 78[2], oben § 20 A. 38.

[11]) § 165. O. Fischer in Iherings J. 38, 371.

[12]) § 220. Die Verhandlungen vor dem Gerichtsschreiber oder Gerichtsvollzieher unterstehen überhaupt nicht den gesetzlichen Vorschriften über Verhandlungen.

Verhandlung auch die Beweisaufnahme, die Entscheidungen und ihre Verkündung.[13])

Im engsten Sinne bezeichnet der Ausdruck Verhandlung dagegen nur denjenigen Teil der vorgedachten Verhandlung, welcher dem Parteivortrage gewidmet ist.[14])

### III. Allgemeine Vorschriften für die mündliche Verhandlung.

Für die mündliche Verhandlung im weitesten Sinne sind im einzelnen geordnet:

1. Die Leitung durch den Vorsitzenden bezw. das Gerichtsorgan. Sie umfaßt Eröffnung und Schluß, Erteilung und Entziehung des Wortes, Fürsorge für ununterbrochene, erschöpfende Erörterung und nötigenfalls für Fortsetzung, die Ausübung des Fragerechts und das Aufmerksammachen auf prozessualische Mängel, deren Beachtung nicht von einer Parteirüge abhängt, endlich die Verkündung der Entscheidungen.

Eine Wiedereröffnung bedarf des Gerichtsbeschlusses, ebenso die Feststellung, daß die Sache vollständig erörtert sei, um die Verhandlung auch gegen den Willen der Parteien zu schließen.[15])

2. Die sogenannte Sitzungspolizei, und zwar auch gegenüber unbeteiligten Anwesenden.[16]) Sie steht bei Gerichtskollegien zunächst dem Vorsitzenden zu.[17]) Es bedarf jedoch der Mitwirkung des Gerichts, wenn es sich um Bestrafung wegen Ungebühr, Entfernung, Abführung zur Haft und Feststellung von in dem Termin begangenen strafbaren Handlungen und vorläufige Festnahme des Täters handelt.[18]) Die Beschwerde gegen Bestrafung, welche keine aufschiebende Wirkung hat, wenn jemand, der nicht als Rechtsanwalt bei der Verhandlung beteiligt war,[19]) in eine Ungebührstrafe genommen ist, geht immer an das Oberlandesgericht.[20])

---

[13]) § 160. [14]) §§ 128, 370[1].

[15]) §§ 136, 139, 156. Wegen der Gerichtsentscheidung bei Beanstandungen und wegen des Fragerechts der Mitglieder oben § 10, wegen der Untersagung des Vortrags und Entfernung gegenüber Parteien und Parteivertretern oben § 19 A. 4.

[16]) Durch G.V. §§ 177 ff. gemeinsam für Zivilprozeß und Strafprozeß geordnet. Anwendung außerhalb der ordentlichen streitigen Gerichtsbarkeit pr. A.G.G.V § 88, bay. A.G.G V. a. 78.

[17]) G.V. §§ 177, 181, 182. [18]) G.V. §§ 178—180, 184, 185.

[19]) Oder in Strafsachen als Verteidiger.

[20]) G.V. § 184.

3. Die Abfassung einer Verhandlungsniederschrift (Protokolles).[21]) Die *Abfassung* ist Sache des Gerichtsschreibers, doch hat der Vorsitzende durch seine Unterschrift die Zustimmung auszusprechen und die Mitverantwortung zu übernehmen.[22]) Der Niederschrift stehen die darin als *Anlage* bezeichneten und beigefügten Schriftstücke gleich.[23])

Die *allgemeinen* Angaben beziehen sich auf den Ort und den Tag, den Namen der anwesenden Gerichtspersonen, Parteien, Parteivertreter und Beistände sowie Dolmetscher, die Bezeichnung der Angelegenheit und enthalten bei Verhandlungen vor dem Prozeßgericht einen Vermerk bezüglich der Öffentlichkeit.[24]) Der besondere *sachliche* Inhalt betrifft die Parteierklärungen, Beweisergebnisse und Gerichtsentscheidungen. Eine vollständige Aufnahme der Parteierklärungen ist im allgemeinen *nicht* vorgeschrieben.[25]) Auch die Beweisergebnisse sind nicht ausnahmslos festzustellen.[26]) Dagegen sind alle Gerichtsentscheidungen und deren Verkündung aufzunehmen.[27])

Den Parteien wird die Niederschrift nur *vorgelesen* oder zur Durchsicht *vorgelegt*, wenn sie Parteierklärungen, deren Aufnahme vorgeschrieben ist, oder Beweisergebnisse enthält. Nur insoweit bedarf es auch des Vermerks der *Genehmigung* oder der erhobenen *Einwendungen*.[28])

Die *Beweiskraft* der Niederschrift ist bezüglich der *Verhandlungsförmlichkeiten* dahin gesteigert, daß es für sie kein anderes Beweismittel gibt, dagegen bezüglich der sie betreffenden Angaben der *echten* Niederschrift der Beweis der Unrichtigkeit ausgeschlossen ist.[29])

4. Die Einleitung des Termins mit dem öffentlichen *Aufruf* der Sache durch den Vorsitzenden oder einen von ihm beauftragten Gerichtsbeamten,[30]) der sich selbstverständlich die Feststellung der sich meldenden Beteiligten anzuschließen hat.

---

[21]) §§ 159, 165. Der gesetzliche Name Protokoll, wörtlich: das oben Aufgeleimte, erinnert an die Stempelmarken der Justinianischen Notariatsurkunden. — Wird nicht verhandelt, so bedarf es keiner Terminsniederschrift.

[22]) § 163.

[23]) § $160^{3}$.

[24]) § $159^{2}$. — Maßnahmen der Sitzungspolizei müssen ebenfalls aufgenommen werden, G.V. §§ 184, 185.

[25]) § $160^{2}$ Nr. 1 u. 2. Näheres unten § 57.

[26]) Unten § 58.

[27]) § $160^{2}$ Nr. 5 und 6.

[28]) § 162.

[29]) § 164. O. Fischer in Iherings J. 38, 364.

[30]) § $220^{1}$.

5. Die Vorschrift, daß die Termine an der Gerichtsstelle[31]) abgehalten werden müssen, sofern nicht in Personen und Sachen liegende Hindernisse dem entgegenstehen. Zu diesen Hindernissen gehört es auch, wenn Mitglieder der landesherrlichen Familien und der ihnen gleichgestellten Häuser von ihrem Recht, nicht an der Gerichtsstelle persönlich zu erscheinen, Gebrauch machen.[32])

6. Die Bestimmung und Bekanntmachung.[33])

## IV. Besonderes für die mündliche Verhandlung im eigentlichen Sinne.

1. Im Anwaltsprozeß wird die Mündlichkeit in der Weise durchgeführt, daß das Gericht seiner Entscheidung nur dasjenige zugrunde legen darf, was die Anwälte und neben ihnen die Parteien mündlich vortragen.[34]) Für die Anträge ist Verlesung oder Bezugnahme auf den schriftlichen Antrag vorgeschrieben.[35]) Im übrigen ist eine Verlesung nur soweit gestattet, als es auf den wörtlichen Inhalt eines Schriftstücks ankommt,[36]) und eine bloße Bezugnahme verboten.[37]) Doch ist damit eine Beschränkung des Vortrages auf eine abgekürzte Zusammenfassung des schriftlich Niedergelegten, z. B. hinsichtlich einer Rechnung oder eines sonstigen Verzeichnisses nicht ausgeschlossen.

Mit Rücksicht auf diesen Grundsatz dürfen an der Entscheidung auch nur solche Richter teilnehmen, welche an der Verhandlung teilgenommen haben.[38])

Im Parteiprozeß bestehen die Abweichungen, daß der Richter die Erörterung der Angelegenheit mit den Parteien in die Hand zu nehmen hat und daß die Verhandlung mit allseitigem Einverständnis auch durch Bezugnahme auf Schriftstücke ersetzt werden kann.[39])

2. Die mündliche Verhandlung kann durch Schriftsätze vorbereitet werden, welche sich im Anwaltsprozeß an den Gegner richten, aber gleichzeitig auch dem Gericht

---

[31]) Als solche gilt auch der für Gerichtstage (oben § 7 A. 6) bestimmte Raum.

[32]) § 219.

[33]) Darüber unten § 29.

[34]) § 137².

[35]) § 297.

[36]) § 137³ S. 1.

[37]) § 137³ S. 2.

[38]) §§ 309, 329².

[39]) § 502.

in Abschrift zu überreichen sind.[40]) Im Parteiprozeß erfolgt die Einreichung bei Gericht, welches dem Gegner die miteinzureichende Abschrift zustellt.[41])

Den Inhalt der vorbereitenden Schriftsätze bildet das gesamte Vorbringen, welches die Partei für die mündliche Verhandlung beabsichtigt, mit Ausnahme der Rechtsausführungen.[42])

Für die Einreichung der vorbereitenden Schriftsätze sind gesetzliche Fristen bestimmt, welche dem Gegner zur Einreichung und mündlichen Verhandlung frei bleiben müssen. Außerdem können bei Vertagung einer mündlichen Verhandlung dem Einreicher Fristen gesetzt werden.[43])

Im Anwaltsprozeß ist die Einreichung der Schriftsätze vorgeschrieben. Aber die Folge der Nichteinreichung oder verspäteten Einreichung ist nicht die Nichtberücksichtigung des durch Schriftsatz nicht vorbereiteten mündlichen Vortrages; wohl aber kann die Unterlassung oder Verspätung zur Vertagung der mündlichen Verhandlung führen, jedenfalls auf Antrag des Gegners, wenn er sich auf ein erhebliches, durch Schriftsatz nicht rechtzeitig vorbereitetes Vorbringen nicht erklären kann, aber auch ohne Antrag im Interesse des Gerichts, welches ein Recht darauf hat, daß ihm die auch zu seiner Vorbereitung bestimmten Abschriften der Schriftsätze so zeitig zugehen, daß sie ihren Zweck erfüllen.[44])

Im Parteiprozeß sind die Schriftsätze nicht vorgeschrieben.[45]) Doch wird es auch hier zur Vertagung der mündlichen Verhandlung kommen müssen, wenn infolge unterlassener Benachrichtigung des Gegners von diesem entschuldbarer Weise Gegenerklärungen nicht abgegeben werden können.

3. Der mündliche Vortrag der Partei soll den gesamten Streitstoff, auch die Rechtsausführungen in Erklärung und Gegenerklärung umfassen.[46]) Die Anträge beider Parteien müssen der weiteren Verhandlung vorangehen.[47]) Auch müssen gewisse Erklärungen der leidenden Partei vor der Verhandlung zur Hauptsache erfolgen.[48]) Im übrigen ist eine Reihenfolge für den Inhalt der Vorträge nicht vorgeschrieben.

---

[40]) §§ 132, 133.
[41]) § 496¹ u. ².
[42]) §§ 130, 131 gegenüber § 137².
[43]) §§ 132, 272, oben § 24 A. 8 u. 9.
[44]) §§ 129¹, 133, 228.
[45]) § 129².
[46]) § 137².
[47]) § 137¹.
[48]) Z. B. § 274².

4. Die mündlichen Verhandlungen im engeren Sinne bilden eine Einheit. Es ist deshalb eine Wiederholung des in der früheren Verhandlung Vorgetragenen in der späteren Verhandlung nicht erforderlich, wenn die Richter nicht gewechselt haben[49]) und sich des früher Vorgetragenen noch erinnern.[50])

5. Die mündlichen Verhandlungen sollen zur Sicherung des Vertrauens in die Rechtspflege grundsätzlich jedermann zugänglich sein,[51]) selbstverständlich soweit es der Raum gestattet. Der Grundsatz der Öffentlichkeit bezieht sich aber nur auf die mündlichen Verhandlungen im engeren Sinne, nicht auf Verhandlungen vor einem Gerichtsorgan;[52]) aber auch bei ersteren ist die Beratung und Abstimmung des Gerichts der Öffentlichkeit entzogen.[53])

Der Zutritt kann unerwachsenen und solchen Personen versagt werden, welche sich nicht im Besitze bürgerlicher Ehrenrechte befinden oder in unangemessenem Aufzuge erscheinen.[54])

Außerdem kann die Öffentlichkeit durch Gerichtsbeschluß ausgeschlossen werden. In Ehesachen muß dieses auf den Antrag einer Partei geschehen.[55]) Auch für das Entmündigungsverfahren bestehen besondere Vorschriften, nach denen die Öffentlichkeit auszuschließen ist bezw. ausgeschlossen werden kann, auch soweit es sich um den Anfechtungsstreit handelt.[56]) Im übrigen ist der Ausschluß der Öffentlichkeit nur zulässig, soweit eine Gefährdung der öffentlichen Ordnung, insbesondere der Staatssicherheit, oder der Sittlichkeit zu besorgen ist. Hier bedarf es keines besonderen Antrags.[57])

Dem gerichtlichen Beschluß über den Ausschluß der Öffentlichkeit muß eine nicht öffentliche Verhandlung vorausgehen.

---

[49]) Wegen § 309.

[50]) Die Einheitlichkeit hat auch einen gewissen Einfluß auf den Amtsbetrieb im Anwaltsprozeß. Darüber unten §§ 29, 30. Das französische Desaisierungsprinzip, nach welchem das Gericht am Schluß jeder Verhandlung aufhört, mit der Sache befaßt zu sein, ist also nicht übernommen.

[51]) Die Öffentlichkeit ist in G.V. §§ 170—176 für Zivilprozeß und Strafprozeß gemeinschaftlich geordnet. — Eine Amtstracht (Robe) ist für die beteiligten Beamten und Rechtsanwälte eingeführt, für das Reichsgericht Kais. Erl. 29. 10. 79, für Pr. A.G.G.V. § 89, Bay. VollzugsV. § 35.

[52]) G.V. § 170.

[53]) G.V. § 195. Anders bei dem Schweizer Bundesgericht.

[54]) G.V. § 176¹.

[55]) G.V. § 171.

[56]) G.V. § 172.

[57]) G.V. § 173.

Der Beschluß muß aber unter Angabe des Grundes öffentlich *bekannt* gemacht werden.[58])

Ist der Ausschluß erfolgt, so hängt die Zulassung zu der Verhandlung von dem *Ermessen* des Gerichts ab.[59]) Nur die dienstaufsichtführenden Beamten der Justizverwaltung haben ein *Recht* auf Zutritt.[60])

Die öffentliche *Verkündigung* des *Urteils* wird durch den Ausschluß nicht betroffen, wohl aber kann durch besonderen Beschluß für die Verkündung der Gründe die Öffentlichkeit ausgeschlossen werden.[61])

Es versteht sich von selbst, daß alle bei einer *Beratung und Abstimmung* Anwesenden das *Amtsgeheimnis* wahren müssen.[62]) Es kann aber auch denjenigen Personen, welche bei einer *nichtöffentlichen Verhandlung* anwesend waren, die *Geheimhaltung* zur *Pflicht* gemacht werden, wenn die Öffentlichkeit wegen Gefährdung der Staatssicherheit ausgeschlossen war.[63])

## V. Verfahren ohne Mündlichkeitszwang.

1. Das Gericht hat in den Fällen, in welchen der Entscheidung eine mündliche Verhandlung nicht voranzugehen braucht, im allgemeinen die freie *Wahl*, ob der Entscheidung eine mündliche Verhandlung vorangehen soll oder nicht.[64]) Es wird dann die mündliche Verhandlung sachgemäß nur anordnen, wenn dafür besondere Gründe vorliegen.[65])

2. Wird *mündliche* Verhandlung *angeordnet*, so gelten, da für diesen Fall eine besondere Ordnung nicht gegeben ist, für die mündliche Verhandlung, deren Vorbereitung durch Schriftsatz, Ladung usw. die *gleichen* Grundsätze wie bei Mündlichkeitszwang, soweit

---

[58]) G.V. § $175^{1}$.

[59]) G.V. § $176^{2}$.

[60]) G.V. § $176^{2}$ u. $^{3}$. Aber nicht für die Beratung und Abstimmung, bei welcher der Vorsitzende *nur* die im richterlichen Vorbereitungsdienst bei dem gleichen Gericht beschäftigten Personen zulassen darf, G.V. § 195.

[61]) G.V. § 174.

[62]) Für Schöffen und Geschworene ist dieses aber in G.V. § 200 noch besonders gesagt.

[63]) G.V. § $175^{2}$.

[64]) Z. P. § $204^{1}$.

[65]) Im Falle des § $937^{2}$ darf die mündliche Verhandlung nur in *dringenden* Fällen unterlassen werden. Im Falle des § $926^{1}$ ist sie dagegen überhaupt ausgeschlossen.

nicht die Besonderheiten des einzelnen Falles Abweichungen erheischen oder das Gericht seine Anordnung wieder aufhebt.

3. Kommt es nicht zur mündlichen Verhandlung, so bildet das schriftliche Gesuch der Partei[66]) die Grundlage der Entscheidung. Das Gericht kann aber weitere schriftliche Erklärungen der Parteien erfordern und dazu Fristen bestimmen.

4. Ist die Mündlichkeit nicht zwingend, so ist auch das Gehör des Gegners im allgemeinen nicht unerläßlich. Doch gibt es Fälle, in denen die Anhörung vorgeschrieben ist.[67]) Andererseits ist in einzelnen Fällen das gegenseitige Gehör ausgeschlossen.[68])

5. Hinsichtlich der Entscheidungen des Vorsitzenden ist in einzelnen Fällen bestimmt, daß er vor seiner Entscheidung die leidende Partei hören kann.[69]) Er wird aber auch sonst die Parteien mündlich oder schriftlich hören können, soweit es nicht durch eine besondere Bestimmung[70]) oder durch die Natur des Falles[71]) ausgeschlossen ist.

## VI. Eidliche Erklärungen.

Eidliche Erklärungen sind durch ihre religiöse Bedeutung und den strafrechtlichen Schutz mit der Garantie besonderer Wahrhaftigkeit und Aufrichtigkeit versehen. Eide kommen nicht nur bei Parteierklärungen vor, sondern auch bei Beweispersonen.[72]) Bei den Eiden der Parteien handelt es sich nicht bloß um Beweisführung,[73]) sondern auch um andere Zwecke, wie z. B. bei den Offenbarungseiden.[74])

Die Eidesfähigkeit und das Verfahren sind durch allgemeine Vorschriften geordnet.

Eide dürfen nur Personen leisten, welche das 16. Lebensjahr vollendet haben und bei denen nicht Verstandesunreife oder Verstandesschwäche eine genügende Vorstellung von der Bedeutung des Eides hindern.[75])

---

66) Z. B. § $118^{1}$.

67) Z. B. §§ $102^{2}$, $225^{2}$, 891.

68) §§ 834, $922^{3}$, auch § $48^{2}$.

69) §§ 730, $733^{2}$.

70) Z. B. § $226^{3}$.

71) § $216^{2}$.

72) G.V. § 191, Z. §§ 391, 410.

73) §§ 445 ff.

74) §§ 887, 899.

75) Der nur für Zeugen gegebene § $393^{1}$ Nr. 1 muß notwendig verallgemeinert werden. Z.A. — Bay.G. a. 14.

Bezüglich des Verfahrens[76]) besteht der Ausschluß jeglicher Vertretung des Schwörenden.[77]) Der Leistung muß eine angemessene Ermahnung vorangehen.[78]) Die religiöse, aber für alle Bekenntnisse gleiche Formel, deren Eingang der Richter und deren Schluß der Schwörende, letzterer unter Erhebung der rechten Hand, zu sprechen hat, ist wörtlich vorgeschrieben.[79])

Besonderheiten bestehen für die Mitglieder der landesherrlichen Familien und der ihnen gleichgestellten Häuser,[80]) für Stumme[81]) und für Mitglieder von Religionsgemeinschaften, denen das Landesrecht wegen ihrer religiösen Bedenken gegen den Eid andere Beteuerungsformeln gestattet hat.[82])

Eine vereinfachte Form feierlicher Erklärung ist die bloße mündliche oder schriftliche Versicherung an Eidesstatt, welche aber nur in den gesetzlich besonders bestimmten Fällen zulässig ist.[83])

## § 29. Bestimmung und Bekanntmachung der Termine.[1])

Regelmäßig finden gerichtliche mündliche Verhandlungen, auch im weiteren Sinne, nur statt, nachdem vorher durch eine richterliche Verfügung der Zeitpunkt für den Beginn der einzelnen Verhandlung festgesetzt war.[2])

Ausnahmen bestehen nur im Parteiprozeß, wenn beide Parteien an ordentlichen Sitzungstagen gemeinsam ungeladen erscheinen oder bei einem fehlgeschlagenen Sühneversuch um sofortige Verhandlung bitten.[3])

---

[76]) Die Vorschriften sind im Anschluß an den Beweiseid der Parteien gegeben, aber ebenfalls allgemein anzuwenden.

[77]) § 478.

[78]) § 480.

[79]) § 481.

[80]) § 482.

[81]) § 483.

[82]) § 484 gilt aber nur für solche, welche einer derartigen Religionsgemeinschaft angehören, nicht für Bekenntnislose. — Bay. A.G.Z. a. 15, V. 20. 10. 11 (Mennoniten).

[83]) § 294.

[1]) O. Fischer, Termin und Ladung (1881), auch in Gruch. Beitr. XXV S. 620 ff., 802 ff.

[2]) Im Gegensatz zu dem französischen Verfahren, das nur den Beginn der Sitzung bestimmen läßt. Die einzelnen Sachen werden dann in der Reihenfolge verhandelt, wie sie die Rolle (le rôle) aufweist, in welcher die Sachen auf Betreiben der Anwälte (partie diligente) in strenger zeitlicher Folge verzeichnet werden.

[3]) §§ 500, 510 c.

Die Terminsbestimmung erfolgt bei Kollegien durch die Vorsitzenden allein, bei Einzelrichtern durch diese; doch kann der Vorsitzende auch die Termine vor dem beauftragten Richter bestimmen.[4])

Bei der Terminsbestimmung ist einerseits möglichste Beschleunigung anzustreben, andererseits darauf zu achten, daß die etwaigen Einlassungs- oder Ladungsfristen gewahrt werden können.[5])

Das Verfahren hinsichtlich der Bestimmung und Bekanntmachung der Termine ist im einzelnen verschieden, je nachdem Parteibetrieb oder Amtsbetrieb einzutreten hat.

Im Parteibetrieb muß die Partei einen Ladungsschriftsatz, welcher aber zugleich den Inhalt eines vorbereitenden Schriftsatzes haben kann, bei Gericht einreichen. Sofern der Gegner ohne den erforderlichen Anwalt ist, muß der Schriftsatz neben der Aufforderung zum Erscheinen (der Ladung) auch die Aufforderung zur Anwaltsbestellung enthalten. Der Vorsitzende setzt dann ohne sachliche Prüfung die Terminsbestimmung auf die Ladung.[6])

Ist der Termin bestimmt, so muß die ladende Partei den Schriftsatz abholen und dem Gegner zustellen.[7])

Nur wenn der Antrag in mündlicher Verhandlung gestellt und dort die Terminsbestimmung verkündet wird, bedarf es weder der Einreichung der Ladungsschrift, noch weiterer Bekanntmachung.[8])

Im Amtsbetrieb dagegen erfolgt die Terminsbestimmung ohne besonderen Antrag, sobald die Sachlage es erfordert. Sie ist dann, wenn sie nicht verkündet wird, von Amts wegen beiden Parteien zuzustellen.[9]) Eine Ladung ist dabei nur dann erforderlich, wenn dies besonders vorgeschrieben ist.[10])

Auch die für die öffentliche Zustellung von Ladungen vorgeschriebenen Besonderheiten[11]) fallen weg, wenn die Ladung selbst entfällt. Ebensowenig braucht die Ladungsfrist[12]) gewahrt zu werden, wenn es sich nicht um eine Ladung handelt. Dagegen sind

---

[4]) §§ 216², 361, 349.

[5]) §§ 216², 261², oben § 24 A. 6, 7. — Zu berücksichtigen auch die Ruhezeiten, oben § 24 A. 10 ff.

[6]) §§ 214—216.

[7]) §§ 214³, 216¹, 261.

[8]) § 218.

[9]) Z. P. §§ 370², 520¹.

[10]) §§ 141², 497².

[11]) §§ 203 ff., unten § 30.

[12]) § 217.

die Einlassungsfristen in den betreffenden Fällen auch dann zu beachten, wenn die Terminsbekanntmachung ohne Ladung erfolgt.[13])

Im Anwaltsprozeß ist zwar der Parteibetrieb die Regel, doch bestehen auch hier sehr weitgehende Ausnahmen, welche zum Teil mit dem Grundsatze der Einheitlichkeit der mündlichen Verhandlung[14]) zusammenhängen.

Danach tritt auch im Anwaltsprozeß Amtsbetrieb ein, soweit es sich um Fortsetzungs- und Ersatztermine handelt, also auch bei Terminsverlegungen und Vertagungen, die sowohl von Amts wegen wie auf einseitigen, durch erhebliche, glaubhaft gemachte Gründe unterstützten Antrag erfolgen können, nicht aber für vereinbarte Aufhebungen.[15]) Aber auch die ersten Termine im Rechtsmittel- und Einspruchsverfahren erfolgen im Amtsbetrieb und erheischen keine Ladung.[16])

Somit bleibt der Parteibetrieb hauptsächlich nur noch für den ersten Termin erster Instanz[17]) und diejenigen Termine bestehen, welche als erste einem Stillstand des Verfahrens,[18]) oder einer besonderen Unterbrechung des Amtsbetriebs[19]) folgen. Doch ist in einzelnen Fällen der Parteibetrieb für Fortsetzungstermine vorgeschrieben.[20]) Es handelt sich in diesen Fällen um die Wiederholung der ersten Ladung gegenüber dem Nichterschienenen aus besonderen Gründen, daher sind auch Ladungsform und Ladungsfristen zu wahren.

Wenn Parteien persönlich erscheinen sollen, so müssen sie auch, der Verkündung ungeachtet, persönlich besonders geladen werden, aber stets im Amtsbetrieb.[21])

Im Parteiprozeß herrscht für die Bekanntmachung der Termine der Amtsbetrieb jetzt ausnahmslos. Ob aber eine Ladung erforderlich ist oder die bloße Zustellung einer Terminsbestimmung genügt, ist nach denselben Grundsätzen zu beurteilen wie im Anwaltsprozeß. Ist eine Ladung vorgeschrieben,

---

13) §§ 226, 262, 499, 520, 555, 604.

14) Oben § 28, IV, 4.

15) §§ 227—229, 352, 368.

16) §§ 340 a, 520, 555.

17) § 261.

18) Unten § 77, insbesondere dem infolge Nichterscheinens beider Parteien eintretenden Ruhen.

19) §§ 364, 431, auch 227 $^{1}$.

20) §§ 335 $^{2}$, 337, 351 gegenüber § 336.

21) § 141 $^{2}$.

so müssen beide Parteien geladen werden. Die Ladung kann aber für die Partei, deren Handlung die Terminsbestimmung veranlaßt hat, dadurch ersetzt werden, daß ihr der Termin mündlich mitgeteilt und die Mitteilung zu den Akten vermerkt wird.[22])

## § 30. Zustellungen.

Schriftliche Mitteilungen erfolgen im gerichtlichen Verfahren entweder seitens der Beteiligten an das Gericht oder an einen anderen Beteiligten oder seitens des Gerichts an die Beteiligten und andere an dem Verfahren teilnehmende Personen. Es ist dabei für die Durchführung des Verfahrens von Wichtigkeit, feststellen zu können, daß und wann eine solche Mitteilung erfolgt ist.

Diese Feststellung wird für die Mitteilungen an ein Gericht oder Gerichtsorgan durch Vorschriften der Justizverwaltung für die Gerichtsschreibereien herbeigeführt, und zwar regelmäßig durch die Einrichtung, daß auf die eingehenden Schriftstücke ein amtlicher Eingangsvermerk gemacht wird.[1]) Deshalb ist für die Einreichung dieser Mitteilungen eine besondere Form nicht vorgeschrieben.

Dagegen wird bei Mitteilungen an die Parteien und sonstige an dem Verfahren teilnehmende Personen die Feststellung des Zugangs und ihres Zeitpunkts durch die Vorschriften über die Zustellungen gesichert. Diese müssen in allen Fällen solcher Mitteilungen gewahrt werden, wo nicht besonders von der Zustellungsform Befreiung gewährt ist.[2])

Auch bezüglich der Zustellungen sind die Fälle des Amtsbetriebs und des Parteibetriebs zu unterscheiden. Im Parteiprozeß herrscht jetzt lediglich der Amtsbetrieb mit der einzigen Ausnahme, daß die Zustellung der Urteile auf Betreiben der Partei erfolgt.[3]) Im Anwaltsprozeß besteht dagegen grundsätzlich der Parteibetrieb.[4])

Wichtige Ausnahmen bestehen aber neben den die Terminsbekanntmachung betreffenden[5]) darin, daß sowohl alle nicht ver-

[22]) § 497.

[1]) Pr. Geschäftsanw. für die Gerichtsschr. der A.G. §§ 5, 8, pr. Gerichtsvollz.O. §§ 54, 65, bay. J.M.E. 29. 11. 66.

[2]) Z. B. im Parteiprozeß für die Parteierklärungen im Laufe des Rechtsstreits nach Bestimmung des Gerichts, § $496^{5}$. — Im Übrigen §§ $73^{2}$, $362^{2}$, $364^{4}$, 365, K. § 77.

[3]) § $496^{1}$. [4]) § $166^{1}$. [5]) Oben § 29 A. 14, 22.

kündeten Gerichtsentscheidungen wie auch die wichtigsten einer Anfechtung dienenden Parteischriften (Einspruch, Berufung, Revisionsschrift, Revisionsbegründung) auch im Anwaltsprozeß von Amts wegen zuzustellen sind.[6])

## I. Zustellungen im Parteibetrieb.

1. Statt an das Zustellungsorgan kann sich die betreibende Partei auch an den Gerichtsschreiber wenden, der dann die Beauftragung des Zustellungsorgans vermittelt. Im Anwaltsprozeß ist das aber nur zulässig, wenn es sich um die Wahrung einer Notfrist handelt.[7]) Die Vermittlung tritt in den zulässigen Fällen ohne weiteres ein, wenn sie nicht verbeten ist, was im Anwaltsprozeß in dem zuzustellenden Schriftsatz selbst geschehen muß.[8]) Durch die Vermittlung des Gerichtsschreibers wird aber der Parteibetrieb der Zustellung nicht aufgehoben.

2. Das Gesetz betrachtet die Zustellung durch den Gerichtsvollzieher persönlich als die Regel. Im einzelnen kommen hierbei in Betracht:

a) Der Zustellungsauftrag, welcher unter Übergabe der zuzustellenden Schriftstücke erfolgen muß. Er bedarf keiner Form und wird vermutet, wenn die Zustellung erfolgt ist.[9])

b) Zustellungsempfänger ist derjenige, für den das Schriftstück bestimmt ist. Wenn es aber an Parteien zugestellt werden soll, die für einen Rechtsstreit einen Prozeßbevollmächtigten[10]) haben, so muß bei Vermeidung der Ungültigkeit an diesen zugestellt werden und zwar an denjenigen Prozeßbevollmächtigten, der für die betreffende Instanz bestellt ist. Für die Anwendung dieser Bestimmung werden dem Rechtsstreit nicht nur die infolge der ordentlichen Anfechtungsmittel erforderlichen Prozeßhandlungen zugerechnet, sondern auch die, welche durch Wiederaufnahme und Abänderungsklage hervorgerufen werden, ebenso die Zwangsvollstreckung, und zwar ist

---

[6]) §§ $329^3$, 340 a, $520^1$, 553 $a^2$, $554^5$. — Nicht aber die Wiederaufnahmeschrift (§§ $253^1$, 585) oder die Anfechtungs- und Abänderungsklagen (unten §§ 64, 92, 93).

[7]) § $166^2$.

[8]) § 168. O. Fischer in Iherings J. 38, 369. — Die Vermittelung der Urteilszustellung bedarf, abgesehen von Versäumnisurteilen, eines besonderen Verlangens, § $508^1$.

[9]) §§ $166^2$, 167—169.

[10]) Oben § 20 A. 10.

für diese der Prozeßbevollmächtigte der ersten Instanz auch soweit zuständig, als das Verfahren vor dem Vollstreckungsgericht stattfindet.[11]) Nur wenn der Aufenthalt des Bevollmächtigten unbekannt ist, kann die Zustellung an den Zustellungsbevollmächtigten oder an die Partei selbst bewilligt werden.[12])

Hat eine solche Partei keinen Prozeßbevollmächtigten, aber einen Generalbevollmächtigten oder Prokuristen, so kann die Zustellung entweder an diese oder an die Partei selbst erfolgen.[13])

Zustellungen, die hiernach an eine niedere Militärperson selbst zu erfolgen hätten, müssen statt dessen an den militärischen Vorgesetzten bewirkt werden.[14])

c) Die Zustellung erfolgt durch Übergabe einer beglaubigten Abschrift oder einer Ausfertigung. Die Rechtsanwälte haben die Beglaubigung selbst vorzunehmen. Sonst beglaubigt der Gerichtsvollzieher.[15])

Wird die Annahme grundlos abgelehnt, so erfolgt die Zustellung durch Zurücklassung des Schriftstücks am Zustellungsorte.[16])

d) Die Zustellung kann an jedem Orte erfolgen, wo der Empfänger angetroffen wird, doch kann er am Orte seiner Wohnung oder Geschäftsniederlassung die Annahme außerhalb der Wohnung oder des Geschäftsraumes ablehnen.[17])

e) Für Zustellungen an Sonn- und Feiertagen und in der Nachtzeit bedarf es besonderer richterlicher Erlaubnis.[18])

f) In der Wohnung oder in dem Geschäftsraum kann die Zustellung im Wege der Ersatzzustellung auch dann erfolgen, wenn der Empfänger nicht angetroffen wird. In erster Linie soll dann das Schriftstück einem Hausgenossen oder dem Hauswirt oder einem Gehilfen oder Bediensteten irgend welcher Art übergeben werden, sofern diese Personen nicht Prozeßgegner sind.[19])

---

[11]) §§ 176, 178. Oben § 2 A. 8. Auf andere Verfahren, für welche die Prozeßvollmacht Vertretungsmacht gibt (oben § 20 A. 11), erstreckt sich der Ausschluß der Zustellung an die Partei nicht.

[12]) § 177. — Nach Kriegsrecht auch, wenn der bevollmächtigte Nichtrechtsanwalt Heeresangehöriger ist, V. 22. 12. 15 § 4.

[13]) § 173.

[14]) § 172, bay. A.G.Z. a. 13. — Nach Kriegsrecht Ausnahme für heeresangehörige Rechtsanwälte, V. 22. 12. 15 §§ 1, 3.

[15]) § 170.

[16]) § 186.

[17]) § 180.

[18]) § 188, oben § 24 A. 17, 18.

[19]) §§ 181, 183—185.

Ist die Zustellung so nicht ausführbar, so genügt Niederlegung bei Gericht, Post oder Verwaltungsbehörde mit schriftlicher Anzeige an der Wohnungstür und tunlichst auch unter Mitteilung an zwei Nachbarn.[20])

Für Ladungen besteht die besondere Vorschrift, daß sie, auch wenn die Vorschriften über die Ersatzzustellung verletzt sind, als gültig zugestellt angesehen werden sollen, wenn der Empfänger den Empfang zugesteht, aber nur zu dem Zeitpunkt, den er dabei angibt.[21])

g) Ein Empfangsbekenntnis wird von dem Empfänger nicht ausgestellt. Vielmehr dient zum Nachweise der Zustellung die vom Gerichtsvollzieher einseitig zu fertigende Zustellungsurkunde. Er muß sie zweimal herstellen und die eine Urkunde mit der zuzustellenden Abschrift, die andere aber mit der Urschrift verbinden, welche der Auftraggeber zurückerhält.[22])

3. Praktisch häufiger ist die Zustellung durch den Postboten, zumal sie regelmäßig billiger ist und die Mehrkosten der Gerichtsvollzieherzustellung nicht erstattungsfähig sind. Bei dieser Zustellung muß aber der Gerichtsvollzieher ebenfalls mitwirken, da es den Parteien, auch dem Rechtsanwalt, verwehrt ist, die Post unmittelbar anzugehen.[23]) Dagegen kann der Gerichtsschreiber, dessen Vermittlung in Anspruch genommen wird, die Post unmittelbar ersuchen. Jedenfalls müssen in diesem Falle zwei Urkunden doppelt hergestellt und beiden Parteien eingehändigt werden, nämlich neben der Urkunde des Postboten auch die des Gerichtsvollziehers oder Gerichtsschreibers.[24])

4. Bei der Zustellung von Anwalt zu Anwalt, die auch im Parteiprozeß zulässig ist, bedarf es keiner Mitwirkung eines Zustellungsbeamten. Als Zustellungsurkunde genügt das Empfangsbekenntnis des Empfängers, dem aber auf Verlangen auch eine Bescheinigung des zustellenden Anwalts über die Zustellung zu erteilen ist.[25])

5. Bei der Zustellung durch Aufgabe zur Post genügt die Beurkundung der Aufgabe des Briefes zur Post, so daß es nicht darauf ankommt, ob der Empfänger das Schriftstück erhalten hat oder nicht. Sie ist aber nur in Ausnahmefällen zulässig, namentlich im Kon-

---

[20]) § 182. [21]) § 187.

[22]) Näheres §§ 190, 191.

[23]) O. Fischer in Iherings J. 38, 364.

[24]) Näheres §§ 193—197. [25]) § 198.

kurse und wenn eine nicht im Amtsgerichtsbezirke wohnende Partei, die Anordnung, einen Zustellungsbevollmächtigten zu bestellen, nicht befolgt hat.[26])

6. Zustellung im Auslande erfolgt mittels Ersuchens der ausländischen Behörde,[27]) der Konsuln und Gesandten und, bei Truppen im Auslande, der Kommandobehörde.[28])

7. Die öffentliche Zustellung findet statt, wenn der Aufenthalt des Empfängers unbekannt ist, wenn die Zustellung im Auslande nicht anders zu bewirken ist oder wenn die inländische Wohnung eines Exterritorialen der Zustellungsort sein würde.[29]) Die öffentliche Zustellung muß vom Gericht besonders bewilligt werden und wird im Amtsbetriebe ausgeführt. Im allgemeinen genügt Anheftung an die Gerichtstafel auf zwei Wochen. Ladungen müssen aber mindestens einmal im Deutschen Reichsanzeiger und zweimal in dem Bekanntmachungsblatt des Gerichts veröffentlicht werden.[30]) Als Tag der Zustellung wird regelmäßig der Tag betrachtet, welcher einen Monat hinter der letzten Veröffentlichung liegt.[31])

8. Den Zustellungen wird unter Umständen rückwirkende Kraft gegeben, sofern es sich um Wahrung oder Unterbrechung von Fristen des Prozeß- oder Privatrechts (auch der Unterbrechung der Verjährung) handelt. Die Rückziehung erfolgt bei der öffentlichen Zustellung und der Zustellung mittels Ersuchens von Behörden auf den Tag der Überreichung des Gesuchs, bei der Zustellung durch Vermittlung des Gerichtsschreibers auf die Einreichung des zuzustellenden Schriftstücks bei diesem.[32])

## II. Zustellungen im Amtsbetrieb.

Die Zustellung im Amtsbetrieb ist vereinfacht und hat folgende Besonderheiten:[33])

1. Bei Zustellung von Parteimitteilungen hat auch hier die Partei die erforderlichen Abschriften beizufügen.[34])

---

[26]) §§ 174, 175, K. § 77.

[27]) Verpflichtung nach Haager Abkommen 17. 7. 05 a. 1—7, oben § 12 A. 19.

[28]) §§ 199—202.

[29]) § 203.

[30]) Nach Kriegsrecht Milderung bei Zustellungen von Klagen und Ladungen an Angehörige eines feindlichen Staates. B. 16. 12. 16 §§ 4, 5, 7.

[31]) §§ 204—206.

[32]) § 207.

[33]) § 208.

[34]) § 496².

2. An die Stelle des Gerichtsvollziehers tritt hinsichtlich des Betriebs und der Beglaubigung der Gerichtsschreiber.[35])

3. Die Zustellung erfolgt durch die Post oder durch den Gerichtsdiener.[36])

4. Der Empfänger erhält keine Zustellungsurkunde,[37]) sondern nur einen Vermerk der Zustellung auf dem Briefumschlage.[38]) Bei Zustellungen an einen Rechtsanwalt ersetzt dessen Empfangsbekenntnis die Zustellungsurkunde.[39])

4. Bei der Zustellung durch Aufgabe zur Post[40]) ersetzt der Vermerk des Gerichtsschreibers die Zustellungsurkunde.[41])

6. Für die Zustellung von Rechtsmittelschriftsätzen an den Prozeßbevollmächtigten des Gegners bestehen besondere Bestimmungen hinsichtlich des Empfängers.[42])

7. Die Rückziehung behufs Fristenwahrung auf den Zeitpunkt des Eingangs der Erklärung bei Gericht erfolgt hier ganz allgemein.[43])

## § 31. Prozeßpflicht, Handlungslast und Ausschluß.

Die den Gerichten und Gerichtsorganen durch das Prozeßrecht auferlegte Tätigkeit ist eine pflichtmäßige[1]) Die Verletzung dieser Pflichten macht privatrechtlich, strafrechtlich und dienstrechtlich verantwortlich.[2])

Bezüglich der den Parteien zugewiesenen Tätigkeit muß dagegen unterschieden werden.

Auch das prozessualische Verhalten der Parteien unterliegt den allgemeinen privatrechtlichen und strafrechtlichen Vorschriften über unerlaubte Handlungen.[3]) Eine allgemeine und schrankenlose Wahrheitspflicht ist den Parteien[4]) nicht auferlegt.

---

[35]) §§ 209, 210, 211. [36]) §§ 211, 212.

[37]) § 212. [38]) § 212.

[39]) § 496 ⁴.

[40]) Ein besonderer Fall in § 210 a ².

[41]) § 213. [42]) § 210 a.

[43]) § 496 ³.

[1]) Was über die strenge Pflicht hinaus im Interesse der Rechtspflege geschieht, zählt man zum nobile officium judicis.

[2]) Oben §§ 8, 15.

[3]) Z. B. B.G.B. § 826, St.G.B. §§ 153, 267, 334, 348.

[4]) Für die Rechtsanwälte folgt die Pflicht zur Vermeidung bewußter Unwahrheit als Berufspflicht aus R.A.O. § 28.

Gleichwohl kann bewußt unwahres Vorbringen, ganz abgesehen von der Eidespflicht, den Tatbestand vorsätzlicher sittenwidriger Schadenszufügung oder des Betruges ausmachen. Auch vorsätzliche Prozeßverschleppung kann den Tatbestand der sittenwidrigen Schädigung erfüllen.

Es gibt aber auch besondere prozeßrechtliche Pflichten, deren Verletzung durch Tun oder Unterlassen als pflichtwidriges Verhalten anzusehen ist und auch prozeßrechtliche Nachteile hat.[5])

In einem beschränkten Umfange kann auch gegen die Parteien behufs Erfüllung von Pflichten prozessualischer Zwang geübt und prozessualische Bestrafung verlangt werden. Dahin gehört die bereits erwähnte Entfernung, Bestrafung wegen Ungebühr, sowie die Entfernung und Festhaltung wegen Ungehorsams gegen gerichtliche Befehle.[6])

Zur Durchführung der Rechtsschutzaufgaben auf dem Gebiete der Zwangsvollstreckung und des Konkurses ist Zwang gegen die leidende Partei erforderlich.[7])

Ausnahmsweise wird auch im Feststellungsverfahren gegen beide Parteien Erscheinungszwang geübt, nämlich in Familien- und Entmündigungssachen mit Rücksicht auf das öffentliche Interesse, das in diesen Verfahrensarten an der richtigen Entscheidung des Einzelfalles besteht.[8])

Im allgemeinen sind aber die zivilprozessualischen Vorschriften, nach welchen die Parteien eine bestimmte Tätigkeit zu üben haben[9]) nicht als Rechtsgebote zu betrachten, so daß die Tätigkeit zu erzwingen wäre und die bloße Untätigkeit pflichtwidrig erschiene. Vielmehr ist es im allgemeinen den Parteien überlassen, ob sie durch die den Parteien gesetzlich auferlegte oder gestattete prozessualische Tätigkeit (Verhandlung oder Betrieb) ihr Interesse wahrnehmen wollen oder nicht. Es besteht also weder Verhandlungszwang (Einlassungszwang) oder Betriebszwang noch eine Verhandlungspflicht (Behauptungs-, Bestreitungs-, Beweispflicht) oder Betriebspflicht weder gegenüber dem Gegner, dem die Untätigkeit nicht nachteilig ist, noch gegenüber dem Staat, der eine solche Pflicht im Interesse

---

[5]) Z. B. §§ $135^2$, 422, 423, 444.

[6]) Oben § 19 A. 4.

[7]) §§ 758, 759, K. § 101. Unten §§ 98, 117.

[8]) §§ 619, 654.

[9]) Z. B. §§ 133, $137^2$, $138^1$, $261^3$.

der Rechtspflege zu setzen nicht für erforderlich erachtet hat.[10]) Es besteht nur eine durch das eigene Interesse gebotene Handlungslast (Verhandlungslast, Betriebslast), und zwar nicht bloß da, wo gemäß der Verhandlungsmaxime lediglich das Vorbringen der Parteien die Grundlage der Entscheidung bildet, sondern auch da, wo für die Stoffvorlage die Untersuchungsmaxime besteht, weil diese dem Parteivorbringen nicht jede Bedeutung nimmt und, was Betriebshandlungen anbelangt, überall da, wo die Partei solche wirksam vornehmen kann.

In einzelnen Fällen wird die Verhandlungslast dadurch verstärkt, daß verspätetes Vorbringen besondere Kostennachteile nach sich zieht.[11])

Im übrigen wird der Fortgang des Verfahrens gegenüber der Untätigkeit der Partei lediglich dadurch gesichert, daß das Verfahren soweit es möglich ist, ohne Rücksicht auf die untätige Partei fortgesetzt wird, und wenn die Partei untätig ist, die prozessualischen Wirkungen, für welche ihre Tätigkeit Vorbedingung ist, nicht eintreten können, und daß sie von einem gewissen Zeitpunkt ab mit ihren Prozeßhandlungen (Verhandlung oder Betrieb) derart ausgeschlossen ist, daß sie nunmehr solche wirkungsvoll nicht mehr vornehmen kann, und insbesondere das bis dahin nicht Vorgebrachte auch nicht berücksichtigt wird.[12])

Während nach früherem gemeinem Recht die Eventualmaxime galt, nach welcher der Ausschluß mit dem für das betreffende Vorbringen besonders gesetzten Verfahrensabschnitt, also möglichst früh eintrat, und zwar auch bezüglich des nur eventuell Inbetrachtkommenden, besteht heute für die mündliche Verhandlung der Grundsatz, den Ausschluß möglichst erst bei dem Eintritt der Eventualität[13]) und erst dann eintreten zu lassen, wenn die Lage des Verfahrens auch tatsächlich die Möglichkeit des Vorbringens ausschließt.[14]) Doch bestehen für besondere Fälle Ausnahmen, nach denen der Ausschluß von selbst oder

---

[10]) Es ist daher ungenau, wenn das Gesetz gelegentlich von einer Beweispflicht (§ 447) oder einem Schwurpflichtigen (§ 457) spricht. Der „Schwurpflichtige" ist vielmehr verpflichtet, nicht zu schwören, wenn er durch den Schwur, die Eidespflicht, verletzen würde. Auch von Ungehorsam (contumacia) der untätigen Partei sollte man nicht sprechen. O. Fischer in Iherings J. 38, 367.

[11]) Z. P. §§ $278^2$, auch 344, K. § $142^3$.

[12]) § 230. Bei gerichtlicher Untätigkeit kann davon selbstverständlich keine Rede sein.

[13]) § 454. [14]) §§ $220^2$, 278, auch § $231^2$.

infolge besonders zu beantragenden Gerichtsbeschlusses schon früher eintritt.[15])

Die Folgen des Nichterscheinens oder des ihm gleichstehenden Nichtverhandelns[16]) treten auch ein, wenn der Erschienene infolge der Vorschriften über die Prozeßfähigkeit[17]) und den Anwaltszwang[18]) nicht verhandeln darf oder im Wege der Sitzungspolizei entfernt ist.[19]) Bei Zurückweisung wegen geschäftsmäßigen Betriebs oder Vortragsunfähigkeit tritt die Folge aber erst für die nächste Verhandlung ein.[20])

Außerhalb der mündlichen Verhandlung ist der Ausschluß meistens an die Versäumung einer Frist gebunden.[21])

Der Eintritt des Ausschlusses ist regelmäßig nicht davon abhängig, daß die Folge der Versäumung angedroht war (Präjudiz), daß ein besonderer auf Verwirklichung des Rechtsnachteils gerichteter Antrag (accusatio contumaciae) gestellt war,[22]) oder daß eine besondere gerichtliche Aufforderung zum Handeln erfolgt; doch bestehen in diesen Richtungen Ausnahmen.[23])

Es besteht auch in weitem Umfange die Möglichkeit, die Ausschlußfolgen wieder zu beseitigen. Jedoch gibt es kein allgemeines Heilungsmittel, wie es die römische in integrum restitutio bot; insbesondere ist die Minderjährigkeit ebenso wie im Privatrecht kein allgemeiner Aufhebungsgrund.[24]) Vielmehr sind sämtliche Heilmittel nur für bestimmte Fälle gegeben. Im einzelnen kommen in Betracht:

1. die schlechthin oder nur unter der Voraussetzung, daß keine Verzögerung entsteht, gestattete Nachholung;[25])
2. die Aufhebung wegen fehlender Zurechenbarkeit.[26]) Dabei wird aber der Partei das Verhalten ihres Vertreters zugerechnet;[27])

---

[15]) §§ 274, 354, 295. [16]) §§ 220$^{1}$, 333.

[17]) Oben § 19 A. 1. [18]) Oben § 20 A. 20.

[19]) § 158 S. 1, oben § 19 A. 4. [20]) § 158 S. 2, oben § 19 A. 3, § 20 A. 22.

[21]) Z. B. § 516. [22]) § 231.

[23]) Z. B. Androhung in §§ 692, 947$^{2}$ Nr. 3, 964 Nr. 1, 981, 986$^{4}$, 987$^{2}$, 988, 995, 997, 1001, 1002$^{6}$, 1008, Antrag in §§ 239$^{4}$, 330, 465, 699, Aufforderung in §§ 354$^{1}$, 455, 510.

[24]) § 232. Unvertretene Kriegsteilnehmer haben nach Kriegsrecht Abhilfe gegen Ausschluß bei Aufgebot, Verteilungsverfahren, Liegenschaftsvollstreckung und Konkurs, G. 4. 8. 14. § 7 Nr. 1.

[25]) Z. B. §§ 231$^{2}$, 356, 364, 367$^{2}$, 531.

[26]) Z. B. §§ 274$^{3}$, 295, 354$^{2}$. [27]) § 232$^{2}$.

3. Einspruch gegen Versäumnisurteil;[28])
4. Wiedereinsetzung in den vorigen Stand wegen der Versäumung einer Notfrist;[29])
5. Antrag auf nachträgliche Abnahme des Eides bei Versäumung des Eidestermins.[30])

## § 32. Wert des Gegenstandes.

Der Wert des Gegenstandes eines Verfahrens kommt nicht nur für die Abgrenzung der sachlichen Zuständigkeit[1]) in Betracht, sondern auch für das Erfordernis der Revisions- und Beschwerdesummen[2]) vor allem aber auch für den Kostenansatz.[3])

Im allgemeinen erfolgt die Festsetzung, sofern es sich nicht um feststehende Geldbeträge handelt, nach freiem Ermessen.[4]) Nur für einzelne Fälle bestehen besondere Regeln, insbesondere:

1. Besitz wird ebenso mit dem vollen Sachwert angesetzt, wie das Eigentum.[5])

2. Beim Pfandrecht ist der Wert der Sache maßgebend, wenn er geringer ist als der Betrag der Forderung.[6])

3. Bei Grunddienstbarkeiten ist die Werterhöhung des herrschenden Grundstücks maßgebend, wenn nicht die Wertminderung des dienenden Grundstücks größer ist.[7])

4. Bei Streitigkeiten über das Bestehen eines Pacht- oder Mietverhältnisses wird der gesamte auf die streitige Zeit fallende Zins als Wert angenommen, aber nicht über den 25 fachen Betrag des einjährigen Zinses hinaus.[8])

5. Bei der Feststellung von Konkursforderungen ist das Verhältnis von Teilungs- und Schuldenmasse zu berücksichtigen.[9])

---

[28]) § 338, unten § 59.
[29]) §§ 233 ff, unten § 66.
[30]) § 466, unten § 51.
[1]) G.V. § 23[1] mit Z. §§ 1, 2.
[2]) §§ 546, 568, unten §§ 62, 65.
[3]) K.G. §§ 8, 9, unten § 34.
[4]) § 3.
[5]) § 6.
[6]) § 6.
[7]) § 7.
[8]) § 8. Für den Kostenansatz wird nur der einjährige Zins genommen, K.G. § 9 a[1].
[9]) K § 148.

6. Bei einer Mehrheit von Gegenständen findet Zusammenrechnung der Werte statt,[10]) aber

a) Nebenforderungen (Früchte, Nutzungen, Zinsen, Schäden, Wechselprovision, Kosten) bleiben unberücksichtigt, wenn sie nur als Nebenforderung in Betracht kommen; aber bei dem Kostenansatz kommen die Nebenforderungen dann in Betracht, wenn die Handlung nur sie betrifft, und für den Ansatz der Zwangsvollstreckungskosten werden auch die einzuziehenden Zinsen mitberechnet.[11])

b) Bei wiederkehrenden Leistungen wird der 25fache oder 12½ fache Betrag angesetzt, je nachdem der Wegfall ungewiß oder gewiß ist.[12])

c) Bei der sachlichen Zuständigkeit des Amtsgerichts werden Klage und Widerklage getrennt behandelt, so daß die Zuständigkeit nur überschritten wird, wenn der Gegenstand der Klage oder Widerklage schon für sich allein dies begründet.[13])

7. Der maßgebende Zeitpunkt für die Wertberechnung ist der des Beginns des Verfahrens, sofern nicht neue Gegenstände in das Verfahren eingeführt werden.[14])

8. Bei nicht vermögensrechtlichen Angelegenheiten wird für den Kostenansatz ein fingierter Wert von 2000 Mark genommen, der ausnahmsweise bis auf 50 000 Mark erhöht und bis auf 200 Mark erniedrigt werden kann.[15])

Für die Festsetzung des Werts behufs Prüfung der amtsgerichtlichen Zuständigkeit besteht nur die besondere Verfahrensvorschrift, daß Beweiserhebungen ohne Antrag sich auf Augenschein und Sachverständige beschränken müssen.[16])

Die Revisionssumme muß der Revisionskläger glaubhaft machen, wobei die eidesstattliche Versicherung ausgeschlossen ist.[17])

Für den Kostenansatz kann das Gericht jederzeit auch ohne Antrag den Wert festsetzen, und zwar im Laufe des Verfahrens die höhere Instanz auch für die niedere.[18]) Die Parteien sollen über

---

[10]) § 5, K.G. § 11. Ermäßigungen für den Kostenansatz in K.G. §§ $10^2$, 10b, 12.

[11]) § 4, K.G. § 13.

[12]) § 9. Ermäßigungen für den Kostenansatz in K.G. § 9a², ³.

[13]) § 5.

[14]) Vgl. § $263^2$ Nr. 2.

[15]) K.G. § 10.

[16]) § 3 Halbsatz 2.

[17]) § $546^3$.

[18]) K.G. § $16^1$.

den Wert bei jedem Antrage unaufgefordert die nötigen Angaben machen.[19]) Wenn besondere Schätzungskosten entstehen, so ist über deren Tragung mitzuentscheiden. Sie können der Partei zur Last gelegt werden, welche durch ihr Verhalten die Abschätzung nötig gemacht hat.[20]) Gegen den Beschluß gibt es als Rechtsmittel die Beschwerde.[21]) Wenn in Entscheidungen über die sachliche Zuständigkeit oder die Revisionssumme Festsetzungen über den Wert getroffen sind, so sind solche auch für den Kostenansatz maßgebend, soweit hier nicht Abweichungen hinsichtlich der Wertbemessung vorgeschrieben sind.[22])

## § 33. Sicherheitsleistung.

In bestimmten, allerdings dem römischen Recht gegenüber bedeutend eingeschränkten Fällen muß eine Partei dem Gegner oder dem Staat für die infolge der begehrten Prozeßhandlungen eintretenden Kosten und Schäden Sicherheit leisten.[1])

Die Arten der Sicherheitsleistung sind gegenüber denen des Privatrechts[2]) eingeschränkt. Grundsätzlich kann die Sicherheit nur durch Hinterlegung[3]) von Geld und geeigneten Wertpapieren geleistet werden;[4]) doch bestehen gesetzliche Ausnahmen, namentlich dadurch, daß dem Gericht die Bestimmung nach freiem Ermessen überlassen wird.[5]) Auch können die Parteien Abweichungen von der gesetzlichen Regel vereinbaren.[6])

Die Rückgabe der dem Gegner bestellten Sicherheit erfordert an sich dessen Einwilligung oder seine Verurteilung zur Einwilligung. Das Gericht hat aber die Rückgabe auch dann anzuordnen, wenn der Gegner die ihm gestellte Frist zur Klageerhebung versäumt.[7])

---

19) K.G. § 14.

20) K.G. § 17.

21) K.G. § 16².

22) K.G. § 15.

1) Z. P. §§ 89, 110, 111, 707¹, 710, 713, 719, 732, 769, 771—774, 890², unten § 32.

2) B.G.B. §§ 232 ff.

3) E.B.G.B. a. 144, 145, pr. H.O. 21. 4. 13, bay. A.G.G.B. a. 76, H.O. 18. 12. 99.

4) § 108.

5) § 108. — Z. P. §§ 921, 925, 927, 939, 936, H.G.B. §§ 269³, 272³, 309², Gmb.H.G. § 75².

6) § 108.

7) §§ 109, 943².

## § 34. Kosten.

Im allgemeinen[1]) sind unter Kosten alle Ausgaben zu verstehen, welche den Parteien infolge der Rechtspflegetätigkeit in ihren Angelegenheiten erwachsen. Sie sind gerichtliche oder außergerichtliche, je nachdem sie von einem Gerichtsorgan zu fordern oder in anderer Weise vor oder in dem Verfahren entstanden sind.

Die Gerichtskosten sind durch das Gerichtskostengesetz geregelt.[2])

Man unterscheidet Gebühren und Auslagen. Erstere sind die regelmäßig gesetzlich festgesetzten Sätze, welche für die Tätigkeit einer bestimmten Stelle gefordert werden können. Bei den Auslagen handelt es sich um Ausgaben, welche die betreffende Stelle gemacht hat und neben den Gebühren besonders erstattet verlangen kann.[3]) Die Gebühren der einen Stelle können als Auslagen der anderen in Betracht kommen, wenn diese die Gebühren entrichtet hatte.

Es besteht das sogenannte Pauschalsystem mit Wertklassen. Für die gebührenpflichtige Handlung wird je nach ihrer Bedeutung die volle Gebühr oder ein Vielfaches oder Zehnteile der vollen Gebühr erhoben.[4])

Gebührenfreiheit besteht für die Reichs- und Staatskasse und nach Maßgabe einer kaiserlichen Verordnung für das Reichsgericht und im übrigen des Landesrechts auch zugunsten anderer Personen.[5])

Bei unrichtiger gerichtlicher Behandlung ohne Schuld der Beteiligten und bei entschuldbar unbegründeten Anträgen kann Gebührenniederschlagung gewährt werden.[6])

Den Kostenansatz besorgen die von der Justizverwaltung bestimmten Beamten[7]) vorbehaltlich gerichtlicher Entscheidung, welche auch seitens der Staatskasse begehrt werden kann.[8])

---

[1]) § 91. [2]) Oben § 4 I, 1 f.

[3]) K.G. §§ 79—80a. Wegen der Pauschsätze zur Abgeltung nicht zu ersetzender Auslagen K.G. § 80b. Wegen der Stempel § 2. Landesrechtliche Registrierungsgebühr K.G. § 100.

[4]) K.G. §§ 2, 8, 18—58, 101.

[5]) K.G. § 98. Kais. V. 24. 12. 83, pr. K.G. §§ 8, 9 mit Vf. 2. 7. 81 u. 16. 1. 83, bay. GebührenG. a 3 ff.

[6]) K.G. § 6.

[7]) Meistens der Gerichtsschreiber. Für das Reichsgericht GeschäftsO § 22, Dienstanw. 8. 7. 79, pr. KassenO. § 12 Nr. 1, Vf. 23. 2. 85, bay. V. 28. 12. 14 mit Fin.M V. 20. 6. 15.

[8]) K.G. § 4. — Fälligkeit K.G. §§ 93—95, 97. — Befristung der Nachforderung K.G. § 5.

Die *Einziehung* der Kosten und die *Kassenverwaltung* ist durch die Justizverwaltung geregelt.[9])

Die *Kostenpflicht* gegenüber dem Staat wird begründet durch gerichtliche Entscheidung, Übernahme[10]) oder unmittelbare gesetzliche Bestimmung.[11]) Ist kein anderer Kostenschuldner vorhanden, so ist es der Antragsteller.[12]) Es können auch der Staatskasse gegenüber *mehrere* Kostenschuldner vorhanden sein, so daß die Entstehung einer weiteren Kostenpflicht den Antragsteller nicht immer gänzlich befreit.[13]) Bei einer *mehrköpfigen* Partei tritt Teilung nach Köpfen ein, soweit nicht durch Entscheidung oder Gesetz eine Änderung, insbesondere die Haftung als Gesamtschuldner bestimmt ist.[14])

Von den Antragstellern sind *Vorschüsse* für Gebühren und Auslagen zu fordern,[15]) von klagenden Ausländern außerhalb des Haager Abkommens in dreifacher Höhe.[16]) Jedoch darf nur da, wo dieses besonders bestimmt ist, die Vornahme der Rechtsschutzhandlung von dem Eingang des Vorschusses abhängig gemacht werden.[17])

Die *Gerichtsvollzieherkosten* richten sich nach der besonderen Gebührenordnung für Gerichtsvollzieher.[18]) Die Fälligkeit tritt mit der Erledigung des Geschäfts ein.[19]) Den Kostenansatz besorgt der Gerichtsvollzieher vorbehaltlich der gerichtlichen Entscheidung über Erinnerungen.[20]) Im Rahmen des Amtsbetriebs ist zunächst die Staatskasse Kostenschuldnerin, im übrigen der Antragsteller. Von diesem kann der Gerichtsvollzieher die Kosten durch Postvorschuß einziehen, soweit er nicht von seinem Recht, die Ausführung des Auftrags von vorheriger

---

[9]) Dienstanw. des Bundesrats (F. 7. 7. 87), pr. KassenO. (F. 19. 3. 10), Vf. 12. 3. 10, 21. 6. 85, 3. 1. 00, 31. 3. 00, 20. 6. 10, 3. 8. 10. Für Bay. A. 7. — Wegen Rechtshilfe K.G. § 99 u. Anw. d. Bundesrats 23. 4. 80.

[10]) K.G §§ $86^1$, 92.

[11]) K.G. §§ 98, 788, K. §§ 57, $142^3$, K.G. § $86^2$, 92.

[12]) K.G. § 89.

[13]) K.G. § 90. Auch bei Übernahme durch Vereinbarung Haftung der befreiten Partei bis zur Hälfte, K.G. § 88.

[14]) K.G. §§ 91, 92, Z. § 100.

[15]) K.G. §§ 81, 82, 84, 92. [16]) K.G. §§ 85, 92.

[17]) K.G. § 3, z. B. nach § 379 die Ladung von Zeugen und Sachverständigen durch besonderen Gerichtsbeschluß, der nur in Ausnahmefällen zu erlassen sein wird; ferner K.G. §§ $85^5$, $97^2$.

[18]) Oben § 4 I, 1 h. Näheres Geb.O. §§ 1—12, 20, 25. Auch hier neben den Gebühren Auslagen nach §§ 13—17.

[19]) Geb.O. § 20.

[20]) Geb.O. §§ 22, 23. Für Bay V. 25. 12. 99 mit Fin.M.B. 20. 6. 15 Nr. 103.

Einzahlung eines Vorschusses abhängig zu machen, Gebrauch gemacht hat.[21])

Für die Gebühren und Auslagen der Rechtsanwälte ist deren besondere Gebührenordnung[22]) maßgebend. die dem Gerichtskostengesetz nachgebildet ist.

In Fällen, die durch die Gebührenordnung nicht vorgesehen sind, tritt entsprechende Anwendung ein.[23])

Für die Tätigkeit als Beistand besteht die gleiche Gebühr wie für Vertretung, ebenso für Anfertigung oder Unterschrift eines Schriftsatzes, während für den bloßen Verkehr mit dem Prozeßbevollmächtigten eine Ermäßigung eintritt[24]) Auch für den Betrieb der eigenen Angelegenheiten können die Gebühren gefordert werden.[25]) Jeder von mehreren Vertretern kann die volle Gebühr verlangen.[26]) Jeder von mehreren Auftraggebern haftet für sich allein für die Kosten, welche die gesonderte Ausführung seines Auftrags verursacht haben würde.[27])

Es ist auch, wenn der Rechtsanwalt nicht gerichtlich beigeordnet war,[28]) vertragsmäßige Festsetzung der Gebühren zulässig, aber nur in einem schriftlichen Vertrage und unter Ausschluß der Bestimmung durch einen Dritten. Auch können vertragsmäßige Vergütungen herabgesetzt werden, wenn sie übermäßig sind.[29])

Der Rechtsanwalt muß bei Einfordern der Kosten begründete Rechnung mitteilen.[30]) Bis zur Zahlung hat er Zurückbehaltungsrecht an den Handakten.[31])

Für sonstige Ausgaben der Parteien, insbesondere eigene Reisekosten und Belohnung von Prozeßbevollmächtigten, die nicht Rechtsanwälte sind, bestehen keine allgemeine Vorschriften. Doch wird die

---

[21]) Geb O. §§ 18—20.

[22]) Oben § 4 I, 1 i. Für die Kriegszeit V. 9. 9. 15 § 17. — In Frankreich keine Geb.O. für die Advokaten, denen Fordern und Einklagen von Honoraren verboten ist. Gestattet ist aber die Annahme eines unbegrenzten tribut volontaire et spontané de la réconnaissance du client, der im Voraus sicher gestellt zu werden pflegt.

[23]) Geb.O. §§ 89, 90. Bei Streit über die Vergütung für ein Gutachten ist Gutachten des Vorstandes der Anwaltskammer einzuholen, § 88.

[24]) Geb O. §§ 4, 5, 44.

[25]) Geb.O. § 7.

[26]) Geb.O. § 8.

[27]) Geb.O. § 3.

[28]) Oben § 20 A. 40.

[29]) Geb.O. § 93.

[30]) Geb.O. § 86.

[31]) R A.O. § 32.

Entschädigung für persönliche Wahrnehmung von Terminen wie bei einem Zeugen bemessen.[32])

Die Erstattung der einer Partei erwachsenen Kosten durch den kostenpflichtigen Gegner hängt im allgemeinen davon ab, daß die Kosten nach dem Ermessen des Festsetzenden zur zweckentsprechenden Prozeßführung notwendig waren.[33])

Die Rechtsanwaltskosten sind aber, soweit sie nicht durch Vertrag erhöht waren, schlechthin erstattungsfähig, aber nur für einen Rechtsanwalt,[34]) und die Zuziehung eines auswärtigen Rechtsanwalts untersteht wieder den allgemeinen Regeln.[35])

Ausländer, welche als klagende Partei auftreten, müssen dem Gegner wegen der Prozeßkosten Sicherheit leisten.[36]) Die Angehörigen der am Haager Abkommen[37]) beteiligten Staaten sind davon befreit. Dafür werden aber die Kostenentscheidungen im Auslande vollstreckt.[38])

## § 35. Armenrecht.[1])

Um Unbemittelten die Prozeßführung zu ermöglichen, ist die Einrichtung geschaffen, daß ihnen durch Bewilligung des Armenrechts kostenlose Prozeßführung gewährt wird. Das Armenrecht muß jeder Partei,[2]) nicht nur Menschen, die für eigene Rechnung klagen,

---

[32]) § 91¹, unten § 48. [33]) § 91¹.

[34]) Insbesondere ist die Verkehrsgebühr (Geb.O. § 44 oben A. 24) vom Ermessen abhängig.

[35]) § 91², Geb.O. § 94.

[36]) Näheres §§ 110–113, 274⁴. — Weitere Fälle solcher Sicherheitsleistung im Aktienrecht H.G.B. §§ 269, 272³, 273³.

[37]) Oben § 4. [38]) a. 17—19.

[1]) R. Schott, Armenrecht in O. Fischer Abh. 4 H. 3.

[2]) Das Wort „wer" ist in § 114 ebenso wie sonst überall in der ZPO. gleichbedeutend mit der sonst auch üblichen Wendung „Jede Partei" (§§ 38, 272, 282). — Für die sonstigen Fälle (§§ 50¹, 64, 66, 76, 294, 510 c) ist das außer Streit. Daß die Partei fähig sein müsse, Speisen zu sich zu nehmen, erfordert § 114 ebensowenig, wie daß sie verheiratet sein müsse. Auf den Unterhalt wird vielmehr nur insofern hingewiesen, als bei Menschen überhaupt der eigene Unterhaltsbedarf und bei Verheirateten auch der Bedarf der Familie bei der Beurteilung der Kostenzahlungsfähigkeit in Betracht kommen soll. Bei Unverheirateten kann selbstverständlich nicht von Bedarf der Familie und bei juristischen Personen auch von eigenem Unterhalt nicht die Rede sein, wenn man nicht die Kosten der Verwaltung dazurechnen will. Damit entfällt für die juristischen Personen die Berücksichtigung der Unterhaltskosten bei der Bemessung ihrer Leistungsfähigkeit, aber keineswegs

sondern auch juristischen Personen und solchen, die als Güterpfleger[3]) für fremde Rechnung Prozesse führen, wie z. B. dem Testamentsvollstrecker, gewährt werden.

Bei Ausländern muß das Gegenseitigkeitserfordernis gewahrt sein.[4]) Das Haager Abkommen hat auch in dieser Richtung für die Angehörigen der beteiligten Staaten vorgesorgt.[5])

Die Bewilligung des Armenrechts hat im übrigen zwei Voraussetzungen:

1. Die Unmöglichkeit, die Prozeßkosten aus dem Vermögen zu bestreiten, für dessen Rechnung die Prozeßführung erfolgt.[6]) Daher muß das Armenrechtsgesuch von einem obrigkeitlichen Zeugnis über das Unvermögen zur Bestreitung der Prozeßkosten mit bestimmten Angaben über Stand, Vermögen, Familien- und Steuerverhältnisse begleitet sein.[7])

2. Die Prozeßführung darf nicht aussichtslos oder mutwillig sein.[8]) Daher muß die Sachlage unter Angabe der Beweismittel in dem Gesuche dargestellt werden.[9])

Bei der Verteidigung gegen ein Rechtsmittel bedarf es einer Prüfung dieses Punktes nicht.[10])

Die Wirkungen des Armenrechts bestehen für die arme Partei darin, daß ihr ein Gerichtsvollzieher und im Anwaltsprozeß ein vom Vorsitzenden auszuwählender Rechtsanwalt als Prozeßvertreter beigeordnet werden muß. Im Parteiprozeß hängt die Beiordnung eines Vertreters von richterlichem Ermessen ab. Auch kann hier, wenn die Partei nicht im Gerichtsbezirk wohnt, ein

---

ihr Recht auf Bewilligung des Armenrechts, dessen Versagung eine bedeutende Verkümmerung ihrer Rechtsstellung sein würde. A. M. R.G. 33, 366 und 65, 287, die aber für die Gerichte nicht bindend sind (oben § 4).

[3]) Oben § 21.

[4]) § $114^{2}$.

[5]) Oben § 4.

[6]) § $114^{1}$, oben A. 2.

[7]) § $118^{2}$. Bay. B. 5. 7. 79, Gesch.Anw. f. d. Gerichtsschr. d. A.G. § 132. — Nach Kriegsrecht entbehrlich für Ansprüche Unehelicher, B. 9. 9. 15 § 28.

[8]) § $114^{1}$. O. Fischer in Iherings J. 38, 364. Mutwillig, wenn auch nicht aussichtslos z. B. die Klage, zu deren Erhebung keine Veranlassung gegeben war, unten § 41.

[9]) § $118^{3}$. Zulässig erscheint dabei auch Ablehnung wegen voraussichtlicher Erfolglosigkeit der Beweismittel, insbesondere einer Eideszuschiebung.

[10]) § $119^{2}$.

Justizbeamter oder ein im Vorbereitungsdienst Befindlicher beigeordnet werden.[11])

Mit Ausnahme der Rechtsanwälte haben die Beigeordneten Anspruch auf Ersatz ihrer baren Auslagen aus der Staatskasse.[12])

Vor allem aber ist die arme Partei gegen Gericht, Gerichtsvollzieher, Vertreter von der Entrichtung von Kosten (auch Auslagen) befreit, auch wenn sie zu den Kosten verurteilt ist. Nur wenn durch einen besonderen Beschluß der Wegfall der Bedürftigkeit festgestellt wird, entsteht die Verpflichtung zur Nachzahlung.[13]) Dagegen fällt dem Gegner gegenüber die Befreiung mit der Verurteilung in die Kosten weg.[14])

Der Gegner der armen Partei ist, wenn er sich in Verteidigungsstellung befindet, ebenfalls bis zum Kostenurteil von der Entrichtung der Kosten befreit.[15])

Dagegen muß er, sobald er in die Kosten verurteilt wird, auch diejenigen Kosten entrichten, von der die arme Partei befreit war, also namentlich auch die des Armenanwalts.[16])

Bei Wegfall der Voraussetzungen kann das Armenrecht jederzeit entzogen werden.[17])

Bei dem Tode der armen Partei erlischt es ohne weiteres.[18])

Die Bewilligung erfolgt immer nur für eine Instanz. Doch gilt die Bewilligung für die erste Instanz des Feststellungsverfahrens auch für die Zwangsvollstreckung.[19])

Für die Entscheidungen in Armenrechtsangelegenheiten besteht Beschlußverfahren ohne Mündlichkeitszwang.[20]) Vorherige Ermittelungen auch hinsichtlich des behaupteten Sachverhalts und seiner Beweisbarkeit sind aber nicht ausgeschlossen.

Rechtsmittel ist die einfache Beschwerde. Sie ist aber gegen die Bewilligung des Armenrechts ausgeschlossen, da hier der Antrag auf Entziehung möglich ist.[21])

---

[11]) §§ 115², 116. R.A.O. §§ 34—37. Wegen der Vertretungsmacht oben § 20.

[12]) § 116 S. 2, Geb.O. f. Ger.Vollz. § 21.

[13]) §§ 115 Nr. 1 u. 2, 125.

[14]) § 123¹.

[15]) § 120.

[16]) §§ 123, 124.

[17]) § 121.

[18]) §§ 122.

[19]) § 119¹.

[20]) §§ 118, 126.

[21]) § 127.

# II. Buch.

# Feststellungsverfahren.[1]

## 1. Abschnitt.

## Der Prozeßstoff des ordentlichen Rechtsstreits.

### § 36. Im allgemeinen.

Wie bereits dargelegt wurde,[2] ist die regelmäßige Form des Feststellungsverfahrens der ordentliche Rechtsstreit. Das von seinem Urheber der handelnden Partei (Kläger, actor) erstrebte Ziel ist die Verurteilung (condemnatio) der leidenden und regelmäßig abwehrenden Partei (Beklagte, reus) hinsichtlich des in dem Klageantrage geltend gemachten Begehrens (desiderium).[3]

Die Aufgabe des Prozeßgerichts ist daher in der Hauptsache das Urteil über die Rechtmäßigkeit dieses Begehrens. Ihr tritt die Entscheidung darüber, welche Partei die Kosten des Rechtsstreits zu tragen hat, hinzu.[4]

Die Rechtmäßigkeit des Begehrens kann nur festgestellt und eine entsprechende Verurteilung (im weiteren Sinne)[5] nur ausgesprochen werden, wenn

1. die Voraussetzungen (formalia causae) vorhanden sind, unter denen das Prozeßrecht eine Entscheidung über die Rechtmäßigkeit

---

[1]) Außer Betracht bleiben zunächst die besonderen Arten. Darüber 7. Abschn. Für den danach allein zu behandelnden ordentlichen Rechtsstreit wird zunächst angenommen, daß es sich nur um ein Hauptbegehren, einen Kläger, einen Beklagten und ein Verfahren handelt. Die durch eine Mehrheit und den Wechsel von Begehren, Parteien und Verfahren begründeten Besonderheiten sind in den 6. Abschn. verwiesen. Es wird auch angenommen, daß das Verfahren bis zu seinem Ende regelmäßig verläuft; die Abweichungen kommen erst im 5. Abschn. Neben dem Gange des Verfahrens in 1. Instanz (2. Abschn.) und im Abänderungsverfahren (3. Abschn.) müssen auch die Wirkungen seiner Ergebnisse dargestellt werden (4. Abschn.). Vor allem aber bedarf die Darstellung des Prozeßganges zu ihrer Grundlegung die Darstellung des Prozeßstoffs und seiner Bedeutung für Verfahren und Entscheidung, welche den 1. Abschn. bilden muß. Die Unterschiede des Anwaltsprozesses und des Parteiprozesses (oben § 20) werden im Einzelnen angegeben.

[2]) Oben § 2 A. 6. [3]) Gaj. Inst. 4, 41.

[4]) Der Kostenpunkt bildet einen Gegensatz zur Hauptsache, § 99.

[5]) Über den engeren Sinn unten § 37.

des Begehrens (Sachentscheidung) zuläßt.[6]) Nur dann ist die Beurteilungsfähigkeit vorhanden. Sonst muß es regelmäßig zur Abweisung der Klage im Sinne einer Prozeßabweisung oder Ablehnung der Sachentscheidung (absolutio ab instantia) kommen;

2. die Voraussetzungen (materialia oder merita causae) vorliegen, bei deren Vorhandensein die Rechtmäßigkeit des Begehrens erhellt. Fehlt diese Verurteilungsfähigkeit, so muß bei Vorhandensein der Beurteilungsfähigkeit Abweisung der Klage im Sinne einer Sachabweisung (absolutio ab actione) ausgesprochen werden.

Wann ein Begehren rechtmäßig ist, bestimmt im allgemeinen (in abstracto) die Rechtsordnung. Die Rechtmäßigkeit kann daher bei dem einzelnen Begehren (in concreto) dann angenommen werden, wenn die festgestellten tatsächlichen Verhältnisse des Falles die Voraussetzungen der Rechtmäßigkeit oder der Verurteilungsfähigkeit enthalten. Das Begehren muß sich als Schlußfolgerung eines Syllogismus ergeben, bei welchem die anzuwendenden Rechtsnormen den Obersatz, die festgestellten tatsächlichen Verhältnisse den Untersatz bilden.

Der für die Sachentscheidung (Hauptsache) in Betracht kommende Prozeßstoff besteht daher aus

1. dem im Klageantrag zum Ausdruck gelangenden Begehren (desiderium),
2. den Rechtsätzen (jus),
3. den Tatsachen (factum).

Für die Erörterung im einzelnen empfiehlt es sich zuvörderst die Bestandteile der Sachentscheidung[7]) zu besprechen, und sowohl die prozessualischen Beurteilungsvoraussetzungen,[8]) wie den Kostenpunkt[9]) erst am Schluß zu behandeln.

Bezüglich des gesamten Prozeßstoffs, also nicht bloß hinsichtlich der Tatsachen (Behauptungen und Beweis), sondern auch hinsichtlich der Rechtssätze und des Begehrens, und nicht bloß hinsichtlich der Hauptsache, sondern auch hinsichtlich der prozessualischen Voraussetzungen und des Kostenpunkts ist mit Rücksicht auf den Gegen-

---

[6]) Auch die prozessualischen Voraussetzungen stellt das Gesetz im Gegensatz zu der Hauptsache, z. B. § 271[1].

[7]) Begehren unten §§ 37—43, Tatsachen §§ 44—51, Rechtsanwendung § 52.

[8]) Unten § 53. [9]) Unten § 54.

satz der Verhandlungsmaxime und Untersuchungsmaxime[10]) zu erörtern, ob die Beachtlichkeit davon abhängt, daß der Prozeßstoff von den Parteien in den Rechtsstreit eingeführt wird oder ob seine Beschaffung Sache amtlicher Fürsorge des Gerichts ist.

Im weiteren ist mit Rücksicht auf die Grundsätze über die Handlungslast[11]) festzustellen, ob im einzelnen der Kläger oder der Beklagte an seiner Berücksichtigung interessiert ist und daher die Verhandlungslast hat. In dieser Beziehung unterwirft das Gesetz selbst den Prozeßstoff in der Weise der Einteilung in Angriffs- und Verteidigungsmittel, daß alles, was die Verurteilung zu fördern geeignet ist, Angriffsmittel, alles, was ihr hinderlich ist, Verteidigungsmittel genannt wird.[12])

Daraus ergibt sich ohne weiteres der durchgreifende Satz, daß bezüglich aller Angriffsmittel der Kläger und bezüglich aller Verteidigungsmittel der Beklagte die Verhandlungslast hat. Auch dieser Gegensatz bezieht sich ebenfalls auf den gesamten Prozeßstoff[13]) und daher wird überall darauf zurückzukommen sein.[14])

## § 37. Begehren.

Für den Gegenstand der Beurteilung im Rechtsstreit hat das Gesetz die Bezeichnung Anspruch.[1]) Hier wird statt dessen der Ausdruck Begehren gebraucht, um Verwechslungen mit dem Anspruch im Sinne des Bürgerlichen Gesetzbuchs vorzubeugen.

Im Zivilprozeß handelt es sich im Gegensatz zum bürgerlichen Recht nicht um ein Recht, sondern um ein Verlangen der Partei, dessen Rechtmäßigkeit zunächst völlig dahingestellt bleiben

---

[10]) Oben § 23 A. 4. [11]) Oben § 31 A. 10.

[12]) Zunächst § 146. Wegen des Begriffs der selbständigen A. u. V.mittel unten § 44.

[13]) Die Beweismittel werden allerdings gelegentlich nicht mit einbegriffen, so in § 278 (wegen § 283), § 350 Nr. 2 (wegen Nr. 3), § 354². In §§ 96, 100 werden sie dagegen dazu gerechnet.

[14]) Gemeinhin spricht man nur von der Beweislast. Es wird sich aber ergeben, daß neben der Feststellungslast (insbesondere Beweis- und Gegenbeweislast) auch von der Behauptungs- und Bestreitungslast zu sprechen ist, und daß die Frage der Verhandlungslast auch hinsichtlich der Rechtsanwendung und der Antragstellung von Belang ist.

[1]) § 253² Nr. 2. O. Fischer in Jherings J. 38, 371. Hellwig, Anspruch und Klagerecht in O. Fischer Abh. 5 Heft 1.

muß. Außerdem ist aber der sachliche Kreis der Begehren insofern weiter, als der der Ansprüche im Sinne des bürgerlichen Rechts,[2]) als auch das Verlangen auf bloße Feststellung oder auf Rechtsgestaltung unter den Anspruchsbegriff der Zivilprozeßordnung fällt, während die privaten Feststellungs- und Gestaltungsrechte nicht Ansprüche im Sinne des Bürgerlichen Gesetzbuchs. sind.

Damit ein Begehren überhaupt zum Gegenstande sachlicher Behandlung im ordentlichen Rechtsstreit (Beurteilungsfähigkeit) gemacht werden kann, ist erforderlich:

1. daß das Begehren überhaupt vor die ordentlichen Gerichte gehört, der Rechtsweg (Gerichtsweg) für ein derartiges Begehren zulässig ist;[3])
2. daß der ordentliche Rechtsstreit zulässig ist, also das Begehren nicht zu denjenigen zählt, welche nur in einem Sonderverfahren behandelt werden können;[4])
3. daß das angegangene Prozeßgericht für den Rechtsstreit zuständig ist.[5])

Aber auch die allgemeinen Voraussetzungen des sachlichen Erfolges des Begehrens, die Verurteilungsfähigkeit,[6]) insbesondere die Parteirichtigkeit[7]) bedürfen einer prozessualischen Erörterung.

Die Begehren zerfallen in Leistungs-, Feststellungs-, Unterlassungs-, Haftungs- und Gestaltungsbegehren:

1. Bei den eigentlichen Leistungsbegehren ist das Verlangen auf die Verurteilung zu einem Tun[8]) gerichtet. Die Verurteilung schließt aber die Feststellung der Verpflichtung zu dem Tun und damit auch die des zugrunde liegenden Rechtsverhältnisses in sich, soweit davon die Rechtmäßigkeit der Verurteilung abhängt, so daß mit dieser Maßgabe das auf ein absolutes Recht zu gründende Begehren auch das auf Feststellung des absoluten Rechts selbst gerichtete in sich schließt.[9]) Das nicht auf persönlichem Recht beruhende Begehren auf

---

[2]) B.G.B. § 194. — In B.G.B. §§ 5, 1958, 1961, 2213 taucht der prozessualische Sinn von Anspruch auf.

[3]) Darüber § 38.

[4]) Darüber unten §§ 87, 90—93.

[5]) Darüber §§ 39, 40.

[6]) Darüber unten § 41.

[7]) Unten § 42.

[8]) Im Gegensatz zum Anspruchs- und Leistungsbegriff des B.G.B. §§ 194, 241 wird also das Unterlassungsverlangen hier ausgeschlossen.

[9]) O. Fischer, Unmöglichkeit als Nichtigkeitsgrund. 2. Beitrag (Abh. 26 H. 1) S. 35 ff.

Herausgabe einer Sache enthält also von selbst das Begehren auf Feststellung des Eigentums oder des Besitzes, je nachdem endgültige (petitorische) oder vorläufige (possessorische) Herausgabe erstrebt wird. Es kann sich dabei immer nur um solche Verpflichtungen handeln, die nach dem vom Staate anerkannten Recht rechtliche Verpflichtungen sein können.[10])

Es kann sich dabei sowohl um an sich wertvolle Handlungen (facere) als auch um die Gewährung einer sachlichen Leistung (dare) handeln. Neben Leistungen vermögensrechtlicher Art können auch andere, wie z. B. die Herausgabe eines Kindes oder der Widerruf einer Verleumdung oder die Zurücknahme des Ausschlusses aus einem Verein in Frage kommen.

Auch kann die Grundlage ebensowohl öffentlich-rechtlicher Art, wie privatrechtlicher Natur sein, sofern nicht die Zulässigkeit des Rechtswegs dadurch ausgeschlossen wird.[11])

Die privatrechtliche Grundlage kann ebensowohl auf dem Gebiete des Sachenrechts, Familienrechts oder Erbrechts liegen wie auf dem der Rechts- oder Schuldverhältnisse.

Daß die Verpflichtung bezw. Haftung der zu Verurteilenden der Höhe nach beschränkt ist,[12]) begründet nur eine entsprechende Beschränkung der Verurteilung.

Auch bleibt das Begehren ein Leistungsbegehren, wenn der Beklagte nur mit einem Sondervermögen haftet[13]) oder wenn, wie bei der Prozeßführung der Güterpfleger, nur eine dritte Person verpflichtet ist.[14])

2. Bei den reinen Feststellungsbegehren[15]) handelt es sich im Hauptfalle um die Feststellung des gegenwärtigen Bestehens (positive Feststellung) oder des Nichtbestehens (negative Feststellung) eines staatlich anerkannten Rechtsverhältnisses, welche unabhängig von einem auf dieses Rechtsverhältnis gestützten Leistungsbegehren er-

---

[10]) Damit ist die R. 57, 256 ausgesprochene Abweisung der Klage auf Ausstellung des Scheidebriefs gerechtfertigt, nicht mit der Unzulässigkeit des Rechtswegs und auch nicht mit dem bedenklichen Satze, daß es überhaupt keine rechtliche Verpflichtungen gäbe, die nicht auf dem Gebiete der staatlichen Gesetzgebung lägen.

[11]) Darüber unten § 38.

[12]) Z. B. bei dem mit der Einlage rückständigen Kommanditisten, H.G.B. §§ 171—173.

[13]) Also namentlich bei der beschränkten Haftung der Erben nach B.G.B. § 1990.

[14]) Oben § 21.

[15]) § 256.

folgen soll. Ein besonderer seltener Fall ist daneben die Feststellung der Echtheit oder der Unechtheit einer Urkunde.[16])

Bei den Feststellungsbegehren wird also kein Tun verlangt, insbesondere nicht die Abgabe eines Anerkenntnisses, so daß hier eine Verurteilung im engeren Sinne nicht zu erfolgen hat, und es insbesondere unrichtig ist, dieses Begehren in das Verlangen der Verurteilung des Beklagten zu einem Anerkenntnis zu kleiden.[17])

3. Die Unterlassungsbegehren, welche prozessualisch von den gewöhnlichen Leistungsbegehren durchaus geschieden werden müssen, erstreben die Verurteilung zu einer Unterlassung. Darin liegt zunächst die Feststellung der Unterlassungsverpflichtung. Aber sie gewährt darüber hinaus die Möglichkeit, daß auf sie unmittelbar die Zwangsvollstreckung nicht nur zur Beseitigung sondern auch zur Verhütung von Zuwiderhandlungen gestützt werden kann.[18]) Zu den Unterlassungsbegehren gehören im allgemeinen auch die Begehren auf Duldung, d. h. auf Unterlassung eines Widerstandes. Die Begehren auf Duldung der Zwangsvollstreckung in Vermögen, an dem der Beklagte Rechte hat,[19]) sind aber kein Unterlassungsbegehren, sondern bringen das Recht des Klägers zum Ausdruck, die Zwangsvollstreckung auch gegen den Beklagten und ohne Rücksicht auf dessen entgegenstehendes Recht zu betreiben.

4. Die Sachhaftungsbegehren verfolgen lediglich das Recht auf Befriedigung aus einer Sache.[20]) Allerdings sind solche in bezug auf die Zulässigkeit des Urkundenprozesses und des Mahnverfahrens den Geldleistungsbegehren gleichgestellt.[21]) Auch spricht das Privatrecht von der „Zahlung" einer Geldsumme aus dem Grundstücke.[22]) Gleichwohl handelt es sich hier um keinerlei persönliche

---

[16]) Tatsachen und Rechtssätze sind im Übrigen nicht Gegenstand eines Feststellungsbegehrens.

[17]) Die richtige Bitte ist also „festzustellen", daß z. B. der Mietvertrag zwischen den Parteien bis zum 1. April 1920 besteht.

[18]) Das B.G.B. rechnet die Unterlassungsforderungen ihrem wahren Inhalte entgegen zu den Forderungen auf eine Leistung, B.G.B. §§ 194, 241. O. Fischer, Recht und Rechtsschutz 79 ff., H. Lehmann, Die Unterlassungspflicht in O. Fischer, Abh. 15 Heft 1.

[19]) §§ 734, 737$^1$, 748$^2$.

[20]) Z. B. Befriedigung der Grundschuld aus dem verhafteten Grundstück, B.G.B. § 1191, Flößereischäden, FlößereiG. § 22, unten § 97 B.

[21]) §§ 597, 688$^1$. [22]) B.G.B. § 1191.

Verpflichtung[23]) und darf daher auch Niemand zur Zahlung verurteilt werden, auch nicht mit dem Zusatze „bei Vermeidung der Zwangsvollstreckung“ oder „bei Vermeidung des Pfandverkaufs“.[24])

Gebräuchlich ist die Richtung des Begehrens und der Verurteilung auf Duldung der Zwangsvollstreckung oder des Pfandverkaufs. Aber auch bei diesem Duldungsbegehren handelt es sich nicht um ein eigentliches Unterlassungsbegehren, sondern nur um die Feststellung des Zwangsvollstreckungsrechts des Klägers. Unbedenklich wäre daher auch die Richtung auf bloße Feststellung des Rechts, sich aus dem Gegenstand im Wege der Zwangsvollstreckung oder des Pfandverkaufs zu befriedigen. Doch ist auch dabei festzuhalten, daß es sich um mehr als um ein bloßes Feststellungsbegehren handelt.

Wenn das Sachhaftungsbegehren mit dem Leistungsbegehren verbunden wird,[25]) so liegen zwei verschiedene Begehren vor, die in Klage und Urteil zu sondern sind.

5. Von allen diesen Begehren unterscheiden sich die Gestellungsbegehren[26]) dadurch, daß sie auf Herstellung eines andern Rechtszustandes gerichtet sind. Sie schließen aber, wie die übrigen Begehren, auch die Feststellung des unmittelbar zugrunde liegenden Rechtsverhältnisses in sich.

Zu den Gestellungsbegehren kann man auch die Anordnungsbegehren rechnen, bei denen allerdings die Herstellung des neuen Zustandes noch von der Ausführung der Anordnung[27]) abhängt.

Regelmäßig richtet sich das Ziel des Hauptbegehrens nur gegen den Beklagten. Dem Kläger kann in der Hauptsache nichts Ungünstigeres widerfahren, als daß er mit seiner Klage abgewiesen wird. Bei gewissen Gestaltungsbegehren kann aber eine Verurteilung erfolgen, welche ganz oder teilweise zugunsten des

[23]) FlößereiG. § 23: „Eine persönliche Verpflichtung des Eigentümers wird nicht begründet.“ Ebenso H.G.B. § 726[1].

[24]) Im Falle B.G.B. § 1228.

[25]) Z. B. § 25 im Falle B.G.B. § 1113.

[26]) Z. B. Leistungs- und Erfüllungsbestimmung (B.G.B. §§ 315, 318, 2048), Auslobungsverteilung (B.G.B. § 669), Grenzlandverteilung (B.G.B. § 920), Notweg (B.G.B. § 917), Herabsetzung (B.G.B. §§ 343, 655, H.G.B. § 741, Geb.O. f. R.A. § 98[4]), Aufhebung (B.G.B. §§ 1418, 1468, 1495, 1542, 1549, 2342, H.G.B. §§ 117, 127, 133, 140, 142, 161, 271, 309, Gwb.H.G. § 61[7], Gen.G. §§ 51, 94, Pat.G. §§ 11, 28, Warenz.G. § 9, Mustersch.G. § 6, BankG. §§ 49, 51).

[27]) Z. B. Anordnung eines anderweiten Verteilungsverfahrens (§ 882), Unzulässigkeit, Aufhebung, einstweilige Einstellung einer Zwangsvollstreckung (§ 775 Nr. 1 u. 2).

Beklagten ist, indem z. B. bei der Grenzbestimmung das Streitstück dem Beklagten ganz oder teilweise zugesprochen wird.[28]) In solchen Fällen ist das Begehren doppelseitig im Gegensatze zu den regelmäßig einseitigen Begehren.

Dem Hauptbegehren[29]) können Nebenbegehren[30]) hinzutreten, welche zum Teil auch als Gegenbegehren von dem Beklagten beantragt werden müssen und sich dann gegen den Kläger richten:

1. Wie bereits bemerkt[31]) wurde, bilden die Kosten des Rechtsstreits eine auch ohne Antrag in jedem Rechtsstreit mit zu entscheidende Nebensache. Es handelt sich dabei um ein doppelseitiges Gestaltungsbegehren, so daß ein solches nebenbei in jedem Rechtsstreit vorkommt.

2. Ferner handelt es sich um das Verlangen des Klägers auf Verurteilung bezüglich der Früchte, Nutzungen, Zinsen, Schäden und nicht zu den Kosten des Rechtsstreits gehöriger Kosten,[32]) welches, wenn es mit dem Hauptbegehren verbunden wird, nicht als besonderes Begehren gerechnet wird.

3. In bezug auf die Vollstreckbarkeitserklärung der Entscheidung können Anträge beider Parteien vorliegen, auch muß es unter Umständen zur Entscheidung darüber ohne Antrag kommen.[33])

4. Hat der Kläger für den Fall der Nichtbefriedigung binnen einer zu bestimmenden Frist das Recht auf Schadensersatz oder Aufhebung des Vertrages oder kann er für den Fall der Nichtleistung einer Sicherheit binnen einer solchen Frist Anordnung einer Verwaltung verlangen oder handelt es sich um Vollziehung einer Auflage, so kann das Begehren auf Bestimmung der Frist durch das Urteil gestellt werden.[34])

5. Im Parteiprozeß kann der Kläger bei allen auf Vornahme einer an sich wertvollen Handlung gerichteten Begehren das Verlangen stellen, daß der Beklagte für den Fall, daß die Handlung nicht binnen einer zu bestimmenden Frist vorgenommen werde, zur Zahlung

---

[28]) B.G.B. § 920. Bei den Verurteilungen des Klägers aus §§ 302, 541, 600, 717 handelt es sich um Abänderung und Rückgängigmachung vorher zu seinen Gunsten getroffener Entscheidungen.

[29]) Hauptsache im Sinne des § 268 Nr. 2.

[30]) Über den Fall mehrerer Hauptbegehrer unten § 78. Dahin gehören auch die Fälle der §§ 25, 254, und die Widerklage.

[31]) Oben § 36.

[32]) §§ 4, 308.

[33]) Näheres unten § 67.

[34]) § 255 $^{1}$ u $^{2}$.

einer nach freiem Ermessen festzusetzenden Entschädigung verurteilt werde.[35])

6. Bei Unterlassungsbegehren kann eine Strafandrohung für den Fall der Zuwiderhandlung begehrt werden.[36])

7. Bei Begehren auf Räumung einer Wohnung kann der Beklagte den Antrag auf Gewährung einer angemessenen Räumungsfrist stellen.[37])[38])

---

[35]) §§ 510 b, 888 a.

[36]) § 890². — Ist sie unterblieben, so kann sie nach erfolgter Zuwiderhandlung nachgeholt werden.

[37]) § 721.

[38]) Das Kriegsrecht hat zwei neue Begehren des Beklagten eingeführt: Bestimmung einer Zahlungsfrist und Anordnung, daß die Rechtsfolgen der Nichtzahlung oder nicht rechtzeitigen Zahlung als nicht eingetreten gelten. Die Stundung, welche höchstens 3 Monate betragen darf, hat keinen Einfluß auf den Zinsenlauf. Die Forderung muß vor dem 31. Juli 1914 entstanden sein und durften die zu beseitigenden Rechtsfolgen bis dahin nicht eingetreten sein. Grund des Antrags ist die wirtschaftliche Lage des Beklagten, der als Tateinrede der unverhältnismäßige Nachteil des Klägers entgegengesetzt werden kann. Für den Streitstoff ist Glaubhaftmachung erforderlich und genügend. Den Begehren kann auch nur teilweise oder unter dem Beklagten aufzuerlegenden Bedingungen stattgegeben werden.

Die Anordnung wegen der Rechtsfolgen kann auch die Haupt- und Nebenbegehren des Klägers beeinflussen, doch können dann die Kosten ganz oder teilweise dem infolgedessen obsiegenden Beklagten auferlegt werden. Bei den aus Grundpfändern hervorgehenden Sachhaftungsbegehren und den durch Hypothek gesicherten Schulden des Grundeigentümers kann die Zahlungsfrist bis auf 6 Monate bestimmt werden. Sie ist auch für das Kapital nicht ablehnbar wegen voraussichtlicher späterer Zahlungsunfähigkeit. Die Beseitigung der Folgen erfaßt auch die auf andere Umstände abgestellte Verwirkungsabrede. Die zeitigen und ehemaligen Kriegsteilnehmer im weiteren Sinne (Kriegsteilnehmer der deutschen und österreichungarischen Armee im engeren Sinne, denen Kriegsgefangene und Geiseln gleichstehen, aber auch die nicht zu diesen gehörenden Militärbediensteten, sowie die Kriegsflüchtlinge) haben außerhalb der Grundpfandhaftung unter der Voraussetzung, daß die Kriegsteilnahme bezw. die notwendige Flucht die wirtschaftliche Lage in einer das Fortkommen gefährdender Weise verschlechtert hat, ähnliche Begünstigungen wie die Grundpfandschuldner. Außerdem genügt hier Entstehung der Forderung vor Beendigung der Kriegsteilnahme bezw. vor der Flucht. (V. 7. 8. 14 [F. 8. 8. 16] § 1 und wegen der Kosten § 6², 18. 8. 14 [F. 8. 8. 16 a. 2] §§ 1, 2, V. 22. 10. 14 [S. 450], 8. 8. 16 [S. 452] §§ 1, 4, 5, V. 8. 8. 16 [S. 454] §§ 1—3, 5, 6, 8, 15, 17, 19, V. 8. 2. 17 [S. 114] §§ 5, 8, 9, 10 mit V. 26. 2. 17 [S. 192].)

Das Begehren auf Bewilligung einer Zahlungsfrist seitens eines die Forderung anerkennenden Schuldners kann vor der Rechtshängigkeit oder Vollstreckbarkeit der Forderung auch zum Gegenstande eines selbständigen Beschlußverfahrens mit

## § 38. Zulässigkeit des Rechtswegs.

Daß nur ein vom Staate anerkanntes rechtliches Begehren[1]) Gegenstand eines zivilprozessualischen Feststellungsverfahrens und insbesondere des ordentlichen Rechtsstreits sein kann, liegt bereits im Begriff des Begehrens.[2])

Aber auch derartige Begehren sind keineswegs ausnahmslos der Gegenstand eines solchen Verfahrens. Es muß deshalb hinzukommen, daß der Rechtsweg (Gerichtsweg) für das Begehren zulässig ist, daß es seiner Beschaffenheit zu denjenigen gehört, für welche der Feststellungsrechtsschutz im Wege des Zivilprozesses gewährt wird.[3])

In dieser Beziehung bleibt das Landesrecht in Kraft, soweit nicht das Reichsrecht eingegriffen hat.[4])

Die Regelung kann sowohl durch Aufstellung von Erfordernissen für die Zulassung zum Gerichtsweg wie durch Bestimmungen über den Ausschluß des Rechtswegs erfolgen. Es wurde auch schon erörtert, daß dies auch durch Zuweisung zur endgültigen und ausschließlichen Erledigung an Verwaltungsbehörden, Verwaltungsgerichte und die Organe der freiwilligen Gerichtsbarkeit geschehen kann, und zwar, soweit kein Widerstreit mit dem Reichsrecht eintritt, auch durch Landesrecht, aber nicht im Verordnungswege.[5]) Dagegen kann die Zuweisung an solche besondere Gerichte, die sich nicht als Verwaltungsgerichte charakterisieren,[6]) nur soweit erfolgen, als die Sache in deren reichsrechtlich geregelten Geschäftskreis fällt.[7])

Das Reichsrecht hat nun aber keine allgemeinen Erfordernisse aufgestellt, welche erfüllt sein müssen, damit ein recht-

---

Anhörung des Gegners aber ohne Mündlichkeitszwang gemacht werden, in welchem zugleich die Zahlungspflicht des Schuldners auszusprechen, bei Grundpfändern auch die Zwangsvollstreckung für unzulässig zu erklären und auch einzustellen ist. (V. 7. 8. 14 [F. 8. 8. 16] §§ 4, 6[3], V. 8. 8. 16 [S. 454] §§ 4, 9, 16.) Wegen gutachtlicher Anhörung des Einigungsamtes in Miet- und Hypothekensachen (unten § 76) V. 15. 12. 14 (S. 511) § 4, 8. 6. 16 (S. 454) § 13.

1) Auch im Gegensatz zu sittlichen und religiösen Anforderungen.

2) Oben § 37 A. 10.

3) Oben § 2 A. 13.

4) Oben § 4 II, 1.

5) Oben § 6 A. 29.

6) Oben § 16.

7) Ein Ausschluß des deutschen ordentlichen Gerichtswegs liegt auch in den persönlichen Befreiungen von der ordentlichen deutschen Gerichtsgewalt (oben § 6), insofern solche die Zuständigkeit besonderer Gerichte (oben § 16 II, 5) oder die des Auswärtigen Amts begründet, O. Fischer in der oben § 6 a. angeführten Schrift S. 70.

liches Begehren Gegenstand des ordentlichen Rechtsstreits oder des Zivilprozesses überhaupt sein kann. Insbesondere hat es weder für alle privatrechtlichen Begehren den Rechtsweg gesichert, noch für alle öffentlich-rechtlichen Begehren den Rechtsweg ausgeschlossen. Wenn es bestimmt,[8]) daß vor die ordentlichen Gerichte die „bürgerlichen Rechtsstreitigkeiten" gehören, so ist damit keinerlei sachliche Anforderung gegeben. Dieser Ausdruck ist vielmehr nur eine Verdeutschung des bis dahin üblichen Ausdrucks „Zivilprozeßsache",[9]) in welchem kein sachliches Merkmal liegt und auch nicht liegen sollte, da das Reichsrecht absichtlich auf die allgemeine Regelung dieser Frage verzichtet hat.[10]) Allerdings handelt es sich tatsächlich in den weitaus meisten Fällen um privatrechtliche Begehren. Gleichwohl würde die vom Reichsgericht[11]) geteilte Meinung, daß das Reichsrecht durch jenen Ausdruck andere Begehren ausgeschlossen habe, namentlich dann, wenn man eine rein privatrechtliche Grundlage fordern sollte, zu einer unerträglichen Verkümmerung des ordentlichen Rechtsschutzes führen.

Dagegen hat das Reichsrecht für einzelne Begehren den ordentlichen Rechtsweg gesichert, so für die ihrer Grundlage nach nicht privatrechtlichen vermögensrechtlichen Begehren der Richter aus ihrem Dienstverhältnisse.[12]) Es hat es auch für unzulässig erklärt, den Rechtsweg deshalb auszuschließen, weil der Staat oder eine sonstige juristische Person des öffentlichen Rechts beteiligt sind.[13])

Andererseits hat das Reichsrecht für einzelne Begehren den Rechtsweg ausgeschlossen, so für die den Seeämtern überwiesenen Einsprüche

---

[8]) G.V. § 13. [9]) Oben § 2 A. 13.

[10]) Auch R.Verf. a. 16, der von Rechtsstreitigkeiten spricht, die privatrechtlicher Natur und daher von den kompetenten Gerichten zu entscheiden seien, will weder für privatrechtliche Begehren den Rechtsweg sichern, noch ihn für andere rechtliche Begehren ausschließen.

[11]) Z. B. R. 57, 350. Es werden allerdings nicht alle Folgerungen gezogen. Darüber Seydlitz, die angebliche Beschränkung des ordentl. Rechtswegs; Reich, die angebliche reichsrechtliche Schranke für den ordentl. bürgl. Rechtsschutz (Breslauer Dissertationen).

[12]) G.V.G. § 9. Vgl. ferner z. B. R.B.G. §§ 144, 149, 154, Gew.O. §§ 9, 51, 52, Tel.W.G. § 13, Bank.G. § 50, ReblausG. (6. 3. 75) § 2, StrandO. § 39, Entschädigungen Unschuldiger nach G. 20. 5. 98 § 5 u. 14. 7. 04 § 6.

[13]) E. § 4. — Wegen der Ansprüche gegen Glieder der landesherrlichen Familien oben § 4 A. 34.

gegen die Verteilung von Bergelohn und Hilfslohn,[14]) für die dem Vormundschaftsgericht überwiesenen Entscheidungen hinsichtlich der Schlüsselgewalt und der persönlichen Leistungen der Ehefrau,[15]) richtiger Meinung nach auch für die nach preußischem Vorbilde den Nachlaßgerichten zugeteilten mit Gerichtshilfe zu bewirkenden Erbauseinandersetzungen,[16]) endlich auch für die der Strafgerichtsbarkeit zugeteilten Buße.[17])

Soweit solche besondere reichsrechtliche Bestimmungen nicht eingreifen, tritt das Landesrecht ein, welches den Rechtsweg auch für rein privatrechtliche Begehren ausschließen, ihn aber auch für rein öffentlich-rechtliche Begehren gewähren kann.[18])

In Preußen[19]) ist zwar der Rechtsweg für vermögensrechtliche Begehren grundsätzlich gesichert,[20]) aber damit für andere Begehren keineswegs ausgeschlossen.[21]) Dagegen hat das preußische Recht den Rechtsweg dadurch beschränkt, daß die Gerichte die Zulässigkeit der zur Ausübung eines staatlichen Hoheitsrechts vorgenommenen Handlungen nicht in den Bereich ihrer Beurteilung ziehen dürfen.[22])

Vor allem ist die Ordnung der Zuständigkeit der Verwaltungsbehörden und Verwaltungsgerichte[23]) deshalb von größter Bedeutung, weil damit regelmäßig der Rechtsweg ausgeschlossen ist.[24])

---

[14]) H.G.B. § 749[a]. Ferner R.V.O. §§ 358, 770, 775, 821, Pat.G. § 13, U.V.G. §§ 37 ff. — Das Kriegsrecht hat in zahlreichen Fällen die Zuständigkeit von Verwaltungsbehörden unter Ausschluß des ordentlichen Gerichtswegs verordnet, z. B. V. 11. 1. 16 (S. 16) § 10, 13. 1. 16 (S. 30) § 13, 4. 2. 17 (S. 130), 17. 2. 17 (S. 155), 24. 2. 17 § 5, 1. 3. 17 § 4, 3. 4. 17 § 13.

[15]) B.G.B. §§ 1357, 1358.

[16]) F.G. §§ 86 ff. — Der Rechtsweg bleibt nur für die sich in dem Verfahren ergebenden Einzelstreitpunkte. Vgl. Lorenz, actio familiae erciscundae (Breslauer Dissertation).

[17]) Oben § 1 A. 22. [18]) Oben § 6 A. 32.

[19]) Näheres O. Stölzel, Rechtsweg und Kompetenzkonflikt (1901). Bay. Schierlinger, Anhang zu Gaupp-Stein 133 ff.

[20]) A.G.O. Einl. § 1.

[21]) Eine Erstreckung auf solche z. B. in G. 24. 5. 61, Stemp G. § 26, Ent.G. §§ 30, 31, Erbschafts St.G. § 57.

[22]) V. 26. 12. 1808, Kab.O. 4. 12. 1831 mit Bericht des Staatsministeriums 16. 11. 1831. — Unbegründet aber der Anspruch des Heroldsamts auf den Rechtsweg ausschließende Entscheidung in Fragen des Adelsrechts.

[23]) In erster Linie pr. Landesverwaltungs G. (30. 7. 83) und Zuständigkeits G. (1. 8. 83.) — Bay. G. 8. 8. 78.

[24]) Z. B. in Pr. für Wildschaden, Jagd O. 15. 7. 07 mit E.B.G.B. a. 70, Ersatzgeld für Weidefrevel, Feld- und Forst-Pol.G. §§ 69 ff.

Auch das preußische Gesetz zeigt in der Ordnung der Zulässigkeit des Rechtswegs sehr bedeutende Lücken, zumal die Zuständigkeit der Verwaltungsgerichte und Verwaltungsbehörden nicht grundsätzlich, sondern durch Einzelbestimmungen geordnet ist. Man wird diese, soweit sich nicht Gewohnheitsrecht gebildet hat, entsprechend dem das Recht der Gegenwart[25]) beherrschenden Grundsatze der Allgemeinheit des Rechtsschutzes dadurch ausfüllen dürfen, daß man für alle vom Staat anerkannte rechtliche Begehren den ordentlichen Rechtsweg soweit zuläßt, als er nicht in gesetzlicher Weise ausgeschlossen ist und sonst eine Behörde für die Gewährung des erforderlichen Rechtsschutzes fehlen würde.

Eine Einschränkung des Rechtswegs liegt auch darin, daß nach Vorschriften des Reichs- oder Landesrechts der Rechtsweg erst beschritten werden darf,[26]) wenn die Vorentscheidung einer anderen Behörde erfolgt ist.

Wenn sie sich auf den ganzen Rechtsstreit[27]) bezieht, so kann sie selbstverständlich für das Gericht nicht im ganzen[28]) bindend sein. Der Rechtsweg wird dann in der gewöhnlichen Weise durch Klageerhebung betreten.[29])

Die Vorentscheidung kann sich aber auch auf eine bestimmte Vorfrage beschränken[30]) und ist dann regelmäßig für das Gericht bindend.[31])

Zu den Fällen der Beschränkung des Rechtswegs durch Entziehung einer Vorfrage[32]) gehört auch der Fall des sogenannten Amts-

---

[25]) Wegen des römischen Rechts unten § 41.

[26]) Nicht zu verwechseln mit dem Fall, daß nur über das Rückforderungsrecht der Rechtsweg zulässig ist, R.Stemp.G. § 43.

[27]) Z. B. StrandO. § 36 (Bergungs- und Hilfskosten, pr. Enteign G. §§ 24, 30 (Betrag der Entschädigung), bay. A.G.Z. a. 2' (Ansprüche gegen den Staat).

[28]) Teilweise Bindung R.V.O. § 358⁴.

[29]) So ausdrücklich pr. A.G.Z. § 1.

[30]) Z. B. R.B.G. § 155.

[31]) Nach Kriegsrecht sind Ersatzklagen gegen Verwaltungspersonen bei ausl Unternehmungen von polizeilicher Genehmigung abhängig, welche bei schuldhafter Pflichtverletzung nicht zu verweigern ist, die Frage der Pflichtverletzung bleibt aber für das Gericht offen, B. 24. 6. 15.

[32]) Verwandt ist der Fall, daß die Vorentscheidung zwar durch die ordentlichen Gerichte, aber in einem Sonderverfahren erfolgen muß, z. B. nach B.G.B. §§ 1329, 1343⁷ die Ehenichtigkeit als Voraussetzung vermögensrechtlicher Begehren, unten § 86.

konflikts. Das Reichsrecht[33]) gestattet dem Landesrecht die Zulässigkeit des Rechtswegs für ein Begehren gegen einen öffentlichen Beamten wegen Verletzung seiner Amtspflicht von der Vorentscheidung darüber abhängig zu machen, ob der Beamte sich der Verletzung der Amtspflicht schuldig gemacht habe. Die Vorentscheidung kann aber nur dem obersten Verwaltungsgerichtshof des betreffenden Bundesstaates, oder wenn ein solcher fehlt, dem Reichsgericht zugewiesen werden.[34])

Auf Grund dieser Bestimmung ist in Preußen das Oberverwaltungsgericht zu dieser im Falle der Verneinung der Pflichtverletzung für die Gerichte bindenden Vorentscheidung dann befugt, wenn die vorgesetzte Behörde des Beamten den Konflikt erhebt.[35])

Auch die Ordnung der Zulässigkeit des Rechtswegs ist zwingenden Rechts. Vereinbarungen können den Rechtsweg weder erweitern noch beschränken.

Etwas anderes ist die Vereinbarung, daß die Entscheidung einer Rechtsstreitigkeit nur durch Schiedsrichter erfolgen solle. Soweit solche wirksam ist,[36]) kann sie von den Beteiligten entgegengehalten werden, wenn ein unter die Vereinbarung fallendes Begehren im Wege des Rechtsstreits geltend gemacht wird.[37])

## § 39. Örtliche Zuständigkeit.

Die Beurteilungsfähigkeit des Begehrens hängt im weiteren von der Zuständigkeit des angerufenen Gerichts ab.[1])

In Ergänzung der früher[2]) dargelegten allgemeinen Grundsätze bedarf es nur noch der Darlegung der besonderen gesetzlichen Zuständigkeitsordnung für den ordentlichen Rechtsstreit. Soweit nicht im einzelnen die Ausschließlichkeit besonders verordnet ist, handelt es sich um nicht ausschließliche Zuständigkeit.

---

[33]) E.G.V. § 11.

[34]) Eine Ausnahme gestattet E.G.V. § 7 für militärische Pflichtverletzungen. Hier entscheidet in Pr. das Militär-Justizdepartement (Kriegsminister, Justizminister, 3 Offiziere, Pat. 23. 10. 1798).

[35]) Pr.G. 13. 2. 54 mit G. 8. 4 47, bay. G. 18. 8. 79, bad. G. 24. 2. 80.

[36]) § 1025, unten § 71.

[37]) § 272[a] Nr. 3. Wegen der Aufrechnung mit im Rechtswege nicht geltend zu machenden oder dem Schiedsgericht vorbehaltenen Forderungen unten § 52.

[1]) Oben § 37 A. 5. [2]) Oben § 11.

In örtlicher Beziehung kommen neben dem allgemeinen Gerichtsstand zahlreiche besondere Gerichtsstände in Betracht.

## I. Allgemeiner Gerichtsstand.[3])

Maßgebend ist die Person des Beklagten (actor sequitur forum rei).[4]) Alle Begehren können im allgemeinen Gerichtsstand des Beklagten geltend gemacht werden, wenn nicht für sie ein ausschließlicher besonderer Gerichtsstand besteht.[5])

Der allgemeine Gerichtsstand wird beim Menschen in erster Linie durch den deutschen Wohnsitz bestimmt. Nur bei gänzlich Wohnsitzlosen kommt in zweiter Linie der deutsche Aufenthaltsort und in dritter der letzte deutsche Wohnsitz in Betracht. Fehlt es auch daran oder hat die Person einen Wohnort im Auslande, so besteht kein deutscher allgemeiner Gerichtsstand.[6])

Für Militärpersonen eines Ortes mit mehreren Gerichtsbezirken kann die Justizverwaltung ein Gericht allgemein auswählen.[7])

Im Ausland angestellte Beamte und Exterritoriale behalten den allgemeinen Gerichtsstand im letzten Wohnsitz des Heimatsstaats, in zweiter Linie tritt die Hauptstadt, in dritter Linie Berlin ein. Auch hier besteht ein ähnliches Bestimmungsrecht der Landesjustizverwaltung wie bei den Militärpersonen.[8])

Bei juristischen Personen und anderen parteifähigen Gebilden ist im allgemeinen der Verwaltungssitz maßgebend, bei Gewerkschaften die Lage des Bergwerks, bei Behörden, auch wenn sie den Staat vertreten, der Amtssitz. Abweichungen können durch Privatfestsetzungen und hinsichtlich der Behörden, deren Sitz in mehrere Gerichtsbezirke zerfällt, durch Bestimmungen der Justizverwaltung getroffen werden.[9])

---

[3]) § 12. Oben § 11 A. 5.

[4]) Nach Kriegsrecht Ausnahmen für vertragliche Begehren Deutscher gegen Angehörige feindlicher Staaten, V. 16. 12. 16 §§ 3, 5, 7.

[5]) Er selbst ist im ordentlichen Rechtsstreit ausschließlich nach Gmb.H. §§ $61^{2}$, $62^{2}$, $69^{2}$, H.G.B. §§ $272^{2}$, 309 S. 2; Bern.Fracht Üb. a. 53. — Fortbestand bei Auflösung H.G.B. § $306^{3}$, Gen.G. § $87^{2}$.

[6]) §§ 13, 16 in Verbindung mit B.G.B. §§ 7—11. Mehrfacher Wohnsitz ist möglich.

[7]) § 14.

[8]) Näheres § 15. — Für Kolonialbeamte G. 8. 6. 10 § 8.

[9]) §§ 17—19. R.V.G. § $151^{2}$. Für die bay. Zivilliste A.G.Z. a. 1. Für Glieder des bay. Königshauses Statut 5 8. 1819 Tit 10 § 1.

## II. Besondere Gerichtsstände.

1. Umfassende vermögensrechtliche Gerichtsstände sind:

a) der Gerichtsstand des dauernden Aufenthalts, für alle vermögensrechtlichen Begehren;[10])

b) der Notgerichtsstand des Vermögens[11]) (forum arresti) für alle vermögensrechtliche Begehren gegen nicht im Inlande Wohnende an den Orten, wo sich Vermögensstücke, wenn auch unpfändbare, oder der Streitgegenstand befindet, wobei für unkörperliche Gegenstände[12]) die haftende Person oder Sache den Ort festlegt;

c) der Gerichtsstand der gewerblichen, insbesondere landwirtschaftlichen Niederlassungen (landsassiatus minus plenus) auf den Betrieb bezügliche Begehren;[13])

2. Schuldrechtliche Gerichtsstände:

a) der Gerichtsstand des Erfüllungsortes (forum solutionis) für die Schuldverträge betreffenden Begehren;[14])

b) der Gerichtsstand des Meß- und Marktorts. Hier muß der Vertragsschluß am Meß- und Marktort erfolgt sein, auch der Beklagte bezw. sein Vertreter im Gerichtsbezirk noch anwesend sein;[15])

c) der Gerichtsstand für Versicherungsverträge bei der Niederlassung der Unternehmung oder dem Wohnsitze des Agenten, zwar nicht ausschließlich, aber durch Vertrag nicht auszuschließen;[16])

d) der Gerichtsstand der Vermögensverwaltung für beide Beteiligten am Ort der Verwaltung;[17])

e) der Gerichtsstand der Gemeinschaft für Mitgliederstreitigkeiten;[18])

f) der Gerichtsstand des Heimatshafens für Begehren gegen die Reeder als solche;[19])

---

[10]) § 20. [11]) § 23.

[12]) Für Urheber- und Erfinderrechte Pat.G. § 12$^{1}$, Gebr.Must.G. § 13$^{2}$, Waren Z.G. § 23$^{2}$.

[13]) § 21. [14]) Näheres § 29.

[15]) § 30. [16]) V.A.G. § 89, V.V.G. § 48.

[17]) § 31. [18]) § 22.

[19]) H.G.B. §§ 488, 508, B.Sch.G. § 6. — Für Berg- oder Hilfslohn Strandungs O. § 39 (Sitz des Strandamts) u. B.Sch.G. § 97$^{3}$, Flöß G. § 28$^{3}$ (Tatort).

g) der Gerichtsstand bezüglich kaufmännischer Zurückbehaltungsrechte am Geschäftssitze des Kaufmanns;[20])

h) der Gerichtsstand für Begehren aus einer unerlaubten Handlung im Sinne des Bürgerlichen Rechts, also einschließlich der Gefährdungshaftung, bestimmt durch den Begehungsort (forum delicti commissi).[21])

3. Der sachenrechtliche (dingliche) Gerichtsstand (forum rei sitae) wird bestimmt durch die Lage[22]) des Grundstücks oder sonstigen liegenden Guts,[23]) auf welches der Gerichtsstand im Anschluß an das ältere deutsche Recht beschränkt ist.

Der Gerichtsstand gilt:

a) für die eigentlichen sachenrechtlichen Begehren, einschließlich der Besitz- und Teilungsbegehren und ist hier wie schon im älteren deutschen Recht ausschließlich;[24])

b) für persönliche Begehren gegen den Eigentümer oder Besitzer als solchen[25]) sowie wegen Grundstücksbeschädigung oder wegen Enteignungsentschädigung;[26])

c) für persönliche Begehren, welche einem durch Grundpfand geschützten Recht oder einer Reallast entspringen, aber nur, wenn sie zugleich mit dem entsprechenden dinglichen Begehren gegen den gleichen Beklagten geltend gemacht werden.[27])

Zu b und c ist der Gerichtsstand nicht ausschließlich.

4. Der erbrechtliche Gerichtsstand (forum hereditatis) wird regelmäßig durch den letzten allgemeinen Gerichtsstand des Erblassers bestimmt, doch ist in ähnlicher Weise wie bei den Exterritorialen dafür gesorgt, daß auch für Deutsche, die keinen allgemeinen Gerichtsstand im Inlande hatten, dieser Gerichtsstand besteht.[28])

---

[20]) H.G.B. § 371.

[21]) § 32. Der sogen. fliegende Gerichtsstand der Presse ist für den Zivilprozeß nicht beseitigt. — Ausschließlich für Haftung aus Börsenprospekten Börs.G. § 49. — Für unlauteren Wettbewerb gewerbliche Niederlassung und in deren Ermangelung Wohnsitz ausschließlich. Nur als Ersatz inländischer Aufenthaltsort und Begehungsort, U.W.G. § 24. — Für Beamtenhaftung Wohnsitz zur Zeit der Handlung oder der Klageerhebung, R.B.G. § 154.

[22]) Bei Lage in mehreren Bezirken § 36 Nr 4 oben § 11 A. 18.

[23]) Für das Pfandrecht an Schiffen B.Sch.G. § 97[3], Flöß.G. § 28[3].

[24]) § 24.

[25]) Z. B. aus B.G.B. §§ 809, 836.

[26]) § 26. Rayon G. 21. 12. 71 § 42, pr. Enteign.G. § 30[3]

[27]) § 26.

[28]) § 27.

Der Gerichtsstand ist gegeben:

a) für eigentliche erbrechtliche Begehren;[29])

b) für gewöhnliche Nachlaßschulden, aber nur solange sich noch Nachlaßgegenstände im Gerichtsbezirk befinden oder die Haftung der Miterben als Gesamtschuldner fortdauert.[30])

5. Als sonstige Gerichtsstände für einen ordentlichen Rechtsstreit kennt die Z.P.O., abgesehen von den zahlreichen Gerichtsständen, welche mit später zu erörternden Prozeßeinrichtungen zusammenhängen[31]) nur noch den Gerichtsstand des Hauptprozesses[32]) für Kostenbegehren der Bevollmächtigten, Beistände und Gerichtsvollzieher.[33])

## § 40. Sachliche Zuständigkeit.

### I. Grenze zwischen Amts- und Landgericht.

1. Ohne Rücksicht auf den Wert gehören vor das Landgericht:

a) alle nichtvermögensrechtlichen Begehren, für welche der ordentliche Rechtsstreit zulässig ist;[1])

b) eine Reihe von Begehren, bei denen mit Rücksicht auf ein besonderes staatliches Interesse die ausschließliche sachliche Zuständigkeit des Landgerichts verordnet ist. Es handelt sich namentlich um Amtshandlungen und öffentliche Abgaben.[2]) Das Landesrecht kann den Kreis erweitern.[3])

2. Vor die Amtsgerichte gehören ohne Rücksicht auf den Wert Streitigkeiten aus Rechtsverhältnissen, welche Raummiete und Dienstverhältnisse betreffen, Streitigkeiten aus Anlaß von Reisen, wegen

[29]) § 27. [30]) § 28.

[31]) Z. B. unten §§ 71, 72, 80, 97, 107, 112, 113, 127.

[32]) § 34.

[33]) Im § 33 handelt es sich nicht um einen Gerichtsstand, sondern um die Festsetzung der Voraussetzungen einer Widerklage. Da diese begrifflich einen Teil des durch die Klage begründeten Rechtsstreits bildet (unten § 79 II), so bedarf es keiner Zuständigkeitsvorschrift, die daher auch bei der in gleicher Lage befindlichen Inzidentklage (unten § 79 III) mit Recht vermieden ist. § 33 steht daher an unrichtiger Stelle.

[1]) G.V. § 70[1] mit G.V. § 23.

[2]) G.V. § 70[2], H.G.B. §§ 272, 309, Gen.G. §§ 51, 96, Gmb.H.G. §§ 61, 75, Börs.G. § 49, Entschädigung Freigesprochener nach G. 20. 5. 98 § 5, 14. 7. 04 § 6[3]. Nicht ausschließlich R.Stemp.G. § 43.

[3]) G.V. § 70[3], pr. A.G.G.V. §§ 39, 41, F.G. a. 130 Nr. 5, bay. A.G.G.V. a. 26.

Viehmängel, Wildschadens[4]) und Begehren aus der außerehelichen Beiwohnung.[5])

3. **Kostenbegehren** der Bevollmächtigten, Beistände und Gerichtsvollzieher folgen auch hinsichtlich der sachlichen Zuständigkeit der Hauptsache ohne Rücksicht auf den Wert.[6])

4. Im übrigen gehören die vermögensrechtlichen Begehren bis zum Werte von 600 Mark einschließlich vor die Amtsgerichte und wenn sie höher sind vor die Landgerichte.[7])

### II. Grenze zwischen den Kammern für Handelssachen und den gewöhnlichen Zivilkammern.

Das Sondergebiet der Kammern für Handelssachen wird unter dem gesetzlichen Namen der **Handelssachen**[8]) zusammengefaßt. Zu ihnen gehören:

1. Begehren aus **Handelsgeschäften** irgend welcher Art, aber nur wenn der Beklagte ein **Kaufmann** ist und das Geschäft auch für den **Kläger** ein Handelsgeschäft ist;[9])

2. für Begehren aus im einzelnen aufgeführten **Verhältnissen des Handelsrechts**, zu denen namentlich sämtliche Verhältnisse des **Schiffahrtsrechts** gehören;[10])

3. für Begehren aus **Wechseln**, Schecks und kaufmännischen Anweisungen sowie auf Rückforderung von Reichsstempelabgaben ohne Rücksicht auf persönliche Eigenschaften der Parteien.[11])

## § 41. Verurteilungsfähigkeit.

Im Gegensatz zu der bisher behandelten Beurteilungsfähigkeit[1]) des Begehrens handelt es sich bei der **Verurteilungsfähigkeit**, die man gewöhnlich Klagbarkeit (actio nata) nennt, auch als Klagerichtigkeit bezeichnen könnte, um die Anforderungen, die zu stellen sind, damit die vom Kläger begehrte Verurteilung erfolgen kann.

---

[4]) Soweit überhaupt der Rechtsweg zulässig ist, oben § 38 A. 24.

[5]) G.V. § 23 Nr. 2.

[6]) § 34.

[7]) G.V. § 23 Nr. 1.

[8]) Nicht zu verwechseln mit Handelsgeschäften.

[9]) G.V. § 101 Nr. 1.

[10]) G.V. § 101 Nr. 3—6. — Für Begehren aus Börsenprospekten ausschließlich BörsenG. § 49.

[11]) G.V. § 101 Nr. 2, ScheckG. § 28, RStemp.G. § 94.

[1]) Oben §§ 36 A. 6, 37 A. 3.

In dieser Beziehung besteht eine grundsätzliche Abweichung vom römischen Recht, welches ein bis auf weiteres abgeschlossenes System einzelner Aktionen mit eigentümlichem Tatbestand aufgestellt hatte, so daß nur derjenige Aussicht auf Verurteilung (condemnatio) hatte, dessen Begehren (res de qua agitur) den besonderen Voraussetzungen einer bestimmten actio entsprach (venire in actionem). Das geltende deutsche Recht hat, freilich unter Unterscheidung der einzelnen Arten der Begehren, allgemeine Voraussetzungen der Verurteilungsfähigkeit aufgestellt. Diese sind in der Hauptsache dem privaten oder sonstigen materiellen Recht zu entnehmen, dessen Verwirklichung im Einzelfalle das Prozeßrecht dient. Indessen kann auch das Prozeßrecht besondere Voraussetzungen der Verurteilungsfähigkeit oder Klagbarkeit aufstellen und hat dieses auch getan. Bei der näheren Darlegung dieser Voraussetzungen wird zunächst von der persönlichen Seite der Frage abgesehen,[2]) aber von vornherein zwischen den einzelnen Arten der Begehren unterschieden.

I. Bei Leistungsbegehren hängt die Verurteilung im allgemeinen nur von der als selbstverständlich betrachteten und daher nicht besonders ausgesprochenen Voraussetzung ab, daß der dem Begehren zugrunde liegende materiellrechtliche Anspruch sich als ein vollkommen begründeter und sofort zu erfüllender darstellt.[3])

Damit ist ohne weiteres die Verurteilungsfähigkeit solchen Begehren versagt, welche sich auf Rechtsverhältnisse stützen, aus denen, wie bei Spiel und Wette, Ehevermittlung, Verlöbnis, Differenzgeschäften, ein Anspruch oder Forderung im Sinne des Privatrechts überhaupt nicht hervorgeht.[4])

Grundsätzlich fehlt also die Verurteilungsfähigkeit als Leistungsbegehren den Begehren, welche auf noch nicht fällige Ansprüche gestützt sind, gleichviel ob der Fälligkeitstag gewiß oder ungewiß ist. Ausnahmsweise ist sie aber, selbstverständlich unter Richtung des Ver-

[2]) Darüber unten § 42.

[3]) Auch das kann von prozeßrechtlichen Voraussetzungen abhängen, wie z. B. die Zwangsvollstreckungsanfechtung (unten § 115) den Schuldtitel (Anf.G. § 7) voraussetzt.

[4]) B.G.B. §§ 656, 762, 764, 1297. Der Mangel liegt also hier schon in dem Nichtbestehen der Schuld, nicht, ungeachtet des Wortlauts des § 1297 in dem Mangel der Klagbarkeit einer bestehenden Schuld.

langens auf den künftigen Fälligkeitstag, für künftige unbedingte Begehren gegeben:

1. bei Geldforderungen, die nicht von einer Gegenleistung abhängen und zu einem bestimmten Kalendertag fällig sind;[5])

2. bei Begehren, mit denen die Räumung eines Raumes zu einem bestimmten Kalendertage geltend gemacht wird;[6])

3. bei Begehren, in denen Rechte auf wiederkehrende Leistungen geltend gemacht werden;[7])

4. bei sonstigen betagten Begehren, wenn die Besorgnis der nicht rechtzeitigen Leistung besonders gerechtfertigt ist.[8])

Noch weniger können Leistungsbegehren auf bedingte Ansprüche gestützt werden.[9]) Da man aber unter „künftigen" Leistungen auch bedingte Leistungen verstehen darf,[10]) so ist auch hier das Begehren auf Verurteilung zur Leistung nach Eintritt der Bedingung dann zulässig, wenn die rechtzeitige Leistung gefährdet erscheint.[11])

Die Abhängigkeit von einer Gegenleistung, die nicht als Vorleistung gemacht zu werden braucht, hindert die Verurteilung nicht,[12]) ebensowenig ein bestehendes Zurückbehaltungsrecht.[13]) In beiden Fällen darf aber das Begehren nur auf Verurteilung zur Erfüllung Zug um Zug gerichtet werden.[14])

Eine besondere Hinausschiebung erfährt die Verurteilungsfähigkeit der Begehren der Frau aus der ehemännlichen Nutznießung und Verwaltung durch die Bestimmung, daß sie regelmäßig erst nach der Beendigung geltend gemacht werden können.[15])

II. Für Feststellungsbegehren ist heute bei zulässigem Inhalt die Verurteilungsfähigkeit allgemein gegeben. Auch das ist

---

[5]) § 257. [6]) § 257.

[7]) § 258. [8]) § 259.

[9]) Unzulässig ist also auch die Stellung eines zweiten Begehrens für den Fall der Nichterfüllung des ersten, abgesehen von dem oben § 37 Nr. 5 erwähnten Begehren aus § 510 b.

[10]) Was freilich dem B.G.B. § 883[1] nicht ganz entspricht, aber mit dem Grundgedanken des Z. § 916[2] übereinstimmen würde.

[11]) § 259. [12]) B.G.B. §§ 322, 348. [13]) B.G.B. § 274.

[14]) Andernfalls erfolgt — aber nur nach Erhebung der entsprechenden Rechtseinrede (unten § 52) — die gebotene Abänderung bei der Verurteilung unter Abweisung des uneingeschränkten Begehrens.

[15]) B.G.B. § 1394.

eine bedeutsame Erweiterung des Rechtsschutzes gegenüber dem römischen Recht, das die actiones praeiudiciales auf bestimmte Fälle beschränkte, und auch gegenüber dem gemeinen Zivilprozeß, der dieses Gebiet nur indirekt durch die auf deutschrechtlicher Grundlage beruhenden Provokationen[16]) erweitert hatte.

Sie ist aber an die Voraussetzung geknüpft, daß ein Feststellungsinteresse besteht, welches durch die Geltendmachung eines etwa vorhandenen und bereits verurteilungsreif gewordenen Leistungsbegehrens nicht befriedigt werden kann.[17])

III. Bei Unterlassungsbegehren ist in vielen Fällen das Vorhandensein der Zuwiderhandlung und eine Besorgnis weiterer Zuwiderhandlungen erforderlich.[18])

Dagegen kann im übrigen, namentlich wenn es sich um eine durch besonderes Schuldverhältnis begründete Unterlassungspflicht handelt, auch eine Unterlassungsklage vor geschehener Zuwiderhandlung zulässig sein, wenn bereits die Besorgnis künftiger Zuwiderhandlung gerechtfertigt ist.[19])

IV. Bei Sachhaftungsbegehren handelt es sich, wie gezeigt wurde, nicht um einen Anspruch, sondern um ein Befriedigungsrecht. Im übrigen sind in sachlicher Beziehung die gleichen Grundsätze wie bei den eigentlichen Leistungsbegehren maßgebend.

---

[16]) Von den den Verschweigungsgedanken verwertenden beiden Provokationen ex lege Diffamari (äußerlich angeknüpft an c. 5 C. 7, 14) und ex lege si contendat (an fr. 28 D. 46, 1 angelehnt) bezweckte die letztere nur die Erhaltung des beneficium divisionis des Mitbürgen. Die erstere verfolgte dagegen das Begehren, daß der Gegner bei Vermeidung der poena perpetui silentii zur Klageerhebung wegen eines gegen den Provokanten behaupteten Anspruchs binnen bestimmter Frist verurteilt werde, diente also allgemein dem Ziele der negativen Feststellungsklage.

[17]) Dies ist der Sinn des in § 256 gebrauchten Wortes „alsbald". Wenn eine Darlehnsschuld fällig ist, kann nicht auf deren Feststellung geklagt werden. Ebensowenig auf Feststellung des Eigentums gegen den zur sonstigen Herausgabe Verpflichteten. (O. Fischer, Unmöglichkeit als Nichtigkeitsgrund II, Abh. 26, 35 ff.) Es ergibt sich daraus zugleich, daß die Rechtskraft des Urteils über ein Leistungsbegehren zugleich für die Feststellung des zugrunde liegenden Rechtsverhältnisses von Bedeutung sein muß. Darüber unten § 67. — Wegen der Inzidentfeststellungsbegehren unten § 80, III.

[18]) Das ergibt sich aus den betreffenden Sonderbestimmungen, z. B. B.G.B. §§ 12, 862, 1004, 1027, 1053, 1134.

[19]) Das ergibt sich aus § 259 in Verbindung mit B.G.B. § 241 Satz 2.

V. Bei Gestaltungsbegehren bildet die Begründetheit des materiellen Gestaltungsrechts die Voraussetzung der Verurteilung.

Aus dem Dargelegten folgt zugleich, daß eine Rechtsverletzung keineswegs allgemeine Voraussetzung der Klagbarkeit ist, vielmehr die Verurteilung auch dann erfolgen kann und muß, wenn der Beklagte durch sein Verhalten in keiner Weise zur Erhebung der Klage Veranlassung gegeben hatte.[20])

Die prozeßrechtlichen Voraussetzungen der Verurteilungsfähigkeit sind ebenfalls grundsätzlich zwingenden Rechts. Daher kann die Klagbarkeit eines Begehrens durch Vertrag nicht wirksam ausgeschlossen werden. Möglicherweise kann aber ein solcher Vertrag[21]) in der Weise aufrecht erhalten werden, daß die dem Begehren zugrunde liegende privatrechtliche Leistungspflicht als aufgehoben oder eingeschränkt anzusehen ist.

## § 42. Parteirichtigkeit.

Die bereits früher im allgemeinen erörterte Parteirichtigkeit[1]) bildet im Rechtsstreit die persönliche Seite der Verurteilungsfähigkeit, insofern mit Aussicht auf Erfolg ein Begehren nur von dem richtigen Kläger (Aktivlegitimation) gegen den richtigen Beklagten (Passivlegitimation) geltend gemacht werden kann.

Die Abweisung wegen mangelnder Aktiv- oder Passivlegitimation ist daher auch nicht bloße Prozeßabweisung (absolutio ab instantia) sondern Sachabweisung (absolutio ab actione), die freilich der am Rechtsstreit nicht beteiligt gewesenen richtigen Partei weder nützt noch schadet.

Bei der Darlegung der die Parteirichtigkeit im ordentlichen Rechtsstreit betreffenden Besonderheiten muß ebenso wie bei der Verurteilungsfähigkeit überhaupt zwischen den einzelnen Arten der Begehren unterschieden werden. Die in Betracht kommenden Gesetzesvorschriften haben durchweg nur Leistungsbegehren im Auge.

---

[20]) Das beweisen auch §§ 93, 307, vgl. oben § 2 A. 16. — Wegen des Rechtsschutzinteresses als allgemeinen Erfordernisses oben § 2 A. 15. — Daß ein besonderer Verurteilungsanspruch als Voraussetzung der Verurteilung nicht anzuerkennen ist, folgt aus der allgemeinen Ablehnung des Rechtsschutzanspruchs, oben § 2 A. 20.

[21]) Auf Grund B.G.B. § 140.

[1]) Oben § 22.

Bei den Leistungsbegehren ist grundsätzlich die Aktivlegitimation mit dem Gläubigerrecht und die Passivlegitimation mit der Verpflichtung verbunden, bei Schuldverhältnissen also mit der Schuldnereigenschaft,[2]) bei dinglichen Ansprüchen mit den die Verpflichtung begründenden Tatsachen, wie dem Besitz oder der Störung.[3])

Mitberechtigte können für sich allein nur das ihnen für sich allein zustehende Recht geltend machen, wie die Verpflichtung auch gegen einen Mitverpflichteten allein nur soweit durchgeführt werden kann, als er für sich allein verpflichtet erscheint.[4]) Sonst sind sie nur zusammen Prozeßführungsberechtigte.[5])

Bei einem Wechsel der Personen der Berechtigten und Verpflichteten folgt das Parteirecht der Berechtigung bezw. der Verpflichtung.

Von diesen Regeln bestehen nun aber erhebliche Ausnahmen, deren allgemeine Gründe bereits dargelegt wurden.[6]) Insbesondere ist mit dem Nachweise der Parteifähigkeit der Güterpfleger[7]) deren Parteirecht für den Kreis der ihrer Verfügung unterstehenden Angelegenheiten grundsätzlich gegeben.

Wenn Rechtsfähigkeit und Parteifähigkeit auseinanderfallen,[8]) so fallen auch Berechtigung und Aktivlegitimation, sowie Verpflichtung und Passivlegitimation auseinander. Bezüglich der die offene Handelsgesellschaft und die ihr gleichgestellten Gebilde betreffenden Begehren hat nur die Gesellschaft die Aktiv- und Passivlegitimation, nicht aber die Gesellschafter.

Bei dem nicht rechtsfähigen Verein hat nur dieser die Passivlegitimation, während die Aktivlegitimation bei der Gesamtheit der Mitglieder liegt. Bei den Gesellschaften des bürger-

---

[2]) Über die Möglichkeit der Befreiung von der Prozeßführung durch Hinterlegung bei einem Gläubigerstreit unten § 82.

[3]) Z. B. B.G.B. §§ 985, 1004. Über die Möglichkeit der Abwälzung der Prozeßführung auf den Berechtigten, für welchen der Besitz ausgeübt oder die Störung vorgenommen wurde (laudatio autoris) unten § 82.

[4]) Neben dem Hauptschuldner kann der mithaftende Bürge (B.G.B. § 765) und der Nießbraucher an seinem Vermögen, letzterer auf Duldung der Befriedigung aus dem Vermögen, soweit es nach B.G.B. § 1026 haftet, belangt werden.

[5]) Klagt nur ein Mitberechtigter oder wird nur ein Mitverpflichteter verklagt, so greift die sogen. exceptio plurium litis consortium Platz.

[6]) Oben § 22. [7]) Oben § 21.

[8]) Oben § 18.

lichen Rechts[9]) und der Reederei[10]) kommt nur die Gesamtheit der Gesellschafter bezw. Reeder für die Parteirichtigkeit in Betracht. Bei den Prozessen der Schuldverschreibungsgläubiger stehen das Prozeßführungsrecht des „Vertreters" und das des einzelnen Gläubigers nebeneinander, wenn nicht Letzteres durch besonderen Beschluß ausgeschlossen wurde.[11])

Das Parteirecht kann aber auch auf einem abgeleiteten Recht beruhen, z. B. dem Pfandrecht.[12]) Mit dem Prokuraindossament ist das Recht auf Einklagung des Wechsels verbunden.[13]) Der Verleger hat die Wahrnehmung der Rechte anonymer und pseudonymer Verfasser auch für den Prozeß.[14]) Die Überweisung zur Einziehung gibt zwar nicht das Gläubigerrecht aber mit dem Einziehungsrecht die Aktivlegitimation.[15]) Bei allen fiduziarischen Rechtsstellungen, z. B. dem Vollindossament zu Inkassozwecken ist nicht der Übertragende, sondern der Fiduziar die richtige Partei. Umgekehrt bleibt bei einer Veräußerung im Prozeß regelmäßig das Parteirecht bei dem Veräußerer.[16])

Bei den Gesamthandsforderungen besteht an sich nur eine Verpflichtung zur Leistung an alle Gläubiger gemeinschaftlich, gleichwohl kann jeder Gläubiger für sich allein die Erfüllung durch Hinterlegung oder Ablieferung zur Verwahrung fordern und besitzt demzufolge auch für sich allein die prozessualische Aktivlegitimation.[17])

Bei der Abtretung einer Forderung oder eines sonstigen Rechts bleibt der Rechtsschein der Aktivlegitimation des Abtretenden zugunsten des Schuldners bestehen, wenn diesem nicht bereits bei der Klageerhebung die Abtretung bekannt war.[18]) Ein ähnlicher Rechtsschein besteht bei mehrfacher Abtretung zugunsten des Schuldners für die Parteirichtigkeit eines zweiten oder dritten Abtretungsempfängers.[19])

Dagegen geht, und zwar ohne Rücksicht auf entgegenstehende Kenntnis des Schuldners, die Aktivlegitimation auf denjenigen über, der von dem Abtretenden gegenüber dem Schuldner oder in einer

---

9) B.G.B. §§ 718, 719.
10) H.G.B. § 489[1].
11) Schuldverschr.G. § 14.
12) B.G.B. §§ 1281.
13) W.O. a. 17.
14) Lit.U.G. § 7[2].
15) § 835.
16) Unten § 81.
17) B.G.B. §§ 432[1], 2039. — Ähnlich stehen bei dem Forderungspfand Forderungsgläubiger und Pfandgläubiger, B.G.B. § 1281.
18) B.G.B. §§ 407, 413.
19) B.G.B. §§ 408, 413.

solchen Urkunde als Gläubiger bezeichnet wurde, welche der Bezeichnete dem Schuldner vorlegte, und zwar so lange, als die Anzeige nicht mit Zustimmung des Bezeichneten zurückgenommen ist.[20])

Ein ähnlicher Rechtsschein besteht zugunsten des Schuldners bei einem Forderungsnießbrauch hinsichtlich des Parteirechts des Nießbrauchsverwalters an Stelle des Prozeßführungsrechts des Nießbrauchsberechtigten selbst.[21])

Im weiteren äußert der aus Grundbuch- und anderen Registereinträgen hervorgehende Rechtsschein auch seine Wirkung auf das Parteirecht.[22])

Für Nachlaßrechte und Nachlaßpflichten ist zunächst der Erbe[23]) die richtige Partei. Aber die Passivlegitimation tritt erst mit dem Verlust des Ausschlagungsrechts[24]) und bei dem Staat als gesetzlichen Erben mit der Feststellung des Nachlaßgerichts ein, daß ein anderer Erbe nicht vorhanden sei.[25]) Der Nacherbe überkommt mit dem Eintritt der Nacherbfolge auch das Parteirecht.[26]) Außerdem kommen aber die erbrechtlichen Güterpfleger[27]) in Betracht, deren Passivlegitimation aber von dem Verluste des Ausschlagungsrechts seitens des Erben nicht abhängt.[28])

Nachlaßverwalter und Nachlaßkonkursverwalter treten ganz an die Stelle des Erben.[29]) Auch der Nachlaßpfleger, welcher für den bestellt wird, welcher Erbe sein wird, hat im eigenen Namen Aktiv- und Passivlegitimation wie der Erbe.[30]) Der Testamentsvollstrecker hat im Bereiche seiner Verwaltung die ausschließliche Aktivlegitimation.[31]) Was seine Passivlegitimation anbelangt, so kann er sowohl statt des Erben, als auch neben diesem als Duldungsverpflichteter in Anspruch genommen werden. Nur bei den Pflichtteilsansprüchen beschränkt sich seine Passivlegitimation auf die Duldungspflicht.[32])

---

[20]) B.G.B. §§ 409, 413. [21]) B.G.B. § 1070².

[22]) B.G.B. §§ 891, 1148, W.Z.G. § 9³, Pat.G. § 4², Mustersch.G. § 6¹

[23]) B.G.B. § 1922. Für Miterben Passivlegitimation im Allgemeinen nur gemeinsam § 2040, Aktivlegitimation auch allein § 2039.

[24]) B.G.B. § 1958. Es erübrigt nur Pflegerbestellung B.G.B. § 1961.

[25]) B.G.B. § 1966. [26]) B.G.B. §§ 2100, 2106.

[27]) §§ 1960³, 2213². [28]) Oben § 21.

[29]) B.G.B. § 1984, K. § 6. [30]) B.G.B. §§ 1960, 1961.

[31]) B.G.B. § 2212. [32]) B.G.B. § 2213.

Bezüglich des Kindesvermögens üben elterliche Verwaltung und Nutznießung keinen Einfluß auf die Parteirichtigkeit des Kindes.[33])

Dagegen weichen die Parteirechte hinsichtlich des ehelichen Gesamtguts und des eingebrachten Guts, auch des Sonderguts der Ehefrau, von der privatrechtlichen Stellung ab.

Bei der Gütergemeinschaft liegt das Parteirecht hinsichtlich des beiden Gatten gehörigen[34]) Gesamtguts grundsätzlich beim Manne allein.[35]) Im Falle der Verhinderung des Mannes durch Abwesenheit oder Krankheit tritt, soweit Gefahr im Verzuge liegt, das Parteirecht der Frau neben das des Mannes. Die Frau hat nunmehr die Wahl, ob sie als Partei im eigenen Namen oder Kraft ihres ebenfalls unter diesen Voraussetzungen eintretenden gesetzlichen Vertretungsrechts als gesetzliche Vertreterin des Mannes den Rechtsstreit führen will.[36]) Die Frau behält ausnahmsweise das Parteirecht im Bereiche eines mit Einwilligung des Mannes betriebenen selbständigen Erwerbsgeschäftes, ferner für Rechte, über die der Mann ohne ihre Zustimmung verfügt hat, sowie für die Fortsetzung eines bei Eintritt der Gütergemeinschaft bereits anhängigen Rechtsstreits.[37]) Bei der fortgesetzten Gütergemeinschaft kommt die Witwe in die Stellung des Mannes.[38]) Nach Beendigung der Gütergemeinschaft gehen die Parteirechte hinsichtlich des Gesamtguts auf beide Ehegatten bezw. bei fortgesetzter Gütergemeinschaft auf den Ehegatten und die Abkömmlinge über. Es genügt aber, wenn, was zulässig ist, nur ein Teil auf Leistung und der andere auf Duldung der Zwangsvollstreckung in Anspruch genommen wird.[39])

Bezüglich des eingebrachten Guts[40]) und des Sonderguts[41]) der Frau hängt die Wirksamkeit jeder Prozeßführung der Frau gegenüber dem Manne von dessen Zustimmung zur Prozeßführung ab.[42]) Die Aktivlegitimation haben sowohl der Mann allein wie die Frau allein. Die Wirkung der Prozeßführung des

---

[33]) Vater oder Pfleger sind gesetzliche Vertreter.

[34]) B.G.B. §§ 1438, 1459.

[35]) B.G.B. § 1443. Die Frau bleibt dann zeugnisfähig.

[36]) B.G.B. § 1450.

[37]) B.G.B. §§ 1449, 1452, 1454.

[38]) B.G.B. § 1487[1].

[39]) B.G.B. § 1472, Z. § 743.

[40]) B.G.B. § 1439.

[41]) B.G.B. §§ 1368, 1525[2], 1550[2].

[42]) B.G.B. § 1400[1].

Mannes allein für und gegen die Frau hängt aber davon ab, daß ihm das Recht zur Verfügung ohne die Frau zustand.[43]) Die Aktivlegitimation der Frau allein ist regelmäßig von der Zustimmung des Mannes abhängig, und zwar in ihrer Wirksamkeit im Ganzen, nicht bloß in der Wirkung auf den Mann.[44])

Befreiung von diesem Erfordernis besteht aber ähnlich wie hinsichtlich der Gütergemeinschaft bei gefährlicher Behinderung des Mannes, der Fortsetzung eines bei Eintritt des Güterstandes bereits anhängigen Rechtsstreits, sowie bei der Geltendmachung der Rechte der Frau gegen den Mann oder den durch eine unberechtigte Verfügung des Mannes Begünstigten.[45])

Die Passivlegitimation hat nur die Frau, aber die Wirksamkeit gegen den Mann kann nur durch dessen Inanspruchnahme als Duldungsverpflichteter erzielt werden.[46])

Bei bewilligtem Betrieb eines selbständigen Erwerbsgeschäfts hat die Frau in jeder Beziehung das alleinige Parteirecht innerhalb des Geschäftsbetriebs.[47])

Bezüglich der Parteirechte der Eheleute besteht zugunsten Dritter ein Rechtsschein sowohl für die Gültigkeit der Ehe, wie für das Bestehen des ordentlichen gesetzlichen Güterstandes, derart, daß ihre auf diese scheinbare Grundlage gestützte Prozeßführung wirksam bleibt, wenn nicht der Gegner schon zur Zeit des Prozeßbeginns den Mangel kannte oder die Ehe des Standesregistereintrags entbehrte oder für nichtig erklärt war bezw. die Abweichung bezüglich des Güterstandes im Güterrechtsregister eingetragen war.[48])

Bezüglich der Unterlassungsbegehren ist, soweit bei ihnen die Verurteilungsfähigkeit von Zuwiderhandlung oder deren Besorgnis abhängt,[49]) auch die Passivlegitimation nicht schon mit dem Bestehen der Verpflichtung sondern erst dadurch gegeben, daß diese Voraussetzungen in der Person des Beklagten erfüllt sind.

Bei Sachhaftungsbegehren[50]) ist die Passivlegitimation nicht an das Bestehen einer Verpflichtung,

[43]) B.G.B. § 1380.
[44]) B.G.B. § 1400².
[45]) B.G.B. §§ 1401, 1407. — Wegen Hinausschiebung der Klagbarkeit von Ansprüchen gegen den Mann oben § 41 A. 14
[46]) § 739.
[47]) B.G.B. § 1405.
[48]) B.G.B. §§ 1344, 1404, 1431, 1435.
[49]) Oben § 41 A. 18.
[50]) Oben § 41 IV.

sondern daran geknüpft, daß dem Beklagten kraft seiner Rechtsstellung die Sachvertretung obliegt. Es handelt sich in erster Linie um Eigentum und den durch Bucheintrag oder Besitz begründeten Eigentumsschein. Es kommen aber auch die bezüglich der Sache zuständigen Güterpfleger[51]) in Betracht, insbesondere Konkursverwalter, Zwangsverwalter, Testamentsvollstrecker, Vertreter eines eigentumslosen Grundstücks und bei Schiffen auch der Schiffer.[52]) Ebenso diejenigen, welchen wie dem Ehemann,[53]) die Verfügung über fremde oder zum Teil fremde Sachen kraft eines eigennützigen Rechts zusteht.

Bei Gestaltungsbegehren[54]) beruht die Aktivlegitimation auf der Rechtsstellung, welche den Grund zu der begehrten Änderung des Rechts gibt.[55]) Die Passivlegitimation liegt bei dem, dessen Rechtsstellung durch die Änderung betroffen wird, also, z. B. bei der Klage auf Erteilung der Vollstreckungsklausel,[56]) nicht bei dem Gerichtsschreiber, sondern bei dem Schuldner.[57])

Für Feststellungsbegehren wird vielfach behauptet, daß mit dem Vorhandensein des Feststellungsinteresse des Klägers[58]) die Sachlegitimation von selbst gegeben sei. Das ist aber nicht richtig. Allerdings besteht ein Feststellungsinteresse nur bei vorhandener Parteirichtigkeit, nicht aber wohnt jedem unmittelbaren oder mittelbaren Feststellungsinteressenten die Parteirichtigkeit bei.

Ist das festzustellende Rechtsverhältnis ein relatives, so besteht die Parteirichtigkeit zunächst zwischen denjenigen, welche die wahren Berechtigten oder Verpflichteten sein würden, wenn das Rechtsverhältnis bestände.

Bei absoluten Rechtsverhältnissen besteht sie zunächst zwischen den Berechtigten und den Leugnern oder Störern ihres Rechts.

---

[51]) Oben § 21.

[52]) H.G.B. §§ $696^2$, $761^2$, B.Sch.G. § $97^2$, Flöß.G. § $28^3$.

[53]) Unter entsprechender Anwendung des bei den Leistungsbegehren Erörterten.

[54]) Oben § 41 V.

[55]) Es kann z. B. die Ehefrau allein die Aufhebungsklage nach B.G.B. § 1418 anstellen, ebenso den Widerspruch gegen eine Zwangsvollstreckung verfolgen, B.G.B. § 1407 Nr. 4.

[56]) § 731.

[57]) Für das Aktienrecht H.G.B. §§ $271^{3, 4}$, $272^1$, 309.

[58]) Oben § 41, II

Indessen ist sie aber, und zwar sowohl bei absoluten Rechten wie bei Forderungen, auch zwischen denjenigen gegeben, deren behauptete Berechtigungen einander *ausschließen* würden.[59])

## § 43. Anträge.

Die Begehren werden förmlich in den sie betreffenden von den Parteien bei Gericht gestellten Anträgen behandelt. Der Begehrende stellt in seinem Antrage das Verlangen nach einem seinem Begehren entsprechenden Urteil. Der Gegner erklärt im Gegenantrage, wie er sich zu jenem Antrage stellt und wie seiner Willensmeinung nach das Urteil lauten soll. Regelmäßig wird er Abweisung der Klage beantragen. Er kann aber auch bloß Abänderungen oder Einschränkungen der Verurteilung verlangen oder sich mit der Verurteilung einverstanden erklären.

Über den *Kostenpunkt* und zum Teil auch über die vorläufige *Vollstreckbarkeit* ist auch ohne Antrag zu erkennen.[1]) Im übrigen ist bezüglich der Begehren die *Verhandlungsmaxime* streng durchgeführt. Das Gericht darf nur über solche Haupt- und Nebenbegehren entscheiden, welche von dem Kläger, oder, sofern es sich um Nebenbegehren handelt, welche der Beklagte geltend machen kann, von diesem durch *Antrag* in den Rechtsstreit eingeführt sind.[2])

In der Hauptsache erfolgt die Einführung des Begehrens durch den *Klageantrag* des Klägers. Das Gesetz verlangt einen *bestimmten* Klageantrag.[3]) Regelmäßig wird er so zu fassen sein, daß, wenn ihm stattgegeben werden kann, die *Verurteilung* sich dem *Wortlaut* des Klageantrags anzuschließen hat.[4]) Wenn

[59]) Z. B. B.G.B. § 660$^{2}$. Wegen Z. § 75 unten § 82. — Der dinglich Berechtigte kann aber nicht gegen einen Eigentumsprätendenten auf Feststellung des *Nichtbestehens* seines Eigentums klagen. Hat er ein Interesse daran, daß eine bestimmte Person Eigentümer sei, so kann er nur dieser gegenüber zur Feststellung bringen, daß sie *ihm gegenüber* als *Eigentümer* zu gelten habe.

[1]) §§ 308$^{2}$, 708.

[2]) § 308$^{1}$. — So schon im gemeinen Prozeß (Ne eat judex ultra petita). Nur der mißverstandene römische Satz: usurae officio judicis praestantur (fr. 49 § 7 D. 19,1) hatte die Ausnahme der gesetzlichen Zinsen veranlaßt.

[3]) § 253 Abs. 2 Nr. 2.

[4]) Bei alternativen Begehren müssen Wahlrecht und Wahlberechtigter in dem Antrage angegeben sein. Bei den betagten und bedingten Begehren hat sich, sofern sie überhaupt zulässig sind (oben § 41 A. 15 ff), der Antrag der Bedingung oder der Befristung anzupassen.

aber der Inhalt der Verurteilung aus besonderen Gründen von richterlicher Bestimmung abhängt, wie z. B. bei der Grenzverwirrung,[5]) so muß es genügen, daß beantragt wird, eine Grenze zu ziehen, während das Urteil die Grenze bestimmt bezeichnen muß.

Es ist auch bei Geldbegehren üblich, Anträge zuzulassen, in denen kein bestimmter Geldbetrag gefordert, sondern die Bestimmung des Betrages dem Gerichte überlassen wird, wenn die Bestimmung vom richterlichen Ermessen abhängt.[6]) Dagegen wird es im allgemeinen nicht gestattet, Antrag und Verurteilung darauf zu richten, daß Schadensersatz in Geld vorbehaltlich der Ermittelung des Betrages in einem besonderen Verfahren (salva liquidatione) zu leisten sei. Die Praxis erlaubt dieses nur dann, wenn in erster Linie auf eine sonstige Leistung geklagt und nur für den Fall ihrer Nichtleistung Schadensersatz begehrt wird.[7])

Bei den neben dem ersten Klageantrage (Prinzipalantrage) gestellten Eventualanträgen[8]) ist zu unterscheiden, ob es sich um ein neben das erste Begehren gestelltes zweites bedingtes Begehren handelt oder um einen dasselbe Begehren betreffenden Antrag für den Fall, daß der erste Antrag abgewiesen werden sollte.[9])

Im ersteren Falle muß das Urteil jedenfalls auch den zweiten Antrag unter Beachtung der Regeln über Klagbarkeit bedingter Begehren[10]) erledigen.

Im zweiten Falle, dessen Statthaftigkeit bei dem Schweigen des Gesetzes bejaht wird, ist der Hilfsantrag als nicht gestellt anzusehen und nicht zu beurteilen, wenn dem Hauptantrage stattgegeben wird, während er bei dessen Abweisung als der nunmehr allein noch in Betracht kommende zu behandeln ist.

---

[5]) B.G.B. § 920.

[6]) Z. B. im Falle des § 287 oder des B.G.B. § 343, R. 21, 382.

[7]) Gruchot 53, 1106. — Nicht hieher gehört der Fall, daß ein Leistungsbegehren unter Vorbehalt der Angabe der Leistung mit dem Begehren auf Rechnungslegung, Vermögensverzeichnis, Offenbarungseid verbunden wird (§ 254), da hier der Vorbehalt vor der Urteilsfällung durch die Angabe der Leistung zu ersetzen ist Unten § 83.

[8]) Zu unterscheiden von der eventuellen Begründung des Antrags für den Fall des Versagens der in die erste Linie gestellten tatsächlichen oder rechtlichen Gründe, unten § 44 A. 13.

[9]) Erscheint dies im einzelnen Falle zweifelhaft, muß das Gericht auf Klarstellung dringen (§ 139[1]).

[10]) Oben § 41 A. 9.

Der Klageantrag muß bei schriftlicher Klageerhebung schon in der Klageschrift formuliert sein.[11])

Die für die richterliche Entscheidung maßgebende Stellung des Klageantrags erfolgt zu Beginn der mündlichen Verhandlung, und zwar im Anwaltsprozeß durch Verlesung oder Bezugnahme, so daß vor der Antragstellung eine weitere Verhandlung nicht zugelassen ist, vielmehr gegen den die Antragstellung weigernden Kläger nur ein Versäumnisverfahren stattfinden könnte.[12])

Die Gegenanträge können ebenfalls durch vorbereitenden Schriftsatz angekündigt werden.[13]) In der für die Entscheidung maßgebenden Weise erfolgen sie aber ebenfalls in der mündlichen Verhandlung, und zwar unmittelbar nach der Stellung des Klageantrags vor weiterer Verhandlung.[14])

Ohne Stellung eines Gegenantrags ist der Beklagte zur weiteren Verhandlung nicht zuzulassen und dann als nicht verhandelnd zu betrachten, so daß es nur zum Versäumnisurteil kommen könnte.[15])

Ungeachtet der Verhandlungsmaxime findet aber eine richterliche Einwirkung auf die Antragstellung statt durch die richterliche Fragepflicht.[16]) Sie hat in jedem Fall Klarstellung der Anträge zu erstreben;[17]) im Parteiprozeß muß aber auch auf Sachdienlichkeit[18]) hingewirkt werden.[19])

## § 44. Tatsächliche Behauptungen.

Das gerichtliche Urteil über die Rechtmäßigkeit des Begehrens erfolgt, wie bereits gezeigt wurde, auf Grund der festgestellten Tatsachen.[1]) Dabei dürfen nach der das Verfahren insoweit beherrschenden Verhandlungsmaxime nur solche Tatsachen zugrunde gelegt werden, welche von einer (gleichviel welcher)[2]) Partei durch Behauptung[3]) in den Rechtsstreit eingeführt sind.

---

[11]) § 253 Abs. 2 Nr. 2. — Über Änderungen unten § 75, über doppelte Klage unten § 85, über Zurücknahme unten § 75.

[12]) § 220², oben § 28 IV, 1. [13]) § 130 Nr. 2. [14]) § 137¹.

[15]) §§ 220, 331. [16]) Oben § 28 III, 1. [17]) § 139. [18]) § 502¹.

[19]) Wegen der besonderen Behandlung von Anerkenntnis und Verzicht unten § 52.

[1]) Oben § 36 A. 7.

[2]) Auch der Beklagte kann wirksam Klagegrundtatsachen vorbringen, ebenso der Kläger Einredetatsachen, R. 78, 345.

[3]) Die Z.P.O. nennt in nicht nachzuahmender Weise die tatsächlichen Behauptungen vielfach „Tatsachen“ (z. B. §§ 374, 459) und redet deshalb von

Eine Ausnahme bildet nur der Inhalt der allgemeinen menschlichen Erfahrung (Allgemeinkundigkeit) und auch das, was bei Gericht, namentlich auch durch die für besondere Angelegenheiten gewonnene Sachkunde (Amtskundigkeit), offenkundig geworden ist.[4]) Das Gesetz hat freilich das Offenkundige nur vom Beweise befreit,[5]) indessen wird man die Befreiung in diesem Falle sachgemäß auch auf die Behauptung ausdehnen dürfen.

Für das Urteil kommen nur erhebliche Behauptungen in Betracht. Endgültig erheblich sind nur solche Tatsachen, bei deren Feststellung die Entscheidung anders ausfallen muß, als bei ihrer Nichtfeststellung. Da sich dieses aber erst bei der Urteilsfällung herausstellt, so müssen zunächst auch solche Behauptungen als möglicherweise erheblich in Betracht gezogen werden, deren Inhalt nur dann auf die Entscheidung Einfluß hat, wenn andere Behauptungen festgestellt oder nicht festgestellt werden können.

Zu den unmittelbar erheblichen Behauptungen gehören nur diejenigen, welche den Tatbestand der zur Anwendung kommenden Rechtssätze bilden. Sie erhalten also ihre Bedeutung durch ihre Zugehörigkeit zu den Voraussetzungen von Rechtsfolgen.

Die mittelbar erheblichen Behauptungen sollen nur die Feststellung der unmittelbar erheblichen Tatsachen fördern oder hindern. Ihre Bedeutung hängt daher von der Geeignetheit für diesen Zweck ab. Sie sind daher als Beweismittel oder Beweisbefreiungsgründe zu behandeln[6]) und bleiben hier zunächst außer Betracht.

Entsprechend dem bereits dargelegten Begriffe der Angriffs- und Verteidigungsmittel[7]) müssen die unmittelbar erheblichen tatsächlichen Behauptungen entweder zu den Angriffs- oder zu den Verteidigungsmitteln gerechnet werden, je nachdem ihre Feststellung die begehrte Verurteilung befördert oder beeinträchtigt.

Zu den Angriffsbehauptungen gehören in erster Linie diejenigen, welche den tatsächlichen Klagegrund[8]) bilden; es sind das diejenigen, ohne deren Feststellung unter keinen Umständen der Klage stattgegeben werden kann.

---

„streitigen“ und „unwahren“ Tatsachen, obwohl das Wort Tatsache im eigentlichen Sinne die unbestrittene Wahrheit in sich schließt, O. Fischer in Iherings J. 38, 367.

[4]) Den Gegensatz bildet die Privatkunde des Richters.

[5]) § 291.

[6]) Unten §§ 45, 46.

[7]) Oben § 36 A. 12.

[8]) §§ 146, 253, 268.

Das Verteidigungsmittel der Tateinrede[9]) umfaßt solche Tatumstände, welche trotz vorhandenen Klagegrundes die Verurteilung hindern, mindern oder sonst ändern müssen.

Entsprechend gehören zu dem Angriffsmittel der Replik[10]) Tatumstände, welche die Wirkung einer Einrede beeinträchtigen. Dagegen kann es wieder das Verteidigungsmittel der Duplik usw. geben. Jeder vollständige Klagegrund, Einrede, Replik usw. bildet im Sinne des Gesetzes[11]) ein selbständiges Angriffs- oder Verteidigungsmittel im Gegensatze zu den darin enthaltenen Einzeltatsachen.

Da sich die Rechtmäßigkeit oder Unrechtmäßigkeit eines Begehrens vielfach auf verschiedene Weise dartuen läßt,[12]) so können mehrere Klagegründe, Einreden usw. als selbständige Angriffs- oder Verteidigungsmittel neben- oder hintereinander bestehen.[13])

Was im einzelnen Fall an Klagegrundbehauptungen, Einredebehauptungen usw. erforderlich ist, richtet sich nach der materiellrechtlichen Bedeutung der betreffenden Tatsachen in Verbindung mit der prozessualischen Lage des Falles.[14])

Es ist häufig sehr zweifelhaft, ob ein Tatumstand zu den Angriffsmitteln oder sein Gegenteil zu den Verteidigungsmitteln gerechnet werden muß, aber von entscheidender Bedeutung, da im ersten Falle den Kläger, im andern den Beklagten die Folgen der Nichtfeststellbarkeit treffen.[15])

In vielen Fällen ergibt sich aus der Fassung und Bedeutung der materiellen Rechtsnorm ohne weiteres, ob es sich um eine

---

[9]) Im Sinne von §§ 146, 278. — Über die Rechtseinrede unten § 52. Die Einreden im Sinne der Z.P.O. sind durchaus zu unterscheiden von den Einreden im Sinne des B.G.B. (Fischer-Henle, Handausgabe A. 6 zu § 202). Beide führen aber auf die römische exceptio zurück. Die Entwicklung der Tateinrede knüpft an die exceptio facti der Glosse an. Friedenthal, Einwendung und Einrede in O. Fischer Abh. 1 Heft 5, O. Fischer in Iherings J. 38. 372, Recht und Rechtsschutz 94 ff., Heymann, Das Vorschützen der Verjährung.

[10]) Wiederum im Sinne von §§ 146, 278.

[11]) §§ 146, 303.

[12]) So können Eigentum, Besitz, Verwahrung, unerlaubte Handlung gleichzeitig ein Herausgabebegehren begründen.

[13]) Doch kann keine Partei wirksam gleichzeitig die Wahrheit und die Unwahrheit desselben Tatumstandes behaupten.

[14]) So kann die Behauptung einer Zahlung Klaggrund, Einrede, Replik, Duplik sein.

[15]) Unten §§ 57, 58. Vgl. auch Fischer-Henle Handausgabe Einl. XXXI.

Verurteilungsvoraussetzung oder um ein Verurteilungshindernis handelt.[16])

Vereinzelt ist die materiellrechtliche Bedeutung gesetzlich in der technisch verfehlten Form der einem materiellen Rechtssatze beigefügten Beweislastregel zum Ausdruck gekommen.[17])

Nicht schlechthin entscheidend ist die positive oder negative Form einer Vorschrift. Auch Nichttuen, Nichtkönnen, Nichtwissen, Nichtschuld können ein Angriffsmittel bilden und insbesondere zum Klaggrunde gehören.

Bei aufschiebend bedingten Rechten ist der Eintritt der Bedingung und daher bei unbedingten die Nichtbedingtheit zum Klagegrunde zu rechnen, so daß die Behauptung der Bedingtheit nicht Einrede, sondern Bestreiten einer Klaggrundbehauptung ist.

Im allgemeinen rechnet man bei den vom Vorhandensein einer Berechtigung abhängigen Begehren Entstehungstatsachen zum Klagegrund, Erlöschungstatsachen zur Einrede. Doch gibt es auch Entstehungshindernisse,[18]) welche zur Einrede und Erlöschungshindernisse, die zur Replik zu zählen sind.

Bei Unterlassungsbegehren gehört die Zuwiderhandlung, soweit sie Voraussetzung der Verurteilung ist, zum Klaggrunde.

Bei der negativen Feststellungsklage fällt das Bestehen der Rechtsverhältnisse unter die Einrede und sein Erlöschen unter die Replik.

In manchen Fällen ist auch die rechtliche Bedeutung gewohnheitsrechtlich festgestellt. Bleiben Lücken, so sind solche nach den allgemeinen Regeln gerecht und zweckmäßig auszufüllen.

Die Behauptungslast als Ausfluß der Verhandlungslast[19]) hat ohne alle Ausnahme für die Angriffsbehauptungen der Kläger und für die Verteidigungsmittel der Beklagte.

---

[16]) So ergibt sich z. B. aus B.G.B. § 937², daß der gute Glaube nicht zu den Voraussetzungen des auf Ersitzung gestützten Eigentums gehört, und daher der böse Glaube eine Einrede im Ersitzungsprozesse bildet.

[17]) Z. B. B.G.B. §§ 345, 348, 363, 442, 543², 636². Die Beweislast ist nicht Ursache, sondern Folge der Abgrenzung. Es herrscht aber immer noch die symptomatische Behandlung des Problems unter dem Titel der Beweislast, O. Fischer, Recht und Rechtsschutz 18 ff.

[18]) So wird z. B. die Geschäftsfähigkeit nicht als Voraussetzung der Gültigkeit der Rechtsgeschäfte behandelt, sondern die Geschäftsunfähigkeit als Hindernis.

[19]) Oben § 31.

Die Behauptungen müssen, wenn sie dem Urteil zugrunde gelegt werden sollen, in der mündlichen Verhandlung aufgestellt werden,[20]) und zwar so genau, wie es ihre Verwendung als Urteilsgrundlage erfordert (sogenannte Substantiierung). Das damit erforderte Maß der Genauigkeit hängt aber von der Lage des Falls und namentlich auch von dem Verhalten des Gegners ab. So wird z. B. die Unbedingtheit eines Geschäfts nur da zu behaupten sein, wo sie in Frage gestellt ist. Auch wird die Erbeneigenschaft des Nachlaßforderungen geltend machenden Klägers nicht näher begründet werden müssen, wenn sie vom Beklagten nicht in Zweifel gezogen wird.

Die richterliche Fragepflicht muß auf die Vollständigkeit des tatsächlichen Vorbringens hinwirken.[21])

Das tatsächliche Vorbringen bildet auch den Inhalt der vorbereitenden Schriftsätze.[22])

Für die Klagschrift wird aber besonders erfordert, daß der tatsächliche Grund des erhobenen Begehrens angegeben werde, widrigenfalls die Klagerhebung unwirksam ist.[23]) Wenngleich nun die Klagschrift, da sie auch als vorbereitender Schriftsatz dienen soll, die substantiierte Angabe der Klaggrundtatsachen bringen sollte,[24]) so muß es doch zur Vermeidung der Ungültigkeit der Klageerhebung genügen, wenn hier der tatsächliche Klagegrund in einer zur Substantiierung nicht hinreichenden Kürze bezeichnet ist, sofern nur der wesentliche Zweck der Klagschrift erreicht wird, daß es möglich bleibt, den Gegenstand des Rechtsstreits von anderen zu unterscheiden, die sonst wegen rechtlicher oder tatsächlicher Ähnlichkeit mit ihm verwechselt werden könnten (sog. Individualisierung).[25])

Der Gegner des Trägers der Behauptungslast hat die Erklärungs- bezw. Bestreitungslast, nach welcher er bestimmt angeben soll, ob und inwieweit die Behauptung richtig oder nicht richtig sei,[26]) wozu aber nach Lage der Sache vielfach eigene positive Angaben (sog. substantiiertes Bestreiten) erforderlich sind. Die Er-

---

[20]) § 137. [21]) §§ $139^1$, 502.

[22]) §§ 129, 130 Nr. 3, 272. [23]) § 253 Abs. 2 Nr. 2.

[24]) § $253^4$.

[25]) So Wach, Vorträge, 2. Aufl. 19 ff., O. Fischer, Identität und Neuheit 89 ff. Die entgegengesetzte Meinung des Reichsgerichts, R. 50, 242, dürfte auf einem Mißverständnis beruhen.

[26]) § $138^1$.

klärung mit Nichtwissen wird innerhalb des eigenen Wahrnehmungskreises als Nichterklärung, sonst als Verneinung behandelt.[27]) Die Verneinung kann aber auch aus dem Zusammenhang entnommen werden.[28])

Nichterklärung hat zwar nicht die Wirkung eines Geständnisses, wohl aber die Wirkung, daß die Behauptungen zunächst als unbestritten anzusehen sind.[29])

Auch die Gegenerklärungen erfolgen in der für das Urteil maßgebenden Weise nur in der mündlichen Verhandlung.[30]) Auch hier greift die richterliche Fragepflicht ein.[31]) Auch die Gegenerklärungen sind Gegenstand der vorbereitenden Schriftsätze.[32])

Der Rechtsanwendung im richterlichen Urteil dürfen nur diejenigen tatsächlichen Behauptungen zugrunde gelegt werden, welche vom Gericht für festgestellt erachtet sind.

Diese Feststellung geschieht

1. auf Grund der Befreiung vom Beweise, d. h. weil gesetzliche Vorschriften das Gericht anweisen, bei dem Vorhandensein bestimmter Voraussetzungen die Behauptung ohne weiteres als festgestellt zu erachten;[33])
2. auf Grund geführten Beweises, d. h. weil Voraussetzungen vorliegen, zufolge deren die Richtigkeit der Behauptung anzunehmen ist.[34])

Da die Folge der Nichtfeststellbarkeit immer denjenigen trifft, welcher die Behauptungslast hat, so ist mit der Behauptungslast die Feststellungslast notwendig und ausnahmslos verbunden.

## § 45. Befreiung vom Beweise.

Die Befreiung vom Beweise[1]) wird für vier Fälle gesetzlich verordnet:

1. Behauptungen, deren Richtigkeit gerichtskundig ist, werden ebenso ohne weiteres der Feststellung zugrunde gelegt, wie solche, deren Unrichtigkeit gerichtskundig ist, ohne weiteres außer Betracht zu bleiben haben.[2])

---

[27]) § $138^{3}$. [28]) § $138^{2}$.

[29]) Unten § 45. Sogen. poena confessi, daher die fiktive Fassung des § $138^{2}$.

[30]) § 138. [31]) § 139.

[32]) § 130 Nr. 4. [33]) Darüber § 45.

[34]) Darüber § 46.

[1]) Bedeutung oben § 44 A. 33. [2]) § 291, oben § 44 A 5.

2. Ein Geständnis (Tatgeständnis)[3]) liegt dann vor, wenn der Träger der Bestreitungslast einseitig[4]) die Richtigkeit einer Behauptung einräumt.[5]) Dabei ist aber erforderlich, daß sich Behauptung und Geständnis genau decken und nicht Zusätze und Einschränkungen gemacht werden (sog. qualifiziertes Geständnis), welche diese Übereinstimmung aufheben. Dagegen schadet es der Bedeutung des Geständnisses nichts, wenn der Geständige von dem Inhalt des Geständnisses unabhängige Behauptungen aufstellt, z. B. dem zugestandenen Klaggrunde eine Einrede beifügt, die der andere Teil bestreitet.[6])

Das Geständnis wirkt beweisbefreiend nur als gerichtliches, d. h. wenn es in einer mündlichen Verhandlung im weiteren Sinne[7]) abgegeben ist.[8])

Die Beweisbefreiung kann aber dadurch beseitigt werden, daß die objektive Unrichtigkeit und die subjektive Irrtümlichkeit des Geständnisses durch den Geständigen zur Feststellung gebracht wird.[9])

3. So lange nicht der Träger der Bestreitungslast das ihm obliegende Bestreiten[10]) in zulässiger Weise nachgeholt hat, werden unbestrittene Behauptungen ohne weiteres für festgestellt erachtet.[11])

Nur in den Fällen, wo das gegenseitige Gehör nicht notwendig ist, tritt vielfach die Beweisbedürftigkeit, regelmäßig allerdings nur mit dem Erfordernis der Glaubhaftmachung ein, ohne daß die Behauptung bestritten wurde.[12])

4. Tatvermutungen[13]) (früher praesumtiones juris genannt) sind gesetzliche Vorschriften, nach welchen eine tatsächliche Behauptung des Beweises nicht bedarf, wenn die im Gesetz bestimmten Voraussetzungen der Vermutung vorliegen.[14])

---

[3]) Über das Rechtsgeständnis (Anerkenntnis) unten § 52.

[4]) § 288[2].

[5]) Die Erklärung, namentlich eines Vertreters, die Behauptung zunächst nicht bestreiten zu wollen, ist noch kein Geständnis.

[6]) § 289, gegen code civil a. 1356 gerichtet, ist daher selbstverständlich und nichtssagend.

[7]) Oben § 28 A. 11.

[8]) § 288. Über das außergerichtliche Geständnis unten § 45.

[9]) § 290. [10]) Oben § 46 A. 26. [11]) § 138[3].

[12]) Z. B. § 104[2]. [13]) Über Rechtsvermutungen unten § 52.

[14]) Z. B. B.G.B. §§ 116[2], 484, 908, 1117[3], 1255[2], 1540, 1591[2], 1720[2], 2009, 2255[2], H.G.B. §§ 459[2], 685, 694[2], 774[2], 781[1], B.Sch.G. § 114[2], K. §§ 8[3], 31 Nr. 2, 45, Z. §§ 167[2], 437, 440[2]. — Hedemann, Die Vermutung in O. Fischer Abh. 11 Heft 2. — O. Fischer in Jherings J. 63, 275, Fischer-Henle Handausgabe XXX.

Nur ganz ausnahmsweise hat das Gesetz jede Feststellung des Gegenteils abgeschnitten[15]) (früher praesumtiones juris et de jure genannt).

Im allgemeinen kann aber die Wirkung der Tatvermutung durch Behauptung und Feststellung des Gegenteils beseitigt werden.[16]) Es handelt sich dabei aber nicht um einen Gegenbeweis,[17]) sondern um einen Hauptbeweis für das zu behauptende Gegenteil.[18])

## § 46. Beweis.

Als Aufgabe des Beweises ergab sich[1]) die Herbeiführung der Feststellung der Richtigkeit derjenigen Behauptungen, die nicht schon durch Beweisbefreiung[2]) für festgestellt zu erachten sind.

Im allgemeinen besteht der Grundsatz der freien Beweiswürdigung, d. h. die Feststellung hängt davon ab, ob die Mehrheit des Gerichts auf Grund der Verhandlung die volle innere Überzeugung von der Wahrheit einer Behauptung erlangt hat.[3])

Im Gegensatz zum Strafprozeß[4]) muß diese Überzeugung oder ihr Mangel im Urteil aus dem Beweisergebnis näher begründet werden.[5])

Beim Urkundenbeweis und dem Parteieid finden sich noch Überbleibsel der früher allgemein herrschenden formellen Beweistheorie, und soweit sie noch gilt, kommt es für die Feststellung nicht auf richterliche Überzeugung an, sondern darauf, ob die Voraussetzungen erfüllt sind, an welche das Gesetz die Feststellung der Richtigkeit knüpft.[6])

Unter Beweismittel versteht man im weitesten Sinne alles, was bei der Feststellung der Richtigkeit einer beweisbedürftigen Behauptung in Betracht gezogen werden kann. Das Gericht hat dabei über

---

[15]) So z. B. durch § 164 S 2 für den die Förmlichkeiten betreffenden Inhalt der echten Sitzungsniederschrift.

[16]) § 292. [17]) Wie H.G.B. § 685 ungenau sagt.

[18]) Also keine Umkehrung der Beweislast, daher auch Führung dieses Beweises durch Eideszuschiebung, § 292 S. 2.

[1]) Oben § 44 A. 34. [2]) Oben § 45.

[3]) § 286[1] S. 1, E. § 14 Nr. 1, 2, 3 u. § 17.

[4]) St P.O. § 266.

[5]) § 286[1] S. 2. Eine Ausnahme bildet die Feststellung des Schadens und seiner Höhe. Denn in § 287 ist § 286 S. 2 absichtlich nicht wiederholt.

[6]) Z. B. §§ 415, 463.

die Ergebnisse der eigentlichen Beweisaufnahme hinaus die gesamte Verhandlung zur Grundlage zu nehmen und ist nicht auf bestimmte Arten von Beweismitteln beschränkt[7]) oder von der Berücksichtigung bestimmter Beweismittel ausgeschlossen.[8])

Für Beweismittel im engeren Sinne besteht das Merkmal der Körperlichkeit. Es handelt sich um Sachen und Menschen, deren dem Gericht zu gewährender sinnlicher Eindruck auf die Feststellungen der Richtigkeit der Behauptungen im Wege der freien Beweiswürdigung oder unter Anwendung der gesetzlichen Beweisregeln einen Einfluß üben soll. Bei Menschen kommen aber vor allem deren durch das Gehör vermittelnde Aussagen und bei Urkunden deren durch das Auge aufzunehmender gedanklicher Inhalt in Betracht.

Eine nähere gesetzliche Regelung haben die Beweismittel des Augenscheins, der Zeugen, der Urkunden, der Sachverständigen und die eidliche Parteierklärung[9]) gefunden. Es sind aber damit keinerlei andere geeignete Beweismittel ausgeschlossen.

Beweisgründe (Halbvermutungen, früher praesumtiones facti sive hominis genannt) sind mittelbar erhebliche Tatumstände,[10]) welche dazu dienen sollen, um Schlüsse auf die Wahrscheinlichkeit oder Unwahrscheinlichkeit der unmittelbar erheblichen Behauptung zu ziehen, z. B. der sog. Alibibeweis. In dieser Beziehung sind alle gesetzlichen Beweisregeln beseitigt, da sie mit der freien richterlichen Überzeugung nicht in Einklang gebracht werden könnten.[11])

Beweiseinreden[12]) sind solche mittelbar erhebliche Tatumstände, welche die Beweiskraft eines Beweismittels herabzumindern geeignet sind, wie z. B. die Bestrafung eines Zeugen wegen Meineids.

Grundsätzlich darf das Gericht zufolge der Verhandlungsmaxime nur Beweismittel benutzen, welche die Parteien durch Beweisantritt in den Rechtsstreit eingeführt haben; doch sind bei den einzelnen Beweismitteln Ausnahmen gemacht. Auch gehört es zur richterlichen Fragepflicht, auf den erforderlichen Beweisantritt hinzuwirken.[13])

---

[7]) Ausnahmsweise beschränkt § 164 den Beweis für Förmlichkeiten auf die Sitzungsniederschrift.

[8]) E. § 14² Nr. 2 gegen code civil a. 1341, der bei Rechtsgeschäften über 150 fr. den Zeugenbeweis ausschließt.

[9]) Darüber im Einzelnen §§ 47—51.

[10]) Oben § 44 A. 6.

[11]) E. § 14² Nr. 3.

[12]) § 283.

[13]) § 139.

Der maßgebende Beweisantritt erfolgt ungetrennt von den Behauptungen in der einheitlichen[14]) mündlichen Verhandlung (Grundsatz der Beweisverbindung) und zwar in der bei den einzelnen Beweismitteln anzugebenden Form.[15])

Die Vorbereitung des Beweisantritts soll durch vorbereitenden Schriftsatz erfolgen.[16])

Die Beweisführung zerfällt in Beweis und Gegenbeweis, je nachdem das Beweismittel der Feststellung dienen oder ihr entgegentreten soll. Demnach hat der Träger der Behauptungslast immer die Beweislast,[17]) der Träger der Bestreitungslast immer die Gegenbeweislast.

In einem bei den einzelnen Beweismitteln näher anzugebenden Zeitpunkte[18]) tritt die sog. Gemeinsamkeit der Beweismittel derart ein, daß der von der einen Seite angetretene Beweis auf Verlangen des Gegners auch dann erhoben werden muß, wenn der Antretende auf das Beweismittel verzichtet hat.

Die Beweiserhebung ist, im Gegensatz z. B. zum englischen Recht, zunächst Aufgabe des Gerichts, wobei jedoch eine Mitwirkung der Parteien[19]) nicht ausgeschlossen ist.[20])

Das Gericht ist auch im allgemeinen verpflichtet, bezüglich aller erheblichen beweisbedürftigen Behauptungen alle angebotenen Beweise zu erheben, wenn nicht von vornherein die gänzliche Unbrauchbarkeit[21]) festgestellt werden kann oder die Überflüssigkeit sich ergibt.[22])

---

[14]) Oben § 28, IV, 4. [15]) § 282².

[16]) § 130 Nr. 5. Wegen weiterer Vorbereitung des Urkundenbeweises unten § 49.

[17]) Oben § 44 A. 34. — Über den unzutreffenden Ausdruck Beweispflicht oben § 31 A. 10.

[18]) Z. B. § 399. [19]) Z. B. § 397.

[20]) Über das Erfordernis einer Aufnahme in die Sitzungsniederschrift § 160² Nr. 3, 4, unten §§ 47, 48.

[21]) Viele Vernehmungen von Zeugen, deren Unglaubwürdigkeit z. B. wegen des Ehegattenverhältnisses für das Gericht schon feststeht, erfolgen, weil das Reichsgericht in einem solchen Falle die Ablehnung mißbilligt, z. B. Jur. Woch. 09, 224.

[22]) Unter keinen Umständen kann aber ein Gericht die Richtigkeit einer erheblichen und mit zulässigen Beweismitteln versehenen streitigen Behauptung dahingestellt sein lassen und dann anders erkennen, als es erkennen würde, wenn die Behauptung unstreitig wäre. A. M. R. 51, 31, dessen Endergebnis aber richtig bleibt, weil die Behauptung in Wirklichkeit unerheblich war, O. Fischer, Abh. 23, 42.

Bei Schadensermittlungen besteht die Pflicht zur Erschöpfung des vorhandenen Beweisstoffes nicht, wenn das Gericht nach eigener freier Überzeugung die Frage des Schadens und seiner Höhe entscheiden will.[23])

Die Kammer für Handelssachen kann für den kaufmännischen Erfahrungskreis die eigene Sachkunde ohne weiteres zugrunde legen.[24])

Einer Verzögerung des Verfahrens durch Beweismittel, deren Benutzung ein Hindernis von ungewisser Dauer entgegensteht, kann dadurch vorgebeugt werden, daß auf Antrag eine Frist bestimmt wird, nach derem fruchtlosen Ablauf die Benutzung des Beweismittels zu unterbleiben hat, wenn dadurch das Verfahren verzögert wird.[25])

Im Gegensatz zu der gemeinrechtlichen Zerlegung des Verfahrens in das Stadium der Behauptungen und das der Beweise durch das bedingte Beweisurteil (Zäsur) bildet die Beweiserhebung heute ebenso wie der Beweisantritt einen integrierenden Teil der einheitlichen mündlichen Verhandlung.

Nach dem Grundsatze der Unmittelbarkeit soll sie auch vor dem Prozeßgericht selbst erfolgen.[26]) Doch bestehen sehr weitgehende Ausnahmen, welche bei den einzelnen Beweismitteln zu erörtern sind. Auch ist eine Verletzung des Grundsatzes der Unmittelbarkeit der Anfechtung entzogen,[27]) was seiner Durchführung nicht förderlich ist.

Die Anordnung der Beweiserhebung erfolgt regelmäßig durch Beweisbeschluß. Nur wenn ein besonderes Beweisaufnahmeverfahren nicht nötig, also z. B. der zu vernehmende Zeuge anwesend ist, so bedarf es eines solchen nicht.[28])

Außerdem kommt beim Parteieide die Anordnung durch bedingtes Endurteil in Frage.[29])

Der Beweisbeschluß soll die Behauptung der Partei (nicht eine Frage des Gerichts) angeben, über welche der Beweis zu erheben ist. Er soll ferner das Beweismittel und die Partei be-

---

[23]) § 287. Es muß aber die Höhe eines Schadens unter allen Umständen festsetzen, sobald das Vorhandensein des Schadens feststeht.

[24]) G.V. § 118. [25]) § 356.

[26]) § 355[1].

[27]) § 355[2]. O. Fischer in Iherings J. 38, 367.

[28]) §§ 284, 358. [29]) Unten § 51.

zeichnen, welche mit ihm den Beweis oder den Gegenbeweis angetreten hat.[30])

Die Beweisaufnahme kann in Abwesenheit der gehörig benachrichtigten Parteien stattfinden. Wenn durch diese Abwesenheit die Unvollständigkeit der Beweisaufnahme herbeigeführt ist, so können die Parteien eine das Verfahren verzögernde Vervollständigung nur durch glaubhaft gemachte Entschuldigung erreichen[31]) und haben somit eine gewisse Anwesenheitslast.[32])

Regelmäßig gilt eine Behauptung nur dann als erwiesen, wenn die volle Überzeugung des Gerichts von ihrer Wahrheit herbeigeführt wird, oder im Rahmen der formalen Beweistheorie den gesetzlichen Erfordernissen des vollen Beweises genügt ist.[33])

Glaubhaftmachung ersetzt den Beweis nur in den gesetzlich bestimmten Fällen.[34]) Es genügt hier ein geringerer Grad von Wahrscheinlichkeit. Außerdem sind nur sofort benutzbare Beweismittel zugelassen. Solche müssen also im Falle der mündlichen Verhandlung an der Verhandlungsstelle vorhanden sein, während bei schriftlicher Glaubhaftmachung nur schriftliche Beweisstücke benutzt werden können. Im übrigen bleiben die Beweismittel die gleichen, abgesehen vom Parteieide, der in einzelnen Fällen[35]) ganz ausgeschlossen ist, im übrigen aber nur als freier Beweiswürdigung unterstehende eidesstattliche Versicherung des Trägers der Beweislast zulässig ist.[36])

Unter Umständen kann die Glaubhaftmachung durch Sicherheitsleistung ersetzt oder ergänzt werden.[37])

## § 47. Augenschein.

Unter Augenschein (leiblicher Beweisung) versteht man eine Sinneswahrnehmung (nicht bloß vermittelst der Augen) in bezug auf körperliche Sachen, auch liegendes Gut, und Menschen zur Ermittlung natürlicher Eigenschaften, nicht zur Über-

[30]) § 359.

[31]) § 367. — Ungenau, daher der Ausdruck „gestattet" in § 357; O. Fischer in Iherings J. 38, 371.

[32]) Oben § 31 A. 10.

[33]) § 286.

[34]) Z. B. § 104².

[35]) §§ 44², 406³, 546³.

[36]) § 294. Dem Mißbrauch ausgesetzt sind die unbeglaubigten und von fremder Hand geschriebenen eidesstattlichen Erklärungen der Parteien oder Dritter.

[37]) § 921².

lieferung eines Gedankeninhalts. Dabei muß unveränderte Übereinstimmung des vorzulegenden Gegenstandes mit dem behaupteten feststehen. Unter Umständen ist der Gegenstand zur Ermöglichung der Wahrnehmung (z. B. des verursachten Geräusches) in Bewegung zu setzen.

Der Augenschein kann mit dem Sachverständigenbeweis verbunden werden, wenn die Wahrnehmung oder die daraus zu ziehenden Schlüsse eine besondere Sachkunde erfordern.[1])

Beweisantritt ist nicht notwendige Voraussetzung der Beweiserhebung.[2]) Zum Antritt sind nur Behauptung und Bezeichnung des Beweisgegenstandes erforderlich.[3])

Unmittelbarkeit ist freigestellt.[4])

Das Ergebnis ist (nach Bedürfnis unter Beifügung von Zeichnungen) in die Sitzungsniederschrift aufzunehmen.[5])

Es ist Sache des Trägers der Beweislast, den Gegenstand herbeizuschaffen, seine Bewegung oder den Zutritt zu ihm zu bewirken. Eine besondere Vorlegungspflicht des Gegners oder Dritter hat das Zivilprozeßrecht im Gegensatz zum Strafprozeß[6]) nicht eingeführt. Sie kann vielmehr nur auf privatrechtliche Verpflichtungen gegründet werden, wobei auch in Betracht kommt, daß Besitzer von Sachen die Besichtigung gestatten müssen, wenn ein anderer gegen sie einen Anspruch in Ansehung der Sache hat oder sich über das Bestehen eines solchen Anspruchs Gewißheit verschaffen will.[7]) Es können aber im Wege freier Beweiswürdigung aus der grundlosen Weigerung der Vorlage seitens des Gegners Schlüsse gezogen werden.

## § 48. Zeugen.

Zeugen sind dritte Personen,[1]) welche über ihre in der Vergangenheit liegenden, die streitige Behauptung betreffenden sinnlichen Wahrnehmungen Mitteilung (vox viva) machen sollen.

---

[1]) § $372^2$.

[2]) § 144 dient auch dem Beweiszweck, nicht bloß der Beschaffung vorläufiger Anschauung.

[3]) § 371. [4]) § $372^2$.

[5]) § $160^2$ Nr. 4. [6]) St.P.O. §§ 94 ff.

[7]) B.G.B. § 809. Dazu O. Fischer in Jherings J. 38, 367. Dierschke, Die Vorlegung von Sachen in O. Fischer Abh. 8 Heft 3. Ferner B.G.B. § $495^2$, H.G.B. § 418.

[1]) Testis ist abzuleiten von tertius.

Es kann sich dabei auch darum handeln, daß die Zeugen von einem Vorfalle nur gehört haben sollen (testis de auditu). Doch ist bei der Beweiswürdigung zwischen dem unmittelbar Wahrgenommenen und dem bloß Gehörten zu scheiden.

Handelt es sich dabei um Wahrnehmungen, welche eine besondere Sachkunde erforderten, so ist die Auskunftsperson gleichwohl als Zeuge (sog. sachverständiger Zeuge) und nicht als Sachverständiger zu behandeln.[2])

Irgend welche gesetzliche Tauglichkeitserfordernisse für Zeugen bestehen im Gegensatz zum gemeinen Recht nicht, so daß auch Geisteskranke und kleine Kinder als Zeugen vernommen werden können und vernommen werden müßten, wenn nicht die tatsächliche Unbrauchbarkeit des Beweismittels von vornherein feststehen sollte.

Dagegen wird, ohne daß es darüber eine besondere Bestimmung gibt, mit Rücksicht auf die Vorschriften über den Parteieid angenommen, daß die Parteien und ihre gesetzlichen Vertreter nicht als Zeugen vernommen werden können.[3])

Es besteht eine allgemeine staatliche Zeugnispflicht, nach welcher Jedermann,[4]) auch der der deutschen Gerichtsgewalt unterstehende Ausländer,[5]) auf Zeugenvorladung erscheinen, das Zeugnis ablegen und auch den Zeugeneid leisten muß.[6])

In besonderen Fällen besteht für die Zeugenvernehmung das Erfordernis der Genehmigung.

Öffentliche Beamte dürfen im Bereiche des Amtsgeheimnisses nicht ohne gerichtlich einzuholende Genehmigung der vorgesetzten Dienstbehörde vernommen werden, welche aber nur wegen Benachteiligung des Staatswohls versagt werden darf.[7])

Die Inhaber der höchsten Dienststellen im Reich und den Gliedstaaten und die Mitglieder der gesetzgebenden Versammlungen während der Sitzungsperiode dürfen außerhalb des Amtssitzes bezw. Versammlungsorts oder Aufenthaltsorts nur mit be-

---

[2]) § 414.

[3]) Damit entfällt die Zeugnisfähigkeit der Güterpfleger, nicht aber der Träger der von ihnen wahrgenommenen Rechte und Pflichten, oben § 21 A. 10. — Wegen der Gerichtspersonen § 41 Nr. 5, oben § 9 A. 7.

[4]) Das ältere deutsche Recht, dessen Eidhelfer keine Zeugen waren, kannte zunächst nur vertragsmäßige Zeugenpflicht (testes rogati).

[5]) Oben § 6 A. 12. Staatsverträge (G.V. § 21) haben vielfach die ausländischen Konsuln von der Zeugnispflicht befreit.

[6]) §§ 380, 390.

[7]) § 376.

sonderer Genehmigung der Vorgesetzten, bezw. der gesetzgebenden Versammlung vernommen werden.[8])

Weitere Beschränkungen der Zeugnispflicht gibt das Recht der Zeugnisweigerung.

Zur Verweigerung jedes Zeugnisses sind nur nahe Angehörige[9]) berechtigt. Sie müssen auch vor Gericht vor ihrer Vernehmung über ihr Recht belehrt werden.[10])

Im übrigen handelt es sich nur um das Recht der Weigerung des Zeugnisses über einzelne Fragen. Dieses ist gegeben:

1. im Rahmen des Berufsgeheimnisses, wobei Geistliche insofern eine Sonderstellung haben, als alles, was ihnen bei Ausübung der Seelsorge anvertraut ist, als unter das Berufsgeheimnis fallend anzusehen ist. Fragen, die zur Verletzung des Berufsgeheimnisses führen könnten, sind von vornherein zu vermeiden.[11])

2. Zur Wahrung eines eigenen Interesses bei Gefährdung des Vermögens, auch durch Offenbarung von eigenen und anvertrauten Geschäftsgeheimnissen, der Ehre, sowie bei Gefahr der Bestrafung. Dabei kommen abgesehen vom Geschäftsgeheimnis auch die Interessen der nahen Angehörigen in Betracht.[12])

Von dem Zeugnisverweigerungsrecht bestehen aber Ausnahmen:

1. Nahe Angehörige oder nur im Vermögen[13]) Gefährdete dürfen ihr Zeugnis nicht über Wahrnehmungen verweigern, die sie als Rechtsvorgänger oder Vertreter der Parteien oder als bei einem Rechtsgeschäft zugezogene Zeugen oder innerhalb der Familie über den bürgerlichen Stand oder die durch das Familienverhältnis bedingten Vermögensangelegenheiten (causae domesticae) gemacht haben.[14])

2. Die Weigerung zur Wahrung des Berufsgeheimnisses fällt weg durch rechtsgültige Entbindung von der Schweigepflicht.[15])

Wenn ein Zeuge sein Zeugnis verweigern will, so befreit ihn seine schriftliche Erklärung, in welcher er die Weigerungsgründe

---

[8]) § 382.

[9]) Nähere Bestimmungen in § 383[1] Nr. 1—3.

[10]) § 383[2].

[11]) § 383[1] Nr. 4 u. 5 Abs. 3.

[12]) § 384.

[13]) Der Fall des Geschäftsgeheimnisses kommt hier nicht in Betracht.

[14]) § 385[1].

[15]) § 385[2].

glaubhaft zu machen hat, zunächst von der Erscheinungspflicht. Die Entscheidung über die Rechtmäßigkeit der Weigerung erfolgt, auch wenn der Zeuge vor einem beauftragten oder ersuchten Richter zu vernehmen war, durch das Prozeßgericht im Wege des Zwischenstreits, an welchem der Zeuge beteiligt ist, ohne daß er aber zu erscheinen braucht oder dem Anwaltszwang unterliegt. Erscheint der Zeuge nicht oder war die Weigerung vor dem beauftragten oder ersuchten Richter erfolgt, so muß die Verhandlung über die Weigerung mit dem Vortrage eines Berichterstatters eingeleitet werden.[16])

Der Zeugniszwang wird zunächst durch Verurteilung zu Strafe und Kostenersatz geübt. Bei wiederholtem Ausbleiben kann zwangsweise Vorführung und bei wiederholter Weigerung Erzwingung durch Haft bis zu 6 Monaten angeordnet werden. Bei nachträglicher Entschuldigung kann die Aufhebung der Maßnahmen erfolgen. Auch der beauftragte oder ersuchte Richter sind selbständig zu diesen Maßnahmen befugt.[17])

Der Beweisantritt erfolgt durch Benennung des Zeugen und Bezeichnung der zu beweisenden Behauptung.[18])

Die Verhandlungsmaxime besteht hier ohne Ausnahme, so daß nur die von den Parteien benannten Zeugen vernommen werden dürfen.

Die Gemeinschaftlichkeit des Beweismittels tritt erst dadurch ein, daß der Zeuge zur Vernehmung erschienen ist.[19])

Das Gesetz macht von dem Erfordernis der Unmittelbarkeit, das hier mit Rücksicht auf die Bedeutung des persönlichen Eindrucks des Zeugen nicht selten von entscheidender Bedeutung ist, nur Ausnahmen für den Fall der Verhinderung des Zeugen, seines Aufenthalts in großer Entfernung, für die Mitglieder der landesherrlichen Familien und ihnen gleichgestellten Häuser, für Vernehmungen an Ort und Stelle, sowie für den Fall, daß die unmittelbare Vernehmung erhebliche, in der Besonderheit des Falles liegende Schwierigkeiten machen würde.[20])

---

16) §§ 386—389, 400, unten § 84.

17) §§ 380, 381, 390, 400, St.G.B. § 138.

18) § 373.

19) § 399.

20) § 375.

*Tatsächlich* pflegen aber die Kollegialgerichte die unmittelbare Zeugenvernehmung höchstens dann vorzunehmen, wenn sie aus *besonderen* Gründen *unerläßlich* erscheint.[21])

Die *Ladung* der Zeugen besorgt der Gerichtsschreiber.[22])

Das Gericht kann durch besondere Anordnung die Ladung von der Hinterlegung eines *Vorschusses* durch den Beweisführer *abhängig* machen,[23]) wird dies aber sachgemäß nur aus besonderen Gründen tun.[24])

Die *Zeugenvernehmung*, bei welcher jeder Zeuge einzeln und in Abwesenheit der folgenden Zeugen zu vernehmen ist,[25]) beginnt mit den *allgemeinen* Fragen, welche die Persönlichkeit und erforderlichenfalls die Glaubwürdigkeit des Zeugen betreffen.[26])

Der Zeuge soll sodann im *zusammenhängenden Vortrag* seine Wissenschaft über die Parteibehauptungen (nicht Fragen) angeben, welche ihm bereits in der Ladung mitzuteilen sind.[27])

Daran schließt sich die weitere *Befragung* durch den Vorsitzenden, andere Gerichtsmitglieder, durch die Anwälte und unter Vermittlung des Vorsitzenden auch durch die Parteien selbst, welche sich aber ebenfalls auf die allgemeinen Fragen und die im Beweisbeschluß angegebenen Parteibehauptungen zu beschränken hat. Wird die *Zulässigkeit* einer Frage beanstandet, so entscheidet das Prozeßgericht, doch kann der beauftragte oder ersuchte Richter die vorläufige Entscheidung treffen.[28])

Nach richterlichem Ermessen, das auch dem beauftragten oder ersuchten Richter zusteht, kann die *nochmalige* Vernehmung eines Zeugen angeordnet werden.[29])

Bei *Widersprüchen* unter Zeugen ist *Gegenüberstellung* zulässig.[30])

Regelmäßig sind die Zeugen und zwar *nach* ihrer Vernehmung dahin zu *beeidigen*, daß sie nach bestem Wissen die reine Wahr-

---

[21]) O. Fischer in Iherings J. 38, 367. — Übrigens ist die Vernehmung durch den beauftragten Richter nicht immer der Sache abträglich. Vgl. auch oben § 28 A. 1.

[22]) § 377. Wegen der Soldaten § 378. — Mitteilung an die vorgesetzte Dienstbehörde von Beamten nach bay. V. 25. 9 .79 u. V. 7. 1. 82, 27. 3. 02, 31. 8. 04.

[23]) § 379.

[24]) Zumal die Pflicht der Einziehung eines Vorschusses durch die Gerichtskasse (K.G. § 84) bestehen bleibt.

[25]) § 394$^{1}$.

[26]) § 395.

[27]) § 396 mit § 377 Abs. 2 Nr 2.

[28]) §§ 396$^{2}$ u. $^{3}$, 397, 400.

[29]) §§ 398, 400.

[30]) § 394$^{2}$.

heit gesagt und nichts verschwiegen haben.[31]) Mehrere Zeugen können gleichzeitig beeidigt werden.[32]) Bei wiederholter Vernehmung kann die Vereidigung durch Versicherung auf den früher geleisteten Eid ersetzt werden.[33])

Wenn die Parteien beide auf die Beeidigung verzichten, so kann sie unterbleiben. Das Zeugnis ist dann wie ein eidliches zu behandeln.[34])

Von der Vereidigung ist abzusehen, wenn die allgemeinen Voraussetzungen der Eidesfähigkeit fehlen,[35]) sowie wenn der Zeuge infolge einer Bestrafung unfähig ist, als Zeuge vernommen zu werden.[36])

Außerdem unterbleibt aber die Vereidigung zunächst:

1. bei den zur Zeugnisweigerung Berechtigten, mit Ausnahme derjenigen, welche nur wegen Wahrung des Geschäftsgeheimnisses weigerungsberechtigt sind; sie unterbleibt aber nur, soweit ihr Weigerungsrecht geht, während sie bezüglich ihrer etwaigen sonstigen Aussagen zu beeiden sind;[37])

2. bei Zeugen, welche an dem Siege einer Partei ein rechtliches Interesse haben, und denjenigen, welche den dem Rechtsstreit zugrunde liegenden Anspruch übertragen hatten, selbst dann, wenn sie zur Gewährleistung nicht verpflichtet sind.[38])

Das Prozeßgericht (nicht der beauftragte oder ersuchte Richter) kann aber in beiden Fällen nach der Vernehmung die Beeidigung beschließen.[39]) Doch dürfen Weigerungsberechtigte, die sich hatten vernehmen lassen, nunmehr die Eidesleistung verweigern.

Die ganze Aussage des Zeugen muß in erster Instanz in die Sitzungsniederschrift aufgenommen werden,[40]) wobei aber Bezugnahme auf frühere Niederschriften gestattet ist. Die Aussage muß nicht nur den Parteien, sondern auch dem Zeugen zur Genehmigung vorgelesen oder vorgelegt werden.[41])

Die Zeugen werden entschädigt, aber nur hinsichtlich der Zeitversäumnis und der Reisekosten.[42])

---

[31]) §§ $391^1$, 392. Der romanische Voreid ist wieder abgeschafft

[32]) § 392. [33]) § $398^3$. [34]) § $391^2$. [35]) Oben § 28 VI.

[36]) § 393 Nr. 2 mit St.G.B. § 161. [37]) § 393 Nr. 3.

[38]) § 393 Nr. 4. [39]) § $393^2$.

[40]) Anders im allgemeinen im Strafprozeß St P.O. § 273.

[41]) § 162.

[42]) § 401, GebührenO. §§ 1, 2, 5—12 a, 14, 16. 17.

## § 49. Urkunden.

Urkunden¹) sind Schriftstücke jeder Art, also körperliche Dinge, in denen ein Gedankeninhalt (vox mortua) durch die dafür üblichen Zeichen wiedergegeben ist.²)

Öffentliche Urkunden sind solche, welche von einer Behörde oder zur Beurkundung befugten Person innerhalb ihrer Zuständigkeit in der richtigen Form aufgenommen sind.³) Alle anderen Urkunden sind Privaturkunden.⁴)

Bezüglich der Urkunden bestehen noch gesetzliche Beweisregeln, jedoch so, daß, wo sie nicht Platz greifen, die freie Beweiswürdigung bestehen bleibt.⁵)

Dem Anscheine nach öffentliche Urkunden liefern ohne weiteres vollen Beweis dafür, daß sie echt sind und ihr Inhalt richtig ist.⁶)

Privaturkunden haben eine gesetzliche Beweiskraft nur, wenn sie mit einer echten Unterschrift oder einem beglaubigten Handzeichen versehen sind. Sie liefern dann ebenfalls vollen Beweis dafür, daß die über der Unterschrift stehende Schrift echt, d. h. von dem Unterzeichner oder in dessen Auftrage geschrieben oder sonst hergestellt ist und daß die darin abgegebenen Erklärungen von ihm abgegeben sind.⁷)

**Der Beweis des Gegenteils bleibt in beiden Fällen offen.⁸) Der Einfluß äußerer Mängel ist frei zu würdigen.⁹)**

Entstehen bezüglich der Echtheit einer öffentlichen Urkunde Zweifel, so kann das Gericht auch ohne Antrag die Erklärung der Stelle herbeiführen, welche die Urkunde aufgenommen hat.¹⁰)

Bei ausländischen öffentlichen Urkunden steht die beweislose Annahme der bestrittenen Echtheit im gerichtlichen Ermessen, wenn sie nicht durch einen Konsul oder Gesandten des Reichs legalisiert sind.¹¹)

---

¹) Cartae, instrumenta, documenta im Gegensatz zu den monumenta.

²) Der engere strafrechtliche Begriff (St.G.B. § 267) ist für den Prozeß nicht maßgebend.

³) § 415¹.

⁴) Auch die mit beglaubigter Unterschrift versehenen. Ebenso ändert die Datumsfeststellung (enregistrement) den Charakter der Urkunde nicht, bay. A.G.Z. § 33.

⁵) Ohne Bedeutung für die Gegenwart der Vorbehalt in E. 17².

⁶) §§ 415, 417, 418, 437. ⁷) §§ 416, 440. ⁸) §§ 415², 418².

⁹) § 419. ¹⁰) § 437². ¹¹) § 438.

Auch der Beweis der Echtheit für Privaturkunden bezw. deren Unterschrift wird nur dann erforderlich, wenn der Gegner des Beweisführers die Echtheit bestreitet.[12])

Ein besonderes, aber hinsichtlich seiner Zuverlässigkeit sehr fragliches und unter richterlichem Ermessen stehendes Mittel des Echtheitsbeweises ist die meistens unter Zuziehung sogenannter Schreibsachverständiger stattfindende Schriftvergleichung.[13])

Urkunden, deren Echtheit streitig ist, werden auf der Gerichtsschreiberei aufbewahrt.[14])

Bei öffentlichen Urkunden besteht für bestimmte Fälle noch eine Steigerung der gesetzlichen Beweiskraft, nämlich:

1. durch Ausschluß des Beweises des Gegenteils; nach Reichsrecht für die zivilprozessualische Sitzungsniederschrift und den damit nicht in Widerspruch stehenden Tatbestand eines gerichtlichen Urteils;[15]) aber auch das Landesrecht kann den Beweis des Gegenteils ausschließen oder beschränken;[16])

2. durch Ausdehnung der Beweiskraft auf Vorgänge, welche von der Urkundperson nicht wahrgenommen sind. Nach Reichsrecht ist dies geschehen für die ordnungsmäßigen standesamtlichen Register und Urkunden.[17]) Auch hier kann das Landesrecht weitere Fälle hinzufügen.[18])

Die Beweiserhebung erfolgt in der Regel dadurch, daß das Prozeßgericht von der Urkunde selbst Einsicht nimmt.[19])

Die Vorlegung kann aber auch bei Besorgnis des Verlustes oder der Beschädigung oder wegen anderer erheblicher Hindernisse vor einem beauftragten oder ersuchten Richter erfolgen,[20]) welcher Inhalt und Beschaffenheit durch seine Terminsniederschrift feststellen muß.

Auch können öffentliche Urkunden zunächst in beglaubigter Abschrift benutzt werden.[21])

Die Gemeinschaftlichkeit des Beweismittels tritt mit der Vorlegung der Urkunde ein.[22])

---

[12]) §§ 439, 440. — Wegen der Feststellung der Echtheit durch besonderen Rechtsstreit oben § 37 A. 16.

[13]) §§ 441, 442. [14]) § 443.

[15]) §§ 164, 314. [16]) § 418².

[17]) E. § 16 Nr. 1, P.StG. § 15. [18]) § 418³.

[19]) Wegen der Beibringung von Übersetzungen § 142³.

[20]) § 434. [21]) § 435.

[22]) § 436.

Auch bezüglich der Urkunden hat das Prozeßrecht eine Vorlegungspflicht nur für diejenigen Urkunden festgelegt, welche der Gegner in Händen hat, und auf die er, wenn auch nur in einem vorbereitenden Schriftsatze, Bezug genommen hatte.[23])

Im übrigen kann sowohl gegenüber dem Gegner wie gegenüber Dritten eine Vorlegungspflicht nur auf das bürgerliche Recht gegründet werden, welches für Urkunden die besondere Vorschrift hat, daß die Einsicht gewährt werden muß, wenn die Urkunde im Interesse des Einsicht Verlangenden errichtet war oder ein Rechtsverhältnis beurkundet, an dem er beteiligt war, oder Verhandlungen über ein Geschäft, die mit ihm oder seinem Vermittler gepflogen sind.[24])

Neben den Beweis aus der Urkunde tritt der Beweis aus der pflichtwidrigen Nichtvorlegung der Urkunde oder aus ihrer Beseitigung. In solchen Fällen ist eine etwa vom Beweisführer beigebrachte einfache Abschrift als richtig anzusehen. Auch können nach freiem Ermessen die Behauptungen des Beweisführers über die Urkunde und ihren Inhalt als nicht mehr beweisbedürftig angesehen werden.[25])

Die Verhandlungsmaxime ist insofern durchbrochen, als auch ohne Beweisantritt Urkunden, die in Bezug genommen sind, Stammbäume, Pläne, Risse und sonstige Zeichnungen, sowie die Sache betreffende Akten, ferner Handelsbücher und Tagebücher der Handelsmäkler auf gerichtliche Anordnung vorzulegen sind.[26])

Die Vorbereitung des Urkundenbeweises hat zu erfolgen:

1. durch Beifügung zu dem vorbereitenden Schriftsatze, wenigstens in Abschrift,[27])

2. durch Niederlegung auf der Gerichtsschreiberei auf Aufforderung des Gegners,[28])

---

[23]) § 423.

[24]) B.G.B. § 810. Vgl. auch § 716, H.G.B. §§ 118, 157, 246, 267, 338, 498. — Daneben bleibt aber die öffentliche Pflicht der Behörden nach Maßgabe des Landesrechts und G.V. § 169, bay. A.G.Z. a. 3. — E. Siegel, Die Vorlegung von Urkunden im Prozeß in O. Fischer Abh. 12 Heft 2.

[25]) §§ 427, 444, wegen der zur Schriftvergleichung vorzulegenden Schriften § $441^{3}$. Vgl. c. 20 C. de prob. 4, 19.

[26]) §§ $142^{1}$, 143, H.G.B. §§ 45—47, 102. — Bei Handelsbüchern soll sich die Einsicht im Allgemeinen auf den betreffenden Teil beschränken.

[27]) § 131.

[28]) §§ 134, $142^{2}$, 443.

3. durch Mitteilung von Hand zu Hand unter Anwälten. Bei nicht rechtzeitiger Zurückgabe erfolgt in diesem Falle Verurteilung zur Zurückgabe im Zwischenstreit.[29])

Der Beweisantritt ist verschieden, je nachdem sich die Urkunde in den Händen des Beweisführers, des Gegners, einer Behörde oder eines sonstigen Dritten befindet.

Bei den in Händen des Beweisführers befindlichen Urkunden erfolgt der Beweisantritt nur durch deren Vorlegung.[30])

Soll der Gegner die Urkunde haben, so erfolgt der Beweisantritt durch den Antrag auf Anordnung der Vorlegung. Der Antrag muß den Besitz des Gegners behaupten und seine Vorlegungspflicht glaubhaft machen. Wenn der Gegner den Besitz nicht bestreitet, so wird im Falle der Beweiserheblichkeit die Vorlegung angeordnet. Bestreitet er den Besitz, so hat er zuvor den sogenannten Editionseid zu leisten, dessen Weigerung dieselben Folgen hat wie Nichtvorlegung.[31])

Soll die Urkunde bei öffentlichen Behörden oder Beamten sein, so ist es in erster Linie Sache der Partei, die Urkunde zu beschaffen, so daß der Beweisantritt durch die Vorlegung zu erfolgen hat. Nur wenn die Partei dazu nicht imstande ist, geschieht der Beweisantritt durch den Antrag auf gerichtliches Ersuchen an die Behörde.[32])

Wenn ein sonstiger Dritter die Urkunde haben soll, oder die Behörde die Mitteilung der Urkunde verweigert, so erfolgt der Beweisantritt durch Antrag auf Bestimmung einer Frist zur Herbeischaffung der Urkunde. Es ist dann Sache des Beweisführers, innerhalb der Frist, nötigenfalls durch die auf eine Vorlegungspflicht des Dritten zu gründende Klage und Zwangsvollstreckung, die Vorlegung zu erwirken.[33])

Nach vergeblichem Ablauf der Frist kann der Rechtsstreit nicht weiter aufgehalten werden. Dagegen kann er vor ihrem Ablauf nur weiter betrieben werden, wenn entweder die Urkunde beschafft ist oder ihre Beschaffung verzögert wird.[34])

Die Erwirkung des Vorlegungstermins ist Sache des Beweisführers.[35])

---

[29]) § 135, unten § 84.

[30]) § 420. Im Falle des § 434 muß aber zunächst der Antrag auf die entsprechende Gerichtsanordnung genügen.

[31]) § 426. [32]) § 432¹ u. ².

[33]) §§ 428, 429, 430, 431, 432³. [34]) § 431². [35]) § 431¹.

## § 50. Sachverständige.

Sachverständige[1]) sind ebenso wie Zeugen berufen, über die Richtigkeit von tatsächlichen Parteibehauptungen Auskunft zu geben. Im Gegensatz zum Zeugen[2]) tun sie dies aber nicht durch Mitteilung von Wahrnehmungen, die sie in der Vergangenheit in bezug auf erhebliche Tatsachen gemacht haben, sondern dadurch, daß sie Erfahrungen aus dem Kreise ihrer besonderen Sachkunde, namentlich in Wissenschaft, Kunst oder Gewerbe, mitteilen, und auf Grund dieser Erfahrungen Schlüsse auf die Richtigkeit einer tatsächlichen Behauptung[3]) ziehen. Die Würdigung ihrer Aussagen steht ebenso unter freiem richterlichem Ermessen wie die der Zeugen. Sie sind also ein wahres Beweismittel, und ihre Bezeichnung als Gehilfe des Richters wäre unzutreffend, wenn sie etwas anderes sagen wollte.[4])

Daß der Sachverständige Sachkunde besitzen muß, versteht sich von selbst. Zur Sicherung seiner Unparteilichkeit dient das Ablehnungsrecht der Parteien, welches dem Ablehnungsrecht gegen Richter nachgebildet ist.[5]) Im übrigen wird die Eignung des Sachverständigen dadurch gesichert, daß dem Gericht die Auswahl zusteht, wenn sich nicht die Parteien einigen. Dabei ist jedoch den öffentlich bestellten Sachverständigen der Vorzug zu geben. Die Auswahl kann auch dem beauftragten oder ersuchten Richter übertragen werden.[6])

Eine Verpflichtung zur Erstattung des Gutachtens besteht nicht allgemein, sondern nur bei öffentlicher Bestellung zum Sachverständigen oder wenn der Sachverständige zu dem betreffenden Zweige der Erfahrung durch Erwerbstätigkeit, öffentliche Bestellung oder Ermächtigung in Beziehung steht oder wenn er sich zur Erstattung des Gutachtens vor Gericht bereit erklärt hat.[7])

---

[1]) Neben einzelnen Menschen können auch Behörden und andere Körperschaften in Betracht kommen, z. B. Vorstände der Anwaltskammer (R.A.O. §§ 88, 93), Sachverständigenkammern des Urheberrechts (Lit.U.G. § 49), Handelskammern, Landwirtschaftskammern, Medizinalkollegien.

[2]) Über sachverständige Zeugen oben § 48 A. 2. — Es kann aber auch jemand Zeuge und außerdem Sachverständiger sein.

[3]) Über Rechtsgutachten unten § 52.

[4]) In Patentsachen können sie an der richterlichen Beratung Teil nehmen, Pat.G. § 14[6], V. 6. 12. 91 § 9.

[5]) § 406.

[6]) §§ 404, 405.

[7]) § 407.

Aber auch die hiernach Verpflichteten haben das gleiche Weigerungsrecht wie ein Zeuge.[8]) Das Gericht kann übrigens auch aus in seinem Ermessen stehenden Gründen von der Gutachterpflicht entbinden.[9]) Öffentliche Beamte werden durch die Erklärung ihrer vorgesetzten Behörde befreit, daß ihre Vernehmung dem dienstlichen Interesse Nachteile bereiten würde.[10]) Als Sachverständiger soll auch der nicht vernommen werden, welcher bei einer richterlichen Entscheidung mitgewirkt hat, die den gleichen Gegenstand wie das zu erstattende Gutachten hatte.[11])

Der Zwang gegen den Sachverständigen beschränkt sich auf Kostenersatz und Geldstrafe.[12])

Der Beweisantritt erfolgt nur durch Berufung auf Sachverständige im allgemeinen, nicht durch Benennung der Sachverständigen; doch kann das Gericht zur Benennung eines geeigneten Sachverständigen auffordern.[13]) Übrigens gilt die Verhandlungsmaxime nicht, es kann auch ohne Antrag Sachverständigenbeweis angeordnet werden.[14])

Auch die Unmittelbarkeit steht ganz in richterlichem Ermessen, es kann beliebig Vernehmung durch einen beauftragten oder ersuchten Richter oder auch schriftliche Begutachtung neben oder statt der mündlichen Vernehmung angeordnet werden.[15])

Die Beeidigung erfolgt vor oder nach Erstattung des Gutachtens dahin, daß der Sachverständige das Gutachten unparteiisch und nach bestem Wissen und Gewissen erstatten werde oder erstattet habe. Es genügt statt dessen Berufung auf die allgemeine Vereidigung für die Erstattung von Gutachten.[16])

Neue Begutachtung, erforderlichenfalls durch andere Sachverständige, ist vorgesehen, wenn das Gutachten ungenügend war oder der Sachverständige mit Erfolg abgelehnt worden ist.[17])

---

[8]) § 408¹ S. 1.
[9]) § 408¹ S. 2.
[10]) § 408².
[11]) § 408³.
[12]) § 409.
[13]) §§ 403, 404³.
[14]) §§ 144, 372. Und zwar, ebenso wie beim Augenschein, keineswegs nur behufs vorläufiger Aufklärung des Streitstandes.
[15]) § 411.
[16]) § 410. Zuständig ist dafür in Pr. die Justizverwaltung (A.G.G.B. § 86), in Bay. das Amtsgericht (A.G.G.B. a. 15 a).
[17]) § 412.

Im Gegensatz zum Zeugen erhält der Sachverständige auch Vergütung für seine Tätigkeit.[18])

Im übrigen gilt das gleiche wie von einem Zeugen.[19])

## § 51. Parteierklärungen, insbesondere Parteieid.

Gerichtliche Geständnisse befreien, wie gezeigt wurde,[1]) vom Beweise.

Aber auch andere Erklärungen (Behauptungen und Gegenerklärungen) der Parteien sind bei der Bildung der freien richterlichen Überzeugung hinsichtlich der Richtigkeit einer Behauptung in Betracht zu ziehen, da sie unter Berücksichtigung des gesamten Inhalts der Verhandlungen, zu dem in erster Linie die Parteierklärungen und das sonstige Verhalten der Parteien gehören, zu bilden ist.[2]) Deshalb kann auch das Gericht Parteien zum Zwecke der Aufklärung des Sachverhältnisses zu ihrer persönlichen Vernehmung laden lassen.[3]) Ein Erscheinungs- und Erklärungszwang wird im ordentlichen Rechtsstreit nicht geübt,[4]) aber das Nichterscheinen und Nichterklären kann ebenfalls nach freier Überzeugung als Beweisgrund verwendet werden.

Auch Parteierklärungen, welche in vorbereitenden Schriftsätzen oder außerhalb des Rechtsstreits abgegeben sind, und erforderlichenfalls durch Beweisaufnahme als abgegeben festgestellt werden, können als Beweismittel verwertet werden; insbesondere hat das außergerichtliche Geständnis zwar nicht die Wirkung der Beweisbefreiung, es wird aber in der Regel einen erheblichen Beweisgrund für die zugestandene Behauptung liefern.

Dagegen wird das Gericht bei dem Widerstreit der tatsächlichen Erklärungen der Parteien nur aus ganz besonderen Gründen die Erklärung der einen Partei (Behauptung oder Bestreitung) ohne weiteres als richtig annehmen können, und so würde häufig bei dem Mangel anderer Beweismittel die Richtigkeit einer Behauptung nicht festgestellt werden können, wenn nicht als letztes Mittel der Parteieid übrig bliebe.

---

[18]) § 413, Geb.O. §§ 1, 3, 11, 12 a—17.

[19]) § 402.

[1]) Oben § 45 Nr. 1.

[2]) § 286[1].

[3]) Über die Ausführung oben § 29 A. 21.

[4]) Oben § 31 A. 8.

Es handelt sich dabei stets um die eidliche Bekräftigung der Wahrheit einer Behauptung[5]) durch den Träger der Behauptungslast oder ihrer Unwahrheit durch den Träger der Bestreitungslast.

Während der Eid nach römischem Recht in erster Linie auf einer freien (jus jurandum voluntarium) oder vom Prätor erzwungenen (jus jurandum necessarium) Parteivereinbarung beruhte und die gerichtliche oder außergerichtliche, vergleichsweise Erledigung des Rechtsstreits bezweckte,[6]) übrigens auch schon auf richterlicher Auflage (iuramentum judiciale)[7]) beruhen konnte, ist er heute lediglich Beweismittel. Er steht aber im Anschluß an die eigentümliche geschichtliche Entwicklung, welche auch von dem germanischen und dem kanonischen Rechte beeinflußt ist, noch heute unter nur geschichtlich erklärbaren eigentümlichen einengenden Vorschriften und namentlich unter gesetzlichen Beweisregeln.[8])

Als Hauptarten kommen in Betracht der richterliche[9]) und der zugeschobene[10]) Eid, als Nebenarten, abgesehen von dem bereits behandelten Editionseid,[11]) der Schätzungseid[12]) und die eidesstattliche Versicherung.[13])

Bei allen Arten kommen die früher dargelegten Vorschriften über die Eidesfähigkeit und, abgesehen von der Versicherung, auch die über Eidesleistung[14]) in Betracht.

Im folgenden wird mit den beiden Hauptarten begonnen, und zwar soll zunächst nur das ihnen Gemeinsame zur Darstellung gelangen.[15])

---

[5]) Das Gesetz nennt die Behauptung überall „Tatsache". Darüber oben § 44 A. 3.

[6]) Fr 2 D. 12, 2: Jus jurandum speciem transactionis continet majoremque habet auctoritatem quam res judicata.

[7]) Vom jus jurandum in litem sagt fr. 4 § 1 D. 12, 3: Deferre autem jus jurandum judicem oportet. — Die Bezeichnung des richterlichen Eides als notwendigen Eides beruht also auf einem Mißverständnis.

[8]) Die österreich. ZPO. (§§ 371 ff.) hat in Anlehnung an das englische Recht die eidliche Vernehmung der Parteien in der Weise der Zeugenvernehmung gestaltet, jedoch so, daß nur eine Partei bezüglich des Beweisthemas beeidet werden darf.

[9]) § 475.

[10]) § 445.

[11]) Oben § 49 A. 31.

[12]) § 287.

[13]) § 294.

[14]) Oben § 28 VI.

[15]) Nach § 477¹ finden die zunächst für den geschobenen Eid gegebenen §§ 457—471, 473 auf den richterlichen Eid entsprechende Anwendung.

Die zu beschwörende Behauptung oder Leugnung wird vor der Eidesleistung von dem Gericht in einer sogenannten *Eidesnorm* wörtlich festgestellt, welche von dem Eingang und dem Schluß nach den allgemeinen Vorschriften umrahmt wird,[16]) aber die Gründe, welche für die Überzeugung der Partei maßgebend gewesen sind, nicht angibt.

Handelt es sich um eine Tatsache, die Gegenstand *eigener Wahrnehmung* des Schwörenden gewesen sein soll, so ist der Eid des *Beweisführers* stets als *positiver Wahrheitseid* (iuramentum veritatis) zu formulieren. Der Eid des *Gegners* ist regelmäßig als *Unwahrheitseid* zu fassen, wobei aber eine positive Gegenangabe nicht ausgeschlossen ist. Nur wenn ihm ein solcher Eid nach den Umständen des Falles nicht zugemutet werden kann, darf er die *Überzeugung* von der *Unwahrheit* der Behauptung (iuramentum credulitatis) beschwören. *Außerhalb* der eigenen Wahrnehmung schwört der *Beweisführer* den *Überzeugungseid*, der Gegner aber nicht den Eid der Überzeugung von der Unwahrheit, sondern nur den Eid der *Nichtüberzeugung von der Wahrheit* (iuramentum ignorantiae).[17])

Die Eidesnorm muß auf *Tatsächliches* abgestellt werden und darf niemals im Gegensatz zum römischen Recht dem Schwörenden die Entscheidung über den streitigen *Rechtspunkt* zuschieben.[18])

Durch die Leistung des Eides des *Beweisführers* wird, auch wenn er nur Überzeugungseid ist, die *Wahrheit* der Behauptung festgestellt; durch den Eid des *Gegners* wird nicht bloß Beweislosigkeit hergestellt, sondern, auch wenn nur die Unwissenheit beschworen war, die *positive Unwahrheit* zur Feststellung gebracht. In beiden Fällen ist der Beweis des *Gegenteils* ausgeschlossen. Das Ergebnis kann nur auf Grund der Feststellung eines *Eidesvergehens* im Strafprozeß beseitigt werden.[19])

Die *Erlassung* des Eides durch den Gegner hat die gleiche Wirkung wie die Leistung.[20])

Die *Weigerung* des Eides durch denjenigen, dem der Eid auferlegt ist, hat die entgegengesetzte Beweiskraft wie die Leistung.[21])

---

[16]) § 481, oben § 28 VI. [17]) § 459. [18]) § 450 a. E.

[19]) §§ 463, 580, 581. [20]) § 464 [1].

[21]) § 464 [2]. — Insofern ist heute *jeder* Parteieid ein notwendiger im römischen Sinne.

Sein Nichterscheinen steht der Weigerung gleich; aber diese Folge kann durch Antrag auf nachträgliche Abnahme des Eides innerhalb der Notfrist von einer Woche beseitigt werden.[22])

Mit Rücksicht auf diese schwerwiegenden Folgen der Eidesleistung soll der Eid nicht durch Beweisbeschluß, sondern durch bedingtes Urteil auferlegt werden, in welchem die Folgen der Leistung und der Nichtleistung des Eides so genau, als es nach Lage der Sache möglich ist,[23]) festgestellt werden, also in der Regel eine Entscheidung sowohl für den Fall der Leistung wie für den der Nichtleistung ausgesprochen wird, so daß es zur Eidesleistung erst nach Rechtskraft des bedingten Urteils kommt.[24])

Nur beim zugeschobenen Eid ist aber daneben auch die Anordnung durch Beweisbeschluß ausnahmsweise zulässig, nämlich:

1. wenn die Parteien über Norm und Erheblichkeit einverstanden sind,

2. wenn sich nach Erschöpfung der etwaigen sonstigen Beweismittel ergibt, daß die Entscheidung bezüglich eines selbständigen Angriffs- oder Verteidigungsmittels[25]) lediglich von dem Erfolge der Eidesauflage abhängt.[26])

Mit der Auflage des Eides durch Urteil tritt spätestens die Unabänderlichkeit der Eidesanordnung für das anordnende Gericht ein.[27])

Doch hat diese Regel folgende Ausnahmen:

1. Zulässig bleibt die Anordnung der Leistung eines beschränkteren Eides, wenn die zu beeidigende Partei ihre Behauptung oder Bestreitung einschränkt.[28])

2. Tatumstände, die für die Entscheidung unerheblich sind, können berichtigt werden.[29])

3. Tod, Eidesunfähigkeit, Verlust der Parteistellung oder der Vertreterbefugnis machen die Eidesanordnung hinfällig. Es muß von neuem verhandelt und entschieden werden,

---

[22]) 465—468.

[23]) Wenn mehrere Eide aufzuerlegen sind, so ist das Verhältnis, in dem sie zueinander stehen, bestimmt anzugeben. Dagegen wird es nicht immer tunlich sein, für alle denkbaren Möglichkeiten die Folgen schon anzugeben.

[24]) §§ 460—462, 477[3].

[25]) Oben § 44 A. 11.

[26]) § 461.

[27]) § 318.

[28]) § 469 S. 1.

[29]) § 469 S. 2.

aber nur bezüglich der anderweiten Feststellung der den Gegenstand des Eides bildenden Behauptung.[30])

4. Die Bestrafung wegen Eidesvergehens führt zu einer ähnlichen Behandlung unter Zurücknahme der Eidesanordnung.[31])

Während die freiwillige Vertretung bei der Eidesleistung ausgeschlossen ist,[32]) tritt der gesetzliche Vertreter auch hier an die Stelle der Partei indem er aus eigener Überzeugung und mit eigener Verantwortung den Eid leistet.[33]) Doch kann nach richterlichem Ermessen auch die vertretene Partei an seine Stelle treten, wenn sie eidesfähig ist und es sich um den Inhalt ihrer eigenen Wahrnehmung handelt.[34])

Der Grundsatz der Unmittelbarkeit gilt. Ausnahmen begründen die Verhinderung, eine große Entfernung und das den landesherrlichen und gleichgestellten Familien gewährte Vorrecht.[35])

Sowohl der richterliche wie der zugeschobene Eid sind heute mit Rücksicht auf die innere Schwäche des Beweismittels und die große Gefahr des Meineids und des Fehlspruchs notwendig subsidiäre Beweismittel. Es müssen daher vor der Anordnung alle anderen Beweismittel erschöpft werden, wenn nicht von vornherein feststeht, daß die Eidesauflage bei jedem nur denkbaren Ergebnisse der noch nicht erhobenen Beweise doch bestehen bleiben müßte.[36])

Auch darf das Ergebnis der bisherigen Beweisaufnahme nicht dazu geführt haben, daß die Wahrheit oder Unwahrheit der streitigen Behauptung als voll erwiesen anzusehen ist; denn dann ist für den Parteieid kein Raum mehr.[37])

Wenn sonach beide Hauptarten des Parteieides hinter allen anderen Beweismitteln zurückzutreten haben, so ist die Stellung des zugeschobenen Eides noch mehr dadurch zurückgedrängt, daß nach heutigem Recht[38]) auf den zugeschobenen Eid nur zurück-

---

[30]) § $471^{1}$ u. $^{3}$. [31]) §§ 457, 470, $471^{3}$, $477^{1}$ u. $^{2}$.

[32]) § 478. — Ausnahmen nach dem Sonderrecht der landesherrlichen und gleichgestellten Familien, E. § 5, pr. KabO. 15. 9. 36, A.G.Z. § 2.

[33]) § 473 mit § 474.

[34]) § $473^{2}$ u. $^{3}$. — Da der Güterpfleger Partei ist (oben § 21), so kann für den Parteieid immer nur er und nicht der Vermögensinhaber in Betracht kommen.

[35]) § 479. [36]) §§ 453, 454, 475. [37]) §§ 446, $453^{2}$, 475.

[38]) Nach gemeinem Recht konnte durch die endgültige Eideszuschiebung allerdings anderer Beweis abgeschnitten werden. Zur Abhilfe hatte sich die Gewissensvertretung (probatio pro exoneranda conscientia) entwickelt, bei welcher der Gegner des Beweisführers die Unrichtigkeit der Behauptung anderweit dartun mußte.

gegangen werden darf, wenn sich ergeben hat, daß die Voraussetzungen für die Auferlegung eines richterlichen Eides nicht gegeben sind.[39])

Der richterliche Eid wird angeordnet, ohne daß es eines Beweisantritts durch die Parteien bedarf.[40]) Voraussetzung für die Anordnung ist, daß sich mindestens etwas mehr wie nichts für die Behauptung des Beweisführers ergeben hat.[41])

Es kann aber der richterliche Eid nicht nur dem Beweisführer als Behauptungseid (iuramentum suppletorium), sondern auch dem Gegner als Leugnungseid (iuramentum purgatorium) auferlegt werden. Gesetzlich steht die, meistens das Schicksal des Rechtsstreits entscheidende Auswahl des Schwörenden ganz im richterlichen Ermessen. Das Gericht wird aber zu der schwerwiegenden Anordnung des Behauptungseides nur schreiten, wenn sich eine bedeutende Wahrscheinlichkeit der Behauptung sowie die persönliche Vertrauenswürdigkeit des Beweisführers ergeben hat, auch ersichtlich ist, daß die Frage zum Wahrnehmungskreise des Beweisführers gehört, auf den allerdings der richterliche Eid gesetzlich nicht beschränkt ist.[42])

Der zugeschobene Eid ist von vornherein nur für den Wahrnehmungskreis des Schwörenden, seiner Rechtsvorgänger und Vertreter zulässig. Doch kann diese Schranke durch Vereinbarung der Parteien beseitigt werden.[43])

Der Beweisantritt erfolgt hier aber nicht durch das Anerbieten des Beweisführers, seine Behauptung zu beschwören, sondern nur durch die Zuschiebung des Eides seitens des Trägers der Beweislast[44]) an den Gegner, d. h. durch den Antrag, daß angeordnet werde, daß der Gegner die Leugnung der bestimmt als Gegenstand der Zuschiebung zu bezeichnenden Behauptung[45]) beschwören

---

[39]) Das ergibt der Zusammenhalt von § 475 mit §§ 453, 454. Es wäre aber richtiger gewesen, wenn das Gesetz den richterlichen Eid zuerst behandelt hätte

[40]) Ein Erbieten der Partei zu dem Eide ist aber nicht unzulässig

[41]) O. Fischer in Iherings J. 38, 368.

[42]) § 475.

[43]) §§ 445, 448, 450.

[44]) § 447. Die Zuschiebung durch den Träger der Bestreitungslast kann auch durch Vereinbarung nicht wirksam werden, § 450. — Zuschiebung und Zurückschiebung findet nur unter Hauptparteien statt, § 449.

[45]) § 451. Die Praxis verneint mit Recht die Zulässigkeit der Zuschiebung über die exceptio plurium ohne nähere Angaben, Jur. Woch. 1904, 606 ff.

solle, in der meistens trügerischen Hoffnung, daß der Gegner diesen Eid weigern oder zurückschieben werde, da bei Annahme der Zuschiebung und Eidesleistung des Gegners der Beweis, wie gezeigt wurde, nicht nur nicht als geführt, sondern sogar die Behauptung als widerlegt anzusehen ist. Die Zuschiebung trägt also eine große Gefahr für den Zuschiebenden in sich.

Die Gegenerklärung auf die Zuschiebung erfolgt durch Annahme oder Zurückschiebung, welche der Annahme nicht mehr bedarf.[46]) Die Zurückschiebung ist aber ebenfalls, nur innerhalb der Wahrnehmungsgrenzen des so zum Schwur gelangenden Beweisführers, seiner Vorgänger und Vertreter zulässig, aber noch an die weitere Schranke gebunden, daß das Eidesthema, wenn es außerhalb des persönlichen Wahrnehmungskreises des Beweisführers liegt, nicht innerhalb des persönlichen Wahrnehmungskreises des Zurückschiebenden liegen darf.[47]) Aber auch diese beiden Einschränkungen können durch Vereinbarung fortfallen.[48])

Die Nichterklärung auf die Zuschiebung und die unzulässige Zurückschiebung werden als Eidesweigerung behandelt, aber nur, nachdem eine etwaige anderweite Beweisaufnahme erledigt und eine besondere gerichtliche Aufforderung zur Erklärung erfolgt war.[49])

Bei dem zugeschobenen Eide tritt die Unwiderruflichkeit mit den früher angegebenen Ausnahmen schon durch die Annahme oder Zurückschiebung des Eides ein. Sie fällt aber weg, wenn es noch hinterher zur Aufnahme neuer Beweise kommt.[50])

Der Schätzungseid ist eine besondere Art des richterlichen Eides, bei welcher die Schätzung der Höhe eines Schadens oder Interesses bis zu einem gerichtlich festzustellenden Höchstbetrag den Gegenstand bildet. Der Eid kann nur dem Beweisführer auferlegt werden. Er ist nicht davon abhängig, daß der sonstige Beweis erschöpft ist, auch nicht davon, daß bezüglich der Höhe des Schadens bereits etwas erwiesen ist.[51])

Bei der Glaubhaftmachung tritt die Versicherung an Eidesstatt des Beweisführers an die Stelle des Eides.[52])

---

[46]) §§ 452, 456.
[47]) § 448.
[48]) § 450.
[49]) §§ 454, 455.
[50]) § 458.
[51]) § 287. — Abs. 2 ist heute bedeutungslos.
[52]) Oben § 46 A. 36.

## § 52. Rechtsanwendung.

Das den Rechtsstreit sachlich entscheidende gerichtliche Urteil soll darüber befinden, ob sich durch Anwendung der Rechtssätze auf den festgestellten Sachverhalt das Begehren des Klägers als rechtmäßig erweist oder nicht erweist, und ob dem Klageantrage und den in Betracht kommenden Nebenanträgen stattzugeben ist oder nicht.[1])

Da das Gericht bei der Rechtsanwendung völlig unabhängig und nur dem Gesetz unterworfen ist,[2]) so hat es das Dasein, die Gültigkeit und den Inhalt der Rechtssätze selbständig festzustellen, also namentlich auch zu prüfen, ob ein Reichsgesetz verfassungsmäßig zustande gekommen ist,[3]) ob eine verordnende Stelle die Grenzen ihres Verordnungsrechts innegehalten hat, ob Landesrecht gegenüber dem Reichsrecht bestehen kann, ob sich Gewohnheitsrecht gegen das Gesetzesrecht oder neben ihm gebildet hat und wie Lücken auszufüllen sind.

Da aber das Landesrecht die Voraussetzungen seiner Gültigkeit, abgesehen von seiner Einschränkung durch das Reichsrecht, selbst bestimmen kann, so darf es auch — und zwar mit Bindung auch des Reichsgerichts — die Nachprüfung dieser Voraussetzungen regeln. Daher ist in verschiedenen Staaten verordnet,[4]) daß die Rechtsgültigkeit gehörig verkündeter landesherrlicher Verordnungen nicht nachzuprüfen ist.

Eine andere, hier nicht zu erörternde Frage ist es, inwieweit das Gericht an die rechtliche Beurteilung des Reichsgerichts,[5]) an die Entscheidung der für Vorfragen zuständigen Behörden[6]) und an frühere rechtskräftige Entscheidungen der Gerichte[7]) gebunden ist.

Die Rechtsanwendung ist von der Anführung der Rechtssätze durch die Parteien oder einer besonderen Rechtsbehauptung (intentio) ihrerseits unabhängig (iura novit curia).[8])

Die Parteien können auch durch Vereinbarungen das anzuwendende in- oder ausländische Recht weder beschränken noch sonst ändern. Doch kann in der Vereinbarung der Anwendung eines fremden

---

[1]) Oben § 36 A. 7.

[2]) G.V. § 1, oben § 6 A. 34.

[3]) Ein verkündetes Reichsgesetz, das dem Reichstage oder dem Bundesrat nicht vorgelegen hätte, wäre nicht anzuwenden. Die Abstimmungsergebnisse sind aber als interna corporis nicht nachzuprüfen.

[4]) Pr. V.U. a. 106². In Preußen ist auch die Nachprüfung der Gültigkeit aller Handlungen der Staatshoheit ausgeschlossen, oben § 38 A. 22.

[5]) Oben § 7, unten § 62.

[6]) Oben § 38, unten § 53.

[7]) Unten § 67.

[8]) Für die Revisionsinstanz unten § 62.

Rechts eine Abrede hinsichtlich der Privatrechtswirkungen liegen, welche als rechtsgeschäftliche Festsetzung wirksam bleibt, wenn das inländische Recht in dem betreffenden Punkte nachgiebig ist.[9])

Die Benutzung von Rechtsgutachten ist bei der Rechtsfindung zulässig, aber selbstverständlich nicht bindend.[10])

Gleichwohl soll der Parteivortrag in der mündlichen Verhandlung auch den Rechtspunkt umfassen.[11]) Für die vorbereitenden Schriftsätze ist solches dagegen nicht vorgeschrieben,[12]) insbesondere bedarf es auch zur Angabe des Klaggrundes in der Klagschrift keinerlei Angabe von Rechtssätzen oder auch nur des besonderen Rechtsgrundes des geltend gemachten und damit allerdings stillschweigend als rechtmäßig hingestellten Begehrens.[13])

Auch ausländisches Recht, Gewohnheitsrecht sowie auf Autonomie beruhendes Recht (sogenannte Statuten) können und sollen vom Gericht durch eigene Tätigkeit herangezogen werden. Wenn gleichwohl bestimmt ist,[14]) daß sie, wenn sie dem Gericht unbekannt sind, „des Beweises bedürfen", so ist damit offenbar auch für sie nicht die Verhandlungsmaxime eingeführt, sondern nur auf eine gewisse Verhandlungslast der Parteien hingewiesen, welche ohne Rechtsverletzung seitens des Gerichts ein Nachteil treffen kann, wenn ein trotz pflichtmäßiger Nachforschung unbekannt gebliebener Rechtssatz dieser Art außer Anwendung geblieben ist.

Auch Verurteilungshindernisse, welche den Gegenstand einer Tateinrede bilden,[15]) sind ohne weiteres zu beachten, gleichviel ob der betreffende Sachverhalt, z. B. die Tatsache der Zahlung von dem Kläger oder von dem Beklagten in den Prozeß eingeführt ist.

Anders steht es mit den Rechtseinreden,[16]) bei welchen das betreffende Hindernis der Verurteilung nur dann zu berücksichtigen ist, wenn der Beklagte seinen dahingehenden Willen im Prozeß erklärt.

---

[9]) Gemäß B.G.B. § 140. O. Fischer, Methode der Rechtsfindung im internationalen Recht 27 (Iherings J. 65, 151) und Konversion (Auch in Festschrift für Wach I, 179 ff.).

[10]) Anders bei den früheren Urteilsvorschlägen der bei den juristischen Fakultäten bestehenden Spruchkollegien. Oben § 6 A. 26.

[11]) § 137 [2].

[12]) § 130.

[13]) § 253 [2] Nr. 2.

[14]) § 293.

[15]) Oben § 44 A. 9. Ebenso Tatrepliken, Tatdupliken.

[16]) Rechtsrepliken, Rechtsdupliken. — Anknüpfend an die exceptio juris der Glosse, oben § 44 A. 9.

Schützt der Beklagte die Rechtseinrede nicht vor, so bleibt sie bei der Rechtsanwendung außer Betracht.[17])

Die Rechtseinreden dienen namentlich zur Geltendmachung der Verjährung und anderer Einreden im Sinne des Bürgerlichen Gesetzbuchs.[18]) Sie sind aber gleich den Tateinreden Prozeßmittel, deren Berechtigung zunächst dahin steht,[19]) während die Einreden im Sinne des Bürgerlichen Gesetzbuchs feststehende Privatberechtigungen sind, die im Prozeß auch einen Klaggrund oder eine Rechtsreplik bilden können.

Bei der Aufrechnung sind die Aufrechnungserklärung und die darauf gestützte Einrede[20]) zu unterscheiden. Erstere kann auch außerhalb des Rechtsstreits erfolgen[21]) und ist in ihren Voraussetzungen und Wirkungen durch das Privatrecht geregelt.[22]) Letztere gehört dem Prozeßrecht an und bildet eine bloße Tateinrede.[23])

Ähnlich müssen die gewöhnliche Anfechtung durch Privatwillenserklärung[24]) und die darauf gestützte Tateinrede[25]) unterschieden werden.[26])

---

[17]) O. Fischer in Iherings J. 63, 273.

[18]) Fischer-Henle, Handausgabe A. 6 zu § 202.

[19]) Ein ähnliches Verhältnis wie zwischen Anspruch im Sinne des B.G.B. und Anspruch im Sinne der Z.P.O. oben § 37 A. 2.

[20]) Eine solche ist auch die Geltendmachung eines Zurückbehaltungsrechts an einer Geldsumme, R. 85, 116.

[21]) B G.B. § 388.

[22]) B.G.B. §§ 387 ff. Eine prozeßrechtliche Voraussetzung bei Forderungen aus der Eisenbahnfracht H.G.B. § 469 [3].

[23]) Sie hat aber Besonderheiten, unten §§ 61, 64, 67, 83, und wegen der Unterbrechung der Verjährung B.G.B. § 209 [2] Nr 3, 215. Ihre Auffassung als unentwickelte Widerklage (unten § 79 II) ist aber nicht gerechtfertigt. — Ungerechtfertigt daher auch die Annahme, daß mit Forderungen, für deren Geltendmachung der Rechtsweg ausgeschlossen ist oder lediglich das Schiedsgericht angerufen werden kann, nicht aufgerechnet werden könne. Aber das Gericht ist behindert, über die Vorfrage des Bestehens der Gegenforderung selbst Entscheidung zu treffen, oben § 38 A. 37.

[24]) B.G.B. § 143. [25]) B.G.B. § 142.

[26]) Ausnahmsweise Anfechtung durch Erklärung beim Nachlaßgericht (B G.B. §§ 1597, 1955, 1956, 2081), Klage (B.G.B. §§ 1341, 1596, 2342, Anf.G. § 9 [unten § 115], K. §§ 29 ff. [unten § 123]) oder durch Erhebung einer Einrede (Anf.G. § 5, K. § 41 [2]), die dann Rechtseinrede ist. Nur im Falle des B.G.B. § 2342 handelt es sich um eine Gestaltungsklage (oben § 37), es tritt deshalb die Anfechtungswirkung erst mit der Rechtskraft ein (§ 2342 [2], unten § 67).

Das einseitige Anerkenntnis des Klagbegehrens durch den Beklagten (Rechtsgeständnis, confessio in iure)[27]) liefert für sich allein die genügende Grundlage für die Feststellung der Rechtmäßigkeit des Klagbegehrens in der Hauptsache, so daß jede weitere Rechtsanwendung ausgeschlossen ist. Die Verurteilung dem Anerkenntnisse gemäß bedarf aber eines besonderen Antrages des Klägers.[28])

Ebenso schließt der auf Antrag des Beklagten zur sachlichen Abweisung führende Rechtsverzicht des Klägers (confessio in iure actoris) jede weitere Rechtsanwendung in der Hauptsache aus.[29])

Endlich haben auch die in der Zivilprozeßordnung nicht erwähnten[30]) Rechtsvermutungen eine weitergehende Wirkung als die Tatvermutungen.[31]) Sie verordnen,[32]) daß, wenn der die Vermutungsvoraussetzung bildende Rechtsschein vorhanden ist, das Bestehen des wahren Rechts (Rechtsverhältnis, Rechtslage) vermutet werden soll. Wer sich auf eine Rechtsvermutung berufen kann, ist nicht nur vom Beweise, sondern auch von der Behauptung der Entstehungstatsachen für das behauptete Recht befreit. Damit beschränkt sich zugleich auch der Umfang der Rechtsanwendung und Tatsachenfeststellung seitens des erkennenden Gerichts. Dieses hat ohne Feststellung und Würdigung solcher Tatsachen das Bestehen des behaupteten Rechts solange anzunehmen, bis sich aus den von dem Gegner zu behauptenden und nötigenfalls zu beweisenden Tatsachen positiv das Nichtbestehen des behaupteten Rechts ergibt, sei es, daß es niemals entstanden, sei es, daß es untergegangen ist.[33])

---

[27]) Im Gegensatz zum Tatgeständnis oben § 45 Nr. 2. — O. Fischer a. a. O. 272. Klingmüller, Das Schuldversprechen und Schuldanerkenntnis in O. Fischer Abh. 9 Heft 4, insb. 93 ff.

[28]) § 307.

[29]) § 306. Erfordernis der Zustimmung von Aktionären im Falle H.G.B. § 270.

[30]) § 292 bezieht sich nur auf die Tatvermutungen.

[31]) Ihr Verhältnis zu den Tatvermutungen (oben § 45 Nr. 4) ist ähnlich wie das des Anerkenntnisses zum Geständnis.

[32]) Z. B. B.G.B. §§ 891, 921, 1006, 1362, 1527, 1964, 2365, 2368.

[33]) Hedemann, Die Vermutungen in O. Fischer Abh. 11 Heft 2, Kuttner, Die Rechtsvermutung aus Akten der freiwilligen Gerichtsbarkeit in Iherings J. 61, 109, O. Fischer in Fischer-Henle Handausgabe des B.G.B. XXXI. — Das Reichsgericht (Warneyer, Rechtsprechung 1913 Nr. 300) will die Rechtsvermutung aus dem Erbschein so einschränken, daß dies ihrer Beseitigung für den Erbrechtsstreit gleichkommt. Dagegen O. Fischer, Zur Lehre von der Rechtsvermutung in Iherings J. 63, 269.

## § 53. Prozessualische Voraussetzungen.

I. Wie bereits dargelegt wurde, kann es zur Sachentscheidung nur kommen, wenn die Voraussetzungen erfüllt sind, von denen das Prozeßrecht die Zulässigkeit der Sachentscheidung abhängig macht.[1])

Entsprechend der allgemeinen Einteilung des Prozeßstoffs in selbständige Angriffs- und Verteidigungsmittel[2]) zerfällt auch dieser die Beurteilungsfähigkeit betreffende Streitstoff in eigentliche Voraussetzungen und Prozeßeinreden. Da auf diesem Gebiete grundsätzlich die Verhandlungsmaxime nicht besteht,[3]) so sind erstere ohne besondern Antrag in Betracht zu ziehen. Letztere dagegen nur auf besondere Rüge des Beklagten, so daß sie den Charakter von Rechtseinreden[4]) haben.

Die einzelnen Voraussetzungen sind bei den Prozeßeinrichtungen zu erörtern, mit denen sie im Zusammenhang stehen. Sie liegen teilweise in dem Verfahren selbst, wie z. B. die Klageerhebung und die mündliche Verhandlung. Von diesen fallen alle auf verzichtbaren Rechtsvorschriften beruhende Erfordernisse unter die Prozeßeinreden.[5])

Teilweise liegen sie außerhalb des Verfahrens. Zu der letzteren Art gehören namentlich die 7 Punkte, welche vom Gesetz[6]) als „prozeßhindernde Einreden" (exceptiones litis ingressum impedientes) bezeichnet werden. Es kommen aber auch andere Erfordernisse, z. B. die Vertretungsmacht des freiwilligen Vertreters,[7]) die Vorschußpflicht des Ausländers[8]) in Frage. Die „prozeßhindernden Einreden" betreffen teils das Gericht,[9]) teils die Parteien.[10]) Im weiteren handelt es sich um die besonderen Hindernisse der Rechtshängigkeit,[11]) der mangelnden Sicherheit für die Prozeßkosten[12]) und der mangelnden Erstattung der Kosten des früheren Verfahrens.[13])

---

[1]) Oben § 36 A. 6.

[2]) Oben § 36 A. 12.

[3]) Oben § 2 A. 27.

[4]) Oben § 52 A. 16 mit § 2 A. 31. — Über ihren frühzeitigen Ausschluß unten § 57.

[5]) Gemäß § 295, oben §§ 2, 31.

[6]) § 274.

[7]) Oben § 20.

[8]) K.G. § 85[5], oben § 34 A. 17.

[9]) Zulässigkeit des Rechtswegs (Nr. 2, oben § 38), Vereinbarung des Schiedsgerichts (Nr. 3, oben § 38, unten § 71), Zuständigkeit (Nr. 1, oben §§ 39, 40).

[10]) Parteifähigkeit, Prozeßfähigkeit, gesetzliche Vertretung (Nr. 7, oben §§ 18, 19).

[11]) Nr. 4 (unten § 86).

[12]) Nr. 5 (oben § 34).

[13]) Nr. 6 (unten § 75).

Von diesen prozeßhindernden Einreden bilden aber die auf die Parteifähigkeit, Prozeßfähigkeit, gesetzliche Vertretung, Zulässigkeit des Rechtswegs und zum Teil auch die auf die Zuständigkeit bezüglichen in Wahrheit keine Einreden, sondern von Amts wegen zu beachtende Voraussetzungen.[14])

Der die prozessualischen Voraussetzungen der Sachentscheidung betreffende Streitstoff steht auch bezüglich der Tatsachen (Behauptung, Bestreitung, Beweisung) nicht unter der Verhandlungsmaxime, sondern unter der Offizialmaxime. Das Gericht hat von Amts wegen die zur Feststellung der Tatsachen erforderlichen Ermittelungen zu veranstalten und die geeignet erscheinenden Beweise aufzunehmen.[15])

Lassen sich Prozeßvoraussetzungen nicht beschaffen oder Hindernisse nicht beseitigen, so muß es in der Regel, wie bereits dargelegt wurde,[16]) zur Prozeßabweisung (Ablehnung der Sachentscheidung, absolutio ab instantia) kommen.[17])

Nach einer weit verbreiteten Meinung bewirkte der Mangel der außerhalb des Verfahrens liegenden Voraussetzungen oder doch wenigstens das Vorhandensein einer prozeßhindernden Einrede, daß ein Rechtsstreit[18]) überhaupt nicht zustande kommt. Indessen kann es keinem Zweifel unterliegen, daß auch dann, also namentlich selbst bei Unzulässigkeit des Rechtswegs, ein Rechtsstreit entstanden ist und durch Urteil seine Erledigung finden muß. Daher ist auch der übliche Name „Prozeßvoraussetzung“ irreführend.[19])

II. Die Zulässigkeit des Rechtswegs ist zunächst wie jede andere prozessualische Voraussetzung vom Gericht zu behandeln und zu beurteilen. Sie hat aber die Besonderheit, daß nach Maßgabe des

---

[14]) Das Gesetz spricht von „Einreden, auf welche der Beklagte wirksam nicht verzichten kann“. Das ist bei Rechtseinreden ein Widerspruch in sich.

[15]) Wie auch in der freiwilligen Gerichtsbarkeit, F.G. § 12.

[16]) Oben § 36 A. 6.

[17]) Über die bei sämtlichen prozeßhindernden Einreden, auch den unverzichtbaren mögliche Vorabentscheidung unten § 82. — Bei mangelndem Kostenvorschuß des ausländischen Klägers ist von Amts wegen jede gerichtliche Handlung abzulehnen, wenn nicht ein unersetzlicher Nachteil glaubhaft gemacht wird, K.G. § 85[5].

[18]) Bezw. das, hier überhaupt abgelehnte Prozeßrechtsverhältnis (oben § 2 A. 17).

[19]) O. Fischer, Recht und Rechtsschutz 133. Übrigens hing auch nach römischem Recht die Begründung des judicium nur davon ab, daß die Parteien die litis-contestatio vollzogen hatten, nicht dagegen von der Erfüllung aller prozessualischen Voraussetzungen.

Landesrechts die Entscheidung in einer für das Gericht bindenden Weise einer besonderen Behörde übertragen werden kann.[20])

Die reichsgesetzlichen Vorbedingungen für diese Behörden und ihre Einrichtung wurden bereits dargelegt.[21])

Für das Verfahren ist reichsrechtlich nur vorgeschrieben, daß der Antrag auf Vorentscheidung ausgeschlossen ist, sobald das Gericht die Zulässigkeit des Rechtsweges in einem formell rechtskräftigen Urteil ausgesprochen hat, daß das Verfahren unter Zuziehung der Parteien mündlich und öffentlich sein und gesetzlich geregelt werden muß.[22])

Für das preußische Recht[23]) ist zu unterscheiden:

1. der positive Kompetenzkonflikt. Der Antrag auf Entscheidung muß von einer Zentral- oder Provinzialverwaltungsbehörde ausgehen, welche für eine zu ihr gehörige Behörde oder ein Verwaltungsgericht die Zuständigkeit in Anspruch nimmt. Für die ordentliche freiwillige oder Strafgerichtsbarkeit sowie im allgemeinen auch für die besonderen Gerichte[24]) kann der Kompetenzkonflikt nicht erhoben werden, ebensowenig für ausländische Gerichte, wohl aber von der inländischen Verwaltung der auswärtigen Angelegenheiten dann, wenn die Sache im Inlande nur auf diplomatischem Wege behandelt werden darf.[25]) Er ist aber auch dann ausgeschlossen, wenn ein noch nicht rechtskräftiges Urteil eines Oberlandesgerichts ergangen ist.[26])

2. Der negative Kompetenzkonflikt. Hat das Reichsgericht die Unzulässigkeit des Rechtswegs ausgesprochen, so ist das für die Verwaltungsbehörden bindend und haben sie ihre früheren entgegenstehenden Entscheidungen demgemäß zu ändern.[27]) Ist dagegen die Unzulässigkeit des Rechtswegs von einem anderen Gericht rechtskräftig ausgesprochen, während die in Betracht kommende andere Behörde ihre Unzuständigkeit endgültig ausgesprochen hatte, so hat auf Antrag einer Partei der Gerichtshof zur Entscheidung der Kompetenzkonflikte in für Gericht und Verwaltung bindender

[20]) G V. § 17[2]. [21]) Oben § 16 A. 22.

[22]) G.V. § 17[2] Nr. 3 u. 4.

[23]) V. 1. 8. 79 §§ 6 ff., G. 22. 5. 02 a. 2, 3. — Für Bayern G. 18. 8. 79, a. 8 ff., Sachsen G. 3. 3. 79 u. 19. 7. 00 §§ 2 ff., Württemberg G 25. 8. 79, a. 4 ff., Baden 30. 1. 79 §§ 6 ff. In den Grundzügen stimmen die Ordnungen überein.

[24]) Mit Ausnahme der Landbaugerichte (oben § 16 A. 17).

[25]) Urteil des Kompetenzgerichtshofs vom 25. 6. 10 in der § 2 A. 9 angeführten Schrift S. 153 ff.

[26]) Ebenso Württemberg a. 13. [27]) Ebenso Bayern a. 22.

Weise zu entscheiden, ob der Gerichtsweg oder der Verwaltungsweg gegeben ist.

III. Die örtliche und sachliche Zuständigkeit des angegangenen Amts- oder Landgerichts wird ohne Antrag nur geprüft bei nichtvermögensrechtlichen Begehren sowie wenn es sich um ausschließliche Zuständigkeit handelt. Im übrigen bedarf es der Erhebung der „prozeßhindernden" Einrede der Unzuständigkeit.[28])

Ein positiver oder negativer Kompetenzkonflikt zwischen Gerichten wird durch Bestimmung des zunächst höheren Gerichts beseitigt.[29])

Im Parteiprozeß kann der Abweisung der Klage durch Urteil wegen Unzuständigkeit des Gerichts dadurch vorgebeugt werden, daß, gleichviel ob die Unzuständigkeit von vornherein bestand oder durch Einführung neuer Begehren nachträglich entstanden ist, auf Antrag der Rechtsstreit durch sofort wirksamen Beschluß an das zuständige Gericht verwiesen wird.[30])

Im Anwaltsprozeß muß die Verweisung durch Urteil erfolgen, welches erst mit dem Eintritt der Rechtskraft wirksam wird. Sie ist auch nur zulässig bei sachlicher Unzuständigkeit.[31])

Bezüglich der sachlichen Zuständigkeit ist einem negativen Kompetenzkonflikt zwischen Amts- und Landgericht dadurch vorgebeugt, daß die Unzuständigkeitserklärung des zuerst angegangenen Gerichts für das andere maßgebend ist.[32])

Auch ist eine Anfechtung der Zuständigkeitserklärung eines Landgerichts wegen sachlicher Unzuständigkeit ausgeschlossen.[33])

Zuständigkeitsstreitigkeiten zwischen den Kammern für Handelssachen und den gewöhnlichen Zivilkammern desselben Landgerichts werden durch bindende Beschlüsse der zuerst angegangenen Kammer erledigt, wobei zu bemerken ist, daß die Sache an die Kammer für Handelssachen von vornherein nur dann gelangt, wenn der Kläger dies verlangt hat. Die Kammer für Handelssachen ist zur Verweisung auch ohne Antrag befugt, die gewöhnliche Zivilkammer dagegen nur auf Antrag.[34])

---

[28]) §§ 39, 274² Nr. 1. [29]) § 36 Nr. 5 u. 6, oben § 11 A. 20.

[30]) §§ 505, 506.

[31]) § 276. — In der Kriegszeit findet § 505 auch im Anwaltsprozeß Anwendung, V. 9. 9. 15 § 27.

[32]) § 11. [33]) § 10. [34]) G.V. §§ 102—105, 106, 107.

## § 54. Kostenentscheidung.

In jedem einen Rechtsstreit erledigenden Endurteil ist auch ohne Antrag darüber zu entscheiden, welche der Parteien[1]) die Kosten des Rechtsstreits zu tragen hat.[2]) Doch werden dabei die Beträge regelmäßig noch nicht ausgeworfen; vielmehr erfolgt in dieser Beziehung eine Ergänzung im besonderen Kostenfestsetzungsverfahren.[3])

Grundsätzlich werden bei einer Verurteilung (condemnatio) dem Beklagten, bei einer Abweisung (absolutio ab actione oder ab instantia) dem Kläger die Kosten zur Last gelegt.[4])

Trotz Verurteilung des Beklagten in der Hauptsache wird der Kläger zu den Kosten verurteilt, wenn der Beklagte nicht durch sein Verhalten zur Erhebung der Klage Veranlassung gegeben hatte und das Begehren rechtzeitig anerkennt.[5]) Im Falle einer Rechtsnachfolge genügt es, daß das Anerkenntnis nach der Mitteilung und verlangten Nachweisung der Rechtsnachfolge abgegeben ist.[6]) Umgekehrt müssen den Verurteilten die Kosten treffen, wenn er zur Klage Veranlassung gegeben hatte, im Laufe des Verfahrens aber die Rechtmäßigkeit des Klagebegehrens weggefallen ist und nunmehr der Kläger verzichtet oder, was dasselbe ist, erklärt, klaglos gestellt zu sein.[7])

Bei teilweisem Sieg sind die Kosten verhältnismäßig zu teilen oder gegen einander aufzuheben, so daß jeder Teil seine außergerichtlichen Kosten und die Hälfte der Gerichtskosten zu tragen hat. Ein teilweises Unterliegen braucht aber keinen Ein-

---

1) Im Falle der Güterpflege ist also der Güterpfleger zu verurteilen, ohne daß dadurch dessen persönliche Haftung begründet wird (oben § 21 A. 6). — Über Mehrheit von Haupt- und Nebenparteien unten §§ 80, 82. — Die Haftungen Dritter für die Kosten kommen dabei nicht in Betracht. Vgl. für die Kostenhaftung unter Eheleuten B.G.B. §§ 1387, 1415 Nr. 3, 1416, 1460², 1463 Nr. 3, 1464, 1532, 1535 Nr. 2, 1536 Nr. 4, für die Haftung des Bürgen B.G.B. § 767², der Minderheit der Aktionäre H.G.B. § 269⁴, der Kommanditgesellschaft auf Aktien H.G.B. § 328².

2) § 308.

3) Unten § 69.

4) § 91.

5) Nach Kriegsrecht während der Dauer einer Geschäftsaufsicht auch trotz Veranlassung, V. 14. 12. 16 § 12.

6) §§ 93, 94.

7) Es ist abweichend vom römischen Recht üblich, in diesem Falle nicht die Klage abzuweisen, sondern für erledigt zu erklären; sachlich ist das aber ganz gleichbedeutend. O. Fischer in Iherings J. 38, 363.

fluß auf die Kosten zu haben, wenn es verhältnismäßig geringfügig war und keine besonderen Kosten verursacht hat, oder wenn der Betrag von Schätzung oder gegenseitiger Berechnung abhängig war.[8])

Besondere Kosten können den Parteien auferlegt werden, sofern sie durch ihre Untätigkeit, ihr Verschulden oder die Erfolglosigkeit ihrer Beweismittel veranlaßt sind.[9])

Parteivertretern und nicht richterlichen Gerichtspersonen können die durch ihr grobes Verschulden verursachten Kosten auferlegt werden. Die Entscheidung erfolgt durch besonderen, mittels sofortiger Beschwerde anfechtbaren Beschluß ohne Mündlichkeitszwang.[10]) Dadurch wird aber die Kostenentscheidung unter den Parteien nicht beeinflußt.[11])

Eine Kostenentscheidung nach den für das Endurteil geltenden Grundsätzen ist auch bei anderen Entscheidungen erforderlich, die Kosten verursachen, welche nicht zu den Kosten des Rechtsstreits gehören; sie ist nur dann entbehrlich, wenn der Träger der Kostenpflicht von vornherein gesetzlich feststeht.

# 2. Abschnitt.

# Der Gang des ordentlichen Rechtsstreits in der ersten Instanz.

## § 55. Klageerhebung.

In allen Fällen muß der Rechtsstreit durch die Klageerhebung eingeleitet werden.

Im Anwaltsprozeß geschieht sie dadurch, daß die Klagschrift des Anwalts nach erfolgter Terminsbestimmung dem Beklagten im Parteibetriebe zugestellt wird.[1])

Die Zustellung der Klagschrift soll in erster Linie feststellen, daß vor einem bestimmten Gericht unter bestimmten Parteien über ein bestimmtes Begehren ein Rechtsstreit begonnen hat, daher ist für die Klagschrift die Bezeichnung des Gerichts und der Parteien wesentlich,[2]) aber auch der Klageantrag und die Angabe

---

[8]) § 92. [9]) §§ 95, 96. [10]) § 102.

[11]) Ähnlich liegt die Verurteilung der Zeugen zu Kosten, oben § 48.

[1]) §§ 253$^{1}$, 261. — Daneben vereinzelt Bekanntmachung der Klageerhebung durch die beklagte Aktiengesellschaft, H.G.B. § 272$^{4}$.

[2]) § 253$^{2}$ Nr. 1.

der Klagegrundtatsachen nach dem Maßstabe der Individualisierung.[3]) Da nach geltendem Recht auf die Klage sofort Termin zur mündlichen Verhandlung bestimmt werden muß, und die Ladung im Parteibetrieb erfolgt, so bildet auch die Ladung des Beklagten zu diesem Termin einen wesentlichen Teil der Klagschrift.[4])

Nicht wesentlich ist die Verwendung der Klagschrift als vorbereitender Schriftsatz mit vollständigem tatsächlichen Klagegrund und den Beweismitteln,[5]) da diese Angaben auch nachgeholt werden können. Nicht wesentlich ist auch das Erfordernis der Angabe des Werts des Streitgegenstands, welche verlangt wird, soweit die sachliche Zuständigkeit davon abhängt.[6])

Im Parteiprozeß kann bei verabredetem Erscheinen beider Parteien oder nach dem Scheitern des vor Beginn des Rechtsstreits unternommenen Sühneversuchs die Klage im Einverständnis beider Parteien auch mündlich erhoben und sofort verhandelt werden. Aber auch in diesem Falle wird der Klageinhalt durch die Sitzungsniederschrift festgestellt, wenn die Sache streitig bleibt.[7])

Im übrigen muß auch im Parteiprozeß die Klage schriftlich mit den erforderlichen Abschriften[8]) eingereicht oder beim Gerichtsschreiber behufs Fertigung einer entsprechenden Niederschrift mündlich erklärt werden. Eine Ladung hat sie nicht zu enthalten. Auch in diesem Fall erfolgt die Erhebung der Klage durch die Zustellung der schriftlichen Klage nebst der von Amts wegen erfolgenden Terminsbestimmung und Ladung des Beklagten. Aber auch der Kläger wird geladen, doch kann ihm statt dessen der Termin mündlich mitgeteilt werden.[9])

Die Wirkungen der Klageerhebung werden unter dem Ausdruck Rechtshängigkeit (Gerichtshängigkeit, res in judicium

---

[3]) § $253^{2}$ Nr. 2, näheres oben §§ 41 A. 3 ff., 44 A. 25. Keine Rechtsangaben oben § 52 A. 13.

[4]) § $253^{2}$ Nr. 3, oben § 29 A 6. [5]) § $253^{4}$, oben §§ 28 A. 40, 44 A. 22.

[6]) § $253^{4}$. — Über Beifügung der Generalversammlungsniederschrift bei Klage gegen Gründer H.G.B. § $269^{1}$.

[7]) §§ 500, 510 c. O. Fischer in Iherings J. 38, 368.

[8]) Nach Kriegsrecht (V. 9. 9. 15 § $14^{2}$) auch mit einer Berechnung der zu erstattenden Kosten.

[9]) §§ 497, 498. — Nach Kriegsrecht (V. 9. 9. 15 §§ 13 ff.) wird im Parteiprozeß jede Klage mit einem auch im Mahnverfahren verfolgbaren Begehren als Mahngesuch (unten § 87) behandelt, wenn nicht eine voraussichtliche Streitverhandlung des Beklagten glaubhaft gemacht ist.

deducta) zusammengefaßt.[10]) Abgesehen davon, daß auf diese Weise der Rechtsstreit in Gang gesetzt wird und dadurch auch, abgesehen von der Veränderung der sachlichen Zuständigkeit durch spätere Neueinführung von Begehren, die Zuständigkeitsvoraussetzungen festgelegt sind (perpetuatio iudicii),[11]) handelt es sich, was die prozessualischen Wirkungen anbelangt, nur um die beiden parallelen Verbote der anderweiten Geltendmachung des Begehrens und seiner Änderung.[12])

Die materiellen Wirkungen sind gegenüber dem römischen Recht bedeutend abgeschwächt. Der Verbrauch des materiellen Anspruchs (Konsumtion) und sein Ersatz durch einen Prozeßanspruch (Novation) sind gänzlich beseitigt, ebenso das Verbot der Veräußerung des Streitgegenstands.[13])

Den privatrechtlichen Wirkungen des heutigen Rechts liegt der Gedanke zugrunde, daß, wenn sich die Rechtmäßigkeit des Klagebegehrens herausstellt, der Kläger davon keinen Nachteil haben soll, daß der Rechtsstreit einen gewissen Zeitaufwand erfordert und das Urteil nicht schon im Augenblick der Klageerhebung gesprochen werden kann.

Im einzelnen gehören dahin:

1. Unterbrechung der Verjährung und Ersitzung[14]) und Wahrung von Ausschlußfristen,[15])
2. Nichterlöschen des Unterhaltsanspruchs für die Vergangenheit,[16])
3. Vererblichkeit sonst unvererblicher Ansprüche,[17])
4. Prozeßzinsen,[18])
5. Steigerung der Haftung des Beklagten, insbesondere hinsichtlich der Nutzungen,[19])

---

[10]) O. Fischer in Jherings J. 38, 365.

[11]) § 263[2] Nr. 3. — Ubi acceptum est semel judicium, ibi et finem accipere debet, fr. 30 D. 5, 1.

[12]) Darüber unten §§ 78, 85.

[13]) § 265. — Über ihren Einfluß auf den Prozeß unten § 80.

[14]) B.G.B. §§ 209 ff., 900, 927, 940[2], 941. — Bei Unzulässigkeit des Rechtswegs B G.B. §§ 210, 220.

[15]) B.G.B. §§ 485, 561, 801, 804, 864[1], 977, 1002, 2340[3], H.G.B. § 271.

[16]) B G.B. 1613. [17]) B G.B. §§ 847, 1300[2].

[18]) B.G.B. § 291.

[19]) B.G.B. §§ 292, 818[4], 987—989, 994[2], 1422, 2023.

6. Beschränkung des Verwendungsanspruchs des Beklagten,[20])
7. Erstreckung auf Rechtskraftwirkungen auf inzwischen Eingetretene.[21])

Im Parteiprozeß treten die Wirkungen, soweit es sich um Wahrung von Fristen oder Unterbrechung der Verjährung handelt,[22]) schon mit der Einreichung der Klage bei Gericht ein, sofern die Klageerhebung demnächst erfolgt.[23])

## § 56. Vorbereitung der mündlichen Verhandlung.

Die gesetzliche Regelung beschränkt sich auf wenige Punkte und ist zunächst auf den Anwaltsprozeß zugeschnitten.

1. Zwischen der Klageerhebung und dem Verhandlungstermin muß die Einlassungsfrist liegen, welche regelmäßig zwei Wochen beträgt, aber bei der Terminsbestimmung abgekürzt werden kann. In Meß- und Marktsachen beträgt sie 24 Stunden. Ist die Klage im Auslande zuzustellen, so wird sie vom Vorsitzenden besonders bestimmt.[1])

2. Der Termin darf nicht später bestimmt werden, als es zur Wahrung der Einlassungsfrist erforderlich ist.[2])

3. Die Parteien sollen in der kurzen Zwischenzeit die erforderlichen, vorbereitenden Schriftsätze so zeitig wechseln, daß der Gegner sich auf seine Gegenerklärungen noch vorbereiten kann. Dabei ist eine Frist von einer Woche, von der mündlichen Verhandlung rückwärts gerechnet, einzuhalten. Nur bei bloßen Gegenerklärungen genügt eine Frist von drei Tagen.[3])

Eine sachgemäße Vorbereitung der Parteien und des Gerichts auf eine Streitverhandlung in dem dazu bestimmten Termine ist bei dieser Ordnung in den meisten Fällen schlechthin ausgeschlossen. Die Anwälte pflegen daher im ersten Termin nicht zu erscheinen oder

---

[20]) B.G.B. §§ 297, 996. Weitere Wirkungen in B.G.B. §§ 284, 347, 407, 428, 1002, 1435, 2360, H.G.B. §§ 372², 433, 469, Z. § 852.

[21]) Unten § 67. [22]) § 496³ gegenüber § 267.

[23]) Über den Eintritt bei nicht nach der Z.P.O. zu erledigenden Prozessen (oben § 4 A. 14) E.B.G.B. a. 152.

[1]) §§ 226, 262, oben §§ 24 A. 6, 29 A. 13.

[2]) § 261², oben § 29 A. 5.

[3]) §§ 132, 272¹, oben § 28 A. 44. — Wegen der besonderen Vorbereitung des Urkundenbeweises oben § 49 A. 27 ff.

Vertagung zu vereinbaren. Oder das Gericht ist zur Vertagung von Amts wegen genötigt, weil die erforderlichen Schriftsätze fehlen oder die Zeit zur Vorbereitung aus ihnen nicht hinreichte.

Im Falle der Vertagung kann das Gericht bestimmen, daß von einer oder von beiden Seiten noch vorbereitende Schriftsätze innerhalb bestimmter Fristen mitgeteilt werden.[4])

Für den Parteiprozeß ergeben sich folgende Abweichungen:

1. Die ordentliche Einlassungsfrist ist auf eine Woche und bei Zustellung der Klage im Gerichtsbezirk auf drei Tage herabgesetzt.[5])

2. Die Fristen für die allerdings nicht vorgeschriebenen[6]) vorbereitenden Schriftsätze sind die gleichen, ebenso an und für sich die Zustellungsform. Aber die Schriftsätze sind bei Gericht einzureichen, und dieses kann auch anordnen, daß sie dem Gegner formlos mitgeteilt werden.[7])

3. Zur Vorbereitung der mündlichen Verhandlung kann das Gericht den Parteien die Vorlegung von Schriftstücken und Zeichnungen aufgeben, auch öffentliche Stellen um Mitteilung von Urkunden und amtlichen Auskünften ersuchen.[8]) Es kann auch schon Zeugen und Sachverständige laden, die Einnahme des Augenscheins und die Begutachtung durch Sachverständige anordnen, auch das persönliche Erscheinen der Parteien bestimmen; alles dieses aber erst, nachdem ein mündlicher oder schriftlicher Widerspruch des Beklagten gegenüber dem Klageantrag vorliegt.[9]) Auch diese Vorbereitung wird ebensowenig praktisch, wie die durch die Schriftsätze, da sie durch den vom Gesetz vorgeschriebenen schnellen Anschluß des Verhandlungstermins an die Klageerhebung so gut wie ausgeschlossen ist.[10])

---

[4]) § 272$^{2}$.

[5]) § 499. — Für Nachbarorte G. 1. 6. 09 a. 5, für Berlin V. 20. 4. 14. — Daneben eine besondere Frist bei Anfechtungen von Beschlüssen einer Generalversammlung der Aktionäre, H.G.B. § 272$^{2}$.

[6]) Oben § 28 A. 45.

[7]) §§ 129$^{2}$, 496$^{2}$ u. $^{5}$.

[8]) § 501 Abs. 1 Nr. 1—3.

[9]) § 501 Abs. 1 Nr. 4—6, Abs. 2 u. 3.

[10]) Eine Abhilfe könnte nur die Gestaltung des kurz anzuberaumenden ersten Termins als eines Vortermins bieten, welcher auch im Anwaltsprozeß vor dem Einzelrichter stattfinden müßte, mit der Aufgabe, die unbestrittenen Begehren schnell durch Anerkenntnis oder Versäumnisurteil zu erledigen und in den streitigen unter Gewährung der erforderlichen Zeit für Parteien und Gericht die Vorbereitung der mündlichen Verhandlung zu ordnen, zu welcher dann erst nach

## § 57. Die erste mündliche Verhandlung und Entscheidung.

Erscheint auf Aufruf keine zur Verhandlung berechtigte Partei oder Parteivertretung, so kann nicht verhandelt werden. Das Verfahren ruht, bis eine Partei einen neuen Termin beantragt und — im Anwaltsprozeß — auch dem Gegner eine neue Ladung zustellen läßt.[1])

Ist nur eine Partei gehörig vertreten, so kann es nur zum Versäumnisverfahren kommen.[2])

Im folgenden wird vorausgesetzt, daß beide Parteien gehörig vertreten erschienen sind und verhandeln wollen.

Die den gesamten Prozeßstoff umfassende Parteiverhandlung erfolgt dann nach den früher dargestellten allgemeinen Regeln in einem oder mehreren von Amts wegen anzuschließenden Terminen.[3])

Der Ausschluß der Parteien mit ihrem weiteren Vorbringen tritt entsprechend den früher dargelegten Grundsätzen[4]) im allgemeinen erst mit dem Schluß der mündlichen Verhandlung ein, auf welche das Urteil ergeht.[5]) Es bestehen aber folgende Ausnahmen:

a) Die prozeßhindernden Einreden, sofern sie wirkliche Einreden sind,[6]) werden, sofern die Verspätung nicht entschuldigt werden kann, ausgeschlossen, sobald die Verhandlung des Beklagten zur Hauptsache begonnen hat, d. h. der Beklagte nicht bloß einen Gegenantrag gestellt, sondern auch angefangen hat, sich bezüglich des sachlichen Streitstoffs zu erklären.[7]) Die Zuständigkeit wird durch die unterlassene Rüge sogar soweit positiv begründet, als dies durch Vereinbarung hätte geschehen können.[8])

---

abgeschlossener Vorbereitung Termin zu bestimmen wäre. Das Vorbild bietet die erste Tagsatzung der Österr. Z.P.O. §§ 239 ff. Die Ausführung in Iherings J. 38, 364 wird nicht mehr aufrecht erhalten.

[1]) Es bedarf dann auch keiner Verhandlungsniederschrift. §§ $251^{3}$, 503, unten § 77.

[2]) Darüber unten § 59.

[3]) Oben § 28 mit §§ 43, 44, 46. — Nach Kriegsrecht kann, wenn die Parteien durch Rechtsanwälte vertreten sind und diese ihr Einverständnis bezeugen, bei hinreichend geklärtem Sachverhältnis von dem zweiten oder folgenden Termine abgesehen und eine schriftlich mitzuteilende Entscheidung gefällt werden (B. 9. 9. 15 § $23^{1}$).

[4]) Oben § 31 A. 14.

[5]) §§ $278^{1}$, $2183^{1}$.

[6]) Oben § 53 A. 14.

[7]) § $274^{3}$.

[8]) Oben § 11 A. 26.

Im Parteiprozeß beschränkt sich dieser Ausschluß auf die Unzuständigkeit und die Einrede, daß die Entscheidung durch Schiedsrichter zu erfolgen habe.[9]) Auch muß hier der Beklagte vorher auf die sachliche Unzuständigkeit aufmerksam gemacht werden.[10])

Diese Wirkungen des Verhandlungsbeginns des Beklagten, der später zu erörternde Einfluß des Beginns auf die Zurücknahme der Klage,[11]) sowie das ebenfalls später zu besprechende Recht des Beklagten, unter Umständen die Verhandlung zur Hauptsache zu verweigern,[12]) berechtigen nicht dazu, diese „Einlassung" des Beklagten als einen Prozeßvertrag mit dem Kläger aufzufassen.[13])

b) Die Rüge der Verletzung anderer nachgiebiger Prozeßvorschriften wird mit dem Schluß der folgenden mündlichen Verhandlung für diejenige Partei ausgeschlossen, welche den Mangel kannte und erschienen war.[14])

c) Verteidigungsmittel, welche erst in späteren Verhandlungen vorgebracht werden und die Erledigung verzögern würden, können auf Antrag ausgeschlossen werden, wenn Verschleppungsabsicht oder grobe Nachlässigkeit vorliegt.[15])

d) Außerdem kann die unbegründete Verspätung des Vorbringens gegenüber beiden Parteien dazu führen, daß Prozeßkosten ganz oder teilweise auferlegt werden, wobei die Erhebung einer besonderen Gebühr beschlossen werden kann.[16])

Nach Abschluß der Parteiverhandlung[17]) folgt die richterliche Prüfung der Sache, und zwar bei den Kollegialgerichten nach Herstellung der Nichtöffentlichkeit[18]) und unter Beachtung der für Beratung und Abstimmung bestehenden Vorschriften.[19])

---

[9]) § 504[1].
[10]) § 504[2].
[11]) Unten § 75.
[12]) Unten § 83.
[13]) Die Gegenmeinung wurzelt in Erinnerungen an die römische Litiskontestation, welche allerdings einen Vertrag der Parteien darstellte (iudicio contrahitur, fr. 3 § 11 D. 15, 1), während der heutige Prozeßbeginn ohne Mitwirkung des Beklagten erfolgt und die eigentlich nur auf ein schiedsrichterliches Verfahren (unten § 71) berechnete und seit Ende des klassischen römischen Prozesses „entwurzelte" (Wlassak, Anzeiger der Wiener Akademie 1917 Nr. IV) Litiskontestation gänzlich beseitigt ist.
[14]) § 295.
[15]) § 279.
[16]) § 278[2] mit G.K. § 48.
[17]) Oben § 28 A. 15.
[18]) Oben § 28 IV, 5.
[19]) Oben § 27 A. 10 ff.

Als maßgebender Zeitpunkt für die Frage, ob und in welchem Umfang eine Verurteilung zu erfolgen hat, ist heute[20]) lediglich der Zeitpunkt der Urteilsfällung maßgebend, so daß es an sich nicht schadet, wenn die Voraussetzungen der Verurteilung[21]) erst nach der Klageerhebung eingetreten sind. Die materiellen Wirkungen der Klageerhebung[22]) sind aber zu berücksichtigen, ebenso das später zu erörternde Verbot der Klageänderung.[23])

Die Prüfung hat in jedem Falle mit dem Vorhandensein der prozessualischen Voraussetzungen der Sachentscheidung zu beginnen, von denen die Beurteilungsfähigkeit abhängt.[24]) Ergeben sich Mängel, welche nach dem früher Erörterten zur Ablehnung der Sachentscheidung führen müssen, so ist die Prozeßabweisung (absolutio ab instantia) auszusprechen,[25]) sonst aber zur Prüfung der Sache selbst hinsichtlich der Verurteilungsfähigkeit überzugehen.

Die Sachprüfung beginnt mit der Prüfung des Klagegrundes. Nachdem die rechtliche Eigenart des Begehrens (qualis sit actio?) ins Auge gefaßt ist,[26]) muß gefragt werden, ob die danach erforderlichen Klagegrundtatsachen vollständig behauptet sind (actio an sit fundata?). Ist diese Frage zu verneinen und auch durch Ausübung der richterlichen Fragepflicht Abhilfe nicht zu schaffen, so ist die Klage sachlich abzuweisen (absolutio ab actione).

Ist der Klaggrund vollständig behauptet, so ist zu prüfen, ob diese Behauptungen, soweit sie beweisbedürftig sind, bereits bewiesen oder doch mit genügenden Beweismitteln unter-

---

[20]) Im Gegensatz zum älteren römischen Recht, in welchem der Prozeßvertrag die Verurteilung von einer zur Zeit seines Abschlusses bereits vorhandenen Bedingung (ius esse, dare oportere) abhängig machte.

[21]) Oben § 53.

[22]) Oben § 55 A. 14 ff.

[23]) Unten § 79.

[24]) Oben § 36 A. 6.

[25]) Oben § 53 A. 17.

[26]) Die vom Kläger etwa gegebene rechtliche Begründung ist nicht maßgebend: vielmehr jede denkbare rechtliche Begründung, die eine nach der anderen in Betracht zu ziehen. Dabei wird es sich für vermögensrechtliche Begehren im Allgemeinen empfehlen, den Klaggrund des Eigentums vor dem des Besitzes, die dingliche Grundlage vor der persönlichen, die vertragliche Verpflichtung vor der aus unerlaubter Handlung und der in letzter Linie stehenden Verpflichtung aus ungerechtfertigter Bereicherung zu prüfen.

stützt sind. Ist das ohne Möglichkeit der Abhilfe zu verneinen, so erfolgt ebenfalls sachliche Abweisung.

Sonst ist zur Einredenprüfung (actio an sit exceptionibus elisa?) überzugehen. Ergibt diese, welche in ähnlicher Weise vorzunehmen ist wie die Prüfung des Klaggrunds, daß keine Einrede vorliegt oder daß die vorliegenden nicht genügend tatsächlich begründet oder nicht beweisbar sind, so kommt es zur Verurteilung (condemnatio) oder zum Beweisbeschluß bezüglich der Klagegrundbehauptungen, wenn nicht über diese ein Parteieid durch bedingtes Endurteil anzuordnen ist.

Haben sich dagegen tatsächlich begründete und des Beweisantritts nicht ermangelnde Einreden ergeben, so ist zur Replikenprüfung überzugehen. Ergibt diese keine beachtliche Replik, so wird auf Grund des Ergebnisses der Prüfung von Klagegrund und Einrede entweder die Klage sachlich abzuweisen[27]) oder die Verurteilung der Einrede entsprechend einzuschränken[28]) oder ein Beweisbeschluß über die noch beweisbedürftigen Einrede- und Klagegrundbehauptungen zu erlassen sein, wenn es nicht zum bedingten Endurteil zu kommen hat.

Andernfalls ist zur Duplikenprüfung überzugehen und diese Prüfung der erheblichen Sachbehauptungen solange fortzusetzen, bis der gesamte erhebliche sachliche Streitstoff, auch der nur in zweiter oder dritter Linie in Betracht kommende, erledigt ist.

Das Ergebnis wird in jedem Falle, wenn keine Prozeßabweisung zu erfolgen hatte, in der Hauptsache entweder eine Verurteilung oder ein sachlich abweisendes oder ein bedingtes Endurteil sein, dem noch die Entscheidung über die Kosten und sonstige Nebenbegehren zugefügt werden muß, oder ein Beweisbeschluß.

---

[27]) Die sachliche Abweisung muß, wenn das Bestehen einer die Abweisung rechtfertigenden Einrede feststeht, auch dann erfolgen, wenn der tatsächliche Klaggrund beweisbedürftig geblieben ist, so z. B. bei der Verjährung, deren Zweck verfehlt würde, wenn bei ihrem Vorhandensein Beweis über den Klaggrund zu erheben wäre. Aber auch bei der Aufrechnung (sog. Eventualaufrechnung), da auch hier die Abweisung von vornherein feststeht, und auch, wie bei der Verjährung, eine alternative Begründung genügen muß, zumal es ein Unding wäre, ein bedingtes Endurteil zu erlassen, bei welchem die Urteilsfolge in beiden Fällen die gleiche sein würde. So mit Recht Stölzel, Schulung 2. Teil gegen R. 37, 403.

[28]) Z. B. nur Verurteilung zur Erfüllung Zug um Zug (B.G.B. § 274[1]), oder unter Vorbehalt beschränkter Haftung (B.G.B. §§ 1489[2], 2014, 2015).

Hier wird zunächst angenommen, daß es sofort zum unbedingten Endurteil kommt.[29])

Nach Wiederherstellung der Öffentlichkeit erfolgt die Verkündung dieses Urteils durch den Vorsitzenden, welche jedoch auch unter Hinausschiebung der Beratung in einem besonderen Verkündungstermine, der nicht über eine Woche hinaus angesetzt werden soll, geschehen kann. Die Verkündung muß im Regelfalle durch Vorlesung der Urteilsformel erfolgen, wenn nicht das Urteil auf Grund Anerkenntnisses oder Verzichts erfolgt. Die Gründe brauchen nicht mitgeteilt zu werden. Jedenfalls kann deren Mitteilung in abgekürzter Weise erfolgen.[30])

In die gemäß den allgemeinen Vorschriften zu fertigende Sitzungsniederschrift[31]) sind bezüglich der Parteianführungen unbedingt nur die das Begehren erledigenden Erklärungen (Anerkenntnis, Verzicht, Vergleich) aufzunehmen.[32]) Außerdem sollen auch die Anträge und die Erklärungen über die Eide aufgenommen werden. Aber deren Feststellung erfolgt im Anwaltsprozeß nur durch Hinweis auf die schriftliche Parteierklärung.[33]) Andere Parteierklärungen werden im Anwaltsprozesse nur durch eine vom Anwalt zu fertigende Anlage festgestellt, im Parteiprozeß hängt die Aufnahme vom richterlichen Ermessen ab.[34])

Das Urteil ist nicht nur mit seiner Formel in die Sitzungsniederschrift oder eine Anlage dazu aufzunehmen,[35]) sondern muß getrennt von der Niederschrift vollständig abgefaßt werden, und zwar tunlichst binnen einer Woche.[36])

Zu den Förmlichkeiten gehört die nähere Bezeichnung der Parteien und ihrer Vertreter, sowie des Gerichts und der Richter, welche in der Regel auch sämtlich das Urteil unterschreiben sollen.[37]) In Preußen tritt dazu die Überschrift „Im Namen des Königs!"[38])

---

[29]) Über den Fall des Beweisbeschlusses und des bedingten Endurteils unten § 58

[30]) §§ $136^{4}$, 309—312, oben § 27 A. 21.

[31]) Oben § 28 A. 21 ff.

[32]) § $160^{2}$ Nr. 1.

[33]) § $160^{2}$ Nr. 2, $297^{1,2}$, $298^{2}$, 510 $a^{1}$.

[34]) §§ 298, 510 $a^{1}$.

[35]) §§ $160^{2}$ Nr. 5, $160^{3}$, oben § 28 A. 27

[36]) § $315^{2}$. — Wegen des Verkündigungsvermerks und des Urteilsverzeichnisses oben § 27 A. 22.

[37]) §§ 313 Nr. 1 u. 2, $315^{1}$.

[38]) Bf.U. a. 86, oben § 1 A. 19. In Frankreich: Au nom du peuple français.

Die Entscheidung selbst steht in der Urteilsformel, welche üblicher Weise mit den Worten: „Das Gericht hat für Recht erkannt" eingeleitet wird und angibt, ob und inwieweit dem Klageantrag und den sonstigen mit oder ohne Antrag zur Entscheidung stehenden Begehren[39]) entsprochen ist oder ob die Anträge abgewiesen sind.[40])

Von ihr muß die Begründung äußerlich gesondert und in den „Entscheidungsgründen"[41]) gegeben werden. Es handelt sich dabei sowohl um die Feststellung der Tatsachen und deren Begründung[42]) wie um die Anwendung des Rechts[43]) auf den festgestellten Sachverhalt.

Außerdem soll dem Urteil unter dem Namen Tatbestand ein gedrängter mit gesetzlicher Beweiskraft ausgestatteter[44]) Bericht über den Sach- und Streitstand eingefügt werden, welcher die Anträge und tatsächlichen Anführungen der Parteien enthalten muß.[45]) Soweit diese Anträge und Anführungen in Sitzungsniederschriften und vorbereitenden Schriftsätzen enthalten sind, genügt die Bezugnahme auf diese Schriftstücke, doch muß sich dabei ganz bestimmt und klar ergeben, was von dem Inhalte der in Bezug genommenen Schriftstücke in dem maßgebenden mündlichen Vortrage der Parteien behandelt worden ist.[46]) Es empfiehlt sich auch, erforderlichenfalls festzustellen, daß und mit welchem Erfolge von der richterlichen Fragepflicht[47]) Gebrauch gemacht ist.

Für Anerkenntnisurteile ist eine bedeutend abgekürzte Form, insbesondere ohne Tatbestand und Entscheidungsgründe vorgesehen.[48])

## § 58. Beweisverfahren.

Den gesetzlichen Regelfall bildet die Beweisaufnahme vor dem Prozeßgericht auf Grund eines Beweisbeschlusses.[1])

Der Beweisbeschluß ist zu verkünden und zugleich neuer Termin zur Beweisaufnahme zu bestimmen.[2])

---

[39]) Oben §§ 37, 43. [40]) § 313¹ Nr. 5. [41]) § 313¹ Nr. 4.

[42]) Oben §§ 44—46. [43]) Oben § 52.

[44]) § 314. Gegenbeweis nur durch die Sitzungsniederschrift.

[45]) § 313¹ Nr. 3.

[46]) § 313², dessen Sinn die KriegsV. 9. 9. 15 § 24 verdeutlicht. — Im französischen Prozeß wird der Tatbestand (qualités) von den Anwälten gefertigt. Meinungsverschiedenheiten entscheidet der Vorsitzende (code de proc. a. 141—145).

[47]) Oben § 28 III, 1, § 43 A. 16, § 44 A. 21, § 46 A. 13.

[48]) § 313³.

[1]) § 355. [2]) §§ 136³, 358, 359.

Nur wenn die Beweisaufnahme sofort erfolgen kann, bedarf es keines Beweisbeschlusses und kann sich die Beweiserhebung unmittelbar anschließen.[3]) Für den Parteiprozeß soll dieses nach einem im Gesetz ausgedrückten frommen Wunsche in erster Linie angestrebt werden.[4])

Ein Parteiantrag auf Änderung des Beweisbeschlusses ist vor der Beendigung der Beweisaufnahme nicht zuzulassen, wenn er nicht auf neues Vorbringen gestützt werden kann.[5])

Das Verfahren bei der Beweisaufnahme wurde bereits dargestellt.[6])

An die Beweisaufnahme schließt sich dann auch die Fortsetzung der mündlichen Verhandlung der Parteien unmittelbar an.[7]) Wenn neues Vorbringen nicht erfolgt, so beschränkt sich die weitere Verhandlung auf eine Würdigung des Ergebnisses der Beweisaufnahme.[8])

Die der Urteilsfällung vorangehende gerichtliche Prüfung beschränkt sich dann ebenso, obwohl das Gericht an seine frühere Beurteilung der Sache nicht gebunden ist, regelmäßig auf die Frage, welche der streitig gebliebenen Behauptungen für bewiesen zu erachten sind oder nicht, und wie sich danach die Rechtsanwendung zu gestalten hat. Man wird so zu einem unbedingten oder bedingten Endurteil gelangen.

Die Parteien sind aber im allgemeinen nicht gehindert, neue tatsächliche Behauptungen und Beweismittel vorzubringen. Doch kommen dabei die früher[9]) angegebenen Ausschlußgrenzen in Betracht. Außerdem ist hinsichtlich neuer Zeugen, Sachverständigen und von Dritten herbeizuschaffender Urkunden dieselbe Zurückweisung vorgesehen wie hinsichtlich der Verteidigungsmittel des Beklagten.[10])

Bei zuzulassendem erheblichen neuen Parteivorbringen[11]) kann es, und zwar sogar wiederholt, zu neuen Beweisbeschlüssen und Beweiserhebungen kommen, ehe das Endurteil gefällt werden darf.

---

[3]) § 358.
[4]) § 509.
[5]) § 360.
[6]) Oben §§ 46—51.
[7]) § 370[1].
[8]) § 285[1].
[9]) Oben § 57 A. 6 ff.
[10]) §§ 374, 402, 433.
[11]) Oder bei Änderung der Beurteilung bezw. bei Unvollständigkeit der dem ersten Beweisbeschlusse vorangegangenen Sachprüfung.

Im Gegensatz zu diesem gesetzlichen Regelfalle stehen folgende besondere Fälle:

1. Beweisaufnahme im Inlande durch den beauftragten oder ersuchten Richter. Die Zulässigkeit wurde bereits bei den einzelnen Beweismitteln erörtert.[12]) Der beauftragte oder ersuchte Richter kann aus sachgemäßen, später entstandenen Gründen die Aufnahme des Beweises unter Benachrichtigung der Parteien an ein anderes Gericht weitergeben.[13])

Wenn sich ein Streit ergibt, von dessen Erledigung die Beweisaufnahme abhängt und zu dessen Entscheidung nur das Prozeßgericht befugt ist, so erfolgt diese Entscheidung durch Beschluß des Prozeßgerichts, dem die Akten zu diesem Zwecke zurückzugeben sind.[14])

An den ersuchten Richter gelangt die Sache durch Ersuchungsschreiben des Vorsitzenden,[15]) während ein solches gegenüber dem beauftragten Richter entbehrlich ist.[16])

Nach Beendigung der Beweisaufnahme und Rückkunft der Akten, von welcher die Parteien zu benachrichtigen sind, wird im Amtsbetrieb der Termin zur Fortsetzung der mündlichen Verhandlung vor dem Prozeßgericht bestimmt, wenn dies nicht schon vorher geschehen war.[17])

Die Parteiverhandlung vor dem Prozeßgericht vermehrt sich um dem Vortrag des Beweisergebnisses.[18])

2. Beweisaufnahme im Auslande. Das Verfahren ist das gleiche wie im vorigen Falle, wenn, was in erster Linie geschehen muß, ein Reichskonsul, aber auch wenn eine ausländische Behörde vom Vorsitzenden auf amtlichem Wege ersucht wird.[19])

Ist das Ersuchen einer ausländischen Behörde erforderlich, so kann der Betrieb der Beweisaufnahme dem Beweisführer überlassen werden, auch durch die bloße Anordnung, daß er eine Urkunde

---

[12]) Oben §§ 47—51. [13]) § 365.

[14]) § 366. Bezieht sich hauptsächlich auf den durch Zwischenurteil zu erledigenden Fall der Zeugnisweigerung (§ 389). In anderen Fällen ist ein Zwischenurteil (Zwischenstreiturteil) trotz § 303 nicht erforderlich, da § 366 das Wort Zwischenstreit nur im uneigentlichen Sinne verwendet. Vgl. unten § 84.

[15]) § 362[1]. [16]) § 361.

[17]) §§ 362[2], 370[2]. [18]) § 285[2].

[19]) § 363. Oben § 12 A. 18. Wegen des Verfahrens pr. Allg. Vf. 16. 6. 10, 20. 10. 13, 29. 12. 13, bay. Vf. 8. 4. 11 u. 8. 5. 13 (Österr. u. Schweiz).

über die Beweisaufnahme beizubringen habe. Es ist dann seine Sache, den Gegner, wenn möglich, von der bevorstehenden Beweisaufnahme in Kenntnis zu setzen, und kann das Gericht bei einer Unterlassung die Benutzung der Beweisverhandlung ablehnen. Zur Bewirkung der Beweisaufnahme ist in diesem Falle eine Frist zu bestimmen, nach deren Ablauf das Beweismittel nicht mehr benutzt werden kann. Der Termin zur Fortsetzung der Verhandlung ist von der Partei zu erwirken.[20])

3. Ähnliche Fristbestimmungen haben, wie bereits dargelegt wurde, zu erfolgen, wenn der Beweisaufnahme ein Hindernis von ungewisser Dauer entgegensteht[21]) oder wenn eine Urkunde von einem Dritten herbeigeschafft werden muß.[22])

4. Ist ein bedingtes Endurteil erlassen, so kann das weitere Verfahren erst nach Eintritt seiner Rechtskraft erfolgen.[23]) Der Termin ist von einer Partei zu erwirken. Er ist zunächst zur Eidesleistung bestimmt. Daran schließt sich die weitere, lediglich die bereits rechtskräftig festgelegte Folge der Eidesleistung oder Eidesweigerung betreffende und daher regelmäßig nur bei mangelnder genauer Bestimmung dieser Folgen[24]) sachliche Erörterungen und neues Vorbringen gestattende Verhandlung und das unbedingte Endurteil (Läuterungsurteil, purificatoria).[25])

Besonderheiten erwachsen dadurch, daß die Eidesleistung nicht vor dem Prozeßgericht stattfindet[26]) oder daß der mit dem Eide Belegte ausbleibt.[27])

## § 59. Versäumnisverfahren.

Wenn nur eine Partei erscheint und verhandelt, die andere aber in einem zur mündlichen Verhandlung der Parteien[1]) bestimmten Termine bis zum Schlusse nicht erscheint, nicht gehörig vertreten ist, zur Aufrechterhaltung der Ordnung entfernt wird, oder bereits in einer früheren Verhandlung von der Verhandlung bezw. dem Vortrage

---

20) § 364. 21) § 356, oben § 46 A. 25.

22) § 428, oben § 49 A. 33. 23) § 460², oben § 51 A. 24.

24) Abgesehen vom Falle der Hinfälligkeit der Eidesauflage oben § 51 A. 30

25) § 462². 26) § 479, oben § 51 A. 35.

27) §§ 465—468, oben § 51 A. 24.

1) Abwesenheit während der Beweisaufnahme begründet kein Versäumnisverfahren, § 367, oben § 46 A. 32.

zurückgewiesen war, oder zwar anwesend aber nicht verhandlungsbereit ist, so kann es nur zum Versäumnisverfahren kommen.[2])

Der Erschienene muß zur besonderen prozessualischen Begründung seines Antrags auf Erlassung eines Versäumnisurteils (jugement par défaut) dartun, daß der Termin dem Gegner gehörig bekannt gemacht war, auch daß ihm ein bei der Fällung des Versäumnisurteils zu berücksichtigendes neues Vorbringen (Tatsachen oder Anträge, über welche noch nicht verhandelt war,) rechtzeitig mittels Schriftsatzes mitgeteilt war.[3])

Das Versäumnisurteil hat gegen den Kläger auf sachliche Abweisung (absolutio ab actione) zu lauten,[4]) so daß jede sachliche Prüfung entfällt.

Gegen den Beklagten wird Verurteilung (condemnatio) ausgesprochen, aber nur wenn der den Antrag rechtfertigende Klagegrund vollständig behauptet war, sonst erfolgt sachliche Abweisung, welche aber nicht als Versäumnisurteil zu behandeln ist.[5])

In beiden Fällen wird aber vorausgesetzt, daß die prozessualen Voraussetzungen der Sachentscheidung[6]) mängelfrei vorhanden sind. Fehlen diese und lassen sie sich auch nicht beschaffen, z. B. bei Unzulässigkeit des Rechtswegs, so muß in beiden Fällen Prozeßabweisung (absolutio ab instantia) durch Urteil ausgesprochen werden.[7])

Wenn die besonderen Voraussetzungen eines Versäumnisurteils oder solche prozessualische Voraussetzungen der Sachentscheidung, welche noch beschafft werden können,[8]) fehlen, so hat das Gericht den Antrag auf Erlaß eines Versäumnisurteils durch Beschluß zurückzuweisen, wogegen dem Erschienenen die sofortige Beschwerde zusteht; doch kann er die Zurückweisung abwenden, indem er Vertagung beantragt. Zu dem neuen Termin erfolgt im Anwaltsprozeß Ladung im Parteibetrieb.[9])

---

[2]) §§ 158, 220², 332–334, oben § 19 A. 2 ff.

[3]) § 335¹ Nr. 2, 3.

[4]) § 330.

[5]) § 331.

[6]) Oben § 53.

[7]) Das wird auch trotz K.G. § 85⁵ bei Nichtzahlung des Vorschusses seitens eines ausländischen Klägers möglich sein.

[8]) Darauf ist § 335¹ Nr. 1 zu beschränken.

[9]) §§ 335, 336.

Eine Vertagung der Verhandlung über den Erlaß des Versäumnisurteils kann das Gericht auch ohne Antrag eintreten lassen, wenn es in den Fällen, in denen der Vorsitzende die Einlassungs- oder Ladungsfrist bestimmt hatte, die Fristbemessung für zu kurz hält oder annimmt, daß der Nichterschienene durch unabwendbare Zufälle verhindert gewesen sei. Auch in diesem Falle erfolgt im Anwaltsprozeß die Ladung zu neuem Termin im Parteibetrieb.[10])

Das Versäumnisurteil unterscheidet sich von dem gewöhnlichen Urteil dadurch, daß gegen ein solches ohne besondere Rechtfertigungsgründe durch eine bei Gericht einzureichende und zur Terminsbestimmung im Amtsbetrieb führende Schrift Einspruch (opposition) mit der Wirkung eingelegt werden kann, daß der Prozeß in die Lage, wie er vor Eintritt der Versäumnis war, zurückversetzt wird.[11])

Die Einspruchsfrist ist eine Notfrist von zwei Wochen seit Zustellung des Versäumnisurteils.[12])

Bei Zustellung im Ausland und öffentlicher Zustellung wird die Einspruchsfrist besonders bestimmt.[13]) Der Einspruch kann auch vor Beginn der Frist eingelegt werden.[14])

Ist der Einspruch unzulässig oder nicht in gesetzlicher Form und Frist eingelegt, so wird er auf Grund der stattfindenden mündlichen Verhandlung als unzulässig verworfen.[15])

Sonst wird weiter so verfahren, als wenn die Versäumnis nicht vorgekommen wäre, und schließlich ein gewöhnliches Endurteil gefällt. Dieses hat aber als Besonderheiten:

1. daß das Ergebnis mit dem Inhalte des Versäumnisurteils zu vergleichen ist und demnach letzteres entweder aufrecht erhalten oder aufgehoben und entsprechend ersetzt wird[16]) und
2. daß die Versäumniskosten stets dem Säumigen aufzuerlegen sind.[17])

Wenn der Säumige in dem zur Verhandlung über den Einspruch erfolgten Termine wiederum nicht erscheint, so wird sein Einspruch

---

[10]) § 337.

[11]) §§ 338, 340, 340 a, 342. — Nach Kriegsrecht besonderer Schutz unvertretener Kriegsteilnehmer bezüglich gewisser Versäumnisurteile, G. 4. 8. 14 § 7 Nr. 1, 4.

[12]) § 339¹.

[13]) § 339².

[14]) § 312². Anders § 516².

[15]) § 341.

[16]) § 343.

[17]) § 344.

durch erneutes Versäumnisurteil verworfen und gibt es gegen dieses einen weiteren Einspruch nicht.[18])

Dagegen führt die Versäumnis weiterer Termine im Gegensatz zum französischen und österreichischen Rechte immer wieder nur zum Erlaß eines Versäumnisurteils, gegen welches neuer Einspruch gegeben ist.[19]) Nur wenn ein bedingtes Endurteil erlassen war, erscheint damit das gewöhnliche Versäumnisverfahren ausgeschlossen. Es kann nur ein Läuterungsurteil als Versäumnisurteil erlassen werden.

## 3. Abschnitt.

## Abänderung und Anfechtung der Entscheidungen.

### § 60. Im allgemeinen.

Um die Anfechtung einer Entscheidung handelt es sich dann, wenn von den Parteien ein auf ihre Abänderung gerichtetes Verfahren in Gang gebracht wird. Den Gegensatz bildet die Abänderung ohne Anfechtung, sei es, daß überhaupt kein förmliches Verfahren dazu erforderlich ist, sei es, daß dieses Verfahren den Bestand der Entscheidung nicht in Frage stellt.

Während das älteste römische und germanische Recht eine Abänderung von Entscheidungen, namentlich von Urteilen, nicht kannte, haben sich allmählich verschiedenartige Anfechtungsmittel herausgebildet. Man unterscheidet dabei die Rechtsmittel, welche die Angelegenheit in demselben Verfahren vor einen höheren Richter bringen (Devolutiveffekt) und andere Anfechtungsmittel, welche das Verfahren bei demselben Gericht lassen oder ein ganz neues Verfahren in Gang bringen.

Sowohl bezüglich der Anfechtbarkeit wie bezüglich der sonstigen Abänderlichkeit muß zwischen Endurteilen und anderen Entscheidungen streng geschieden werden.[1])

I. Für Endurteile, einschließlich der bedingten Endurteile, ergibt sich:

---

[18]) § 345. Opposition sur opposition ne vaut, code de proc. a. 165.

[19]) §§ 332, 345.

[1]) Überall aber wird das Dasein einer Entscheidung vorausgesetzt. Nichturteile und andere Nichtentscheidungen (oben § 23 A. 19) sind ohne Weiteres als nicht vorhanden zu behandeln, und daher keiner Anfechtung zugänglich.

1. Die Endurteile sind grundsätzlich anfechtbar. Als Rechtsmittel besteht gegen die Urteile erster Instanz die Berufung[2]) und gegen Urteile zweiter Instanz, allerdings mit bedeutenden Einschränkungen, die Revision.[3])

2. Andere Anfechtungsmittel sind Wiederaufnahme[4]) und Änderungsklage.[5])

Unterstützend tritt die Wiedereinsetzung in den vorigen Stand[6]) hinzu.

3. Für Versäumnisurteile besteht das bereits behandelte besondere Anfechtungsmittel des Einspruchs.[7])

Einfache Abänderung durch das entscheidende Gericht ist ausgeschlossen.[8])

Dagegen ist gestattet:

a) Berichtigung solcher Unrichtigkeiten (vor allem auch in der Urteilsformel), welche, wie Rechnungsfehler, Auslassungen eines Wortes, Verwechslung von Kläger und Beklagten offenbar der wahren Willensmeinung des Gerichts bei der Urteilsfällung nicht entsprechen oder diese nicht klar wiedergeben. Sie erfolgt ohne Frist und Antrag oder mündliche Verhandlung jederzeit durch einen mit sofortiger Beschwerde anfechtbaren Beschluß.[9]) Sonstige nachträglich entdeckte Unrichtigkeiten tatsächlicher oder rechtlicher Art in der Formel oder in den Gründen dürfen nicht berichtigt werden.

b) Berichtigungen des Tatbestandes, ohne Berichtigung des Urteils im übrigen, durch einen unanfechtbaren Beschluß, der nur auf einen in bestimmter Frist zu stellenden Antrag auf Grund einer entsprechend ihrem Zweck beschränkter mündlichen Verhandlung gefaßt werden kann, an welcher, da es sich, wie beim Tatbestand selbst, um ein Gerichtszeugnis handelt, nur die früheren Richter teilnehmen können, aber nur, soweit sie nicht verhindert sind, teilzunehmen brauchen.[10])

---

[2]) Darüber unten § 61; ganz ausnahmsweise die Beschwerde, darüber unten § 65.

[3]) Unten § 62.

[4]) Unten § 63.

[5]) Unten § 64.

[6]) Unten § 68.

[7]) Oben § 59 A. 11.

[8]) § 318.

[9]) § 319.

[10]) § 320. Bei Stimmengleichheit entscheidet der Vorsitzende. Richtiger wäre wohl die Ablehnung der Berichtigung in diesem Falle. Nach Kriegsrecht veränderte Frist infolge Wegfall des Urteilsverzeichnisses, B. 9. 9. 15 § 25.

c) Ergänzungen des Urteils durch Ergänzungsurteil, welches nur auf Grund eines rechtzeitigen Antrags und nach gewöhnlicher mündlicher Verhandlung erlassen wird, wenn Teile der Haupt- oder Nebenbegehren unerledigt geblieben sind, welche nach dem ursprünglichen oder dem berichtigten Tatbestande den Gegenstand der Parteianträge gebildet hatten oder, wie der Kostenpunkt, der Vorbehalt von Verteidigungsmitteln und unter Umständen die Vollstreckbarkeit ohne Antrag zu berücksichtigen waren.[11])

II. Bei anderen Entscheidungen dagegen bestehen folgende Regeln:

1. Grundsätzlich sind sie nicht selbständig anfechtbar, werden aber durch die Anfechtung des Endurteils mitumfaßt[12]) (sog. Inappellabilität der Zwischendekrete).

2. Ausnahmsweise sind sie völlig unanfechtbar, so daß sie in den höheren Instanzen auch bei Anfechtung des Endurteils nicht nachzuprüfen sind.[13])

3. In besonderen Fällen werden Urteile, die nicht Endurteile sind, dennoch als solche behandelt, soweit es sich um die Rechtsmittel handelt.[14])

4. Wenn im übrigen ein Rechtsmittel gegeben ist, so handelt es sich stets um die Beschwerde, und zwar entweder die fristlose einfache Beschwerde oder die an eine Frist gebundene sofortige Beschwerde.[15])

Ergänzend tritt auch hier die Wiedereinsetzung in den vorigen Stand hinzu.[16])

5. Von diesen Entscheidungen sind die Zwischenurteile[17]) und Zwischenstreiturteile[18]) und die mit sofortiger Beschwerde angreifbaren Entscheidungen nur soweit ohne Anfechtung abänderlich, als es die Endurteile sind.[19])

Dagegen müssen die übrigen Entscheidungen als jederzeit beliebig abänderlich erachtet werden.

---

[11]) § 321 mit §§ $302^2$, $540^2$, 716, $721^2$.

[12]) §§ 512, 514, 583.

[13]) §§ $157^2$, 355.

[14]) Darüber unten § 82.

[15]) Darüber unten § 65.

[16]) Unten § 68.

[17]) Unten § 83.

[18]) Unten § 84.

[19]) §§ 318, $577^3$. O. Fischer in Iherings J. 38, 369.

III. Eine gemeinsame Voraussetzung jeder Anfechtbarkeit ist das Vorhandensein eines Beschwerdepunkts (gravamen).[20]) Man versteht darunter den Nachteil, den die anzufechtende Entscheidung in ihrem entscheidenden Inhalt dem Anfechtenden bringen würde.

Es wurde bereits erwähnt, daß die sachliche Unzuständigkeit des Landgerichts kein zulässiger Beschwerdepunkt ist.[21])

Außerdem ist auch die Entscheidung über den Kostenpunkt für sich allein der Anfechtung entzogen; jedoch sind die Fälle ausgenommen, daß in der Hauptsache keine Entscheidung ergangen oder daß Anerkenntnisurteil erlassen ist.[22])

Andere Beschränkungen der Beschwerdepunkte sind bei den einzelnen Anfechtungsmitteln anzugeben.

Von der Beschwerde an die Justizverwaltung[23]) sind die Anfechtungsmittel durchaus zu unterscheiden. Eine solche ist auch bei ganz unanfechtbaren Entscheidungen möglich,[24]) kann aber niemals zu einer unmittelbaren sachlichen Abänderung führen.

## § 61. Berufung.

Die Berufung hat sich auf Grund der neueren römischen Appellation[1]) herausgebildet, welche eine vollständige Nachprüfung des Urteils erster Instanz ermöglichte und so in fast alle neueren Prozeßrechte[2]) übergegangen ist.

Die Berufung ist grundsätzlich gegen alle Urteile erster Instanz gegeben, welche einen zulässigen Beschwerdepunkt bieten[3]) und geht von dem Amtsgericht an das Landgericht,[4]) von dem Landgericht dagegen an das Oberlandesgericht.

---

[20]) In § 568² Beschwerdegrund genannt. — Maßgebend ist nach allgemeinen Grundsätzen (oben § 57 Nr. 3) der Zeitpunkt der Entscheidung über die Anfechtung. — Daß die angefochtene Entscheidung bei ihrer Erlassung nach Lage der Sache unrichtig gewesen sei, wird nicht allgemein erfordert, noch weniger, im Gegensatz zur germanischen Urteilsschelte, und ungeachtet des § 549¹, daß das Gericht bei der angefochtenen Entscheidung seine Pflicht verletzt habe.

[21]) Oben § 53 A. 33.

[22]) § 99. O. Fischer in Iherings J. 38, 363.

[23]) Oben § 15 A. 15.

[24]) Z. B. im Falle des § 157².

[1]) Auch aus der germanischen Urteilsschelte entwickelte sich allmählich ein sachlicher Rechtszug.

[2]) Die gemeinrechtlichen Abarten: Supplikation, Revision, Läuterung, haben für das heutige Recht keine Bedeutung.

[3]) § 511.

[4]) Und zwar in Handelssachen an die — dafür wohl weniger geeignete — Kammer für Handelssachen, G.V. § 105 a.

Eine Berufungssumme ist nicht erforderlich.[5])

Nur gegen Urteile, welche lediglich den Kostenpunkt betreffen, ist statt der Berufung die sofortige Beschwerde gegeben.[6])

Ausgeschlossen ist die Berufung aber im allgemeinen für den Säumigen gegenüber wirklichen Versäumnisurteilen (contumax non appellat), weil er dagegen den Einspruch hat.[7])

Deshalb ist die Berufung hier ausnahmsweise doch gegeben, wenn der Einspruch nicht mehr stattfindet, insbesondere auch, wenn der Einspruch durch Versäumnisurteil als unzulässig verworfen ist.[8])

Richtet sich die Berufung gegen ein Versäumnisurteil oder gegen ein anderes Urteil, das einen Einspruch als unzulässig verworfen hatte, so hat das Berufungsgericht nur zu prüfen, ob die Voraussetzungen des Versäumnisurteils beziehungsweise der Unzulässigkeit des Einspruchs gegeben waren.[9])

Im übrigen bezweckt die Berufung abweichend von der früheren Appellation und mit Rücksicht darauf, daß die Ergebnisse einer mündlichen Verhandlung nicht mehr durch Richter nachgeprüft werden können, welche an ihr nicht teilgenommen haben,[10]) grundsätzlich eine völlig neue Verhandlung und Entscheidung des Rechtsstreits (novum judicium),[11]) welche nicht nur neu eingeführten Prozeßstoff zu berücksichtigen, sondern auch den eingetretenen Änderungen der Sachlage Rechnung zu tragen hat. Doch verwischt sich dieser Unterschied dadurch, daß einerseits auch bei der Appellation neues Vorbringen (beneficium novorum) zulässig war, andererseits auch bei der Berufung Einschränkungen der Unabhängigkeit von dem Verfahren erster Instanz bestehen.

Neue Begehren (nouvelles demandes)[12]) können nur eingeführt werden, wenn der Gegner einwilligt oder wenn es sich um eine

---

[5]) Nach Kriegsrecht bei Geldansprüchen Berufungssumme von über 50 Mark mit Ausnahme der ohne Rücksicht auf den Wert begründeten landgerichtlichen Zuständigkeit, B. 9. 9. 15 (F. 18. 5. 16) § 20.

[6]) § $99^3$. — Nach Kriegsrecht auch für Anfechtung von Anerkenntnisurteilen lediglich wegen der Zahlungsfrist (oben § 37 A. 38), B. 7. 8. 14 (F. 20. 5. 15) §§ 3, $6^2$ (Kosten), 8. 6. 16 (S. 454) §§ 7, 16 (Kosten).

[7]) § $513^1$, oben § 59 A. 11.

[8]) § $513^2$ mit §§ $238^2$, 345.

[9]) § $513^2$ mit § $538^1$ Nr. 1 u. 5.

[10]) Zu Unrecht wurde mit diesem Gesichtspunkt die Berufung für Zivilsachen bekämpft und für Strafsachen in großem Umfang ausgeschlossen.

[11]) § 525.

[12]) Code de proc. a. 464.

zulässige Änderung des Klageantrags[13]) handelt.[14]) Bezüglich unzulässiger neuer Begehren ist Prozeßabweisung (absolutio ab instantia) auszusprechen.

Die Geltendmachung der Aufrechnung bedarf ebenfalls der Einwilligung des Gegners oder der Entschuldigung der Verspätung, welche sich aber nicht nur auf die auf die Aufrechnung gestützte Einrede, sondern auch auf die ihr zugrunde liegende Aufrechnungserklärung zu erstrecken hat. Eine hiernach unzulässige Aufrechnungseinrede wird zurückgewiesen.[15])

Nicht nur prozeßerledigende Handlungen (Anerkenntnis, Verzicht und Vergleich), sondern auch Tatgeständnisse und Erklärungen über Eide behalten ihre Wirksamkeit,[16]) ebenso, was das Gesetz als selbstverständlich betrachtet,[17]) die Beweiserhebungen der ersten Instanz.

Die in erster Instanz eingetretenen Ausschlußfolgen können im allgemeinen wieder beseitigt werden.[18]) Dies bezieht sich aber nicht auf den Verlust von Prozeßeinreden.[19]) Doch kann der Ausschluß wirklicher prozeßhindernder Einreden durch Entschuldigung der Verspätung gehoben werden. Dabei wird die ausschließliche Zuständigkeit in vermögensrechtlichen Angelegenheiten nicht wie in erster Instanz als von Amts wegen zu berücksichtigende Prozeßvoraussetzung, sondern deren Mangel als Prozeßeinrede angesehen.[20])

Die gerichtliche Prüfung in der Berufungsinstanz muß mit den Voraussetzungen der Zulässigkeit der Berufung beginnen, bei deren Mangel Verwerfung als unzulässig auszusprechen ist.[21])

Ist die Berufung zugelassen, so geschieht die weitere Beurteilung der Sache in den prozessualischen Voraussetzungen und in der Hauptsache ganz wie in der ersten Instanz.

Stimmt das Ergebnis mit dem der ersten Instanz überein, so ist Zurückweisung der Berufung auszusprechen, sonst erfolgt entsprechende Abänderung des ersten Urteils.[22])

Im Falle der Zurückweisung der Berufung sind die Kosten der Berufung dem Berufungskläger zur Last zu legen.[23]) Bei Abänderung ist über die Kosten des gesamten Rechtsstreits, also auch die der ersten

[13]) Darüber unten § 77.
[14]) § 529².
[15]) § 529³.
[16]) §§ 532, 533.
[17]) So in § 542².
[18]) § 531.
[19]) § 530.
[20]) § 528¹.
[21]) § 535.
[22]) Ergibt sich aus §§ 536, 537.
[23]) § 97¹.

Instanz, soweit nicht die Kostenentscheidung der ersten Instanz unangefochten geblieben ist, nach denselben Grundsätzen anderweit zu entscheiden wie in der ersten Instanz.[24])

In beiden Fällen können aber die Kosten der Berufungsinstanz der siegreichen Partei ganz oder teilweise auferlegt werden, wenn sie nur auf Grund eines neuen Vorbringens gesiegt hat, das sie schon in erster Instanz hätte geltend machen können.[25])

Sind verspätete Verteidigungsmittel nach den auch in der ersten Instanz maßgebenden Grundsätzen oder nach der Sondervorschrift für die Geltendmachung der Aufrechnung in der Berufungsinstanz zurückzuweisen, so muß das Urteil die Geltendmachung dieser Verteidigungsmittel dem Beklagten vorbehalten.[26])

Ausnahmsweise hat das Berufungsgericht das Urteil erster Instanz durch ein die Berufungsinstanz erledigendes und erst mit Eintritt der Rechtskraft wirksames Endurteil bloß aufzuheben und die Entscheidung in der Hauptsache und im Kostenpunkte der ersten Instanz zu überlassen, an welche die Sache zurückverwiesen wird.

Die Aufhebung hängt vom Ermessen des Berufungsgerichts ab, wenn das Verfahren erster Instanz einschließlich der Urteilsabfassung an einem wesentlichen prozeßrechtlichen Mangel leidet. Es ist dann auch das dem Urteil vorangegangene Verfahren, soweit mit aufzuheben, als es mangelhaft war.[27])

Dagegen muß sie, sofern eine weitere Verhandlung und Entscheidung überhaupt erforderlich ist, erfolgen:

1. wenn die Berufung gegen ein Versäumnisurteil oder gegen die Verwerfung eines Einspruchs durch gewöhnliches Endurteil gerechtfertigt war;[28])

2. wenn das angefochtene Urteil nur zu den „prozeßhindernden Einreden" zu zählende prozessualische Voraussetzungen oder Einreden betroffen hatte, und sich zur Prozeßabweisung führende Mängel nicht ergeben hatten;[29])

3. wenn ein Begehren dem Grunde nach gerechtfertigt erscheint, aber der Betrag streitig geblieben und über ihn in erster Instanz noch nicht entschieden ist, sei es, daß die Klage ab-

---

[24]) § 525 mit §§ 91 ff.

[25]) § 97².

[26]) §§ 529³, 540, O. Fischer in Iherings J. 38, 368. — Wegen des weiteren Verfahrens unten § 83 Nr. 7.

[27]) § 539.

[28]) § 538 Nr. 1 u. 5, oben A. 9.

[29]) § 538 Nr. 2.

gewiesen, sei es, daß sie nur dem Grunde nach für gerechtfertigt erklärt war.[30])

Die Einlegung der Berufung erfolgt mittelst der Berufungsschrift des Berufungsklägers, welche aber, anders wie die Einspruchsschrift, bei dem Berufungsgericht einzureichen ist.[31]) Sie kann, ebenfalls abweichend von der Einlegung des Einspruchs, erst nach Zustellung des Urteils erfolgen.[32]) Sie ist an eine Notfrist von einem Monat gebunden.[33]) Als Inhalt genügt die Erklärung der Berufungseinlegung unter Bezeichnung des Urteils, dessen Vorlegung in Abschrift zwar vorgeschrieben, aber nicht wesentlich ist.[34])

Die Berufungsanträge sowie die neuen Behauptungen und Beweismittel sollen nach einer nicht wesentlichen und praktisch unausführbaren Vorschrift schon in der Berufungsschrift mitgeteilt werden.[35]) Praktisch erfolgt die Mitteilung in einem späteren Schriftsatze.

Bestimmung und Bekanntmachung des ersten Termins geschieht wie beim Einspruch von Amts wegen.[36]) Die Prozeßakten sind durch den Gerichtsschreiber vom Gericht erster Instanz einzufordern.[37]) Die Einlassungsfrist ist die gleiche wie in erster Instanz, so daß es regelmäßig auch in der Berufungsinstanz im ersten Termin zur sachlichen Verhandlung nicht kommen kann.[38])

Die mündliche Verhandlung ist im allgemeinen die gleiche wie im Anwaltsprozeß der ersten Instanz.[39]) Sie muß aber mit dem Nachweis der Förmlichkeiten der Berufung beginnen.[40]) Der dann folgende, in dieser Hinsicht vom Vorsitzenden zu beaufsichtigende Parteivortrag hat die Entscheidungen und Beweisergebnisse erster Instanz in dem erforderlichen Umfange mit zu umfassen.[41])

In der Sitzungsniederschrift kann die Feststellung der Aussagen der Zeugen und Sachverständigen unterbleiben;[42]) doch kann dann, wie sich von selbst versteht, die Vernehmung bei dem Urteil nur benutzt werden, wenn die entscheidenden Richter bei der Vernehmung anwesend waren.

---

30) § 538 Nr. 3. 31) § 518[1]. 32) § 516[2].
33) § 516[1]. Erstreckung im Falle einer Ergänzung § 517.
34) § 158. 35) § 519. 36) § 520[1].
37) § 544[1]. 38) § 520[2].
39) § 523. Auch nach Kriegsrecht keine Entscheidung ohne mündliche Schlußverhandlung, V. 9. 9. 15 § 23[2].
40) § 535. 41) § 526. 42) § 161.

Der im Tatbestand des Urteils zu liefernde Sachbericht kann die eigene Darstellung auch durch Bezugnahme auf das Urteil der ersten Instanz ersetzen,[43]) soweit bei Hinzunahme dieses Urteils klar ersichtlich ist, was die Parteien in der Berufungsinstanz vorgetragen haben.[44])

Seine bedingten Endurteile muß das Berufungsgericht selbst erledigen. Dagegen kann und wird es bei Zurückweisung der Berufung die Erledigung des bedingten Endurteils erster Instanz der ersten Instanz überlassen.[45])

Der Prüfung und Entscheidung der Berufungsinstanz ist dadurch eine Schranke gesetzt, daß das Berufungsgericht keine Änderung zuungunsten des Berufungsklägers vornehmen darf, die dieser nicht selbst beantragt hat (Verbot der reformatio in peius).[46])

Doch kann der Berufungsbeklagte auch seinerseits Berufung einlegen (Anschlußberufung, Adhäsion), und zwar auch noch nach Ablauf der Berufungsfrist und auch durch bloße Erklärung in der mündlichen Verhandlung. Aber die nach Fristablauf eingelegte Anschlußberufung wird wirkungslos, wenn die Hauptberufung als unzulässig verworfen oder zulässigerweise zurückgenommen wird.[47])

Versäumt der Berufungskläger die mündliche Verhandlung, so ergeht, sofern nicht die Berufung als unzulässig zu verwerfen ist, auf Antrag ohne weiteres Versäumnisurteil auf Zurückweisung der Berufung.[48])

Dagegen wird das Versäumnisurteil gegen den Berufungsbeklagten bei zulässiger Berufung nur nach sachlicher Prüfung erlassen. Dabei wird zwar das tatsächliche Vorbringen des Berufungsklägers, soweit es neu ist, als nicht beweisbedürftig behandelt; dagegen ist für das frühere Vorbringen das Ergebnis erster Instanz heranzuziehen und nur anzunehmen, daß der in zweiter Instanz zulässig erfolgte Beweisantritt des Berufungsklägers das von ihm behauptete Ergebnis haben wird. Nur wenn sich auf dieser tatsächlichen Grundlage die Benachteiligung des Berufungsklägers durch das

---

[43]) § 543.

[44]) Wegen Bezugnahme auf die Schriftsätze oben § 57 Nr. 6.

[45]) § 537 S. 2.

[46]) § 536.

[47]) § 522. In Verbindung damit steht das Recht des Berufungsbeklagten auf Vertagung einer vor Ablauf der Berufungsfrist anberaumten Verhandlung der Berufung (§ 524).

[48]) § 542 ¹.

Urteil erster Instanz ergibt, ist es entsprechend abzuändern. Sonst ist die Berufung durch ein nicht als Versäumnisurteil zu behandelndes Urteil zurückzuweisen.[49])

Nach Erledigung der Berufung sind die vollständigen Akten beider Instanzen dem Gericht erster Instanz zu übersenden, doch wird die Urschrift des Berufungsurteils, welche bei dem Berufungsgericht bleibt, durch eine vom Gerichtsschreiber beglaubigte Abschrift ersetzt.[50])

## § 62. Revision.[1])

Die Revision (Rechtsberufung, revisio in iure) bezweckt eine Nachprüfung der Rechtmäßigkeit (Gesetzmäßigkeit) des Verfahrens (in procedendo) und der Rechtsanwendung (in judicando).[2])

Sie ist in Anlehnung an die französische Kassation und die ihr nachgebildete Nichtigkeitsbeschwerde des preußischen Rechts entstanden, während die Nichtigkeitsbeschwerde des gemeinen Rechts[3]) (querela nullitatum sanabilium) hinsichtlich der Nachprüfung der Rechtsanwendung auf offenbare Verstöße gegen deutlichen Gesetzesinhalt (ius in thesi clarum) beschränkt war, indem sie sich näher an den beiden Einrichtungen gemeinsamen Ursprung, die römische Bestreitung der actio iudicati und die daraus hervorgegangene revocatio in duplum anlehnte, bei welcher in dem neuen Verfahren darüber zu entscheiden war, ob ein gültiges Urteil vorliege (an iudicatum sit necne).

Die Revision ist das nicht bloß zur Erhaltung der Einheitlichkeit der Rechtsprechung, sondern auch für die Sicherung ihrer Richtigkeit im Einzelfalle kaum entbehrliche Rechtsmittel gegen

---

[49]) § 542². O. Fischer in Iherings J. 38, 369.

[50]) § 544².

[1]) Verbesserungsvorschläge, insbesondere hinsichtlich der Revisionssumme in O. Fischer, Die Reform des Rechtsmittels der Revision (Iherings J. 38, 265 ff.) und Entlastung des Reichsgerichts (auch in J. W. 04, 307 ff.).

[2]) Es handelt sich aber um Nichtanwendung bezw. unrichtige Anwendung des Gesetzes seitens des Berufungsgerichts (§ 550). Als eine Gesetzesverletzung (§ 549¹) kann sie nur uneigentlich bezeichnet werden. Unerheblich ist auch, ob ein „Rechtsirrtum" vorliegt.

[3]) Ordentliches Rechtsmittel dritter Instanz war übrigens die, vielfach an eine hohe Beschwerdesumme oder das Erfordernis der Difformität der Vorentscheidungen gebundene Oberappellation (in Pr. Revision genannt).

die Endurteile[4]) des Oberlandesgerichts[5]) in der Berufungsinstanz. Sie geht an das Reichsgericht.[6]) Nur in Bayern ist das Oberste Landesgericht dann zuständig, wenn es sich im wesentlichen um Landesrecht handelt.[7])

Zur Entlastung des Reichsgerichts ist aber die Zulässigkeit der Revision davon abhängig gemacht, daß der Wert des Beschwerdepunktes den außergewöhnlich hohen Betrag von 4000 Mark übersteigt.[8]) Dieser Wert ist bei allen nicht auf Geld gehenden Begehren glaubhaft zu machen, wobei eidesstattliche Versicherung ausgeschlossen ist.[9])

Die Revisionssumme ist nicht erforderlich:

1. bei nicht vermögensrechtlichen Begehren;[10])
2. in allen Sachen, in denen die sachliche Zuständigkeit des Landgerichts ausschließlich war;[11])
3. soweit es sich um die Zulässigkeit des Rechtswegs oder der Berufung handelt,[12]) womit zugleich in diesen Fällen die Prüfung des Reichsgerichts auf diese Vorfragen beschränkt ist.

Da die Nachprüfung des Revisionsgerichts sich auf die Rechtsanwendung und das Verfahren beschränkt, so ist im Gegensatz zur gemeinrechtlichen Oberappellation die ordnungsmäßig zustande gekommene Feststellung der Tatsachen seitens des Berufungs-

---

[4]) Mit Ausnahme der Arrest und einstweilige Verfügungen betreffenden, § 542², unten §§ 112, 113.

[5]) Auch die bloß aufhebenden (§ 61 A. 27).

[6]) G.V. § 135.

[7]) E.G.V. § 8 (F. des G. 20. 2. 11 a. 1), bay. A.G.G V. a. 42. Genauer: Dem Reichsgericht sind vorbehalten die zur Zuständigkeit des vormaligen Reichsoberhandelsgerichts gehörig gewesenen und die ihm besonders zugewiesenen Begehren, jedoch zurzeit mit der Maßgabe, daß das Oberste L.G. die Sache zu behalten hat, wenn für die Entscheidung wesentlich Landesrecht in Betracht kommt. Die Zuständigkeit des R.O.H.G. bestimmte, zunächst für Handelssachen, G. 12. 6. 69, dem aber zahlreiche weitere Zuweisungen in besonderen ReichsG. hinzutraten. — Von den direkten Zuweisungen betrifft die wichtigste alle auf das B.G.B. zu gründenden Begehren (E.B.G.B. a. 6). Es treten aber auch noch viele andere hinzu, z. B. E.G. z. G. betr. Änderungen der K.O. a. IX, Gen.G. § 155, B.Sch.G. § 130, Flöß.G. § 31.

[8]) Dadurch gelangen viele Fragen des Reichsrechts niemals zur höchstrichterlichen Beantwortung.

[9]) § 546.

[10]) § 546¹.

[11]) § 547 Nr. 2, R.Stemp.G. § 94.

[12]) § 547 Nr. 1.

gerichts für das Revisionsgericht bindend. Auch sind für die Begrenzung des Streitstoffs, abgesehen von Behauptungen, welche Mängel des Verfahrens betreffen, nur der ordnungsmäßige Tatbestand und die ordnungsmäßigen Sitzungsniederschriften der Berufungsinstanz zugrunde zu legen.[13])

Es besteht aber hinsichtlich der Prüfung der Rechtsanwendung auf diesen Sachverhalt die sogenannte freie Revisionspraxis. Die Rechtsanwendung bzw. deren Prüfung erfolgt ebenso wie in den unteren Instanzen und ist im Gegensatz zum französischen Recht, das hier auch im Rechtspunkte die Verhandlungsmaxime gelten läßt, nicht auf die Angriffe beschränkt, welche der Revisionskläger vorbringt.[14])

Von den Mängeln des Verfahrens sind einige im Gesetz dadurch zu notwendigen Revisionsgründen gemacht, daß ihr Einfluß auf die Vorentscheidung nicht in Frage kommt.[15]) Sie betreffen die Besetzung und Zuständigkeit des Gerichts, aber mit der bedeutsamen Ausnahme, daß die Zuständigkeitserklärung bei vermögensrechtlichen Ansprüchen hinsichtlich der örtlichen Zuständigkeit unanfechtbar ist,[16]) ferner die Vertretung der Parteien,[17]) die Öffentlichkeit des Verfahrens[18]) und den Mangel von Entscheidungsgründen in dem Urteil,[19]) worunter aber offenbar nur der Mangel jeglicher Begründung zu verstehen ist.[20])

Alle übrigen Mängel des Verfahrens sind nur zu beachten, wenn auf ihnen die Vorentscheidung „beruht", d. h. wenn sie die Entscheidung beeinflußt haben können.[21])

Für sämtliche Mängel des Verfahrens, ohne jede Unterscheidung, also auch für die notwendigen Revisionsgründe und die sonstigen in den Vorinstanzen von Amts wegen zu beachtenden Punkte, ist aber zur Entlastung des Reichsgerichts die Verhandlungs- und Eventualmaxime insofern eingeführt, als sie nur zu beachten sind, wenn sie von

[13]) § 561. — Doch wird diese Bindung, namentlich in Auslegungsfragen, vielfach nicht beachtet.

[14]) § 559 S. 2.

[15]) § 551 in Fiktionsform.

[16]) §§ 349, 551 Nr. 1—4.

[17]) § 551 Nr. 5.

[18]) § 551 Nr 6.

[19]) § 551 Nr. 7.

[20]) Das ergibt zweifelsfrei der Vergleich mit § 1041 Nr. 5.

[21]) § 549[1]. — Hierher gehört z. B die Nichtausübung der Fragepflicht, die Nichtbeeidigung von Zeugen, die mangelhafte Abfassung des Tatbestandes und der Gründe.

dem Revisionskläger bei der schriftlichen Revisionsbegründung gerügt werden.[22])

Für das Landesrecht bestehen aber erhebliche Einschränkungen der Revisibilität. Es soll nur solches Landesrecht in Betracht gezogen werden, das außer im Bezirk des Berufungsgerichts noch anderswo gilt.[23]) Die nähere Abgrenzung der revisibeln und nicht revisibeln Normen des Landesrechts ist durch kaiserliche Verordnung und Sondergesetze gegeben.[24])

Soweit Landesrecht der Nachprüfung entzogen ist, sind die Ausführungen des Berufungsgerichts über seinen Bestand und Inhalt für das Revisionsgericht maßgebend.[25])

Wenn die prozessualischen Erfordernisse der Revision nicht vorliegen, so ist sie als unzulässig zu verwerfen.[26])

Sonst ist zu prüfen, ob ein Revisionsgrund vorliegt oder nicht. Ist ein Revisionsgrund zu finden, so ist die Revision zurückzuweisen.[27])

Bei dem Vorhandensein eines Revisionsgrundes bildet es die Regel, daß das Revisionsgericht das Berufungsurteil und den etwa mangelhaften Teil des Berufungsverfahrens aufhebt und die Sache an denselben oder einen anderen Senat des Berufungsgerichts zurückverweist. Das Berufungsgericht ist bei seiner neuen Entscheidung an die rechtliche Beurteilung des Revisionsgerichts gebunden.[28])

Ausnahmsweise hat aber das Revisionsgericht, wenn nicht bei der Entscheidung nicht revisible Rechtssätze in Betracht kommen und dieserhalb Zurückverweisung in die Berufungsinstanz beliebt wird,[29]) in der Sache selbst zu entscheiden:

1. Wenn sich die Unzulässigkeit des Rechtswegs oder die Unzuständigkeit des Berufungsgerichts ergibt, so wird sofort Prozeßabweisung ausgesprochen.[30])

---

[22]) § 559 S. 1. — Auch diese Schranke wird nicht immer beachtet, vgl. z. B. R. 64, 361 bezüglich des § 240.

[23]) § 549¹.

[24]) E § 6, V. 28. 9. 79, G. 15. 3. 81, 24. 6. 86, 30. 3. 93. — Doch ist dieses Landesrecht in großem Umfange durch E.G.B.G. a. 55 beseitigt.

[25]) § 562.

[26]) § 554 a.

[27]) Ergibt sich aus § 563.

[28]) § 565¹, ².

[29]) § 565³ Nr. 2.

[30]) § 565³.

2. Wenn nur unrichtige Rechtsanwendung vorliegt und weitere Feststellungen von Tatsachen nicht erforderlich sind, so kann das Revisionsgericht, anders wie nach französischem Recht, auf Grund der von ihm für richtig gehaltenen rechtlichen Beurteilung selbst entscheiden.[31]) Kommt es dabei gleichwohl zu demselben Ergebnis wie im Berufungsurteil, so wird die Zurückweisung der Revision ausgesprochen,[32]) sonst aber die entsprechende sachliche Änderung des Berufungsurteils vorgenommen.

Bei Verwerfung oder Zurückweisung der Revision sind die Kosten der Revisionsinstanz dem Revisionskläger aufzuerlegen.[33]) Wird in der Sache abändernd entschieden, so muß nach denselben Grundsätzen wie in den Vorinstanzen über die gesamten Kosten des Rechtsstreits entschieden werden, soweit sie nicht durch unangefochtene Entscheidungen der Vorinstanz erledigt sind.[34])

Nur in den Angelegenheiten, für welche die Landgerichte ausschließlich zuständig sind und der Wert des Streitgegenstands 600 Mark nicht übersteigt, müssen dem Reich oder dem Bundesstaat, welche die Revision eingelegt haben, auch im Falle ihres Obsiegens, die Kosten der Revisionsinstanz auferlegt werden.[35])

Das Verfahren unterscheidet sich nur in einzelnen Punkten von dem der Berufungsinstanz:[36])

1. In Bayern wird die Revision stets beim obersten Landesgericht eingelegt, welches, wenn es das Reichsgericht für zuständig erachtet, dessen Zuständigkeit in maßgebender Weise beschließt und die Akten dem Reichsgericht übersendet.[37])

2. Die Revision muß in der Revisionsschrift oder in einem besonderen Schriftsatz, welcher in einer durch den Vorsitzenden verlängerbaren Frist von einem Monat seit Ablauf der Revisionsfrist einzureichen ist, schriftlich, und zwar bezüglich der Mängel des Verfahrens unter Aufstellung der zur Begründung erforderlichen tatsächlichen Behauptungen, begründet werden,[38]) so daß auch bei Einreichung einer keinerlei bestimmte Mängel angebenden Begründungsschrift

---

[31]) § $565^{3}$ Nr. 1. [32]) § 563.

[33]) § $97^{1}$.

[34]) §§ 91—95. Auch § $97^{2}$ kann für die Kosten der Berufungsinstanz in Frage kommen.

[35]) § $97^{3}$. [36]) §§ 553, 553 a, 555, 556, 566.

[37]) Näheres E. § 7 (F. des G. 20. 2. 11 a. 2) und § 8.

[38]) § $554^{1-6}$.

diesem Erfordernis selbst dann nicht genügt ist, wenn nur Mängel in der Rechtsanwendung gerügt werden sollten.

3. Der Revisionskläger, welcher nicht das Armenrecht oder Gebührenfreiheit hat, muß binnen einer zu bestimmenden Frist den Nachweis der Einzahlung des Gebührenvorschusses liefern.[39])

4. Es soll der Terminsbestimmung eine Vorprüfung vorangehen, für welche mündliche Verhandlung nicht erforderlich ist und nicht zu erfolgen pflegt. Diese beschränkt sich auf die prozessualische Zulässigkeit der Revision einschließlich der Revisionssumme, der schriftlichen Begründung und des Gebührenvorschusses. Mängel führen zur Verwerfung der Revision als unzulässig, welche auch durch Beschluß erfolgen kann.[40])

5. Bei Versäumnis des Revisionsbeklagten ist nach denselben Grundsätzen zu urteilen, wie wenn er anwesend wäre, der Ausgebliebene hat aber gegen das der Revision stattgebende Urteil den Einspruch.[41])

6. Dem Urteil werden die Worte: „Im Namen des Reichs" vorangesetzt.[42]) — Die Formel wird mit den Worten „von Rechts wegen" (gleichbedeutend mit „von Gerichts wegen") abgeschlossen.[43])

7. Die Akten der Revisionsinstanz sind nach dem Gesetze[44]) ebenso wie die der Berufungsinstanz bei Beendigung der Instanz dem Gericht erster Instanz zu übersenden. Doch geschieht dies nicht von allen Senaten des Reichsgerichts.

8. Wenn der erkennende Senat bei der Vorprüfung oder der Urteilsfällung findet, daß die von ihm gefundene Rechtsanwendung von einer früheren, nicht von ihm selbst getroffenen reichsgerichtlichen Entscheidung abweicht, so darf er seine Entscheidung nicht erlassen, sondern muß bezüglich der beabsichtigten Abweichung die Entscheidung der vereinigten Zivilsenate oder, bei Abweichung von einer in Strafsachen ergangenen Entscheidung die des Plenums einholen, welche ohne neue Parteiverhandlung, aber im Plenum nach schriftlichem Gehör der Reichsanwaltschaft durch Beschluß, zu treffen

---

[39]) § 554[7].

[40]) § 554 a.

[41]) § 566.

[42]) Gesch.O. § 17.

[43]) Gesch.O. § 17. Nicht nachahmungswert mit Rücksicht auf die der Formel vorangehenden Worte: „für Recht erkannt" und weil es sich bei der heutigen Trennung von Rechtspflege und Verwaltung von selbst versteht, daß Urteile der ordentlichen Gerichte nicht im Verwaltungswege erfolgen.

[44]) §§ 544[2], 566.

ist. Zu der dann, wenn es sich nicht um die Vorprüfung handelt, erforderlichen mündlichen Verhandlung werden die Parteien unter Mitteilung des eingeholten Beschlusses geladen. Der Beschluß ist für die zu treffende Entscheidung maßgebend.[45])

## § 63. Wiederaufnahme.

Die Wiederaufnahme bezweckt die nochmalige vollständige Verhandlung einer bereits durch rechtskräftiges Endurteil abgeschlossenen Sache, weil außergewöhnliche Umstände die Richtigkeit des Ergebnisses beeinflußt haben.

Die Wiederaufnahme erfolgt entweder im Wege der Nichtigkeitsklage oder dem der Restitutionsklage (Wiederherstellungsklage).[1]) Werden beide Klagen zugleich erhoben, so ist zunächst die Nichtigkeitsklage zu erledigen.[2])

Die Wiederaufnahmegründe dürfen auch in den dem Urteile vorangegangenen Entscheidungen gefunden werden, soweit sie für das Endurteil von Einfluß gewesen sein können.[3])

Die Entwickelung der Nichtigkeitsklage führt, ebenso wie die der Revision über die querela nullitatum des gemeinen Rechts zu der römischen Behandlung von Gültigkeitsmängeln des Urteils zurück. Die Trennung beider Anfechtungsmittel erfolgte durch die Scheidung der nullitates sanabiles (juris positivi) von den insanabiles (juris naturalis) und die Bindung der ersteren an die Appellationsfrist durch den Jüngsten Reichsabschied.

Heute handelt es sich um dieselben Mängel der Gerichtsbesetzung und der Parteivertretung, welche auch die Revision notwendig begründen;[4]) doch fallen die nichtvorschriftsmäßige Besetzung des Gerichts und die Mitwirkung eines wegen Befangenheit abgelehnten Richters dann weg, wenn sie mittels Rechtsmittels hätten geltend gemacht werden können.[5])

Die Restitutionsklage knüpft an die römische Wiedereinsetzung in den vorigen Stand an. In erster Linie handelt es sich um strafbare Handlungen, welche das Ergebnis des Vorverfahrens beeinflußt haben sollen.[6])

---

[45]) G V. § 137. Auch diese Vorschrift wird nicht immer beachtet, unten § 115.

[1]) § 578[1].

[2]) § 578[2].

[3]) § 583.

[4]) Oben § 60 A. 15.

[5]) § 579 im Vergleich mit § 551 Nr. 1—3, 5.

[6]) § 583.

In zweiter Linie bieten aber auch neu entdeckte Urkunden (noviter reperta) eine gesetzliche Grundlage.[7]) Doch kann mit der neuen Urkunde nicht gegen den Beweis durch Parteieid angegangen werden. Besonders erwähnt werden dabei früher rechtskräftig gewordene Urteile. Angegliedert ist dem Fall eine spätere Aufhebung eines Strafgerichtsurteils, auf welches das frühere Urteil gegründet war. In allen Fällen ist aber die Restitutionsklage ausgeschlossen, wenn der Anfechtungsgrund bei Anwendung gehöriger Sorgfalt in den früheren Verfahren, wenn auch nur durch Einspruch, Haupt- oder Anschlußberufung, hätte geltend gemacht werden können.[8])

Das Verfahren bewegt sich im allgemeinen in den Formen des ordentlichen Rechtsstreits.

Zuständig ist diejenige Instanz des Vorprozesses, welche das angefochtene Urteil erlassen hat. Doch tritt an die Stelle des Revisionsgerichts bei der Restitutionsklage das Berufungsgericht, sofern nicht strafbare Handlungen der Richter oder der Parteien den Anfechtungsgrund bilden.[9])

Für die Geltendmachung besteht eine Notfrist von einem Monat seit der Kenntis des Anfechtungsgrundes,[10]) außerdem aber eine 5jährige Frist seit dem Tage der Rechtskraft des angefochtenen Urteils.[11])

Die Klageschrift muß das angefochtene Urteil und die Art der Klage bezeichnen.[12])

Die schriftliche Vorbereitung soll außer dem Antrage auch den Anfechtungsgrund angeben und die Rechtzeitigkeit der Klage begründen.[13])

Auch hier ist die Zulässigkeit des Anfechtungsmittels vorweg zu prüfen.[14]) Ergibt die dann folgende sachliche Prüfung (iudicium rescindens) den Mangel eines Anfechtungsgrundes, so erfolgt die Abweisung der Klage. Andernfalls ist die Sache von neuem zu verhandeln und zu entscheiden (iudicium rescissorium)

---

[7]) § 580 Nr. 6 u. 7.

[8]) § 582.

[9]) § 584.

[10]) Bei mangelnder Parteivertretung erst seit der Zustellung an die Partei bezw. deren berechtigten Vertreter, § 586 [3].

[11]) § 586 [1, 2].

[12]) § 587.

[13]) § 588.

[14]) § 589.

und dabei, soweit es erforderlich erscheint, das frühere rechtskräftige Urteil entsprechend abzuändern.[15])

Die Rechtsmittel sind die gleichen, als wenn das Gericht im Vorverfahren geurteilt hätte.[16])

## § 64. Änderungsklage.

Während die bisher erörterten Anfechtungsarten in erster Linie ein von vornherein unrichtiges Urteil beseitigen wollen, aber, freilich in verschiedenem Umfange, daneben nicht nur Berücksichtigung neuen Prozeßstoffs, sondern auch inzwischen eingetretene Veränderungen des Sachverhalts gestatten, handelt es sich in den Fällen, welche unter dem Namen der Änderungsklage zusammengefaßt werden können, ausschließlich darum, daß ein Urteil, welches den Rechtsstreit, wie er dem Gericht zur Zeit der Urteilsfällung vorlag, richtig entschieden haben mag, ohne Rücksicht auf seine Rechtskraft deshalb abgeändert werden soll, weil die zugrunde liegenden tatsächlichen Verhältnisse sich nachträglich geändert haben.

Die Geltendmachung des Abänderungsbegehrens erfolgt in allen Fällen mittels Klage im ordentlichen Rechtsstreit.[1])

Der Hauptfall[2]) führt in seinem geschichtlichen Ursprunge ebenso wie die Revision und die Nichtigkeitsklage auf die römische Verteidigung gegen die actio iudicati zurück. Es konnten gegen diese außer Nichtigkeitsgründen auch neu entstandenen Erlöschungsgründe, sowie gewisse bevorzugte Verurteilungshindernisse aus früherer Zeit[3]) vorgebracht werden. Daraus hatten sich gemeinrechtlich die sogenannten Einreden in der Exekutionsinstanz[4]) entwickelt, welche sich aber keineswegs auf die Zulässigkeit der Zwangsvollstreckung beschränkten.

Vorausgesetzt wird in diesem Hauptfalle die Verurteilung des Beklagten. Eine Beschränkung auf die Leistungsklage ist aber weder vorgeschrieben noch zweckmäßig. Daß die Zwangsvollstreckung aus der Verurteilung begonnen habe oder auch nur zulässig sei, wird nicht erfordert.[5])

---

15) § 590.

16) § 591.

1) §§ 323, 324, 767.

2) § 767.

3) Exceptio Sci Macedoniani, Vellejani.

4) Auch pr. A.G.O. I, 24 § 36.

5) O. Fischer in Iherings J. 38, 369.

Grundlage des nur dem Beklagten[6]) zustehenden Änderungsbegehrens können den Anspruch selbst betreffende Einwendungen, d. h. alles tatsächliche Vorbringen zur Hauptsache sein, welches ein dem Beklagten günstigeres Urteil zu bewirken geeignet ist, wobei nach allgemeinen Grundsätzen der Zeitpunkt der neuen Urteilsfällung maßgebend ist.

Ausgeschlossen ist aber ein Abänderungsgrund, der so früh entstanden ist, daß er in dem früheren Rechtsstreit oder einem etwa bereits vorangegangenen Änderungsverfahren hätte geltend gemacht werden können, in welcher Beziehung bei der Aufrechnung schon das Vorhandensein der Aufrechnungsmöglichkeit genügt.[7]) Dabei wird die Möglichkeit der Geltendmachung durch Einspruch berücksichtigt, nicht aber, im Gegensatz zur Wiederaufnahme, die Geltendmachung durch sonstige Anfechtungsmittel. Andererseits ist die Beschränkung insofern weitergehend wie bei der Wiederaufnahme, als früher entstandene Gründe auch dann ausgeschlossen bleiben, wenn ihr Nichtvorbringen entschuldbar erscheint.

Die Wirkung der Abänderung ist, wie bei der Wiederaufnahme, ganz allgemein und keineswegs auf die Zulässigkeit der Zwangsvollstreckung beschränkt, da das Gesetz das Gegenteil nicht bestimmt.[8])

Diese Abänderungsklage findet insbesondere auch Anwendung, wenn der Erbe die in dem gegen den Erblasser oder gegen ihn selbst ergangenem Urteil unterbliebene Berücksichtigung der Beschränkung seiner Haftung verlangt, ebenso bei nachträglicher Geltendmachung der beschränkten Haftung des Vermögensübernehmers, der Vermächtnis-

[6]) Nicht dem abgewiesenen Kläger. Dem siegreichen Kläger steht zur Durchsetzung ihm günstigerer Abänderungen, z. B. des Wegfalls der Gegenleistung, von der die Verurteilung abhängig war, der ordentliche Rechtsstreit ohne weiteres zu Gebote, unten § 67 A. 38.

[7]) Bezüglich der Anwendung auf das Notbedarfsrecht (beneficium competentiae) O. Fischer in Iherings J. 34, 459.

[8]) Anders die herrschende Lehre und Rechtsprechung, welche den unpassenden Namen „Vollstreckungsgegenklage“ verwendet. Der § 767 stünde allerdings richtiger hinter § 322, was jeden Zweifel ausgeschlossen hätte. Aber die unrichtige Stellung in dem die Zwangsvollstreckung behandelnden Buche teilt er mit den ebenfalls nicht zur Zwangsvollstreckung gehörigen, sondern an § 322 sich anreihenden §§ 705, 706. Sie erklärt sich, ebenso wie der Ausdruck „neues Vorbringen in der Zwangsvollstreckungsinstanz“ in § 178, aus Gründen der geschichtlichen Entwickelung. Letztere lehrt aber, daß die ganz unzweckmäßige Beschränkung der Wirkung schon dem römischen Recht durchaus fremd war.

nehmer, sowie hinsichtlich gütergemeinschaftlicher Gesamtgutsverbindlichkeiten nach der Teilung und bei der fortgesetzten Gütergemeinschaft.[9])

Ein weiterer Fall ist die Abänderung der Verurteilung zu künftigen wiederkehrenden Leistungen,[10]) welche im Gegensatz zu dem Hauptfall von beiden Parteien begehrt werden kann.

Die Grundlage bildet eine Änderung der für Grund, Höhe und Dauer der Leistungen maßgebenden Verhältnisse.

Die zeitliche Beschränkung ist die gleiche wie im Hauptfall. Die Abänderung kann aber nur für die Zeit nach der neuen Klageerhebung erfolgen.

Endlich kann bei Geldrenten, die auf Grund einer Personenverletzung oder der Ehescheidung zu gewähren sind, vom Kläger nachträgliche Verurteilung zur Sicherheitsleistung in angemessener Höhe begehrt werden, auch wenn das ursprüngliche Urteil die Sicherheitsleistung abgewiesen oder niedriger festgesetzt hatte. Erfordert wird dabei, daß sich die Vermögensverhältnisse des Beklagten nach der Verurteilung erheblich verschlechtert hatten.[11])

Auch in diesen Fällen handelt es sich offensichtlich um allgemein wirksame Abänderung des Urteilsinhalts, nicht bloß um Minderung oder Erhöhung seiner Vollstreckbarkeit.

Während für den ersten Fall ausschließlich örtliche und sachliche Zuständigkeit des Gerichts erster Instanz des Vorprozesses bestimmt ist,[12]) müssen in den beiden anderen Fällen die allgemeinen Zuständigkeitsregeln gelten.

## § 65. Beschwerde.

Die Beschwerde ist eine der querela simplex des gemeinen Rechts nachgebildete vereinfachte Berufung.

Sie ist gegen Endurteile erster Instanz nur in dem vereinzelten Falle gegeben, daß keine Entscheidung in der Hauptsache erfolgt ist und es sich nur um die Entscheidung über den Kostenpunkt handelt.[1])

---

[9]) §§ 785, 786. — Änderungsklage gegenüber anderen Entscheidungen unten § 65, gegenüber Vergleichen unten § 76, gegenüber Vollstreckungsbefehlen unten § 89, gegenüber der Erteilung der Vollstreckungsklausel unten § 100.

[10]) § 323. [11]) § 324. [12]) § 767 $^{1}$.

[1]) § 99 $^{3}$. Nach Kriegsrecht auch für Anfechtung eines Anerkenntnisurteils nur wegen der Zahlungsfrist, B. 7. 8. 14 (F. 8. 6. 16). In diesen beiden Fällen

Ihr Hauptgebiet sind die anderen Entscheidungen.[2]) Aber auch hier ist sie nur in den besonders bestimmten Fällen und außerdem bei solchen abweisenden Entscheidungen zulässig, welche eine vorgängige mündliche Verhandlung nicht erfordern.[3])

Ferner muß es sich um eine Entscheidung des Amtsgerichts oder des Landgerichts handeln, wobei jedoch auch Entscheidungen des Landgerichts innerhalb des Verfahrens in der Berufungsinstanz in Frage kommen können.[4])

Abgesehen von besonderen Fällen, in denen gegen das Amtsgericht unmittelbar das Oberlandesgericht anzurufen ist, folgt die Beschwerde dem gewöhnlichen Instanzenzuge.[5])

Man unterscheidet einfache und sofortige Beschwerde. Die Besonderheiten der letzteren treten nur da ein, wo das Gesetz im Einzelfalle die Beschwerde als sofortige bezeichnet.

Nur die sofortige Beschwerde ist an eine Notfrist von zwei Wochen gebunden. Diese beginnt mit der Zustellung der angefochtenen Entscheidung. Bei Zurückweisung des Antrages auf Erlaß eines Versäumnisurteils ist aber die Verkündung maßgebend.[6])

Die Beschwerde wird im Gegensatz zur Berufung bei dem Gericht der angefochtenen Entscheidung eingelegt. Jedenfalls wird aber die Frist auch durch Einlegung beim Beschwerdegericht gewahrt, wenngleich diese nur in dringenden Fällen erfolgen soll.[7])

Bei Beschwerden gegen amtsgerichtliche Entscheidungen, sowie bezüglich des Armenrechts und seitens der Zeugen und Sachverständigen genügt die Einlegung durch Erklärung bei dem Gerichtsschreiber, der eine Niederschrift zu fertigen hat.[8])

Die Begründung ist, soweit sie erforderlich erscheint, in der Beschwerdeschrift zu geben.

Das Gericht der angefochtenen Entscheidung hat diese binnen einer Woche dem Beschwerdegericht vorzulegen.

---

und bei der Anfechtung eines die Zahlungsfrist betreffenden Beschlusses erfordert das Kriegsrecht eine Beschwerdesumme von über 50 Mark, B. 9. 9. 15 (F. 18. 5. 16) §§ 21, 22.

[2]) Vgl. oben § 60 II.

[3]) § 567[1].

[4]) § 567[2].

[5]) § 568[1], oben § 7 A. 12.

[6]) § 577[2].

[7]) §§ 569[1], 577[2].

[8]) § 569[2].

Bei der einfachen Beschwerde kann sich aber die Entscheidung des Beschwerdegerichts dadurch erübrigen, daß das Gericht der Vorentscheidung selbst die verlangte Abänderung seiner Entscheidung eintreten läßt.[9])

Für die Verhandlung besteht kein Mündlichkeitszwang. Auch das gegenseitige Gehör ist im allgemeinen nicht vorgeschrieben.[10]) Für schriftliche Gegenerklärungen genügt Gerichtsschreiberniederschrift, wenn sie für die Beschwerde selbst zugelassen war.[11])

Bei der Entscheidung kann, wenn die Beschwerde begründet war, die nunmehr erforderliche Anordnung dem Gericht der angefochtenen Entscheidung überlassen werden.[12])

Im übrigen gilt das gleiche wie bei der Berufung.[13])

Gegen die Entscheidung des Landgerichts als Beschwerdegerichts haben beide Parteien die weitere Beschwerde an das Oberlandesgericht. Diese ist aber allgemein von dem Vorhandensein eines neuen selbständigen „Beschwerdegrundes" abhängig,[14]) d. h. die Entscheidung des Landgerichts muß von der des Amtsgerichts, und zwar nicht bloß in der Begründung, zum Nachteil des Beschwerdeführers abweichen.[15]) Außerdem ist eine Beschwerdesumme von über 50 Mark erforderlich, wenn das Urteil oder der Beschluß die Kostenpflicht, wenn auch nur bezüglich des Betrages der Kosten, betrifft.[16])

Die Beschwerde dient zugleich als Ersatz des Wiederaufnahmeverfahrens. Für diesen Fall treten aber bei der sofortigen Beschwerde die Fristen des Wiederaufnahmeverfahrens an die Stelle der gewöhnlichen Frist.[17])

Beschwerden gegen die Entscheidung eines Vorsitzenden sind wie Beschwerden gegen das Gericht zu behandeln, so jedoch, daß die Abhilfe nur dem Vorsitzenden allein, nicht dem Gericht zusteht, dem er vorsitzt.[18])

Bei Entscheidungen anderer Gerichtsorgane, insbesondere des Gerichtsschreibers und des beauftragten Richters, aber

---

[9]) §§ 571, 577³. [10]) Ausnahme § 93³. [11]) § 573.

[12]) § 575. [13]) Vgl. namentlich §§ 570, 574.

[14]) Sie ist also ausgeschlossen contra duas conformes. — In der freiwilligen Gerichtsbarkeit ist sie dagegen als Rechtsbeschwerde gestaltet (F.G. § 27).

[15]) § 568². [16]) § 568³.

[17]) § 577² S. 3. [18]) §§ 569¹, 571, 575.

auch bei Entscheidungen des ersuchten Richters,[19]) ist zunächst die Entscheidung des Prozeßgerichts nachzusuchen.[20]) Dieses ist auch bei dem Oberlandesgericht, dem Reichsgericht und dem Obersten Landesgericht in Bayern möglich.[21])

Handelt es sich dabei um einen Fall der sofortigen Beschwerde, so muß schon für den Antrag auf Entscheidung des Prozeßgerichts die Notfrist gewahrt werden.[22])

Die Beschwerde gegen diese Entscheidung des Prozeßgerichts richtet sich nach den allgemeinen Grundsätzen.[23]) In den Fällen der sofortigen Beschwerde muß aber das Prozeßgericht den Antrag auf Nachsuchung seiner Entscheidung ohne weiteres dem Beschwerdegericht zur Entscheidung vorlegen, wenn es dem Antrag nicht selbst stattgeben will.[24])

Wenn eine Entscheidung, die mit der Beschwerde anfechtbar ist oder anfechtbar sein würde, wenn sie in erster Instanz erlassen wäre, einen sachlichen verurteilenden Inhalt hat, so ist insoweit die Änderungsklage, wie bei Urteilen, möglich.[25]) Die zeitliche Grenze muß aber bei der hier verordneten „entsprechenden" Anwendung die Einreichung des Gesuchs sein, auf welches die Entscheidung ergangen ist, sofern keine mündliche Verhandlung stattgefunden hat.

## § 66. Wiedereinsetzung in den vorigen Stand.

Gegen die Folge der Versäumung einer Notfrist[1]) ist die Wiedereinsetzung in den vorigen Stand gegeben.

Da Notfristen, abgesehen von dem Antrag auf nachträgliche Abnahme eines Parteieides[2]) nur bei den Anfechtungsmitteln bestehen, so bietet die Einrichtung in der Hauptsache eine Ergänzung des Anfechtungswesens.

Die Wiedereinsetzung in den vorigen Stand kann im allgemeinen nur bei der Behinderung durch unabwendbare Zufälle

---

[19]) Abgesehen von der Sitzungspolizei, GVG. § 183$^{3}$.

[20]) § 576$^{1}$.

[21]) § 576$^{2}$.

[22]) § 577$^{4}$ S. 1.

[23]) § 576$^{3}$.

[24]) § 577$^{3}$.

[25]) §§ 794 Nr. 3, 795, oben § 64.

[1]) Über Anwendung auf den Fall der Versäumung des Prüfungstermins im Konkurse unten § 126.

[2]) § 466.

(vis major) erteilt werden.[3]) Insbesondere ist sie aber zulässig auch bei der unverschuldeten Unkenntnis der Zustellung eines Versäumnisurteils, sowie bei verspäteter Zustellung, wenn das zuzustellende Schriftstück spätestens am dritten Tage vor Fristablauf dem Gerichtsvollzieher oder dem Gerichtsschreiber übergeben war.[4])

Die Frist beträgt regelmäßig zwei Wochen seit Hebung des Hindernisses. Sie kann durch Vereinbarung nicht verlängert werden. Jedenfalls tritt mit Ablauf eines Jahres seit dem Ende der versäumten Notfrist der Ausschluß der Wiedereinsetzung ein.[5]) Im Falle der rechtzeitigen Übergabe des Schriftstücks durch den Gerichtsvollzieher beträgt die Frist einen Monat seit Ablauf der versäumten Notfrist.[6])

Das Verfahren ist im allgemeinen dem Einspruchsverfahren nachgebildet, aber schon der Antrag muß die Glaubhaftmachung des Wiedereinsetzungsgrundes enthalten und die versäumte Prozeßhandlung nachholen, wenn dieses nicht bereits geschehen ist.[7])

## 4. Abschnitt.

## Wirkung der Entscheidungen.

### § 67. Rechtskraft.

Unter Rechtskraft (res iudicata) im förmlichen oder äußeren Sinne versteht man die, allerdings nicht vollkommene, prozessualische Unabänderlichkeit einer Entscheidung,[1]) während im sachlichen Sinne darunter der Inbegriff der prozessualischen und materiellen Rechtswirkungen verstanden wird, welche endgültig mit der Entscheidung verbunden sind[2]) und welche im Zeitpunkt der förmlichen Rechtskraft eintreten.

I. Die Rechtskraft bezieht sich in erster Linie auf die Endurteile. Diese erlangen die förmliche Rechtskraft sofort mit der Verkündung, wenn es gegen das Urteil weder Rechtsmittel noch den Einspruch

[3]) § 233¹. — Dazu wird auch die zu spät erfolgte Bewilligung des Armenrechts gerechnet, wenn das Gesuch nicht verschuldet zu spät gestellt war.

[4]) §§ 233, 235¹. — Nach Kriegsrecht auch bei Unterlassung einer Prozeßhandlung im Vertrauen auf die Unwirksamkeit einer in Wahrheit wirksamen Zustellung, V. 22. 12. 15 § 2.

[5]) § 234. [6]) § 235². [7]) Näheres §§ 236—238.

[1]) So § 705. Die Bestimmungen über die förmliche Rechtskraft stehen unrichtig bei der Zwangsvollstreckung.

[2]) So § 322.

gibt, so daß die Möglichkeit der Abänderung in einem nachträglichen Verfahren mittels Wiedereinsetzung, Wiederaufnahme oder Änderungsklage den Eintritt der Rechtskraft nicht beeinträchtigt und ihre Wirkungen nicht zu bedingten macht. Wenn dagegen das Endurteil einem Rechtsmittel oder dem Einspruch unterliegt, so tritt die Rechtskraft erst nach fruchtlosem Fristablauf oder nach Erledigung des Rechtsmittels oder des Einspruchs ein.[3])

Der Zeitpunkt des Eintritts ist mithin für alle Parteien der gleiche.[4])

Zeugnisse über die Rechtskraft erteilt der Gerichtsschreiber der Instanz, in welcher der Rechtsstreit anhängig ist, und nach seiner Erledigung der Gerichtsschreiber erster Instanz, und zwar auf Grund eines Zeugnisses des Gerichtsschreibers der Rechtsmittelinstanz über die Nichteinreichung einer Rechtsmittelschrift innerhalb der Notfrist.[5])

Die sachlichen Rechtskraftwirkungen beruhen wie alle Wirkungen von Gerichtshandlungen nicht auf dem Parteiwillen, sondern auf der staatlichen Gerichtsgewalt. Damit sie eintreten können, muß vor allem ein wirkliches Urteil vorliegen und nicht vielmehr nur ein Scheinurteil,[6]) wie z. B. ein von Nichtrichtern erlassenes, oder jeden entscheidenden Inhalts entbehrendes. Aber auch unverständlicher oder in sich widerspruchsvoller, sowie verbotener Inhalt kann keine sachliche Rechtskraft erhalten, und kann das im Wege der Feststellungsklage auch dann noch klar gestellt werden, wenn das Urteil nach Ablauf der Wiederaufnahmefrist zu einem ganz unanfechtbaren geworden ist.

Dagegen begründet tatsächliche Unmöglichkeit des Inhalts keineswegs die Nichtigkeit, zumal eine Verurteilung zu Unmöglichem eine erhebliche rechtliche Bedeutung hat.[7])

Für die Rechtskraftwirkungen ist im weiteren zwischen Verurteilungen und Abweisungen zu unterscheiden.[8])

Die Zivilprozeßordnung beschränkt sich hinsichtlich der Wirkung einer Verurteilung auf die Bestimmung, daß die Zwangs-

---

[3]) § 705.

[4]) Also keine relative Rechtskraft in förmlicher Beziehung.

[5]) § 706. [6]) Oben § 23 A. 5 u. 19.

[7]) B.G.B. §§ 283, 1567 Nr. 1. — O. Fischer, in den oben § 23 A. 19 angeführten Schriften gegen Wach, Urteilsnichtigkeit in RheinZ. 3, 373 ff., 4, 509 ff.

[8]) Bedingte Endurteile werden zwar förmlich rechtskräftig, die sachlichen Rechtskraftwirkungen hat aber erst das unbedingte Endurteil.

vollstreckung zulässig ist,[9]) wobei aber vorausgesetzt wird, daß die Verurteilung einen zur Zwangsvollstreckung geeigneten Inhalt hat.[10])

Außerdem sind im bürgerlichen Recht verschiedene Nebenwirkungen einer rechtskräftigen Verurteilung geordnet. Sie gehört nach diesen Bestimmungen zu den Tatbeständen von Privatrechtssätzen, welche neue Ansprüche oder Gestaltungsrechte, auch gegenüber Dritten, begründen oder auch bestehende Rechtsverhältnisse ändern.[11])

Dagegen fehlt eine gesetzliche Bestimmung über die eigentliche Wirkung einer rechtskräftigen Verurteilung, ebenso, wie die über die Wirkung einer rechtskräftigen Abweisung.[12])

Die schon im neueren römischen Recht stark verblaßten altrömischen Grundsätze, nach denen die res iudicata das in den Prozeß geführte Rechtsverhältnis (res in iudicium deducta) im Falle der Abweisung restlos zum Untergange bringe,[13]) im Falle der Verurteilung aber im Wege der Novation durch obligatio und actio iudicati ersetzt, war schon im neueren römischen Recht durch die den Inhalt der Entscheidung ins Auge fassende Regel, daß dieser Inhalt für richtig gelte,[14]) ersetzt. Dem germanischen Recht

[9]) § 704¹. — H.G.B. § 371³ gibt das Recht zum außergewöhnlichen Verkauf bei dem kaufmännischen Zurückbehaltungsrecht. — Das Gegenstück bilden Urteile, welche die Zwangsvollstreckung für unzulässig erklären oder deren Einstellung anordnen, § 775 Nr. 1.

[10]) Unten § 94. Daß die Vollstreckung am Unvermögen oder an der Unmöglichkeit z. B. wegen Unterganges der herauszugebenden Sache vor oder nach der Verurteilung scheitern kann, berührt diese Voraussetzung nicht.

[11]) Kuttner, Die privatrechtlichen Nebenwirkungen der Zivilurteile in O. Fischer Abh. 16 Heft 2. Z. B. Rechte die dem Kläger nach Fristsetzung (B.G.B. §§ 283, 1003², 2193²) oder fruchtloser Vollstreckung (B.G.B. § 2196) erwachsen, Einwirkung auf die Verjährung (§§ 211¹, 212, 218), Ausschluß der Rücknahme bei der Hinterlegung (B.G.B. § 376² Nr. 3) und eines entgegenstehenden Anspruchs aus dem Besitze (B G.B. § 864²), Befreiungsanspruch des verurteilten Bürgen (B.G.B. § 775 Nr. 4), Einfluß der Veruteilung des Erben auf seine Haftpflicht gegenüber anderen Gläubigern (B.G.B. §§ 1973, 1991³).

[12]) §§ 322, 325—327 betreffen nur die persönlichen und sachlichen Grenzen. Wegen der Wirksamkeit von Gerichtshandlungen überhaupt oben § 23.

[13]) Bis de eadem re ne sit actio (Quinct. 7, 6, 4), sog. negative Funktion der exceptio res judicatae.

[14]) Res judicata pro veritate accipitur (fr. 207 de R.J.) sog. positive Funktion. Die Wendung jus facit (z. B. fr. 50 § 1 D. 30) hat Gestaltungsurteile im Auge.

war er fremd[15]) und ist in das geltende Recht nicht übergegangen.

Auch die französische Auffassung der autorité de la chose jugée[16]) als eines unantastbaren Heiligtums, in dem auch Arglist und andere Sittenwidrigkeiten Asylrecht finden müßten, ist der deutschen Rechtsanschauung fremd.

Die von vornherein vorhandene Lücke in der Zivilprozeßordnung, welche auch später nicht beseitigt ist,[17]) muß vielmehr, wie jede andere, im Anschluß an die geschichtliche Entwicklung nach der Natur der Sache und den Grundsätzen der Gerechtigkeit und Zweckmäßigkeit entsprechend ausgefüllt werden.

Durch eine Verurteilung auf ein Leistungsbegehren wird auch die privatrechtliche Leistungspflicht als bestehend festgestellt, und diese Feststellung muß auch gelten, wenn sie unrichtig war, so daß in diesem Fall ein neuer Rechtszustand geschaffen wird.[18])

Die Rechtskraft der Verurteilung zur Abgabe einer Willenserklärung hat die besondere Wirkung, daß sie die Willenserklärung ersetzt.[19]) Bei Abhängigkeit der Willenserklärung von einer Gegenleistung hat jedoch erst die vollstreckbare Ausfertigung diese Wirkung.[20])

Ebenso wird bei Sachhaftungsbegehren und Unterlassungsbegehren die Haftung bezw. die Unterlassungspflicht festgestellt oder geschaffen.

Bei der Verurteilung auf eine Gestaltungsklage tritt mit der Rechtskraft die Schaffung eines solchen Rechtsverhältnisses

---

[15]) Glogauer Rechtsbuch I, 374: Res semel judicata amplius judicari non potest ist wohl dem römischen Recht nachgebildet.

[16]) Code civ. a. 1351.

[17]) Der zur Ausfüllung bestimmte § 191 des Entwurfs I. Lesung B.G.B. wurde mit Recht gestrichen (O. Fischer, Recht und Rechtschutz 135).

[18]) Die sog. prozeßrechtliche Theorie (Heim, Die Feststellungswirkung des Zivilurteils in O. Fischer Abh. 25 Heft 1), welche überall die privatrechtlichen Wirkungen der Rechtskraft leugnet, entspricht sicherlich nicht dem vor dem 1. 10. 79 geltenden Recht. Eine Abschwächung der Rechtskraftwirkungen in dieser Hinsicht ist aber weder in der Z.P.O. noch sonst zum Ausdruck gelangt und gesetzgeberisch nicht zu empfehlen.

[19]) § $894^{1}$ in Fiktionsform. Die Abs. 2 ausgenommenen Verurteilungen zur Eingehung einer Ehe können im Inlande nicht mehr vorkommen (B.G.B. § $1297^{1}$). — Eine ähnliche Wirkung als Ersatz für Anmeldungen zum Handelsregister oder eines Hindernisses für Einträge in H.G.B. § 16.

[20]) § $894^{1}$ S. 2.

auch dann ein, wenn das Begehren in Wirklichkeit nicht rechtmäßig war.[21])

Bei Verurteilung auf eine positive Feststellungsklage wird das rechtliche Bestehen des betreffenden Rechtsverhältnisses als regelmäßig unabänderlich hingestellt, so daß es entsteht, wenn es noch nicht bestanden hatte.

Aber auch bei Leistungs- und Gestaltungsurteilen muß außer der Feststellung der Leistungspflicht auch eine privatrechtlich wirksame Feststellung des zugrunde liegenden Rechtsverhältnisses soweit angenommen werden, als dieses durch die Verurteilung notwendig bedingt ist. So schließt die Verurteilung auf den Darlehnsanspruch die Feststellung des Darlehnsschuldverhältnisses in der Höhe der Verurteilung in sich, ebenso die Verurteilung zur Herausgabe einer Sache die Feststellung des Eigentums oder des Besitzes, je nachdem sie auf Grund von Eigentum oder auf Grund von Besitz erfolgt ist. Das entspricht dem dringenden praktischen Bedürfnis und dem Standpunkte des römischen und preußischen Rechts, von welchem durch Schöpfung der Feststellungsbegehren, durch die man den Rechtsschutz erweitern, aber nicht die bisherigen Wirkungen des bereits bestehenden Schutzes herabmindern wollte, nicht abgewichen werden sollte.[22])

Für die Wirkung einer rechtskräftigen sachlichen Abweisung (absolutio ab actione) kommt es ebenfalls darauf an, wie die Abweisung begründet ist. Die Abweisung eines Leistungsbegehrens bringt also die geltend gemachte Forderung nicht zum Untergange, wenn sie aus Gründen erfolgt ist, welche den Bestand der Forderung nicht berühren, wie z. B. wegen mangelnden Prozeßführungsrechts auf einer Seite,[23]) wegen mangelnder Fälligkeit oder wegen eines Zurückbehaltungsrechts. Wohl aber geht die Forderung unter, wenn die Abweisung erfolgt, weil die Forderung nicht zu Recht bestehe.

Wenn aus Mangel an vollständigen Klaggrundbehauptungen oder aus Mangel ihres Beweises die Abweisung erfolgt, so hat das zwar logisch nicht die Bedeutung, daß die For-

[21]) Z. B. B.G.B. §§ 1425[2], 1470, 1496, 1548. — Bei der Anfechtung nur im Falle B.G.B. § 234 (oben § 52).

[22]) Oben § 37. A. M. namentlich Dernburg, bürg. Recht III, 419. Dagegen O. Fischer, Unmöglichkeit als Nichtigkeitsgrund II Abh. 26 Heft 1, S. 35.

[23]) Oben § 42.

derung nicht bestehe, es wird aber hier ebenfalls im Anschluß an das bisherige Recht der Untergang der Forderung fast allgemein angenommen.

Die Abweisung einer Feststellungsklage wegen mangelnden Feststellungsinteresses beeinflußt den Bestand des Rechtsverhältnisses nicht. Die Abweisung einer negativen Feststellungsklage muß die Wirkung einer Feststellung des betreffenden Rechtsverhältnisses dann haben, wenn sich aus den Gründen ergibt, daß eine dahingehende Feststellung den Grund der Abweisung bildet.

Eine Prozeßabweisung (Ablehnung der Sachentscheidung, absolutio ab instantia)[24]) ist der sachlichen Rechtskraft in der Hauptsache nicht fähig, da sie einen das Begehren betreffenden sachlichen Inhalt nicht hat.[25])

Der Satz des Privatrechts, daß derjenige ersatzpflichtig ist, der durch sein Verhalten in einer gegen die guten Sitten verstoßenden Weise vorsätzlich einem Anderen Schaden zufügt,[26]) ist ein ganz allgemeiner. Eine Schadenszufügung durch vorsätzliche Erwirkung einer zivil- oder strafprozessualischen Verurteilung oder durch vorsätzliche mißbräuchliche Benutzung einer im vereinbarten Scheinprozesse erzielten förmlich rechtskräftigen Entscheidung, ist mangels einer dahingehenden gesetzlichen Bestimmung um so weniger auszunehmen, als die Gerechtigkeit einer solchen Ausnahme entgegen sein würde.[27]) Infolgedessen hat der Pflichtige den Zustand herzustellen, der bestehen würde, wenn sein ersatzpflichtiges Verhalten nicht eingetreten wäre.[28]) Er kann deshalb die Rechtskraftwirkungen nicht für sich in Anspruch nehmen.

Ebensowenig wird die Anfechtung eines den Gläubigern nachteiligen Verhaltens im Interesse der Durchführung von Zwangsvollstreckung und Konkurs[29]) dadurch ausgeschlossen, daß der anzufechtende Erwerb auf einer rechtskräftigen Entscheidung beruht, wenngleich hierdurch die Wirksamkeit der Entscheidung beschränkt wird.

Das Gesetz zieht aber den dargestellten Rechtskraftwirkungen sachliche und persönliche Grenzen.

---

[24]) Oben § 53.

[25]) Wegen des Einflusses auf die Verjährung B.G.B. § 212.

[26]) B.G.B. § 826.

[27]) So auch R. 39, 412.

[28]) B.G.B. § 249.

[29]) Unten §§ 115, 123, AnfG. § 6, K. § 35.

Die sachliche liegt in der Beschränkung der Rechtskraft auf die Entscheidung über das Begehren,[30]) welches den Gegenstand des Rechtsstreits bildete. Damit ist die Rechtskraft der in den Gründen enthaltenen Entscheidungen über einzelne Angriffs- und Verteidigungsmittel[31]) ausgeschlossen.

Vor allem geht die Entscheidung über ein zugrunde liegendes Rechtsverhältnis nicht weiter, als es die Entscheidung über das Hauptbegehren erforderlich macht, so daß z. B. die in den Gründen enthaltene Entscheidung, daß ein Darlehnsverhältnis bestehe oder nicht bestehe, für das Kapital keine Rechtskraftwirkung hat, wenn nur die Zinsen eingeklagt waren, und nicht die ganze Darlehnsforderung feststellt oder zum Untergang bringt, wenn nur ein Teil eingeklagt war, wie umgekehrt auch eine Teilverurteilung mit der Begründung, daß die ganze Forderung zu Recht bestehe, nicht den Rest rechtskräftig feststellt.

Eine Sonderstellung nimmt nur die in den Gründen enthaltene Entscheidung über die Aufrechnungseinrede ein, gleichviel ob sie mit der Aufrechnungserklärung verbunden war oder sich auf eine frühere Aufrechnungserklärung gründete.[32]) Wenn die Aufrechnung als unwirksam angesehen wird, weil die Gegenforderung nicht bestehe, so steht das hinsichtlich der Rechtskraft einer Abweisung der Gegenforderung gleich, aber im Einklang mit der allgemeinen sachlichen Grenze nur bis zur Höhe des Betrages, gegen welchen aufgerechnet werden sollte.[33])

In persönlicher Beziehung hatte das germanische Recht den Urteilen grundsätzlich eine allgemeine Wirkung zugesprochen.[34]) Dagegen beschränkte das römische Recht die Rechts-

[30]) Das Gesetz (§ 322) sagt hier wie überall „Anspruch" (oben § 37 A. 1).

[31]) Unter der „Rechtskraft der Gründe" verstand auch die für das gemeine Recht vielfach vertretene Gegenansicht nur die in den Gründen enthaltenen Entscheidungen über Voraussetzungen und die darin entwickelten Folgerungen. Daß die in den Gründen enthaltene Feststellung von Tatsachen und Anwendung von Rechtssätzen nicht in Rechtskraft übergeht, ist ebenso selbstverständlich, wie die Notwendigkeit der Heranziehung der Gründe zur Ermittelung der Tragweite der in der Urteilsformel enthaltenen Entscheidung, namentlich der Abweisung.

[32]) Oben § 52 A. 20.

[33]) § 322². — Eine weitere Erstreckung der Rechtskraft in sachlicher Beziehung kann nur durch Zwischenfeststellung (Inzidentklage), unten § 79 III, erzielt werden.

[34]) Auf Grund der Verschweigung gegen Anwesende sofort, gegen Abwesende nach Jahr und Tag, sächs. L.R. II, 6 § 4, Planck, Gerichtsverfahren im Mittelalter I, 325, 631 ff.

kraft auf die Parteien.[35]) Das geltende Recht hat sich für den ordentlichen Rechtsstreit der grundsätzlichen Beschränkung der Rechtskraft auf die Hauptparteien angeschlossen.[36]) Daraus folgt namentlich, daß die Feststellung eines absoluten Rechtsverhältnisses, wie des Eigentums, nur relative Wirksamkeit haben kann.[37])

Auch ist mit dem römischen Recht[38]) anzunehmen, daß die Rechtskraft der siegreichen Partei nicht entgegensteht.

Erstreckungen[39]) beruhen, abgesehen von der selbstverständlichen Berücksichtigung der Vertretung[40]) durch Beziehung der Wirkungen auf den Vertretenen:

1. auf dem Gesichtspunkt der Güterpflege[41]) und der sonstigen Verfügungsmacht über fremde Rechte,[42]) insofern Urteile für und gegen solche Verfüger für und gegen den Berechtigten oder Verpflichteten bezw. für und gegen das Vermögen wirken, auf welche sich ihr Parteirecht bezieht.

Besonders hervorgehoben hat das Gesetz die Wirkung der Prozeßführung des Testamentsvollstreckers auf den Erben,[43]) des Schiffers gegen den Reeder bei Schiffsschulden, insbesondere Bodmereischulden,[44]) des Vorerben für den Nacherben und im Rahmen seines freien Verfügungsrechts auch gegen den Nacherben.[45])

In Betracht kommen weiter die sich aus den Prozeßführungsrechten der Eheleute[46]) ergebenden Wirkungen in bezug auf Gesamtgut, eingebrachtes Gut und Sondergut.

2. Auf dem Gesichtspunkt der Nachfolge.[47]) Es handelt sich dabei sowohl um Gesamtrechtsnachfolge wie um Sondernachfolge, und zwar um Rechtsnachfolge nicht nur des Klägers, sondern, was namentlich für die Sachhaftungsbegehren wichtig

---

[35]) Z. B. fr. 10 D. 44, 1: Res inter alios judicata aliis non obest.

[36]) § 325[1].

[37]) Ein Gegenstück zu der relativen Unwirksamkeit nach B.G.B. § 135[1] oder Anf.G. § 1. — Absolute Wirksamkeit nur durch Aufgebot (unten § 95).

[38]) Fr. 16 D. 44, 2.

[39]) Der Schutz des an dem Verfahren nicht Teil nehmenden Dritten durch tierce opposition, code de proc. a. 474 besteht im geltenden deutschen Recht nicht. — Über Nebenintervention unten § 82.

[40]) Oben §§ 19, 20.

[41]) Oben § 21.

[42]) Oben §§ 22, 42.

[43]) § 327.

[44]) H.G.B. §§ 696[2], 761[2].

[45]) § 326.

[46]) Oben § 42.

[47]) § 325[1].

ist, auch des Beklagten. Dem Rechtsnachfolger steht ein solcher Besitzerwerber gleich, der Besitzmittler der den mittelbaren Besitz behaltenden Partei oder ihres Rechtsnachfolgers wurde.

Dagegen ist die bloße Pflichtennachfolge, z. B. die Schuldübernahme, nicht gleichgestellt, so daß keine Rechtskraftwirkung für und gegen den Schuldnernachfolger eintritt.[48])

In Betracht kommen dabei nur Nachfolger der Parteien, also nicht Nachfolger des wahren Berechtigten in bezug auf ein einen Scheinberechtigten betreffendes Urteil und umgekehrt.

Obwohl an sich nur eine nach Eintritt der Rechtskraft eingetretene Nachfolge in Betracht zu kommen hätte, werden doch ganz allgemein auch die schon vorher aber nach der Rechtshängigkeit eingetretenen Rechtsnachfolger einbezogen. Ihr Erwerb wird aber nach Rechtsscheingrundsätzen[49]) gegen nachteilige Wirkungen des Urteils ebenso geschützt, wie gegen den Mangel des Rechts ihres Vorgängers, also je nach der Verschiedenheit der Fälle bei jeder[50]) oder nur bei der nicht grobfahrlässigen[51]) Unkenntnis der Rechtshängigkeit.

Die Rechtsnachfolger in Grundstücke werden aber im Verhältnis zur Reallast und Grundpfandgläubigern durch Unkenntnis nicht geschützt.[52])

Der Erwerber des Grundstücks im Wege der Zwangsversteigerung unterliegt dagegen der Rechtskrafterstreckung nur, wenn die Rechtshängigkeit im Zwangsversteigerungsverfahren rechtzeitig angemeldet war.[53])

Ausnahmsweise tritt Erstreckung der Rechtskraft sogar gegen einen Erwerber ein, dessen Erwerb vor der Rechtshängigkeit liegt, nämlich bei allen Erwerbern von Forderungen und anderen persönlichen Rechten im Verhältnis zu den Verpflichteten[54]) und bei den Erwerbern von Gegenständen des kaufmännischen Zurückbehaltungsrechts im Verhältnis zum Berechtigten.[55]) Wenn der Verpflichtete bezw. Zurückbehaltungsberechtigte zur Zeit der Rechtshängigkeit von der Rechtsnachfolge Kenntnis gehabt hat, so entfällt diese Erstreckung,

---

[48]) B.G.B. § 414 sagt zwar, daß er an die Stelle des bisherigen Schuldners tritt. Das ist aber keine Rechtsnachfolge im Sinne von § 325.

[49]) § 325². Fischer-Henle, Handausgabe des B.G.B. XXX.

[50]) So im Falle des B.G.B. § 892 bei mangelnder Eintragung.

[51]) So im Falle B.G.B. § 932.

[52]) § 325³ S. 1.

[53]) § 325³ a. E.

[54]) B.G.B. § 407².

[55]) H.G.B. § 372².

da sie auf dem bei dem früheren Berechtigten verbliebenen Rechtsschein beruht.

3. Auf dem Gesichtspunkt der Gemeinschaft. Es gilt zwar keineswegs der Grundsatz der Erstreckung der Rechtskraft auf nicht beteiligte Gemeinschafter.[56]) Aber sie besteht in Ausnahmefällen, in denen ein besonders nahes Verhältnis vorliegt.[57])

Weiter als es das Gesetz bestimmt, dürfen die subjektiven Grenzen nicht gesteckt werden. Insbesondere hat die Feststellung des Bestehens oder Nichtbestehens eines absoluten oder relativen Rechtsverhältnisses keinen Einfluß auf ein Rechtsverhältnis zwischen einer Partei und einem Dritten, welches von jenem Rechtsverhältnisse abhängig ist.[58])

Die so begrenzten Rechtskraftwirkungen sind später überall zu berücksichtigen, wo sie von Bedeutung sind.[59])

In einem späteren Rechtsstreit kann die Rechtskraft als ein zur Hauptsache, nicht zu den Voraussetzungen der Beurteilungsfähigkeit gehöriges Angriffs- oder Verteidigungsmittel (Klaggrund, Einrede, Replik usw.) in Betracht kommen. Sie untersteht daher, wie alles sachliche Vorbringen, nicht der Offizialmaxime, sondern der Verhandlungsmaxime. Sie ist also nur soweit zu beachten, als der zu ihrer Beurteilung erforderliche tatsächliche Prozeßstoff sich aus dem Parteivorbringen ergibt.

Die Einrede der Rechtskraft gegenüber dem Klaggrunde eines späteren Rechtsstreits ist aber nur eine gewöhnliche Tateinrede, keine Rechtseinrede,[60]) so daß es einer förmlichen Erhebung nicht

---

[56]) B.G.B. §§ $425^2$, $429^3$ bestimmen für Gesamtgläubiger und Gesamtschuldner das Gegenteil.

[57]) Zum Teil handelt es sich übrigens um Prozeßführung für Rechnung der Gemeinschafter. Im Einzelnen: Genossen der fortgesetzten Gütergemeinschaft bezüglich deren Aufhebung (B.G.B. § 1496), Mitaktionäre bei der Anfechtung von Beschlüssen (H.G.B. §§ 273, 325 Nr. 4), Pfändungsgenossen hinsichtlich der Einziehung (§ 856), Konkursgläubiger für die Forderungsfeststellung (K. § 147), Genossenschaftsglieder hinsichtlich der Anfechtung der Konkurszuschußberechnungen (Gen.G. § 111).

[58]) Näheres O. Fischer, Von den subjektiven Grenzen der Rechtskraft in Iherings J. 40, 150 ff, namentlich gegen Wach und Laband, Zur Lehre von der Rechtskraft. — Über die besonderen Wirkungen einer Entscheidung gegen den Nebenintervenienten oder Empfänger einer Streitverkündung unten § 82.

[59]) In diesem Sinne sind die Urteile für alle Gerichte und Behörden bindend, wie es R.V.O. § $258^3$ für die Entscheidungen der Versicherungsämter ausdrücklich festsetzt. — Näheres Kuttner, Urteilswirkungen außerhalb des Zivilprozesses (O. Fischer Abh 26 Heft 3).

[60]) Oben § 52.

bedarf.[61]) Die Auffindung des früheren Urteils nach rechtskräftiger Entscheidung der zweiten Sache begründet die Restitutionsklage.[62])

Die Rechtskraft steht aber nur dann der sachlichen Prüfung des neuen Begehrens entgegen, wenn dieses dasselbe ist, wie im Vorprozesse (eadem quaestio, eadem res). Für die Bestimmung der Selbigkeit fehlt es an besonderen Gesetzesvorschriften. Aus allgemeinen logischen oder gar „rechtslogischen“ Regeln ist sie auch nicht zu entnehmen.[63]) Jede Änderung des Antrages oder Ergänzung und Berichtigung der Klaggrundbehauptungen die Einrede der Rechtskraft ausschließen zu lassen, würde ihrem Zwecke widerstreben. Vielmehr muß im Einzelfalle unter Vergleich des Klageantrages und der tatsächlichen Klaggrundbehauptungen mit dem Stoff des Vorprozesses geprüft werden, ob die rechtskraftfreie Neubeurteilung mit dem Zwecke der Rechtskraft in Einklang zu bringen ist.[64])

Eine bloße Änderung des rechtlichen Gesichtspunktes kann die Einrede unter keinen Umständen beseitigen. Es kann auch die Abweisung eines Feststellungsbegehrens der Geltendmachung anderer Arten von Begehren entgegenstehen und umgekehrt. Die Abweisung wegen mangelnden Rechtserwerbs schließt auch nicht geltend gemachte Erwerbsarten aus, soweit sie nicht jünger sind.[65]) Mit der Schadensersatzforderung geht auch die Bereicherungsforderung verloren und umgekehrt, ebenso mit dem Begehren vereinbarter Vergütung auch das auf angemessene Entlohnung.

Es wird dabei aber vorausgesetzt, daß nicht ein tatsächlich ganz anderer, wenn auch gleichartiger Sachverhalt zugrunde liegt. So

[61]) Mittelansicht in der Streitfrage über die „absolute Rechtskraft“. Aus § 580 Nr. 7 a folgt nichts Gegenteiliges. — Auch im römischen Recht wirkte die res judicata regelmäßig ipso jure und die exceptio rei judicatae bestand nur für besondere Fälle, auf welche die Wirkung später erstreckt wurde (Gaj. 4, 107).

[62]) § 580 Nr. 7 a, oben § 63 A. 7.

[63]) In diesem Sinne sagt Hume (a treatise of human nature I, IV, 2 ff.), daß der Streit um Selbigkeit ein bloßer Wortstreit ist.

[64]) Vgl. O. Fischer, Problem der Identität und Neuheit in der Breslauer Festschrift für Ihering, 41. — Die Frage berührt sich mit der nach den Erfordernissen für die Individualisierung des Klaggrundes, oben § 44 A. 25.

[65]) Daher hindert die Abweisung eines Begehrens aus B.G.B. § 1007 das Eigentumsbegehren aus B.G.B. § 985, nicht aber tut dies die Abweisung eines Begehrens aus B.G.B. § 861. Im letzteren Falle handelt es sich lediglich um den Besitz (possessorium), während im Falle § 1007 (petitorium) der Eigentümer über den Besitzer siegt.

schließt die Abweisung mit einem am 2. Januar gegebenen Darlehn die Klage aus einem am 1. Januar gegebenen nicht aus, wenn erhellt, daß es sich um zwei Darlehensfälle handelt und nicht um eine bloße Zeitverschiedenheit bezüglich der Hingabe eines einzigen Darlehens.

Wenn das rechtskräftige Urteil aufgehoben oder abgeändert wird, namentlich infolge Wiedereinsetzung in den vorigen Stand, Wiederaufnahme des Verfahrens, Abänderungsklage, Nachtragsverfahren, so kommt die Rechtskraft in Wegfall.

Es ist auch vorgesehen, daß, während ein solches Aufhebungsverfahren schwebt, die Zwangsvollstreckung einstweilen eingestellt wird.[66])

II. Andere Entscheidungen als Endurteile können nur dann in förmliche Rechtskraft übergehen, wenn gegen sie die sofortige Beschwerde zulässig war oder zulässig sein würde, wenn sie in erster Instanz erlassen wäre. Denn nur dann tritt die Unabänderlichkeit für das entscheidende Gericht ein,[67]) welche für den Eintritt förmlicher Rechtskraft unerläßlich ist. Ist die Beschwerde nicht zulässig, weil die Entscheidung von einem Gericht höherer Instanz erlassen ist, so tritt die Rechtskraft mit der Zustellung an alle Hauptparteien ein, sonst mit dem Ablauf der Rechtsmittelfrist.

Von einer selbständigen[68]) sachlichen Rechtskraft kann aber bei ihnen nur soweit die Rede sein, als sie eine sachliche Entscheidung, z. B. die Festsetzung eines Kostenbetrages[69]) oder die Verurteilung zu Kosten[70]) enthalten, nicht aber wenn sie sonstige Fragen, z. B. die Rechtmäßigkeit einer Zeugnisverweigerung,[71]) betreffen.

## § 68. Vorläufige Wirksamkeit.

I. Noch nicht rechtskräftigen Endurteilen kann nur dadurch eine vorläufige Wirksamkeit beigelegt werden, daß sie besonders für vorläufig vollstreckbar erklärt werden.

Die vorläufige Wirksamkeit betrifft zunächst[1]) nur die Zulässigkeit der Zwangsvollstreckung.[2])

---

[66]) §§ 707, 769. [67]) Oben § 60 A. 19.

[68]) Außer Betracht bleiben hier die eigentlichen Zwischenurteile (unten § 83), da sie nur als Bestandteile des späteren Endurteils Bedeutung haben.

[69]) § 104. [70]) § 102.

[71]) § 387.

[1]) Näheres O. Fischer, „Vollstreckbarkeit" in der Festgabe für Dahn III, 37 ff.

[2]) § 704[1]. Einschränkungen B.G.B. § 725, H.G.B. § 135.

Daran schließt sich aber die Hemmung[3]) der Vollstreckung. Ferner die Wirkung, daß eine vorläufig vollstreckbare Verurteilung zur Abgabe einer Willenserklärung, welche die Grundlage eines endgültigen Eintrags in Grundbuch oder Schiffsregister zu bilden hätte, der Bewilligung einer entsprechenden Vormerkung oder eines Widerspruchs[4]) gleichsteht, weiter die Zulassung als Grundlage für eine Gläubigeranfechtung[5]) mit der Maßgabe, daß die Verurteilung von dem Eintritte der Rechtskraft abhängig gemacht wird. Endlich genügt eine solche Feststellung des Rechts auf Befriedigung aus einem kaufmännischen Zurückbehaltungsrecht als Grundlage für den hier zulässigen außergerichtlichen Verkauf.[6])

Weitere Wirkungen bestehen nur, soweit sie im einzelnen besonders ausgesprochen sind. Ganz allgemein ist das nur für die Zulässigkeit der Kostenfestsetzung aus vorläufig vollstreckbaren Verurteilungen zur Kostentragung geschehen.[7])

Besondere Folgen sind die Entstehung des privatrechtlichen Befreiungsanspruchs für den vorläufig vollstreckbar verurteilten Bürgen[8]) und die Bedeutung solcher Urteile als Ersatz für Anmeldungen zum Handelsregister und als Hindernis für Einträge darin.[9])

Daher hat sich auch die Vollstreckbarkeitserklärung auf solche Urteile zu beschränken, deren Inhalt solche Wirkungen haben kann,[10]) so daß sie bei abweisenden Urteilen oder Urteilen über Gestaltungs- und Feststellungsbegehren nur für den Kostenpunkt Bedeutung hat.[10])

Die Vollstreckungserklärung geschieht teils ohne Antrag, teils nur auf Antrag des Siegers.

Ohne Antrag erfolgt sie bei der Verurteilung zu Unterhalt und Geldrente wegen Personenverletzung, aber nicht für die älteren Rückstände, ferner für Anerkenntnisurteile, für die den bedingten Endurteilen folgenden unbedingten Endurteile, für die Urteile der Oberlandesgerichte über vermögensrechtliche Begehren mit der seltsamen

---

[3]) §§ 775 Nr. 1, 2, 928, 936.

[4]) § 895.

[5]) Anf.G. § 10.

[6]) H.G.B. § 371.

[7]) Darüber unten § 69.

[8]) B.G.B. § 775¹ Nr. 4.

[9]) H.G.B. § 16.

[10]) Verurteilungen zu vertragsmäßigen Dienstleistungen (§ 888 a) und bedingte Endurteile kommen daher nicht in Betracht.

Ausnahme für die ersten Versäumnisurteile, endlich für die zweiten Versäumnisurteile in jeder Instanz, in der Revisionsinstanz aber auch schon für die ersten Versäumnisurteile.[11])

Auf Antrag werden ohne weiteres für vollstreckbar erklärt die Verurteilungen[12]) bei vermögensrechtlichen Begehren von nicht über 300 Mark und die Entscheidungen[13]) in den Streitigkeiten über Raum- und Dienstmiete und Reiseangelegenheiten, welche zur amtsgerichtlichen Zuständigkeit gehören,[14]) außerdem aber alle Verurteilungen, bei denen ein glaubhaft gemachter schwer zu ersetzender oder schwer zu ermittelnder Nachteil mit der Aussetzung der Vollstreckung verbunden sein würde.[15])

In allen anderen Fällen ist der Antrag zulässig, wenn sich der Kläger zur Sicherheitsleistung erbietet, so daß dann die vorläufige Vollstreckbarkeit gegen Leistung der der Höhe nach fest zu bestimmenden Sicherheit für den Ersatz des möglicherweise entstehenden Schadens auszusprechen ist.[16])

Der zu Verurteilende kann durch Gegenantrag erreichen:

1. daß ihm nachgelassen wird, die Vollstreckung durch Sicherheitsleistung in zu bestimmender Höhe oder durch Hinterlegung des geschuldeten Gegenstandes abzuwenden, wenn nicht der Gläubiger sich erbietet, vor der Vollstreckung Sicherheit zu leisten;[17])

2. daß die Vollstreckung von Sicherheitsleistungen abhängig gemacht wird; doch ist dies bei den ohne Antrag für vollstreckbar zu erklärenden Urteilen der Oberlandesgerichte ausgeschlossen;[18])

3. daß die Vollstreckbarkeitserklärung unterbleibt, wenn die Vollstreckung dem Verurteilten einen nicht zu ersetzenden Nachteil bringen würde. Auch diese Vorschrift trifft die Urteile der Oberlandesgerichte nicht, wenn gegen sie nach dem Ermessen des Oberlandesgerichts die Revision durch den Mangel der Revisionssumme ausgeschlossen sein würde.[19])

---

[11]) § 708 Nr. 1—3, 6—7.

[12]) Nicht die Abweisungen, was bezüglich der Kostenentscheidungen Bedeutung hat, O. Fischer in Iherings J. 38, 371.

[13]) Also auch die Abweisungen, wenn damit eine Kostenentscheidung verbunden ist.

[14]) § 709. Auch wenn das Landgericht geurteilt hat.

[15]) § 710. [16]) § 710. [17]) §§ 713², 720. [18]) § 713¹.

[19]) § 712. Handelt es sich um einen Fall, wo sonst ohne Antrag die Vollstreckbarkeit zu erklären wäre, ist die Nichtvollstreckbarkeit auszusprechen. Sonst ist der Vollstreckbarkeitsantrag zurückzuweisen.

Das die Vollstreckbarkeitserklärung betreffende Nebenbegehren bildet einen untrennbaren Teil der Hauptentscheidung, so daß die Anträge, soweit sie überhaupt erfordert werden, nur vor der Urteilsfällung gestellt werden können.[20]) Ist die Entscheidung in dem Urteil zu Unrecht unterblieben, so kann nicht nur durch Anfechtung, sondern auch durch Antrag auf Ergänzung Abhilfe geschaffen werden und zwar in Fällen, in denen kein Antrag erforderlich war, auch dann, wenn ein solcher nicht gestellt war.[21])

Die Anfechtungsmittel sind grundsätzlich die gleichen wie gegenüber der Hauptentscheidung. Die Einlegung ist aber ohne aufschiebende Wirkung (Suspensiveffekt). In der Berufungsinstanz muß bezüglich des unangefochten Gebliebenen auf Antrag durch unanfechtbaren Beschluß die Vollstreckbarkeitserklärung vorweg erfolgen.[22]) Es kann aber auch eine gleichfalls unanfechtbare Vorabentscheidung über die Beibehaltung der in erster Instanz ausgesprochenen vorläufigen Vollstreckbarkeit erfolgen.[23])

Außerdem kann die höhere Instanz die vorläufige Einstellung der Zwangsvollstreckung bei glaubhaft gemachten unersetzlichen Nachteilen durch Beschluß anordnen, die Revisionsinstanz ist dazu verpflichtet.[24])

Durch die Abänderung der Verurteilung in der Hauptsache wird auch die vorläufige Vollstreckbarkeit dieser Verurteilung beseitigt. Der Kläger muß, auch wenn ihn kein Verschulden trifft, den durch die Vollstreckung des Urteils oder durch die zur Abwendung der Vollstreckung gemachte Leistung entstandenen Schaden ersetzen, und kann das darauf gerichtete Begehren noch in den anhängigen Rechtsstreit eingeführt werden.[25]) Gegenüber den von Amts wegen für vollstreckbar zu erklärenden Urteilen der Oberlandesgerichte beschränkt sich aber der Anspruch des Beklagten auf die Erstattung des Geleisteten.[26])

Mit dem Eintritt der Rechtskraft der Verurteilung wird die Zulässigkeit der Vollstreckung endgültig und ist daher auf Antrag die Rückgabe der etwa vom Kläger geleisteten Sicherheit anzuordnen.[27])

---

[20]) § 714, oben § 37 A. 33.

[21]) § 716, oben § 60 A. 11. Nicht aber wegen übersehenen Gegenanträge, so daß insoweit nur die Anfechtung helfen kann.

[22]) § 534.

[23]) § 718.

[24]) § 719.

[25]) § 717 [1] u. [2].

[26]) § 717 [3].

[27]) § 715.

II. Bei anderen Entscheidungen tritt die Wirksamkeit, welche die Entscheidung ihrem Inhalte nach haben kann, sofort ein, ohne daß es einer Vollstreckbarkeitserklärung bedarf, und im allgemeinen gleichviel, ob die Entscheidung mit der Beschwerde anfechtbar ist oder nicht.[28])

Sie hört aber auf, wenn die Entscheidung in zulässiger Weise von derselben oder einer höheren Instanz abgeändert wird.

In besonderen, Einwirkungen auf die Personen der Parteien und Auskunftspersonen, sowie die Rückgabe einer Sicherheit betreffenden Fällen hebt die Einlegung der Beschwerde die vorläufige Wirksamkeit auf (Suspensiveffekt).[29]) Im übrigen kann sowohl die Stelle, welche die angefochtene Entscheidung erlassen hat, wie das Beschwerdegericht die Aussetzung anordnen, das Beschwerdegericht kann auch eine sonstige einstweilige Anordnung erlassen.[30])

## § 69. Kostenfestsetzung.

Begehren, welche die Feststellung der Kostenerstattungspflicht des Gegners dem Betrage nach zum Gegenstande haben, können statt im ordentlichen Rechtsstreit in einem besonderen Feststellungsverfahren geltend gemacht werden, wenn die Kostenpflicht und damit die Erstattungspflicht dem Grunde nach in einem rechtskräftigen oder vorläufig vollstreckbaren Urteile[1]) oder in einem anderen zur Zwangsvollstreckung geeigneten „Schuldtitel"[2]) festgestellt ist.[3]) Daß die Kosten, z. B. die Anwaltsgebühren, bereits bezahlt sind, ist nicht erforderlich, es genügt, daß sie gezahlt werden müssen, und daß sie nach Art und Betrag erstattungsfähig sind.[4])

Zuständig ist für dieses rein schriftliche Beschlußverfahren der Gerichtsschreiber erster Instanz. Dem Gesuch müssen außer der Kostenberechnung auch die Belege beigefügt werden, welche die Ansätze glaubhaft machen.[5])

[28]) Die Möglichkeit einer Zwangsvollstreckung hängt aber von denselben Voraussetzungen ab, wie die Möglichkeit einer förmlichen Rechtskraft, § 794[1] Nr. 3, oben § 67 A. 67.

[29]) § 572[1]. [30]) § 572[2] u. [3].

[1]) Oben § 68 I. [2]) Unten § 99.

[3]) § 103[1]. Daß die Vollstreckbarkeit von einer Sicherheitsleistung abhängt, steht nicht entgegen. Vorherige Erteilung der Vollstreckungsklausel für den Schuldtitel (unten § 100) ist nicht erforderlich.

[4]) Oben § 34 A. 33 ff.

[5]) §§ 103[2], 104[1] u. [2]. O. Fischer in Iherings J. 38, 363.

Dem Gesuch steht die Einreichung einer Kostenberechnung vor der Urteilsverkündung gleich.[6])

Ein dem Begehren vollkommen entsprechender Beschluß des Gerichtsschreibers kann auch auf die Urschrift des Urteils gesetzt und dann als mit dem Urteil untrennbar verbunden behandelt werden.[7])

Gegen die Entscheidung des Gerichtsschreibers, welche auch die Kosten des Festsetzungsverfahrens zu berücksichtigen hat, gibt es das Anfechtungsmittel der Erinnerung bei dem Gericht binnen einer Notfrist von zwei Wochen, und gegen die Entscheidung des Gerichts die sofortige Beschwerde.[8])

Wenn auf beiden Seiten Erstattungspflicht besteht, so soll vor dem Gesuch der Gegner zur Einreichung seiner Kostenberechnung bei dem Gerichtsschreiber binnen einer einwöchigen Frist aufgefordert werden. Entspricht er der Aufforderung, so muß das Gesuch die Gegenansprüche berücksichtigen. Unterbleibt die Einreichung, so bleiben die Ansprüche des Gegners zunächst außer Betracht. Er muß sie nachträglich besonders geltend machen, und hat dann die entstehenden Mehrkosten zu tragen.[9])

Erfolgt nach der Kostenfestsetzung eine gerichtliche Festsetzung des Werts des Streitgegenstands, welche den bei der Kostenfestsetzung angenommenen Wert ändert, so kann binnen einem Monat ein Antrag auf Änderung der Kostenfestsetzung angebracht werden, welcher ebenso zu behandeln ist, wie das ursprüngliche Kostenfestsetzungsgesuch.[10])

Außerdem gibt es gegen Kostenfestsetzungsbeschlüsse, soweit sie nicht die Forderung abgewiesen haben, auch die Änderungsklage in gleicher Weise wie gegen Urteile.[11]) Die zeitliche Grenze für die Entstehung der geltend zu machenden neuen Tatumstände ist zunächst die Anbringung des Gesuchs.

## § 70. Ausländische Urteile.

Die Rechtskraft im inländischen Rechtsbereich erstreckt sich auch auf ausländische Urteile, aber nur dann, wenn diese die Anerkennungsfähigkeit nach inländischem Recht besitzen.

---

[6]) § 105².

[7]) Näheres § 105¹.

[8]) § 104³.

[9]) § 106.

[10]) § 107.

[11]) § 795 mit § 794 Nr. 2a und § 767, oben § 64.

Dazu ist in förmlicher Beziehung erforderlich, daß die Gerichtsbarkeit des ausländischen Staates auch bei Anwendung des deutschen Rechts örtlich zuständig gewesen sein würde,[1]) daß der verurteilte Deutsche, wenn er sich auf den Prozeß nicht eingelassen hatte, entweder durch Zustellung an ihn persönlich im Staate des Prozeßgerichts oder durch Zustellung mittels deutscher Rechtshilfe in den Prozeß gezogen war[2]) und daß endlich die Gegenseitigkeit verbürgt erscheint.[3])

Im Bereich des Haager Abkommens ist bei Kostenentscheidungen die Anerkennungsfähigkeit nicht zu prüfen.[4])

Eine sachliche Nachprüfung (révision du fond) des ausländischen Urteils findet dagegen im allgemeinen nicht statt. Nur dann ist die Anerkennung ausgeschlossen, wenn sie im Hinblick auf den Inhalt oder das Zustandekommen des Urteils gegen die guten Sitten oder gegen den im öffentlichen Interesse liegenden Zweck eines deutschen Gesetzes verstoßen würde oder wenn zum Nachteil einer deutschen Partei von bestimmten das internationale Recht betreffenden Vorschriften des deutschen Rechts in bezug auf die Ehe, die Ehelichkeit und die Todeserklärung abgewichen ist.[5])

Die Rechtskraftwirkungen ausländischer Urteile bestehen bei dem Vorhandensein dieser Voraussetzungen ohne weiteres. Aber die Vollstreckbarkeit kann nur durch besonderes Vollstreckungsurteil erlangt werden. Für dieses ist das inländische Gericht des allgemeinen Gerichtsstandes des Verurteilten, und wenn er keinen Wohnsitz im Deutschen Reiche hat, auch das des Gerichtsstandes des Vermögens zuständig.[6])

Das Vollstreckungsurteil ist zu erlassen, wenn die förmliche Rechtskraft nach ausländischem Recht und die Anerkennungsfähigkeit nach inländischem Recht zusammentreffen.[7])

---

[1]) § 328[1] Nr. 1. [2]) § 328[1] Nr. 2.

[3]) § 328 Nr. 5. Z. B. Bern. FrachtÜb. a. 56, österr. ExekutionsO. §§ 79 bis 81. — Eine Ausnahme macht Abs. 2 bezüglich nichtvermögensrechtlicher Begehren, für welche kein deutsches Gericht zuständig war.

[4]) Näheres Haager Abkommen (17. 7. 05) a. 17—19, oben § 34 A. 38.

[5]) § 328 Nr. 3 u. 4. Dazu aber Haager Scheidungsabkommen (12. 6. 02) a. 7.

[6]) § 722. — Unterbrechung der Verjährung B.G.B. § 209.

[7]) § 723.

Es unterliegt den inländischen Anfechtungsmitteln, auch der Wiederaufnahme und der Änderungsklage.

## § 71. Schiedssprüche.

Auch Schiedssprüche können die Wirkung rechtskräftiger Urteile haben oder erhalten.

Man versteht darunter die Entscheidungen von Rechtsstreitigkeiten auf privatrechtlicher Grundlage.[1])

Die gewöhnliche Grundlage bildet ein privatrechtlicher Vertrag der Parteien (compromissum), in welchem sie, aber unter Beschränkung auf bestimmt anzugebende Rechtsverhältnisse, und auf Begehren, deren Gegenstand ihrer Verfügungsmacht derart unterliegt, daß sie auch einen Vergleich schließen könnten,[2]) vereinbaren, daß die Entscheidung durch Schiedsgericht erfolgen soll.[3])

Der Vertrag bedarf keiner Form; jede Partei kann aber schriftliche Abfassung verlangen.[4])

Zur Förderung der Wirksamkeit der Schiedsgerichte ist vorgesehen, daß sie durch die ordentlichen Gerichte unterstützt und ergänzt wird.

Die Zuständigkeit des mitwirkenden Gerichts ist im einzelnen geordnet.[5])

Soweit es sich dabei um die Unterstützung des schiedsrichterlichen Verfahrens selbst und um das Erlöschen des Schiedsvertrages handelt, erfolgt die staatsgerichtliche Tätigkeit im Beschlußverfahren ohne zwingende Mündlichkeit und mit dem Rechtsmittel der sofortigen Beschwerde.[6])

Wenn dagegen die Zulässigkeit des Verfahrens im ganzen, und die Aufhebung und Vollstreckbarkeit des Schiedsspruchs in Frage steht, so sind die Formen des ordentlichen Rechtsstreits zu wahren.[7])

---

[1]) Oben § 1 A. 11. — Die Schiedsrichter (arbitri) sind zu unterscheiden von den Schätzmännern (arbitratores), welche ebenfalls auf Grund einer Vereinbarung der Parteien deren Festsetzungen in anderer Richtung in einer für die Parteien maßgebenden Weise ergänzen sollen, z. B. durch Bestimmung der Leistung im Falle des B.G.B. § 317. — Ihr Spruch steht aber einem gerichtlichen Urteile nicht gleich und erübrigt eine gerichtliche Entscheidung des Rechtsstreits nicht, ist aber bei dieser zu berücksichtigen.

[2]) Unten § 76.

[3]) §§ 1025, 1026.

[4]) § 1027.

[5]) §§ 1045—1047.

[6]) § 1045.

[7]) § 1046.

Das Schiedsgericht, welches aber erst durch die vertragsmäßige Übernahme des Amts durch den Schiedsrichter (receptum arbitri) zustande kommt, ist so zu bilden, wie es der Vertrag vorschreibt. Sonst ernennt jede Partei einen Schiedsrichter.[8]) Auch Behörden und juristische Personen können Schiedsrichter sein.

Der Gegner kann aber den einseitig Ernannten ablehnen, und zwar ohne weiteres Frauen, Minderjährige, Taube, Stumme und Personen ohne bürgerliche Ehrenrechte. Ein nicht im Vertrage ernannter Schiedsrichter kann auch abgelehnt werden, sobald er seine Tätigkeit ungebührlich verzögert. Außerdem bestehen aber auch dieselben Ablehnungsgründe wie gegenüber den staatlichen Richtern.[9])

An die Stelle eines durch Tod oder auf andere Weise, insbesondere auch durch Weigerung wegfallenden Schiedsrichters muß die Partei einen anderen ernennen.[10])

Das Gericht tritt ein, wenn die Ernennung oder die Ersatzernennung verzögert wird oder die Ablehnung in Frage steht.[11])

Wenn aber in dem Vertrage selbst zum Schiedsrichter ernannte Personen wegfallen, so tritt der ganze Schiedsvertrag außer Kraft.[12])

Die Schiedsrichter sind in ihrem der Entscheidung vorangehenden Verfahren an das Prozeßrecht nicht gebunden, haben sich aber nach den Vereinbarungen der Parteien zu richten.[13])

Vorgeschrieben ist nur die Anhörung der Parteien und die Ermittlung des Sachverhältnisses, letztere aber nur, soweit die Schiedsrichter sie für erforderlich halten.[14])

Durch den Einwand, daß das Verfahren unzulässig sei, brauchen sich die Schiedsrichter an dem Fortgang des Verfahrens zunächst nicht hindern zu lassen.[15])

Zur Vernehmung von Auskunftspersonen sind die Schiedsrichter befugt, nicht aber zur Abnahme von Eiden.[16]) Aber auf Antrag einer Partei nehmen die ordentlichen staatlichen Gerichte richterliche Handlungen vor, zu welchen die Schiedsrichter nicht befugt sind, und entscheiden dann auch über Verweigerung des Zeugnisses oder des Gutachtens.[17])

---

[8]) §§ 1028, 1029[1], 1030.
[9]) § 1032.
[10]) § 1031 S. 1.
[11]) §§ 1029[2], 1031 S. 2, 1045[1].
[12]) § 1033[1].
[13]) § 1034[2].
[14]) § 1034[1].
[15]) § 1037.
[16]) § 1035.
[17]) § 1036.

Der Spruch des Schiedsgerichts (laudum) kommt mit absoluter Mehrheit zustande, wenn nichts anderes bestimmt ist,[18]) so daß bei Stimmengleichheit der Schiedsvertrag außer Kraft tritt, wenn nicht die Parteien, z. B. durch Vereinbarung eines Obmanns, Vorsorge getroffen haben.[19])

Der Spruch bedarf zu seiner Form der Angabe des Tages und der Unterschrift der Schiedsrichter. Er soll den Parteien zugestellt und nebst der Zustellungsbeurkundung der Gerichtsschreiberei des zuständigen Gerichts übergeben werden.[20])

Der Schiedsspruch steht einem rechtskräftigen gerichtlichen Urteil gleich, entbehrt aber zunächst der Vollstreckbarkeit.[21])

Ein ordentlicher Rechtsstreit vor dem staatlichen Gericht kann sich in dreifacher Weise anschließen:

1. Als Aufhebungsverfahren vor erlassenem Vollstreckungsurteil. Aufhebungsgründe sind die Unzulässigkeit des Verfahrens, der unzulässige Inhalt des Spruches, sowie die nicht geheilte mangelnde Vertretung einer Partei, endlich das Nichtgehör der Parteien und der gänzliche Mangel an Gründen,[22]) wenn nicht die Parteien auf rechtliches Gehör oder Gründe verzichtet hatten.[23])

Außerdem können dieselben strafbaren Handlungen, welche, wenn sie in bezug auf einen Rechtsstreit vorgekommen wären, die Restitutionsklage begründen würden, auch die Aufhebung des Schiedsurteils herbeiführen.[24])

2. Als Verfahren zur Erwirkung eines Vollstreckungsurteils, welches die notwendige Grundlage für die Vollstreckbarkeit schaffen soll.[25]) Es bedarf dabei nur der Prüfung, ob nicht ein Aufhebungsgrund vorliegt.[26])

---

[18]) § 1038. [19]) § 1033 Nr. 2

[20]) § 1039.

[21]) §§ 1040, 1042 ¹. — Die Wirkung einer Verurteilung zu einer Willenserklärung als Ersatz der Willenserklärung (oben § 67 A. 19) ist eine nicht zur Vollstreckbarkeit gehörige Rechtskraftwirkung und daher auch bei Schiedssprüchen ohne weiteres anzunehmen. — Einfluß des schiedsgerichtlichen Verfahrens auf die Verjährung B.G.B. § 220.

[22]) Oben § 62 A. 20. [23]) § 1041 ¹ Nr. 1—5 u. 1041 ².

[24]) § 1041 ¹ Nr. 6.

[25]) Unmittelbar vollstreckbar sind nach Kriegsrecht die Entscheidungen des Schiedsgerichts für die Kohlenverteilung, V. 21. 3. 17.

[26]) § 1042.

3. **Als Aufhebungsverfahren nach** erlassenem Vollstreckungsurteil. In diesem Falle können nur Aufhebungsgründe berücksichtigt werden, welche früher unverschuldet nicht geltend gemacht werden konnten. Auch muß eine Notfrist von einem Monat seit Kenntnis des Grundes gewahrt werden. Nach zehn Jahren seit Rechtskraft des Vollstreckungsurteils ist die Aufhebungsklage überhaupt ausgeschlossen. Hat die Aufhebungsklage Erfolg, so ist neben dem Schiedsspruch auch das Vollstreckungsurteil aufzuheben.[27])

Durch die Vereinbarung des Schiedsgerichts ist im Zweifel die Entscheidung durch das ordentliche Gericht über die Begehren, welche den Gegenstand des Vertrages bilden, ausgeschlossen;[28]) doch bedarf es zur Herbeiführung der Ablehnung der Sachentscheidung durch das ordentliche Gericht der rechtzeitigen Erhebung der entsprechenden prozeßhindernden Einrede.[29])

Ein Schiedsgericht kann auch durch Testament, Stiftungsurkunde und in anderer privatrechtlich zulässiger Weise rechtskräftig festgesetzt werden. Es finden dann die vorstehend dargestellten Grundsätze entsprechende Anwendung.[30])[31])

---

[27]) §§ 1043, 1044.

[28]) Damit ist aber ohne besondere Vereinbarung die Aufrechnung mit der Forderung und die Geltendmachung der Aufrechnungseinrede in einem Rechtsstreit nicht ausgeschlossen. Es kann aber die erforderliche Feststellung des Bestehens der Gegenforderung nur im schiedsgerichtlichen Verfahren erfolgen, oben § 52 A. 23.

[29]) § 274² Nr. 3. Vgl. auch § 53 A. 9.

[30]) § 1048. — In Pr. besondere Bestimmungen über Schiedsgerichte in Rennangelegenheiten, Versicherungssachen, Landbausachen, Gewerkschafts-, Wassergenossenschafts- und Deichverbandsangelegenheiten, Jahrb. der pr. Gerichtsverfassung, 31. Jahrg. S. 240.

[31]) Die Schiedsgerichte und das Oberschiedsgericht für die Angestelltenversicherung (G. 20. 12. 11 §§ 156—169, kais. V. 15. 11. 12 und 21. 6. 13 [zwei]) sind keine Schiedsgerichte, sondern reichsrechtlich bestellte besondere Staatsgerichte mit aus den Interessentenkreisen gewählten Beisitzern, deren Urteile „Im Namen des Reichs" ergehen. Sie stehen den Versicherungsämtern der allgemeinen Reichsversicherung (R.V.O. §§ 36 ff.) in ihrer rechtsprechenden Tätigkeit gleich, welche früher ebenfalls Schiedsgerichte genannt wurden.

Lediglich staatliche Sondergerichte sind auch die durch das Kriegsrecht eingerichteten ständigen Reichs- und Landesschiedsgerichte, wie die im Namen des Reichs unter Ausschluß des ordentlichen Gerichtswegs endgiltig rechtsprechenden Schiedsgerichte für Kriegsbedarf und Kriegswirtschaft, sowie die durch die Landesverwaltungen eingerichteten Schiedsgerichte, z. B. zur Festsetzung von Höchstpreisen,

## § 72. Vollstreckbare Urkunden.

Die Beurkundung eines Rechtsgeschäfts in öffentlicher Form gehört zur freiwilligen Gerichtsbarkeit.[1]) Es besteht aber insofern ein Zusammenhang mit der streitigen Zivilgerichtsbarkeit, als die Feststellung einer Verpflichtung in einer solchen Urkunde, wenn es sich um eine vollstreckbare Urkunde handelt, zwar nicht, wie ein Schiedsspruch, Rechtskraft macht, aber unter Umständen neben den privatrechtlichen auch besondere zivilprozessualische, urteilsähnliche Wirkungen hat.

Die vollstreckbare Urkunde (instrumentum guarentigiatum, quod paratam executionem habet) hat sich auf deutschrechtlicher Grundlage im mittelalterlichen italienischen Recht entwickelt und ist sowohl in das französische wie in das gemeine deutsche Recht übergegangen.

Das geltende Recht verlangt für die vollstreckbare Urkunde:

1. Formgerechte Aufnahme durch ein deutsches Gericht oder durch einen deutschen Notar innerhalb der Amtsbefugnis.

2. Feststellung, wenn auch bedingte oder befristete, einer persönlichen Verpflichtung, welche auf eine Geldsumme oder eine bestimmte Menge anderer vertretbarer Sachen und Wertpapiere gerichtet ist, oder eines Grundpfandrechts.

---

zur Preisfestsetzung für Verkauf und Ausbesserung von Schuhwaren, zur Preisfestsetzung von Schlachtvieh (V. 24. 6. u. 22. 7. 15 [S. 469], 14. 9. 16 [S. 1021], 17. 12. 16 [S. 1398], 18 1. 17 § 8 [S. 63], 18. 1. 17 [S. 67]. V. 25. 1. 15 [S. 46], 11. 11. 15 § 5, Anordn. 15. 11. 15 [S. 769], V. 28. 9. 1ʋ [S. 1080], 25. 1. 17 [S. 75], 4. 4. 17 § 9).

Ähnliche Aufgaben haben auch manche durch das Kriegsrecht eingerichteten Ausschüsse, wie z. B. die Ausschüsse, Oberausschüsse und der Reichsausschuß für Kriegsschäden (V. 19. 11. 16). Über die Reichsstelle für Druckpapier V. 31. 7. 16 § 5[1], 12. 2. 17 § 3.

Rein militärverwaltungsrechtliche Gerichtsbarkeit üben die den vaterländischen Hilfsdienst betreffenden Ausschüsse (G. 5. 12. 16, V. u. Anordn. 30. 1. 17).

Ausnahmsweise hat das Kriegsrecht im einzelnen Falle zu bildende Schiedsgerichte vorgesehen, bei welchen die Parteien je einen Schiedsrichter und die Reichsstelle den Obmann bestellt, so z. B. für Streitigkeiten betreffend den Eintritt von Kriegsgesellschaften in Gemüselieferungsverträge (V. 5. 8. 16 § 3[3]). Diese sind, soweit nicht die Sonderregelung entgegensteht, nach den allgemeinen Grundsätzen über Schiedsgerichte zu behandeln.

[1]) F.G. §§ 167 ff.

3. Im Gegensatz zum französischen Recht die ausdrückliche Unterwerfung des Schuldners oder bei Grundpfändern des Sachhafters unter die sofortige Zwangsvollstreckung.[2])

Bei Grundpfändern gilt die Unterwerfung zunächst nur für den sich unterwerfenden Eigentümer. Sie kann aber mit dem Zusatze erklärt werden, daß sie gegen den jeweiligen Eigentümer wirksam sein solle, bedarf aber dann zu ihrer weiteren Wirksamkeit der Eintragung in das Grundbuch.[3])

Der Bewilligung des Schuldners oder Eigentümers kann sich die Bewilligung des Vermögensnießbrauchers, des Ehegatten, der an einer fortgesetzten Gütergemeinschaft beteiligten Abkömmlinge und des Testamentsvollstreckers in derselben oder in einer anderen Urkunde anschließen.[4])

Die Hauptwirkung ist im Gegensatz zum Schiedsspruch, welcher Rechtskraft ohne Vollstreckbarkeit bewirkt, die Vollstreckbarkeit ohne Rechtskraft,[5]) weshalb einer auf die vollstreckbare Urkunde gestützten Leistungsklage keineswegs immer der Mangel des Rechtsschutzinteresses[6]) entgegenstehen wird.

Mit Rücksicht auf diese Wirkung ist auch die Änderungsklage gegeben und dafür der allgemeine Gerichtsstand und in dessen Ermangelung der Gerichtsstand des Vermögens ausschließlich zuständig.[7])

Auch in diesen Fällen bildet aber den Gegenstand der Entscheidung bei der Änderungsklage wie beim Urteil nicht bloß die Vollstreckbarkeit, sondern die Verpflichtung aus der Urkunde im ganzen.[8]) Es besteht aber hier keine zeitliche Grenze für die Entstehung des Streitstoffs des Änderungsverfahrens.[9])

---

[2]) § 794 Nr. 5.

[3]) § 800[1].

[4]) § 794[2].

[5]) § 794[1]. — Wegen des Einflusses auf die Verjährung B.G.B. § 218.

[6]) Oben § 2 A. 15.

[7]) § 797[5]. — Nur bei der Vollstreckbarkeit gegen den jeweiligen Eigentümer tritt statt dessen der dingliche Gerichtsstand ein (§ 800[3]).

[8]) Oben § 64 A. 8.

[9]) § 797[4].

# 5. Abschnitt.

## Abweichungen vom regelmäßigen Verlauf.[1])

### § 73. Vorbereitendes Verfahren.

Bei den Kollegialgerichten bezweckt das vorbereitende Verfahren vor einem beauftragten Richter eine eingehendere Vorbereitung der mündlichen Parteiverhandlung vor dem Kollegium. Zulässig ist das Verfahren in Prozessen, welche die Richtigkeit einer Rechnung, einer Vermögensauseinandersetzung oder ähnliches zum Gegenstande haben und bei denen sich eine erhebliche Zahl von streitigen Punkten ergibt.[2])

Die Anordnung erfolgt durch das Gesamtgericht auf Grund mündlicher Verhandlung nach Erledigung etwaiger prozeßhindernder Einreden,[3]) und nachdem erhellt, daß es nicht zur Prozeßabweisung (absolutio ab instantia) zu kommen hat.[4])

Der beauftragte Richter soll Terminsniederschriften herstellen, welche eine so vollständige und geordnete Wiedergabe des Prozeßstoffes mit Ausschluß des Rechtsstoffes enthalten, daß daraufhin eine sachliche Prüfung und Entscheidung möglich ist, so daß bezüglich des Unstreitigen von den für die Rechtsanwendung nicht erforderlichen tatsächlichen Erklärungen und Beweismitteln abzusehen ist.[5])

Das Verfahren wird fortgeführt, auch wenn die Parteien im einzelnen keine genügenden Erklärungen abgeben. Wenn dagegen eine Partei überhaupt nicht erscheint oder verhandelt, so wird nur mit der erschienenen Partei verhandelt und ein neuer Termin anberaumt, zu welchem die nichterschienene Partei von Amts wegen[6]) unter Zustellung der Terminsniederschrift zu laden ist. Erscheint die geladene Partei wiederum nicht, so ist das Verfahren zu beendigen.[7])

---

[1]) Die Abweichungen beziehen sich auf die Parteiverhandlung (unten § 73), auf das Beweisverfahren (unten § 74) und auf die Erledigung (unten §§ 75, 76). Außerdem handelt es sich um Ereignisse, welche das Verfahren zum vorübergehenden Stillstand bringen (unten § 77).

[2]) § 348.

[3]) §§ 277, 348.

[4]) Oben § 53 A. 17.

[5]) Näheres § 350.

[6]) Wegen §§ $350^2$, $497^1$ oben § 29 A. 22.

[7]) § 351.

Ist das vorbereitende Verfahren, für welches *Anwaltszwang* nicht besteht[8]) und auch im übrigen die Regeln des *Parteiprozesses* gelten,[9]) vollendet, so wird im Amtsbetrieb die *Verhandlung vor dem Gesamtgericht* angeschlossen, in welcher der mündliche Vortrag auf Grund der *Terminsniederschriften* des beauftragten Richters erfolgen muß.[10]) Im übrigen wird das Verfahren in der gewöhnlichen Weise zu Ende geführt. Jedoch:

1. ein *Versäumnisurteil* kann nur bezüglich der Begehren erlassen werden, welche vor dem beauftragten Richter streitig geblieben waren; die unstreitigen sind auch im Versäumnisfall durch ein gewöhnliches Teilurteil zu erledigen.[11])

2. Es tritt ein verschärfter *Ausschluß* (Eventualmaxime)[12]) ein. Bestreitungen und Erklärungen über Urkunden und Eideszuschiebungen, die trotz *Aufforderung* des beauftragten Richters unterblieben sind, können nicht mehr nachgeholt werden,[13]) ebensowenig Bestreitungen des Inhalts der einer nicht erschienenen Partei zugestellten Terminsniederschrift.[14])

*Neue* Begehren, Behauptungen und Beweismittel bedürfen zu ihrer Zulassung der Glaubhaftmachung, daß sie erst später entstanden oder bekannt geworden sind.[15])

## § 74. Sicherung des Beweises.

Während im regelmäßigen Verfahren die Beweisaufnahme erst angeordnet wird, nachdem die richterliche Prüfung des Sachverhältnisses deren Notwendigkeit ergeben hat,[1]) werden im Falle der Sicherung des Beweises (probatio in perpetuam rei memoriam) die Beweise des Augenscheins[2]) der Zeugen und Sachverständigen *ohne* vorherige *Verhandlung* des Rechtsstreits und auch *ohne* Prüfung ihrer *Erheblichkeit* erhoben, und hat dieses auch schon *vor Beginn* des Rechtsstreits zu geschehen.[3])

---

8) § $78^{2}$.
9) § $350^{2}$.
10) §§ 352, $353^{1}$.
11) § $353^{2}$.
12) Oben § 31 A. 15, § 57 A. 5.
13) § $354^{1}$.
14) § $351^{2}$.
15) § $354^{2}$.

1) Oben § 57 A. 28.

2) Für Urkunden § 256, oben § 37 A. 13. Doch dürfte Augenscheinseinnahme auch bei einer Urkunde, deren Verlust droht, nicht ausgeschlossen werden.

3) §§ 485, $486^{3}$. — Zu unterscheiden von der Verklarung (H.G.B. §§ 522 bis 25, B.Sch.G. §§ 11–14, Flöß.G. §§ 8—11) und anderen ähnliche Zwecke

Wenn die Parteien über die Beweisaufnahme einig sind, so bedarf es keiner besonderen Voraussetzungen,[4]) und es liegt darin für viele Fälle ein geeignetes aber wenig benutztes Mittel, eine schnellere Erledigung des Rechtsstreits herbeizuführen oder ihn ganz zu vermeiden.

Im übrigen erfordert das Verfahren entweder die Besorgnis des Verlustes oder der Erschwerung der Benutzung des Beweismittels[5]) oder den Zweck der Feststellung der Beschaffenheit, insbesondere Mängel einer Sache oder eines Werkes.[6])

Zuständig ist für das Verfahren das Prozeßgericht, daneben aber auch das Amtsgericht, in dessen Bezirk die Person oder der Gegenstand der Beweisaufnahme sich befindet, wenn der Rechtsstreit noch nicht schwebt oder dringende Gefahr vorliegt.[7])

Das Gesuch[8]) soll die Behauptungen und Beweismittel angeben und die Verlustgefahr, sofern sie zur Begründung erforderlich ist, glaubhaft machen.[9])

Wenn man glaubhafterweise keinen Gegner bezeichnen kann, so kann seine Benennung unterbleiben. Das Gericht kann dann dem unbekannten Gegner einen Vertreter bestellen.[10])

Die Entscheidung über das Gesuch erfolgt durch Beschluß ohne Mündlichkeitszwang.[11])

Als Rechtsmittel ist die einfache Beschwerde aber nur im Falle der Ablehnung des Gesuches gegeben.[12])

Ist das Gesuch begründet, so wird ein entsprechender Beweisbeschluß erlassen und nach den gewöhnlichen Vorschriften erledigt.[13]) Der Gegner ist womöglich zu laden, und zwar im Anwaltsprozeß im Wege des Parteibetriebs. Die Beweisaufnahme findet aber auch bei unterbliebener Ladung statt.[14])

---

verfolgenden Beweiserhebungen im Wege der freiwilligen Gerichtsbarkeit, B.G.B. §§ 1034, 1067, 1372, 1439, 1528, 1550, H.G.B. §§ 438, 464, 608, 609, oben § 1 A. 32.

4) § 489. 5) § 485.

6) Näheres § 488. 7) § 486.

8) Einfluß seiner Einreichung auf die Verjährung von Wandlungs- und Minderungsrechten B.G.B. §§ 477—481, 485, 639 und der Ansprüche gegen Spediteur und Lagerhalter H.G.B §§ 414³, 423.

9) § 487. 10) § 494.

11) § 490¹. — Das „kann" in §§ 485, 489 stellt die Gewährung keineswegs in richterliches Ermessen.

12) § 490², a. E. mit § 567¹. 13) § 492¹. 14) §§ 491. 497¹.

Die Niederschrift über die Beweisaufnahme, welche bei dem aufnehmenden Gericht verbleibt,[15]) kann von jeder Partei benutzt werden.[16]) Nur bei Beweisaufnahme in Abwesenheit des Gegners bedarf es des Nachweises seiner rechtzeitigen Ladung oder der Entschuldigung seiner Nichtladung.[17])

## § 75. Zurücknahme und Anfechtungsverzicht.

1. Eine gänzliche oder teilweise Zurücknahme der Klage ohne sachlichen Verzicht[1]) kann bis zur völligen Erledigung des Rechtsstreits, also auch noch in den höheren Instanzen, erfolgen. Sie bedarf aber der Zustimmung des Beklagten, sobald dieser in erster Instanz zur Hauptsache verhandelt hat.[2])

Die Zurücknahme kann in der mündlichen Verhandlung oder auch durch einen dem Beklagten zuzustellenden Schriftsatz erfolgen.[3])

Die Zurücknahme hat ohne weiteres zur Folge:

a) daß alle Wirkungen der Klageerhebung, auch die etwa ergangenen Entscheidungen, mit rückwirkender Kraft beseitigt werden,[4])

b) daß der Kläger die Kosten des Rechtsstreits zu tragen hat, soweit nicht die Kostenpflicht anderweit rechtskräftig festgestellt ist,[5])

c) daß der Beklagte, wenn gegen ihn von neuem geklagt wird, eine prozeßhindernde Einrede erheben kann, wenn ihm die Kosten des ersten Rechtsstreits von dem Gegner, auch dem armen, noch nicht erstattet sind.[6])

Auf Antrag des Beklagten wird auch die Verurteilung des Klägers zu den Kosten besonders ausgesprochen.[7])

2. Vor dem Erlaß der Entscheidung kann auf ihre Anfechtung nicht, auch nicht durch Vertrag verzichtet werden.

---

[15]) § 492². [16]) § 493¹.

[17]) § 493².

[1]) Über diesen oben § 52 A. 29. [2]) § 271¹. Vgl. auch oben § 57 A 11.

[3]) § 271² mit § 496².

[4]) § 271³ (Fiktion, oben § 4 A. 11). Auch die materiellen, oben § 55 A. 14 ff. Wegen der Verjährung B.G.B. § 212. — Ein Erlöschen des Rechtsstreits und seiner Wirkungen durch Zeitablauf (iudicium moritur bezw. Verjährung der Litispendenz) ist dem geltenden Recht im Gegensatz zum römischen fremd.

[5]) § 271³. [6]) §§ 271⁴, 274² Nr. 6.

[7]) § 271³.

Dagegen ist nach Erlassung einseitiger Verzicht mit der Wirkung möglich, daß die Anfechtung des Verzichtenden unzulässig wird.[8])

3. Die Zurücknahme einer Anfechtung hat den Verlust des Anfechtungsmittels zur Folge, sowie die Verpflichtung, die Kosten des Anfechtungsmittels zu tragen.[9])

Ein Urteil, welches beide Folgen ausspricht, wird nur auf Antrag erlassen.[10])

Die Zurücknahme ist aber entsprechend der Klagezurücknahme von der Zustimmung des Gegners abhängig, sobald dieser in dem Anfechtungsverfahren die mündliche Verhandlung begonnen hat.[11])

## § 76. Vergleich.[1])

Vergleich im Sinne der Zivilprozeßordnung[2]) ist jeder Vertrag zwischen den Hauptparteien oder zwischen einer Partei und einem Dritten,[3]) der die Rechtsstreitigkeit ganz oder teilweise beizulegen bezweckt. Im übrigen kann der Inhalt ganz beliebig sein[4]) und auch in einem vereinbarten Anerkentnis oder Verzicht bestehen.[5])

Hieran ist durch das Bürgerliche Gesetzbuch nichts geändert. Vielmehr gilt das von diesem aufgestellte Erfordernis, daß eine Ungewißheit oder eine Unsicherheit hinsichtlich der zu erledigenden Rechtsstreitigkeit besteht und deren Beseitigung durch gegenseitiges Nachgeben erfolgt,[6]) nur für die privatrechtliche Beurteilung des Vertrages, insbesondere hinsichtlich des Einflusses des Irrtums, so daß bei dem Fehlen dieses Erfordernisses die Sonderbestimmungen über den Vergleichsirrtum außer Anwendung bleiben.[7])

---

[8]) §§ 346, 514, 566. [9]) §§ 346, 512², 566.

[10]) §§ 346, 515², 566. [11]) §§ 346, 515, 566.

[1]) Hedemann, Vergleichsirrtum (O. Fischer Abh. 9 Heft 2), H. Lehmann, Prozeßvergleich (O. Fischer Abh. 22 Heft 1).

[2]) § 794¹ Nr. 1 u. 2.

[3]) Z. B. Schuldübernahme zugunsten des beklagten Schuldners mit oder ohne Herabsetzung der Schuld, aber mit der Abrede der Beilegung der Rechtsstreitigkeit.

[4]) So schon O. Fischer, Preuß. Privatrecht (1887) 726.

[5]) So auch § 160² Nr. 1, wo derartige Verträge lediglich zu der Erledigung durch einseitiges Anerkenntnis oder Verzicht in Gegensatz gestellt werden.

[6]) B.G.B. § 779.

[7]) Jedenfalls sind Beilegungsverträge, die nicht unter den Vergleichsbegriff des B.G.B. fallen, wirksam. Es wäre daher das prozessualische Vergleichsrecht mindestens entsprechend auf sie anzuwenden.

Die Vergleiche im Sinne des Prozeßrechts sind entweder gerichtliche oder außergerichtliche.

Die außergerichtlichen bedürfen als solche keiner Form, wenn sie nicht ihr Inhalt aus anderen Gründen notwendig macht. Sie sind zunächst hinsichtlich ihrer Voraussetzungen und Wirkungen nach Privatrecht zu beurteilen.[8]) Nur werden sie für den Fall, daß sie keine Vereinbarung über die Kosten des Vergleichs und des etwa vorangegangenen Rechtsstreits enthalten, durch das Prozeßrecht dahin ergänzt, daß diese Kosten als gegeneinander aufgehoben anzusehen sind, soweit diese nicht bereits durch rechtskräftiges Urteil erledigt waren.[9])

Einen Einfluß auf die förmliche Erledigung des Verfahrens hat zunächst der außergerichtliche Vergleich unstreitig nicht. Aber seine privatrechtliche Wirkung ist bei der sachlichen Entscheidung des Rechtsstreits in der Hauptsache und im Kostenpunkt zu berücksichtigen.

Ist er mit einem Dritten geschlossen, so ist ebenfalls nach Privatrecht, insbesondere nach den Grundsätzen über Vertretung und Genehmigung,[10]) Verträge auf Leistung an einen Dritten[11]) und Schuldübernahme[12]) zu beurteilen, ob und inwieweit er im Verhältnisse der Hauptparteien zueinander Wirksamkeit hat.

Vielfach werden die Parteien ebenso wie bei Anerkenntnis, Verzicht, Zurücknahme einer Klage oder Anfechtung auf eine förmliche Erledigung des Rechtsstreits mittels Urteils ausdrücklich oder stillschweigend verzichten oder eine solche nicht betreiben.

Ein gerichtlicher Vergleich ist nur derjenige, der entweder vor Beginn des Rechtsstreits im amtsgerichtlichen Sühneverfahren zustande kam[13]) oder der im Laufe des Rechtsstreits

---

[8]) Auch hinsichtlich der Befugnis, über den Gegenstand einen Vergleich zu schließen, Z. § 1025. — Genehmigungen des Vormundschaftsgerichtes B.G.B. §§ 1714, 1822 Nr. 12, der Aktionäre H.G.B. § 270, des Gläubigerausschusses K. §§ 133 Nr. 2, 136.

[9]) § 98 ist nicht auf den gerichtlichen Vergleich zu beschränken. Auf jeden dem Gericht mitgeteilten Vergleich beziehen sich auch die durch das Kriegsrecht im allgemeinen und besonders bei der Bewilligung von Zahlungsfristen und Festsetzung des Nichteintritts der Folgen nicht rechtzeitiger Zahlung gewährter Gebührenerleichterungen, B. 7. 8. 14 (F. 8. 6. 15) § 6, 18. 8. 14 (F. 8. 6. 16) § 1[3], 8. 6. 16 (S. 454) §§ 14, 15.

[10]) B.G.B. §§ 164 ff., 182 ff.

[11]) B.G.B. §§ 328 ff.

[12]) B.G.B. §§ 414 ff.

[13]) § 510 c.

vor irgend einem deutschen Gericht, wenn auch nicht dem Prozeßgericht, abgeschlossen ist.[14])

Aus dem gerichtlichen Vergleich findet auch dann, wenn nicht den Erfordernissen einer vollstreckbaren Urkunde[15]) genügt ist, insbesondere ohne Unterwerfungsklausel, die Zwangsvollstreckung statt wie aus einem Urteil.[16]) Darum ist er auch eine geeignete Grundlage für ein Kostenfestsetzungsverfahren und zwar auch gegen einen beteiligten Dritten.[17])

Im übrigen ist er aber einem außergerichtlichen Vergleich gleichzustellen. Er hat nicht die Wirkungen eines rechtskräftigen Urteils,[18]) erledigt auch nicht förmlich den Rechtsstreit und hindert nicht dessen Erledigung durch ein den Vergleich berücksichtigendes Urteil, wenn sie von den Parteien ausnahmsweise begehrt wird.

Dagegen ist es, ebenso wie bei vollstreckbaren Urkunden, möglich, seine Wirkungen und zwar auch dann, wenn er mit Dritten geschlossen wird, auch im Wege der Änderungsklage[19]) zu beseitigen. War er vor der Klageerhebung im Wege des Sühneverfahrens geschlossen, so ist das der einzige Weg zur Abhilfe.[20]) Die Beschränkung der „Einwendungen" auf später Entstandenes muß aber in Wegfall kommen, da sie mit der hier nicht vorhandenen Rechtskraft in Verbindung steht.[21]) Der ausschließliche Gerichtsstand ist bei dem Prozeßgericht erster Instanz bezw. dem Sühnegericht.[22]) Auch in diesem Falle beschränkt sich die Wirkung der Änderungsklage keineswegs auf die Zulässigkeit der Zwangsvollstreckung.[23])

Zur Förderung der Erledigung der Rechtsstreitigkeiten durch Vergleiche dient:

1. Der Sühneversuch auf Antrag des Klägers vor begonnenem Rechtsstreit bei dem Amtsgericht des allgemeinen Gerichtsstandes des Beklagten.

---

[14]) §§ 160², 794¹. [15]) Oben § 72 A. 2.

[16]) §§ 103¹, 794¹. [17]) § 103.

[18]) Wegen des Einflusses auf die Verjährung aber B.G.B. §§ 211, 218.

[19]) Oben § 64 A. 9. [20]) § 795 mit § 794 Nr. 1 u. 2 u. § 767.

[21]) § 797⁴ findet hier allerdings keine unmittelbare Anwendung.

[22]) Bei entsprechender Anwendung von § 767.

[23]) Oben § 64 A. 8.

Im Falle des Fehlschlagens kann sich der Rechtsstreit bei beiderseitigem Einverständnis und vorhandener amtsgerichtlicher Zuständigkeit ohne weiteres anschließen und hat dann auch die Kosten des erfolglosen Sühneversuchs mit zum Gegenstande.[24])

2. Das Prozeßgericht kann[25]) jederzeit einen Sühneversuch selbst vornehmen oder vor einem beauftragten oder ersuchten Richter stattfinden lassen und dazu auch das persönliche Erscheinen der Parteien anordnen.[26])

3. Nach Landesrecht bestehen besondere außergerichtliche Stellen für Sühneverhandlungen und Aufnahme vollstreckbarer Vergleiche.[27])

## § 77. Stillstand des Verfahrens.

Infolge besonderer Ereignisse kann ein Rechtsstreit derartig zum Stillstand[1]) gebracht werden, daß während der Zeit des Stillstandes Prozeßhandlungen der Parteien mit rechtlicher Wirkung gegenüber dem Gegner nicht vorgenommen werden können, auch der Ablauf einer Frist[2]) nicht mehr stattfinden kann, während die Verkündung von Entscheidungen auf Grund einer vor dem Stillstand stattgehabten Verhandlung nicht gehindert wird.[3]) Ausgenommen sind selbstverständlich die auf den Wegfall oder die Aufrechterhaltung des Stillstands gerichteten Prozeßhandlungen.

Man unterscheidet Unterbrechung, Aussetzung und Ruhen.[4])

Unterbrechung und Ruhen treten von selbst ein. Sie unterscheiden sich nur dadurch, daß das durch übereinstimmendes

---

[24]) § 510 c.

[25]) Nach Kriegsrecht soll das Amtsgericht vor der Verhandlung die Sühne versuchen, wenn beide Parteien da sind, V. 9. 8. 16.

[26]) § 296.

[27]) Pr. SchiedsmannO. 29. 3. 79. Der geladene Gegner muß sein Nichterscheinen anzeigen. Der Schiedsmann kann freiwillig erscheinende Zeugen und Sachverständige hören. — Bay. Vermittlungsämter nach A.G.Z. a. 12, A G.G.V. a. 7[2]. — Nach Kriegsrecht Einigungsämter für Miets- und Hypothekensachen, die vom Gericht gutachtlich zu hören sind, V. 15. 12. 14 (S. 511), 8. 6. 16 (S. 954) § 13.

[1]) Zu unterscheiden von der bloßen Unterbrechung des Amtsbetriebs, oben § 29 A. 19, oder von dem einfachen Nichtbetrieb, der jedoch für die Verjährung von Bedeutung ist, B.G.B. § 211[2].

[2]) Die Jahresfristen, abgesehen von § 234, erscheinen aber als durch ihren Zweck ausgenommen.

[3]) § 249.

[4]) Letzteres ist in der Titelüberschrift nicht erwähnt.

Verhalten der Parteien herbeigeführte Ruhen keinen Einfluß auf den Lauf der Notfristen hat.[5])

Die Aussetzung, welche in ihren Wirkungen der Unterbrechung ganz gleich steht, unterscheidet sich von der Unterbrechung und dem Ruhen dadurch, daß sie nur auf Grund gerichtlicher Anordnung eintritt, welche, ebenso wie die Aufhebung der Anordnung,[6]) durch Beschluß[7]) ohne Mündlichkeitszwang[8]) getroffen wird und gegen welche das Rechtsmittel der Beschwerde, bei Ablehnung das der sofortigen Beschwerde, gegeben ist.[9])

Die Anordnung der Aussetzung erfolgt in einzelnen Fällen auch ohne Antrag. In anderen erfordert sie einen solchen, der dann auch mittels Gerichtsschreiberniederschrift gestellt werden kann.[10])

Soweit nach den bei den einzelnen Fällen getroffenen Bestimmungen zur Beendigung des Stillstandes eine Aufnahmeerklärung (reassumtio) oder Anzeige einer Partei erforderlich ist, genügt dazu schriftliche Mitteilung an den Gegner.[11])

Die Fälle hängen zum Teil mit den Besonderheiten zusammen, welche sich durch die Mehrheit und den Wechsel der Parteien, Begehren und Verfahren ergeben und welche erst im nächsten Abschnitt näher darzustellen sind.

Im einzelnen sind:

1. Fälle der Unterbrechung:
   a) Aufhören der Gerichtstätigkeit, z. B. infolge eines Krieges, bis zu ihrem Wiederbeginn,[12])
   b) nach Maßgabe des Landesrechts die Erhebung des Kompetenzkonflikts,[13])
   c) Eröffnung des Konkurses,[14])
   d) gewisse Änderungen in den persönlichen Verhältnissen.[15])

---

[5]) § 251¹. [6]) § 150. [7]) § 248². Nicht durch Zwischenurteil.
[8]) § 248². [9]) § 252. [10]) § 248¹.

[11]) § 250. — Bei Verzögerung unter Umständen Erwirkung einer mündlichen Verhandlung zur Aufnahme einer Verhandlung der Hauptsache seitens des Gegners, §§ 239², 242, 244², 246². — Eine besondere Feststellung der Aufnahme, welche durch Beschluß oder Zwischenurteil erfolgen könnte, ist nicht erforderlich.

[12]) § 245. — Bedeutung für Verjährung B.G.B. § 203.

[13]) E. § 15 Nr. 1. In Pr. tritt Unterbrechung ein, V. 1. 8. 79 § 7, ebenso Bay., G. 18. 8. 79 a. 11, ähnlich Württb., G. 25. 8. 78 a. 10. Dagegen gerichtlicher Einstellungsbeschluß in Sachs. (G. 3. 3. 79 a. 5, 6) und Bad. (G. 30. 1. 79 § 8).

[14]) § 240. — Näheres unten § 124.

[15]) Näheres unten § 81.

2. Fälle der Aussetzung:
   a) Militärdienst einer Partei zu Kriegszeiten oder Behinderung des Verkehrs mit dem Prozeßgericht durch staatliche Anordnung, Krieg oder andere Zufälle; hier bedarf es keines Antrags; die Aussetzung und ihre Aufhebung stehen aber im gerichtlichen Ermessen;[16])
   b) gewisse persönliche Verhältnisse; hier bedarf es stets des Antrags;[17])
   c) Abhängigkeit von einem anderen Verfahren,[18]) teils nur auf Antrag, teils auch ohne einen solchen.
3. Fälle des Ruhens:
   a) Vereinbarung der Parteien,[19])
   b) Nichterscheinen beider Parteien in einem Verhandlungstermin.[20])

Das Ende tritt in beiden Fällen, wenn nicht eine bestimmte Zeit vereinbart war, mit der Zustellung einer neuen Ladung ein, an deren Stelle im Parteiprozeß der Antrag auf Bestimmung eines neuen Verhandlungstermins tritt.[21])

---

[16]) § 247. — Das Kriegsrecht hat neben diesem Falle weitere Fälle der Unterbrechung und der Aussetzung geschaffen. — Ist eine Partei oder ein gesetzlicher Vertreter, für den kein Ersatz geschaffen ist (oben § 19 A. 19), Kriegsteilnehmer im engeren Sinne (oben § 37 A. 38), so tritt, wenn er ohne Vertreter ist, Unterbrechung ein, sofern es sich nicht um die Aufrechterhaltung eines von ihr erwirkten persönlichen Arrestes handelt. Sofern der Kriegsteilnehmer das Verfahren nicht aufnimmt, kann während der Kriegsteilnahme nur nach zuvoriger Bestellung eines Vertreters (oben § 19 A. 19) und nur im Falle offenbarer Unbilligkeit die mündliche Verhandlung zur Aufnahme und Verhandlung der Hauptsache gegenüber dem Vertreter erwirkt werden. Hat der Kriegsteilnehmer einen Vertreter, so muß auf dessen Antrag die Aussetzung beschlossen werden, wenn nicht offenbare Unbilligkeit vorliegt. Für die Beseitigung gilt das Gleiche wie bei der Unterbrechung, so daß eine Aufhebung ohne mündliche Verhaudlung ausgeschlossen ist.

Bei den nicht zu den Kriegsteilnehmern i. e. S. gehörigen Militärbediensteten und bei Kriegsflüchtlingen kommt lediglich Aussetzung im Falle ihrer Behinderung an der Wahrnehmung ihrer Rechte in Frage, die nur im Falle offenbarer Unbilligkeit abzulehnen ist. Auch kann in diesem Fall Aufhebung der Aussetzung ohne mündliche Verhandlung beschlossen werden. G. 4. 8. 14 (S. 328) §§ 1—4, 9—12, B. 14. 1. 15 (S. 18) §§ 2—4, B. 20. 1. 16 (S. 47), B. 8. 2. 17 (S. 113) §§ 1—4, 9—11. — Über die befristete Unterbrechung der vermögensrechtlichen Prozesse der im Auslande Wohnenden oben § 4 A. 35.

[17]) Näheres unten § 81.

[18]) Näheres unten § 85.

[19]) § 251¹.

[20]) § 251².

[21]) §§ 251², 503. Näheres oben § 57 A. 1.

# 6. Abschnitt.

# Wechsel und Mehrheit der Begehren, Parteien und Verfahren.[1])

## I. Begehren.

### § 78. Wechsel des Begehrens und Änderung des Prozeßstoffs (Klageänderung).

Es wäre der prozessualischen Ordnung zuwider, wenn der Kläger das durch die Klageerhebung in den Rechtsstreit eingeführte Begehren beliebig durch ein völlig anderes ersetzen dürfte. Andrerseits würde es zu einer den Prozeßzweck gefährdenden Starrheit und zu einer schädlichen Vermehrung der Prozesse führen, wenn der Kläger keinerlei Änderungen des in der Klageschrift bezw. der sie ersetzenden mündlichen Klageerhebung wiedergegebenen Prozeßstoffs vornehmen dürfte, zumal die Klagschrift eine vollständige Mitteilung der Angriffsmittel nicht zu enthalten braucht.

Wollte man aber die Änderung des Prozeßstoffs der Klagschrift völlig freigeben, so würde, da es zwischen bloßer Abänderung und dem Ersatz durch Neues keine Begriffsgrenze gibt,[2]) der Einführung völlig andrer Begehren Vorschub geleistet werden.

Indessen ist die Einführung völlig neuer Begehren, wie z. B. der Ersatz eines auf Schadensersatz wegen Körperverletzung gerichteten Leistungsbegehrens durch ein Begehren auf Feststellung des Nichtbestehens einer Grundstückspacht, so selten, daß Vorkehrungen gegen diese Gefahr kaum erforderlich scheinen.

Desto häufiger sind sonstige Änderungen des Prozeßstoffs. Die gegen sie gerichteten Gesetzesvorschriften sind dem Mißbrauche

---

[1]) Bisher war vorausgesetzt, daß ein bezüglich nur eines Hauptbegehrens zwischen nur einem Kläger und nur einem Beklagten als Parteien schwebender Rechtsstreit in einem einheitlichen Verfahren auf Grund einheitlicher Verhandlung durch ein einziges Endurteil erledigt wurde.

Jetzt sind die Besonderheiten darzustellen, welche sich ergeben, wenn es sich um eine Mehrheit von Begehren, Parteien, Verfahren, Verhandlungen und Urteilen handelt. Es ist dabei auch der Wechsel der Begehren und der Parteien, sowie die Abhängigkeit des Verfahrens von einem anderen in Betracht zu ziehen.

[2]) O Fischer, Problem der Identität und der Neuheit in der Breslauer Festschrift für Ihering (1893), 18 ff.

ausgesetzt, daß der Beklagte und das Gericht sie zum Vorwande nehmen könnten, um die Sachentscheidung zu vermeiden. Bei der Handhabung, Auslegung und Ergänzung dieser vielleicht entbehrlichen,[3]) jedenfalls aber lückenhaften, unklaren und widerspruchsvollen Bestimmungen ist daher strengstens darauf zu achten, daß nur bei zweifellosem Vorhandensein ihrer Voraussetzungen und, soweit es sich um Lücken handelt, nur bei dringendem Bedürfnis die Unzulässigkeit der Änderung angenommen wird.

Das Gesetz nennt die unzulässige Änderung des Prozeßstoffs Klageänderung,[4]) während es bezüglich der zulässigen sagt, daß sie „als eine Änderung der Klage nicht anzusehen" seien.[5])

Da es sich immer um Änderungen des bei der Klageerhebung in den Prozeß Eingeführten (mutatio libelli) handelt und, was den Prozeßstoff anbetrifft, für die Klageerhebung nur Klageantrag und eine zur Individualisierung ausreichende Angabe der unmittelbaren tatsächlichen Klagegrundbehauptungen wesentlich sind,[6]) so kann als Klageänderung im Sinne des Gesetzes nur eine Änderung der so begrenzten Klagegrundbehauptungen oder eine Änderung des Klageantrags in Frage kommen.

Ausgeschlossen ist also eine Klageänderung zunächst bezüglich des gesamten die prozessualischen Voraussetzungen[7]) betreffenden Prozeßstoffs, ferner in der Hauptsache bei den nicht zum Klagegrund gehörigen Angriffsmitteln (Repliken usw.), bei der bloßen Änderung der Rechtsausführungen,[8]) endlich bei allen Änderungen des Beweisstoffes einschließlich der nur mittelbar erheblichen tatsächlichen Behauptungen.[9])

Auch hinsichtlich des Antrages und der Klagegrundbehauptungen kann eine bloße Einschränkung des Prozeßstoffs niemals Klageänderung sein.[10]) Bezüglich des Antrages würde es sich um gänzliche oder teilweise Zurücknahme[11]) oder um Verzicht[12]) handeln und die zurückgenommenen Klagegrundbehauptungen sind nicht weiter in Betracht zu ziehen.[13])

---

[3]) Genügen dürfte statt ihrer eine Erstreckung der §§ 279, 540 auf die Angriffsmittel.

[4]) § 264. [5]) § 268. [6]) Oben § 55 A. 3. [7]) Oben § 53.

[8]) Oben § 44 A. 9 ff., § 52 A. 13. — Überflüssig daher § 263 Nr. 1 bezüglich der rechtlichen Ausführungen.

[9]) Oben § 46 A. 7 ff.

[10]) Überflüssig daher § 268 Nr. 2 hinsichtlich der Beschränkungen.

[11]) Oben § 75 A. 1. [12]) Oben § 52 A. 29. [13]) Oben § 44 A. 2.

Es handelt sich also nur um Neueinführung von Klagegrundbehauptungen und Anträgen.

1. Hinsichtlich der tatsächlichen Klagegrundbehauptungen gestattet das Gesetz einerseits Ergänzung oder Berichtigung, andererseits stellt es aber das widersinnige Verlangen, daß durch diese Änderungen der Klagegrundbehauptungen der Klagegrund, welcher doch aus diesen Behauptungen besteht, nicht geändert werde.[14]) Der Widerspruch läßt sich nur durch den Satz lösen, daß die Ergänzung der Klagebehauptungen in bezug auf vor der Klageerhebung liegende Tatsachen, gleichviel ob sie zugleich eine Berichtigung der ursprünglichen Klagegrundbehauptungen enthält oder nicht, nur dann unzulässig ist, wenn sich bei dem Vergleich des so hergestellten Klagegrundes mit dem Klagegrunde der Klageschrift ergibt, daß der neue Klagegrund in rein tatsächlicher Hinsicht, oder, was praktisch weit wichtiger ist, durch die nunmehr in Betracht kommenden neuen rechtlichen Gesichtspunkte so sehr abweicht, daß in den tatsächlichen Angaben der Klageschrift seine Individualisierung nicht gefunden werden kann.[15])

Die Durchführung dieses Grundsatzes muß nach ähnlichen Gesichtspunkten erfolgen wie die Feststellung der Selbigkeit bei der Einrede der Rechtskraft,[16]) jedoch mit dem Unterschiede, daß dort das Urteil des Vorprozesses, hier dagegen die Klagschrift die Vergleichung bietet. Jedenfalls ist es nicht angängig, in einem zweiten Prozesse die Einrede der Rechtskraft aus der Sachabweisung im ersten Prozesse herzuleiten, wenn dort als unzulässige Klageänderung zurückgewiesenes Vorbringen für den Klagegrund des neuen Prozesses herangezogen wird.

Dementsprechend werden also Wechsel zwischen Feststellung und Leistungsbegehren, Schadensersatz und Bereicherung, Geldzahlung und Naturalleistung oder Schuldübernahme, Darlehnsumwandlung statt Darlehnshingabe, Anspruch aus B.G.B. § 1007 statt aus § 985, überhaupt die Angabe einer neuen Erwerbsart keineswegs unter allen Umständen als unzulässige Klageänderungen zu behandeln sein.

2. Was die Stellung neuer Klageanträge, gleichviel ob sie an die Stelle des alten oder neben sie treten sollen, anbetrifft, so sind sie als sogenannte Erweiterungen des Klageantrags stets zulässig, wenn damit keine unzulässige Änderung des tatsächlichen

---

[14]) § 268 Nr. 1.

[15]) O. Fischer a. a. O. 36 ff.

[16]) Oben § 67 A. 64.

Klagegrunds verbunden ist.[17]) Dagegen sind sie, wenn in bezug auf die zu ihrer Begründung dienenden vor der Klageerhebung liegenden Tatsachen Klageänderung anzunehmen wäre, als nachträgliche Klagenhäufung zu behandeln.[18])

Überhaupt kann die Einführung von Tatsachen, die nach der Klageerhebung liegen, an sich ebensowenig Klageänderung sein, wie die Stellung von in persönlicher[19]) oder sachlicher Beziehung geänderten Anträgen, welche durch die Veränderung der Sachlage geboten sind. Denn einerseits konnten diese Tatsachen nicht schon in der Klage mitgeteilt werden und andererseits sind sie bei der Urteilsfällung zu berücksichtigen, da für sie der Zeitpunkt des Urteils maßgebend ist und es nicht schadet, wenn die Verurteilungsfähigkeit (Klagbarkeit) erst nach der Klageerhebung eintritt.[20])

Indessen wird eine solche Anführung neuentstandener Tatsachen doch dann als Klageänderung zu behandeln sein, wenn in der Klagschrift eine Individualisierung des nunmehr vorliegenden Klagegrundes nicht mehr gefunden werden kann.

Dies ist vom Gesetz auch soweit anerkannt, als es gestattet, daß ohne Änderung des Klagegrundes wegen einer nach der Klageerhebung liegenden Änderung etwas Anderes, insbesondere das Interesse gefordert wird.[21])

Eine Klageänderung, die hiernach an sich unzulässig sein würde, ist in erster und zweiter Instanz dennoch zuzulassen, wenn der Beklagte, ohne der Änderung zu widersprechen, auf das abgeänderte Vorbringen des Klägers sich erklärt hat.[22])

In der ersten Instanz ist die Klageänderung auch dann nicht zu beanstanden, wenn das Gericht annimmt, daß sie die Verteidigung des Beklagten nicht wesentlich erschwert.[23])

Liegt eine Klageänderung vor, welche auch bei Beachtung dieser Einschränkungen unzulässig bleibt, so muß bezüglich des geänderten Begehrens die Sachentscheidung abgelehnt werden, und es ist auch nicht zulässig, neben dieser Prozeßabweisung auch noch das Begehren für sachlich unbegründet zu erklären.[24])

---

[17]) § 268 Nr. 2. Anders, wenn eine beachtliche Unzuständigkeit herbeigeführt würde.

[18]) Unten § 79 I. [19]) Über den Parteiwechsel unten § 80.

[20]) Oben § 57 A. 20.

[21]) § 268 Nr. 3. Sonst Behandlung als nachträgliche Klagenhäufung unten § 79 I.

[22]) §§ 264, 269, 527. [23]) § 264. [24]) Auch nicht eventuell!

Dagegen ist über das ursprüngliche Begehren ohne Berücksichtigung der unzulässigen Änderungen sachlich zu urteilen, wenn nicht ein Verzicht[25]) vorliegt oder es in zulässiger Weise zurückgenommen ist.[26])

Die Entscheidung, daß eine unzulässige Klageänderung vorliege, unterliegt nach allgemeinen Grundsätzen der Nachprüfung in den höheren Instanzen. Dagegen ist die Anfechtung der Entscheidung ausgeschlossen, wenn die Klageänderung oder ihre Unzulässigkeit verneint wird.[27])

## § 79. Mehrheit und Verbindung von Begehren.

I. Klagenhäufung.

Mehrere für den ordentlichen Rechtsstreit geeignete Begehren[1]) können, wenn dieselben Parteien bei ihnen beteiligt sind, stets in einer Klage geltend gemacht werden, wenn nur das anzugehende Gericht für alle zuständig ist.[2])

Wenn dagegen die verschiedenen Begehen von verschiedenen Klägern oder gegen verschiedene Beklagte geltend gemacht werden sollen, so bedarf es der inhaltlichen Gleichartigkeit der Begehren in tatsächlicher und rechtlicher Beziehung.[3]) Dagegen schadet es nicht, wenn es an einem gegenüber allen Beklagten örtlich zuständigen Gericht fehlt, sofern die Klage im allgemeinen Gerichtsstand erhoben werden kann, indem in diesem Falle durch das höhere Gericht das zuständige Gericht zu bestimmen ist.[4])

---

[25]) Oben § 52 A. 29. [26]) Oben § 75 A. 2.

[27]) § 270.

[1]) Zu unterscheiden von einer dasselbe Begehren betreffenden Mehrheit von Anträgen, insbesondere Hilfsanträgen (oben § 43 A. 8 ff.).

[2]) § 260. — Eine besondere Zuständigkeit für die Verbindung persönlicher Begehren mit den die Liegenschaftshaftung betreffenden § 25. — Über Verbindung des Leistungsbegehrens mit dem vorbereitenden Begehren auf Auskunft (sukzessive Klagenhäufung) § 254, oben § 43 A. 7. — Beseitigt ist das Verbot (früherer § 232) der Verbindung des Besitzbegehrens (possessorium) mit dem Eigentumsbegehren (petitorium).

[3]) § 60. Die Bestimmung steht unrichtig im Titel „Streitgenossenschaft". O. Fischer in Iherings J. 38, 382. — In diesem Falle entsteht außer der Klagenhäufung zugleich eine Streitgenossenschaft, darüber unten § 77. Es ist aber unpassend, dieserhalb von einer subjektiven Klagenhäufung zu sprechen.

[4]) § 36 Nr. 3.

Soweit eine nachträgliche Einführung eines neuen Begehrens durch denselben Kläger[5]) als zulässige Klageerweiterung angesehen werden kann,[6]) ist sie ohne weiteres gestattet. Im übrigen bedarf sie der Zustimmung des Beklagten.[7])

Die Wirkungen der Klageerhebung treten für die neuen Begehren erst mit ihrer mündlichen Geltendmachung ein.[8])

II. Widerklage.

Nach gemeinem Recht verstand man unter Widerklage jede Klage, die der Beklagte gegen den Kläger bei demselben Gericht während der Dauer des ursprünglichen Rechtsstreits anstrengte, auch wenn dieses in einem besonderen Rechtsstreit geschah. Es hing dies damit zusammen, daß das Gericht des ersten Rechtsstreits als forum reconventionis für solche Klagen besondere Zuständigkeit erlangte.

Nachdem diese von vornherein gesonderte Widerklage abgeschafft ist, versteht man unter Widerklagen nur noch solche selbständige Hauptbegehren, welche der Beklagte[9]) in den vom Kläger begonnenen Rechtsstreit einführt. Somit bedarf es jetzt einer Zuständigkeitsbestimmung für die Widerklage nicht mehr, da das Gericht durch den Begriff gegeben ist, sondern nur der Regelung der Voraussetzungen der Zulässigkeit ihrer Einführung in den durch die Klage begründeten Rechtsstreit.[10])

Die Voraussetzung liegt, abgesehen von der Zulässigkeit des Rechtswegs und des ordentlichen Rechtsstreits, zunächst nur in dem Zusammenhange ihres Gegenstandes mit dem Gegenstande der Hauptklage. Es genügt aber auch ein Zusammenhang mit Verteidigungsmitteln, z. B. der auf die Aufrechnung gestützten

---

[5]) Etwas anderes ist der Beitritt eines neuen Klägers, unten § 80.

[6]) §§ 268 Nr. 2, 529[2], oben § 78.

[7]) Für die Berufungsinstanz ausdrücklich bestimmt in § 529[2]. Für die erste Instanz daraus zu entnehmen, daß, abgesehen von der Klageerweiterung, nur der ordentliche Weg der Klageerhebung für die Einführung von Begehren des Klägers vorgesehen ist.

[8]) § 281.

[9]) Bei dem Kläger könnte es sich nur um Klagenhäufung oder Klagenerweiterung handeln (reconventio reconventionis non datur).

[10]) § 33 steht also an einer jetzt nicht mehr passenden Stelle, O. Fischer in Iherings J. 38, 360. Selbstverständlich erscheinen auch die Vorschriften über die Prozeßvollmacht § 81, Sicherheitsleistung § 112[2], Versäumnisverfahren § 347[1], Rechtskraft § 322.

Einrede. Dieser Zusammenhang ist auch dann erforderlich, wenn das Gericht schon an und für sich für das Widerklagebegehren zuständig sein würde.[11])

Die Unzuständigkeit des Gerichts für die Erledigung des Widerklagebegehrens in einem selbständigen Rechtsstreit steht der Widerklage dann nicht entgegen, wenn das Prozeßgericht durch Vereinbarung für die selbständige Entscheidung über das Begehren der Widerklage zuständig gemacht werden könnte.[12]) Einer Einwilligung des Klägers bedarf die Widerklage nur, wenn sie in der Berufungsinstanz erhoben wird.[13])

In der ersten Instanz kann sie aber auch als Verteidigungsmittel wegen Verspätung zurückgewiesen werden oder zur Auferlegung von Verspätungskosten führen.[14])

Die Erhebung[15]) erfolgt in der mündlichen Verhandlung, nicht durch Schriftsatz.[16])

Überschreitet das Widerklagebegehren für sich allein die amtsgerichtliche sachliche Zuständigkeit, so ist auf Antrag Verweisung des ganzen Rechtsstreits an das Landgericht durch Beschluß auszusprechen.[17])

Die Kammer für Handelssachen kann, wenn die Widerklage als Gegenstand eines besonderen Rechtsstreits nicht zu ihrer sachlichen Zuständigkeit gehören würde, den ganzen Rechtsstreit an die gewöhnliche Zivilkammer verweisen.[18])

Eine Änderung der Widerklage, die bei einer Klage als unzulässige Klageänderung zu behandeln wäre,[19]) ist als neue Erhebung einer

---

[11]) § 33¹. — Kein Zusammenhang in diesem Sinne zwischen dem Eigentumsbegehren und der Verteidigung gegen ein Besitzbegehren, insofern ein noch nicht festgestelltes Eigentumsbegehren kein geeignetes Verteidigungsmittel gegen das Besitzbegehren ist, B.G.B. § 864². — Für den Eisenbahnfrachtvertrag H.G.B. § 469³.

[12]) § 33².

[13]) § 529².

[14]) §§ 278, 279. O. Fischer in Iherings J. 38, 367.

[15]) Sie kann ebensowenig wie die Klage nur eventuell oder bedingt erhoben werden, oben § 43 A. 8. Etwas anderes ist es, daß eine Widerklage nach Lage der Sache nur bei einem bestimmten Ergebnisse bezüglich der Hauptklage Erfolg haben kann.

[16]) § 281.

[17]) § 506 mit § 5 Halbs. 2. Für das Versäumnisverfahren gilt nichts Besonderes, § 347¹.

[18]) G.V. § 103².

[19]) Oben § 78 II.

Widerklage anzusehen und soweit zuzulassen, als eine solche noch möglich ist.

Die Zurücknahme der Klage hindert die Erledigung der Widerklage nicht.

Im übrigen ist das Widerklagebegehren ganz wie ein Klagebegehren zu behandeln.

III. Zwischenfeststellungsklage (Inzidentklage).

Mit Rücksicht darauf, daß die Entscheidungen über das Bestehen oder Nichtbestehen von Rechtsverhältnissen, welche in den Gründen erfolgen müssen, weil davon die Entscheidung über das den Gegenstand des Rechtsstreits bildende Begehren abhängt, der Rechtskraft nur soweit fähig sind,[20]) als die feststellende Kraft der Hauptentscheidung reicht, können beide Parteien, der Kläger durch Klageerweiterung, der Beklagte durch Widerklage, beantragen, daß die Feststellung eines solchen, von der Rechtskraft der Hauptentscheidung nicht betroffenen Rechtsverhältnisses zu einem zweiten Hauptgegenstande des Rechtsstreits gemacht und durch eine im Endurteil zu gebende der Rechtskraft fähigen Entscheidung erledigt werde.[21])

Die allgemeinen Voraussetzungen einer Feststellungsklage brauchen nicht vorhanden zu sein. Es genügt die Streitigkeit des Rechtsverhältnisses und die Abhängigkeit der Hauptentscheidung von seiner Feststellung.

Im übrigen finden auf die Zwischenfeststellungsklage beider Parteien auch hinsichtlich der Zulässigkeit des Rechtswegs, des ordentlichen Rechtsstreits und der Zuständigkeit, sowie der Notwendigkeit der Zustimmung des Gegners in der Berufungsinstanz die Grundsätze von der Widerklage Anwendung, jedoch mit der Ausnahme, daß eine Zurückweisung wegen Verspätung nur die Zwischenfeststellungsklage des Beklagten treffen kann.[22])

IV. Prozeßverbindung.

Das Prozeßgericht jeder Instanz kann durch einen auf Grund mündlicher Verhandlung zu fassenden und ebenso wieder aufhebbaren unanfechtbaren Beschluß anordnen, daß mehrere bei demselben Gericht im ordentlichen Rechtsstreit, und was das Landgericht anbetrifft, auch bei der gleichen Kammerart schwebenden Prozesse behufs

---

[20]) Oben § 67.

[21]) Z. B. Feststellung der Kapitalschuld, wenn sie im Zinsenprozeß streitig wird.

[22]) §§ 278, 280, 281.

„gleichzeitiger" Verhandlung und Entscheidung bei der anordnenden Gerichtsabteilung verbunden werden.[23])

Eine die sachliche Zuständigkeit des Amtsgerichts beseitigende Vereinigung zu einem Rechtsstreit wird dadurch aber nicht bewirkt, wenngleich die Betriebslast der Parteien auch die Mitladung der durch die Verbindung hinzugekommenen Parteien umfassen wird.[24]) Es kann, wenn beide Prozesse gleichzeitig spruchreif sind, ein gemeinschaftliches Endurteil unter einheitlicher Behandlung des Kostenpunkts.[25]) gefällt werden. Es ist dann auch die Revisionssumme einheitlich zu berechnen.[26]) Es muß aber, wenn einer der Prozesse früher zur Entscheidung reif ist als der andere, für ihn gesondert ein Endurteil erlassen werden, das nicht den Charakter eines Teilurteils hat[27]) und auch den in diesem Falle ebenfalls getrennt zu behandelnden Kostenpunkt umfassen muß.

Im allgemeinen kann das Gericht diese Anordnung treffen, wenn Klagehäufung zulässig gewesen wäre oder wenn ein rechtlicher Zusammmenhang zwischen den Begehren der verschiedenen Prozesse besteht.[28])

Außerdem ist aber diese Verbindung in gewissen Fällen des Aktien- und Genossenschaftsrechts geboten, und zwar hier auch dann, wenn die Prozesse bei verschiedenen Kammerarten schweben.[29])

## II. Parteien.

### § 80. Wechsel der Parteien und der Parteivertreter.[1])

I. Bezüglich der Parteien und gesetzlichen Vertreter.

Während die bloße Berichtigung der Bezeichnung der Parteien oder ihrer Vertreter, aber auch der Ersatz eines unbefugten gesetzlichen Vertreters durch den befugten ohne weiteres zuzulassen ist, muß bei einem Wechsel der Parteibezeich-

---

[23]) §§ 147, 150. — Etwas anderes ist die Verbindung mehrerer denselben Rechtsstreit betreffenden Berufungen im Falle des Ergänzungsurteils § 517, oben § 60 A. 11.

[24]) Entsprechende Anwendung von § 63, unten § 81.

[25]) Entsprechende Anwendung von §§ 91, 100.

[26]) § 546, oben § 62 A. 9. [27]) § 300².

[28]) § 147.

[29]) H.G.B. §§ 272², 309, 320, Gen.G. §§ 51³, 112—114, 129, Gmb.H. § 75.

[1]) Kisch, Parteiänderung in O. Fischer Abh. Bd. 24.

nung unterschieden werden, ob die Klage als von vornherein für und gegen andere als die in der Klagschrift bezeichneten Personen erhoben angesehen werden soll oder ob ein neuer Kläger oder Beklagter an die Stelle des bisherigen treten soll. Der erstere Fall ist nach den Regeln der Klageänderung zu behandeln.[2]) Im zweiten Falle gelten besondere Vorschriften, denen die Anschauung zugrunde liegt, daß ein solcher Wechsel ohne Zustimmung aller Beteiligten nur soweit stattfinden darf, als diese besonders bestimmt ist.

Danach sind im einzelnen die folgenden Fälle zu unterscheiden:

1. Der Tod einer Partei bewirkt, wenn die Partei den Rechtsstreit selbst führt, Unterbrechung des Verfahrens,[3]) welche andauert, bis er durch die Rechtsnachfolger mittels Zustellung eines Schriftsatzes an den Gegner[4]) aufgenommen wird oder der Gegner gegenüber den Rechtsnachfolgern Termin zur Aufnahme (reassumtio) und Weiterverhandlung erwirkt. Bis zum Verluste des Ausschlagungsrechts können aber die Erben die Aufnahme verweigern.[5]) Im übrigen sind die als Rechtsnachfolger in Anspruch genommenen Personen auch dann als ohne weiteres in den Rechtsstreit eingetretene Parteinachfolger zu behandeln, wenn sie die Aufnahme ablehnen oder nicht erscheinen.[6])

Wenn die verstorbene Partei einen Prozeßbevollmächtigten hatte, so tritt keine Unterbrechung durch den Tod ein. Aber der Prozeßbevollmächtigte kann, wie bereits bemerkt wurde,[7]) den Antrag auf Aussetzung stellen. Übrigens muß auch in diesem Falle der eingetretene Parteiwechsel sachlich beachtet werden, wenn er dem Gericht bekannt geworden ist.

Ist ein Nachlaßpfleger, Nachlaßverwalter oder Testamentsvollstrecker vorhanden, so wird der Fall ebenso behandelt, als wenn die Partei ihre Prozeßfähigkeit verloren hätte.[8])

Wird über den Nachlaß der Konkurs eröffnet, so kommen die Bestimmungen über den Einfluß des Konkurses zur Anwendung.[9])

2. Nacherbfolge ist nur dann wie der Todesfall zu behandeln, wenn es sich um Gegenstände handelt, welche der unbeschränkten Verfügungsmacht des Vorerben unterlagen.[10])

---

[2]) Oben § 78. [3]) § 239, oben § 77 A. 15.
[4]) § 250. [5]) § 239[5].
[6]) Beseitigt ist das Aufnahmeversäumnis-Zwischenurteil (früher § 217[4]).
[7]) Oben § 20 A. 24. [8]) § 243.
[9]) § 243. [10]) § 242.

3. Verlust der Prozeßfähigkeit und Wegfall des gesetzlichen Vertreters sind ebenfalls nur von Einfluß auf das Verfahren, wenn ein Prozeßbevollmächtigter fehlt. Sie führen dann zur Unterbrechung, welche endet, wenn von dem neuen Vertreter dem Gegner Anzeige über seine Bestellung gemacht wird oder der Gegner diesem seine Absicht, das Verfahren fortzusetzen, anzeigt.[11])

4. Der Einfluß des Konkurses ist im Konkursrecht zu erörtern. Der Verwalter kann als Partei an die Stelle des Gemeinschuldners treten.[12])

5. Im allgemeinen ist die nicht mehr verbotene[13]) Veräußerung des Streitgegenstandes (res litigiosa), soweit sie dem Gericht bekannt geworden ist, bei der Urteilsfällung sachlich zu berücksichtigen.

Die Erstreckung der Rechtskraft des Urteils für und gegen den Rechtsnachfolger richtet sich nach den allgemeinen Grundsätzen, entfällt also namentlich, soweit die Grundsätze über den Erwerb vom Scheinberechtigten entgegenstehen.[14])

Dagegen bleibt die Veräußerung ohne Einfluß auf das Verfahren. Der Erwerber kann nur mit allseitiger Zustimmung als Partei an die Stelle des Veräußerers treten.[15])

Wenn aber der Streitgegenstand eine mit einem Grundstück verbundene Berechtigung oder Verpflichtung ist, so besteht abweichend das Recht und gegenüber dem Gegner die Pflicht des Erwerbers zum Eintritt als Prozeßnachfolger des Veräußerers.[16])

Wenn bei einer Veräußerung der Streitsache durch den Kläger infolge der Vorschriften über den Erwerb vom Scheinberechtigten die Erstreckung der Rechtskraft gegen den neuen Erwerber ausgeschlossen ist, so geht auch kein Prozeßführungsrecht über. Aber auch der bisherige Kläger verliert das Prozeßführungsrecht. Es muß daher auf Antrag des Beklagten die Klage gegen ihn abgewiesen werden.[17])

6. Da die Güterpfleger als Parteien zu betrachten sind,[18]) so müssen sie auch den Bestimmungen über den Parteiwechsel unter-

---

[11]) §§ 241, 246.

[12]) § 240, unten § 124.

[13]) § 265[1], oben § 55 A. 13.

[14]) § 325[1], oben § 67 A 47 ff.

[15]) § 265[2].

[16]) 266[1].

[17]) §§ 265[3], 266[2].

[18]) Oben § 21 A. 4.

liegen, wobei als Prozeßnachfolger die Nachfolger in das Prozeßführungsrecht in Betracht kommen und zur Beendigung der Unterbrechung oder Aussetzung auch die Bestellungsanzeige des Nachfolgers bezw. die Fortsetzungsanzeige des Gegners genügen muß.[19]) Dabei ist zu beachten, daß das Prozeßführungsrecht hier von dem Erwerb bezw. Verlust der es begründenden Eigenschaften abhängig ist, also nicht bloß im Falle des Todes wechselt.

Wenn eine Partei für den ganzen Rechtsstreit oder für einen Teil ersatzlos wegfällt, z. B. durch Beerbung seitens des Gegners oder sonstige Vereinigung der Parteien, durch Tod des Klägers bei Begehren, deren Unvererblichkeit durch die Klageerhebung nicht beeinflußt wird, Erlöschen einer juristischen Person ohne Vorhandensein eines Prozeßnachfolgers, so ist der Prozeß oder der betreffende Teil erledigt, ohne daß die Möglichkeit eines Urteils besteht.[20])

II. Bezüglich der freiwilligen Vertreter.

1. Im Parteiprozeß ist der Wegfall des freiwilligen Vertreters oder sein Wechsel ohne Einfluß auf den Gang des Prozesses.

2. Im Anwaltsprozeß behält, wie bereits dargelegt wurde, bei Kündigung der Anwalt seine Stellung gegenüber dem Gegner bis zur Anzeige eines anderen Anwalts und bewirkt der Tod des Anwalts[21]) eine Unterbrechung des Verfahrens. Die Unterbrechung dauert an, bis ein neuer Anwalt dem Gegner Anzeige macht oder eine Aufforderung zur Bestellung eines neuen Anwalts binnen einer vom Vorsitzenden zu bestimmenden Frist erfolglos bleibt. Auch kann gegen die Partei selbst Termin zur Verhandlung der Hauptsache erwirkt werden. Inzwischen können die Zustellungen an die nicht innerhalb des Amtsgerichtsbezirks wohnende Partei durch Aufgabe zur Post erfolgen.[22])[23])

---

[19]) Für den Nachlaßverwalter § 242, für den Schiffer vgl. Z.B. § 166².

[20]) Für die Verjährung B.G.B. § 215¹. — Anders, wenn die Veränderung das Begehren sachlich unbegründet macht, z. B. die Beerbung des vom Manne im eigenen Namen belangten (B.G.B. § 1380) Frauenschuldners durch die Frau oder die Veräußerung an den Gegner. Hier hätte sachliche Abweisung zu erfolgen, wenn der Rechtsstreit fortgesetzt wird.

[21]) Ebenso seine gesetzliche Unfähigkeit. Nach Kriegsrecht beim Vorhandensein eines Stellvertreters erst die Löschung, V. 9. 3. 16 §§ 1, 3.

[22]) Oben § 20 A. 43, 44. [23]) § 244.

## § 81. Streitgenossenschaft und Mehrheit von Vertretern.

I. Eine Streitgenossenschaft liegt vor, wenn bei einem Rechtsstreit, gleichviel ob nur ein Begehren geltend gemacht ist oder eine Klagenhäufung[1]) besteht, mehrere Kläger oder mehrere Beklagte beteiligt sind.

Regelmäßig wird die Streitgenossenschaft schon durch die Klageerhebung herbeigeführt. Sie kann aber auch durch einen Parteiwechsel[2]) oder durch eine Nebenintervention[3]) bewirkt werden, und endlich auch, im Falle einer Pfändungsgemeinschaft, durch den Anschluß eines Mitgläubigers.[4]) Abgesehen von diesen besonderen Fällen bedarf aber der nachträgliche Beitritt einer neuen Partei ebenso wie die nachträgliche Erhebung eines neuen Begehrens[5]) der Zustimmung aller Beteiligten.

Sind infolge einer gerichtlichen Prozeßverbindung[6]) bei den verbundenen Prozessen verschiedene Kläger oder Beklagte, so sind sie entsprechend den Streitgenossen zu behandeln.

Die Streitgenossenschaft wird verschieden behandelt, je nachdem eine einfache oder eine besondere Streitgenossenschaft in Frage steht.

Eine besondere Streitgenossenschaft, die vom Gesetz unzutreffend notwendige Streitgenossenschaft genannt wird,[7]) liegt vor:

1. bei wahrer Notwendigkeit (exceptio plurium litisconsortium), wenn nämlich mit dem Fehlen eines der Streitgenossen die Parteirichtigkeit (Aktiv- oder Passivlegitimation)[8]) fehlen würde;

2. wenn der Gegenstand des Rechtsstreits so beschaffen ist, daß bei gleichmäßiger rechtlicher Beurteilung in bezug auf alle Streitgenossen nur eine einheitliche Feststellung möglich ist.[9])

---

[1]) Oben § 79 I. [2]) Oben § 80 I.

[3]) Darüber unten § 82.

[4]) § 856. Besondere Fälle der Streitgenossenschaft sind auch die Hauptintervention (unten § 86) und der Widerspruch eines Dritten in der Zwangsvollstreckung (§ 771, unten § 97). Außerhalb des ordentlichen Rechtsstreits § 666³, unten § 90.

[5]) Oben § 79 I. [6]) Oben § 79 IV.

[7]) O. Fischer in Iherings J. 38, 362.

[8]) Oben § 42 A. 5. — Lux, Die Notwendigkeit der Streitgenossenschaft in O. Fischer Abh. 13 Heft 2

[9]) § 62¹.

Bei der einfachen Streitgenossenschaft wird das Handeln jedes Streitgenossen nur als sein Handeln betrachtet und die Sache jedem Streitgenossen gegenüber besonders beurteilt.[10])

Nur müssen Parteiladungen auch an die Streitgenossen ergehen.[11]) Auch kann von einem richterlichen Eid eines Streitgenossen die Entscheidung bezüglich eines anderen Streitgenossen abhängig gemacht werden.[12])

Bei der Auferlegung von Kosten an Streitgenossen besteht im allgemeinen die Regel, daß die Kostenentscheidung über die Teilung nichts zu sagen braucht, und daß dann die Kosten nach Köpfen zu teilen sind.[13])

Von selbst treten aber die beiden Ausnahmen ein, daß eine Verurteilung als Gesamtschuldner in der Hauptsache auch die gesamtschuldnerische Haftung im Kostenpunkt nach sich zieht,[14]) und daß für die Kosten eines besonderen Prozeßmittels eines Streitgenossen die übrigen nicht verhaftet sind.[15]) Auf letztere Kosten bezieht sich auch die Haftung des Gesamtschuldners nur[16]) zufolge besonderer Bestimmung.[17])

Außerdem kann aber die Kostenentscheidung eine Teilung nach dem Maßstabe der Beteiligung vornehmen, wenn bei dieser eine erhebliche Ungleichheit obwaltet.[18])

Die abweichende Behandlung der besonderen Streitgenossenschaft beruht auf dem Grundsatze, daß alle tätigen Streitgenossen mit Wirkung für die untätigen handeln, so daß insbesondere der Fall der Verhandlungsversäumnis nur bei Versäumnis aller Streitgenossen eintritt.[19])

In Verbindung damit steht die besondere Behandlung des zugeschobenen Eides. Bei ihm sind grundsätzlich alle besonderen Streitgenossen beteiligt, mit Ausschluß derjenigen, hinsichtlich derer die Zuschiebung oder Zurückschiebung des Eides deshalb unzulässig ist, weil sie sein oder seiner Vertreter und Rechtsvorgänger Wahrnehmungsgebiet nicht betrifft. Zuschiebung und Zurückschiebung

---

10) § 61. Abweichungen kann auch das bürgerliche Recht bestimmen.

11) § 63.

12) § 476.

13) G.K.G. § 91 in Ergänzung des zu engen Z. § $100^{1}$, O Fischer in Iherings J. 38, 371

14) § $100^{4}$.

15) § $100^{8}$.

16) § $100^{3}$

17) Z. B. des Bürgen nach B.G.B. § $767^{2}$.

18) § $100^{2}$.

19) § 62.

erfordern gemeinsames Handeln. Im übrigen tritt bei nicht übereinstimmendem Verhalten bezüglich des zu leistenden Eides hinsichtlich der daraus für die Feststellung der betreffenden Behauptung zu ziehenden Schlüsse freie Überzeugung ein.[20])

II. Bei einer Mehrheit von Vertretern ist zwischen der gesetzlichen und der freiwilligen Vertretung zu unterscheiden:

1. Bei der gesetzlichen Vertretung besteht keine allgemeine Regel darüber, ob der einzelne Vertreter für sich allein handeln kann.[21]) Hinsichtlich der Eidesleistung werden die mehreren Vertreter wie besondere Streitgenossen behandelt.[22])

2. Bei der Bestellung mehrerer freiwilliger Vertreter ist die Beschränkung der Vollmacht auf gemeinsames Handeln gegenüber dem Gegner wirkungslos.[23])

## § 82. Nebenintervention und Streitverkündung.

I. Unter Nebenintervention (interventio accessoria)[1]) versteht man den Beitritt eines Dritten zu einer Hauptpartei, um sich an der Prozeßführung für diese im eigenen Namen zu beteiligen.[2])

Eine selbständige Nebenintervention liegt dann vor, wenn der Nebenintervenient zu denjenigen Dritten gehört, auf welche sich nach den früher dargelegten Grundsätzen[3]) die Rechtskraft der zu erlassenden Entscheidung auch dann erstreckt, wenn sie dem Verfahren nicht beigetreten sind.[4]) Doch ist hierbei der Fall des Eintritts eines neuen Erwerbers des Streitgegenstandes ausgenommen.[5])

Voraussetzung der Nebenintervention ist ein unmittelbar den Gegenstand des Rechtsstreits betreffendes rechtliches Interesse des Dritten an dem Siege der Hauptpartei, welcher er beitritt.[6])

---

[20]) Näheres § 472.

[21]) Für Vormünder verneint dies für den Regelfall B.G.B. § 1797.

[22]) § 474.

[23]) § 84. — Wegen der Erstattungsfähigkeit der Kosten mehrerer Vertreter § 91² S. 2, oben § 34 A 34.

[1]) Hauptintervention unten § 86.

[2]) § 66.

[3]) Oben § 67 A. 39 ff.

[4]) § 69. Der Zusatz „nach den Vorschriften des bürgerlichen Rechts" ist jetzt unzutreffend, O. Fischer in Iherings J. 38, 370.

[5]) § 265².

[6]) § 66¹.

Der Beitritt, welcher bis zur Rechtskraft des Endurteils erfolgen kann,[7] geschieht durch Zustellung eines entsprechenden Schriftsatzes an beide Hauptparteien.[8]

Zu einer Prüfung der Zulässigkeit[9] der Nebenintervention, für welche Glaubhaftmachung das Interesse genügt, kommt es nur, wenn eine Hauptpartei im Wege des Zwischenstreits[10] die Zurückweisung der Nebenintervention begehrt.[11]

Bezüglich der Stellung des Nebenintervenienten und der Wirkungen der Nebenintervention sind die gewöhnliche und die selbständige Intervention zu unterscheiden.

Auch bei der gewöhnlichen Nebenintervention sind die Prozeßhandlungen des Nebenintervenienten, soweit sie keine Verfügung über den Streitgegenstand enthalten, so anzusehen, als wenn sie von der Hauptpartei, welcher er beigetreten ist, vorgenommen wären, soweit kein positiver Widerspruch des beiderseitigen Verhaltens vorliegt.[12]

Für die Leistung eines Parteieides kommt der Nebenintervenient nicht in Betracht.[13] Er kann dagegen als Zeuge vernommen werden.

Die Kosten der Nebenintervention gehören zu den Kosten des Rechtsstreits. Soweit aber solche die unterstützte Hauptpartei treffen, müssen die Kosten der Nebenintervention besonders dem Nebenintervenienten zur Last gelegt werden.[14]

Eigentliche Rechtskraft für und gegen den Nebenintervenienten hat die Entscheidung des Rechtsstreits nicht. Dagegen ist sie später im Verhältnis des Nebenintervenienten zu seiner Hauptpartei als richtig zu behandeln (Interventionswirkung), sofern nicht grobes Verschulden der Haupt-

[7]) § 66². [8]) § 70.

[9]) Partei- und Prozeßfähigkeit, sowie Vertretung sind wie bei den Hauptparteien zu prüfen, oben §§ 18, 19, 20.

[10]) Unten § 84. [11]) § 71.

[12]) § 67. — Obwohl das Gesetz sagt: „Alle Prozeßhandlungen", so müssen doch im Gegensatz zum Vertreter (oben § 20 A. 11, 12) nicht nur die privatrechtlichen Handlungen wie Anfechtung und Aufrechnung, sondern auch alle eigentlichen Prozeßhandlungen von verfügender Bedeutung (Zurücknahme, Widerklage) ausgenommen werden.

[13]) § 449. [14]) § 101¹.

partei (exceptio male gesti processus) oder vor dem Beitritt eingetretene, nicht mehr zu beseitigende Mängel die Unrichtigkeit verursacht haben.[15])

Der selbständige Nebenintervenient ist dagegen ganz als Streitgenosse[16]) zu behandeln, so daß er in seiner Prozeßführung, insbesondere in den Handlungen verfügender Art, unabhängig von der Hauptpartei ist. Auch bezüglich der Eidesleistung und der Kosten ist er als Streitgenosse anzusehen, ebenso hinsichtlich der Rechtskraft des Urteils im Verhältnis zum Gegner.[17])

II. Streitverkündung (litis denuntiatio) ist die von einer Haupt- oder Nebenpartei ausgehende Aufforderung an einen Dritten zum Eintritt in den Rechtsstreit.

Ihre Zulässigkeit setzt voraus, daß der Verkündende für den Fall seines Unterliegens einen Rückgriff gegen den Dritten zu haben vermeint oder einen Anspruch eines Dritten besorgt.[18])

Die Verkündung erfolgt durch Zustellung eines entsprechenden Schriftsatzes an den Dritten, der auch dem Gegner mitzuteilen ist.[19]) Wird die Aufforderung durch Beitritt des Dritten befolgt, so wird dieser Dritte unselbständiger, oder, wenn die besonderen Voraussetzungen dafür vorliegen, selbständiger Nebenintervenient.

Tritt er nicht bei, so wird das laufende Verfahren in keiner Weise beeinflußt, indessen erstrecken sich die Wirkungen der Entscheidung auf ihn in seinem Verhältnis zum Streitverkünder gerade so, wie sie es tun würden, wenn er sobald als möglich dem Verkünder beigetreten wäre.[20])

Besondere Fälle der Streitverkündung sind der Gläubigerstreit und die Urheberbenennung.

1. Der beklagte Schuldner kann, wenn ihm ein zweiter Gläubigerprätendent bekannt ist, diesem den Streit verkünden und den Betrag der Forderung zugunsten beider Prätendenten hinter-

---

[15]) § 68 mit § 67 zu Anfang.

[16]) Meistens wird besondere Streitgenossensch. vorliegen, oben § 81 A. 9.

[17]) §§ 69, 101², 449. [18]) § 72.

[19]) § 73. — Fristsetzung für regreßpflichtige Eisenbahnen nach Bern.Fracht Üb. § 50.

[20]) § 74³. — Dies auch, wenn er dem Gegner beitritt. — Einfluß der Streitverkündigung auf Verjährung und Ausschlußfrist B.G.B. §§ 209² Nr. 4, 215, 478—481, 485, H.G.B. § 414³, 433.

legen. In diesem Falle tritt der zweite Prätendent an die Stelle des Schuldners in den Rechtsstreit ein, der sich in einen doppelseitigen über die Berechtigung an der Forderung verwandelt.

Der beklagte Schuldner ist auf Antrag durch ein einer Prozeßabweisung (absolutio ab instantia) gleichkommendes Endurteil aus dem Rechtsstreit zu entlassen. Kosten hat er nur soweit zu tragen, als er sie durch unbegründeten Widerspruch veranlaßt hatte. Im übrigen ist der unterliegende Gläubiger auch zur Erstattung der Kosten des Schuldners einschließlich der Hinterlegungskosten zu verurteilen.[21])

2. Bei der Urheberbenennung[22]) (laudatio auctoris) desjenigen, welcher als Besitzer einer Sache oder Störer eines Rechts an der Sache[23]) beklagt ist, wird demjenigen der Streit verkündet, als dessen Besitzmittler oder Rechtsausüber der Beklagte betrachtet sein will.

Der Beklagte kann bis zur Erklärung des Dritten oder dessen Versäumung des Erklärungstermins die Verhandlung zur Hauptsache verweigern.

Wenn der Benannte sich nicht erklärt oder das Verhältnis zum Beklagten bestreitet, so wird der Prozeß ohne ihn fortgesetzt. Er kann aber keine Rechte gegen den Beklagten daraus herleiten, daß dieser nunmehr den Klageantrag anerkennt und das darin ausgedrückte Verlangen befriedigt.

Im anderen Falle kann der Benannte auch ohne Zustimmung des Klägers, aber mit Zustimmung des Beklagten an dessen Stelle in den Prozeß eintreten. Der Beklagte wird dann auf seinen Antrag durch Urteil von der Klage entbunden. Das Urteil wird aber gegen ihn, obwohl er infolge der einer Prozeßabweisung gleichkommenden Entbindung von der Klage nicht mehr Prozeßpartei ist, wirksam und unmittelbar vollstreckbar.[24])

---

[21]) § 75. — Die Befreiung des Schuldners richtet sich nach Privatrecht.

[22]) Sie entstammt dem deutschrechtlichen Gewährschaftszuge beim Anefang. — Den gelehrten Mantel lieferte eine Verordnung Konstantins (c. 2 C. 3, 19). Vgl. Gillis, Gewährschaftszug und laudatio auctoris (Breslauer Dissertation).

[23]) Wohl auch an unkörperlichen Gegenständen und an Personen.

[24]) §§ 76, 77.

## III. Verfahren.

### § 83. Teilung der Prozesse, Verhandlungen und Entscheidungen.

Grundsätzlich erfolgt, wie bereits dargelegt ist,[1]) die Entscheidung eines Rechtsstreits durch ein einziges Endurteil auf Grund einer den gesamten Prozeßstoff umfassenden einheitlichen mündlichen Verhandlung, und ist es daher unangebracht, den heutigen Rechtsstreit als von vornherein in zwei Teile, wie etwa in die contentio de ordinando iudicio und das iudicium selbst zerlegt anzusehen und zu behandeln.[2])

Gleichwohl ist es möglich, durch besondere Maßnahmen in verschiedener Weise eine Zerlegung herbeizuführen, welche entweder den Rechtsstreit in mehrere Prozesse aufteilt oder innerhalb des Rechtsstreits die Verhandlungen und Entscheidungen beschränkt.

I. Eine Teilung in mehrere Prozesse betrifft zwei verschiedene Fälle:

1. Mehrere durch gerichtliche Anordnung verbundene Prozesse können, wie bereits erwähnt wurde, soweit die Verbindung nicht vorgeschrieben war, durch gerichtliche Anordnung sowie dadurch getrennt werden, daß einer der Prozesse als allein spruchreif durch besonderes Endurteil erledigt werden muß.[3])

2. Es können aber auch aus einem mehrere Hauptbegehren umfassenden Rechtsstreit, der von vornherein ein einheitlicher war, durch die wiederaufhebbare gerichtliche Anordnung der Verhandlung in getrennten Prozessen mehrere Prozesse gemacht werden, und zwar sowohl im Falle der Klagenhäufung wie im Falle der Widerklage; im letzteren jedoch nur, wenn kein Zusammenhang der Widerklage mit dem Klagegrund besteht.[4])

II. Bei der Zerlegung des Urteils und der Verhandlung innerhalb des Rechtsstreits handelt es sich um folgende Fälle:

1. Wie bereits dargelegt wurde, kommt es bei der Eidesauflage durch Urteil zunächst zum bedingten Endurteil, dem das unbedingte nach entsprechender neuer Verhandlung folgen muß.[5])

---

[1]) Oben § 57 A. 3, 17 ff., § 78 A. 1.

[2]) Die römische Trennung des Verfahrens in jus und judicium, die germanische Trennung der Tätigkeit der Urteiler und des Richters, sowie die gemeinrechtliche Trennung des Stadiums der Behauptungen und des Beweises gehören der Vergangenheit an.

[3]) Oben § 79, IV. [4]) §§ 145[1], [2], 150. [5]) Oben § 58 A. 23.

2. Es kann durch Teilurteil im Falle der Klagenhäufung oder Widerklage eins von mehreren Begehren, aber auch die Hauptsache ohne den Kostenpunkt oder ein Teil des einen teilbaren Begehrens erledigt werden. Die Erlassung soll nur unterbleiben, wenn sie unangemessen erscheint.

Über den nicht erledigten Teil des Rechtsstreits, zu dem regelmäßig auch der Kostenpunkt im ganzen gehören wird, ist innerhalb desselben Rechtsstreits weiter zu verhandeln und durch Schlußurteil zu entscheiden.[6])

3. Wenn ein die Sache vollständig erledigendes Endurteil noch nicht erlassen werden kann, aber ein oder mehrere selbständige Prozeßmittel (Angriffs- oder Verteidigungsmittel)[7]) in der Hauptsache oder in den prozessualischen Voraussetzungen entscheidungsreif sind, wie z. B. die Verjährungseinrede oder die Zulässigkeit einer Klageänderung oder einer Berufung oder die Rechtmäßigkeit einer Aufnahme des Verfahrens,[8]) so kann[9]) durch Zwischenurteil ausgesprochen werden, daß das betreffende Prozeßmittel begründet sei oder als begründet nicht erscheine.[10])

Diese Entscheidung ist demnächst durch Bezugnahme dem Endurteil zugrunde zu legen.

Das eine weitere Verhandlung über den erledigten Punkt abschneidende Zwischenurteil ist für das Prozeßgericht unabänderlich.[11]) Selbständiger Anfechtung ist es nicht fähig, sondern es unterliegt nur der gegen das Endurteil gerichteten Anfechtung.[12])

---

[6]) § 301. — Im Falle der Verbindung des Leistungsbegehrens mit dem Auskunftsbegehren (oben § 79 A. 2) wird, wenn die Angabe der Leistung bis zur Erteilung der Auskunft vorbehalten war, zunächst das Auskunftsbegehren durch Teilurteil erledigt, während der zweite Teil des Verfahrens bis zur Erteilung der Auskunft ausgesetzt bleibt

[7]) Oben § 44 A. 11.

[8]) Da die Erledigung der prozessualischen Voraussetzungen zum Hauptstreit gehört (oben § 36 A. 5, § 53 A. 1), so handelt es sich, auch wenn das Zwischenurteil diese Voraussetzungen betrifft, nicht um einen Zwischenstreit (unten § 84).

[9]) Nach gerichtlichem Ermessen, dessen ausgiebigerer Gebrauch manche überflüssige Wiederholung von Verhandlungen ersparen würde.

[10]) § 303.

[11]) § 318. — Anders, wenn prozessualische Vorfragen durch Beschluß entschieden werden, was im allgemeinen auch zulässig erscheint.

[12]) §§ 512, 548.

4. a) Über prozeßhindernde Einreden kann nach dem Ermessen des Gerichts vorweg abgesondert verhandelt und entschieden werden. Im Anwaltsprozeß kann der Beklagte in erster Instanz diese Absonderung durch Verweigerung der Verhandlung zur Hauptsache erzwingen.[13])

Sind die prozeßhindernden Einreden begründet, so ergeht ein Endurteil auf Prozeßabweisung (absolutio ab instantia).[14]) Sind sie unbegründet, so werden sie durch ein Vorurteil verworfen, welches sich von einem einfachen Zwischenurteil dadurch unterscheidet, daß es selbständig anfechtbar ist.[15])

Die Verhandlung zur Hauptsache erfolgt regelmäßig erst nach Rechtskraft des Vorurteils. Doch kann das Gericht auf Antrag eine frühere Verhandlung anordnen.[16])

b) Entsprechend liegt der Fall, daß vorab über den Grund des Begehrens entschieden wird.[17]) Die den Grund leugnende Entscheidung ist Endurteil auf sachliche Abweisung (absolutio ab actione). Dagegen ist das Urteil, welches das Begehren dem Grunde nach für gerechtfertigt erklärt, als ein selbständig anfechtbares Vorurteil zu behandeln.[18])

Für ein solches Urteil genügt aber nicht die Feststellung, daß der Klagegrund gerechtfertigt sei, vielmehr ist die gesamte Sachlage soweit zu prüfen, als es erforderlich ist, um festzustellen, daß das Begehren dem Grunde nach auch Verteidigungsmitteln gegenüber standhält.[19])

Bezüglich der Verhandlung über den Betrag gilt das Gleiche, wie im vorigen Falle hinsichtlich der Verhandlung zur Hauptsache.[20])

5. Im Falle der auf eine Aufrechnung gestützten Einrede kann, wenn die Gegenforderung mit der Klageforderung nicht im rechtlichen Zusammenhang steht, die endgültige, wenn auch aufhebbare Anordnung getroffen werden, daß über die Aufrechnung völlig getrennt, allerdings innerhalb desselben Rechtsstreits, verhandelt werde.[21])

---

[13]) §§ $275^1$, 504, 528. [14]) Oben § 53 A. 16.

[15]) § $275^2$ Halbs. 1. [16]) § $275^2$ Halbs. 2.

[17]) § $304^1$. [18]) § $304^2$.

[19]) Das Reichsgericht (R. 52, 27) verlangt auch, daß ein, wenn auch noch so geringer Betrag, gesichert ist, so daß auch die Aufrechnungseinreden soweit erledigt werden müssen. Dadurch wird der Zweck dieser Einrichtung nicht gefördert.

[20]) § $304^2$. [21]) §§ $145^3$, 150.

Außerdem kann, gleichviel ob getrennt verhandelt war oder nicht, die Entscheidung über das Klagebegehren unter Vorbehalt der Entscheidung über die Aufrechnung erfolgen, wenn die Entscheidung über die Aufrechnung noch nicht spruchreif ist.[22])

Die gleiche Maßnahme muß in der Berufungsinstanz getroffen werden, nicht nur, wenn eine Aufrechnungseinrede, auch die im Zusammenhang stehende, als verspätet zurückgewiesen werden muß,[23]) sondern auch, wenn das Berufungsgericht von der Befugnis Gebrauch macht, sonstige Verteidigungsmittel als verspätet zurückzuweisen.[24])

Das Urteil mit Vorbehalt[25]) ist hinsichtlich der Rechtsmittel als Endurteil zu behandeln, auch der Rechtskraft fähig und insbesondere vollstreckbar.[26])

Es ist aber in einem Nachtragsverfahren über die vorbehaltene Verteidigung zu verhandeln und gegebenenfalls das Vorbehaltsurteil durch Nachtragsurteil in der Hauptsache und im Kostenpunkt entsprechend abzuändern. Der abgewiesene Kläger, auf dessen Gefahr das Urteil mit Vorbehalt ergangen war, muß auch alsbald im Nachtragsverfahren erster Instanz zum vollen Schadenersatz verurteilt werden, wenn vollstreckt oder zur Abwendung der Vollstreckung geleistet war, wobei die Wirkungen der Rechtshängigkeit mit der Leistung eintreten. In der Berufungsinstanz ermäßigt sich die Schadenersatzpflicht auf die Erstattungspflicht nach den Grundsätzen der ungerechtfertigten Bereicherung.[27])

6. Es kann auch durch gerichtliche Anordnung die Verhandlung zunächst auf einzelne Prozeßmittel in der Hauptsache oder in den prozessualischen Voraussetzungen[28]) beschränkt werden;[29]) insbesondere kann Trennung der Aufrechnungseinrede angeordnet werden.[29])

---

[22]) § 302. [23]) § 529[3].

[24]) § 540. — Über einen weiteren Fall des Vorbehaltsurteils im Urkundenprozeß unten § 88.

[25]) Andere Vorbehalte, wie der der beschränkten Haftung (§ 780) oder der Rechte der Grundpfandgläubiger an einer dem Eigentümer zu zahlenden Versicherungssumme (B.G.B. § 1127) beeinträchtigen den abschließenden Charakter des Endurteils nicht.

[26]) §§ 302[3], 541[1]. Wegen der Verjährung B.G.B. § 219.

[27]) § 304[4], 541[2]. [28]) Oben § 44 A. 11, § 53 A. 2.

[29]) §§ 146, 150.

Erscheint nach Beendigung dieser Verhandlung die Sache für ein Endurteil, wenn auch mit Vorbehalt, spruchreif, so ist dieses zu erlassen, ohne daß weiter verhandelt zu werden braucht.[30]) Im anderen Falle muß, gegebenenfalls unter Erlassung eines Teil- oder Zwischenurteils, die Weiterverhandlung erfolgen.

## § 84. Zwischenstreit.

Im eigentlichen Sinne versteht man unter Zwischenstreit nur den Fall, daß über eine außerhalb des Streitstoffs liegende Frage eine Entscheidung durch besonderes Urteil, vom Gesetz Zwischenurteil genannt, aber zur Unterscheidung von den Zwischenurteilen über den eigentlichen Prozeßstoff[1]) besser Zwischenstreiturteil zu nennen, erfolgen muß.[2])

Solche Fälle des Zwischenstreits kennt das Gesetz im einzelnen nur für Streitpunkte zwischen den Hauptparteien und Dritten, nämlich mit dem gegnerischen Anwalt wegen Zurückgabe der ihm eingehändigten Urkunden,[3]) einem Zeugen wegen der Zeugnisweigerung[4]) und dem Nebenintervenienten wegen der Zurückweisung der Nebenintervention.[5])

Für das Verfahren sind nur wenige besondere Vorschriften gegeben: Abkürzung der Fristen für die vorbereitenden Schriftsätze,[6]) Anordnung des Eides durch Beschluß,[7]) als Rechtsmittel die sofortige Beschwerde.[8])

Im übrigen wird der Zwischenstreit erledigt wie der Hauptstreit, insbesondere auch bezüglich des Versäumnisverfahrens[9]) und des Kostenpunkts,[10]) über den sich das Zwischenstreiturteil, im Gegensatz zu den Zwischenurteilen über Prozeßmittel, aussprechen muß.[11])

---

[30]) Zulässig also z. B. Abweisung wegen mangels des Klagegrundes ohne Verhandlung über die Einreden. Aber auch Abweisung wegen Verjährung ohne Verhandlung über die Begründetheit des Klagegrundes.

[1]) Oben § 83 Nr. 5.

[2]) § 303. — In einem uneigentlichen Sinne gebraucht das Wort § $362^2$ oben § 58. De lege ferenda O. Fischer in Iherings J. 38, 370.

[3]) § 135, oben § 49 A. 29.

[4]) § 387, oben § 48 A. 16.

[5]) § 71, oben § 82 A. 10.

[6]) § 132.

[7]) § $461^1$.

[8]) §§ $71^2$, $135^3$, $387^3$.

[9]) § $347^2$.

[10]) Oben § 54 a. E.

[11]) Die Motive zur Z.P.O. sprechen auch vom Zwischenstreit unter den Hauptparteien (III, 317). Das Gesetz hat aber Fälle eines Zwischenstreits unter den Parteien, die durch Zwischenstreiturteil erledigt werden müßten, nicht aufgestellt. Es

## § 85. Doppeltes Verfahren.

Ebenso wie die Einführung eines neuen Begehrens in einen schwebenden Rechtsstreit an Stelle des durch die Klageerhebung anhängig gemachten Grundsätzen der prozessualischen Ordnung widerspricht,[1]) so widerstrebt es auch dem Prozeßzwecke, daß gleichzeitig zwei Prozesse über dasselbe Begehren anhängig sind.

Gleichwohl ist auch in dieser Beziehung kein zwingendes Verbot erlassen, vielmehr nur dem Beklagten das Recht zur Erhebung der prozeßhindernden „Einrede der Rechtshängigkeit" (exceptio litis pendentis bezw. rei in iudicium deductae) gegeben, durch deren Geltendmachung die Prozeßabweisung (absolutio ab instantia) in dem zweiten Prozeß erreicht wird.[2])

Die dabei, ebenso wie bei Rechtskraft[3]) und Klageänderung,[4]) zu prüfende Voraussetzung der Selbigkeit ist auch hier nicht im Sinne einer genauen Übereinstimmung des Begehrens zu verstehen, sondern dem Zwecke des Verbots entsprechend frei zu handhaben.

Ist eins der beiden Verfahren rechtskräftig erledigt, so kann in dem andern nicht mehr die prozessualische Einrede der Rechtshängigkeit, sondern nur die sachliche Einrede der Rechtskraft[5]) in Frage kommen.

## § 86. Abhängigkeit von einem anderen Verfahren.

1. Das Prozeßgericht kann durch einen auf Grund mündlicher Verhandlung zu erlassenden und ebenso nach freiem Ermessen aufhebbaren Beschluß die Verhandlung eines Rechtsstreits bis zur Beendigung eines anderen Rechtsstreits, Strafprozesses oder Verwaltungsverfahrens aussetzen,[1]) wenn der Ausgang des anderen Verfahrens auf den Rechtsstreit von Einfluß[2]) sein kann.[3])

---

besteht dafür, wenn man die Grenzen für das Zwischenurteil im Hauptprozeß (oben § 83 A. 10) weit genug zieht, auch keinerlei Bedürfnis. Die Worte „oder ein Zwischenstreit" in § 303 sprechen nicht gegen diese Ansicht, sind aber entbehrlich.

[1]) Oben § 78 A. 2.

[2]) §§ 263[1] Nr. 1, 274[2] Nr. 4. — De lege ferenda O. Fischer in Iherings J. 38, 365.

[3]) Oben § 67 A. 64. [4]) Oben § 78. A. 16.

[5]) Oben § 67 A. 60.

[1]) Über Abtrennung und Aussetzung hinsichtlich einzelner Teile des Rechtsstreits selbst oben § 83.

[2]) Bindend braucht er nicht zu sein.

[3]) §§ 148—150.

2. Handelt es sich in dem anderen Rechtsstreit um einen Sonderprozeß,[4]) welcher Bestehen, Nichtigkeit oder Anfechtung einer Ehe, Anfechtung der Ehelichkeit und Bestehen des Kindesverhältnisses betrifft, so muß,[5]) jedoch nur auf Antrag, diese Anordnung getroffen werden, wobei im Falle der Ehenichtigkeit zur Erhebung der Nichtigkeitsklage eine Frist[6]) zu bestimmen ist, so daß mit deren Ablauf das ausgesetzte Verfahren aufgenommen werden kann.[7])

Abgesehen von den Fällen der Feststellung der Ehe und der Kindschaft[8]) kann die Anordnung bei Verzögerung des Ehe- oder des Kindschaftsprozesses wieder aufgehoben werden.[9])

3. Unter Hauptintervention (interventio principalis)[10]) versteht man einen selbständigen Rechtsstreit, welcher sachlich die Besonderheit hat, daß die Klage gegen die Parteien eines schwebenden Prozesses gerichtet wird und den Gegenstand des Vorprozesses für den Kläger in Anspruch nimmt.[11])

Die Hauptintervention hat nur geringe prozessualische Eigentümlichkeiten. Das Gericht des Vorprozesses ist zuständig. Die Vollmacht des Vorprozesses gilt auch für den neuen Rechtsstreit. Endlich ist auch in diesem Falle auf Antrag gerichtliche Aussetzung des Verfahrens zulässig, aber nicht bezüglich der Hauptintervention, sondern bezüglich des Vorprozesses.[12])

4. Der Einfluß der Erhebung des Kompetenzkonflikts auf den betreffenden Rechtsstreit wurde bereits dargelegt.[13])

---

4) Unten §§ 90, 91.

5) Mit Rücksicht auf B.G.B. §§ 1329, 1341, 1343, 1596, oben § 52 A. 26.

6) Bei der Anfechtung wegen der Anfechtungsfrist (B.G.B. § 1339) entbehrlich.

7) §§ 151—154.

8) Bei welchen jede Partei die Betriebsmöglichkeit hat.

9) § 64 — Heim, Die Hauptintervention in O. Fischer Abh. 15 Heft 2.

10) Für diese und die Nebenintervention (oben § 82 I) fehlt es an einem gemeinsamen Oberbegriff, da bei der Hauptintervention trotz der Überschrift von Buch I Abschn. 2, Tit. 3 der Z.P.O. eine „Beteiligung Dritter am Rechtsstreit" nicht vorliegt.

11) §§ 64, 82, G. § 108.

12) § 65. — Die Aussetzung kann auch ohne Antrag nach § 143 erfolgen, § 65 ist daher überflüssig.

13) Oben § 77 A. 13.

# 7. Abschnitt.

## Besondere Arten des Feststellungsverfahrens.

### § 87. Übersicht.

Die besonderen Arten des Feststellungsverfahrens weichen für alle Instanzen in ihrem Aufbau von der Gestaltung des ordentlichen Rechtsstreits ab; zum Teil entbehren sie überhaupt zunächst des Rechtsstreitscharakters,[1]) so das Mahnverfahren, das Entmündigungsverfahren und das Aufgebotsverfahren im Gegensatz zum Urkundenprozeß und zum Familienprozeß.

Ein Teil von ihnen bezweckt die Herbeiführung einer einfacheren Erledigung von Begehren, und zwar von Leistungs- und Sachhaftungsbegehren, welche auch im ordentlichen Rechtsstreit geltend gemacht werden könnten. Solche wahlweise[2]) gegebene Ersatzverfahren sind der Urkundenprozeß und das Mahnverfahren.[3])

Der andere Teil ist dagegen für Begehren, und zwar durchweg für Gestaltungs- und reine Feststellungsbegehren bestimmt, die wegen ihrer Beschaffenheit und insbesondere des an ihrer sachgemäßen Erledigung im Einzelfalle bestehenden öffentlichen oder allgemeinen Interesses eine besondere Art der Feststellung erheischen und deshalb im ordentlichen Rechtsstreit überhaupt nicht geltend gemacht werden können. Solche Sonderverfahren sind der Familienprozeß[4]) mit seinen Unterarten, dem Eheprozeß und dem Kindschaftsprozeß, sowie Entmündigungs- und Aufgebotsverfahren.

Die im Wettbewerb mit dem ordentlichen Rechtsstreit stehenden Ersatzverfahren entstammen den sogenannten bestimmt summarischen Prozeßarten[5]) des gemeinen Rechts, welche auf germanischer Grundlage entstanden sind, aber in romanisierender Weise durch das mittelalterliche italienische und das gemeine deutsche Recht weiter fortgebildet wurde.

---

[1]) Oben § 2 A. 6.

[2]) Anders nach Kriegsrecht unten § 89.

[3]) Es handelt sich um eine Mehrheit von Verfahren für ein und denselben Anspruch, nicht um eine Mehrheit von Ansprüchen (Urkundenanspruch, Mahnanspruch), oben § 2 A. 20.

[4]) O. Fischer in Iherings J. 38, 369.

[5]) Die unbestimmt summarischen sind ohne Ersatz weggefallen, da angenommen wurde, daß das bloße Bedürfnis der Beschleunigung auch durch geeignete Handhabung des ordentlichen Verfahrens erreicht werden könne.

Man unterschied im gemeinen Prozeß den Urkunden- oder Exekutivprozeß, bei dem im Verhältnis zum ordentlichen gemeinrechtlichen Verfahren der Beweis vorweg genommen wurde, das Mandatsverfahren, bei dem das Urteil in Form des Befehls voranging, und den Arrestprozeß, in welchem die Zwangsvollstreckung als Sicherung vorweg genommen wurde.

Von diesen drei Verfahrensarten ist das Arrestfeststellungsverfahren hier auszuscheiden, da es nicht die Feststellung des Hauptbegehrens als solche bezweckt, sondern nur eine Grundlage für eine vorläufige Zwangsvollstreckung mit Sicherungszweck schaffen will.[6])

Für das engere Feststellungsverfahren verbleiben also nur die beiden anderen Arten, von denen das Mandatsverfahren jetzt Mahnverfahren genannt wird.[7])

Die Sonderverfahren mit besonderem für den ordentlichen Rechtsstreit nicht geeigneten Gegenstande gehörten im gemeinen Recht nicht zum Zivilprozeß, sondern, soweit sie bereits vorhanden waren, teils zum Kirchenrecht, teils zur freiwilligen Gerichtsbarkeit.

## I. Ersatzverfahren.

### § 88. 1. Urkundenprozeß.

I. Gewöhnliche Form.

Der Urkundenprozeß in seiner gewöhnlichen Form hat die gleichen[1]) Begehren zum Gegenstande wie die vollstreckbare Urkunde.[2])

---

[6]) Unten § 112.

[7]) Das Kriegsrecht kennt ein besonderes, amtsgerichtliches Beschlußverfahren für Entscheidungen über Widersprüche gegen eine vom Vertrage abweichende Mietkündigung der Hinterbliebenen eines Kriegsteilnehmers, V. 7. 10. 15.

[1]) § 592. — Auch hier können Duldungspflichtige (oben § 72 A. 4) einbezogen werden.

[2]) Liegt eine solche (oben § 72) vor, bedarf es keines Urkundenprozesses. Bei dem Urkundenprozeß des italienischen Statutarrechts handelte es sich um die Vollstreckbarkeitserklärung von Privaturkunden ohne Unterwerfungsklausel (daher der Name Exekutivprozeß). Solche Urkunden waren vollstreckbar, aber gegen den der Einleitung der Vollstreckung dienenden Zahlungsbefehl (in diesem Falle mandatum sine clausula) waren nach Vorbild der gegen Kaiserreskripte und Papstdekretalen gegebenen exceptio sub- et obreptionis sofort beweisbare Einwendungen zulässig. — Der heutige Urkundenprozeß erstrebt dagegen eine selbständige Feststellung des Begehrens.

Für die örtliche und sachliche Zuständigkeit bestehen keine besonderen Regeln.

Der Zweck des Urkundenprozesses ist, für durch Urkunden verbriefte Rechte eine ohne Antrag für vorläufig vollstreckbar zu erklärende,[3]) aber den widersprechenden Gegner gegenüber abänderlich bleibende und insofern auf Gefahr des Klägers ergehende Entscheidung auf einer zunächst vereinfachten und wohlfeileren Grundlage herbeizuführen. Dieses wird dadurch erreicht, daß als Beweismittel grundsätzlich nur Urkunden in Betracht gezogen werden, welche der Beweisführer vorlegen kann; und dieses Erfordernis ist bezüglich des Klagegrundes in einer die Gebrauchsfähigkeit des Verfahrens beeinträchtigenden Weise[4]) dahin überspannt, daß die Vorlegung der Urkunden eine zwingende prozessualische Voraussetzung der Prozeßart selbst dann ist, wenn eine Beweisbedürftigkeit gar nicht eintritt.[5])

Als sonstiges Beweismittel kommt, allerdings im Widerstreit mit der sonst festgehaltenen nur subsidiären Verwendung dieses Beweismittels,[6]) nur der durch Beweisbeschluß auf Zuschiebung anzuordnende Parteieid in Betracht, jedoch ist er hinsichtlich des Klagegrundes auf die Echtheit der Urkunden beschränkt.[7])

Fernere Vereinfachungen des Verfahrens bestehen in dem Ausschluß der Widerklage[8]) und der Vorschrift, daß prozeßhindernde Einreden auch im Anwaltsprozeß so wie im Parteiprozeß zu behandeln sind.[9])

Die Klage bedarf der Angabe der Prozeßart und der Beifügung der Urkunden mindestens in Abschrift, die jedoch bei Wahrung der Einlassungsfrist durch einen späteren Schriftsatz nachgeholt werden kann.[10])

Bei der Entscheidung ist die Statthaftigkeit des Urkundenprozesses zu prüfen und bei ihrem Mangel Abweisung als im Urkundenprozesse unstatthaft (absolutio ab instantia) auszusprechen, also

---

[3]) § 708 Nr. 4.
[4]) O Fischer in Jherings J. 38, 371.
[5]) §§ 592, 595² u. ³, 597².
[6]) Oben § 51 A. 36.
[7]) § 595² u. ⁴.
[8]) § 595¹.
[9]) § 594.
[10]) § 593. — Nach Kriegsrecht (B. 9. 9. 15 § 5 Nr. 2) sind amtsgerichtliche Klagen auch dann wie Mahngesuche (unten § 87) zu behandeln, wenn die Klage im Urkunden- oder Wechselprozeß erhoben ist.

namentlich auch bei dem Fehlen des vollständigen Urkundenbeweises für die Klagebehauptungen.[11])

Der Beklagte wird gegen die Nachteile, welche ihm aus der Beschränkung des Beweises erwachsen können, dadurch geschützt, daß, sobald er der Verurteilung widersprochen hat, die Ausführung seiner Rechte vorbehalten wird, wodurch er bezüglich seiner gesamten Verteidigung und hinsichtlich des Schadensersatzes die gleiche Stellung erhält wie beim Vorbehaltsurteil im ordentlichen Rechtsstreit.[12])

Wenn der Kläger ersieht, daß die Beschränkung für ihn unvorteilhaft ist, kann er jederzeit durch Abstandnahme von dem Urkundenprozeß das Verfahren in den ordentlichen Rechtsstreit umwandeln.[13])

II. Wechsel- und Scheckprozeß.

Der Urkundenprozeß findet auch Anwendung auf Wechselsachen und die Regreßansprüche aus einem Scheck.[14])

In diesem Falle hat der Urkundenprozeß, abgesehen von der Zuständigkeit der Kammer für Handelssachen[15]) folgende Besonderheiten:

1. Der allgemeine Gerichtsstand eines Wechselverpflichteten gilt auch für seine Streitgenossen;[16])
2. die Klageschrift muß diese besondere Prozeßart angeben;[17])
3. die Einlassungs- und Ladungsfristen sind für alle Instanzen verkürzt;[18])
4. der Beweis durch Eideszuschiebung ist auch für die Wechselpräsentation zulässig;[19])
5. für Nebenforderungen genügt Glaubhaftmachung.[20])

---

[11]) § 597.

[12]) § 599, oben § 83 A. 22 ff. — Damit wird das Vorbehaltsurteil wegen zurückgewiesener Verteidigungsmittel überflüssig, § 601.

[13]) § 596.

[14]) § 602, ScheckG. § 28[3].

[15]) Oben § 40 A. 11.

[16]) § 603.

[17]) § 604[1].

[18]) Näheres § 604 mit G. 1. 6. 09 a. V u. B. 20. 14 (für Berlin).

[19]) § 601[1].

[20]) § 605[2]. — Das wäre auch im gewöhnlichen Urkundenprozeß wünschenswert, O. Fischer in Iherings J. 38, 371.

## § 89. 2. Mahnverfahren.

Das Mahnverfahren[1]) beschränkt sich auf die gleichen Begehren wie die vollstreckbare Urkunde und der Urkundenprozeß. Als weitere einschränkende Voraussetzungen der Zulässigkeit des Verfahrens treten aber hinzu, daß die Zustellung des Zahlungsbefehls im Inlande geschehen kann und daß das Begehren nicht noch von einer Gegenleistung abhängig ist.[2])

Sachlich ist das Amtsgericht zuständig. Seine örtliche Zuständigkeit richtet sich nach den Regeln des ordentlichen Rechtsstreits.[3])

Das im Interesse seiner Beschleunigung zu den Feriensachen[4]) zählende Mahnverfahren will eine einfache und billige rechtskräftige Feststellung von Begehren ohne Entscheidung über ihre Rechtmäßigkeit ermöglichen.[5]) Es ist wahlweise[6]) für solche Fälle bestimmt, in denen der Beklagte die Rechtmäßigkeit des Begehrens nicht bestreiten will. Daher kann weder Urteil noch Streitverhandlung stattfinden. Die Abweisung des Mahngesuches ist bloße Prozeßabweisung ohne sachliche Rechtskraft (absolutio ab instantia) und zwar auch dann, wenn sie erfolgt, weil das Gesuch die Unbegründetheit des Begehrens ergibt.[7])

Im Zusammenhang damit werden die Parteien nicht mit den Namen Kläger und Beklagter, sondern mit den privatrechtlichen und daher namentlich bei bloßer Sachhaftung unpassenden Namen Gläubiger und Schuldner bezeichnet.

Das ungestörte Mahnverfahren führt vom Gesuch bis zur Rechtskraft des Vollstreckungsbefehls.

Das Gesuch muß dieselben Angaben enthalten wie sie für die Klage im Parteiprozeß wesentlich sind. An die Stelle des Klageantrages tritt aber die Bitte um Erlassung des Zahlungs-

---

[1]) § 688[1], oben § 72 A 2, § 88 A. 1. [2]) § 688[2].

[3]) § 689. [4]) GV. § 204, oben § 24 A 13.

[5]) Der germanische Zahlungsbefehl bedeutete Einleitung eines Vollstreckungsverfahrens. Im gemeinrechtlichen Mandatsprozeß wurde er aber zum mandatum cum clausula (Gegensatz das mandatum sine clausula oben § 88 A. 2) umgebildet, das durch jeden Widerspruch beseitigt wurde. Gegenwärtig handelt es sich auch hier um ein reines Feststellungsverfahren für das Begehren selbst.

[6]) Nach Kriegsrecht schließt das Mahnverfahren das ordentliche amtsgerichtliche Verfahren (oben § 55 A. 9) zunächst aus, V. 9. 9. 15 (F. 18. 5. 16) §§ 13, 14. Besonderheiten des Urkunden- und Wechselzahlungsbefehls §§ 15, 16.

[7]) § 691.

befehls.[8]) Bei mündlicher Anbringung ist eine Gerichtsschreiberniederschrift nicht erforderlich,[9]) vielmehr kann gleich der Entwurf eines Zahlungsbefehls gemacht werden. Auch bedarf es für Vertreter keiner Vorlegung einer Vollmacht.[10])

Die Prüfung des Mahngesuches betrifft an sich nur das Prozessualische, muß aber die Zulässigkeit im ganzen ergeben, so daß Teilabweisung ausgeschlossen ist. In sachlicher Hinsicht ist nur erforderlich, daß nicht schon aus dem Inhalte des Gesuches die Unbegründetheit des Begehrens sich ergibt.[11])

Auf das begründete Gesuch wird vom Richter der von Amts wegen zuzustellende Zahlungsbefehl,[12]) der eine Widerspruchsfrist von einer Woche[13]) feststellt, erlassen und dem Schuldner ohne das Gesuch im Amtsbetrieb zugestellt, wovon der Gläubiger formlos benachrichtigt wird.[14]) Die Wirkungen der Rechtshängigkeit treten ebenso ein, wie bei der Klageerhebung im Parteiprozeß.[15]) Handelt es sich um bloße Sachhaftung, so muß der Befehl dem Rechnung tragen und darf nicht auf Zahlung lauten.[16])

Nach Ablauf der einwöchigen Frist seit Zustellung des Zahlungsbefehls setzt der Gerichtsschreiber auf der Niederschrift nicht bedürftigen, auch dem Gegner nicht mitzuteilenden Antrag des Gläubigers oder seines bevollmächtigten Vertreters auf den Zahlungsbefehl den Vollstreckungsbefehl unter Aufnahme der vom Gläubiger zu berechnenden Kosten.[17])

Der auf Betreiben des Gläubigers zuzustellende Vollstreckungsbefehl hat die Wirkung eines vorläufig vollstreckbaren Versäumnisurteils.[18])

---

[8]) § 690 in Vergleich mit §§ 253, 497[1].

[9]) § 702. [10]) § 703.

[11]) § 691[1], [2]. — Eine positive Feststellung der Schlüssigkeit ist nicht Voraussetzung der Zulassung. Für eine solche bietet auch das Mahngesuch keine geeignete Grundlage, da es eine Substantiierung des Klagegrundes ebensowenig zu geben braucht wie eine Klagschrift, § 690 Nr. 3 im Vergleich mit 253[2] Nr. 2, oben § 55 A. 3.

[12]) Nach Kriegsrecht (A. 6) vereinfachter Inhalt, wenn der Zahlungsbefehl auf eine Klagschrift gesetzt wird, § 14[3].

[13]) Nach Kriegsrecht (A. 6) Bemessung nach der Einlassungsfrist, § 14 a.

[14]) §§ 692, 693, 702.

[15]) § 693[2], [3]. Unterbrechung der Verjährung B.G.B. §§ 209[2], 213. — Für das Kriegsrecht (oben A. 6) § 14[4].

[16]) Oben § 37 A. 24. [17]) § 699. [18]) § 700

Durch den Ablauf der Einspruchsfrist tritt die Rechtskraft ein.[19])

Dieser Gang des Mahnverfahrens kann in verschiedener Weise dadurch beeinträchtigt werden, daß entweder das Gericht den Anträgen des Gläubigers nicht entspricht oder der Schuldner Gegenhandlungen vornimmt:

1. Die Zurückweisung des Mahngesuches, welche nur nach Anhörung des Gläubigers erfolgen soll, aber unanfechtbar ist,[20]) beendet das Verfahren, so daß nur Wiederholung oder Klage möglich bleibt.[21])

2. Der einer Niederschrift nicht bedürftige Widerspruch gegen den Zahlungsbefehl kann sogar noch nach Ablauf der Frist bis zur Erlassung des Vollstreckungsbefehls erfolgen.[22]) Er bedarf auch nicht des Nachweises einer Vollmacht.[23])

Der Schuldner erhält eine Bescheinigung, der Gläubiger Benachrichtigung ohne Abschrift des Widerspruchs.[24])

Ein verspätet erhobener Widerspruch wird nicht besonders zurückgewiesen, sondern einfach unbeachtet gelassen.[25])

Durch den Widerspruch verliert zwar der Zahlungsbefehl seine Kraft, aber die Sache wird nun so behandelt, als wenn durch die Zustellung des Zahlungsbefehls Klage vor dem Amtsgericht erhoben wäre. Es bedarf aber, was nicht zur Förderung der Sache dient,[26]) noch des besonderen Antrags einer Partei auf Bestimmung eines Verhandlungstermins, wenn dieser Antrag nicht schon im Mahngesuch gestellt war. Auch für die Herstellung abgekürzter Urteile tritt der Zahlungsbefehl an die Stelle der Klageschrift. Zu den Kosten des so entstehenden Rechtsstreits werden auch die Kosten des Mahnverfahrens[27]) gerechnet.

Wenn das Begehren die sachliche Zuständigkeit des Amtsgerichts für den Rechtsstreit übersteigt, so wird auf Antrag, der auch schon im Mahngesuch oder im Widerspruch gestellt werden kann,

---

[19]) Nach §§ 700 S. 1, 705. [20]) § 691.

[21]) Nach Kriegsrecht (oben A. 6) wird, wenn der Zahlungsbefehl auf eine Klage ergangen war, sofort Verhandlungstermin bestimmt, § 14[5].

[22]) § 694[1]. [23]) § 703.

[24]) §§ 694[2], 702. [25]) § 694[2].

[26]) Förderlicher wäre die mit dem Zahlungsbefehl zu verbindende Anberaumung eines Vortermins (oben § 56 A. 10) mit kürzester Frist für den Fall eines Widerspruchs.

[27]) § 698.

aber durch den Beginn der Verhandlung zur Hauptsache ausgeschlossen wird, die Sache durch Beschluß, der mündliche Verhandlung nicht voraussetzt, an das Landgericht verwiesen.[28])

3. Wenn nicht binnen 6 Monaten seit Ablauf der im Zahlungsbefehl bestimmten Frist die Erlassung des Vollstreckungsbefehls nachgesucht wird, so wird das ganze Verfahren von selbst kraftlos. Das gleiche geschieht, falls der Amtsrichter, welchem der Gerichtsschreiber die Entscheidung zu überlassen hat, wenn er selbst die Erlassung des Vollstreckungsbefehls für unzulässig hält, das Gesuch auf Erlassung des Vollstreckungsbefehls zurückweist und die dagegen zulässige sofortige Beschwerde erfolglos bleibt.[29])

4. Der Einspruch gegen den Vollstreckungsbefehl führt zur amtsgerichtlichen Verhandlung über den Einspruch und bei seiner Zulässigkeit zur Entscheidung des Rechtsstreits selbst.

Bei Überschreitung der amtsgerichtlichen Zuständigkeit erfolgt die Verweisung an das Landgericht auf Antrag erst, nachdem das Amtsgericht durch unanfechtbares Zwischenurteil,[30]) welches für das Landgericht bindend ist, den Einspruch zugelassen hat.[31])

5. Gegen den rechtskräftigen Vollstreckungsbefehl ist Wiederaufnahme des Verfahrens und Änderungsklage ebenso zulässig wie gegen ein Urteil, wobei sich die ausschließliche örtliche Zuständigkeit nach dem Mahngericht richtet. Die Zeitgrenze für die Gründe einer Änderungsklage ist statt der mündlichen Verhandlung die Zustellung des Vollstreckungsbefehls.[32])

## II. Sonderverfahren.

### § 90. 1. Eheprozeß.

Solange die kirchliche Gerichtsbarkeit in persönlichen Ehesachen auch vom Staat als für ihn maßgebend anerkannt war, bedurfte es keines besonderen staatlichen Eheprozesses. Dieser hat sich vielmehr erst nach Beseitigung der bürgerlichen Wirkungen der kirchlichen Gerichtsbarkeit in Ehesachen,[1]) namentlich im preußischen Recht,[2]) entwickelt und dabei in manchen Punkten an das frühere

---

[28]) § 697. [29]) §§ 699², 701.

[30]) Es handelt sich nicht um einen Zwischenstreit, oben § 83 A 8, § 84 A. 1.

[31]) § 700. [32]) §§ 584, 796², ³, 802.

[1]) Jetzt G.V. § 15². [2]) V. 28 6. 44.

kirchliche, insbesondere kanonische Verfahren angelehnt. Es handelt sich zurzeit lediglich um die persönlichen Ehebegehren, welche Herstellung,[3]) Trennung (Scheidung, separatio quoad vinculum)[4]) und Aufhebung der ehelichen Gemeinschaft (separatio quoad thorum et mensam)[5]) und Ungültigkeit (Anfechtung,[6]) Nichtigkeit [matrimonium nullum],[7]) Nichtbestehen [matrimonium non existens])[8]) der Ehe betreffen.[9])

Von diesen Begehren[10]) ist das auf Herstellung des ehelichen Lebens gerichtete ein Leistungsbegehren oder Unterlassungsbegehren, aber ohne Vollstreckbarkeit.[11]) Die Trennungsbegehren sind Gestaltungsbegehren, das Begehren auf Feststellung des Nichtbestehens ist eine reine negative Feststellungsklage. Dagegen nähern sich Nichtigkeits- und Anfechtungsklage insofern den Gestaltungsbegehren, als die Ungültigkeit zwar nicht erst durch die Rechtskraft des sie aussprechenden Urteils herbeigeführt wird, aber, so lange nicht die Scheinehe gelöst ist, die Geltendmachung der Ungültigkeit davon abhängt, daß dieses Urteil die Rechtskraft erlangt hat.[12])

Diese Begehren sind damit der Geltendmachung im ordentlichen Rechtsstreit entzogen mit Ausnahme der Geltendmachung von Nichtigkeits- und Anfechtungsgründen nach Auflösung der Scheinehe[13]) und der Klagen Dritter auf Feststellung des Nichtbestehens der scheinlosen formungültigen Ehe.[14]) Auch kann das Vorhandensein von Scheidungsgründen im ordentlichen Rechtsstreit zu anderen Zwecken geltend gemacht werden.[15]) Der Ausschluß des ordentlichen Rechtsstreits bezieht sich auch auf die Geltendmachung von Eheungültigkeit als selbständig zu prüfendes Prozeßmittel bei einem Begehren

---

[3]) Die Klage auf Herstellung des ehelichen Lebens (B.G.B. § 1353) dient aber auch als Vorbereitung für die Trennung, B.G.B. § 1567² Nr. 1.

[4]) B.G.B. § 1564, auch 1309¹.

[5]) B.G.B. § 1575. Auch nachträgliche Umwandlung in Scheidung. B.G.B. § 1576.

[6]) B.G.B. § 1341.

[7]) B.G.B. § 1329.

[8]) Bei formungültiger und wegen Nichteintrags ins Heiratsregister auch des Rechtsscheins entbehrender Ehe, B.G.B. § 1329. Über den Unterschied von der nichtigen Ehe O. Fischer bei Gruchot 25, 69 ff. und in Iherings J. 29, 248 ff.

[9]) §§ 606¹, 639.

[10]) Vgl. oben § 37 A. 8 ff.

[11]) § 888.

[12]) B.G.B. §§ 1329, 1343², auch 1344.

[13]) B.G.B. §§ 1329, 1343².

[14]) § 606¹.

[15]) Z. B. B.G.B. § 2335.

anderer Art,[16]) womit die bereits erörterte[17]) Aussetzung solcher Prozesse in Zusammenhang steht.

Der Grund einer besonderen Behandlung der Ehesachen liegt in dem öffentlichen Interesse, welches in allen Fällen darin besteht, daß eine Ehe nicht ohne Grund getrennt oder für ungültig erklärt wird.

In den Fällen der Nichtigkeit und des Nichtbestehens liegt aber auch ein öffentliches Interesse daran vor, daß eine nichtbestehende oder nichtige Ehe auch als nichtig beziehungsweise nicht bestehend klargestellt wird.

Sachlich ist immer das Landgericht ausschließlich zuständig. Die örtliche Zuständigkeit ist ebenfalls in der Regel ausschließlich. Sie richtet sich in erster Linie nach der Person des Mannes. Es ist dabei dafür gesorgt, daß auch für im Auslande wohnende Deutsche ein inländischer Gerichtsstand besteht.[18])

Die Möglichkeit der Verbindung von Prozessen und Begehren ist auf persönliche Ehesachen beschränkt. Aber auch von diesen können nur einerseits Herstellungs-, Trennungs- und Anfechtungsbegehren, andererseits Nichtigkeits- und Nichtbestehensbegehren miteinander verbunden werden.[19])

Parteien sind grundsätzlich nur die Ehegatten. Aber die Nichtigkeitsklage kann auch ein Dritter erheben, der darauf ein Recht oder die Befreiung von einer Verpflichtung stützen will, ebenso im Falle der doppelten Ehe der Gatte der ersten Ehe.[20]) Außerdem kann auch der Staatsanwalt, welcher dann als Partei für Rechnung der Staatskasse auftritt,[21]) die Nichtigkeits-

[16]) B.G.B. §§ 1329, 1343². [17]) Oben § 86 A. 5.

[18]) § 606. — Abweichungen im Haager Scheidungsabkommen (12. 6. 02), insbesondere internationale Sicherung des Gerichtsstandes des Wohnsitzes in gewissen Grenzen, a. 5 Nr. 2.

[19]) §§ 615, 633, 638.

[20]) § 632. Die Rechtsnachfolger eines Ehegatten können aber jedenfalls den nach § 628 in der Hauptsache erledigten Prozeß wegen der Kosten weiterführen. Ebenso wird man ihnen in Ausfüllung einer Lücke im Gesetz das Recht geben müssen, entweder im Wege der Wiederaufnahme des Verfahrens (oben § 63) bezw. im Wege der Abänderungsklage aus § 767 (oben § 64) gegen ein rechtskräftiges Eheurteil vorzugehen oder im ordentlichen Rechtsstreit solche Wiederaufnahme- und Abänderungsgründe soweit geltend zu machen, als dieses ihr Interesse erfordert.

[21]) Oben § 21 A. 11.

klage erheben oder sich auch bei der von anderer Seite erhobenen Nichtigkeitsklage als Hauptpartei beteiligen.[22])

In den übrigen Ehesachen beschränkt sich die, übrigens nicht notwendige, Teilnahme des Staatsanwalts als Nebenpartei auf Vorbringen von Behauptungen und Beweismitteln, welche für die Aufrechterhaltung der Ehe erheblich sind, und auf gutachtliche Äußerungen. Er ist aber von allen Terminen im Amtsbetriebe zu benachrichtigen.[23])

Die in der Geschäftsfähigkeit beschränkten Ehegatten werden als unbeschränkt prozeßfähig behandelt, soweit nicht die Anfechtung der Ehe wegen mangelnder Einwilligung des gesetzlichen Vertreters in Frage steht.[24])

Gesetzliche Vertreter Geschäftsunfähiger sind von der Herstellungsklage ausgeschlossen und bedürfen für Scheidungs- und Anfechtungsklage der vormundschaftsgerichtlichen Genehmigung.[25])

Freiwillige Vertreter müssen eine von Amts wegen zu prüfende Sondervollmacht für den bestimmt zu bezeichnenden Rechtsstreit beibringen.[26])

Den Herstellungs- und Trennungsklagen muß regelmäßig ein amtsrichterlicher Sühneversuch mit den Parteien in Person derart vorangehen, daß nicht eher Verhandlungstermin angesetzt werden darf. Doch bezieht sich dies nicht auf Widerklage und weitere Klagegründe.[27]) Auch kann der Vorsitzende des Prozeßgerichts bei dem Mangel eines bekannten inländischen Aufenthalts des Beklagten, wegen sonstiger unverschuldeter schwer zu beseitigender Hindernisse und bei bestimmt vorauszusehender Erfolglosigkeit des Versuchs Befreiung gewähren.[28])

---

[22]) §§ 632, 634, 636, 637.

[23]) § 607. — Schriftliche Antragstellung des Oberreichsanwalts vor Entscheidungen vereinigter Senate oder des Plenums, G.V. § $137^4$. — Das öffentliche Interesse erfordert weitergehende Rechte und Pflichten der Staatsanwaltschaft, O. Fischer in Iherings J. 38, 396.

[24]) § $612^1$, B.G.B. § 1336. [25]) § $612^2$, B.G.B. § 1336.

[26]) § 613.

[27]) §§ 497, 608—610, $614^2$. — Die Justizverwaltungen haben Mitteilung an die zuständigen Geistlichen angeordnet, pr. Vf. 27. 8. 79, 23. 6. 03, 31. 8. 04, Bay. V. 8. 4. 05, Sächs. Gesch.O. 1. 1. 03 § $1398^2$, Württb. V. 4. 2. 95.

[28]) § 611.

Die Klageerhebung wahrt die Fristen zur Geltendmachung von Anfechtungs- und Scheidungsgründen, soweit dies nicht schon die Ladung zum Sühneversuch getan hat.[29])

Die Vorschrift, daß der Verhandlungstermin nicht weiter hinausgeschoben werden darf, als es die Einlassungsfrist erfordert, besteht in Ehesachen nicht.[30])

Die Öffentlichkeit der Verhandlung muß auf Antrag einer Partei ausgeschlossen werden.[31])

In allen Ehesachen ist die Verhandlungsmaxime soweit ausgeschlossen, als es sich darum handelt zu verhindern, daß die Parteien durch ihr Tun oder Unterlassen ein Urteil herbeiführen könnten, welches die Ehe trennte oder für ungültig erklärte.[32])

Für die Scheidung wegen Geisteskrankheit ist insbesondere Erhebung des Sachverständigenbeweises unerläßlich.[33])

Im Verfahren betreffend Richtigkeit oder Nichtbestehen der Ehe unterliegen auch diejenigen Prozeßmittel, welche der Ungültigkeit ungünstig sind, der Verhandlungsmaxime nicht.[34])

Das persönliche Erscheinen der Parteien, auch zur Vernehmung durch einen ersuchten oder beauftragten Richter, kann wie gegen einen Zeugen, aber nicht durch Haft, erzwungen werden.[35])

Der allgemeine Grundsatz, daß für die Voraussetzungen der Verurteilung der Zeitpunkt der Urteilsfällung maßgebend ist,[36]) hat bei der Scheidung wegen böslicher Verlassung die besondere Anwendung, daß die als Grundlage dienenden Voraussetzungen einer öffentlichen Zustellung fortbestehen müssen.[37])

Im Falle der Trennung ist gegebenenfalls die Schuld des Beklagten, und auch die des Klägers auszusprechen, letztere aber nur auf Antrag.[38]) Bei Trennung wegen Ehebruchs ist auch die Person des Mitschuldigen festzustellen, wenn sie ermittelt ist.[39])

---

[29]) B.G.B. §§ 1339, 1571. — Besondere Wirkungen der Erhebung der Trennungsklage, B.G.B. §§ 1933, $2077^1$, $2268^2$, $2279^2$.

[30]) § $618^1$.

[31]) G.V. § 171.

[32]) Näheres §§ $617^{1,2}$, $622^1$.

[33]) § 623.

[34]) §§ $617^3$, $622^2$.

[35]) § 619. — Wirkung der Beschwerde § $72^1$.

[36]) Oben § 57 A. 20.

[37]) B.G.B. § $1567^2$.

[38]) B.G.B. § 1574.

[39]) § 624. — Wegen der Folgen B.G.B. § 1312.

Die Vollstreckbarkeitserklärung ist überall, auch im Kostenpunkte, ausgeschlossen.[40])

Die Urteile auf Scheidung oder Nichtigkeit werden von Amts wegen zugestellt.[41]) Das Vormundschaftsgericht erhält von dem Urteil Mitteilung, wenn ein gemeinschaftliches minderjähriges Kind vorhanden ist.[42])

Urteile über Ungültigkeit haben, sofern sie bei Lebzeiten beider Ehegatten rechtskräftig werden, nicht nur gegen Beklagten und Kläger, sondern gegen jedermann Wirkung.[43]) Nur wirkt die Abweisung einer Nichtigkeitsklage wegen Doppelehe nicht gegen den am Verfahren nicht beteiligten Gatten der ersten Ehe.[44]) Auch die Wirkung der Trennungsurteile ist für jedermann maßgebend.[45])

Die Rechtskraft der Abweisung einer Trennung oder Anfechtung erstreckt sich auch auf solche Gründe, welche eine der Parteien, wenn auch im Wege der Klagenverbindung oder Widerklage, hätte geltend machen können, aber nicht geltend gemacht hat.[46])

Das Versäumnisurteil gegen den Kläger geht im Fall der Klage wegen Nichtigkeit oder Nichtbestehens darauf, daß die Klage als zurückgenommen gelte (absolutio ab instantia),[47]) in den übrigen Fällen dagegen auf sachliche Abweisung (absolutio ab actione).

Ein Versäumnisurteil gegen den Beklagten oder Widerbeklagten ist unzulässig.[48])

Beim Nichterscheinen des Beklagten im ersten Termine ist, wenn er nicht durch öffentliche Zustellung geladen war, die Verhandlung auf einen neuen Termin zu verschieben.[49]) Überhaupt muß der Beklagte zu jedem in seiner Abwesenheit bestimmten Termine vom Kläger geladen werden.[50])

---

[40]) § 704². — Wegen einstweiliger Verfügungen unten § 113.

[41]) § 625. [42]) § 630.

[43]) Nach Maßgabe ihres Inhalts und des Privatrechts. Im Falle der Anfechtung wegen Lebens des für tot erklärten Gatten der ersten Ehe Unterhaltspflicht des siegenden Doppelgatten gegenüber dem Unterlegenen, B.G.B. § 1351, Widerruf von Schenkungen infolge Scheidung B.G.B. § 1584², Einfluß auf Verfügungen von Todes wegen B.G.B. §§ 2077, 2268, 2279.

[44]) § 629.

[45]) B.G.B. §§ 1564, 1586. — Internationale Wirkung nach Haager Scheidungsabkommen (12. 6. 02) a. 7. Keine Wirkung, wenn das Verfahren unter den Namen der wahren Ehegatten von Dritten betrieben war, oben § 17 A 1.

[46]) § 616. [47]) §§ 635, 638. [48]) § 618⁴, ⁵.

[49]) § 618³, ⁴, ⁵. [50]) § 618³, ⁵.

Es muß auch, wenn der Beklagte nicht erscheint oder nicht verhandelt, immer ein gewöhnliches Endurteil erlassen werden, wobei zu beachten ist, daß auch im einzelnen keine Ausschlußfolgen gegen den Beklagten eintreten, soweit die Verhandlungsmaxime aufgehoben ist.

Die Zurückweisung verspäteter Verteidigungsmittel ist zwar in erster Instanz, aber nicht in der Berufungsinstanz zulässig.[51])

In Herstellungs- und Trennungssachen kann und soll das Gericht regelmäßig im Interesse einer Aussöhnung die Aussetzung des Verfahrens innerhalb der gesetzlichen Frist anordnen; es bedarf diese Anordnung aber eines Antrags des Klägers, es sei denn, daß es sich nur um den sogenannten relativen Scheidungsgrund[52]) handelt.[53])

Durch den Tod eines Ehegatten vor der Rechtskraft des Urteils erledigt sich das Hauptbegehren ergebnislos.[54]) Auf Antrag wird ein dahingehendes Urteil (absolutio ab instantia) und auch ein Urteil im Kostenpunkt zu erlassen sein.

Mit Rücksicht auf die erweiterte Rechtskraft der abweisenden Urteile ist entgegen den allgemeinen Vorschriften über Klageänderung das Einführen neuer Klagegründe uneingeschränkt gestattet.[55])

Rechtsmittel und andere Anfechtungsmittel, auch Wiederaufnahme und Änderungsklage richten sich, soweit nicht die dargestellten Besonderheiten des Eheverfahrens zu Abweichungen führen, nach den allgemeinen Regeln.[56])

## § 91. 2. Kindschaftsprozeß.

Es handelt sich[1]) um das Bestehen des Eltern- und Kindesverhältnisses,[2]) insbesondere der elterlichen Gewalt,[3]) sowie um die Ehelichkeit eines Kindes oder Anfechtung

[51]) § 626.

[52]) B.G.B. § 1568

[53]) §§ 620, 621.

[54]) § 628.

[55]) § 614[1]. — Wegen der Geltendmachung der durch Fristablauf ausgeschlossenen Gründe B.G.B. § 1573.

[56]) Oben §§ 60—66. — Besondere Wirkungen der Wiederaufnahme B.G.B. §§ 1309[2], 1324[2].

[1]) §§ 640[1], 641[1]. Überall steht nur der Streit unter den Nächstbeteiligten in Frage. Streit mit Dritten gehört in den ordentlichen Rechtsstreit.

[2]) B.G.B. §§ 1591 ff.

[3]) B.G.B. §§ 1626 ff.

ihrer Anerkennung,[4]) nicht aber um die uneheliche Vaterschaft,[5]) welche im ordentlichen Rechtsstreit zu behandeln ist.[6])

Diese Begehren sind mit Rücksicht auf das bei ihm obwaltende öffentliche Interesse seit dem 1. Januar 1900 dem ordentlichen Verfahren entzogen und in ein besonderes, dem Eheprozeß nachgebildetes, Verfahren überführt, womit auch hier die bereits erwähnte Aussetzung von ordentlichen Prozessen zusammenhängt, deren Entscheidung von dem Ergebnisse eines Kindschaftsprozesses abhängig ist.[7]) Das öffentliche Interesse beschränkt sich aber bei dem Streit um die Ehelichkeit eines Kindes darauf, daß nicht einem Kinde zu Unrecht die Ehelichkeit genommen wird.[8]) Deshalb weicht der Ehelichkeitsstreit in einzelnen Punkten von dem Streit über das Kindschaftsverhältnis und die elterliche Gewalt ab.

Die Zuständigkeit ist ähnlich geordnet wie im Eheverfahren.[9])

Die Zulässigkeit der Klagenverbindung ist noch weiter eingeschränkt, indem die Anfechtung der Ehelichkeit oder deren Anerkennung mit der Klage auf Feststellung des Kindschaftsverhältnisses oder der elterlichen Gewalt nicht verbunden werden darf.[10])

Die Prozeßfähigkeit beschränkt Geschäftsfähiger wird nur für den Ehemann im Ehelichkeitsstreit anerkannt.[11]) Der Vertreter des geschäftsunfähigen Ehemannes bedarf hier der Genehmigung des Vormundschaftsgerichts.

Die Verhandlungsmaxime ist auch hier ausgeschlossen, jedoch beschränkt sich der Ausschluß im Ehelichkeitsstreit auf den zu ungunsten der Ehelichkeit wirkenden Prozeßstoff.[12]) Im Zusammenhang damit steht der Anschluß an den Eheprozeß bezüglich der Mitwirkung der Staatsanwaltschaft,[13]) der Ergänzung des persönlichen Erscheinens der Parteien,[14]) des Ausschlusses der Zurückweisung

---

[4]) B.G.B. §§ 1593 ff.
[5]) B.G.B. §§ 1717 ff.
[6]) § 644.
[7]) Oben § 86 A. 5.
[8]) In Übereinstimmung mit B.G.B. §§ 1593, 1596, 1599.
[9]) § 642.
[10]) §§ $640^2$, $641^3$, B.G.B. § 1595.
[11]) § $641^2$.
[12]) §§ $617^3$, $622^2$ gelten für den Ehelichkeitsstreit nicht. Vgl. § $641^1$ gegenüber § $640^1$.
[13]) Aber nicht als Hauptpartei. § 607 ist anwendbar, nicht aber § 634.
[14]) § 619 ist anwendbar.

von Verteidigungsmitteln in der Berufungsinstanz[15]) und der Behandlung der Versäumnis.[16])

Die Abweisung der Klage durch Versäumnisurteil hat nur im Falle der Feststellung des Kindesverhältnisses oder der elterlichen Gewalt die Wirkungen der bloßen Prozeßabweisung (Klagezurücknahme, absolutio ab instantia),[17]) dagegen in dem anderen Falle die Wirkung sachlicher Abweisung (absolutio ab actione).

Fernere Übereinstimmungen mit dem Eheprozeß sind das Erfordernis der Sondervollmacht und deren Prüfung,[18]) die Beseitigung der Vorschrift über Bestimmung eines baldigen Termins,[19]) die Regelung des Einflusses des Todes[20]) und die Zustellung des Urteils von Amts wegen.[21])

In beiden Fällen hat das bei Lebzeiten der Parteien rechtskräftig gewordene Urteil allgemeine Wirkung. Doch wirkt die Feststellung des Kindesverhältnisses oder der elterlichen Gewalt nicht gegen einen dritten Prätendenten, der an dem Rechtsstreit nicht (als selbständiger Nebenintervenient) teilgenommen hatte.[22])

## § 92. 3. Entmündigungsverfahren.

Den Gegenstand des Verfahrens bilden die Begehren, welche eine Entmündigung in den gesetzlich zulässigen Fällen[1]) betreffen.

Dabei weicht das Verfahren für die Fälle geistiger Erkrankung (Geisteskrankheit oder Geistesschwäche) in einzelnen Punkten von dem Verfahren bei Verschwendung und Trunksucht ab.

Während im gemeinen Recht die Entmündigung, bei welcher es sich um Rechtsgestaltung handelt,[2]) der freiwilligen Gerichtsbarkeit zugerechnet zu werden pflegte, ist sie jetzt im Anschluß an das preußische und französische Recht Gegenstand der streitigen Gerichtsbarkeit geworden.

Die Besonderheiten des Verfahrens erklären sich einerseits aus der Fürsorge für die persönliche Freiheit, andererseits durch das

---

[15]) § 626 ist anwendbar.

[16]) § 618 ist anwendbar.

[17]) § 640¹ mit 635.

[18]) § 613 gilt.

[19]) § 618 gilt.

[20]) § 628 ist anwendbar.

[21]) § 625 ist anzuwenden.

[22]) § 643. Nebenwirkung der rechtskräftigen Feststellung der Vaterschaft B.G.B § 1883¹.

[1]) §§ 645, 680 mit B.G.B. § 6. — E. § 10 ist jetzt gegenstandslos. Internationales Recht E.B.G.B. a. 8, Haager Abkommen (7. 7. 05) und B. 30. 7. 12.

[2]) Oben § 37 A 26.

Streben, zweifelsfreie Fälle schnell und einfach zu erledigen und eine unnötige Bloßstellung des zu Entmündigenden zu vermeiden. Das Gesetz hat beiden Rücksichten dadurch gerecht werden zu können geglaubt, daß es die Entmündigung zunächst in ein amtsgerichtliches Beschlußverfahren ohne Rechtsstreitcharakter verlegt, dann aber die Anfechtung des der persönlichen Freiheit ungünstigen Ergebnisses im Wege des landgerichtlichen Rechtsstreits gestattet.

I. Beschlußverfahren.

1. Den Gegenstand bildet die Entmündigung oder die Wiederaufhebung einer Entmündigung.[3])

2. Die Zuständigkeit des Amtsgerichts, welche in sachlicher Beziehung ausschließlich ist, richtet sich nach der Person des zu Entmündigenden, wobei eine Überweisung an das Gericht des Aufenthaltsortes vorgesehen ist.[4])

3. Der Staatsanwalt kann nur in Fällen geistiger Erkrankung in ähnlicher Weise mitwirken wie in Ehesachen; er darf hier aber auch selbst den Entmündigungsantrag stellen.[5]) Im übrigen ist die Antragsberechtigung den Vertretern und Angehörigen überwiesen,[6]) denen nach Landesrecht bei der Entmündigung wegen Verschwendung oder Trunksucht Gemeinden und ihnen gleichstehende Verbände, sowie Armenverbände hinzutreten können.[7])

4. Der in allen Fällen unerläßliche Antrag kann auch mittels Gerichtsschreiberniederschrift angebracht werden. Er soll die begründenden Behauptungen und die Angabe der Beweismittel enthalten.[8])

5. Das Gericht hat in diesem nicht öffentlichen Verfahren die nötigen Ermittlungen zu veranstalten, nachdem es dem zu Entmündigenden und seinem etwaigen mit der Fürsorge für die Person betrauten gesetzlichen Vertreter Gelegenheit zur Bezeichnung von Beweismitteln gegeben hat. Es kann bei Geisteskrankheit Beibringung eines ärztlichen Zeugnisses verlangen. Vorgeschrieben ist für diesen Fall als Regel die erzwingbare Vernehmung des zu Ent-

---

[3]) §§ 645, 675, 680, 685.

[4]) §§ 648, 650, 651, 676, $680^{3}$, 685, G. 22. 5. 10 a. 5.

[5]) §§ $646^{2}$, 652, $680^{4}$. [6]) §§ 646, 675, $680^{3}$, 685.

[7]) § $680^{4}$, pr. A.G Z. § 3, bay. G. 21. 8. 14 a. 8.

[8]) §§ $645^{2}$, 647, $680^{2, 3}$, 685. Vorläufige Vormundschaft B.G.B. §§ 1906, 1908.

mündigenden und die Anhörung von Sachverständigen, zulässig auch die Unterbringung des wegen geistiger Erkrankung zu Entmündigenden in eine Heilanstalt zur Beobachtung seines Geisteszustandes.[9])

Wird eine Fürsorge für Personen oder Vermögen des wegen Geisteskrankheit zu Entmündigenden erforderlich, so ist dem Vormundschaftsgericht Mitteilung zu machen.[10])

Bei der Entmündigung wegen Trunksucht ist, wenn Besserungsaussicht besteht, Aussetzung der Beschlußfassung zulässig.[11])

6. Der selbstverständlich nur zu Lebzeiten des zu Entmündigenden zulässige Entmündigungsbeschluß wird dem zu Entmündigenden, und wenn es sich um eine geistige Erkrankung handelt, auch dem Staatsanwalt zugestellt, sowie der Vormundschaftsbehörde mitgeteilt.[12])

Handelt es sich um Verschwendung oder Trunksucht, so ist auch die Entmündigung oder deren Wiederaufhebung öffentlich bekannt zu machen.[13])

Der Entmündigungsbeschluß tritt mit der Zustellung an den Entmündigten bezw. an seine gesetzlichen Vertreter[14]) in Wirksamkeit. Der Aufhebungsbeschluß wird sofort, nicht erst mit seiner förmlichen Rechtskraft, wirksam.[15])

Die Wirkungen der Entmündigung[16]) und ihrer Wiederaufhebung[17]) richten sich nach Privatrecht.

---

[9]) §§ $572^1$, 649, 653—656, $680^8$, 685, G.B. § $172^2$

[10]) § 657. [11]) § 681.

[12]) §§ 659, 660, 662, 678, 683, 685.

[13]) § 687.

[14]) §§ 661, $683^2$. Vgl. aber B.G.B. § $2230^1$.

[15]) Folgt mangels besonderer Bestimmung aus allgemeinen Grundsätzen, oben § 68 II und außerdem aus § $572^1$. § 705 bezieht sich nur auf Urteile. Vgl auch B.G.B. § $2230^2$.

[16]) Geschäftsfähigkeit und Bevormundung B.G.B. §§ 104 Nr. 3, 114, 1896, insbesondere Testamentsfähigkeit §§ 2229, 2230, Unfähigkeit zu vormundschaftlichen Stellungen §§ 1780, 1865, 1885, Einfluß auf das eheliche Güterrecht §§ $1418^3$, 1425, $1428^2$, 1468 Nr. 4, 1495 Nr 4, $1547^2$, Enterbung in guter Absicht § 2338.

[17]) Wegfall der Vormundschaft B.G.B. § 1882 mit § 1897, Aufhören des Ruhens elterl. Gewalt § 1676, Einfluß auf eheliches Güterrecht §§ 1425, 1547, Wirkung des Testaments § $2230^2$.

7. In dem Beschluß ist auch über die Kosten zu entscheiden. Wird die Entmündigung abgelehnt oder aufgehoben, so treffen sie im allgemeinen den Antragsteller, doch tritt bei den Fällen geistiger Erkrankung die Staatskasse an seine Stelle, sofern ihn nicht ein Verschulden trifft.[18])

8. Gegen die Ablehnung der Entmündigung und die Wiederaufhebung der Entmündigung besteht das Rechtsmittel der sofortigen Beschwerde,[19]) welches im letzteren Falle aufschiebende Wirkung hat,[20]) während im entgegengesetzten Falle das Anfechtungsverfahren an die Stelle eines Rechtsmittels tritt.

II. Anfechtungsverfahren.

1. Den Gegenstand bildet die Anfechtung einer Entmündigung oder der Ablehnung der Wiederaufhebung einer Entmündigung.[21])

2. Die ausschließliche landgerichtliche Zuständigkeit richtet sich in örtlicher Beziehung nach dem Amtsgericht, dessen Beschluß angefochten wird.[22])

3. Die Parteirollen sind im näheren geordnet. Die Klage richtet sich bei geistiger Erkrankung in erster Linie gegen den Staatsanwalt, und nur, wenn dieser klagt, gegen den Vertreter des Entmündigten. Doch muß der Antragsteller, wenn er nicht der Staatsanwalt war, zur Verhandlung mitgeladen werden und wird er im Falle des Beitritts besonderer Streitgenosse[23]) des Staatsanwalts oder des sonstigen Beklagten.[24])

Dem wegen geistiger Erkrankung Entmündigten, welchem durch die Entmündigung seine Prozeßfähigkeit für den Anfechtungsprozeß nicht geschmälert ist, muß auf seinen Antrag ein Rechtsanwalt als Vertreter beigeordnet werden. Handelt es sich um die Anfechtung der Ablehnung der Wiederaufhebung, so kann diese Beiordnung nur erfolgen, wenn nicht sein gesetzlicher Vertreter die Klage erheben will.[25])

4. Für die Klage besteht eine Frist von einem Monat.[26])

5. Eine Klageverbindung, auch Widerklage, ist ausgeschlossen.[27])

---

[18]) §§ 658, 677, 682, 685.

[19]) §§ 663, 680².

[20]) § 572¹.

[21]) §§ 664, 679, 684, 686.

[22]) §§ 665, 679⁴, 684⁴, 686⁴.

[23]) Oben § 82 A. 16.

[24]) Näheres §§ 664², 666, 679³ u. ⁴, 684³, 686³ u. ³.

[25]) §§ 668, 679³.

[26]) Näheres §§ 664¹ u. ³, 684¹ u. ².

[27]) §§ 667, 679⁴, 684⁴, 686⁴.

6. Der Verhandlung ist ein vom Vorsitzenden zu überwachender Parteivortrag der Ergebnisse des Beschlußverfahrens zugrunde zu legen. Die Verhandlungsmaxime ist in ähnlicher Weise ausgeschlossen wie im Eheprozeß. Im Falle der geistigen Erkrankung muß die Vernehmung des Entmündigten und die Zuziehung von Sachverständigen, sofern nicht das frühere Gutachten für ausreichend erachtet wird, auch im Anfechtungsverfahren erfolgen. Der Parteieid ist ausgeschlossen.[28])

7. Ist die Anfechtung begründet, so wird die Entmündigung aufgehoben. Von dem Urteil werden die Vormundschaftsbehörde und das Amtsgericht benachrichtigt. Handelt es sich um Entmündigung wegen Verschwendung oder Trunksucht, erfolgt öffentliche Bekanntmachung. Die Aufhebung der Entmündigung durch Urteil wird erst mit Rechtskraft wirksam, unbeschadet der Zulässigkeit einstweiliger Verfügung.[29])

8. Die Kosten treffen die Staatskasse, nicht nur wenn der Staatsanwalt unterliegt, sondern in allen Fällen, in denen er Klage erhoben hatte.[30])

9. Die Rechtsmittel und sonstigen Anfechtungsmittel sind bei Beachtung der Besonderheiten des Verfahrens die gleichen wie im ordentlichen Rechtsstreit.

10. Es erscheint selbstverständlich, daß durch den Tod des Entmündigten auch das Anfechtungsverfahren in der Hauptsache erledigt wird.

## § 93. 4. Aufgebotsverfahren.[1])

Im Anschluß an die deutschrechtliche Einrichtung der Verschweigung hat sich, ebenso wie die Provokation, die Vorläuferin der heutigen ordentlichen Feststellungsklage,[2]) auch das Aufgebotsverfahren entwickelt, das seinen Namen von der bei ihm vorkommenden öffentlichen Aufforderung zur Anmeldung von Rechten und Rechtslagen trägt. Soweit die Unterlassung der Anmeldung Rechtsnachteile zur

---

[28]) §§ 669—671, 679⁴, 684⁴, 686⁴. — Ausschluß der Öffentlichkeit nach G.V. § 172¹.

[29]) §§ 672, 674, 679⁴, 684⁴, 686⁴, 687, B.G.B. § 115.

[30]) §§ 673, 679⁴, 684⁴, 686⁴.

[1]) Daude, Aufgebotsverfahren nach Reichsrecht und preußischem Landesrecht, 3. Aufl. 1900.

[2]) Oben § 41 A. 16.

Folge hat und dieses durch Ausschlußurteil zum Ausdruck gelangt,[3]) handelt es sich, nachdem die vom gemeinen Recht in romanistischem Gewande ausgebildete Einrichtung von dem preußischen Recht gleich der Entmündigung in die streitige Gerichtsbarkeit überführt ist, um eine besondere Art des zivilprozessualischen Feststellungsverfahrens, die sich von allen anderen Arten dadurch unterscheidet, daß *kein* bestimmter *Gegner* vorhanden ist.

Das Verfahren erstrebt, rein äußerlich betrachtet, den Erlaß eines *Ausschlußurteils*, durch welches gegen Jedermann, mit Ausnahme des Antragstellers und der sich nicht verschweigenden Anmelder ein Rechtsausschluß oder ein sonstiger Rechtsnachteil eintritt.[4])

Damit wird aber erreicht, daß das vom Antragsteller behauptete *Recht*, z. B. sein Eigentum an einem Grundstück oder die von ihm geltend gemachte sonstige Rechtslage, mit allgemeiner Wirksamkeit zur *Feststellung* gebracht wird, ein Ergebnis, welches im ordentlichen Rechtsstreit nach Beseitigung der deutsch-rechtlichen Allgemeinwirkung der Rechtskraft im übrigen[5]) nicht erzielt werden kann.

Das Aufgebotsverfahren ist also ein wahres Feststellungsverfahren. Da aber die Feststellung, allerdings nach Prüfung der im einzelnen Falle aufgestellten Voraussetzungen des Aufgebots,[6]) auf der rein *förmlichen* Grundlage der Nichtanmeldung (Verschweigung) *ohne mündliche Streitverhandlung* erfolgt, so handelt es sich *nicht* um einen *Rechtsstreit*,[7]) und daher ist auch das Ausschlußurteil *kein* Urteil im eigentlichen Sinne.[8])

Der Aufgebotsrechtsschutz ist nicht ganz allgemein gegeben, sondern nur in den gesetzlich *besonders bestimmten* Fällen unter den im einzelnen geordneten sachlichen und förmlichen Voraussetzungen.[9])

---

[3]) Die innerhalb nnd außerhalb des Zivilprozeßrechts liegenden Fälle eines Aufgebots ohne Feststellung des Rechtsnachteils durch gerichtliche Entscheidung (B.G.B. §§ 980, 1316, 1965, $2358^{2}$, Z.B. § 37 Nr. 4, 5, K. §§ $110^{1}$, 142, GewO. §§ 17 f., PostG. § 26, VereinsZollG. §§ 104, 106, 157, StrandO. §§ 26, 27, Pat.G. § 23), denen noch die Privataufgebote anzureihen wären (B.G.B. § 2061, H.G.B. §§ 292, 306, 320), scheiden hier ebenso aus, wie erklärter Eintritt eines Rechtsumstandes ohne Aufgebot (B.G.B. §§ 176, 1507, $2361^{2}$, $2368^{2}$, H.G.B. §§ 219, 290).

[4]) § 946. [5]) Oben § 67 A. 34.

[6]) Zu denen, wie bei der Verschweigung, häufig auch Zeitablauf gehört, z. B. B.G.B. §§ 14, 927, pr. H.O. §§ 27 ff.

[7]) Oben § 2 A. 6. [8]) Oben § 27 A. 5.

[9]) § 946.

Solche Fälle kann aber auch das *Landesrecht* schaffen und dabei das Verfahren in abweichender Weise ordnen.[10])

Sachlich ist immer das Amtsgericht *zuständig*.[11]) Die örtliche Zuständigkeit ist in den einzelnen Fällen angegeben.[12])

Im Interesse der Kostenersparnis ist die *Verbindung* von Aufgebotsverfahren im weitesten Umfange zugelassen.[13])

Das Verfahren beginnt mit dem *Antrag* auf Erlaß des *Aufgebots*, der auch durch Gerichtsschreiberniederschrift gestellt werden kann.[14])

Darauf erfolgt nach Prüfung des Vorhandenseins der gesetzlichen Voraussetzungen das *Aufgebot* mit öffentlicher Bekanntmachung, auch des zu bestimmenden Aufgebotstermins.[15]) Das Landesrecht kann in bestimmten Fällen bezüglich der Bekanntmachung und Frist Abweichendes bestimmen.[16])

Der *Antrag* auf Erlaß des *Ausschlußurteils* kann schon mit dem Antrag auf Erlaß des Aufgebots verbunden, aber auch nachher schriftlich oder im Aufgebotstermin nachgeholt werden.[17])

Beim Fehlen des Antrags im Aufgebotstermin bedarf es eines *neuen* Aufgebotstermins, der nur auf Antrag binnen 6 Monaten bestimmt werden kann.[18])

Erforderlichenfalls kann das Gericht dem Ausschlußurteil noch eine nähere *Ermittlung*, insbesondere eine eidesstattliche Versicherung des Antragstellers bezüglich einer Aufgebotsvoraussetzung vorausgehen lassen.[19])

Kann das Urteil wegen eines Mangels in den Voraussetzungen oder dem Verfahren nicht erlassen werden, so erfolgt *Zurückweisung* des Antrags auf Erlassung durch Beschluß.[20])

---

10) E. § 11, E.Z.B. § 12, E.B.G.B. a. $102^2$. In Pr. finden, sobald Aufgebote in dem hier festgehaltenen engeren Sinne vorliegen, grundsätzlich die Vorschriften der Z.P.O. Anwendung, pr. A.G.Z. § 10. Besondere Fälle: pr. H.O. §§ 27 ff. (Hinterlegungsmassen), G. 15 2. 40 §§ 9—11, 20, 21 (Anwärter von Familienfideikommissen usw., zuständig das Amtsgericht, nicht das O.L.G), A.G.B G.B. a. 17 § 9 (öffentl Inhaberschuldverschreibungen), a. 29 § 11 mit A.G Z. § 11 (Wiederkaufsrecht), Bay. Aufgebote bei Familienfideikommissen und Erbgütern (A G.Z. a. 32).

11) G.B. § 23.

12) § $916^2$.

13) § 959.

14) § $947^1$.

15) §§ $917^2$—950.

16) §§ 1023, 1024, pr. A G.Z. §§ 7, $8^1$, 9, bay. A G Z a. 30, 31, J.M.E. 13 12. 12.

17) § $952^1$ u. $^2$.

18) §§ 954, 955

19) §§ 294, $952^3$.

20) § $952^4$.

Das Ausschlußurteil kann im Reichsanzeiger bekannt gemacht werden.[21]) Auch hier kann das Landesrecht für bestimmte Fälle Abweichendes bestimmen.[22])

Sind Anmeldungen erfolgt, so muß entweder das Verfahren bis zur Entscheidung über die angemeldeten Rechte ausgesetzt oder in dem Ausschlußurteil ein Vorbehalt für die Anmeldenden ausgesprochen werden.[23])

Eine Kostenentscheidung braucht das Ausschlußurteil im allgemeinen nicht zu enthalten, da die Kosten schon kraft Gesetzes den Antragsteller treffen.[24])

Gegen die Ablehnung des Ausschlußurteils und Beschränkungen und Vorbehalte in dem Ausschlußurteil besteht das Rechtsmittel der sofortigen Beschwerde.[25])

Dagegen gibt es gegen das Ausschlußurteil selbst kein Rechtsmittel,[26]) sondern nur die Anfechtung seitens eines durch den Ausschluß sachlich Betroffenen im ordentlichen landgerichtlichen Rechtsstreit binnen einer Notfrist von einem Monat.

Die Beurteilung im Anfechtungsverfahren ist aber darauf beschränkt, ob ein Fall des Aufgebotsverfahren's vorlag, das Aufgebot unter Wahrung der Frist gehörig bekannt gemacht und in dem Ausschlußurteil eine Anmeldung nicht unberücksichtigt geblieben ist. Außerdem kommen nur der Ausschluß des Richters kraft Gesetzes und die Voraussetzung einer Restitutionsklage wegen strafbarer Handlung in Betracht.[27])

Das Reichsrecht hat bezüglich einzelner Arten des Aufgebots besondere Vorschriften gegeben:

1. Für das Aufgebot von dinglichen Rechten an Grundstücken und Schiffen[28]) zum Zwecke einer absolut wirksamen Feststellung des Bestehens oder der Freiheit des dinglichen Rechts des Antragstellers;

---

[21]) § 956.

[22]) § 1024, pr. A.G.Z. §§ $8^2$, $9^1$, bay. A.G.Z. a. 30, 31, J.M.E. 13. 12. 12.

[23]) §§ 951, 953. [24]) G.K.G. § 89.

[25]) § $952^4$.

[26]) Über den besonderen Schutz unvertretener Kriegsteilnehmer im engeren Sinne G. 4. 8. 14 § 7 Nr. 1 u. 4.

[27]) §§ 957, 958.

[28]) §§ 979—988, B.G.B. §§ 887, 927, 1104, 1112, 1170, 1171, $1188^2$, 1269, bay. A.G.Z. a. 31, J.M.E. 13. 12. 12.

2. für das Aufgebot von Gläubigern gegenüber einem Nachlasse und anderen Vermögensmassen[29]) behufs Feststellung der Nichthaftung oder geminderten Haftung der Masse;

3. für das Aufgebot von Urkunden,[30]) welche der Eigenschaft als Träger von Rechten entkleidet werden sollen, so daß das verbriefte Recht nunmehr von dem Rechte an der Urkunde und ihrem Besitze unabhängig wird.

4. Auch die Todeserklärung wird mit Recht unter das Aufgebotsverfahren gestellt.[31]) Sie bezweckt die Herstellung des Rechtsscheins des Todes, welcher allerdings nur in einzelnen Beziehungen unmittelbar die Wirkungen des Todes hat, im übrigen aber nur die Vermutung des Todes begründet.[32]) Der Antragsteller erstrebt eine gegen Jedermann wirksame Feststellung dieser Rechtslage.

Die Zuständigkeit wird, wenn es an einem letzten Wohnsitze im Inlande mangelt, durch die Justizverwaltung geordnet.[33])

Antragsberechtigt ist außer den Vertretern des Verschollenen bezw. den Pflegern seiner Güter Jeder, der ein rechtliches Interesse an der Feststellung hat. Weitere Antragsberechtigte können neben den ersten Antragsteller oder an seine Stelle treten. Zur Anfechtung sind auch Gegeninteressenten berechtigt.[34])

Die begründenden Behauptungen bedürfen zwar vor Erlaß des Aufgebots[35]) nur der Glaubhaftmachung, vor der Erlassung des Urteils aber des vollen Beweises. Da die Ver-

---

[29]) §§ 989—1022, B.G.B. §§ 1489², 1970, 2045, 2060, H.G.B. § 765, B.Sch.G. §§ 110 f.

[30]) §§ 1003—1024, z. B. B.G.B. §§ 799, 800, 808, 1162, 1198, 1199, H.G.B. §§ 228, 363, 365, W.O. a. 73, Z. § 136, bay. A.G.Z. a. 29 (öffentl. Schuldverschr.), 30 (Papiere des B.G.B. § 808.).

[31]) § 960, B.G.B. §§ 13—17, E.B.G.B. a. 9. — Für Kriegsverschollene V. 18. 4. 16 (erläutert von Partsch, Guttentagsche Sammlung Nr. 124) zunächst §§ 1—4, 16, 19.

[32]) Fischer-Henle, Handausgabe des B.G.B. § 18 A. 3, H. Meyer, Rechtsschein des Todes.

[33]) §§ 961, 972. V. 8. 3. 00, 21. 4. 06, pr. Vf. 27. 11. 99, bay. Vf. 25. 2. 00. — Für Kriegsverschollene V. § 7.

[34]) §§ 962, 967, 974.

[35]) Inhalt § 964, Frist § 965, Veröffentlichung § 960. — Für Kriegsverschollene V. §§ 9, 17.

handlungsmaxime nicht gilt, hat das Gericht alle erforderlichen Ermittlungen anzustellen.

Eine Anmeldung seitens des angeblich Verschollenen führt zur Aussetzung des Verfahrens.[36])

Das Urteil muß auch den Zeitpunkt des Todes nach den darüber gegebenen besonderen Vorschriften feststellen.[37])

Dem erfolgreichen Antragsteller sind die erstattungsfähigen Kosten aus dem Nachlasse zu ersetzen.[38])

Die Beurteilung des Anfechtungsgerichts bezüglich der Richtigkeit der Todeserklärung und ihres Zeitpunkts ist nicht beschränkt.[39])

---

[36]) §§ 963, 968, 969, 970[1]. — Für Kriegsverschollene §§ 9, 17.

[37]) § 970[2], B.G.B. § 18[2], [3]. — Für Kriegsverschollene V. §§ 7, 8.

[38]) § 971. — Für Kriegsverschollene V. § 18.

[39]) § 973. Im Zusammenhang damit der die Entmündigungsanfechtung heranziehende § 975 und § 976. — Für Kriegsverschollene V. § 10. Bei ihnen kann der Staatsanwalt und der für Todeserklärte statt der Anfechtung auch die Aufhebung durch das Amtsgericht herbeiführen, V. §§ 11—16.

# III. Buch.

# Zwangsvollstreckung.

## 1. Abschnitt.

## Allgemeines.

### § 94. Einleitung.

Als Aufgabe der Zwangsvollstreckung wurde[1]) die Verwirklichung rechtlicher Begehren einschließlich ihrer Sicherung und der Störungsabwehr bezeichnet, welche die handelnde Partei, der Vollstreckungssucher, vom Gesetz Gläubiger genannt, gegenüber der vom Gesetz Schuldner genannten leidenden Partei (exequendus)[2]) durch die Organe der streitigen Zivilgerichtsbarkeit[3]) durchzusetzen sucht.

Auch diese Form des staatlichen Rechtsschutzes ist von der privatrechtlichen Ausübung erlaubter Eigenmacht, in deren Zurückdrängung sie sich entwickelt hat, zu unterscheiden,[4]) obwohl im einzelnen eine Mitwirkung des Gläubigers bei seiner Durchführung stattfinden kann.[5]) Auch besteht eine Überleitung der privatrechtlichen Selbsthilfe in das der Vollstreckungssicherung dienende gerichtliche Arrestverfahren.[6])

Entsprechend der früher dargelegten Grenze zwischen Justiz und Verwaltung,[7]) ist der von den Verwaltungsorganen, insbesondere der von der Polizei geübte Sicherungs- und Vollstreckungsschutz, auch das sogenannte Verwaltungszwangsverfahren[8]) nicht der Gerichtsbarkeit zuzurechnen. Doch kann auch hier eine Verbindung dadurch hergestellt werden, daß die Gerichte der Verwaltung Rechtshilfe[9]) bei der Vollstreckung zu leisten haben.[10])

---

[1]) Oben § 2 A. 4. [2]) Näheres unten § 98.

[3]) Näheres über die Organe unten §§ 95, 96.

[4]) Oben § 1 A. 2. [5]) Z. P. § 835.

[6]) B.G.B. § 230, unten § 114. [7]) Oben § 1 A. 16, 17.

[8]) Pr. A.G.Z. §§ 5, 6, V. 15. 11. 99 (geändert durch V. 18. 3. 04), bay. A.G.Z. a. 4—8.

[9]) Oben § 12 A. 14.

[10]) So nach Reichsrecht bei Defektenbeschlüssen, R.B.G. § 143, in Pr. bezüglich der Geldvollstreckung in unbewegliches und nichtkörperliches Vermögen a. a. O. §§ 50 a, 51, 52, in Bay. ganz allgemein a. a. O. a. 7.

Nicht unter den Begriff der Zwangsvollstreckung fallen die Urteilswirkungen bei den Gestaltungsbegehren, z. B. der Grenzfestsetzung.[11]) Denn wenn sie auch die Verwirklichung des Begehrens herbeiführen, so handelt es sich doch nicht um eine für den Begriff der Zwangsvollstreckung unerläßliche gerichtliche Vollstreckungshandlung, sondern um eine Wirkung, deren Ursache lediglich im Feststellungsverfahren liegt.

Die Zwangsvollstreckung setzt voraus, daß zuvor das zu verwirklichende Begehren in einer bestimmten Form (Schuldtitel, Vollstreckungstitel) festgesetzt ist,[12]) doch braucht diese Feststellung nicht durch Endurteil im Rechtsstreit erfolgt zu sein. Sie braucht auch nicht einmal im Wege der ordentlichen streitigen Zivilgerichtsbarkeit stattgefunden zu haben. Schon darin zeigt sich, daß zwischen Feststellungsverfahren und Zwangsvollstreckung kein notwendiger Zusammenhang besteht. Aber auch wenn die Zwangsvollstreckung auf Grund eines im Rechtsstreit ergangenen Endurteils erfolgt, bildet sie dennoch ein durchaus selbständiges Verfahren, das zwar zur streitigen Zivilgerichtsbarkeit, dem Zivilprozeß im weiteren Sinne, und nicht zur Verwaltung gehört, aber, wie bereits dargelegt wurde,[13]) keinesfalls einen Teil des Rechtsstreits bildet, übrigens auch dessen endgültiger Erledigung sogar vorangehen kann.

Von den Begehren, welche den Gegenstand eines Rechtsstreits bilden können,[14]) scheiden für die Zwangsvollstreckung außer den bereits erwähnten Gestaltungsbegehren auch die eine tatsächliche Verwirklichung begrifflich ausschließenden Feststellungsbegehren aus, so daß nur die Leistungs-, Sachhaftungs- und Unterlassungsbegehren übrig bleiben. Bei letzteren ist die Zwangsvollstreckung aber nicht auf Leistung oder, wie das Gesetz[15]) sagt, auf „Erwirkung von Unterlassungen" gerichtet, sondern auf Störungsabwehr.

Die Ausführung der Zwangsvollstreckung ist verschieden nach der Art des zu verwirklichenden Begehrens, welche sich nach seinem Inhalt bestimmt.[16]) Es sind in dieser Hinsicht zu unterscheiden:

---

[11]) Oben § 67 A. 21.

[12]) Darüber unten § 99.

[13]) Oben § 2 A. 8. — Unrichtig ist daher trotz § 178 die Bezeichnung der Zwangsvollstreckung als einer Instanz des Rechtsstreits. Vgl. auch oben § 64 A. 8.

[14]) Oben § 37.

[15]) Überschrift von 3. Buch 8 Abschn. 3. — Unten § 104 A. 3.

[16]) Näheres über den Inhalt unten § 97.

1. Unterlassungsvollstreckung.[17])

2. Handlungsvollstreckung, alle der Vollstreckung zugänglichen Handlungen umfassend, mit Ausnahme der Herausgabe oder Leistung von Sachen.[18])

3. Sachvollstreckung, welche die Sachleistungen, mit Ausnahme der Geldleistungen betrifft.[19])

4. Geldvollstreckung, welche nur die durch Geldsumme zu befriedigenden Begehren zum Inhalt hat.[20])

Überall handelt es sich aber nicht bloß um die Erzwingung persönlicher Verpflichtungen, sondern auch um die Verwirklichung bloßer Sachhaftung.

Die im klassischen römischen Rechte alleinherrschende Geldvollstreckung ist auch heute noch die bei weitem wichtigste und häufigste Art der Vollstreckung. Sie steht auch bei den anderen Arten der Begehren insoweit im Hintergrunde, als das Recht des Gläubigers, Ersatz (Interesse) in Geld zu erlangen, bei ihnen insoweit in Frage kommen kann, als ein Geldinteresse überhaupt vorliegt.

Die sachlichen Voraussetzungen für die Gelderſatzforderung sind dem Privatrecht zu entnehmen.[21]) Dieses hat aber bei seiner Regelung insofern an das Prozeßrecht angeknüpft, als es neben anderen Fällen, in denen es die Interesseforderung gewährt,[22]) das Recht auf Schadensersatz wegen Nichterfüllung unter Beseitigung des Erfüllungsanspruchs und der Möglichkeit des Rücktritts von einer bereits erfolgten, dem Gläubigerinteresse nicht entsprechenden Teilerfüllung auch an den Ablauf einer nach der rechtskräftigen Verurteilung gesetzten angemessenen Frist unter dem Vorbehalt knüpft, daß nicht eine, vom Schuldner nicht zu vertretende Unmöglichkeit der Erfüllung eingetreten ist.[23])

Das Prozeßrecht bestimmt aber die ausschließliche örtliche und sachliche Zuständigkeit des Gerichts erster Instanz des Vorprozesses für das Interessebegehren.[24])

---

[17]) Unten § 104. [18]) Unten § 105.

[19]) Unten § 106. [20]) Unten §§ 107—111.

[21]) Z. § 893¹ läßt das Recht auf das Interesse unberührt. — § 888 a enthält zwar eine auf das Interesse bezügliche Vorschrift. Aber auch diese berührt die Interesseforderung als solche nicht.

[22]) Z. B. B.G.B. §§ 280, 286, 325, 326.

[23]) B.G.B. § 283. [24]) §§ 802, 893.

Die Zwangsvollstreckungsmittel sind verschieden, je nachdem es sich um den Zugriff in das Vermögen oder um Zwang gegen die Person handelt.

Der Zugriff in das Vermögen[25]) will unmittelbar eine Befriedigung bezw. Sicherung für den Inhalt eines vermögensrechtlichen Begehrens herbeiführen. Die Arten dieses Zugriffs unterscheiden sich nach den Vermögensgegenständen, aus welchen die Befriedigung oder Sicherung gesucht wird.

Insbesondere ist bei der Geldvollstreckung[26]) zu unterscheiden die Vollstreckung:

1. in körperliche Fahrnis,[27])
2. in sonstige Fahrnis,[28])
3. in Liegenschaften.[29])

Für letztere findet sich die Sonderregelung größtenteils in dem besonderen Reichsgesetze über die Zwangsversteigerung und Zwangsverwaltung, welches für sein Gebiet auch die allgemeinen Bestimmungen der Zivilprozeßordnung in einigen Punkten beeinflußt hat.[30])

Während im älteren römischen und germanischen Recht der Zwang gegen die Person im Vordergrund stand, und ein unmittelbarer Zugriff in das Vermögen über die Person hinweg ausgeschlossen war, ist nach geltendem Recht der Zwang gegen die Person bei der Sach- und Geldvollstreckung grundsätzlich ausgeschlossen und nur soweit zugelassen, als es sich um besondere Maßregeln zum Schutz der Vollstreckung in das Vermögen handelt.[31])

Aber auch bei der Handlungs- und Unterlassungsvollstreckung besteht das Bestreben auf möglichste Einschränkung des Zwanges gegen die Person.

Als Zwangsmittel gegen die Person von allgemeiner Bedeutung besteht die Haft, für welche daher auch eine allgemeine Regelung gegeben ist.[32]) Ausgeschlossen ist die Haft gegen Mitglieder

---

25) Näheres unten § 97.

26) Darüber im allgemeinen unten § 107.

27) Unten §§ 108, 110.

28) Unten §§ 109, 110.

29) Unten § 111.

30) Oben § 3 Nr. 9, § 4 Nr. 1 a. E. Die Einarbeitung in die Z.P.O. wäre wünschenswert gewesen, oben § 3 A. 37, O. Fischer in Iherings J. 38, 370.

31) So beim Offenbarungseid § 901, unten § 114, beim Arrest § 918, unten § 112.

32) Im Gesetz systematisch unrichtig an den Offenbarungseid angeschlossen.

gesetzgebender Versammlungen ohne deren Genehmigung, gegen Militärpersonen eines mobilen Truppenteils oder eines in Dienst gestellten Kriegsfahrzeuges, gegen das Personal eines segelfertigen Seeschiffs, sowie bei naher und erheblicher Gefährdung der Gesundheit des Schuldners derart, daß, abgesehen von der Segelfertigkeit, der Eintritt dieser Umstände auch zur Entlassung aus der Haft nötigt.[33]) Bei Beamten, Geistlichen und öffentlichen Lehrern bedarf es der zuvorigen Anzeige an die vorgesetzte Behörde und deren Fürsorge für die dienstliche Vertretung.[34])

Bei Militärpersonen wird die Haft durch die Militärbehörde vollstreckt.[35])

Die Haft muß getrennt von einer Untersuchungs- oder Strafhaft vollstreckt werden.[36])

Die Verhaftung erfolgt durch den Gerichtsvollzieher auf Grund des vorzuzeigenden und auf Verlangen in Abschrift mitzuteilenden Haftbefehls des Gerichts.[37])

Die Kosten der Haft muß der Gläubiger voraus bezahlen.[38])

Eine Häufung von Zwangsvollstreckungsmitteln ist nicht ausgeschlossen. Es ist z. B. bei der Geldvollstreckung die gleichzeitige Vollstreckung in Fahrnis und Liegenschaften, ebenso bei letzteren der gleichzeitige Betrieb der Zwangsversteigerung und der Eintragung einer Zwangshypothek zulässig.[39])

Dagegen wird einer Ausdehnung der Zwangsvollstreckung über das Bedürfnis hinaus entgegengetreten.[40])

## § 95. Gerichtsorgane.

Mit der Abtrennung der Zwangsvollstreckung vom Rechtsstreit ist sie zugleich dem Prozeßgericht des vorangegangenen Rechtsstreits, welchem früher ihre alleinige Leitung zustand, im weitesten Umfange entzogen und anderen Gerichtsorganen zugewiesen, so daß für die Zwangsvollstreckung eine besondere Ordnung der sachlichen, insbesondere funktionellen, aber auch der örtlichen Zuständigkeit[1]) besteht. Insbesondere sind gerade die häufigsten Fälle der Zwangsvollstreckung

[33]) §§ 904—906, H.G.B. § 482.
[34]) § 910.
[35]) § 912.
[36]) § 907.
[37]) §§ 908, 909.
[38]) § 911.
[39]) § 866[2], Z.V. § 18. — Über § 777 unten § 97.
[40]) § 803, Z.V. § 76.
[1]) Oben § 11 A. 16.

den Richtern genommen und nach französischem Vorbilde dem Gerichtsvollzieher überwiesen.

Der allgemeine Grundsatz, daß die Gerichtsorgane im Namen des Staates handeln,[2]) hat auch für die Zwangsvollstreckung volle Geltung. Richter und Gerichtsvollzieher sind nicht Vertreter oder Beauftragte des Gläubigers.

Damit ist es aber nicht unverträglich, daß Schuldnerrechte betreffende Vollstreckungshandlungen in gewissen Beziehungen, namentlich auch hinsichtlich des Einflusses bestimmter Unwirksamkeitsgründe, wie Verfügungen des Schuldners behandelt werden.[3])

Im einzelnen kommen für die Vollstreckung die nachstehend besprochenen Organe in Betracht:

1. Gerichtsvollzieher.[4]) Dem Gerichtsvollzieher, dessen örtliche Zuständigkeit sich nach den allgemeinen Grundsätzen richtet,[5]) ist die Geldvollstreckung in die körperliche Fahrnis[6]) einschließlich der Wertpapiere[7]) und die sonstige Sachvollstreckung[8]) übertragen. Außerdem kann er bei der Unterlassungsvollstreckung durch Beseitigung der Zuwiderhandlung tätig werden.[9]) Dazu tritt seine unterstützende Tätigkeit durch Zustellungen, Verhaftungen, Wegnahme von Urkunden.[10])

2. Vollstreckungsgericht. Diesem liegt in der Hauptsache die Zwangsvollstreckungstätigkeit ob, soweit sie dem Gericht belassen ist. Es handelt sich dabei zunächst um die gesamte Geldvollstreckung, soweit sie nicht dem Gerichtsvollzieher oder dem Grundbuchamt zufällt.[11])

---

[2]) Oben § 8 A. 53, § 23 A. 6.

[3]) B.G.B. §§ 135[1] S. 2, 161, 184[2], 353[2], 499, 883[2], 2115. Auch Anf.G. § 6, unten § 115. — Für das Kriegsrecht B. 25. 1. 15 § 3, 13. 2. 15 § 3, 9. 8. 15 § 3, 17. 5. 15 (S. 280) § 4, 24. 6. 15 (S. 357) § 4, 28. 6. 15 (S. 360) § 2, 28. 6. 15 (S. 392) § 4, 29. 6. 16 (S. 782) § 2, 29. 6. 16 (S. 800) § 2, 3. 8. 16 (S. 883) § 1, 10. 10. 16 § 3.

[4]) Oben § 8 IV, § 10 III.

[5]) Vgl. insbesondere § 10 A. 50.

[6]) §§ 808 ff.

[7]) § 821.

[8]) §§ 883—885.

[9]) § 892.

[10]) §§ 829, 836, 909.

[11]) § 828, Z.V.G. §§ 1, 2, 146, 163, 171. — Im Bereiche der Liegenschaftsvollstreckung kann das Landesrecht andere Behörden oder Beamte, insbesondere die Notare bestimmen, E.Z.V. § 13. Dies tat Bay. A.G.Z.V. a. 25, Württb. a. 273, Bad. § 1, Elf.Loth. §§ 1 ff.

Im weiteren ist ihm das die Geldvollstreckung in Fahrnis unterstützende Verteilungsverfahren,[12]) sowie das zum Schutz der Zwangsvollstreckung dienende Offenbarungseidverfahren zugewiesen.[13])

Endlich ist das Vollstreckungsgericht die höhere Instanz gegenüber dem Gerichtsvollzieher[14]) und auch unter Umständen befugt, durch Anordnungen in die Gerichtsvollziehervollstreckung einzugreifen.

Sachlich zuständig ist das Amtsgericht.[15]) Seine örtliche Zuständigkeit ist, und zwar als eine ausschließliche, durch Einzelbestimmungen geregelt. Soweit diese nicht Platz greifen, ist das Gericht zuständig, in dessen Bezirk vollstreckt werden soll oder vollstreckt ist.[16])

3. Prozeßgericht. Das Prozeßgericht des vorangegangenen Rechtsstreits hat bei der Ausführung der Zwangsvollstreckung nur noch mit der Handlungs- und Unterlassungsvollstreckung, bei der letzteren mit der Verhütung und Bestrafung, zu tun.[17])

Außerdem übt es unterstützende Tätigkeit durch den Erlaß von Vollstreckungsersuchen ins Ausland.[18])

Bei Arrest und einstweiligen Verfügungen ist neben dem Amtsgericht der Vollstreckung auch das Prozeßgericht des schwebenden Hauptrechtsstreits zuständig.[19])

Für die aus dem Zwangsvollstreckungsverfahren entstehenden neuen Prozesse ist durchweg die Zuständigkeit des Prozeßgerichts im Anschluß an die Zwangsvollstreckung geregelt.[20])

Auch die Prozeßgerichte sind durchweg[21]) zuständig, durch Anordnungen in den Lauf der Zwangsvollstreckung selbst einzugreifen.[22])

4. Grundbuchamt. Das Grundbuchamt wirkt bei der Geldvollstreckung in Liegenschaften durch Eintragung der Zwangs-

[12]) § 873, unten § 110.

[13]) § 899, unten § 114. Arrest und einstweilige Verfügungen unter Nr. 3.

[14]) § 766, unten § 96.

[15]) § 764[1].

[16]) § 764[2].

[17]) §§ 887—889.

[18]) § 791.

[19]) §§ 919, 937, 942, 943, unten §§ 112, 113.

[20]) Z. B. §§ 707, 719, 771[1].

[21]) Diese Befugnis mangelt dem Prozeßgericht eines Anfechtungsstreits, unten § 115.

[22]) Z. B. §§ 769, 771[3], unten §§ 102, 103.

hypothek mit. Da diese als Zwangsvollstreckungsmaßregel bezeichnet ist und vom Grundbuchamt auf unmittelbaren Antrag des Gläubigers ausgeführt wird,[23]) so muß das Grundbuchamt, welches an und für sich der freiwilligen Gerichtsbarkeit dient, insofern als Vollstreckungsbehörde betrachtet werden.

5. Militärbehörde. Vollstreckungshandlungen gegen aktive Angehörige des Heeres und der Marine dürfen, soweit sie in militärischen Dienstgebäuden und auf Kriegsfahrzeugen vorgenommen werden müssen, nur durch die zuständige Militärbehörde vorgenommen werden. Das Ersuchen an diese erfolgt durch das Vollstreckungsgericht. Es handelt sich in der Hauptsache um Sachvollstreckung und um Geldvollstreckung in körperliche Fahrnis. Bei letzterer schließt sich nach der Pfändung das weitere Verfahren durch den Gerichtsvollzieher an, welchem die Gegenstände zu übergeben sind.[24])

6. Das Einschreiten anderer Behörden kann nur in Frage kommen, wenn es aus besonderen Gründen erforderlich ist. Die Unterstützung der Polizei kann auch der Gerichtsvollzieher veranlassen. Andere, insbesondere militärische Hilfe, kann nur durch das Gericht nachgesucht werden, an welches sich der Gerichtsvollzieher erforderlichenfalls zu wenden hat.[25])

7. Eine Zwangsvollstreckung im Auslande kann mit inländischer Hilfe nur erwirkt werden, wenn ein Reichskonsul die erforderliche Gerichtsgewalt besitzt[26]) oder soweit die ausländischen Behörden, insbesondere auf Grund von Staatsverträgen Rechtshilfe leisten.[27]) Das Ersuchen erläßt das Prozeßgericht erster Instanz des vorangegangenen Rechtsstreits.[28])

## § 96. Verfahren.

I. Verfahren des Gerichtsvollziehers. Es bestehen nur wenige allgemeine Vorschriften, welche zum Teil, wie das Verbot der Vollstreckung zur Nachtzeit und an Sonn- und Feiertagen,[1]) sowie

---

[23]) §§ 866, 867. [24]) § 790. [25]) §§ 758³, 789.

[26]) § 791², oben § 12 A. 13, § 16 A. 12.

[27]) Oben § 12 A. 19. — Besonders weitgehend ist die durch das Haager Abkommen 17. 7. 05 a. 19 geschaffene Verpflichtung für die Beitreibung von Prozeßkosten, oben § 34 A. 38.

[28]) § 791.

[1]) § 761, oben § 24 A. 17.

die Regelung der Unterstützung durch Behörden,[2]) bereits erwähnt wurden.

Der Antrag auf Vornahme einer Vollstreckungshandlung, welcher vom Gesetz Auftrag genannt wird, kann formlos und auch durch Vermittlung des Gerichtsschreibers erfolgen.[3]) Es soll dabei die vollstreckbare Ausfertigung[4]) übergeben werden. Durch den mit dieser Übergabe erfolgten Auftrag wird der Gerichtsvollzieher berechtigt, Leistungen in Empfang zu nehmen, darüber Quittung zu erteilen und nach vollzogener Vollstreckung dem Schuldner die vollstreckbare Ausfertigung auszuliefern. Die pflichtmäßige Quittung des Gerichtsvollziehers beseitigt aber nicht das Recht des Schuldners auf nachträgliche Quittungserteilung durch den Gläubiger. Der Besitz der vollstreckbaren Ausfertigung gibt auch Dritten gegenüber den Rechtsschein für die Befugnisse des Gerichtsvollziehers.[5])

Der Gerichtsvollzieher ist zur Anwendung eigener Gewalt berechtigt, also nicht nur zur Besitzergreifung,[6]) zur Durchsuchung von Behältnissen, sondern auch zu ihrer gewaltsamen Öffnung, sowie zur gewaltsamen Beseitigung des Widerstandes von Personen. Er soll jedoch Zeugen zuziehen, wenn er Widerstand findet oder wenn weder der Schuldner noch ein erwachsenes Familienglied anwesend ist.[7])

Über jede Vollstreckungshandlung ist eine Niederschrift (Protokoll) aufzunehmen, in welchem die wesentlichen Vorgänge kurz zu erwähnen, Aufforderungen und Mitteilungen aber vollständig aufzunehmen sind.[8])

Für die Mitteilungen genügt mündliche Erklärung. Sofern eine solche nicht erfolgen kann, erfolgt Zustellung am Vollstreckungsorte, und wenn auch solche nicht möglich ist, Übersendung durch die Post.[9])

Das Recht auf Einsicht der Akten des Gerichtsvollziehers und Abschrifterteilung haben alle Beteiligten (Parteien im weiteren Sinne).[10])

---

[2]) § 758, oben § 95 Nr. 6.

[3]) § 753, oben § 10 A 54.

[4]) Unten § 100.

[5]) §§ 754, 755, 757.

[6]) Gewaltsame Besitzentsetzung durch ihn ist also keine verbotene Eigenmacht (B.G.B. § 858 [1]).

[7]) §§ 758, 759.

[8]) §§ 762 763 [1].

[9]) § 763 [2].

[10]) § 760, unten § 98.

II. *Gerichts-Verfahren.* Auch hier gelten nur einzelne Besonderheiten gegenüber den allgemeinen Vorschriften.

Abweichungen hinsichtlich der *schriftlichen Mitteilungen* an die Parteien bestehen nur für die Geldvollstreckung in Liegenschaften, insbesondere Amtsbetrieb, Zulässigkeit der Zustellung durch Aufgabe zur Post an Auswärtige bis zur Anzeige eines Zustellungsbevollmächtigten, Bestellung eines Zustellungsvertreters bei unbekanntem Wohnort.[11])

Die *Mündlichkeit* ist *nicht* zwingend und die Entscheidungen erfolgen im engeren Verfahren nur durch *Beschluß*, nicht durch Urteil.[12])

Im Zusammenhange damit steht es, daß nicht die gegen Urteile zulässigen *Rechtsmittel* in Frage kommen, sondern die Beschwerde, und zwar stets in der Form der *sofortigen Beschwerde*.[13])

Dabei ergeben sich jedoch eine Reihe Besonderheiten.

1. Gegen den *Gerichtsvollzieher* ist zunächst, und zwar ohne Befristung, die Anrufung des Vollstreckungsgerichts im Wege der Erinnerung gegeben, so daß erst gegen diese die sofortige Beschwerde stattfindet.[14])

2. Wenn gegen die Erteilung der *Vollstreckungsklausel*[15]) Einwendungen zu erheben sind, so muß zunächst im Wege der Erinnerung das Gericht der *Klauselerteilung* angerufen werden.[16])

3. Aber auch wenn gegenüber der Vollstreckungstätigkeit des *Vollstreckungsgerichts* selbst Einwendungen zu erheben sind, so ist zunächst im Wege der unbefristeten Erinnerung die Entscheidung des Vollstreckungsgerichts *selbst* nachzusuchen, und ist erst gegen *diese* Entscheidung die sofortige Beschwerde gegeben.[17])

4. Bei der Geldvollstreckung in *Liegenschaften* ist die Beschwerde gegen den Beschluß über die Erteilung des *Zuschlags* abweichend geregelt.[18])

---

11) Näheres Z.V. §§ 3—8, 88.

12) §§ $764^{3}$, 891. — Wegen des Arrestes und der einstweiligen Verfügungen, oben § 27 A. 5.

13) § 793, oben § 65 A. 6.

14) § 766. — § $577^{3}$ findet zum Unterschied von Erinnerungen gegen den Gerichtsschreiber keine Anwendung.

15) Unten § 100.

16) § 732.

17) § $766^{1}$. — Auch hier kommt § $577^{3}$ nicht in Betracht.

18) Z.V. §§ 96—104, unten 111.

Insbesondere ergreift diese Beschwerde, ähnlich wie ein Rechtsmittel gegen ein Endurteil,[19]) in einem gewissen Umfange auch die vorhergegangenen Entscheidungen.[20]) Mit Rücksicht darauf ist die Beschwerde gegen letztere soweit ausgeschlossen, als es sich nicht um den Fortgang des Verfahrens im ganzen handelt.[21])

Außerdem ist aber der Grundsatz durchgeführt, sachliche Fragen der Entscheidung der Vollstreckungsbehörden, insbesondere des Gerichtsvollziehers, möglichst zu entziehen und jedenfalls ihre rechtskräftige Erledigung, soweit sie nicht durch Rechtsmittel und andere einen vorangegangenen Rechtsstreit betreffende Anfechtungsmittel, insbesondere die Abänderungsklage, erfolgen kann,[22]) nur in einem neuen Rechtsstreit zuzulassen, der sich im Anschluß an die engere Zwangsvollstreckung entwickelt und, auch bezüglich der Rechtsmittel, den für den ordentlichen Rechtsstreit gegebenen Bestimmungen folgt.[23]) Doch ist die Zuständigkeit für solche Prozesse vielfach nach dem Zwangsvollstreckungsverfahren geordnet.[24]) Auch kann das Prozeßgericht, wie bereits bemerkt wurde[25]) und noch näher zu besprechen sein wird,[26]) durch einstweilige und endgültige Anordnungen in die Zwangsvollstreckung eingreifen,[27]) so daß solche Prozesse zur Zwangsvollstreckung im weiteren Sinne zu rechnen sind.

Im übrigen können auch Erinnerung und Rechtsstreit nebeneinander gegeben sein.[28])

## § 97. Begehren und Gegenstand.

A. Leistungs- und Unterlassungsbegehren.

Die Zivilprozeßordnung geht davon aus, daß sich das Vollstreckungsbegehren auf eine persönliche Forderung gründet und betrachtet sogar anscheinend die Vollstreckung wegen einer persönlichen Forderung, der sie, allerdings unzutreffend, auch die Unterlassungsvollstreckung unterordnet, als den einzigen Zwangsvollstreckungsfall. Darum wird es sich empfehlen, die Betrachtung, auch hinsichtlich des Gegenstandes, zunächst auf diesen Fall zu beschränken und nachher die Abweichungen darzustellen, welche sich bei den Sach-

[19]) Oben § 60 II, 1.
[20]) Z.P. § 100.
[21]) Z.P. § 95.
[22]) Oben §§ 61—64.
[23]) Z. P. §§ 731, 768, 771, 774, 785, 786, 797.
[24]) Z. P. § 731.
[25]) Oben § 95 A. 22.
[26]) Unten §§ 102, 103.
[27]) Z. P. §§ 769, 770.
[28]) § 768 neben § 732.

haftungsbegehren ergeben. Abgesehen wird in beiden Fällen zunächst von den Verwicklungen, die sich dadurch ergeben, daß Rechte Dritter in Frage kommen.

I. Das Begehren.

1. Wie die Zulässigkeit des Feststellungsverfahrens, so ist auch die Zulässigkeit der Zwangsvollstreckung davon abhängig, daß für das betreffende Begehren der Rechtsweg zulässig ist. Da es sich aber hier nicht um das Geeignetsein für die gerichtliche Beurteilung, sondern um das Geeignetsein für die gerichtliche Vollstreckung handelt, so weichen die Grundsätze über den Vollstreckungsrechtsweg von denen über die Zulässigkeit des Rechtsstreits[1]) ab.

Es ist hier nicht erforderlich, daß für die Feststellung des Begehrens der Zivilprozeßweg zulässig war. Wenn ein vom Reichs- oder Landesrecht zugelassener Vollstreckungstitel[2]) vorliegt, so steht der Vollstreckung der Umstand nicht entgegen, daß die Feststellung nur auf dem Wege der Verwaltung oder einer anderen Art der Gerichtsbarkeit erfolgen konnte.

Die Beschränkungen der inländischen Gerichtsgewalt gegenüber den ausländischen Staaten, ihren Häuptern und Abgesandten[3]) müssen vor allem auch bei der Zwangsvollstreckung wegen persönlicher Begehren beachtet werden.[4])

Dem Landesrecht ist[5]) die Ordnung der Geldvollstreckung gegen den Staat und andere Personen des öffentlichen Rechts, soweit es sich nicht um reine Sachhaftung handelt, überlassen. Es kann daher in dieser Beziehung die gerichtliche Zwangsvollstreckung ganz ausschließen oder beschränken.[6])

---

[1]) Oben § 38. [2]) Unten § 99. [3]) Oben § 6 A. 12.

[4]) Näheres in der oben § 2 A. 8 a. E. angeführten Schrift. — Wegen des Arrests gegen ausländische Fürsten verlangt der noch geltende Anhangsparagraph 202 zur pr. A.G.O. § 90 I, 29, daß vor dem gerichtlichen Einschreiten der gemeinsame Vorbescheid des Justizministers und des Ministers der auswärtigen Angelegenheiten einzuholen ist, O. Fischer in der vorerwähnten Schrift S. 87.

[5]) E. § 15 Nr. 3.

[6]) In Pr. ist für diesen Fall in erster Linie vorgeschrieben, daß die Gerichte eine Vereinbarung mit der zuständigen Verwaltungsbehörde anzustreben haben. Gelingt diese nicht, so ist die Vorentscheidung des Justizministers einzuholen, so daß ohne eine solche der ordentliche Zwangsvollstreckungsweg nicht gegeben ist. — Für Pr. Anhang § 153 zu A.G.O. I 24 § 5 und Anhang § 242 zu A.G.O. I 35 § 33, Rhein. Ressortreglement 20. 6. 18 § 25, A.V. des Justizministers 18. 7. 81. — Für Bay. A.G.Z. a. 9, 11.

Bei Unzulässigkeit des Zwangsvollstreckungsrechtwegs kann der Kompetenzkonflikt nach denselben Grundsätzen erhoben werden, wie im Feststellungsverfahren.[7])

Die dadurch nach Landesrecht herbeigeführte Unterbrechung oder Aussetzung des Verfahrens trifft nicht nur das engere Vollstreckungsverfahren, sondern macht auch die Erhebung von Klagen unwirksam, welche, wie die Beitreibungsklage auf Grund einer Forderungspfändung, einen Rechtsstreit einleiten wollen, der als Fortsetzung des Vollstreckungsverfahrens anzusehen ist.[8])

In Kraft bleiben auch die landesrechtlichen Besonderheiten der Vollstreckung von Forderungen der am 1. Januar 1900 bestehenden landschaftlichen Kreditanstalten.[9])

2. Unter Moratorien versteht man den Aufschub einer Zwangsvollstreckung, welcher, aus die Leistungsfähigkeit beeinträchtigenden Gründen, unmittelbar kraft Gesetzes oder zufolge gerichtlicher Anordnung eintritt. Handelt es sich um einen Jedermann ohne weiteres zugute kommenden Aufschub, so liegt ein Generalmoratorium vor. Das Spezialmoratorium wirkt dagegen nur zugunsten bestimmter Personen. Nahe verwandt ist die gerichtliche Befugnis zur Gewährung von Zahlungsfristen. Alle diese Einrichtungen des früheren Rechts sind am 1. Oktober 1879 ohne Ersatz außer Kraft getreten.[10])

3. Der im Feststellungsverfahren erforderlichen Verurteilungsfähigkeit des Begehrens[11]) entspricht im Zwangsvollstreckungsverfahren dessen Vollstreckungsreife.

Im allgemeinen bestehen bei Leistungsbegehren wie bei Unterlassungsbegehren in beiden Beziehungen die gleichen Anforderungen, so daß Mängel, welche die Wirksamkeit der Forderung beeinträchtigen,

---

[7]) Oben § 53; S. 55 ff. der § 2 A. 8 angeführten Schrift.

[8]) Oben § 96, unten § 109, Beschl. des L.G. Berlin I 11 5 10 in der oben § 2 A 8 a. E. angeführten Schrift S. 183.

[9]) Pr. G. 3. 8. 97.

[10]) E § 14[2] Nr. 4. — Auch das Kriegsrecht hat kein Generalmoratorium gebracht, wohl aber Unzulässigkeit der Zwangsversteigerung von Kriegsteilnehmern gehörigen oder ihrem ehemännlichen oder elterlichen Rechte unterliegenden Vermögensstücken, mit Ausnahme verbrauchbarer, verderblicher oder hohe Aufbewahrungskosten verursachender Fahrnis, G. 2. 8. 14 § 5. — Außerdem auch für Andere mögliche Gewährung von Zahlungsfristen, Beseitigung der Folgen der Nichtzahlung und zeitweise Einstellung der Zwangsvollstreckung, oben § 37 A. 38, unten §§ 103, 112.

[11]) Oben § 41.

auch der Vollstreckbarkeit des entsprechenden Leistungsbegehrens entgegenstehen.

Bei den eigentlichen Leistungsbegehren wird aber über das zur Verurteilung Erforderliche vorausgesetzt, daß es sich um eine sofort zu erfüllende, also nicht mehr von Bedingungen oder Befristungen abhängige Forderung handeln muß.[12]) Auch steht nicht nur die Abhängigkeit von einer Vorleistung, sondern auch die von einer Zug um Zug zu bewirkenden Gegenleistung der Vollstreckungsreife solange entgegen, als nicht der Annahmeverzug des Schuldners herbeigeführt ist.[13])

Aber es kommt in Betracht, daß die Rechtswirksamkeit des Schuldtitels[14]) im allgemeinen die Nachprüfung von darin nicht erwähnten oder berücksichtigten Mängeln ausschließt und ihre Berücksichtigung nur auf dem Wege der Beseitigung oder Änderung des Schuldtitels,[15]) insbesondere auch durch Änderungsklage,[16]) zu erreichen ist.

4. Gegenstand der Beitreibung sind in jedem Falle auch ohne besonderen Antrag neben der Hauptforderung und den etwaigen sonstigen Nebenforderungen auch die Kosten des Zwangsvollstreckungsverfahrens, einschließlich der Kosten etwaiger früherer fruchtloser Versuche[17]) und der aus praktischen Rücksichten dazu gerechneten Kosten der Ausfertigung und Zustellung des Schuldtitels. Ausgenommen sind nur solche Kosten, welche infolge von Sonderbestimmungen der Schuldner nicht zu tragen hat, wie die Kosten der Zuschlagserteilung bei der Geldvollstreckung in Liegenschaften.[18])

II. Gegenstand der Befriedigung.

1. Bei unbeschränkter Haftung.

a) Eine Vollstreckung, welche nicht Geldvollstreckung ist, beschränkt sich zunächst auf ihren besonderen Gegenstand. Dagegen ergreift die Geldvollstreckung, und damit auch die Vollstreckung der in den übrigen Vollstreckungsfällen etwa erwachsenden Interesseforderungen,[19]) bei persönlichen Forderungen mit unbeschränkter Haftung das ganze Vermögen des Verpflichteten, soweit es der Zwangsvollstreckung unterworfen ist. Das Ver-

[12]) §§ 726¹, 751.

[13]) § 756, B.G.B. §§ 274², 322², 348. — Wegen des Einflusses des Wahlrechts des Schuldners B.G.B. § 264.

[14]) Unten § 99.

[15]) Oben § 60 ff.

[16]) Oben § 64.

[17]) § 788.

[18]) Z.V. § 58.

[19]) Oben § 94 A. 21.

mögen in diesem Sinne ergreift alle dem Schuldner zustehenden außerhalb der Person liegenden wirtschaftlichen Güter im Gegensatze zu seiner Person und seiner Arbeitskraft.[20])

b) Der Befriedigungsgegenstand muß also bereits zum Vermögen gehören;[21]) bezüglich ererbten Vermögens muß auch das Ausschlagungsrecht erloschen sein.[22]) Eine bloß fiduziarische[23]) Rechtsstellung begründet zwar die rechtliche Herrschaft, aber nicht die Zugehörigkeit zum Vermögen, soweit die fiduziarische Einschränkung auch Dritten gegenüber wirksam ist.

c) Der Gegenstand darf noch nicht aus dem Vermögen wieder ausgeschieden sein. Doch besteht hier ein besonderer Schutz des Gläubigers gegen benachteiligende Veräußerungen.[24])

d) Der Ausschluß des Vermögens oder einzelner Vermögensstücke von der Zwangsvollstreckung beruht teils auf materiellem Recht, teils auf Prozeßrecht.

Jeden Zugriff hindern die absoluten Veräußerungsverbote,[25]) sofern es sich um Befriedigung durch Veräußerung handelt. Bei persönlichen Forderungen stehen aber auch die relativen gesetzlichen und die ihnen gleichgestellten Veräußerungsverbote der Staatsgewalt der Veräußerung entgegen und zwar selbst dann, wenn sie an und für sich nicht den Schutz gegenüber dem betreibenden Gläubiger bezweckten. Doch bedarf es zur Durchsetzung solcher Veräußerungsverbote des besonderen Rechtsstreits.[26])

Das Prozeßrecht hat für die Dauer eines Konkurses über das Vermögen des Schuldners dessen gesamtes, auch das nicht zur Konkursmasse gehörige, Vermögen der Zwangsvollstreckung entzogen, soweit es sich um persönliche Forderungen handelt, die als Konkursforderungen geltend gemacht werden können.[27])

---

[20]) Vgl. auch unten § 108 A. 5

[21]) Die Entscheidung R. 79, 241, welche von einer Pfändung von Sachen handelt, welche zum Vermögen des Gläubigers gehören, steht nicht entgegen.

[22]) § 778[2].

[23]) Fischer-Henle, Handausgabe des B.G.B. A. 3 zu § 117.

[24]) Unten § 115.

[25]) Fischer-Henle, A. 2 zu B.G.B. § 134. [26]) § 772.

[27]) K. § 14[1]. — Zulässig bleibt aber der Zwang gegen die Person bei der Unterlassungs- und Handlungsvollstreckung, unten §§ 104, 105. — Das Kriegsrecht hat dem Konkurse die Geschäftsaufsicht (unten § 116) in dieser Hinsicht gleichgestellt, V. 14. 12. 16 § 6[2]. — Genehmigung der Landeszentralbehörde ist erforder-

Wenn der Gläubiger einer persönlichen Forderung durch Pfand- oder Zurückbehaltungsrecht an in seinem Besitz befindlicher körperlicher Fahrnis gesichert ist, so hat der Schuldner ein Widerspruchsrecht gegen den Zugriff in sein übriges Vermögen, wenn der Wert der Sache sämtliche durch sie gesicherte Forderungen des Gläubigers deckt (beneficium excussionis realis). Der Widerspruch kann durch Erinnerung bei dem Vollstreckungsgericht geltend gemacht werden.[28])

Endlich sind einzelne Vermögensgegenstände aus besonderen Rücksichten der Zwangsvollstreckung entzogen, worauf bei den einzelnen Vollstreckungsarten zurückzukommen ist.[29])

2. Bei Haftung mit einem Sondervermögen.

Im allgemeinen handelt es sich bei der Vollstreckung in das Vermögen um das Gesamtvermögen eines bestimmten zurzeit existierenden Rechtssubjekts. Doch kann sich eine Vollstreckung auch gegen den Nachlaß und das Vermögen in Liquidation befindlicher und daher nicht mehr existierender juristischen Personen und sonstiger parteifähiger Gebilde richten. Es gibt auch Fälle, in denen die Vermögensvollstreckung von vornherein gegen ein Sondervermögen geht, welches einem oder mehreren Rechtssubjekten zusteht, so daß diese Vollstreckung, welche die Zugehörigkeit des Gegenstandes zu dem Sondervermögen voraussetzt, von der daneben etwa zulässigen Vollstreckung in sonstiges Vermögen des Vermögensinhabers unterschieden werden muß. Zulässig ist insbesondere:

a) die Zwangsvollstreckung in das Vermögen einer Gesellschaft des bürgerlichen Rechts oder einer solchen Gesellschaft des Handelsrechts, welche nicht die Eigenschaft einer juristischen Person hat, im Gegensatz zu der Vollstreckung in das Vermögen der Gesellschafter;[30])

b) die Vollstreckung in das Vermögen eines nicht rechtsfähigen Vereins im Gegensatz zu der in das Vermögen der Mitglieder;[31])

c) die Zwangsvollstreckung in das einem Vermögensnießbrauch unterliegende Vermögen, ferner in eingebrachtes Gut, Gesamtgut, so-

---

lich für Vollstreckung in staatlich beaufsichtigte oder verwaltete Vermögen einer ausländischen Unternehmung. Mit solcher Genehmigung kann auch der Aufseher die Aufhebung bereits eingeleiteter Verfahren ohne weiteres verlangen, V. 31. 7. 76 (S. 871) § 5², 24. 8. 16 (S. 961) § 1.

[28]) § 777.

[29]) Unten §§ 108, 109.

[30]) § 736, H.G.B. §§ 124¹, 161².

[31]) § 735.

wie in elterlicher Nutznießung unterliegendes Kindesvermögen im Gegensatz zu sonstigem Vermögen der Vermögensinhaber;[32])

d) die Zwangsvollstreckung gegen einen Nachlaß im Gegensatz zu der Vollstreckung in das Vermögen des Erben.[33]) Diese ist zwar im allgemeinen sofort nach dem Tode des Erblassers zulässig, und zwar nicht nur durch Fortsetzung einer gegen den Erblasser begonnenen Zwangsvollstreckung,[34]) sondern auch durch Betrieb einer neuen Vollstreckung.

Es kann sich aber zunächst nur um Nachlaßforderungen handeln, denn Schulden des Erben können erst nach Verlust des Ausschlagsrechts aus dem Nachlaß beigetrieben werden.[35]) Die Zulässigkeit jeder Vollstreckung entfällt aber nicht nur durch Eröffnung des Nachlaßkonkurses,[36]) sondern es kann auch im Falle der Nachlaßverwaltung der Nachlaßverwalter verlangen, daß Vollstreckungsmaßregeln zugunsten Anderer als der Nachlaßgläubiger aufgehoben werden.[37])

Außerdem hat der Erbe unter den Voraussetzungen des bürgerlichen Rechts[38]) die „aufschiebenden Einreden". Er kann die Befriedigung auch aus dem Nachlasse verweigern zunächst für drei Monate nach der Annahme der Erbschaft, sofern nicht schon das Inventar errichtet ist, ferner während des Aufgebots der Nachlaßgläubiger und, sofern inzwischen der Konkurs beantragt war, noch bis zur Entscheidung über seine Eröffnung. Er hat dies Recht, solange er nicht unbeschränkt haftet, auch gegenüber den Gläubigern, welche nicht Nachlaßgläubiger sind. Doch beschränkt sich die Wirkung dieser Einreden für die Zwangsvollstreckung darauf, daß die Vollstreckung nicht weiter gehen darf wie eine Arrestvollziehung.[39])

Alle diese Beschränkungen kann aber der Erbe mit Ausnahme des Staates als gesetzlichen Erben und im Gegensatz zu den Nachlaß-Güterpflegern (Nachlaßpfleger, Nachlaßverwalter, Testamentsvollstrecker)

---

[32]) §§ 737, 739, 740, 746.

[33]) § 747. Anwendung auf Lehen, Stammgut, Anerbengut, Familienfideikommiß nach Landesrecht, E. § 15 Nr. 4, Bay. A G.Z. a. 28

[34]) § 779.

[35]) § 778². Aber auch dann Ausschluß von dem durch den Testamentsvollstrecker verwalteten Vermögen, B.G.B. § 2214.

[36]) K. § 14.

[37]) § 784².

[38]) B G.B. §§ 2014—2017

[39]) §§ 782, 783, unten § 112.

nur geltend machen, wenn ihm im Schuldtitel die Beschränkung seiner Haftung vorbehalten ist.[40])

Außerdem werden aber die Beschränkungen nicht von der Vollstreckungsbehörde berücksichtigt, sondern es ist Sache der leidenden Partei, sie im Wege eines der Änderungsklage[41]) nachgebildeten Rechtsstreits zur Durchführung zu bringen.[42])

3. Bei beschränkter persönlicher Haftung.

Von der Beschränkung der Vollstreckung auf ein Sondervermögen ist der Fall der Beschränkung der persönlichen Haftung des Schuldners zu unterscheiden. Hier ist das ganze Vermögen Gegenstand der Vollstreckung, es sind aber dem Zugriff mit Rücksicht auf die beschränkte Haftung des Vermögensinhabers bestimmte Schranken gesetzt. Dahin gehören:

a) die Haftung des eingetragenen Kommanditisten vor geleisteter Einlage, welche darin besteht, daß er zwar persönlicher Schuldner der Gesellschaftsschulden ist, aber nur zur Höhe der jeweils geschuldeten Einlage zu haften hat.[43]) Durch die Leistung der Einlage hört seine persönliche Haftung überhaupt auf.[44])

b) Die von der Haftung mit dem Nachlasse zu unterscheidende Haftung des Erben für die Nachlaßverbindlichkeiten mit seinem sonstigen Vermögen, welche ebenfalls, solange sie nicht durch besondere Umstände zu einer unbeschränkten geworden ist,[45]) in verschiedener Weise beschränkt ist.

Zunächst ist auch diese Vollstreckung bis zum Verlust des Ausschlagsrechts überhaupt ausgeschlossen.[46]) Sodann besteht aber bei dürftigem Nachlaß überhaupt ein jeder persönlichen Haftung entgegentretendes Leistungsverweigerungsrecht.[47]) Das gleiche Recht ist bei nicht dürftigem Nachlaß nach Beginn der Nachlaßverwaltung oder des Nachlaßkonkurses gegeben.[48])

Weitere sachliche Beschränkungen betreffen die durch Aufgebot ausgeschlossenen Gläubiger,[49]) die Geltendmachung später als fünf Jahre nach dem Erbfall[50]) und nach Beendigung des Konkurses.[51])

---

[40]) § 780. [41]) Oben § 64. [42]) § 785.
[43]) H.G.B. §§ 171—173. [44]) H.G.B. § 171².
[45]) Z. B. nach B.G.B. § 2005. [46]) § 778¹.
[47]) B.G.B §§ 1990, 1992. [48]) B.G.B. § 1975, Z. § 784¹.
[49]) B.G.B. § 1973. [50]) B.G.B. § 1974.
[51]) §§ 1989, 1990.

Endlich führen die bereits erwähnten aufschiebenden Einreden[52]) auch bezüglich der beschränkten persönlichen Haftung des Erben dazu, daß die Zwangsvollstreckung sich in den Grenzen der Arrestvollziehung halten muß.[53])

c) Die persönliche Haftung des überlebenden Ehegatten bei der fortgesetzten Gütergemeinschaft für die Gesamtgutsverbindlichkeiten. Sie wird ganz wie die Erbenhaftung behandelt.[54])

d) Die Haftung für Gesamtgutsverbindlichkeiten nach der Teilung.[55])

e) Die Haftung des beschwerten Vermächtnisnehmers.[56])

f) Die Haftung des Vermögensübernehmers für die Schulden des Übertragenden.[57])

Bei der Haftung des Kommanditisten ist es selbstverständlich, daß sie nur berücksichtigt wird, wenn sie aus dem Schuldtitel ersichtlich ist. Für die übrigen Fälle ist ausdrücklich bestimmt, daß der Schuldtitel einen Vorbehalt der Beschränkung enthalten muß.[58]) Doch gilt dies nicht für den Staat als gesetzlichen Erben.[59])

Aber, abgesehen von der Haftung des Kommanditisten, werden auch die ersichtlichen Beschränkungen von der Vollstreckungsbehörde ebensowenig berücksichtigt, wie bei der auf ein Sondervermögen beschränkten Haftung, so daß es auch hier der Durchsetzung im Rechtsstreit bedarf, welcher, abgesehen von der zeitlichen Begrenzung des Prozeßstoffs und dem begrenzteren Ziele, den Grundsätzen der Änderungsklage folgt.[60])

B. Sachhaftung.

Sowohl von der Vollstreckung in ein Sondervermögen wie von der beschränkten persönlichen Haftung ist der Fall zu unterscheiden, daß reine Sachhaftung vorliegt.[61])

Handelt es sich um Haftung von Liegenschaften oder Schiffen (See- und Binnenschiffen), so kann die Befriedigung aus der Sache nur im Wege der Zwangsvollstreckung herbeigeführt werden.[62])

---

[52]) Oben A. 38. [53]) § 782. [54]) § 786 mit B.G.B. § 1489.

[55]) § 786 mit B.G.B. §§ 1480, 1504. [56]) § 786 mit B.G.B. § 2187.

[57]) § 786 mit B.G.B. § 419. [58]) §§ 780¹, 786.

[59]) § 780². [60]) §§ 781, 785.

[61]) Oben § 37 A. 20. Wegen des Klageantrages A. 24.

[62]) B.G.B. §§ 1003¹, 1113, 1147, 1268, 1277, H.G.B. §§ 696, 761¹, B.Sch.G. § 103³. — Ausschluß der Vollstreckung für Eigentümergrundschulden, B.G.B. § 1197¹.

Bei körperlicher Fahrnis besteht die Wahl zwischen Zwangsvollstreckung und öffentlichem Privatverkauf,[63]) während bei unkörperlicher Fahrnis wiederum die Zwangsvollstreckung die Regel bildet.[64])

Wenn Sachhaftung und persönliche Leistungspflicht nebeneinander bestehen,[65]) so werden diese durch die gleiche Befriedigung zusammen erledigt. Auch kommt das durch die Sachhaftung begründete Vorrecht der persönlichen Forderung zugute. Gleichwohl müssen beide Begehren auch bei der Vollstreckung auseinander gehalten werden, was sowohl wegen des Gegenstandes als wegen der Nachfolge in die Schuldnereigenschaft von Bedeutung ist. Auch können diese beiden Vollstreckungen gleichzeitig und unabhängig voneinander in verschiedene Gegenstände bis zur Erlangung der vollen Befriedigung betrieben werden.

Bei der reinen Sachhaftung erleiden die für die Begehren mit persönlicher Haftung aufgestellten Regeln Ausnahmen, welche von dem Grundsatze beherrscht werden, daß die Vollstreckung auf die verhaftete Sache und das mit ihr zusammen der Vollstreckung Unterliegende beschränkt ist. Diese Vollstreckung ist, wenigstens bei Grundstücken, auch dann möglich, wenn der Eigentümer das Eigentum aufgegeben hat und somit Eigentum an dem Grundstücke nicht besteht.[66])

Dagegen kommen die Beschränkungen, welchen die Vollstreckung bei persönlichen Begehren unterliegt, für die Geltendmachung der Sachhaftung im allgemeinen nicht in Frage, namentlich nicht die durch die Exterritorialität gebotenen Einschränkungen,[67]) die Besonderheiten der Vollstreckung gegen den Staat und andere Personen des öffentlichen Rechts[68]) und der Ausschluß durch das Konkursverfahren.[69])

Doch behält der Erbe sein Leistungsverweigerungsrecht bei dürftigem Nachlaß auch gegenüber einer erst nach dem Eintritte des Erbfalls erlangte Pfandsicherung.[70])

Ein relatives gesetzliches bezw. staatliches Veräußerungsgebot steht der Vollstreckung aus der Sachhaftung nur dann entgegen, wenn das zu befriedigende Recht infolge des Verbots unwirksam ist.[71])

---

[63]) B.G.B. § 1233.
[64]) B.G.B. § 1277, aber § 1282.
[65]) Oben § 37 A. 25.
[66]) § 787, B.G.B. § 928.
[67]) Oben A. 3. Vgl. auch G.V. § 20.
[68]) Oben A. 6.
[69]) Oben A. 27.
[70]) B.G.B. § 1990².
[71]) § 772.

## C. Rechte Dritter.

### I. Entgegenstehende Rechte.

Bei der Vermögensvollstreckung können **Dritte** zunächst insofern interessiert sein, als Vermögensgegenstände ergriffen werden, welche ihnen gehören oder an welchen ihnen doch ein den Vollstreckungsmaßregeln entgegenstehendes Recht, insbesondere auch kraft eines zu ihren Gunsten wirksamen Veräußerungsverbots zusteht.

Die **Vollstreckungsbehörde** hat sich zunächst nach dem **Rechtsschein** zu richten. Dieser wird bei körperlicher Fahrnis durch den unmittelbaren Sachbesitz, bei Liegenschaften durch den Grundbucheintrag derart hergestellt, daß er auch gegenüber den **Erben** des Eingetragenen wirkt.[72])

Ist dieser Rechtsschein **nicht** beim Schuldner, so muß sich die Vollstreckungsbehörde von Amts wegen des Zugriffs enthalten.

Doch kann sich der Zugriff in körperliche Fahrnis mit Bewilligung eines Dritten, auch des Gläubigers selbst, auf dessen Sachen erstrecken,[73]) und zwar auch dann, wenn sich diese Sachen im Besitze des Schuldners befinden.[74])

Bei Liegenschaften ist das Verfahren, wenn es an dem Grundbucheintrag oder dem urkundlichen Nachweise der weder eingetragenen noch offenkundigen Erbfolge fehlt, aufzuheben oder, sofern eine Hebung des Hindernisses möglich ist, einstweilen einzustellen.[75])

Verstößt die Vollstreckungsbehörde gegen diese Grundsätze, so ist der Weg der Erinnerung und bei der Liegenschaftsvollstreckung der der sofortigen Beschwerde gegeben.[76])

In einzelnen Fällen, in denen ein mit Besitz verbundenes Recht eines dritten Nutzungs- oder Verwaltungsberechtigten besteht, setzt die Vollstreckung voraus, daß dieses Recht nach privatrechtlichen Grundsätzen der Vollstreckung nicht entgegensteht und demgemäß zuvor fest-

---

72) § 801[1], Z.V. §§ 17, 28. — Bei eingetragenen Schiffen wird Eigenbesitz verlangt, Z.V. § 164. Dieser genügt auch bei der Zwangsverwaltung aus eingetragenen Rechten, Z.V. § 147.

73) § 809.

74) R.G. §§ 79, 241.

75) Z.V. § 28.

76) § 766, Z.V. § 95. Der Gerichtsvollzieher darf sich bei Widerspruch des Gläubigers des Zugriffs auch dann nicht enthalten, wenn ihm die Nichtzugehörigkeit zum Vermögen des Schuldners bekannt ist. Daher ungültig pr. Gesch.Anw. für Gerichtsvollzieher § 57 Nr. 2, oben § 10 A. 50.

gestellt ist, daß der Dritte die gegen ihn auszurichtende Vollstreckung dulden muß, so bezüglich des Vermögensnießbrauchers und unter gewissen Voraussetzungen bezüglich des Testamentsvollstreckers und des anderen Ehegatten.[77])

Im übrigen hat der Dritte, wenn bei Einhaltung des ordnungsmäßigen Verfahrens durch die Vollstreckungsbehörde sein Recht beeinträchtigt wird,[78]) nur den Weg des Rechtsstreits gegen den Gläubiger, der aber auch gegen den Schuldner als Streitgenossen mitgerichtet werden kann (Widerspruchsklage, Exekutionsintervention).[79]) Es genügt dabei die Beeinträchtigung eines persönlichen Rechts,[80]) sofern der Gegenstand nicht zum Vermögen des Schuldners gehört.[81])

II. Rechte auf Mitbefriedigung.

Dritte können ferner dadurch bei der Geldvollstreckung interessiert sein, daß sie selbst ebenfalls berechtigt sind, die Vollstreckung in den gleichen Gegenstand zu betreiben oder aus ihm auf andere Weise ihre Befriedigung zu suchen.

Bei der Liegenschaftsvollstreckung werden diejenigen Gläubiger, welche in der gesetzlich feststehenden Rangordnung ein Recht auf Befriedigung aus dem Grundstück haben, als Beteiligte in dem Verfahren mit berücksichtigt, auch wenn es von ihnen nicht betrieben wird, sofern ihr Recht aus dem Grundbuch ersichtlich oder von ihnen angemeldet und auf Verlangen glaubhaft gemacht ist.[82])

Bei der Fahrnisvollstreckung findet eine Berücksichtigung der Forderungen Dritter im Vollstreckungsverfahren nur statt, wenn diese ebenfalls eine Pfändung vorgenommen hatten.[83])

Im übrigen bleibt für den Dritten, wenn er sich nicht im Besitz der Sache befindet, nur der Weg des Rechtsstreits gegen Gläubiger und Schuldner, um die Mitbefriedigung durchzusetzen.[84]) Befindet er sich im Besitze, so braucht er, wie dargelegt wurde, die Zwangsvollstreckung überhaupt nicht zu dulden.

---

[77]) §§ $737^1$, $739^1$, 743, $745^2$, $748^{2, 3}$. Oben § 37 A. 19. Näheres unten § 98.

[78]) Hat er kein der Vollstreckung entgegenstehendes Recht, so erübrigt nur die Befriedigung des Gläubigers nach B.G.B. § 268.

[79]) § 771. Vgl. auch Goldschmidt, Ungerechtfertigter Vollstreckungsbetrieb in O. Fischer Abh. 20 Heft 3.

[80]) Z. B. des Rückforderungsrechts des Verleihers (B.G.B. § 604).

[81]) Enſprechend K. § 43.

[82]) Z.B. §§ 9, 10.

[83]) §§ 826, 853 ff.

[84]) Näheres § 805.

## § 98. Parteien.

Die Hauptparteien heißen, wie bereits bemerkt wurde,[1]) ebenso wie bei dem Mahnverfahren[2]) Gläubiger und Schuldner, womit aber auch hier nicht die privatrechtliche Eigenschaft, sondern die prozessualische Stellung als Vollstreckungssucher und Vollstreckungsgegner gemeint ist.

Auch die leidende Partei ist zur Durchführung des Verfahrens unerläßlich und nur bei der Fortsetzung einer gegen den Verstorbenen begonnenen Vollstreckung in den Nachlaß entbehrlich, wenn eine Zuziehung des Schuldners zu den noch ausstehenden Vollstreckungshandlungen nicht erforderlich ist.[3])

Wenn die Zwangsvollstreckung voraussetzt, daß gegen eine zweite Person deren Duldungspflicht festgestellt ist,[4]) so ist auch diese als Partei und zwar als zweite Hauptpartei zu betrachten.

Als Nebenparteien kommen im allgemeinen diejenigen Dritten in Betracht, welche zur Wahrnehmung ihrer Interessen, insbesondere wegen der Vollstreckung entgegenstehender oder bei ihr zu berücksichtigender Rechte Anträge stellen.[5])

Bei der Geldvollstreckung in Liegenschaften sind insbesondere diejenigen, welche als „Beteiligte" in das Verfahren einbezogen werden,[6]) als Nebenparteien zu behandeln, soweit sie nicht zu den Hauptparteien gehören.

Für Parteifähigkeit, Prozeßfähigkeit und Vertretung gelten die allgemeinen Regeln.[7]) Auch Güterpfleger[8]) können die prozessualische Stellung des Gläubigers oder Schuldners haben, wobei mit dem Wechsel dieser Stellung auch die Parteirichtigkeit sich ändert. Ebenso parteifähige Gebilde ohne privatrechtliche Rechtsfähigkeit, vor allem die offene Handelsgesellschaft.[9]) Dementsprechend kann der nicht rechtsfähige Verein Schuldner,[10]) nicht aber Gläubiger sein, während die Gesellschaft des bürgerlichen Rechts keins von beiden ist, vielmehr bei der Vollstreckung in ihr Vermögen nur die Gesellschafter als prozessualische Schuldner in Betracht kommen.[11])

---

[1]) Oben § 94 A. 2.
[2]) Oben § 89 A. 7.
[3]) § 779.
[4]) Oben § 97 A. 77.
[5]) Oben § 97 C.
[6]) Z.V. § 9, oben § 97 A. 82.
[7]) Oben §§ 18—20.
[8]) Oben § 21.
[9]) Die Gesellschafter sind nicht Partei. Die Feststellung des zu verwirklichenden Rechts gegen sie genügt also nicht zur Vollstreckung gegen die Gesellschaft und umgekehrt, H.G.B. §§ $124^2$, $129^4$, $161^2$.
[10]) § 735.
[11]) § 736.

Die Parteirichtigkeit bemißt sich grundsätzlich nach den gleichen Regeln wie im Rechtsstreit derart,[12]) daß der Vollstreckungsgläubiger die Aktivlegitimation des Klägers, der Vollstreckungsschuldner die Passivlegitimation des Beklagten haben muß.

1. Bei Leistungsbegehren kommen daher zunächst die privatrechtlichen Gläubiger oder Schuldner in Frage. Es sind aber die beim Rechtsstreit hervorgehobenen Abweichungen zu berücksichtigen.[13])

Besondere Regeln bestehen für die Passivlegitimation in den Fällen des Vermögensnießbrauchs, des Nachlasses und des familienrechtlichen Sondervermögens, die sich aber ebenfalls den für den Rechtsstreit bestehenden Eigentümlichkeiten anschließen.

a) Die Zwangsvollstreckung in ein mit einem Vermögensnießbrauch belastetes Vermögen, auch Sondervermögen, insbesondere Nachlaß, muß gegen den bezüglich des Vermögens passiv Legitimierten als Leistungsschuldner und den Nießbraucher als Duldungsschuldner gerichtet werden,[14]) nachdem die Duldungspflicht des Nießbrauchers, welche auch gegenüber den vor der Bestellung entstandenen persönlichen Verbindlichkeiten besteht,[15]) festgestellt ist.[16])

b) Beim Nachlaß liegt auch für die Zwangsvollstreckung die Passivlegitimation zunächst bei dem Erben, und im Falle der Miterbschaft bei der Gesamtheit der Miterben.[17]) Nach dem Eintritt der Nacherbfolge ist der Nacherbe die richtige Partei,[18]) während er vorher nur ein im Rechtsstreit durchzusetzendes Widerspruchsrecht hatte, soweit Veräußerungen aus der Vorerbschaft zu seinen Gunsten unwirksam sein würden.[19])

Im Falle der Nachlaßpflege, Nachlaßverwaltung und des Nachlaßkonkurses treten die betreffenden Güterpfleger an die Stelle der Erben, soweit die Zwangsvollstreckung zulässig bleibt.[20])

---

[12]) Oben § 42 A. 1

[13]) Oben § 42 A. 2 ff.

[14]) § 737.

[15]) B.G.B. § 1086.

[16]) Gegen den Nießbraucher an einem Einzelgegenstande ist das Verfahren nicht mit zu richten. Bei der Fahrnisvollstreckung kann er jeder Vollstreckung wegen einer persönlichen Forderung widersprechen (§ 771 auf Grund von B.G.B. §§ 1032, 1069). Bei der Liegenschaftsvollstreckung muß der Ersteher den Nießbrauch übernehmen, sofern er nicht dem Rechte des betreibenden Gläubigers nachsteht und deshalb erlischt, Z.V. §§ 44, 66, 91.

[17]) § 747. — Aber nicht vor Verlust des Ausschlagungsrechts, oben § 42 A. 24.

[18]) § 728.

[19]) § 773 mit B.G.B. § 2115.

[20]) § 748.

Als passivlegitimierter Güterpfleger ist auch der „Vertreter“ zu behandeln, der in Ermangelung einer anderen Nachlaßpartei bei Fortsetzung einer bei Lebzeiten des Erblassers begonnenen Vollstreckung bestellt werden muß, wenn die Zuziehung einer leidenden Partei erforderlich wird.[21])

Auch der Testamentsvollstrecker tritt regelmäßig ganz an die Stelle der Erben.[22]) Nur wenn es sich um Pflichtteilsansprüche handelt oder die Verwaltung des Vollstreckers auf einzelne Gegenstände beschränkt ist, hat der Erbe die Stellung des Leistungsschuldners, dem aber der Vollstrecker bezüglich der seiner Verwaltung unterstehenden Gegenstände als Duldungsschuldner hinzutreten muß.[23])

c) Bei dem eingebrachten Gut und dem Sondergut der Ehefrau ist regelmäßig die Passivlegitimation nur bei beiden Eheleuten derart, daß die Leistungspflicht der Frau und die aus dem ehelichen Güterrecht sich ergebende Duldungspflicht des Mannes feststehen muß.[24])

Eine Ausnahme bildet der selbständige Betrieb des Erwerbsgeschäfts durch die Frau. Hier bedarf es der Heranziehung des Mannes als Duldungsschuldners nur, wenn der Mann vor Entstehung des Schuldtitels und, sofern es sich um ein Urteil handelt, vor der Rechtshängigkeit einen Einspruch oder Widerruf im Güterrechtsregister hatte eintragen lassen.[25])

Während der Dauer einer ehelichen Gütergemeinschaft, auch der fortgesetzten, ist die Passivlegitimation lediglich beim Manne bezw. der Witwe, ohne daß die Frau bezw. die Abkömmlinge zuzuziehen wären oder einen Widerspruch hätten.[26])

Aber es besteht die Ausnahme, daß auch gegen die ein Erwerbsgeschäft betreibende Frau allein unter den gleichen Voraussetzungen wie beim gesetzlichen Güterstande vorgegangen werden kann.[27])

Nach der Beendigung der Gütergemeinschaft kann die Vollstreckung in das Gesamtgut nur auf Grund einer festgestellten Leistungspflicht des einen und einer festgestellten Duldungspflicht des andern Teils stattfinden.[28])

---

21) § 779$^{2}$.
22) § 748$^{1}$.
23) § 748$^{2, 3}$, B.G.B. § 2214. Im § 748$^{3}$ kann wegen B.G.B. § 2214$^{1}$ S. 3 nur ein Duldungsurteil gemeint sein.
24) § 739.
25) § 741.
26) §§ 740, 745.
28) § 743.

d) Bezüglich des elterlicher Nutzung unterworfenen Kindesvermögens ist das Kind allein leidende Partei, da das Nutzungsrecht der Vollstreckung niemals entgegensteht.[29])

2. Bei den Sachhaftungsbegehren ist die richtige leidende Partei auch im Vollstreckungsverfahren nicht ein persönlicher Schuldner, sondern diejenige Person, welcher die Sachvertretung hinsichtlich des Gegenstandes des Zugriffs zusteht.[30])

Das würde auch hier zunächst der Eigentümer bezw. sonstige Berechtigte sein. Jedoch genügt bei Fahrnis, auch den Schiffen, aber auch bei der Zwangsverwaltung liegenden Guts auch der durch Besitz bezw. Eigenbesitz begründete Rechtsschein, während bei der Liegenschaftsversteigerung zunächst nur der Bucheigentümer und dessen Erben passiv legitimiert sind.[31])

Daneben kommt aber auch hier die Passivlegitimation der Güterpfleger,[32]) insbesondere bei Schiffen des Schiffers neben dem Reeder[33]) und des zur Sachvertretung befugten Ehegatten[34]) in Frage. Bei herrenlosen Grundstücken ist der bestellte „Vertreter“[35]) die leidende Partei, dessen Eintragung in das Grundbuch nicht zulässig ist und daher auch nicht erforderlich sein kann.

## § 99. Schuldtitel.

Notwendige Grundlage jeder Zwangsvollstreckung ist ein vollstreckbarer Schuldtitel, d. h. nach Reichsrecht[1]) jedenfalls eine Urkunde von besonderer gesetzlich bestimmter Beschaffenheit, in welcher das zu verwirklichende Begehren zur Feststellung gelangt ist.

Der Inhalt der im Schuldtitel getroffenen Feststellung ist, wie bereits erwähnt wurde,[2]) für die Vollstreckung derart maßgebend, daß er im Zwangsvollstreckungsverfahren nicht weiter nachzuprüfen ist, auch Mängel der Forderung oder Beschränkungen der Haftung oder der Vollstreckbarkeit, welche sich aus dem

---

[29]) § 746. [30]) Oben § 42 A. 50.

[31]) Oben § 42 A. 51 ff. [32]) Oben § 21.

[33]) H.G.B. §§ 696, 761, B.Sch.G. § 97 — Dem Reeder steht der Ausrüster (armateur) gleich, H.G.B. § 510, B.Sch.G. § 2.

[34]) Oben § 42 A. 34 ff. [35]) § 787.

[1]) Für das Landesrecht unten A. 34.

[2]) Oben § 97 A. 14.

Schuldtitel nicht ergeben, im allgemeinen zunächst nicht in Betracht kommen.[3])

Der Schuldtitel muß die Feststellung der Forderung oder des sonstigen Rechts ergeben, auf welches das Zwangsvollstreckungsbegehren sich gründet. Bei Sachhaftung muß er auch den Gegenstand der Haftung benennen. Auch die Nebenforderungen bedürfen der Angabe und zwar auch hinsichtlich ihres Betrages. Für laufende Zinsen genügt indessen Anfangstag und Prozentsatz. Die Kosten der Zwangsvollstreckung, in dem früher festgestellten Umfange,[4]) werden aber ohne Schuldtitel mit beigetrieben.[5])

Die Tauglichkeit des Schuldtitels wird dadurch nicht gehindert, daß nach seinem Inhalt das zu verwirklichende Begehren oder seine Vollstreckbarkeit noch von dem Eintritte eines Ereignisses oder von einer Zug um Zug zu bewirkenden Gegenleistung abhängig[6]) sind oder daß erst zu einem späteren Kalendertage gefordert werden kann,[7]) obwohl in diesen Fällen die Vollstreckungsreife noch nicht vorliegt.[8])

Der Schuldtitel muß aber auch die Parteien, und zwar als leidende Partei gegebenenfalls auch den Duldungsverpflichteten[9]) angeben. Es ist aber nicht ausgeschlossen, daß die Zwangsvollstreckung aus dem Schuldtitel für und gegen dort noch nicht genannte Personen stattfinden kann.[10])

Die Schuldtitel entstehen nach Reichsrecht in der Hauptsache auf dem Wege der ordentlichen streitigen Zivilgerichtsbarkeit. Dahin gehören, abgesehen von den Arrestbefehlen und einstweiligen Verfügungen, welche hinsichtlich ihrer Vollziehung besonderen Regeln folgen:[11])

1. die inländischen[12]) Endurteile, welche nicht von einem Eide abhängig sind, auch die Vollstreckungsurteile[13]) und die Urteile mit Vorbehalt.[14])

---

[3]) Oben § 97 A. 15. [4]) Oben § 97 A. 17. [5]) § 788.

[6]) §§ 726, 751². — Die „Abhängigkeit der Vollstreckung von einer Tatsache" umfaßt auch die Abhängigkeit der Verurteilung oder der Berechtigung.

[7]) § 751¹. [8]) Oben § 97 A. 12.

[9]) Oben § 98 A. 4. [10]) §§ 727 ff., unten § 100.

[11]) Unten §§ 112, 113.

[12]) Gleichzustellen die Urteile der Konsulargerichte und Gerichten in den Schutzgebieten, oben § 16 A. 12, 13.

[13]) Oben § 70 A 6, § 71 A. 23. [14]) Oben § 81 I, 5, § 88 A. 12.

Sie müssen aber die Rechtskraft erlangt haben oder die Erklärung ihrer vorläufigen Vollstreckbarkeit enthalten, wenn sie auch die Vollstreckung von einer Sicherheitsleistung abhängig machen oder die Abwendung der Vollstreckung durch Sicherheitsleistung oder Hinterlegung gestatten.[15])

2. Sonstige Entscheidungen mit vollstreckbarem Inhalt. Hier ist weder Rechtskraft noch Vollstreckbarkeitserklärung erforderlich. Doch kommen nur solche Entscheidungen in Betracht, gegen welche das Rechtsmittel der einfachen oder sofortigen Beschwerde zulässig ist oder zulässig sein würde, falls sie in erster Instanz erlassen wären.[16]) Auch darf ein Aufschub der Wirksamkeit (Suspensiveffekt)[17]) nicht eingetreten sein. Hierher gehört auch der Zuschlagsbescheid bei der Liegenschaftsvollstreckung.[18])

3. Die Kostenfestsetzungsbeschlüsse des Gerichtsschreibers;[19])

4. die Vollstreckungsbefehle des Gerichtsschreibers im Mahnverfahren;[20])

5. die gerichtlichen Vergleiche und zwar auch gegen dritte Teilnehmer;[21])

6. die gegen den Gemeinschuldner wirksamen Feststellungen in der Konkurstabelle;[22])

7. der Zwangsvergleich, und zwar auch gegen Dritte, welche als Selbstschuldner die Erfüllungsverpflichtung übernommen haben oder für sie haften.[23])

Sonstige reichsrechtliche Schuldtitel sind:

1. die vollstreckbaren Urkunden;[24])

2. Festsetzungsbeschlüsse, Vorschuß-, Zusatz- und Nachschußberechnungen betreffend Genossenschaften und Versicherungsunternehmungen;[25])

---

[15]) § 704[1], oben §§ 67, 68.

[16]) § 794 Nr. 3 in ungenauer Fassung. Z. B. Z.B. § 7[2].

[17]) § 572, oben § 68 A. 29. [18]) Z.V. §§ 93, 132.

[19]) § 794 Nr. 2 a, oben § 69. — Gleichgestellt amtsgerichtlich vollstreckbar-erklärte ausländische Kostenentscheidungen im Bereiche des Haager Abkommens 17. 5. 05, A.G. 5. 4. 09 § 8.

[20]) § 794 Nr. 4. [21]) § 794 Nr. 1 u. 2, oben § 76 A. 16.

[22]) K. §§ 164[2], 206[2], unten § 127. [23]) K. § 194, unten § 131.

[24]) § 794 Nr. 5, oben § 72.

[25]) Gen.G. §§ 62[2], 106 ff., 113, 114, 129, V.A.G. § 52, unten § 130.

3. die Endurteile und gerichtlichen Vergleiche der Gewerbe- und der Kaufmannsgerichte;[26])

4. Entscheidungen des Seemannsamts in Streitigkeiten zwischen Schiffer und Schiffsmann;[27])

5. die Auseinandersetzung bei Teilungen eines Nachlasses oder Gesamtguts und die Dispache;[28])

6. Entscheidungen der Strafgerichte und der Dienstgerichte der Anwälte betreffend Vermögensstrafen, Bußen, Sicherheiten und Kosten, einschließlich der Kostenfestsetzungsbeschlüsse bei Privatklagen;[29])

7. rechtskräftige Entscheidungen der Versicherungsbehörden;[30])

8. Kostenfestsetzungen in Patentsachen;[31])

9. Entscheidungen und Vergleiche bei den Innungen und den Innungsschiedsgerichten in Ermangelung des Verwaltungszwangsverfahrens.[32])

Alle diese Schuldtitel stehen einander grundsätzlich gleich und das auf sie gegründete Vollstreckungsverfahren ist das Gleiche.[33]) Doch bestehen in beiden Beziehungen Abweichungen, die im einzelnen anzugeben sind.

Außerdem kann das Landesrecht weitere Schuldtitel schaffen und die auf Grund dieser Titel zu betreibende Zwangsvollstreckung auch abweichend ordnen.[34]) Doch haben diese Schuldtitel unmittelbare Vollstreckbarkeit nur im Bereiche der Landesgerichtsgewalt.

---

[26]) Gew.G.G. § 77, Kfm.G.G. § 16¹.

[27]) Seem.O. § 131.

[28]) F.G. §§ 98, 99, 158, 192, 193.

[29]) St.P.O. §§ 122, 124, 353, 483¹, 495, 496 ff., R.A.O. § 97.

[30]) R.V.O, § 358⁴.

[31]) Pat.G. §§ 31–33.

[32]) G.O. § 91 b. — Nach Kriegsrecht auch Entscheidungen der Schiedsgerichte für Kohlenverteilung (V. 21. 3. 17) und der Reichsstelle für Druckpapier (V. 31. 7. 16 § 5, 12. 2. 17 § 3²).

[33]) § 795.

[34]) § 801. — In Pr. Vergleich vor dem Schiedsmann (Sch.O. §§ 32, 47, A.G. z. G.V. 17. 5. 93 a. 3), Entscheidungen der Stromgerichte (G. 8. 3. 79 § 12, 9. 3. 79 § 9), Vergleiche der rhein. Gewerbegerichte (G. 11. 7. 91 § 10), Kostenfestsetzungen und Entscheidungen der freiwilligen Gerichtsbarkeit (pr. F.G §§ 9—14, 16), landschaftliche Urkunden (G. 3. 8. 97 §§ 1 Nr. 2, 10² mit A.G. z. G. 17. 5. 98 a. 5). Wegen der Entscheidungen, Rezesse und sonstigen Urkunden der Generalkommissionen G. 10. 10. 99 §§ 84 ff. — Bei den „im Klaren beruhenden“ gutsherrlichen Gefällen der hannov. Proz O. § 528 wird die Urkunde durch die Gerichtskunde ersetzt. — In Bay. namentlich ältere Hypothekenurkunden, A.G.Z. a. 6, 8, 127—139, 220, 221, insbesondere wegen neuer Vollstreckungsklauseln durch das Grundbuchamt a. 132 mit A.G.B.G.B. a. 166², 174.

Zur Vollstreckung in anderen Staaten bedarf es eines gerichtlichen Rechtshilfeersuchens.[35])

Ein vollstreckbarer Schuldtitel kann nachträglich wegfallen. Hinsichtlich der in der ordentlichen streitigen Zivilgerichtsbarkeit entstandenen Schuldtitel und der vollstreckbaren Urkunden ist dieses an den betreffenden Stellen dargelegt und insbesondere gezeigt, daß auch die Abänderungsklage die Wirksamkeit des Schuldtitels, nicht bloß seine Vollstreckbarkeit beseitigt.[36])

Bezüglich der anderen Schuldtitel muß auf die Rechtszweige verwiesen werden, denen sie entstammen.

Aber auch die Vollstreckbarkeit allein kann wegfallen, und zwar sowohl durch Aufhebung der Vollstreckbarkeitserklärung[37]) als auch durch Hinterlegung oder Sicherheitsleistung, wenn die Vollstreckbarkeitserklärung selbst die Abwendung der Vollstreckung durch diese Maßregel gestattete.[38])

Sowohl durch den Wegfall des Schuldtitels im ganzen wie durch den Wegfall seiner Vollstreckbarkeit entfällt die Zulässigkeit der Zwangsvollstreckung.

Die Rückgabe des Geleisteten bezw. die Verpflichtung zum Schadenersatz richtet sich im allgemeinen nach bürgerlichem Recht und bildet den Gegenstand eines Feststellungsverfahrens. Die besonderen Vorschriften für den Wegfall der bloß vorläufigen Vollstreckbarkeit und der Abänderung eines Vorbehaltsurteils wurden bereits erörtert.[39])

## § 100. Vollstreckbare Ausfertigung.

Wie nach französischem Recht[1]) bildet die Grundlage der Zwangsvollstreckung eine vollstreckbare Ausfertigung (grosse) des vollstreckbaren Schuldtitels. Diese wird dadurch hergestellt, daß der Ausfertigung des Schuldtitels am Schluß die Vollstreckungsklausel hinzugefügt wird, welche wörtlich lauten muß: „Vorstehende Ausfertigung wird dem [einzuschalten der Name des

---

[35]) Entsprechend § 791. Die Verpflichtung zur Rechtshilfe beruht aber hier auf G.V. § 157 ff.

[36]) Oben §§ 60—66, 72, 76, unten §§ 127, 131.

[37]) Oben § 68 A. 23 ff. [38]) Oben § 68 A. 16 ff.

[39]) Oben § 68 A. 25 und § 83 A. 27.

[1]) E. Weber, Etude pratique et comparaison de l'éxécution forçée en droit français et en droit allemand (1899).

Gläubigers] zum Zwecke der Zwangsvollstreckung erteilt." Sie muß von dem Ausstellungsbeamten unterschrieben und untersiegelt werden.[2])

Bei Vollstreckungsbefehlen bedarf es in der Regel keiner Vollstreckungsklausel,[3]) ebensowenig bei Kostenfestsetzungsbeschlüssen, die auf das Urteil gesetzt sind, sofern das Urteil mit Klausel versehen ist.[4])

Abweichend vom französischen Recht wird aber zur Erleichterung der demnächstigen Prüfung der Voraussetzungen der Zwangsvollstreckung durch das Vollstreckungsorgan[5]) die Klausel erst erteilt, nachdem festgestellt ist, daß die das Begehren und den Schuldtitel betreffenden Voraussetzungen der sofortigen Vollstreckbarkeit erfüllt sind. Doch wird die Erteilung nicht dadurch gehindert, daß der aus dem Schuldtitel sich ergebende Kalendertag für die Zulässigkeit der Zwangsvollstreckung noch nicht gekommen[6]) oder die Sicherheitsleistung, von welcher die Vollstreckbarkeit abhängt, noch nicht gemacht ist.[7]) Auch der für die Vollstreckungsreife der Verpflichtung zur Leistung Zug um Zug erforderliche Nachweis der Vorleistung oder des Annahmeverzugs des Gegners ist im allgemeinen nicht zu erfordern. Nur wenn es sich um eine Verurteilung zur Abgabe einer Willenserklärung handelt, soll mit Rücksicht darauf, daß in diesem Falle die Erteilung der Klausel der Abgabe der Willenserklärung gleichsteht,[8]) die Ausfertigung nur erteilt werden, wenn der Nachweis der Vorleistung oder des Annahmeverzugs geführt ist.[9]) Ist dagegen die Berechtigung oder ihre Vollstreckbarkeit von dem Eintritt eines anderen Ereignisses als der Sicherheitsleistung, der Vorleistung oder des Annahmeverzugs abhängig, so bedarf es des zuvorigen Nachweises des Eintritts.[10])

Die Klausel kann auch für und gegen andere als die in dem Schuldtitel genannten Personen erteilt werden. Die Regelung dieser Frage ist zwar an die Vorschriften über die Erstreckung der Rechtskraft von Urteilen für und gegen dritte Personen[11]) angeschlossen. Sie weicht aber im einzelnen von der Ordnung der persönlichen Grenzen der Rechtskraft in erheblicher Weise ab, indem sowohl für Fälle der Rechtskrafterstreckung die Klausel nicht gegeben

---

[2]) §§ 724, 725. — Für Forderungen aus der Liegenschaftsversteigerung, Z.V. § 139². — Für Arrest unten § 112.

[3]) § 796. [4]) § 795 a. [5]) Unten § 101 A. 6.

[6]) § 751¹. [7]) § 751². [8]) Unten § 105 A. 8.

[9]) § 726². [10]) § 726¹. [11]) Oben § 67 A. 39 ff.

wird, als auch Klauselerteilung stattfindet, ohne daß eine Erstreckung der Rechtskraft anzunehmen ist.

Gleich ist die Ordnung bezüglich der Rechtsnachfolger des Gläubigers und bezüglich derjenigen Rechtsnachfolger des Schuldners, deren Verpflichtung bezw. Haftung durch die Rechtsinnehabung begründet wird. Bei ihnen wird wie dort schon die nach der Rechtshängigkeit eingetretene Nachfolge berücksichtigt und es stehen auch hier die Besitznachfolger der Parteien gleich, wenn sie bei ihrem Erwerb Besitzmittler wurden.[12])

Ebenso liegt es bezüglich der Klauselerteilung für und gegen den Nacherben bei für und gegen den Vorerben entstandenen Schuldtiteln,[13]) ingleichen für und gegen die Erben aus Schuldtiteln für und gegen den Testamentsvollstrecker[14])

Dagegen begründet die Rechtskraftwirkung für und gegen Gemeinschafter[15]) kein Recht auf die Klausel.

Nachfolge in die Schuld begründet keine Rechtskraftwirkung gegen den Schuldnachfolger. Gleichwohl wird die Klausel zwar nicht gegen einen einfachen Schuldübernehmer gegeben, wohl aber gegen einen Vermögensübernehmer,[16]) einen Fortführer eines unter Lebenden erworbenen Handelsgeschäfts[17]) und einen Vermögens- oder Nachlaßnießbraucher,[18]) und zwar auch hinsichtlich der auf sie übergangenen persönlichen Verpflichtungen, wenn eine rechtskräftige Feststellung gegenüber dem Rechtsvorgänger stattgefunden hatte.

Daß bezüglich der für und gegen den Erblasser entstandenen Schuldtitel die Klauselerteilung für und gegen den Testamentsvollstrecker, aber unter Beschränkung der Zwangsvollstreckung in den zu seinem Verwaltungsbereich gehörigen Nachlaßbestand, stattfindet,[19]) würde sich auch aus der Auffassung des Testamentsvollstreckers als eines Nachfolgers des Erblassers im Verfügungsrecht folgern lassen.

Auch der Ehemann, dessen Recht am eingebrachten Gut oder am ehelichen Gesamtgut nach der Rechtshängigkeit begründet wird, wird in Ansehung dieses Sondervermögens gleich einem Rechtsnachfolger der Ehefrau behandelt.[20]) Das Gleiche

[12]) § 727. Für Nachfolger in Fideikommisse, Lehen, Stammgüter, Erbgüter bay. A.G.Z. a. 28.

[13]) § 728¹. [14]) § 728². [15]) Oben § 67 A. 56.

[16]) § 729¹. [17]) § 729². [18]) § 738.

[19]) § 749. [20]) § 742.

gilt für die Ehefrau, wenn gegen den Mann ein in Ansehung des Gesamtguts vollstreckbarer Schuldtitel entstanden war und die Beendigung des Güterstandes nach Beendigung des Rechtsstreits stattgefunden hatte.[21])

Die Erteilung der Vollstreckungsklausel ist Sache des Gerichtsschreibers. Zuständig ist der Gerichtsschreiber erster Instanz, wenn nicht der Rechtsstreit bei einem höheren Gericht anhängig ist.[22]) An seine Stelle tritt bei vollstreckbaren Urkunden der Gerichtsschreiber des Verwahrungsgerichts, bei notariellen Urkunden der Notar oder die Verwahrungsbehörde.[23])

In den Fällen des Personenwechsels und der Bedingtheit, sowie der Abhängigkeit von einer Gegenleistung, soweit sie zu berücksichtigen ist, bedarf die Erteilung des Nachweises der Voraussetzungen durch öffentliche Urkunden, soweit nicht Gerichtskundigkeit vorliegt.[24])

Auch darf in diesem Falle der Gerichtsschreiber die Erteilung nur auf die Anordnung des Vorsitzenden vornehmen, welche, ebenso wie die eingetretene Vollstreckungsreife (bei Personenwechsel unter Benennung der neuen Parteien), in der Klausel erwähnt werden muß.[25])

Fehlt es an dem erforderlichen Nachweise, so bedarf es einer Klage gegen den Schuldner auf Erteilung der Klausel, für welche das Prozeßgericht erster Instanz zuständig ist.[26]) Die Klausel wird dann auf Grund der Verurteilung erteilt.

Zur Sicherung des Schuldners dient nicht nur die Vorschrift, daß nach Empfang der Leistung ihm die vollstreckbare Ausfertigung auszuliefern ist,[27]) sondern auch die Anordnung, daß die Erteilung der Ausfertigung auf der Urschrift vermerkt werden muß.[28]) Wenn nicht die erteilte und etwa unbrauchbar gewordene Ausfertigung zurückgegeben wird, darf eine weitere Ausfertigung nur auf Anordnung des Vorsitzenden nach Prüfung des dafür vorhandenen besonderen Grundes erteilt werden, auch ist der Schuldner

---

21) § 744. 22) § 749. 23) §§ $724^2$, $797^2$.

24) §§ 726, 727 mit §§ 728, 729, $742^1$, 744, 749.

25) §§ 730, $738^1$, $742^1$, 744, 749. — Auch die Vollstreckungsklausel für pr Schiedsmannsvergleiche bedarf stets der richterlichen Anordnung, pr. Sch.O. § $32^3$.

26) §§ 731, $738^1$, $742^1$, 744, 749. — Abweichende Zuständigkeitsvorschriften in §§ $794^4$, $796^3$, $800^3$, Gen.G. § $109^3$. — Unterbrechung der Verjährung B.G.B. § $209^1$.

27) § 757. 28) § 734.

von dieser Erteilung zu benachrichtigen und die Ausfertigung als weitere Ausfertigung unter Erwähnung der Anordnung des Vorsitzenden zu bezeichnen.[29])

Gegen die ungerechtfertigte Erteilung der Vollstreckungsklausel ist zunächst der Weg der Erinnerung bei dem Gericht gegeben, dessen Gerichtsschreiber, wenn auch auf Anordnung des Vorsitzenden, die Klausel erteilt hat.[30])

Daneben ist aber auch der Rechtsstreit gegen den Gläubiger dann zulässig, wenn die Klausel hinsichtlich der Personen, der Feststellung des Eintritts der Bedingung oder der Vorleistung bezw. des Annahmebezuges von dem Schuldtitel abweicht.[31]) Für diesen Rechtsstreit gelten, abgesehen von der zeitlichen Begrenzung des Prozeßstoffs, die Grundsätze der Änderungsklage.[32]) Doch kann, wenn nicht zugleich die Voraussetzungen der Änderungsklage gegenüber dem Schuldner vorliegen, nur Aufhebung der Änderung der Klausel begehrt werden, wobei aber derjenige Schuldner, gegen den die Feststellung der Schuld nicht Rechtskraft macht, z. B. ein Vermögensübernehmer, noch Einwendungen gegen den Bestand der Schuld machen kann.[33])

## § 101. Anordnung.

Die Anordnung der Zwangsvollstreckung durch das zuständige Vollstreckungsorgan erfolgt nur auf Antrag des Gläubigers, dem die vollstreckbare Ausfertigung und die sonstigen zur Begründung des Antrags erforderlichen Urkunden beigefügt sein müssen. Der Gläubiger kann die Erteilung der nötigen Urkunden in allen Fällen verlangen, in denen der Schuldner dazu befugt ist.[1])

Abgesehen von dem Antrag bei dem Gerichtsvollzieher,[2]) bedarf der Antrag der Schriftlichkeit oder (gegenüber Amtsgerichten) der Aufnahme in eine Gerichtsschreiberniederschrift.[3]) Bei Anträgen an ein Landgericht besteht Anwaltszwang.[4])

---

[29]) § 733. [30]) §§ 732, $738^{1}$, $742^{1}$, 744, 749, $797^{3}$.

[31]) Nach Kriegsrecht auch Klage auf Grund des Rechts des Schuldners, die Rechtsfolgen der unterbliebenen rechtzeitigen Zahlung zu beseitigen, V. 18. 8. 14 (F. 8. 6. 16) § 3, oben § 37 A. 38.

[32]) Oben § 64. — §§ 768, $796^{3}$, Zuständigkeit bei vollstreckbaren Urkunden §§ $797^{5}$, $800^{3}$, Gen.G. § $109^{3}$.

[33]) Ähnlich wie oben § 97 A. 42, 60.

[1]) § 792. [2]) § 754.

[3]) § $496^{2}$. — Unterbrechung der Verjährung B.G.B. § $209^{2}$ Nr. 5, § $216^{2}$.

[4]) Oben § 20 A. 38.

Fehlen die Voraussetzungen, so muß der Antrag abgelehnt werden, ist er begründet, so kann die Zwangsvollstreckung beginnen, und zwar im allgemeinen ohne vorherige förmliche und getrennte Anordnung, welche nur bei der Liegenschaftsvollstreckung vorgeschrieben ist.[5])

Soweit die Zulässigkeit der Zwangsvollstreckung durch die Vollstreckungsklausel[6]) gedeckt ist, entfällt eine nochmalige Prüfung durch das Vollstreckungsorgan. Es genügt vielmehr die Feststellung, daß die angerufene Stelle zuständig ist, daß der Antragsteller und der von ihm bezeichnete Gegner mit den Parteien übereinstimmmen, die sich aus dem Schuldtitel bezw. der Klausel ergeben, sowie daß eine Vollstreckung der begehrten Art im Wege der Zwangsvollstreckung überhaupt zulässig ist, insbesondere nicht völkerrechtliche oder staatsrechtliche Hindernisse entgegenstehen.[7])

Außerdem sind noch folgende Punkte zu beachten:

1. Der Kalendertag, von dem die Vollstreckung nach dem Titel etwa abhängt, muß eingetreten sein.[8])

2. Die Sicherheitsleistung, von welcher die Vollstreckung nach dem Titel etwa abhängt, muß durch öffentlich beglaubigte Urkunden nachgewiesen werden.[9])

3. Bei Verpflichtungen zur Leistung Zug um Zug muß, sofern es sich nicht um die Verurteilung zur Abgabe einer Willenserklärung handelt,[10]) geprüft werden, ob die Vorleistung oder der Eintritt des Annahmeverzugs durch öffentliche Urkunden nachgewiesen ist, jedoch kann der Gerichtsvollzieher das Angebot an Stelle des Gläubigers vornehmen und in seiner Niederschrift (Protokoll) beurkunden.[11])

4. Der Schuldtitel muß an den Schuldner zugestellt sein. Außerdem ist die Zustellung der Vollstreckungsklausel und der ihr zugrunde liegenden Urkunden im allgemeinen dann erforderlich, wenn die Klausel einen über das Feststehende hinausgehenden Inhalt

---

[5]) Z.B. § 15, Eintragung des Vermerks § 19.

[6]) Oben § 100 A. 5.

[7]) Oben § 97. — Das war in dem dort A. 8 erwähnten Falle Hellfeld übersehen.

[8]) § 751 [1].

[9]) § 751 [2].

[10]) Oben § 100 A. 8.

[11]) §§ 756, 765.

hat. Endlich bedarf es der Zustellung der Urkunden bezüglich der erforderlichen Sicherheitsleistung, der Vorleistung oder des Annahmeverzugs.[12])

Der Gerichtsvollzieher kann aber die Zustellung dieser Urkunden dem Beginn der Zwangsvollstreckung unmittelbar vorangehen lassen, mit Ausnahme der auf das Urteil gesetzten Kostenfestsetzungsbeschlüsse und vollstreckbaren Urkunden, bei denen ein dreitägiger Zwischenraum erforderlich ist.[13])

5. Bei der Zwangsvollstreckung gegen aktive Militärpersonen muß der Gläubiger eine Bescheinigung der vorgesetzten Militärbehörde vorlegen, nach welcher er dieser von der bevorstehenden Zwangsvollstreckung Mitteilung gemacht hat.[14])

## § 102. Beendigung.

Die erfolgreiche Zwangsvollstreckung[1]) endet mit ihrer vollständigen Durchführung durch die Vollstreckungsorgane. Wenn das Gesetz die Empfangnahme gepfändeten Geldes oder des Versteigerungserlöses durch den Gerichtsvollzieher als Zahlung seitens des Schuldners bezeichnet,[2]) so soll damit nicht das Ende des Verfahrens, sondern nur der Zeitpunkt des Übergangs der Gefahr auf den Gläubiger angegeben sein.

Die Aufhebung ohne Erfolg, welche dem Gläubiger die Kosten des Verfahrens aufbürdet, erfolgt teils nur auf Antrag, teils auch ohne einen solchen.[3]) Bei der Liegenschaftsvollstreckung bedarf es, ebenso wie zur Anordnung, eines förmlichen zuzustellenden Beschlusses und der Löschung des Versteigerungsvermerks.[4]) Auch darf bei ihr nach Schluß der Versteigerung die Aufhebung nur durch bezw. unter Versagung des Zuschlags erfolgen.[5])

---

[12]) §§ 750, 751², 756, 765, 799, 800², Z.V. § 182² a. E.

[13]) § 798. — Ebenso bei den nach dem Haager Abkommen (17. 7. 05) vollstreckbaren Kostenentscheidungen, G. 5. 4. 09 § 8.

[14]) § 752.

[1]) Jede Vollstreckungshandlung unterbricht die Verjährung, B.G.B. § 209² Nr. 5, Beendigung der Unterbrechung nach § 216.

[2]) §§ 815², 819.

[3]) Z.V. §§ 28 ff. unterscheidet scharf zwischen Aufhebung und einstweiliger Einstellung (unten § 103). Dagegen gebraucht die Z.P.O. auch für die endgültige Aufhebung den Ausdruck Einstellung (§ 775 Nr. 1, 3, § 776).

[4]) Z.V. §§ 32, 34.

[5]) Z.V. § 33.

Auf Antrag des Gläubigers, bei einer Mehrheit sämtlicher betreibender Gläubiger, kann die Aufhebung ohne weiteres erfolgen.[6])

Bei der Liegenschaftsvollstreckung steht die wiederholte Bewilligung einstweiliger Einstellung oder die Aufhebung des Versteigerungstermins einem Aufhebungsantrag gleich. Ebenso Fristablauf nach der ersten Bewilligung oder nach der einstweiligen Einstellung bezüglich eines Teils der Grundstücke, der deshalb erfolgt war, weil das für den bereits versteigerten Teil erzielte Gebot hinreichend erschien.[7])

Dagegen bedarf der Antrag des Schuldners sachlicher Begründung durch nachträglichen Wegfall der Voraussetzungen oder durch den Eintritt besonderer, die Aufhebung begründender Ereignisse. Bei der Aufhebung infolge Sicherheitsleistung oder Hinterlegung genügt die betreffende Beweisurkunde.[8])

In den anderen Fällen bedarf es dagegen zur Erleichterung der Prüfung des Zwangsvollstreckungsorgans einer Vorlage der Entscheidung des Prozeßgerichts oder der sonstigen zuständigen Behörde, aus welcher sich der Wegfall der Voraussetzung oder die Anordnung der Aufhebung ergibt.[9])

In gleicher Weise ist auch die Zwangsvollstreckung aufzuheben, wenn ein Dritter eine Entscheidung bezüglich seines die Veräußerung hindernden Rechts vorlegt.[10])

Ohne Antrag ist die Zwangsvollstreckung aufzuheben, wenn sich ergibt, daß sie zu Unrecht eingeleitet war, oder, wenn die Konkurseröffnung die Zwangsvollstreckung unzulässig macht,[11]) insbesondere bei der Liegenschaftsvollstreckung dann, wenn sich aus dem Grundbuch ein nicht zu beseitigendes Hindernis ergibt[12]) oder nach rechtskräftiger Versagung des Zuschlags eine Fortsetzung des Verfahrens unzulässig erscheint,[13]) endlich bei Ergebnislosigkeit der Vollstreckung, z. B. dem Mangel verwertbarer Sachen bei der Geldzwangsvollstreckung,[14]) wobei jedoch zu bemerken ist, daß bei der

---

[6]) Z.V. § 29. Auch noch nach Schluß der Versteigerung.

[7]) Z.V. §§ 30, 31, $76^{2}$. — Für das Kriegsrecht V. 8. 6. 16 (S. 454) § 11.

[8]) § 775 Nr. 3, § 776.

[9]) § 775 Nr. 1, § 776.

[10]) § 775 Nr. 1, § 776.

[11]) K.O § 14, oben § 97 A II 1, unten $§ 121^{1}$.

[12]) Z.V. § 28.

[13]) Z.V. § 86 mit § 83 Nr 5, 6.

[14]) Einfluß der Erfolglosigkeit auf die Bürgenhaftung B.G.B. 771, 773 Nr. 4, auf die Auflage B.G.B. $§ 2126^{2}$.

Liegenschaftsversteigerung erst die wiederholte Nichterreichung des geringsten Gebots diese Folge hat.[15])

## § 103. Einstweilige Einstellung.

Bei einer einstweiligen Einstellung wird ein bloßes Ruhen des Verfahrens herbeigeführt, bei welchem die bereits erfolgten Vollstreckungsmaßregeln bestehen bleiben, wenn nicht ihre Aufhebung besonders angeordnet wird.[1])

Mit Bewilligung aller betreibenden Gläubiger kann die Vollstreckungsbehörde die einstweilige Einstellung ohne weiteres anordnen.[2]) Sie kann ferner erfolgen:

1. bei der Vorlage einer Quittung, eines Posteinzahlungs- oder Stundungsscheins, aber nur solange, bis der zu benachrichtigende Gläubiger Fortsetzung verlangt;[3])
2. bei Vorlage einer Entscheidung des Prozeßgerichts, bei welchem ein auf die Zwangsvollstreckung bezw. deren Grundlage bezüglicher Rechtsstreit schwebt, durch welche die einstweilige Einstellung angeordnet wird.[4])

Ob ein Kompetenzkonflikt, mag er das Vollstreckungsverfahren selbst, oder das Feststellungsverfahren betreffen, aus welchem der zu vollstreckende Schuldtitel herrührt, zur Anordnung der einstweiligen Einstellung der Vollstreckung auf Antrag oder auch ohne Antrag führt, bestimmt das Landesrecht.[5])

Im übrigen erfolgt die Anordnung der einstweiligen Einstellung durch das Prozeßgericht nur auf Antrag. Sie ist je nach Verschiedenheit der Fälle von dem Ermessen des Gerichts und von der Bedingung einer Sicherheitsleistung abhängig und gilt teils für die ganze Dauer des Verfahrens, teils nur bis zur Erlassung des die Instanz beendigenden Urteils.[6])

In den meisten Fällen kann dieselbe Anordnung, aber regelmäßig nur bei Dringlichkeit, statt vom Prozeßgericht auch von dem Voll-

---

[15]) Z.V. §§ 77[1]. — Auf Antrag erfolgt Umleitung in eine Zwangsverwaltung.

[1]) § 776.

[2]) Das ist selbstverständlich. — Für die Liegenschaftsvollstreckung Z V. §§ 30, 31 oben § 102 A. 7.

[3]) § 775 Nr. 4 u 5.    [4]) § 775 Nr. 2.

[5]) E. § 75 Nr. 1. In Pr. Anordnung ohne Antrag durch das Gericht, bei dem das Verfahren anhängig ist, V. 1. 8. 79 § 19. Ebenso Bay. G. 18. 8. 79 a. 12. Vgl. Sachs. G. 3. 3. 79 (F. 19. 7. 00) § 6, Bad. G. 30. 1. 79 § 9.

[6]) Z. V. §§ 707, 717, 732, 769—771.

streckungsgericht auf Antrag erlassen werden, und zwar gewöhnlich nur für eine bestimmte Zeit, innerhalb deren die Entscheidung des Prozeßgerichts beizubringen ist.[7])

3. Bei der Vollstreckung der Geldpfändung hat bei Glaubhaftmachung des Rechts eines Dritten an dem gepfändeten Gelde der Gerichtsvollzieher die Vollstreckung auf zwei Wochen einzustellen und das Geld zu hinterlegen.[8])

4. Bei der Liegenschaftsvollstreckung muß das die Vollstreckung leitende Gericht die einstweilige Einstellung aussprechen:

a) bei Vorhandensein eines zu beseitigenden aus dem Grundbuche ersichtlichen Hindernisses unter Bestimmung einer Frist;[9])

b) bei erstmaliger Ergebnislosigkeit der Versteigerung, indem kein zulässiges und nicht erloschenes Gebot erzielt war;[10])

c) bei Zahlung der Forderung des betreibenden Gläubigers und der Kosten durch einen dazu Berechtigten an das Gericht vom Beginn des Versteigerungstermins bis zur Erteilung des Zuschlags;[11])

d) bei Erzielung eines ausreichenden Meistgebots durch eine Teilversteigerung bezüglich des nicht versteigerten Teils, wobei aber ein berechtigtes Interesse an der Fortsetzung zum Fortsetzungsantrage binnen drei Monaten berechtigt.[12])

Nach dem Wegfall des Grundes der einstweiligen Einstellung wird das Verfahren ohne besonderen Antrag fortgesetzt, wenn sich nicht inzwischen ein Grund zur Aufhebung des Verfahrens ergeben hat.[13])

---

[7]) §§ $732^{2}$, $766^{1}$, 769, 771. — Nach Kriegsrecht Einstellung auf 3 Monate (auch vorläufige Anordnung bis zu dieser Einstellung), wenn eine Zahlungsfrist hätte bestimmt werden können (oben § 37 A. 38), aber bisher nicht bestimmt ist, B. 7. 8. 14 (F. 8. 6. 15) §§ 5, $6^{3}$, B. 15. 12. 14 (S. 511) § 4 (Anhörung des Einigungsamts in Miet- und Hypothekensachen). Für Kriegsteilnehmer in weiterem Sinne und Kriegsflüchtlinge ähnliche Vergünstigungen wie bei der Zahlungsfrist (oben § 37 A. 38), dagegen Aufhebung wegen nachteiligen Veränderungen, B. 8. 6. 16 (S. 452) §§ 2, 3, B. 8. 2. 17 (S. 113) §§ 6, 7. — Ferner Einstellung der Liegenschaftsversteigerung auf 6 Monate unter erleichterten Voraussetzungen und auch vor der Anordnung, B. 8. 6. 16 (S. 454) §§ 10, 16 (Kosten).

[8]) § $815^{2}$.

[9]) Z.B. § 28.

[10]) Z.B. § $77^{1}$ mit § 72.

[11]) Z.B. § 75.

[12]) Z.B. § 76.

[13]) § $769^{2}$.

Für die Liegenschaftsvollstreckung besteht die Besonderheit, daß die einstweilige Einstellung einen förmlichen, den Hauptparteien zuzustellenden Beschluß der Vollstreckungsbehörde verlangt und daß das Verfahren regelmäßig nur auf Antrag fortgesetzt wird.[14])

Da die Einstellung, wenn sie zwischen Versteigerung und Zuschlagserteilung sich ereignet, die stattgehabte Versteigerung wirkungslos macht, so muß sie in diesem Falle durch Versagung des Zuschlags erfolgen,[15]) wie umgekehrt jede eine Fortsetzung des Verfahrens offen lassende Versagung des Zuschlags als einstweilige Einstellung zu behandeln ist.[16])

## 2. Abschnitt.

## Ausführung.

### I. Außerhalb der Geldvollstreckung.

### § 104. Unterlassungsvollstreckung.

Die Unterlassungsvollstreckung betrifft Unterlassungen aller Art, auch die Duldung oder Unterlassung eines Widerstandes. Dagegen handelt es sich bei der reinen Sachhaftung nicht um Unterlassungsvollstreckung, sondern um Geldvollstreckung, wenn auch der Schuldtitel die Fassung der Verurteilung des Sacheigentümers oder sonstigen Verfügungsberechtigten zur Duldung der Zwangsvollstreckung haben sollte.[1]) Auch die Verpflichtung zur Duldung einer Geld- oder Sachvollstreckung[2]) gehört nicht hierher, sondern zur Geld- oder Sachvollstreckung.

Die Unterlassungsvollstreckung unterscheidet sich von allen anderen Vollstreckungsarten dadurch, daß es sich nicht um eine Erwirkung handelt,[3]) von welcher hier schon begrifflich nicht die Rede sein kann. Die Unterlassungsvollstreckung bezweckt vielmehr die Verhütung von Zuwiderhandlungen, sowie deren Beseitigung und Bestrafung.

Der Verhütung dient:

1. die Strafandrohung,[4])
2. die Verurteilung zur Leistung einer Sicherheit für den durch fernere Zuwiderhandlung entstehenden Schaden.[5])

---

[14]) Z.V. §§ 31¹, 32, Ausnahme § 28.
[15]) Z.V. § 33.
[16]) Z.V. § 86.
[1]) Oben § 37 Nr. 4, § 97 B.
[2]) Oben § 97 A. 77.
[3]) Oben § 94 A. 15.
[4]) § 890².
[5]) § 890³.

Beide Maßregeln werden durch Beschluß des Prozeßgerichts erster Instanz nach Anhörung des Schuldners, aber ohne Mündlichkeitszwang, erlassen, wenn eine Zuwiderhandlung stattgefunden hat.[6]) Doch kann die Strafandrohung auch schon in dem Schuldtitel enthalten sein.[7])

Die Beseitigung kommt nur in Frage, wenn ein Duldungspflichtiger Widerstand leistet. Der zuständige Gerichtsvollzieher bedient sich dabei der ihm allgemein zustehenden Mittel der Gewaltanwendung.[8])

Die Bestrafung von Zuwiderhandlungen mit Geldstrafe bis zu 1500 Mark oder Haftstrafe bis zu sechs Monaten für den Einzelfall und bis zu zwei Jahren bei einer Mehrheit von Fällen erfolgt durch das Prozeßgericht in gleicher Weise wie die Strafandrohung.[9])

Führen diese Mittel nicht zum Ziel, so erübrigt nur die Forderung des Interesse.[10])

## § 105. Handlungsvollstreckung.

Den Gegenstand bilden alle Handlungen mit Ausnahme derjenigen, welche zu den Sachleistungen gerechnet werden müssen,[1]) auch solche, welche, wie z. B. die Leistung eines Widerrufs, keinen Vermögenswert haben.

Eine Erwirkung im Wege der Zwangsvollstreckung ist nur möglich:

entweder 1. wenn die Handlung mit dem gleichen Erfolge auch durch einen Anderen als den Schuldner vorgenommen werden kann (vertretbare Handlung);[2])

oder 2. wenn die Handlung ausschließlich von dem Willen des Schuldners abhängt.[3])

In allen übrigen Fällen ist der Schuldner nur auf die Interesseforderung angewiesen, soweit eine solche überhaupt begründet ist.[4])

Aber auch auf dem so umgrenzten Gebiete ist die Zwangsvollstreckung ausgeschlossen bei den Verpflichtungen zur Eingehung einer Ehe, zur Herstellung des ehelichen Lebens und zur Leistung

---

[6]) § 891.

[7]) Oben § 37 Nr. 6.

[8]) § 892, oben § 96 A. 6.

[9]) §§ 890[1], 891.

[10]) § 893, oben § 94 A. 21.

[1]) § 887[3], oben § 94 A. 18.

[2]) § 887[1].

[3]) § 888[1].

[4]) Oben § 94 A. 21.

von Diensten auf Grund eines Dienstvertrages, soweit nicht die Erfüllung durch Dritte möglich ist.[5])

Ferner ist die Zwangsvollstreckung ausgeschlossen, wenn im Parteiprozeß bei Verurteilung zur Vornahme einer Handlung, zugleich die Verurteilung zur Zahlung einer Geldentschädigung für den Fall ausgesprochen ist, daß die Handlung nicht binnen einer zu bestimmenden Frist vorgenommen werde.[6])

Außerdem wird bei der Verurteilung zur Abgabe einer Willenserklärung die Zwangsvollstreckung regelmäßig dadurch entbehrlich, daß, wie bereits dargelegt wurde,[7]) die rechtskräftige Verurteilung zur Abgabe einer Willenserklärung, oder, wenn die Verurteilung zur Willenserklärung von der Gegenleistung abhängig gemacht war, die Erteilung der vollstreckbaren Ausfertigung, allerdings abgesehen vom Falle der Verurteilung zur Eingehung einer Ehe, die Willenserklärung ersetzt.[8])

In Verbindung damit ist dem Gläubiger das Recht gegeben, an Stelle des Schuldners die Erteilung derjenigen Urkunden zu verlangen, deren er zur Herbeiführung eines öffentlichen Eintrags auf Grund der Willenserklärung bedarf.[9])

Der Rechtserwerb auf Grund dieser Urteilswirkung steht einem rechtsgeschäftlichen Erwerb in jeder Beziehung gleich, was namentlich wichtig ist, wenn der Verurteilte hinsichtlich des Gegenstandes, über den die Willenserklärung verfügen sollte, nur scheinberechtigt war.[10])

Ist die Verurteilung zur Abgabe einer Willenserklärung nur vorläufig vollstreckbar, so hat sie, wenn auf Grund der Willenserklärung ein Eintrag im Grundbuch oder Schiffsregister erfolgen könnte, die gleiche Wirkung, als wenn der Schuldner die Eintragung einer Vormerkung oder eines Widerspruchs bewilligt hätte.[11])

Bei dieser Bedeutung der Verurteilung zu einer Willenserklärung handelt es sich aber nicht um Zwangsvollstreckung, sondern um eine unmittelbare Nebenwirkung des Urteils, welche allerdings regelmäßig die Zwangsvollstreckung erübrigt.[12])

---

[5]) § 888².

[6]) § 888 a, oben § 37 Nr. 5.

[7]) Oben § 67 A. 19.

[8]) § 894.

[9]) § 896.

[10]) § 898.

[11]) § 895, oben § 68 A. 4.

[12]) Oben § 67 A. 19. Daher auch bei Schiedssprüchen anzunehmen, oben § 71 A. 21.

Die eigentliche Zwangsvollstreckung erfolgt bei vertretbaren Handlungen einschließlich der Verpflichtung aus einem Dienstvertrage, wenn sie ausnahmsweise vertretbar ist, dadurch, daß das Prozeßgericht erster Instanz den Gläubiger ermächtigt, die Handlung auf Kosten des Schuldners vornehmen zu lassen und den Schuldner auch, sofern es beantragt ist, verurteilt, die Kosten, welche durch die Vornahme der Handlung entstehen werden, vorauszubezahlen, vorbehaltlich des Rechts der Nachforderung von Mehrkosten.[13])

Bei den nicht vertretbaren Handlungen erfolgt in gleicher Weise die Anordnung, daß der Schuldner zur Vornahme der Handlung durch Geldstrafen bis zum Gesamtbetrage von 1500 Mark oder durch Haft bis zur Dauer von sechs Monaten anzuhalten sei.[14])

Diese Grundsätze finden auch bei der zwangsweisen Verwirklichung der privatrechtlichen Pflicht zur Leistung eines Offenbarungseids[15]) Anwendung. Doch hat die Eidesleistung, sobald Verurteilung erfolgt ist, nicht mehr vor dem Richter der freiwilligen Gerichtsbarkeit,[16]) sondern vor dem Prozeßgericht erster Instanz zu erfolgen.[17])

Will der verhaftete Schuldner den Eid leisten, so ist ihm solcher alsbald abzunehmen, ohne daß der Gläubiger zugezogen wird. Nach der Leistung wird der Schuldner aus der Haft entlassen und der Gläubiger benachrichtigt.[18])

Alle Beschlüsse des Vollstreckungsgerichts erfolgen bei der Handlungsvollstreckung in denselben Formen wie bei der Unterlassungsvollstreckung.[19])

## § 106. Sachvollstreckung.

Den Gegenstand bildet sowohl die Herausgabe individuell bestimmter Sachen wie die Leistung nur gattungsmäßig bestimmter, vertretbarer Sachen, insbesondere auch der Wertpapiere,[1]) mit Ausnahme der Leistungen, welche den Gegenstand der Geldvollstreckung[2]) bilden.

---

[13]) § $887^{1}$ u. $^{2}$. [14]) §§ $888^{1}$, 913.

[15]) E. § 16 Nr. 2; z. B. B.G.B. §§ 259, 2006, 2028, $2057^{2}$. — Wegen des zivilprozessualischen Offenbarungseids unten §§ 114, 125.

[16]) B.G.B. §§ 261, 2006, E.G.B.G.B. a. $147^{2}$. — Verfahren F.G. §§ 79, 163.

[17]) § $889^{1}$. [18]) § 889.

[19]) § 891.

[1]) § $883^{1}$, 884. [2]) Unten § 107.

Auch die Herausgabe von Menschen wird in gleicher Weise zu erzwingen sein, während bei der zwangsweisen Verwirklichung eines Verkehrs mit Menschen und des Zwanges bezüglich anderer Menschen betreffender Handlungen oder Duldungen die Regeln der Handlungs- oder Unterlassungsvollstreckung[3]) zur Anwendung kommen müssen.

Bei beweglichen Sachen erfolgt die Vollstreckung durch ihre Wegnahme bei dem Schuldner und ihre Übergabe an den Gläubiger.[4])

Handelt es sich um Quantitäten, so hat der Gerichtsvollzieher auch die Ausscheidung aus der vorhandenen Menge zu besorgen.

Die Wegnahme der Sache hat die gleichen Wirkungen wie eine Übergabe seitens des Schuldners, was für den Erwerb von Eigentum, aber auch von anderen Rechten, insbesondere auch bei der zur Durchsetzung der Verpflichtung zur Feststellung, Abtretung und Belastung von Grundpfandrechten unternommenen Wegnahme von Grundpfandbriefen in Betracht gezogen werden muß.[5])

War der Schuldner nur Scheinberechtigter, so erwirbt der Gläubiger schon durch den Empfang der Sache seitens des Gerichtsvollziehers die gleiche Rechtsstellung wie durch eine auf Grund rechtsgeschäftlicher Einigung mit dem Schuldner erfolgten Übergabe an ihn selbst.[6])

Bei Liegenschaften und bewohnten Schiffen setzt der Gerichtsvollzieher den Schuldner aus dem Besitz und den Gläubiger in den Besitz. Die nicht mit herauszugebende Fahrnis kann auch erwachsenen Familiengliedern, einschließlich des Familiengesindes des Schuldners überwiesen, und, wenn dieses nicht möglich ist, in Verwahrung genommen und bei verzögerter Abforderung auf Anordnung des Vollstreckungsgerichts behufs Hinterlegung des Erlöses veräußert werden.[7])

Da sich die Zwangsvollstreckung auf den Bereich des Besitzes des Schuldners beschränkt, so ist eine unmittelbare Zwangsvollstreckung ausgeschlossen, wenn die Sache sich in dem Besitz eines nicht zur Herausgabe bereiten Dritten befindet. Hier erübrigt nur die gericht-

---

[3]) Oben § 104, 105.

[4]) § 883[1].

[5]) § 897.

[6]) § 898.

[7]) § 885[2] u. [3].

liche **Überweisung** des Anspruchs des Schuldners gegen den Dritten auf Herausgabe der Sache.[8])

Auch bei der Sachvollstreckung steht in letzter Linie die Forderung des **Geldinteresse**.[9])

## II. Geldvollstreckung.

### § 107. Im allgemeinen.

Den Gegenstand der Geldvollstreckung bildet sowohl die **persönliche** Verpflichtung[1]) wie die reine **Sachhaftung**,[2]) wenn sie auf eine in inländischer[3]) Währung zahlbare[4]) **Geldsumme** gerichtet ist, und zwar auch dann, wenn eine Zahlung an **Dritte** erfolgen soll oder das Vollstreckungsziel zunächst nur die **Hinterlegung** ist.[5]) Dagegen gehört die Verpflichtung zur Herausgabe bestimmter **Geldstücke** oder zur Leistung **nur** in ausländischer Währung zahlbarer Geldsummen zunächst zur Sachvollstreckung.[6])

Da die Durchführung der Geldvollstreckung verschieden ist, je nachdem es sich um unbewegliches Vermögen (Liegenschaften), bewegliches körperliches Vermögen oder sonstiges bewegliches Vermögen (Fahrnis) handelt, so bedarf es zunächst der **Einteilung** des Vermögens in dieser Richtung, da sich gegenüber dem Privatrecht im Einzelnen Besonderheiten zeigen.

Zu den **Liegenschaften** gehören in erster Linie die **Grundstücke**, d. h. das Eigentum an ihnen, nicht aber begrenzte dingliche Rechte, abgesehen vom Erbbaurecht.[7])

**Bruchteile** (ideelle Anteile) eines Grundstücks, welches im **Alleineigentum** steht, sind nur dann ein selbständiger Gegenstand der Zwangsvollstreckung, wenn es sich um eine auf sie **besonders** bezügliche **Sachhaftung** handelt.[8])

---

[8]) § 886. [9]) § 893, oben § 94 A. 21 ff.

[1]) § 37 Nr. 1. Einschließlich der Pflicht zur Duldung der Vollstreckung oben § 97 A. 77.

[2]) Oben § 37 Nr. 4.

[3]) Wegen der in ausländischer Währung **ausgedrückten** Geldschuld BGB. §§ 244, 245.

[4]) Die sog. **Goldklausel** kann dabei nicht berücksichtigt werden. Eine auf sie zu gründende Agioforderung bedürfte eines die Höhe des Agio besonders feststellenden Schuldtitels.

[5]) So im Falle des § 720, oben § 68 A. 17, und des § 782, oben § 97 II, 2 u. 3.

[6]) §§ 883, 884, oben § 106 A. 2. [7]) § 864 ¹. [8]) § 864 ².

Dem Grundstückseigentum sind die Rechte gleichgestellt, welche nach Privatrecht wie Grundstückseigentum behandelt werden.[9]) Das trifft nach Reichsrecht nur für das Erbbaurecht zu.[10])

Das Landesrecht kann aber innerhalb der für das bürgerliche Recht bestehenden Vorbehalte[11]) weitere derartige Berechtigungen schaffen. Allgemein haben die Landesrechte das Bergwerkseigentum dem Grundstückseigentum gleichgestellt.[12]) Es kommen aber auch noch andere, aber keineswegs alle mit dem Grund und Boden in Zusammenhang stehenden Berechtigungen in Frage.[13])

Endlich werden aber nach Reichsrecht auch die eingetragenen Schiffe,[14]) nicht aber die Reederanteile (Schiffsparten),[15]) hinsichtlich der Zwangsvollstreckung zum unbeweglichen Vermögen gerechnet. Doch werden die Schiffe zum Teil anders behandelt, wie die auch nach Privatrecht unbeweglichen Sachen.

Zur körperlichen Fahrnis gehört nur das Eigentum an beweglichen körperlichen Gegenständen.[16])

Alles, was sonst Gegenstand der Geldvollstreckung[17]) sein kann, wird, auch wenn es mit Grundstücken oder körperlicher Fahrnis in Verbindung steht, zum „sonstigen beweglichen Vermögen" gerechnet.[18])

Wertpapiere mit den dadurch verbrieften Rechten will das Gesetz anscheinend allgemein als körperliche Fahrnis behandelt

---

[9]) §§ 864¹, 870. [10]) B.G.B. § 1017.

[11]) Namentlich E.B.G.B. a. 63, 67, 68, 196.

[12]) Auf Grund von E.B.G.B. § 67. Pr. Bergg. § 50, bay. A.G.G.B.O. a. 17, sächs. Bergg. § 49. Die Gewerkschaftsanteile (Kuxe) des älteren Rechts gehören nach pr. R. ebenfalls zum unbeweglichen Vermögen (pr. Bergg. § 227 ff.). Anders Bay. B.G. (F. 1. 9. 10) a. 294. Die Kuxe neueren Rechts gehören zur Fahrnis (pr. Bergg. § 94 ff.).

[13]) Pr. die sächs. Kohlenabbaugerechtigkeiten, die hannov. Salzabbaugerechtigkeiten. Bei älteren Apothekergerechtigkeiten, Schiffmühlen, Fähr- und Fischereigerechtigkeiten, westfäl. Realberechtigungen und frankf. Schinnen- und Meßbudengerechtigkeiten hängt die Liegenschaftseigenschaft am Grundbuchblatt, A.G.B.G.B. a. 38, 40, G. 22. 2. 69, 4. 8. 04, 19. 9. 95, V. 10. 4. 41, Fischer-Schäfer, Kommentar zu § 864. — Bei Bahneinheiten, die als einheitliches Grundstück behandelt werden, zählt auch das Nutzungsrecht eines Dritten zur Liegenschaft, § 871, E.B.G.B. a. 112, pr. G. 19 8. 95 (F. 8. 7. 02). — Bay. Fischereirecht, Realgewerberecht, Nutzungsrecht von Verbänden, A.G.G.B.O a. 17.

[14]) § 864¹. — Für ausländische genügt die nach inländischem Rechte zu beurteilende Eintragungsfähigkeit, Z.V. § 171.

[15]) § 858¹. [16]) § 808¹. [17]) § 857¹.

[18]) Also auch Rechte auf Gewinnung von Bodenbestandteilen, die nicht nach Landesrecht als Grundstückseigentum zu behandeln sind.

wissen. Aus dem Zusammenhange[19]) und der Entstehungsgeschichte ergibt sich aber die Einschränkung auf Inhaberpapiere und solche Namenspapiere, für deren Verwertung der Verkaufswert maßgebend ist. Im übrigen handelt es sich um Vollstreckung in die verbrieften Rechte als unkörperliche Fahrnis, welche sich aber auf das Papier mit erstreckt.

Für jede der drei genannten Vermögensarten bestehen besondere Arten der Vollstreckung.[20]) Doch greifen diese zum Teil in das andere Gebiet über.

Ungetrennte Grundstücksfrüchte (sogenannte Früchte auf dem Halme) gehören als wesentliche (unselbständige) Bestandteile zum Grundstück. Gleichwohl unterliegen sie, vom letzten Monat der gewöhnlichen Reifezeit ab, auch der selbständigen Zwangsvollstreckung in körperliche Fahrnis.[21]) Indessen haben diejenigen, welchen das Grundstück dinglich haftet, gegenüber allen Gläubigern, die ihnen nicht im Range vorgehen, ein diese Zwangsvollstreckung hinderndes Recht.[22])

Die Zwangsvollstreckung in Liegenschaften erstreckt sich, und zwar auch bei Beitreibung persönlicher Verpflichtungen, auch auf diejenigen körperlichen und unkörperlichen Gegenstände, welche nach Privatrecht von einer Pfandhaftung für ein eingetragenes Pfandrecht mitergriffen werden, soweit nicht bei den einzelnen Arten der Vollstreckung Ausnahmen gemacht sind.[23])

Zubehörstücke der nach Vollstreckungsrecht zum unbeweglichen Vermögen gerechneten Gegenstände sind damit der Zwangsvollstreckung in das bewegliche Vermögen ganz entzogen;[24]) im übrigen ist letztere aber erst dann ausgeschlossen, wenn die Beschlagnahme im Wege der Zwangsvollstreckung in das unbewegliche Vermögen erfolgt ist.[25])

---

[19]) § 821 ist gemäß § 831 einzuengen, Jacobi, Wertpapiere (O. Fischer Abh. 8 H. 1 S. 12 ff.).

[20]) Für die körperliche Fahrnis unten § 106, für das sonstige bewegliche Vermögen unten § 107, für beide gemeinsam das Verteilungsverfahren unten § 108, für die Liegenschaften unten § 109.

[21]) § 810¹.

[22]) § 810².

[23]) § 865¹ mit B.G.B. §§ 1120—1131, § 1265, pr. Bergg. § 60.

[24]) § 865² S. 1.

[25]) § 865² S. 2.

## § 108. In körperliche Fahrnis.

Das Prozeßrecht hat gewisse Sachen der Zwangsvollstreckung entzogen.

Im allgemeinen handelt es sich dabei um Rücksichten der Menschlichkeit in bezug auf den Schuldner und seine Familie.[1]) Zum Teil aber sollen diese Beschränkungen, so die hinsichtlich der Landwirtschaft, der Apotheken, der Eisenbahn und Posthaltereien gegebenen,[2]) die Störung eines Betriebs vor dessen vollständigem Zusammenbruch verhüten.

Pfändung unpfändbarer Sachen ist nichtig. Dagegen steht das Verbot der Pfändung von Hausrat, welcher nur einen unverhältnismäßig geringen Reinerlös verspricht,[3]) der Gültigkeit nicht entgegen.

Die Zwangsvollstreckung wird durch die Pfändung eingeleitet, welche bei Geld, Wertpapieren und Kostbarkeiten durch Besitzergreifung seitens des Gerichtsvollziehers bewirkt wird, bei anderen Sachen dagegen, wenn keine besondere Gefährdung vorliegt, nur durch Siegelung erfolgen soll, welche den Schuldner zum Besitzmittler des Gerichtsvollziehers macht.[4])

Bei Pfändung von Früchten auf dem Halme und landwirtschaftlichen Betriebsgegenständen muß bei einem Werte von über 1000 Mark ein landwirtschaftlicher Sachverständiger hinzugezogen werden.[5])

Die Pfändung ist eine Unterart der staatlichen, ein Veräußerungsverbot zugunsten des Gläubigers begründenden, Beschlagnahme, durch welche der beschlagnahmte Gegenstand für die Zwecke der Zwangsvollstreckung bereit gestellt wird. Sie hat aber auch die besondere Wirkung der Entstehung eines Pfandrechts für den Gläubiger,[6]) welches sich aber von einem privatrechtlichen Pfandrecht dadurch unterscheidet, daß es dem Gläubiger kein Recht auf eigenen Besitz oder Privatverkauf gibt.[7])

Auch besteht hier eine eigene, im allgemeinen nach dem Alter der Begründung sich richtende Rangordnung.[8]) In Betracht kommen dabei:

---

[1]) § 811 Nr. 1—3, 5—8, 10—13.

[2]) § 811 Nr. 4 u. 9. G. 28. 10. 71, 3. 5. 86, Bern.FrachtÜb. a. 28[5].

[3]) § 812. [4]) §§ 803, 808—810.

[5]) § 813. Bei geringerem Werte nach Anordnung der Landesjustizverwaltung.

[6]) § 804[1]. [7]) B.G.B. §§ 1205, 1228 ff. unanwendbar.

[8]) Bei der in gesetzestechnisch nicht empfehlenswerter Weise auf das Konkursrecht verwiesen wird.

1. die *öffentlichen Abgaben*, einschließlich der Zölle und Steuern, sofern sie durch *Zurückbehaltung* oder Beschlagnahme gesichert sind, und zwar mit dem Vorrang *vor* allen übrigen, auch den älteren Rechten;[9])

2. die *Pfändungspfandrechte*;[10])

3. die *rechtsgeschäftlichen* Pfandrechte des Privatrechts;[11])

4. die *gesetzlichen* Pfandrechte des Privatrechts. Indessen ist dabei das Pfandrecht des Vermieters und Verpächters zeitlich und sachlich beschränkt;[12])

5. die *handelsrechtlichen* Zurückbehaltungsrechte;[13])

6. die *Verwendungen* in den Nutzen der zurückbehaltenen Sache zur Höhe des noch vorhandenen Vorteils.[14])

Doch werden alle sich aus dieser Rangordnung ergebenden Vorzugsrechte, sofern nicht für sie *Anschlußpfändung* erfolgt oder sich der Vorzugsberechtigte im *Besitz* der Sache befindet, *nur* auf Grund *Geltendmachung* im besonderen *Rechtsstreit* berücksichtigt.[15])

Soweit es sich nicht um gepfändetes *Geld* oder als Geld dienende Wertpapiere handelt, bedarf es des *Umsatzes*[16]) der gepfändeten Sache in Geld. Diese erfolgt regelmäßig durch *Versteigerung* seitens des Gerichtsvollziehers nicht vor Ablauf einer Woche in der Gemeinde des Pfändungsorts nach öffentlicher Bekanntmachung mittels Zuschlags nach dreimaligem Aufruf. Die zugeschlagene Sache wird nur gegen Barzahlung abgeliefert und kann

---

[9]) § 804$^{2}$, K. § 49$^{1}$ Nr. 1 u. Abs. 2 mit E. 17. 5. 98 a. 2.

[10]) § 804$^{3}$, K. § 49 Nr. 2.

[11]) § 804$^{2}$, K. § 48. — Wegen des landesrechtlichen Vorrechts der Pfandbrief- und Schuldbuchgläubiger E.K. § 17 mit E. 17. 5. 98 a. 3.

[12]) § 804$^{2}$, K. § 49 Nr. 2. Gesetzliche Pfandrechte B.G.B. §§ 559, 585, 647, 704 auch 233, H.G.B. §§ 397, 410, 421, 440—443, 623, 674, 679, 725, 751, 777, B.Sch.G. §§ 76, 77$^{2}$, 89, 97, Flöß.G. §§ 28, 29, StrandO. § 20.

[13]) § 804$^{2}$, K. § 49 Nr. 4, H.G.B. §§ 369, 370, 751.

[14]) § 804$^{2}$, K. § 49 Nr. 3. — K. § 233 steht dem Verwendungsanspruch der Erben aus B.G.B. §§ 1978, 1979 nicht entgegen.

[15]) § 805, oben § 97 C. II.

[16]) Unzulässig nach Kriegsrecht gegenüber Kriegsteilnehmern im engeren Sinne (oben § 37 A. 38), wenn es sich nicht um verbrauchbare, verderbliche und kostspielig aufzubewahrende Sachen handelt, G. 4. 8. 14 § 5.

bei Nichtabnahme sofort unter Haftung des Meistbietenden anderweit versteigert werden.[17])

Nähere Vorschriften gestatten frühere Versteigerung aus besonderen Gründen,[18]) verlangen die vorherige Abschätzung von Kostbarkeiten,[19]) verbieten den Zuschlag von Gold- und Silbersachen unter dem Metallwert, gestatten die freihändige Veräußerung von Gold- und Silbersachen zum Metallwert, sowie von börsen- oder marktfähigen Wertpapieren zum Tageskurse.[20]) Sie verordnen die Ermächtigung des Gerichtsvollziehers durch das Vollstreckungsgericht zur Umschreibung der zu veräußernden Namenspapiere und Wiederinkurssetzung der zu veräußernden Inhaberpapiere.[21]) Sie verbieten die Versteigerung von Früchten auf dem Halme vor der Reife und ermöglichen ihre Aberntung auf Veranlassung des Gerichtsvollziehers.[22]) Sie gestatten endlich nach Anordnung des Vollstreckungsgerichts anderweite Verwertung, auch Versteigerung durch eine andere Person.[23]) Der Erwerb durch den Leiter der Versteigerung und seine Gehilfen ist ausgeschlossen.[24]) Die Ausübung eines Vorkaufsrechts findet nicht statt.[25])

Dem Erwerber ist jeder Anspruch wegen tatsächlicher oder rechtlicher Mängel der erworbenen Sache versagt.[26])

Der Übergang des von fremden Rechten freien Eigentums erfolgt nicht schon durch den Zuschlag,[27]) sondern erst durch die einer Übergabe gleichstehende „Ablieferung" seitens des Gerichtsvollziehers, welche nur dann Eigentum nicht überträgt, wenn sich der Ersteher in Kenntnis oder grober Fahrlässigkeit[28]) der Unkenntnis bezüglich der Rechtsbeständigkeit des Eigentums des

---

[17]) Näheres §§ 814, 316—818.

[18]) § 816¹.

[19]) § 814.

[20]) §§ 820, 821. Über die Arten der hierher gehörigen Wertpapiere oben § 107 A. 19. — Nach Kriegsrecht Unzulässigkeit des Zuschlags unter der Hälfte des vorher zu schätzenden gewöhnlichen Verkaufswertes bezw. bei Wertpapieren unter der Beleihungsgrenze der Darlehnskassen, V. 8. 10. 14 (S. 427).

[21]) §§ 822, 823. Ist die Inhaberforderung durch Sicherungshypothek geschützt (B.G.B. § 1187), so bedarf es wegen § 1187 S. 3 zur Bewirkung des Übergangs der Hypothek keines Grundbucheintrags.

[22]) § 824.

[23]) § 825.

[24]) B.G.B. § 456.

[25]) B.G.B. § 512.

[26]) § 806.

[27]) Es besteht keine dem Z.V. § 90 entsprechende Vorschrift.

[28]) Doch besteht keine Pflicht zur Erkundigung.

Schuldners oder des Pfändungspfandrechts des betreibenden Gläubigers befand.[29])

Der Eigentumsübergang bewirkt zugleich den Übergang der Gefahr, der Nutzungen und der Pflicht zur Tragung von Lasten.[30])

Die Zwangsvollstreckung wird dadurch beendet, daß das gepfändete Geld oder der Versteigerungserlös dem Gläubiger mit der Wirkung des Eigentumsübergangs soweit abgeliefert wird, als es zu seiner Befriedigung erforderlich ist. Nur in dem Fall, wo die Zwangsvollstreckung nur auf Hinterlegung gerichtet ist, tritt diese an die Stelle der Auszahlung. Die Wirkung einer Zahlung an den Schuldner tritt aber, abgesehen von den Fällen, in denen zu hinterlegen ist, schon mit der Empfangnahme des Erlöses bezw. der Wegnahme des gepfändeten Geldes durch den Gerichtsvollzieher ein.[31])

Unrichtig ist es, die Veräußerung durch den Gerichtsvollzieher, selbst wenn sie in der Form eines freihändigen Verkaufs erfolgt, als privatrechtlichen Kaufvertrag bezw. dinglichen Vertrag über den Eigentumsübergang aufzufassen und dem Gerichtsvollzieher oder dem Gläubiger die Pflichten eines privatrechtlichen Verkäufers aufzuerlegen. Es handelt sich vielmehr um eine Veräußerung durch eine einseitige amtliche Handlung der staatlichen Gerichtsbarkeit, auf die allerdings in beschränktem Maße die privatrechtlichen Bestimmungen über Kauf und Eigentumsübertragung anzuwenden sind.[32])

Wenn mehrere Gläubiger Vollstreckungsanträge gestellt haben, ehe einer der Anträge ausgeführt ist, so müssen sie gleichzeitig ausgeführt werden und stehen dann die Gläubiger zu gleichen Rechten.[33])

Ist dagegen in dem einen Falle bereits die Pfändung erfolgt, so kann, solange nicht der Erlös als einem Gläubiger gezahlt anzusehen ist, Anschlußpfändung auf Antrag eines anderen Gläubigers erfolgen.[34])

Das weitere Verfahren ist im Falle der Mitpfändung wie der Anschlußpfändung gemeinsam, und zwar so, daß es regelmäßig vom Gerichtsvollzieher der ersten Pfändung durchzuführen ist.[35])

---

[29]) B.G.B. §§ 929, 932, 935², 936, 1242, 1244 sind entsprechend anzuwenden. B.G.B. § 1248 kommt dem Ersteher nicht zu statten.

[30]) Entsprechende Anordnung von B.G.B. § 446¹.

[31]) §§ 815³, 819.

[32]) O. Fischer, pr. Privatrecht, § 757.

[33]) So mit Recht pr. Geschäftsanw. f. Gerichtsvollz. § 70 Nr. 1.

[34]) § 826.

[35]) § 827¹ u. ³.

Bei unzureichendem Erlöse und Widerspruch gegen den Verteilungsvorschlag des Gerichtsvollziehers muß der Gerichtsvollzieher den Erlös bezw. das gepfändete Geld hinterlegen und dem Vollstreckungsgericht behufs Einleitung des Verteilungsverfahrens[36]) Anzeige erstatten.[37])

## § 109. In unkörperliche Fahrnis.

Auch hier wird die Zwangsvollstreckung durch Pfändung eingeleitet. Die Pfändung hat die gleiche Wirkung wie bei einem körperlichen Gegenstande, soweit nicht die Verschiedenheit des Gegenstandes ein anderes bedingt. Auch die Rangordnung und die Berücksichtigung anderer Gläubiger ist die gleiche wie dort, ebenso der Ausschluß jeder Gewährleistung gegenüber dem Erwerber.[1])

Im übrigen weicht aber die Durchführung der Zwangsvollstreckung ab. Es muß dabei unterschieden werden, ob der Befriedigungsgegenstand ein Recht auf Sachleistungen ist oder ob ein sonstiger Vermögensgegenstand ergriffen werden soll.

I. Vollstreckung in Rechte auf Sachleistungen.

Es handelt sich sowohl um fällige, wie um betagte oder bedingte Rechte auf Geld oder andere Sachleistungen und neben den persönlichen Forderungen des Schuldners auch um ihm zustehende Sachhaftungsrechte, insbesondere Fahrnis- und Grundpfandrechte sowie Reallasten.[2])

Die durch Wertpapiere verbrieften Rechte sind insoweit hierher zu ziehen, als nicht die Wertpapiere wie körperliche Fahrnis behandelt werden.[3])

Für die örtliche Zuständigkeit des Vollstreckungsgerichts ist der allgemeine Gerichtsstand des Schuldners und in dessen Ermangelung der Gerichtsstand des Vermögens maßgebend.[4])

Eine Reihe von Forderungen, namentlich solche, deren Gegenstand zur Bestreitung des Unterhalts bestimmt ist oder den Entgelt für noch nicht geleistete Arbeit darstellt, sind mit Rücksicht auf den Unterhalt des Schuldners und seiner Familie der Zwangsvollstreckung entzogen. Doch sind dabei für höhere Einkommen Einschränkungen

---

[36]) Unten § 110. [37]) § 827[2].

[1]) §§ 803—806 finden auch hier Anwendung.

[2]) §§ 830, 846. 857[6]. [3]) Oben § 107 A. 19.

[4]) § 828[2].

gemacht, nach denen im allgemeinen nur das 1500 Mark[5]) übersteigende Jahreseinkommen pfändbar bleibt.[6]) Auch gilt die Entziehung nicht, wenn es sich bei der beizutreibenden Forderung selbst um einen Unterhaltsanspruch auf Grund des Gesetzes handelt.[7])

Nicht übertragbare Rechte sind auch nicht pfändbar.[8]) Pflichtteilsansprüche und Ansprüche des Schenkers auf Rückgabe wegen Verarmung werden erst durch vertragsmäßiges Anerkenntnis pfändbar.[9]) Aus besonderen Gründen ist auch das Recht zur Rücknahme des bei einer Hinterlegungsstelle an Erfüllungsstatt Hinterlegten nicht pfändbar.[10])

Die Pfändung wird ohne Anhörung des Schuldners angeordnet.[11])

Bei Geldrechten enthält der Pfändungsbeschluß das Verbot an den Drittschuldner[12]) dem Schuldner zu zahlen und das an den Schuldner, über die Forderung zu verfügen.[13])

Bei Rechten auf andere Fahrnis wird die Anordnung beigefügt, daß der Drittschuldner die Sache an einen vom Gläubiger zu beauftragenden Gerichtsvollzieher herauszugeben habe.[14])

---

[5]) Nach Kriegsrecht 2000 Mark, V. 17. 5. 15.

[6]) Zur Umgehung dienen Verträge, nach denen der Arbeitgeber den 1500 Mark übersteigenden Lohn einem Dritten, insbesondere der Frau zu leisten hat.

[7]) Näheres § 850 mit der durch G. 24. 6. 14 zugesetzten Nr. 9 und den in bezug genommenen Gesetzen. — Ausschluß der Pfändung für Leistungen der Reichsversicherung, R.V.G. §§ 119, 621, 1325, Angestellten V.G. § 93. — Während des Krieges V. 26. 8. 15.

[8]) § 851. — Ausnahme, wenn der Gegenstand der Pfändung pfändbar ist, sofern die Abtretung nur durch Vereinbarung ausgeschlossen oder deshalb nicht statthaft war, weil die Leistung an einen anderen Gläubiger nicht ohne Veränderung ihres Inhalts erfolgen konnte. Umgekehrt bewirkt der Ausschluß von der Zwangsvollstreckung auch die Unzulässigkeit der Abtretung, B.G.B. § 400. — Die Untrennbarkeit des Grundbuchberichtigungsanspruchs von dem zu berichtigenden Recht hindert nicht seine Pfändung durch den Gläubiger des Berechtigten zum Zwecke der Eintragung des Letzteren, vgl. G.B.O. §§ 14, 40.

[9]) § 852.

[10]) B.G.B. § 377[1]. Es sei denn, daß der Gläubiger, zu dessen Befriedigung die Hinterlegung erfolgt ist, die Annahme erklärt und dann dem Schuldner die Rücknahme gestattet hat.

[11]) § 834.

[12]) Bei reiner Sachhaftung ist es der Eigentümer oder sonstige Sachvertreter, oben § 98 A. 30 ff.

[13]) § 829.

[14]) § 847[1].

Bei *Liegenschaften* erfolgt statt dessen die *Anordnung*, daß die Sache an einen auf Antrag des Gläubigers vom Amtsgericht der belegenen Sache zu bestellenden „Sequester" herauszugeben sei.[15])

Den Pfändungsbeschluß hat der Gläubiger sowohl dem Drittschuldner wie dem Hauptschuldner *zustellen* zu lassen. Die Pfändungswirkung ist mit der Zustellung an den Drittschuldner verbunden.[16])

Diese Vorschriften gelten auch für die Fahrnis- und Grundpfandrechte (mit und ohne Brief), sowie die Reallasten, aber auch für alle durch *nichtindossable* Wertpapiere verbriefte Rechte, soweit die Wertpapiere nicht als *körperliche* Fahrnis zu behandeln sind.[17]) Die Pfändung einer durch Pfand gesicherten Forderung erstreckt sich notwendig auch auf das *Pfand*.[18]) Nur bei Höchstbetragshypotheken kann der Gläubiger beantragen, daß für ihn die Forderung *allein* gepfändet werde, wenn er zu ihrer Annahme an Zahlungsstatt bereit ist.[19])

Bei Grundbriefpfändern bedarf es mit Rücksicht auf den Rechtsschein des Briefes zur Bewirkung der Pfändung, und zwar auch hinsichtlich der persönlichen Forderung, außer dem Pändungsbeschlusse noch der Übergabe bezw. Wegnahme des Briefes, und bei Buchpfändern und Reallasten mit Rücksicht auf den Rechtsschein des Grundbuchs der Eintragung in das Grundbuch. Doch hat die *vorher* erfolgte Zustellung des Pfändungsbeschlusses an den Drittschuldner *diesem* gegenüber die Pfändungswirkungen.[20]) Eine Ausnahme von diesem Erfordernis macht die bloße Pfändung von Zinsen und anderen Nebenforderungen.[21])

Bei Forderungen aus *indossablen* Wertpapieren wird die Pfändung nicht durch Gerichtsbeschluß, sondern, wie bei den zur körperlichen Fahrnis zu rechnenden Wertpapieren, durch Wegnahme des Papiers seitens des Gerichtsvollziehers bewirkt. Die Fortsetzung des Verfahrens folgt aber den Regeln der Vollstreckung in Rechte.[22])

---

[15]) § $848^{1}$. [16]) Näheres § $829^{2}$ u. $^{3}$.

[17]) Oben § 107 A. 19.

[18]) Mit Rücksicht auf B.G.B. §§ 1153, 1250, 1274.

[19]) § $837^{3}$ wegen B.G.B. § 1194.

[20]) § $830^{1, 2}$. Vgl. B.G.B. §§ 1154, 1274. — Über das Erfordernis der Wegnahme der Anerkenntnisurkunde bei Fuhrentschädigungen aus der Kriegskasse, B. 12. 8. 14 § 1.

[21]) § $830^{3}$ wegen B.G.B. § 1159.

[22]) § 831. Ist die Forderung durch Sicherungshypothek geschützt, bedarf es, wie bei Inhaberpapieren (oben § 108 A. 4), keines Grundbuchseintrags, § $830^{3}$.

Die Pfändung fortlaufender Bezüge erstreckt sich auch auf später fällig werdende, auch wenn ein neues Amt oder eine Gehaltserhöhung in Frage kommt, sofern nicht der Dienstherr geändert ist.[23])

Der Gläubiger kann eine der gerichtlichen Pfändung entsprechende Aufforderung an Schuldner und Drittschuldner zustellen lassen, selbst wenn der vollstreckbare Schuldtitel noch nicht zugestellt und eine vollstreckbare Ausfertigung noch nicht erteilt war. Wird die Pfändung innerhalb drei Wochen nachgeholt, so hat diese Benachrichtigung die Wirkung eines Arrests.[24])

Die regelmäßige Anbahnung der Befriedigung des Gläubigers erfolgt überall, auch bei den Buchrechten und den indossablen Wertpapieren, durch gerichtliche Überweisung der Forderung, welche in derselben Weise zugestellt wird wie der Pfändungsbeschluß und auch mit diesem verbunden werden kann.[25]) Nur wenn die Einziehung der Forderung mit Schwierigkeiten verbunden ist, kann das Gericht, regelmäßig nach Anhörung des Schuldners, eine andere Art der Verwertung der Forderung, z. B. die Versteigerung, anordnen.[26])

Schuldner und Drittschuldner sind zur Erteilung von Auskunft über die Sachlage verpflichtet, der Schuldner auch zur Herausgabe der die Forderung[27]) betreffenden Wertpapiere oder Beweisurkunden.

Auch die zu Unrecht erlassene Überweisung hat Rechtsscheinwirkung gegenüber dem Drittschuldner.[28])

Ist die Forderung durch Fahrnispfand gesichert, so kann der Schuldner die Herausgabe des Pfandes solange verweigern, bis ihm bezüglich seiner Haftung gegenüber dem Verpfänder Sicherheit geleistet ist.[29])

Im weiteren ist zu unterscheiden, ob die Überweisung an Zahlungsstatt (in vim cessionis) oder zur Einziehung (in vim assignationis) erfolgt.

Bei gepfändeten Geldforderungen und anderen Geldrechten, auch den durch den Gerichtsvollzieher gepfändeten indossablen Wertpapieren, hat nämlich der Gläubiger die Wahl zwischen Überweisung an Zahlungsstatt zum Nennwerte oder Überweisung zur Einziehung, sofern nicht wegen des titelmäßigen Rechts des Schuldners, die Zwangs-

[23]) §§ 832, 833.
[24]) § 845, unten § 112.
[25]) § 835 $^{1}$ u. $^{3}$.
[26]) § 844.
[27]) Näheres §§ 836 $^{3}$, 840.
[28]) § 836 $^{2}$.
[29]) § 838 mit Rücksicht auf B.G.B. § 1251 $^{2}$ S. 2.

vollstreckung durch Sicherheitsleistung oder Hinterlegung abzuwenden, die Vollstreckung zunächst nur auf Hinterlegung des Schuldbetrags gerichtet und daher nur Überweisung zur Einziehung begehrt werden kann.[30]) Bei Forderungen und Rechten, die nicht auf Geld gehen, besteht nur die Überweisung zur Einziehung,[31]) bei durch Höchstbetragshypothek gesicherten Forderungen, die ohne die Hypothek gepfändet sind, nur die Überweisung an Zahlungsstatt.[32])

Bei der Überweisung an Zahlungsstatt zum Nennwerte geht die Forderung oder das sonstige Recht sofort mit der Wirkung auf die Gläubiger über, daß er, soweit die Forderung besteht, wegen seiner Forderung an den Schuldner als befriedigt anzusehen ist.[33])

Soweit bei Grundpfändern und durch solche gesicherten Forderungen die Pfändung der Eintragung bedarf, ist auch die Überweisung an Zahlungsstatt in das Grundbuch einzutragen.[34])

Bei der Überweisung zur Einziehung bildet diese noch einen Teil des Zwangsvollstreckungsverfahrens im weiteren Sinne. Der Schuldner erlangt, im Gegensatz zu der Überweisung an Zahlungsstatt, nur das Recht, die Forderung einzuziehen, während das Gläubigerrecht bei dem Schuldner verbleibt. Die Überweisung ersetzt alle Erklärungen des Schuldners, von denen das Einziehungsrecht sonst abhängig sein würde.[35]) Eine Eintragung der Überweisung in das Grundbuch erfolgt in keinem Falle.[36])

Der Gläubiger, welcher die zur Einziehung überwiesene Forderung einklagt, muß regelmäßig dem Schuldner den Streit verkünden.[37])

Der Gläubiger hat aber nicht nur das Recht, sondern auch die Pflicht der Einziehung, so daß Verzögerung ihm gegenüber den Schuldner schadenersatzpflichtig macht.[38]) Er kann aber durch Erklärung an den Schuldner, die auch dem Drittschuldner zuzustellen ist, auf das Einziehungsrecht verzichten, ohne seine Forderung zu verlieren.[39])

---

[30]) §§ 835 [1], 839, 849.

[31]) § 849.

[32]) § 837 [3].

[33]) § 835 [2].

[34]) § 837 im Vergleich mit § 830, oben A. 20.

[35]) § 836 [1].

[36]) Eine Rechtsänderung im Sinne von B.G.B. § 873 tritt nicht ein.

[37]) § 841.

[38]) § 842.

[39]) § 843.

Ist eine Geldforderung zur Einziehung überwiesen, so erfolgt die Befriedigung des Gläubigers durch die Zahlung des Drittschuldners oder die gegen diesen durchgeführte Zwangsvollstreckung unmittelbar.

Handelt es sich um Forderungen auf andere Fahrnis, so kann zunächst nur die Herausgabe an den Gerichtsvollzieher erzielt werden, welcher dann ebenso zu verfahren hat, wie wenn die herausgegebene Sache bei dem Hauptschuldner gepfändet wäre.[40])

Geht die Schuld des Drittschuldners auf eine Liegenschaft, so ist der Drittschuldner nicht nur auf Herausgabe der Sache an den Sequester, sondern auch auf Auflassung an diesen zu belangen. Die auf Grund der Auflassung an den Sequester als Vertreter des Schuldners erfolgende Eintragung des Schuldners bewirkt den Übergang des Eigentums auf den Schuldner. Mit dieser Eintragung des Schuldners erlangt der Gläubiger ohne Eintragung, welche jedoch der Sequester auf Verlangen bewilligen muß, eine Sicherungshypothek an der Sache, auf Grund deren er nun die Vollstreckung gegen den Schuldner nach den Regeln der Liegenschaftsvollstreckung betreiben kann.[41])

Wenn eine Geldforderung, gleichzeitig oder im Wege der Anschlußpfändung, für mehrere Gläubiger gepfändet ist, so kann der Drittschuldner den Schuldbetrag hinterlegen, muß aber dem Vollstreckungsgericht, dessen Pfändungsbeschluß ihm zuerst zugestellt ist, Anzeige machen und alle ihm zugestellten Beschlüsse aushändigen.[42])

Handelt es sich um eine Forderung auf Leistung anderer Fahrnis, so kann er in gleicher Weise die Sache an den Gerichtsvollzieher herausgeben, der in dem zuerst zugestellten Pfändungsbeschlusse bezeichnet ist oder nachträglich von dem Amtsgericht des Herausgabeorts ernannt wird.[43])

Der Gerichtsvollzieher verfährt mit der Sache ebenso, als wenn sie bei dem Hauptschuldner gepfändet wäre, insbesondere auch bezüglich der Hinterlegung des Erlöses und Anzeige an das Gericht, wenn der Erlös nicht ausreicht.[44])

Handelt es sich um Liegenschaften, so tritt an die Stelle der Herausgabe an den Gerichtsvollzieher die Herausgabe und Auf-

---

[40]) § 847.

[41]) § 848.

[42]) § 853.

[43]) § 854².

[44]) § 854³.

lassung an den Sequester, nach der es jedem Gläubiger überlassen bleibt, die Zwangsvollstreckung gegen den Schuldner zu betreiben.[45])

Zu den vorher erwähnten Maßnahmen ist aber der Drittschuldner nicht nur berechtigt, sondern auf Verlangen jedes beteiligten Gläubigers auch verpflichtet.[46])

Der Klage des einzelnen Gläubigers gegen den Drittschuldner kann sich jeder andere Gläubiger als Streitgenosse anschließen, und der beklagte Drittschuldner muß die übrigen Gläubiger mit laden. Die Entscheidung wirkt für und gegen sämtliche Gläubiger, sofern nicht der Drittschuldner diese Ladung unterlassen hat, in welchem Falle die ihm günstige Wirkung fortfällt.[47])

II. Vollstreckung in sonstiges unkörperliches Vermögen.

Die Bestimmungen über die Rechte auf Sachleistungen sollen auf alle übrigen Gegenstände unkörperlicher Fahrnis, also überhaupt auf alle Vollstreckungsgegenstände, für welche eine besondere Regelung fehlt,[48]) entsprechende Anwendung finden.[49]) Doch kann bei veräußerlichen Rechten statt der Überweisung auch die Veräußerung angeordnet werden.[50]) Fehlt es an einem Drittschuldner, so erfolgt die Pfändung durch Zustellung an den Hauptschuldner.[51])

Soweit aber die Anwendung der Vorschriften über die Forderungen nicht entsprechend sein würde oder sich sonst Lücken ergeben, wird das Vollstreckungsgericht nach freiem Ermessen die zweckentsprechenden Anordnungen zu treffen haben.

Es bestehen aber noch besondere Vorschriften für Gemeinschaftsanteile und für unveräußerliche Rechte.

1. Bei der Erbengemeinschaft, dem ehelichen Gesamtgut und allen organisierten Gemeinschaften mit und ohne juristische Persönlichkeit, insbesondere auch den nicht rechtsfähigen Vereinen, der Gesellschaft des bürgerlichen Rechts, den Handelsgesellschaften, oder der stillen Gesellschaft kann eine Vollstreckung in die Berechtigung des Teilhabers an den einzelnen zu dem Gesellschaftsvermögen gehörigen Gegenständen nicht stattfinden. Zulässig ist dagegen im allgemeinen die Vollstreckung

---

[45]) § 855.

[46]) § 854², 855.

[47]) § 856.

[48]) Oben § 107 A. 18.

[49]) § 857¹.

[50]) § 857⁵.

[51]) § 857²

durch Pfändung des ganzen Anteils.[52]) Ausgeschlossen ist solche aber bei der unbeendeten Gütergemeinschaft, auch der fortgesetzten, während sie nach beendeter Gütergemeinschaft zulässig ist.[53])

Unzulässig ist auch die Pfändung eines Anteils an einer Aktiengesellschaft vor der Eintragung der Gesellschaft in das Handelsregister.[54])

Zur Durchführung der Befriedigung aus dem gepfändeten Anteil ist im allgemeinen bei den der juristischen Persönlichkeit entbehrenden Gemeinschaften dem Gläubiger das Recht gegeben, die Auseinandersetzung herbeizuführen, und zwar auch dann, wenn der Gemeinschafter selbst dazu nicht berechtigt ist; regelmäßig aber nur, wenn der Gläubiger einen nicht bloß vorläufig vollstreckbaren Schuldtitel hat.[55])

Für die Zwangsvollstreckung in einen Anteil eines Reeders an dem Schiffe (Schiffspart) ist das Amtsgericht des Heimatshafens zuständig. Dem Antrage muß ein neuer Auszug aus dem Schiffsregister beigefügt werden. Die Pfändung erfolgt durch Zustellung an den Korrespondenzreeder. Die Schiffsbehörde ist zu benachrichtigen.[56]) Für die Verwertung kommt nur die Veräußerung, regelmäßig durch Versteigerung, in Frage.

Wenn nach dem Auszug aus dem Schiffsregister die Part mit anderen Pfandrechten belastet ist, so muß Hinterlegung des Erlöses angeordnet werden, an welche sich das Verteilungsverfahren anschließt.[57])

2. Bei unveräußerlichen Rechten[58]) ist jedenfalls die Vollstreckung durch Verwertung des Rechts oder Überweisung ausgeschlossen. Wenn aber die Ausübung einem anderen überlassen werden kann, so ist eine Verwertung dieser Ausübung möglich. Sie kann bezüglich der Nutzungsrechte namentlich durch Anordnung einer Verwaltung

---

[52]) § 859, H.G.B. §§ $105^{2}$, $161^{2}$, B.G.B. § 54. — Soweit der Anteil durch ein zur Veräußerung bestimmtes Wertpapier verkörpert ist, finden die Regeln für körperliche Fahrnis Anwendung, oben § 107 A. 19.

[53]) § 860. [54]) H.G.B. § 200.

[55]) B.G.B. § 725 mit § 54, H.G.B. § 135, $161^{2}$, 339, F.G. § $86^{2}$, 99. — Das Recht fehlt insbesondere den Gläubigern des Kommanditisten einer Aktiengesellschaft auf Aktien (H.G.B. § $330^{2}$), sowie den Gläubigern eines Gesellschafters der Gesellschaft mit beschränkter Haftung. Dagegen haben es die Gläubiger eines Genossen einer Erwerbs- und Wirtschaftsgenossenschaft, aber nur, sofern der Genosse selbst ein Kündigungsrecht hat (Gen.G. § 66).

[56]) § $858^{1-5}$. [57]) § $858^{6}$. [58]) Oben § 97 A. 25.

verwirklicht werden, bei welcher spätestens mit der Übergabe an den Verwalter die Pfändungswirkung eintritt.[59])

Das Nutzungsrecht des Ehemanns an dem eingebrachten Gute der Frau kann im ganzen überhaupt nicht gepfändet werden. Auch die von ihm erworbenen Früchte sind, soweit sie für seinen standesgemäßen Unterhalt und die Erfüllung der gesetzlichen Pflichten gegenüber Ehefrau und Verwandten erforderlich sind, der Zwangsvollstreckung entzogen. Auch die Ehefrau ist widerspruchsberechtigt.[60])

Ganz entsprechend steht es mit der elterlichen Nutznießung an dem Kindesvermögen.[61])

Ähnlich liegt es auch bei den Nutzungen einer Vorerbschaft oder einer Erbschaft, für die ein Testamentsvollstrecker bestellt ist, wenn es sich nicht um Nachlaßgläubiger oder um Rechte handelt, die auch gegen den Nacherben oder Testamentsvollstrecker wirksam sind.[62])

Gänzlich unpfändbar ist endlich das Urheberrecht an Werken der Literatur, Tonkunst, der bildenden Künste und der Photographie, solange es dem Urheber persönlich zusteht, und er der Pfändung nicht zustimmt.[63])

## § 110. Verteilungsverfahren.

Bei der Geldvollstreckung in das bewegliche Vermögen kommt es zum Verteilungsverfahren, wenn die Zwangsvollstreckung mit der Hinterlegung eines Geldbetrages für mehrere Gläubiger[1]) abgeschlossen hat und dieser zur Befriedigung der beteiligten Gläubiger nicht hinreicht.[2])

Das zuständige Gericht ergibt sich aus den Einzelbestimmungen.

Das Verfahren beginnt mit der gerichtlichen Aufforderung an die beteiligten Gläubiger zur Einreichung von Berechnungen.[3])

Sodann erfolgt die Anfertigung des Teilungsplans auf Grund der Berechnungen in den über die Hinterlegung eingegangenen

[59]) § 857⁴. [60]) § 861. [61]) § 862.

[62]) § 863¹ u. ², oben § 97 A. 77, § 98 A. 19.

[63]) Lit Urh.G. § 10, Kunst Urh.G. § 14

[1]) Also nicht im Falle § 805⁴.

[2]) §§ 827² u. ³, 853, 854² u. ³, 858⁶, oben §§ 108, 109. — Reicht der Betrag hin, so nimmt das Gericht die Befriedigung ohne besonderes Verteilungsverfahren vor.

[3]) § 873.

Anzeigen und deren Unterlagen und bei dem Erlös aus einer Schiffspart auch auf Grund des Schiffsregisters.[4])

In dem anzuberaumenden Verteilungstermin wird, wenn kein Widerspruch erfolgt, der Plan alsbald ausgeführt, ebenso wenn ein Widerspruch sich erledigt oder der Gläubiger nicht erscheint. Bei nur teilweisem Widerspruch ist teilweise Ausführung möglich. Bezüglich nicht erschienener Gläubiger wird angenommen, daß sie mit dem Plan einverstanden sind und Widersprüche anderer gegen ihn nicht für begründet halten.[5])

Die aufrecht erhaltenen Widersprüche sind binnen Monatsfrist im besonderen Rechtsstreit bei dem Verteilungsgericht, und wenn dessen sachliche Zuständigkeit auch nur hinsichtlich eines Widerspruchs überschritten wird, bei dem Landgericht des Bezirks geltend zu machen.[6])

Das Urteil soll entweder die Auszahlung bestimmter Beträge an bestimmte Gläubiger oder ein anderweites Verteilungsverfahren auf Grund eines neuen Planes anordnen.[7]) Das Verteilungsgericht veranlaßt in Ausführung des Urteils die Auszahlung oder das anderweite Verteilungsverfahren.[8])

Dem widersprechenden Gläubiger geht durch Versäumung der Frist für die Widerspruchsklage oder durch deren Zurücknahme und durch die Ausführung des Plans das Recht nicht verloren, sein besseres Recht auf den Erlös gegenüber unberechtigten Empfängern geltend zu machen.[9]) Mit Rücksicht darauf ergeht auch das Versäumnisurteil gegen den Kläger im Widerspruchsrechtsstreit nicht auf Sachabweisung, sondern mit der eine bloße Prozeßabweisung[10]) darstellenden Formel, daß der Widerspruch als zurückgenommen anzusehen sei.[11])

## § 111. In Liegenschaften.[1])

Es bestehen nebeneinander drei Vollstreckungsarten: Zwangshypothek, Zwangsversteigerung und Zwangsverwaltung nach Wahl des Gläubigers. Nur bei Schiffen handelt es sich ausschließlich um die Zwangsversteigerung.[2])

---

[4]) § 874 mit § 856[6]. — Für unvertretene Kriegsteilnehmer G. 4. 8. 14 § 7 Nr. 2.

[5]) Näheres §§ 875—877. [6]) §§ 878, 879. [7]) § 880.

[8]) § 882. [9]) § 878[2]. [10]) Oben § 36 A. 6. [11]) § 881.

[1]) Begriff oben § 107 A. 7 ff. — Für Lehen, Familienfideikommisse, Erbgüter Bay. A.G.G.B.O. u. Z.V. a. 34—36.

[2]) §§ 866[1], 870, 871. Zulassigkeit der Häufung oben § 94 A. 39.

Während die Zwangshypothek in der Zivilprozeßordnung geregelt wurde, ist die nähere Ordnung von Zwangsversteigerung und Zwangsverwaltung in einem besonderen Reichsgesetz mit seinem Einführungsgesetz und den ergänzenden Landesgesetzen gegeben.[3]) Doch ist diese Sonderregelung als Bestandteil der Zivilprozeßordnung zu behandeln.[4])

I. Zwangshypothek. Die dem französischen Recht[5]) entstammende Zwangshypothek, welcher wegen ihrer dem gesunden Realkredit schädlichen Wirkung ernste wirtschaftliche Bedenken entgegenstehen,[6]) kann nur bei persönlichen Forderungen in Frage kommen. Sie führt auch nicht zu unmittelbarer Befriedigung der Forderung, sondern zur Schaffung eines neuen, Sicherheit gewährenden Privatrechts, dessen Verwirklichung nicht mit zu diesem Zwangsvollstreckungsverfahren gehört. Gleichwohl will das Gesetz die Eintragung der Zwangshypothek als Zwangsvollstreckungsmaßregel behandelt haben.[7])

Besondere Schranken sind der Zwangshypothek dadurch gesetzt, daß sie nur für eine Forderung zulässig ist, welche ohne Berücksichtigung von Nebenforderungen den Betrag von 300 Mark übersteigt,[8]) sowie dadurch, daß die Zwangshypothek nicht als Gesamthypothek eingetragen werden darf, vielmehr in den vom Gläubiger zu bestimmenden Teilen auf die einzelnen in Anspruch genommenen Grundstücke zu verteilen ist.[9])

---

[3]) § 869, oben § 3 Nr. 9, § 4 I, 1 a. E. — Bezüglich des Landesrechts greifen hier die Vorbehalte für das Bürgerliche Recht unmittelbar Platz, E.Z.V. § 2, pr. A.G.Z.V. 23. 9. 99, bay. A.G.G.B.O. u. Z.V. 9. 6. 99, sächs. Z.V.G. 18. 6 00.

[4]) N. 73, 195. — Das G. behandelt aber auch die Zwangsversteigerung auf Antrag des Konkursverwalters (unten § 121) und die außerhalb der streitigen Zivilgerichtsbarkeit liegenden Fälle der Zwangsversteigerung zur Befriedigung dinglicher Nachlaßforderungen auf Antrag des Erben (§§ 175—179) und zur Aufhebung einer Gemeinschaft (§§ 180—184). — Außerhalb der streitigen Gerichtsbarkeit liegen auch die landesrechtlichen Fälle der Zwangsversteigerung aus bergrechtlichen Gründen (pr. A.G. a. 23—27, bay. A.G. a. 44—51, sächs. Allg. Bergb.G. §§ 169 b—e, sowie von verfallenen Grundstücken (pr. A.G. a. 28—32, sächs. Z.V G. §§ 30—35). Ebenso das Verteilungsverfahren bei Enteignungen, E.B.G.B. a. 52, 53, 109, pr. A.G.Z.V. a. 35—41.

[5]) Code civil a. 2123.

[6]) O Fischer, Vortrag über das Sachenrecht S. 60 und Iherings J. 38, 370.

[7]) § 866[1]. [8]) § 866[3].

[9]) § 867[2]. — Das französ. Recht gab nur action en réduction ou en radiation, code civil a. 2161.

Der Zwangsvollstreckungsantrag ist an das zuständige Grundbuchamt zu richten,[10]) welches sowohl die allgemeinen Voraussetzungen der Zwangsvollstreckung,[11]) wie die grundbuchordnungsmäßigen Voraussetzungen einer Eintragung[12]) zu prüfen hat. Das weitere Verfahren, auch das Rechtsmittelverfahren, ist im allgemeinen das der freiwilligen Gerichtsbarkeit.[13]) Jedoch gelten die Vorschriften über Aufhebung und Einstellung der Zwangsvollstreckungen.[14])

Die Zwangshypothek wird als Sicherungshypothek[15]) eingetragen, welche sich auch auf die dem Schuldner zur Last fallenden Eintragungskosten erstreckt.[16]) Die Eintragung wird auch auf dem Schuldtitel vermerkt.[17])

Mit Rücksicht auf die Grundsätze des bürgerlichen Rechts über die Umwandlung von Hypotheken in Eigentümergrundschulden bei Wegfall des Gläubigerrechts[18]) ist bestimmt, daß, wenn die Vollstreckung aufgehoben oder abgewendet wird, die Zwangshypothek nicht zu löschen ist, sondern sich in eine Eigentümergrundschuld verwandelt.[19])

II. Zwangsversteigerung.[20]) Von den bei der Zwangsversteigerung von Schiffen sich ergebenden Besonderheiten wird zunächst abgesehen.

Zuständig ist als Vollstreckungsgericht das Amtsgericht der belegenen Sache.[21]) Ein gemeinsames Verfahren für mehrere Liegenschaften setzt Mithaft oder Zugehörigkeit zu demselben Vermögen voraus.[22])

Ausgeschlossen ist die Zwangsversteigerung durch Reichs- und Landesrecht wegen gewisser Kosten-, Steuer- und Strafforderungen des Staates.[23])

---

[10]) § 867¹. [11]) Wegen § 866¹.

[12]) Insbesondere Eintragung des Schuldners oder seines Erblassers im Grundbuche, G.B.O. §§ 40, 41, nötigenfalls vom Gläubiger herbeizuführen, § 14.

[13]) G.B.O. §§ 13 ff., 71 ff. [14]) Oben §§ 102, 103.

[15]) B.G.B. § 1184. [16]) § 867¹ S. 3.

[17]) § 867¹ S. 1. [18]) B.G.B. § 1163. [19]) § 868.

[20]) Unzulässig nach Kriegsrecht gegen Kriegsteilnehmer im engeren Sinne (oben § 37 A. 38) G. 4. 8. 14 § 5.

[21]) Z.V. § 1. Bestimmung durch das höhere Gericht § 2 und G. 22. 5. 10 a. 5. Landesrechtliche Übertragung eines Teils der Geschäfte auf Notare und andere Behörden, oben § 95 A. 11.

[22]) Z.V. § 18.

[23]) W.Stemp.G. § 22, R.Stemp.G. § 8, Erbschaftssteuer G § 18, pr. G.K.G. § 76, G. 26. 7. 97 §§ 1, 54², G. 2. 5. 00 § 9, Stemp.G. § 22.

Für die Befriedigung aus dem Erlöse besteht eine besondere Rangordnung, welche den im bürgerlichen Recht bestimmten Rang der dinglichen Rechte ergänzt und abändert.

Vor die Ansprüche aus Rechten an der Sache werden die aus den Nutzungen nicht deckbaren Ansprüche eines die bis zum Zuschlage fortdauernde Zwangsverwaltung betreibenden Gläubigers auf Ersatz seiner Ausgaben zur Erhaltung oder nötigen Verbesserung des Grundstücks, die Ansprüche des Wirtschaftspersonals für das letzte Jahr und die Ansprüche auf Entrichtung der öffentlichen Grundlasten für die letzten zwei Jahre[24]) gestellt.

Sodann folgen die vor der Beschlagnahme entstandenen Rechte an der Liegenschaft. Doch kommen die wiederkehrenden Leistungen vor dem betreibenden Gläubiger nur insoweit in Betracht, als sie sich auf die letzten zwei Jahre beziehen.[25])

Es folgen dann die Ansprüche der betreibenden Gläubiger nach dem Alter der Beschlagnahme, sofern nicht ihnen oder den für sie bestehenden Hypotheken schon ein höherer Rang beiwohnt.[26])

Auf den etwa verbleibenden Rest sind die Rechte an der Liegenschaft und die Ansprüche aus öffentlichen Lasten soweit angewiesen, als sie dem betreibenden Gläubiger nachstehen.[27]) Überall werden die Kosten der Kündigung und der die Feststellung der Sachhaftung bezweckenden Rechtsverfolgung zugeschlagen.[28])

Soweit die hiernach Befriedigungsberechtigten nicht zu den betreibenden Gläubigern gehören, werden sie, wie bereits bemerkt wurde,[29]) gleichwohl als Beteiligte zugezogen, wenn ihr Recht angemeldet und bei Widerspruch glaubhaft gemacht wird oder aus dem Grundbuch ersichtlich ist.[30])

---

[24]) Z.V. § 10 Nr. 1—3. Bezüglich landesrechtlicher Vorrechte E.Z.V. §§ $2^{2}$, 3, 4, pr. A.G.Z.V. a. 1—3, 12, 17, 34, bay. A.G.G.V.O. u. Z.V. a. 23, 24, 38, 39. — Zeitliche Erweiterung durch das Kriegsrecht, V. 22. 4. 15 (S. 235).

[25]) Z.V. §§ 10 Nr. 5, $11^{1}$, 13. Für Eigentümergrundschulden keine Zinsen, B.G.B. § $1197^{2}$.

[26]) Z.V. §§ 10 Nr. 5, $11^{2}$, 22. [27]) Z.V. §§ 10 Nr. 6—8, $11^{1}$.

[28]) Z.V. § $10^{2}$. Wegen des Ranges der Kosten und Nebenleistungen gegenüber dem Hauptanspruche § 12. — Ansprüche von unbestimmter Höhe werden als durch die Feststellung der Höhe bedingt behandelt, § 14.

[29]) Oben § 98 A. 6.

[30]) Z.V. §§ 9, 37. — Landesrechtliche Einschränkung der Berücksichtigung älterer Eintragungen E.Z.V. § 8, pr. A G Z.V. a. 33. — Befreiung der pr. Kreditanstalten von der Glaubhaftmachung, Krech-Fischer A. 7 zu Z V. § 37. — Bei

Die Zwangsversteigerung ergreift nicht die gesamte zum unbeweglichen Vermögen gehörige Masse,[31]) vielmehr sind die Miet- und Pachtzinsforderungen, sowie die Ansprüche aus einem mit dem Eigentum an der Liegenschaft verbundene Rechte auf wiederkehrende Leistungen ausgenommen.[32]) Ferner scheiden die Erzeugnisse aus, wenn sie die Bestandteil- oder Zubehöreigenschaft verloren haben.[33]) Auch der Fruchtgenuß des Pächters fällt zunächst nicht in die Masse.[34])

Die Anordnung der Zwangsversteigerung erfolgt unter den allgemeinen Voraussetzungen.[35]) Die Eintragung des Schuldners oder der urkundliche Nachweis seiner Eigenschaft als Erbe des Eingetragenen ist auch dann erforderlich, wenn die Parteirichtigkeit[36]) nicht davon abhängt.[37]) Für einen späteren Antragsteller erfolgt sie durch Zulassung des Beitritts.[38]) Die erste Anordnung wird durch den Eintrag des nach Beendigung des Verfahrens wieder zu löschenden Zwangsversteigerungsvermerks mit Rechtsscheinwirkung bekleidet.[39]) Sie hat die Beschlagnahme der Liegenschaft und der mitergriffenen Masse für den betreibenden Gläubiger zur Folge, welche mit der Zustellung an den Schuldner oder der früheren Eintragung des Vermerks, Drittschuldnern gegenüber aber erst durch Kenntnis oder Zustellung eines besonders zu beantragenden Zahlungsverbots wirksam wird.[40])

---

Bergwerken ist nach Landesrecht der Grubenvorstand bezw. die Gewerkschaft auch dann Beteiligter, wenn sie es nicht schon aus anderen Gründen ist, pr. A.G Z.V. §§ 15, 16, bay. A.G.G.B.O. u. Z V. a. 40.

[31]) Oben § 107 A. 24.

[32]) Z.V. § 21².

[33]) Z.V. § 21¹. — Für Bergwerke A.G.Z.V. a. 19, bay. A.G.G.B.O. u. Z.V. a. 41.

[34]) Z.V. § 21³.

[35]) Z.V. §§ 15, 16, oben § 101 A. 5. — Wegen der Beifügung eines Auszugs aus dem Steuerbuche E Z.V. § 5, pr. A.G Z.V. a. 4. — Pflicht des Gläubigers zur Benachrichtigung des persönlichen Schuldners B.G.B. § 1166. — Für Bergwerke pr. A.G.Z.V. a. 15, 18, bay. A.G.G.B.O. u. Z.V. a. 43. — Befreiung der pr. Kreditanstalten vom Schuldtitel, O. Fischer, Zwangsv. i. d. u. Bm. A. 4 zu Z.V. § 16.

[36]) Oben § 98 A. 31.

[37]) Z.V. § 17. Daher muß der Gläubiger zu dem Antrage auf Grundbuchberichtigung auch dann berechtigt sein, wenn ihm G.B.O. § 14 (oben A. 12) nicht zur Seite steht.

[38]) Z.V. § 27.

[39]) Z V. §§ 19, 34.

[40]) Z.V. §§ 20, 22.

Die Beschlagnahme begründet zwar kein Pfandrecht, wohl aber ein Veräußerungsverbot zugunsten des betreibenden Gläubigers.[41])

Erfolgt der Betrieb des Verfahrens auf Grund der Sachhaftung, so wird es gegen jeden neuen Erwerber ohne weiteres fortgesetzt.[42]) Im übrigen werden zufolge den auch gegenüber solchen Veräußerungsverboten wirksam bleibenden Grundsätzen über den Erwerb vom Scheinberechtigten die vor der Eintragung des Vermerks erfolgten rechtsgeschäftlichen Erwerbe, Befreiungen und sonstigen Rechtsänderungen von der Beschlagnahme nicht betroffen, wenn der Dritte den Versteigerungsantrag nicht kannte, oder, soweit es sich um Fahrnis handelt, seine Unkenntnis nicht auf grober Fahrlässigkeit beruhte.[43])

Verwaltung, Nutzung und die daraus sich ergebende Verfügungsmacht bleiben, wenn nicht Zwangsverwaltung eingeleitet ist, dem Schuldner innerhalb der Grenzen ordnungsmäßiger Wirtschaft[44]) und vorbehaltlich der im Gefährdungsfalle auf Antrag des vorschußpflichtigen Gläubigers zu treffenden gerichtlichen Maßnahmen.[45])

Das Gericht bestimmt nach Eingang der vom Grundbuchamt zu gebenden Nachrichten[46]) den Versteigerungstermin,[47]) stellt die Bestimmung nebst einer Mitteilung über die Ansprüche der betreibenden Gläubiger den Beteiligten zu[48]) und erläßt eine öffentliche Bekanntmachung der Versteigerung, mit welcher ein Aufgebot Aller verbunden wird, welche Rechte an dem Gegenstand der Versteigerung beanspruchen.[49])

Abweichend von dem vor 1883 in Preußen geltenden Recht, aber in Übereinstimmung mit der römischen und gemeinrechtlichen Entwicklung haben Berechtigte, deren Ansprüche denen des Bestberechtigten der betreibenden Gläubiger vorgehen, nicht nur ein Recht auf vorzugsweise Befriedigung, sondern ein die Zwangsversteigerung hinderndes Recht,

---

[41]) Z.V. § 23² mit B.G.B. §§ 135, 136. Vgl. auch B.G.B. §§ 1121 bis 24, 1126.

[42]) Z.V. § 26. [43]) Z.V. § 23². [44]) Z.V. § 24.

[45]) Z.V. § 25. [46]) Z.V. § 19².

[47]) Z.V. §§ 36—38, E.Z.V. § 6, pr. Allg. Vf. 7. 12. 99. — Für Bergwerke pr. A.G.Z.V. a. 15, 20, bay. A.G.G.V.O. u. Z.V. a. 42.

[48]) Z.V. § 41.

[49]) Z.V. §§ 37, 39, 40 mit E.Z.V. §§ 7, 8², pr. A.G.Z.V. a. 5, bay. A.G.G.V.O. u. Z.V. a. 26. — Mindestzwischenfristen Z.V. § 43. — Offenlegung der Nachweisungen § 42.

insofern der Zuschlag nur zu einem Gebote erfolgen darf, welches neben den Kosten des Verfahrens ihre Ansprüche voll deckt.[50])

Mit diesem sogenannten Deckungsgrundsatz ist der Übernahmegrundsatz in der Weise verbunden, daß von den ungekündigten Ansprüchen[51]) aus Rechten an Grundstücken, welche den Rechten des betreibenden Gläubigers vorgehen, die Hauptansprüche (Kapital) nicht aus dem Bargebot des Erstehers zu befriedigen, sondern mit der persönlichen Schuld ohne Anrechnung auf das Bargebot von dem Ersteher zu übernehmen sind.[52])

Im Versteigerungstermine[53]) wird nach Mitteilungen über den Gegenstand, die betreibenden Gläubiger und die sonstigen angemeldeten Beteiligten das dem Deckungs- und Übernahmegrundsatz angepaßte geringste Gebot (zu übernehmende Rechte und Mindestbargebot) gemäß dem Grundbuch und den erfolgten Anmeldungen, regelmäßig mit Hilfe eines Rechnungsverständigen festgestellt.[54])

Doch können Abweichungen von dem Erfordernisse des geringsten Gebots und den sonstigen aus dem Gesetz sich ergebenden Erwerbsbedingungen, insbesondere Zahlungsfristen auf Antrag, teils nur mit Zustimmung der Beteiligten, teils auch ohne eine solche, festgesetzt, auch ein doppeltes Ausgebot, mit und ohne jene Abweichungen, veranlaßt werden.[55])

Sodann wird nach Hinweis auf den damit eintretenden Ausschluß für Anmeldungen zur Abgabe von Bargeboten aufgefordert.[56]) Werden mehrere Grundstücke versteigert, so kann neben dem Einzelausgebot ein Gesamtausgebot stattfinden.[57]) Fahrnis kann behufs besonderer Verwertung von dem Ausgebot ausgeschlossen werden.[58])

---

[50]) Z.V. § 44.

[51]) Wirkung der Kündigung gegen den Ersteher Z.V. § 54.

[52]) Z.V. § 49. Wegen Erlöschens der Haftung des Schuldners Z.V. §§ 53, 54.

[53]) Vorbereitende Erörterungen nach Z.V. § 62.

[54]) Z.V. §§ 44, 45, 49, 66¹. — Wegen wiederkehrender Leistungen §§ 46, 47, bedingter Rechte § 48.

[55]) Z.V. §§ 59—61.

[56]) Z.V. § 66².

[57]) Z.V. § 63. Wegen Behandlung von Gesamtpfändern dabei § 64, E.G.Z.V. § 11, pr. A.G.Z.V. a. 8 (für Bergwerke a. 15, 21), bay. A.G.G.B.O. u. Z.V. a. 29.

[58]) Z.V. § 65. Der Erlös ist zu hinterlegen. Für den Krieg V. 24. 5. 17.

Für die Gebote muß auf Verlangen eines Beteiligten Sicherheit geleistet werden.[59])

Nicht offenkundige Vertretungsmacht ist durch öffentliche Urkunde nachzuweisen.[60])

Unzulässige Gebote werden sofort zurückgewiesen.[61])

Jedes Gebot erlischt auch durch Übergebot, sowie durch Aufhebung des Versteigerungstermins oder einstweilige Einstellung des Verfahrens.[62])

Die Versteigerung, welche mindestens eine Stunde dauern muß, wird vom Gericht geschlossen, nachdem auf dreimalige Verkündigung des letzten Gebots ein Übergebot nicht mehr erfolgte.[63])

Die Beteiligten werden über die Erteilung des Zuschlags gehört[64]) und bei Streit sind Anträge und Sachverhältnis in die Versteigerungsniederschrift aufzunehmen.[65]) Diese ist für die Entscheidung über die Erteilung des Zuschlags maßgebend, soweit es auf die Vorgänge im Versteigerungstermin ankommt.[66]) Dagegen sind, wenn ein Verkündungstermin bestimmt wird, auch nach dem Versteigerungstermin[67]) eingetretene oder vorgebrachte Tatumstände nach erneuter Anhörung der Beteiligten zu berücksichtigen,[68]) wie z. B. Zahlung der Schuld und Kosten an das Gericht,[69]) oder ein Zurücknahmeantrag eines Gläubigers, und zwar auch dann, wenn er nicht die Beendigung des Verfahrens herbeiführt,[70]) sondern nur eine anderweite Feststellung des geringsten Gebots bedingt.[71])

Dagegen darf der gegen Erbieten zu Schadensersatz und Sicherheitsleistung zulässige Antrag eines Beteiligten auf Bestimmung eines neuen Versteigerungstermins nur berücksichtigt werden, wenn er bis zum Schluß der Verhandlung im Versteigerungstermin gestellt wird.[72])

---

[59]) Z.V. §§ 67—70. — Erleichterungen nach Landesrecht E.Z.V. § 10, pr. A.G.Z.V. a. 9, 10, bay. A.G.G.B.O. u. Z.V. a. 30, 31, Wertpapiere während des Krieges V. 22. 12. 14 (S. 541).

[60]) Z.V. § 71². Insbesondere auch die dazu erforderliche Zustimmung eines Anderen, insbesondere einer Behörde.

[61]) Z.V. §§ 71¹, 72².
[62]) Z.V. § 72.
[63]) Z.V. § 73.
[64]) Z.V. § 74.
[65]) Z.V. § 78.
[66]) Z.V. § 80.
[67]) Z.V. § 87¹, ².
[68]) Z.V. § 87³.
[69]) Z.V. § 75.

[70]) Z.V. §§ 29, 30, 83 Nr. 6.

[71]) Z.V. §§ 44, 83 Nr. 1. O. Fischer im Z.P.Z. 45, 35.

[72]) Z.V. § 85.

Frühere im Verfahren getroffene Entscheidungen sind bei der Entscheidung über den Zuschlag nicht bindend.[73])

Die Versagung des Zuschlags darf nur aus den gesetzlich bestimmten Gründen erfolgen, welche übrigens zum Teil nur auf Rüge des Benachteiligten beachtet und durch dessen Genehmigung beseitigt werden.[74])

Für die sofortige Beschwerde gegen die Entscheidung über Erteilung oder Versagung des Zuschlags sind die Parteirollen,[75]) der Fristbeginn[76]) und die Zustellung[77]) besonders geregelt. Der Entscheidungsstoff beschränkt sich auf die Vorschriften über die Erteilung und Versagung des Zuschlags und die Zuschlagsbedingungen.[78]) Falls nicht die Zurückweisung der Beschwerde erfolgt, muß die Beschwerdeinstanz selbst die sachliche Entscheidung treffen.[79])

Wird der Zuschlag versagt, so ist das Verfahren, wenn sich die Fortsetzung als unzulässig erwiesen hat, als aufgehoben, sonst als einstweilig eingestellt anzusehen, so daß Bestimmung eines neuen Versteigerungstermins nur auf Antrag erfolgt.[80])

Der Beschluß, welcher dem Meistbietenden bezw., unter Aufrechterhaltung der gesamtschuldnerischen Mithaft des Meistbietenden, dem von ihm Vertretenen oder seinem Rechtsnachfolger den Zuschlag erteilt, muß die Liegenschaft, das Gebot, die von den gesetzlichen Bestimmungen abweichenden Erwerbsbedingungen, den Ersteher und die Dritten bezeichnen, welche an Stelle des Erstehers oder neben diesem für das Gebot haften.[81]) Die Kosten des Zuschlags treffen den Ersteher auch ohne besonderen Ausspruch.[82])

Die Zuschlagserteilung wird schon mit der Verkündung bezw., wenn sie von der Beschwerdeinstanz erfolgt, mit der Zustellung an den Ersteher wirksam, während die Unabänderlichkeit (förmliche Rechtskraft) erst mit dem Ablauf der

[73]) Z.V. § 79.

[74]) Z.V. §§ 83—85. Nach Kriegsrecht Versagung wegen mangelnder Deckung eines innerhalb $^3/_4$ des Wertes liegenden dinglichen Rechts (V. 8. 6. 16 [S. 454] §§ 12, 13 [Anhörung des Einigungsamts], 18 [Kosten]), ferner zur Verhütung des Ausfalls eines unvertretenen Kriegsteilnehmers im engeren Sinne (oben § 37 A. 38) G. 4. 8. 14 § 7 Nr. 3 u. 4.

[75]) Z.V. §§ 97, $99^1$, $100^2$, 102. [76]) Z.V. § 98. [77]) Z.V. § 103.

[78]) Z.V. § 100. [79]) Z.V. § 101.

[80]) Z.V. § 86, oben § 102 A. 13, § 103 A. 16.

[81]) Z.V. §§ 81, 82. [82]) Z.V. § 58.

Beschwerdefrist bezw. der Erledigung des Beschwerdeverfahrens eintritt, so daß die Aufhebung des Zuschlags, sobald sie unabänderlich geworden ist, die Wirkungen des Zuschlags rückziehend beseitigt.[83])

Der Zuschlag überträgt abweichend von der Fahrnisvollstreckung ohne Übergabe oder Eintragung im Grundbuch und ohne Zahlung des Bargebots das Eigentum an der Liegenschaft nach Maßgabe des Grundbuchs, ebenso das Eigentum an den nicht ausgeschlossenen sonstigen Gegenständen, an denen die Beschlagnahme noch wirksam ist. Mit dem Eigentum gehen auch Nutzungen und Lasten über.[84]) Ebenso die Gefahr bezüglich der Liegenschaft selbst, während sie bezüglich der sonstigen Gegenstände schon mit dem Schlusse der Versteigerung übergeht.[85])

Für den Eigentumserwerb an der Liegenschaft selbst ist lediglich[86]) die, allerdings der Auslegung fähige, Bezeichnung im Zuschlagsbeschluß in Verbindung mit dem Grundbuch[87]) und dessen Grundlagen (Grundstücksverzeichnis und Flurkarte) sowie in dem mit der Versteigerungsbekanntmachung verbundenen Aufgebot maßgebend,[88]) während für die Zubehörstücke der Besitz des Schuldners solange den Erwerb sichert, als nicht der dritte Eigentümer wenigstens die einstweilige Einstellung des Verfahrens herbeigeführt hat,[89]) so daß es weder auf den guten oder bösen Glauben des Erstehers noch auf seinen Erwerbswillen irgendwie ankommt.

Es findet also ebensowenig wie bei der Fahrnisversteigerung[90]) der Abschluß eines Kaufvertrages oder des zur Bewirkung des freiwilligen Eigentumsübergangs erforderlichen dinglichen Vertrages statt, vielmehr handelt es sich um einen Eigentumserwerb lediglich auf Grund einer einseitigen Handlung der Staatsgewalt.[91])

---

[83]) Z.V. §§ 81, 89, 90¹, 101. [84]) Z.V. §§ 90, 95.

[85]) Z.V. § 56.

[86]) Tatsächliche Benutzungen der anderen Grundstücke des Schuldners verwandeln sich also nicht in Grunddienstbarkeiten.

[87]) Bei Doppelbuchung geht das Recht des anderen eingetragenen Eigentümers nicht verloren.

[88]) Z.V. §§ 90, 82, 37 Nr. 1, 4, 5. [89]) Z.V. § 55².

[90]) Oben § 108 A. 32.

[91]) So schon Krech-Fischer, Kommentar zur pr. Subh.O. (1884) S. 111 ff. R. 45, 284. — Der Erwerb durch eine Aktiengesellschaft ist im Gegensatz zum Kauf nicht von der Genehmigung der Gen.Vers. abhängig, H.G.B. § 207⁵.

Verpflichtungen eines Verkäufers, insbesondere Gewährleistung für tatsächliche oder rechtliche Mängel, bestehen auch in diesem Falle nicht.[92])

Mit dem Zuschlage erlöschen auch alle Rechte, insbesondere die Dienstbarkeiten, an den erworbenen Gegenständen, soweit sie nicht auf den Ersteher überzugehen haben oder das Bestehenbleiben zwischen dem Ersteher und dem Berechtigten vereinbart war mit der Maßgabe, daß bezüglich ihrer der Versteigerungserlös an die Stelle des Gegenstandes tritt, so daß es sich bei nicht auf Geld gehenden Rechten nur um Geldersatz in Kapital oder Rente handeln kann.[93])

Überzugehen haben zunächst die bei dem geringsten Gebot berücksichtigten Rechte. Außerdem die Überbau- und Notwegsrechte, sowie nach Landesrecht nicht der Eintragung bedürftige Rechte.[94])

Zu den im Besitz befindlichen Mietern und Pächtern tritt der Ersteher in das gleiche Verhältnis wie bei der Veräußerung durch den Eigentümer.[95]) Das gilt auch bezüglich der beschränkten Wirksamkeit der Vorausverfügungen über den Miet- und Pachtzins. Jedoch ist der Ersteher anders wie ein Käufer zur Kündigung mit der gesetzlichen für den nächsten möglichen Zeitpunkt berechtigt.[96]) Maßgebender Zeitpunkt für die Unwirksamkeit jener Vorausverfügungen ist hier nicht erst der Eigentumsübergang, sondern schon die Beschlagnahme, worüber die Mieter und Pächter bei der Nachricht von ihr belehrt werden.[97])

Den Besitz des Grundstücks und die Herausgabe der miterworbenen Fahrnis kann der Ersteher auf Grund des Zuschlagsbeschlusses als Vollstreckungstitel erzwingen, sofern nicht ein durch den Zuschlag nicht erloschenes Recht auf den Besitz, also namentlich Nießbrauch und Miete, entgegenstehen.[98])

Doch können Befriedigungsberechtigte die gerichtliche Verwaltung des Grundstücks bis zur Zahlung oder Hinterlegung des Bargebots verlangen.[99])

---

[92]) Z.V. § 56 S. 3.

[93]) Z.V. § 52[1], 91, 92 — Unbegrenzt, wenn nicht ein Höchstbetrag eingetragen war, B.G.B. § 882.

[94]) Z.V. § 52[2], E.Z.V. § 9, pr. A.G.Z.V. a. 6 (z. B. Vorkaufsrecht des Teilenteigneten, A.G.B.G.B. a. 22), bay. A.G.G.B.O. u. Z.V. a. 27.

[95]) Z.V. § 57, pr. A.G.Z.V. a. 7, bay. A.G.G.B.O. u. Z.V. a. 28.

[96]) Z.V. § 57 a. [97]) Z.V. § 57 b.

[98]) Z.V. § 93[1]. Keine Pflicht zum Verwendungsersatz § 93[2].

[99]) Z.V. § 94.

Zur Durchführung der Befriedigung ist abweichend von der Fahrnisvollstreckung in jedem Falle ein Verteilungsverfahren erforderlich, da stets neben dem betreibenden Gläubiger andere Beteiligte zu befriedigen sind und selten der Erlös zur Befriedigung ausreichen wird.[100])

Doch kann die gerichtliche Verteilung durch die Einigung sämtlicher an der Barbefriedigung Beteiligten, sowie dadurch vermieden werden, daß der Ersteher die durch das Bargebot Gedeckten befriedigt oder von ihnen als alleiniger Schuldner angenommen wird.[101])

In dem Verteilungstermin, mit dessen Bestimmung[102]) eine Aufforderung zur Einreichung von Berechnungen der zu befriedigenden Ansprüche verbunden werden kann,[103]) hat der Ersteher das Bargebot nebst Zinsen seit dem Zuschlage an das Gericht zu zahlen,[104]) wenn er nicht zuvor schon hinterlegt hatte.[105]) Soweit er nicht zahlt, wird die geleistete Sicherheit in Anspruch genommen. Im übrigen tritt an die Stelle der Auszahlung der ausgebliebenen Einzahlung die Übertragung von vollstreckbaren Forderungen gegen den Ersteher unter Eintragung ebenfalls vollstreckbarer Sicherheitshypotheken,[106]) welche die Wirkung einer Befriedigung aus dem Grundstücke hat.[107])

Die Grundlage des Verteilungsverfahrens bildet, wie beim Fahrnisverteilungsverfahren, ein gerichtlicher, meistens mit Hilfe eines Rechnungsverständigen gefertigter Verteilungsplan, der die festzustellende Verteilungsmasse und sowohl die bestehenbleibenden wie die zur Barzahlung geeigneten Rechte mit ihrem Range auf der Grundlage des Grundbuchs und der Anmeldungen angibt[108]) und die Masse nach Vorwegnahme der Kosten des Verfahrens verteilt.[109])

---

100) Z.V. § 105. — Über Begünstigungen unvertretener Kriegsteilnehmer G. 4. 8. 14 § 3 Nr. 2.

101) Z.V. §§ 143—145.

102) Z.V. § $105^{1-3}$. Wahrung einer Frist für die Zahlungspflichtigen § $105^{4}$.

103) Z.V. § 106. 104) Z.V. §§ $49^{1, 2}$, $107^{2}$.

105) Z.V. §§ $49^{3}$, $107^{3}$. Für den Krieg V. 24. 5. 17.

106) Besonderheiten hinsichtlich nicht eintragungsbedürftiger Forderungen, sowie der Zinsen und Kosten, Z.V. § 129.

107) Z.V. §§ $107^{2}$, 108, 118, 128, 132—134.

108) Z.V. §§ $107^{1}$, 113, 114. — Wegen der unvertretenen Kriegsteilnehmer im engeren Sinne G. 4. 8. 14 § 7 Nr. 2 u. 4.

109) Z.V. § 109.

Verspätete Anmeldung und Glaubhaftmachung hat den Rangverlust im Gefolge.[110])

Befristete Forderungen werden, unter Abzug des Zwischenzinses bei Unverzinslichkeit, als fällige behandelt.[111])

Der auf aufschiebend bedingte Forderungen entfallende Betrag wird bedingt hinterlegt oder übertragen, auch seine anderweitige Verteilung bei Wegfall des Anspruchs vorgesehen.[112])

Bei Geldrenten, die zum Ersatz einer persönlichen Dienstbarkeit oder Reallast dienen, wird die Gesamtsumme, jedoch höchstens der 25 fache Betrag der Jahresleistung angenommen.[113])

Ein Gesamterlös mehrerer Grundstücke ist erforderlichenfalls nach dem Wertverhältnisse der Grundstücke zu verteilen.[114])

Bei Gesamtbelastungen ist die Verteilung nach dem Verhältnisse des Erlöses vorzunehmen, auch bei der im Falle der Nichtzahlung des zugeteilten Betrages erforderlichen Übertragung der Forderung gegen den Ersteher Vorsorge für den Fall zu treffen, daß infolge der Besonderheiten des Gesamtpfandes das Befriedigungsrecht erlischt.[115])

Wenn die nach den Zuschlagsbedingungen ohne Anrechnung auf das Bargebot zu übernehmenden Grundpfänder oder anderen Rechte an der Sache zur Zeit des Zuschlags nicht bestehen oder bereits infolge des Eintritts oder Ausfalls einer Bedingung oder infolge der Besonderheiten des Gesamtpfandes erloschen sind, so ist der Ersteher verpflichtet, dafür einen Geldersatz zu leisten. Dieser wird aber nicht an das Gericht gezahlt, vielmehr im Verteilungsplan durch Zuteilung der Ersatzforderung berücksichtigt, welche aber im Gegensatz zu der Übertragung von Forderungen wegen Nichtzahlung des Bargebots nicht als Befriedigung aus dem Grundstück wirkt.[116])

Die Feststellung und Erledigung der Widersprüche gegen den Teilungsplan erfolgt wie bei der Fahrnisvollstreckung, mit Ausnahme des Widerspruchs des Schuldners gegen einen vollstreckbaren Anspruch und des Falles, daß bei einer unter entsprechender Bedingung übertragenen streitigen oder ungewissen Ersatzschuld des Erstehers über die Unbedingtheit zu entscheiden ist.[117])

---

[110]) Z.V. § 110.

[111]) Z.V. § 111.

[112]) Z.V. §§ 119, 120.

[113]) Z.V. § 121.

[114]) Z.V. § 112. — Das Landesrecht kann die Wertfeststellung regeln, oben A. 57.

[115]) Z.V. § 122, 123.

[116]) Z.V. §§ 50, 51, 125, auch 132¹ S. 2.

[117]) Z.V. §§ 115, 125².

Soweit nicht noch unerledigte Widersprüche die Ausführung hindern, wird der Plan durch Auszahlung oder Forderungsübertragung *ausgeführt*.[118])

Nach Rechtskraft des Zuschlags und Ausführung des Teilungsplans erfolgt die *Umschreibung* des Grundstücks im Grundbuche mit der sonstigen durch die Wirkung der Zwangsversteigerung erforderten *Grundbuchberichtigung*, insbesondere der Löschung der erloschenen Rechte, bei der auch die etwaigen Briefe unbrauchbar zu machen oder zu berichtigen sind.[119])

Hebungen, die nicht gezahlt werden können, gelangen zur *Hinterlegung* und später zum *Aufgebot*.[120])

Bei der Zwangsversteigerung von *Schiffen* bestehen eine Reihe von Abweichungen:[121])

1. Das Gericht ist *zuständig*, in dessen Bezirke sich das Schiff befindet.[122])

2. An die Stelle des Grundbuchs tritt bei inländischen Schiffen das *Schiffsregister*, auch bezüglich des dem Antrage beizufügenden Zeugnisses. Voraussetzung der Anordnung ist aber nicht die Eintragung ins Schiffsregister, sondern bei dem Verfahren gegen den Reeder oder Ausrüster der *Eigenbesitz*, bei dem Verfahren gegen den Schiffer die *Schiffsführung*.[123])

3. Unzulässig ist die Anordnung in ein *segelfertiges* Schiff, sofern es sich nicht um Reiseschulden handelt.[124])

4. Die Beschlagnahme gegen den Schiffer wirkt auch gegen den *Reeder*, wenn der Schuldtitel gegen ihn wirksam ist.[125])

5. Bei Anordnung der Zwangsversteigerung ist auch die *Überwachung* und *Verwahrung* anzuordnen, wodurch ebenfalls die Beschlagnahme herbeigeführt wird.[126])

---

[118]) Z.V. § 117 mit pr. A.G.Z.V. a. 11, bay. A.G.G.B.O. u. Z.V. a. 32, Z.V. § 118 und wegen Aussetzung bis zur Rechtskraft des Zuschlags § 116. — Vorrecht der pr. Kreditanstalten, Krech-Fischer A. 1 zu Z.V. § 165.

[119]) Z.V. §§ 127, 130, 131.

[120]) Z.V. §§ 126, 135—142, E.Z.V. § 12, pr. A.G.Z.V. a. 14, A.G Z. § 9, bay. A.G.Z.V. a. 33.

[121]) Z.V. § 162. [122]) Z.V. § $163^{1}$.

[123]) Z.V. §§ $163^{2}$, 164, $171^{1}$. Bei Wechsel des Schiffers Z.V. § $166^{2}$.

[124]) H.G.B. § 482. [125]) Z.V. § $166^{1}$, oben § 67 A. 44.

[126]) Z.V. §§ 165, 170, $171^{3}$. — Wegen der Terminsbestimmung §§ 167 168, $171^{2}$.

6. Bei der Rangordnung der Beteiligten ist die besondere Regelung des Schiffspfandrechts zu berücksichtigen.[127])

7. Das Deckungs- und Übernahmeprinzip findet keine Anwendung. Der Ersteher erwirbt das Schiff frei von allen Rechten.[128])

III. Zwangsverwaltung.[129])

Die Zwangsverwaltung, bei unveräußerlichen Liegenschaften das einzige Vollstreckungsmittel,[130]) bezweckt die Verwendung der Nutzungen der Liegenschaft zur Befriedigung der Gläubiger.[131])

Ein vom Gericht bestellter Verwalter,[132]) welcher nicht als Vertreter eines Beteiligten anzusehen ist, sondern als ein allen Beteiligten verantwortlicher Güterpfleger im eigenen Namen die ihm übertragene staatliche Aufgabe ausführt,[133]) wird in den Besitz des Grundstücks gesetzt mit der Aufgabe, dessen durch eigene Bewirtschaftung oder Verwertung des Benutzungsrechts zu gewinnenden Nutzungen zur Befriedigung der Gläubiger flüssig zu machen.[134])

Die Anordnung des Verfahrens ist in Voraussetzungen, Ausführung und Wirkungen im allgemeinen der Anordnung der Zwangsversteigerung nachgebildet.[135])

Die dem betreibenden Gläubiger vorgehenden Rechte an der Sache hindern das Verfahren nicht. Der Anspruch auf vorzugs-

[127]) B.G.B. § 1261, H.G.B. §§ 754, 766—770, 776, B.Sch.G. §§ 89, 97, 102, 106—109, Flöß G. § 28. Außerdem Z.V. § 169².

[128]) Z.V. § 169¹ mit § 52, H G.B. 764. Wegen der Sicherheitshypothek für nichtberichtigtes Kaufgeld § 169². — Vgl. auch H.G B. § 773, B Sch.G. § 113.

[129]) Bei pr. Bahneinheiten besteht die besondere Zwangsliquidation nach Maßgabe des Bahneinheitsgesetzes. Ein besonderer Fall der Zwangsverwaltung auch B.G.B. § 1052².

[130]) Oben § 97 A. 25, auch E.B.G.B. a. 60.

[131]) Z.V. §§ 152, 155.

[132]) Vorrecht der pr. Kreditanstalten auf eigene Anordnung und Verwaltung, O. Fischer Zwangsv. i. d. u. Vm. A. 5 zu § 146 u. A. 5 zu § 150.

[133]) Oben § 21 Nr. 11.

[134]) Z.V. §§ 150, 152—154. Geschäftsführung und Vergütung kann die Justizverwaltung regeln, E.Z V. § 14, pr. Allg. Vf. 8. 12. 99. — Mitteilung der Ernennung an die Bergbehörde, bay. A.G.Z.V. a. 43². — Belassung von Wohnräumen an den die Verwaltung nicht gefährdenden Schuldner, Z.V. § 149. — Nach Kriegsrecht kann der Schuldner (mit Aufsichtsperson) Verwalter sein, ebenso der Gläubiger und ein Bediensteter einer beteiligten staatlich beaufsichtigten Anstalt, V. 22. 4. 15.

[135]) Z.V. § 146. Bei der Durchführung der Sachhaftung gegenüber dem Eigenbesitzer ist dessen Eintragung im Grundbuche nicht erforderlich, § 147.

weise Befriedigung ist auf Zinsen und sonstige laufende Beträge beschränkt.[136])

Die Beschlagnahme, welche auch durch die Besitzergreifung des Verwalters wirksam wird, bezieht sich auch auf diejenigen zum Liegenschaftsvermögen gehörenden Gegenstände, welche die Zwangsversteigerung nicht erfaßt.[137])

Die Verteilungen erfolgen in bestimmten Zeiträumen auf Grund des bei der ersten Verteilung festgesetzten Teilungsplans.[138])

Eine wegen Ergebnislosigkeit aufzuhebende Zwangsversteigerung kann in eine Zwangsverwaltung umgeleitet werden, doch werden dann die Kosten der Zwangsversteigerung nicht aus den Nutzungen vorweg bestritten.[139])

## 3. Abschnitt.

## Schutz.[1])

### § 112. Arrest.

Der Arrest[2]) dient der Sicherung künftiger Geldvollstreckung,[3]) und zwar als dinglicher Arrest in der Richtung

---

[136]) Z.V. § 155[2]. Ausnahme für Revenüenhypotheken nach pr. A.G.Z.V. a. 13. Der Eigentümer erhält Grundschuldzinsen nur für die Dauer der Zwangsverwaltung, B.G.B. § 1197[2].

[137]) Z.V. §§ 148, 151. — Bedeutung der Beschlagnahme für die Wirksamkeit von Verfügungen und anderen Rechtsgeschäften bezüglich des Miet- und Pachtzinses, § 57[2,3].

[138]) Näheres Z.V. §§ 156—160. — Kostenfreiheit der als Kriegsfolge anzusehenden Zwangsverwaltung V. 22. 4. 15 § 5.

[139]) Z.V. § 77[2].

[1]) Zur Sicherung des Erfolges der Zwangsvollstreckung, insbesondere gegenüber beabsichtigten Störungen, dient neben dem strafrechtlichen Schutz (namentlich St.G.B. § 113 [Widerstand], § 137 [Siegelbruch], § 138 [Arrestbruch], § 288 [Beiseiteschaffung]) die Möglichkeit einer gänzlichen oder teilweisen Vorwegnahme der Vollstreckung durch Arrest (unten § 112) und einstweilige Verfügungen (unten § 113), ferner die Ermittlung von Vollstreckungsgegenständen durch Offenbarungseid (unten § 114), endlich die Heranziehung des aus der Zwangsvollstreckungsmasse Ausgeschiedenen im Wege der Anfechtung (unten § 115).

[2]) Wie das französische arrêt (Urteil) von arrestare (feststellen). Die deutschen Ausdrücke Kummer (Schles. Berg O. [1769] Kap. 72) oder Verkümmerung (pr. A.G.O. [1793] I 29 § 82) sind ungebräuchlich geworden.

[3]) Ist diese unzulässig, ist es auch der Arrest. Wegen der ausländischen Unternehmungen nach Kriegsrecht oben § 97 A. 27.

auf das Vermögen und als **persönlicher Arrest** gegen die Person des Schuldners.[4]) Die dem älteren deutschen Recht eigentümliche Einleitung eines Rechtsstreits durch Festnahme von Personen oder Sachen ist im mittelalterlichen italienischen Recht dahin umgebildet, daß nicht nur die Arrestvollziehung, sondern auch die Beschaffung ihrer Grundlage oder Rechtfertigung in einem besonderen, von der **Hauptsache** getrennten Verfahren erfolgte.[5]) In dieser Form ist der Arrest in den gemeinen, in den preußischen und den heutigen Prozeß übergegangen.

Der **privatrechtliche Gegenstand** des Arrestprozesses ist der **gleiche** wie der des Hauptprozesses und keineswegs ein besonderer im Gefährdungsfalle entstehender privatrechtlicher **Sicherungsanspruch**.[6]) Die Besonderheit des Verfahrens liegt in dem **Rechtsschutzziel**, welchem das vom Begehren des Hauptprozesses verschiedene **Arrestbegehren** und die besondere **Form** des Verfahrens angepaßt ist.

Das Verfahren **zerfällt** in zwei streng zu trennende Teile: das Feststellungsverfahren in der Form des Rechtsstreits[7]) zur Beschaffung des Arrestbefehls als Grundlage der Arrestvollziehung und das einer Zwangsvollstreckung gleichstehende Vollziehungsverfahren.

## I. Arrestfeststellung.

**Zuständig** für das Verfahren ist neben dem Gericht der **Hauptsache** erster Instanz auch das **Amtsgericht** der festzulegenden Gegenstände oder Personen. Wenn die Hauptsache in der Berufungsinstanz schwebt, tritt das **Berufungsgericht** an die Stelle des Prozeßgerichts erster Instanz.[8])

In **dringenden** Fällen kann statt des Gerichts der **Vorsitzende** entscheiden, soweit kein Mündlichkeitszwang besteht.[9])

Das Verfahren wird durch ein **Gesuch** an das Gericht eingeleitet, welches schriftlich oder mittels Gerichtsschreiberniederschrift[10]) anzubringen ist. Es muß enthalten:

---

[4]) §§ 916—918.

[5]) Guido Kisch, Der deutsche Arrestprozeß.

[6]) Wie z. B. im Falle B.G.B. § 1051.

[7]) Oben § 2 A. 6, § 27 A. 5, § 28 A. 3, § 87 A. 6.

[8]) §§ 919, 943 [1]. Für Rückgabe der Sicherheit § 943 [2].

[9]) § 944. [10]) § 920 [3].

1. Die Behauptung einer Forderung vermögensrechtlicher Art unter Angabe ihres Geldbetrags oder Geldwerts. Betagtheit der Forderung steht nicht entgegen, auch nicht Bedingtheit, wenn nicht durch eine aufschiebende Bedingung die gegenwärtige Wertlosigkeit der Forderung herbeigeführt wird. Eine bloße Anwartschaft genügt dagegen nicht.[11])

2. Die Behauptung eines Arrestgrundes.[12]) Als solcher genügt für den dinglichen Arrest schon der Umstand, daß die Zwangsvollstreckung ohne Arrest im Auslande erfolgen müßte. Sonst ist als Arrestgrund für den dinglichen Arrest das Vorhandensein von Tatumständen erforderlich, aus denen sich ergibt, daß ohne Verhängung des Arrests Veränderungen zu besorgen sind, welche die künftige Vollstreckung mindestens wesentlich erschweren würden.[13])

Der persönliche Arrest bedarf der Behauptung von Umständen, aus welchen hervorgeht, daß zur Sicherung der Geldvollstreckung in das Vermögen, z. B. zur Erzwingung des Offenbarungseides[14]) die Festlegung der Person des Schuldners erforderlich ist.[15])

3. Glaubhaftmachung dieser Behauptungen;[16]) doch kann nach Ermessen des Gerichts die Glaubhaftmachung durch Sicherheitsleistung ersetzt, auch neben der Glaubhaftmachung Sicherheitsleistung erfordert werden.[17])

Obwohl die endgültige Entscheidung über die Rechtmäßigkeit des Arrestes nur durch Endurteil auf Grund mündlicher Verhandlung in den Formen des Rechtsstreits erfolgen kann, so darf doch zunächst nach dem Ermessen des Gerichts über den Arrestbeschluß auch ohne vorgängige mündliche Verhandlung durch Beschluß entschieden werden,[18]) und bildet dies praktisch die Regel.

Wird das Gesuch zurückgewiesen oder vorgängige Sicherheitsleistung für erforderlich erklärt, so ist der Beschluß dem Schuldner nicht mitzuteilen, sondern nur dem Gläubiger.[19])

Erscheint das Gesuch begründet, so wird der Arrestbefehl bei dem dinglichen Arrest dahin erlassen, daß Arrest über das Vermögen des Schuldners bezw. über zu bezeichnende einzelne Vermögensstücke angeordnet werde.[20])

---

[11]) §§ 916, 920[1].
[12]) Außer bei der Verbodmung H.G.B. § 691.
[13]) § 917.
[14]) Unten § 114.
[15]) § 918.
[16]) § 920[2].
[17]) § 921[2].
[18]) §§ 921[1], 922[1].
[19]) § 922[3].
[20]) §§ 916[1], 919.

Bei dem persönlichen Arrest ist anzuordnen, daß der Schuldner in Haft zu nehmen oder in einer anderen Weise in seiner persönlichen Freiheit zu beschränken sei.[21])

In beiden Fällen muß aber zugleich ausgesprochen werden, daß durch Hinterlegung eines zu bestimmenden Geldbetrags die Vollziehung des Arrests gehemmt und der Schuldner zu dem Antrag auf Aufhebung des vollzogenen Arrests berechtigt werde.[22])

Außerdem sind dem Schuldner die Kosten der Arrestfeststellung zur Last zu legen.[23])

Der Arrestbefehl wird nur dem Gläubiger zugestellt, welchem die Zustellung an den Schuldner überlassen bleibt.[24])

Auf Widerspruch des Schuldners, welcher an keine Frist gebunden ist, wird über die Rechtmäßigkeit des Arrests auf Grund mündlicher Verhandlung durch Endurteil entschieden, wobei ebenfalls die Bestätigung des Arrests oder seine Aufhebung von Sicherheitsleistungen abhängig gemacht werden können.[25])

Wenn das Gericht nicht ohne mündliche Verhandlung über den Arrest durch Beschluß vorläufig entscheiden will, so muß es auf das Gesuch alsbald mündliche Verhandlung anordnen. Es wird dann von vornherein in der Form des Rechtsstreits über das Arrestgesuch verhandelt und durch Endurteil entschieden.[26])

Gegen den Beschluß, welcher das Arrestgesuch abweist oder den Arrest von einer Sicherheitsleistung abhängig macht, gibt es das Rechtsmittel der sofortigen Beschwerde.[27])

Gegen die Endurteile haben beide Parteien die Berufung, wenn nicht das Berufungsgericht geurteilt hat. Revision ist ausgeschlossen.[28])

Wenn die Hauptsache nicht anhängig ist, so hat das Arrestgericht auf Antrag durch Beschluß ohne mündliche Verhandlung eine Frist zur Erhebung der Hauptklage zu bestimmen und nach deren erfolglosem Ablauf die Aufhebung des Arrests auf Grund mündlicher Verhandlung durch Endurteil auszusprechen.[29])

---

[21]) §§ 918, 933. [22]) § 923.

[23]) Gemäß § 91, sofern man nicht annimmt, daß sie ihm gemäß § 788 ohne weiteres zur Last fallen.

[24]) § 922². § 496¹ greift nicht Platz.

[25]) §§ 924, 925. [26]) § 922¹.

[27]) § 793. [28]) § 545².

[29]) § 926.

Außerdem kann die Aufhebung des Arrests durch ein auch den Kostenpunkt ordnendes Urteil ausgesprochen werden, wenn sich die Umstände verändert haben, insbesondere wegen Wegfall der Arrestforderung, Abweisung der Hauptklage, Erledigung des Arrestgrundes oder auf Grund von Sicherheitsleistungen.[30]) Wenn die Hauptsache anhängig ist, steht diese Entscheidung nur dem Gericht der Hauptsache zu.[31])

## II. Arrestvollziehung.[32])

Die Arrestvollziehung erfolgt wie die Ausführung einer Zwangsvollstreckung, jedoch mit verschiedenen Abweichungen, welche sowohl die Voraussetzungen wie die Ausführung betreffen.[33])

1. Vollstreckbarer Schuldtitel ist der Arrestbefehl, welcher einer besonderen Vollstreckbarkeitserklärung nicht bedarf. Widerspruch, Rechtsmittel oder Aufhebungsverfahren beeinflussen die Vollstreckbarkeit solange nicht, als sie nicht zur Aufhebung des Arrestbefehls geführt haben.[34])

2. Die Vollstreckungsklausel ist nur bei einem Personenwechsel erforderlich.[35])

3. Der vorherigen Zustellung des Arrestbefehls bedarf es nicht; die Vollziehung wird aber wirkungslos, wenn die Zustellung nicht innerhalb einer Woche nach der Vollziehung erfolgt.[36])

4. Die Vollziehbarkeit ist auf eine Monatsfrist beschränkt, welche mit der Zustellung des Arrestbeschusses an den Gläubiger oder mit der Verkündigung des Arresturteils beginnt.[37])

5. Als Gründe für den Wegfall der Vollziehbarkeit und die Aufhebung der Vollziehung kommen neben dem Wegfall des Arrestbefehls auch die Hinterlegung des im Arrestbefehl festgestellten Geldbetrags in Betracht, ferner der Mangel des zur Vollziehung erforderlichen Vorschusses.[38])

6. Die Vollziehung in Fahrnis erfolgt durch Pfändung, welche auch hier Pfandrechtswirkung hat. Die Ver-

---

[30]) § 927 $^{1}$. [31]) § 927 $^{2}$.

[32]) Pr. Vorbehalt für deutsche Fürsten, Anh. § 201 zu A.G.O. I, 29 § 90. — Anwendung auf Beschlagnahme im Strafverfahren gegen Abwesende, St.P.O. § 325.

[33]) § 928. [34]) § 928.

[35]) § 929 $^{1}$. [36]) § 929 $^{3}$.

[37]) § 929 $^{2}$. [38]) §§ 923, 933, 934.

wertung wird nur bei Wertsverringerung und besonderer Kostenlast infolge der Aufbewahrung angeschlossen. Der Erlös wird nicht ausgezahlt, sondern hinterlegt.[39])

Bei der Ausführung des dinglichen Arrests werden die Schiffe zur Fahrnis gerechnet.[40]) Doch wird bei ihnen auch Eintrag in das Schiffsregister veranlaßt.[41])

7. Die Vollziehung in Liegenschaften erfolgt nur durch Eintragung einer Arresthypothek, welche, wie die Zwangshypothek, bei Forderungen von nicht über 300 Mark ausgeschlossen ist.[42])

8. Die Haft bei dem persönlichen Arrest richtet sich nach den Vorschriften der Zwangsvollstreckung; der Geldbetrag, welcher zur Aufhebung berechtigt, ist im Haftbefehl anzugeben.[43])

9. Die Arrestanlegung geschieht, wie die Vollstreckung eines nur vorläufig vollstreckbaren Urteils, im Regelfalle insoweit auf Gefahr des Gläubigers, als er unabhängig von einem Verschulden dem Schuldner allen durch die ungerechtfertigte Arrestvollziehung und die zu ihrer Abwendung und Aufhebung erforderlichen Maßregeln entstandenen Schaden zu ersetzen hat.[44])

## § 113. Einstweilige Verfügungen.

Es handelt sich um Sicherung und um vorläufige Verwirklichung rechtlicher Begehren in solchen Fällen, in denen der Arrestschutz dieses Bedürfnis nicht befriedigen kann.

Die im Reichsrecht geordneten Fälle sind:

1. Verbot einer Veränderung des bestehenden Zustandes, wenn zu besorgen ist, daß durch die Veränderung die Verwirklichung mindestens wesentlich erschwert würde.[1])

2. Anordnung eines vom bestehenden Zustande abweichenden einstweiligen Zustandes, wenn solche erforderlich erscheint.[2])

---

39) § 930.

40) § 931 [1], [2]. Ausschluß bei Segelfertigkeit oben § 111 A. 124.

41) § 931 [3].

42) § 932.

43) § 933.

44) § 945 gegenüber § 717 [2], oben § 68 A. 25.

1) § 935.

2) § 940.

Insbesondere Ordnung der Unterhaltspflicht der Ehegatten untereinander und gegenüber den Kindern, sowie der Fürsorge für die Person der minderjährigen Kinder und der Hergabe der Prozeßkosten für die Frau im Eheprozesse,[3]) ebenso Anordnungen zum Schutze der Person oder des Vermögens eines Entmündigten während des Anfechtungsprozesses.[4])

3. Versteigerung eines Tieres im Wandlungsprozesse.[5])

4. Eintragung von Vormerkungen oder Widersprüchen im Grundbuch und Schiffsregister.[6])

5. Sicherung der Ansprüche eines zu erwartenden unehelichen Kindes und seiner Mutter.[7])

6. In Angelegenheiten des unlauteren Wettbewerbs.[8])

7. Bei Verletzungen des Urheberrechts an Werken der Literatur und Tonkunst.[9])

Außerdem kann das Landesrecht auf dem ihm vorbehaltenen Gebiet des Privatrechts auch besondere Fälle einstweiliger Verfügungen schaffen.[10])

Die Ordnung der einstweiligen Verfügungen ist im allgemeinen der des Arrests nachgebildet.[11]) Jedoch ergeben sich im einzelnen Abweichungen.

1. Es kommt auch hier neben dem Gericht des Hauptbegehrens das Amtsgericht der Sache oder der Handlung in Betracht, aber, soweit es sich nicht um Grundbuch- und Schiffsregistereinträge handelt, nur in dringlichen Fällen.[12])

2. Der Hauptanspruch und der gesetzliche Grund für den Erlaß der seinem Schutz dienenden einstweiligen Verfügung müssen in derselben Weise behauptet und glaubhaft gemacht werden wie beim Arrest. Es bedarf aber nicht immer des Vorhandenseins einer besonderen Gefährdung des Hauptanspruchs, so namentlich nicht in den oben Nr. 3—7 aufgeführten Fällen.

---

[3]) § 627. — Haager Abkommen von 1902 a. 6.

[4]) § 672.

[5]) B.G.B. § 489.

[6]) B.G.B. §§ 885, 899, 1179, 1263.

[7]) B.G.B. § 1716.

[8]) G. 7. 7. 09 § 25.

[9]) G. 22. 5. 10 § 22 c².

[10]) E. § 16 Nr. 3.

[11]) § 936. — Für ausländische Vermögen nach Kriegsrecht oben § 97 A. 27.

[12]) § 942, G. 7. 6 09 § 25. — Für Ehesachen Haager Abkommen von 1902 a. 6.

3. Den Inhalt der einstweiligen Verfügung bestimmt das Gericht unter Berücksichtigung des Zwecks nach freiem Ermessen. Zulässig sind Gebote und Verbote aller Art, sowie Anordnung einer Zwangsverwaltung.[13]) Auch kann hier, anders wie beim Arrest, die Auszahlung von Geldbeträgen angeordnet werden.

4. Das Gericht kann nach seinem Ermessen die von ihm angeordneten Eintragungen durch unmittelbares Ersuchen veranlassen.[14])

5. Die Aufhebung der einstweiligen Verfügung gegen Sicherheitsleistung ist regelmäßig ausgeschlossen,[15]) da damit der Zweck vereitelt werden könnte.

6. Entscheidung ohne mündliche Verhandlung darf nur in dringenden Fällen geschehen.[16])

7. Wenn ein Amtsgericht, welches nicht zugleich Gericht der Hauptsache ist, die einstweilige Verfügung erläßt, so muß es in der Verfügung von Amts wegen eine Frist bestimmen, innerhalb welcher die Ladung des Gegners zur mündlichen Verhandlung über die Rechtmäßigkeit vor das Gericht der Hauptsache zu bewirken ist. Nur wenn es sich um Vormerkungen und Widersprüche im Grundbuch oder Schiffsregister handelt, geschieht diese Fristbestimmung erst auf Antrag. Diese Beschlüsse erfolgen ohne Mündlichkeitszwang[17])

## § 114. Offenbarungseid.

Der aus der mittelalterlichen italienischen Entwicklung stammende Offenbarungseid (Manifestationseid) wird nicht nur zum unmittelbaren Schutz von Privatrechten,[1]) sondern auch zur Ermittlung von Gegenständen der Zwangsvollstreckung verwendet. Es handelt sich hier um zwei Fälle:

1. Wenn bei der Sachvollstreckung die bestimmte herauszugebende Sache nicht vorgefunden wird, so ist der Eid regelmäßig dahin zu leisten, daß der Schuldner die Sache nicht besitze, auch nicht wisse, wo sie sich befinde.[2])

---

[13]) § 938. [14]) § 941.
[15]) § 939. [16]) § 937².
[17]) § 942.
[1]) Z. B. BGB. § 259, oben § 105 A. 15.
[2]) § 883² u. ³.

2. Wenn die Fahrnisvollstreckung für eine persönliche Geldforderung ohne vollständiges Ergebnis geblieben oder ein solcher Ausgang für die Zukunft glaubhaft ist, so muß der Schuldner auf Grund eines Vermögensverzeichnisses, in welchem er auch seine ausstehenden Forderungen mit Grund und Beweismitteln anzugeben hat, den Offenbarungseid dahin leisten, daß er nach bestem Wissen sein Vermögen so vollständig angegeben habe, als er dazu imstande sei.[3])

Eine Wiederholung dieses Vermögenseides in den nächsten fünf Jahren ist gegenüber jedermann von der Glaubhaftmachung späteren Erwerbs abhängig.[4])

Bezüglich des Verfahrens finden sich einige Abweichungen von der bereits früher dargestellten Erzwingung des privatrechtlichen Offenbarungseids.[5])

Zuständig ist das Amtsgericht des Wohnsitzes und in Ermangelung eines solchen das des Aufenthaltsorts.[6])

Anträgen auf Terminsbestimmung muß der Vollstreckungstitel und der urkundliche Nachweis der Verpflichtung des Schuldners beigefügt werden.[7])

Im Falle der Bestreitung der Verpflichtung erfolgt Vorwegentscheidung über den Widerspruch durch Beschluß, bis zu dessen Rechtskraft das weitere Verfahren aufzuschieben ist, wenn nicht im Falle wiederholter Verwerfung des Widerspruchs das Gericht die frühere Eidesleistung anordnet.[8])

Zur Erzwingung des Eides dient hier nur die Haft, nicht die Geldstrafe.[9])

Ist die Haft in der zulässigen Höchstdauer von sechs Monaten vollstreckt, so ist die Verpflichtung zur Leistung des Vermögenseides in den nächsten fünf Jahren gegen jedermann davon abhängig, daß späterer Erwerb glaubhaft gemacht wird.[10])

Über die Personen, welche diesen Eid geleistet haben oder wegen seiner Verweigerung in Haft genommen sind, ist ein öffentliches Verzeichnis zu führen, in welchem aber die Eingetragenen nach fünf Jahren wieder zu streichen sind.[11])

---

[3]) § 807.
[4]) § 903.
[5]) Oben § 105 A. 15 ff.
[6]) § 899.
[7]) § 900[1].
[8]) § 900[3].
[9]) § 901.
[10]) § 914.
[11]) § 915.

## § 115. Anfechtung.

Wenn Gegenstände in einer an sich rechtswirksamen Weise aus dem Vermögen des Schuldners ausgeschieden sind, so können sie nur dadurch wieder zum Gegenstande der Vollstreckung gemacht werden, daß die Wirksamkeit einer solchen Schiebung wieder beseitigt wird.[1])

Das römische Recht hatte zu diesem Zwecke die besonderen Mittel der actio Pauliana und des interdictum fraudatorium entwickelt.[2]) Sie sind im französischen Recht weiter fortgebildet und auf dem Wege durch das preußische Gesetz vom 9. Mai 1855 in das Reichsanfechtungsgesetz vom 21. Juli 1879[3]) übergegangen.

Die Beseitigung erfolgt im Wege der Anfechtung. Diese ergreift alles privatrechtlich oder prozeßrechtlich wirksame Verhalten (Tun oder Unterlassen des Schuldners), durch welches — im Gegensatz zur bloßen Ausschlagung eines Vermögenserwerbs — Vermögen an einen Dritten gelangt, auch wenn das Verhalten im Wege der Zwangsvollstreckung erzwungen ist oder erzwingbar gewesen wäre. Die Anfechtung betrifft daher auch die Wirkungen vollstreckbarer Schuldtitel, insbesondere auch eines rechtskräftigen Urteils, sowie die einer Zwangsvollstreckung, durch welche der anfechtbare Erwerb herbeigeführt oder vermittelt ist.[4])

Die gegen den Erwerber[5]) zu richtende Anfechtung des Gläubigers bewirkt die Unwirksamkeit, d. h. Nichtigkeit[6]) des Angefochtenen, und zwar so, daß Verfügungen und andere Dritten gegenüber wirksame Rechtshandlungen ihre Wirksamkeit grundsätzlich gegen jedermann verlieren. Aber nur der erfolgreich Anfechtende kann sich gegenüber dem Anfechtungsgegner auf diese

---

[1]) Oben § 97 II, 1 c.

[2]) O. Fischer, Anwendbarkeit der actia Pauliana (1875).

[3]) Jetzt in der Fassung vom 20. 5. 99, Kommentar von Hartmann-Meikel — O. Fischer in Jherings J. 38, 370.

[4]) Anf.G. §§ 1, 6.

[5]) Die actio Pauliana ging auch gegen den Schuldner selbst.

[6]) So auch die a. Pauliana, obwohl auch sie a. in personam war. Vgl. fr. 14 D. 42, 8: Dominia revocantur, actiones restaurantur und fr. 13 § 22: restitutionem fiere oportere in pristinum statum, ut perinde omnia revocentur, ac si liberatio facta non esset.

Nichtigkeit berufen und auch nur insoweit, als dies zum Zweck seiner Befriedigung erforderlich ist.[7])

Die Anfechtung kann anders wie die gewöhnliche privatrechtliche Anfechtung nur im Wege des Rechtsstreits erfolgen, aber nicht nur durch Klageerhebung, sondern auch durch Geltendmachung einer Rechtseinrede bezw. Rechtsreplik.[8])

Erfolgt die Anfechtung im Wege der Klage, so muß der Klageantrag den Umfang und die Art der auf Grund der Nichtigkeit verlangten Rückgewähr angeben.[9]) Regelmäßig wird zu begehren sein, daß der Gegner die Zwangsvollstreckung sich so gefallen lassen müsse, wie wenn der Gegenstand der Schiebung noch zum Vermögen des Schuldners gehörte und gegen den Schuldner Zwangsvollstreckung betrieben würde.[10]) An die Stelle der Rückgewährforderung kann aber auch die Forderung auf Wertersatz bezw. Interesse nach allgemeinen Grundsätzen treten.[11])

Bei gutgläubigen Empfängern einer unentgeltlichen Leistung ist die Rückgewähr auf die zur Zeit der Anfechtung noch vorhandene Bereicherung beschränkt.[12])

Ansprüche des Anfechtungsgegners wegen seiner Gegenleistung oder wegen seiner durch die anfechtbare Leistung getilgten Forderung können dem anfechtenden Gläubiger nicht entgegengesetzt werden.[13])

---

[7]) Anf.G. § 1. Mit der auch beim Reichsgericht herrschenden (R. 58, 107) auf doktrinären Gründen ruhenden Leugnung der vom Gesetze bestimmten Nichtigkeit, wird diese unentbehrliche Waffe im Kampfe gegen die schädlichsten Verkehrsauswüchse sehr abgestumpft.

[8]) Anf.G. § 5, oben § 52 A. 16. Bezüglich der Form und des Zeitpunkts der einredeweisen Geltendmachung hat das Gesetz Lücken. R. 58, 44 hat gegen R. 52, 341 unter Außerachtlassung des G.V. § 137 (horror pleni) nur Geltendmachung in einer mündlichen Verhandlung zugelassen, obwohl der dafür angerufene § 281 sich nur auf die Rechtshängigkeit von Ansprüchen bezieht, während hier eine Einrede in Frage steht, bei der von Rechtshängigkeit nicht die Rede sein kann.

[9]) Anf.G. § 9.

[10]) R. 44, 92; 80, 4.

[11]) Anf.G. § 7[1]. Ist z. B. jemand durch anfechtbaren Erwerb eines Miteigentümeranteils Alleineigentümer eines Grundstücks geworden, so muß er sich die Zwangsvollstreckung in den ehemaligen Anteil des ehemaligen Miteigentümers gefallen lassen, welcher hier, um § 864[2] zu genügen, als fortbestehend behandelt werden muß. Vgl. auch Geib, Arch. Ziv. Prax. 115, 58.

[12]) Anf.G § 7[2].

[13]) Anf G. § 8.

Die Anfechtung im Wege der Rechtseinrede erfolgt namentlich, um Ansprüche des Erwerbers gegen den anfechtenden Gläubiger abzuwehren. Ein Hauptfall ist die Verteidigung gegen den Erwerber, wenn er unter Berufung auf den anfechtbaren Erwerb gegenüber der Zwangsvollstreckung ein die Veräußerung hinderndes Recht[14]) geltend zu machen sucht.

Anfechtungsberechtigt ist nur der für eine in Geld bestimmbare fällige Forderung mit einem vollstreckbaren Schuldtitel versehene Gläubiger.[15]) Doch kann der Schuldtitel bei der Erhebung im Wege der Einrede bis zur Entscheidung über den anfechtbaren Anspruch nachgebracht werden; das Gericht hat dazu eine Frist zu bestimmen.[16])

Ist der Schuldtitel nur vorläufig vollstreckbar oder ein Urteil unter Vorbehalt, so muß auch die Vollstreckung der auf den Anfechtungsanspruch ergehenden Verurteilung davon abhängig gemacht werden, daß der Schuldtitel rechtskräftig oder vorbehaltlos wird.[17])

Im weiteren hängt die Anfechtung allgemein davon ab, daß eine Ergebnislosigkeit der Zwangsvollstreckung vorliegt oder vorauszusehen ist.[18])

Außerdem bedarf es aber eines besonderen Anfechtungsgrundes. Dieser besteht im allgemeinen, dem römischen Recht entsprechend, in der bei dem Schuldner vorhanden gewesenen Absicht, durch das angefochtene Verhalten seine Gläubiger zu benachteiligen und der Kenntnis des Anfechtungsgegners von dieser Absicht.[19])

Die Anfechtung ist an eine Ausschlußfrist von 30 Jahren seit der Vornahme der Rechtshandlung gebunden. Außerdem ist aber eine zehnjährige Frist gesetzt, welche mit dem Schuldtitel und der Fälligkeit beginnt, aber nach Verjährungsgrundsätzen behandelt wird.[20])

Hinsichtlich der Verträge (nicht aber anderer Rechtshandlungen) des Schuldners mit nahen Angehörigen im letzten Jahre vor der Anfechtung genügt schon die objektive Benachteiligung der Gläubiger. Der Anfechtungsgegner kann aber die Anfechtbarkeit durch

[14]) § 771.

[15]) Anf.G. § 2.

[16]) Anf.G. § 5.

[17]) Anf.G. § 10.

[18]) Anf.G. § 2.

[19]) Anf.G. § 3 Nr. 1.

[20]) Anf.G. § 12.

die Feststellung beseitigen, daß eine *Benachteiligungsabsicht* des Schuldners *nicht* bestanden hat oder ihm nicht bekannt gewesen ist.[21])

Ohne besondere Voraussetzungen sind anfechtbar alle *unentgeltlichen* Verfügungen des Schuldners aus dem *letzten* Jahre mit Ausnahme der gebräuchlichen Gelegenheitsgeschenke und die unentgeltlichen Verfügungen zugunsten des *Ehegatten* auch aus dem vorletzten Jahre.[22])

Den unentgeltlichen Verfügungen steht zugunsten von *Nachlaßgläubigern*, die nicht im Nachlaßkonkurse dem Leistungsempfänger im Range nachstehen, auch die Erfüllung von Pflichtteilsforderungen, Vermächtnissen und Auflagen gleich.[23])

Die ein- und zweijährigen Fristen können für den Gläubiger, dem der vollstreckbare Schuldtitel oder die Fälligkeit der Forderung noch fehlt, durch eine Anzeige an den Anfechtungsgegner auf zwei Jahre seit dieser Anzeige *erstreckt* werden, wenn der Schuldner zur Zeit der Zustellung der Anzeige bereits *zahlungsunfähig* war.[24])

Während die Anfechtung gegen den *Erben* des Empfängers der anfechtbaren Leistung ohne weiteres zulässig ist, bedarf sie gegen einen *anderen* Nachfolger in die bezüglich der entfremdeten Vermögensstücke erlangten Rechtsstellung besonderer Voraussetzungen. Bei *entgeltlichem* Erwerb müssen ihm zur Zeit seines Erwerbs die tatsächlichen Voraussetzungen der Anfechtbarkeit *bekannt* gewesen sein; jedoch liegt ihm, wenn er zu den nahen *Angehörigen* gehört, die Feststellung seiner *Unkenntnis* ob.[25]) Bei gutgläubigem *unentgeltlichen* Erwerb haftet er nur für die *Bereicherung*.[26]) Die *Erstreckung* der ein- und zweijährigen Frist kann auch durch *Mitteilung* an ihn selbst erfolgen.[27])

---

[21]) Anf.G. § 3 Nr. 2.

[22]) Anf.G. § 3 Nr. 3 u. 4.

[23]) Anf.G. § 3 a.

[24]) Anf.G. § 4 mit K. § 102, unten § 119. — Nach Kriegsrecht wird die Zeit einer Geschäftsaufsicht in die Frist nicht eingerechnet (V. 14. 12. 16 § 75), auch die Frist erstreckt, wenn der zahlungsfähige Schuldner Kriegsteilnehmer im engeren Sinne (§ 37 A. 38) war (G. 4. 8. 14 § $8^{3}$ [F. d. V. 5. 7. 17]).

[25]) Anf.G. § $11^{1}$ u. $^{2}$.

[26]) Anf G. § $11^{3}$.

[27]) Anf.G. § $11^{4}$.

# IV. Buch.

# Konkurs.

## 1. Abschnitt.

## Allgemeines.[1]

### § 116. Aufgabe und Gegenstand.

Der Konkurs[2]) hat das gleiche Ziel wie die Einzelgeldvollstreckung,[3]) nämlich die Befriedigung von in Geld feststellbaren persönlichen Forderungen aus einem Vermögen.[4]) Im Unterschiede von ihr handelt es sich aber um eine Gesamtvollstreckung, um ein für alle in Betracht kommenden Gläubiger (Konkursgläubiger) gemeinschaftliches Verfahren (concursus creditorum), welches nur unter der besonderen Voraussetzung des Vermögensverfalls (banca rotta) des Schuldners (Gemeinschuldners)[5]) eintritt, und in welchem auch, anders wie bei der Einzelvollstreckung,[6]) die Feststellung der Forderungen als Voraussetzung ihrer Befriedigung erfolgt.[7]) Die volle Befriedigung Aller ist durch die tatsächliche Lage meistens ausgeschlossen. Die danach regelmäßig nur mögliche beschränkte Befriedigung erfolgt im Gegensatze zur Einzelvollstreckung nicht nach einem, wenigstens für die Zukunft ganz ausgeschlossenen Vorzuge älterer Pfändung oder Beschlagnahme, sondern nach dem gleichmäßige Befriedigung Aller anstrebenden Grundsatze der Verlustgemeinschaft.[8])

Wie bei der Zwangsvollstreckung[9]) ist das engere Verfahren von dem weiteren zu unterscheiden. Zu letzterem sind auch die

---

[1]) Vgl. zunächst §§ 1—5. Beseitigt ist der frühere Unterschied zwischen kaufmännischem und gemeinem Konkurs

[2]) Verhütungsmaßregeln bei Versicherungsunternehmen, V.A.G. § 69. — Nach Kriegsrecht Geschäftsaufsicht zur Abwendung des Konkurses, V. 14. 12. 16 an Stelle von V. 8. 8. 14.

[3]) Oben §§ 94, 97, 107. — Über die missio in bona als gemeinschaftliche Wurzel oben § 3 A. 3.

[4]) Oben § 97 II, 1 a.

[5]) Näheres unten § 119.

[6]) Oben § 94 A. 12.

[7]) Unten § 127 II.

[8]) Unten § 127 I.

[9]) Oben § 96 A. 27.

aus dem Konkurse erwachsenden und der Fortführung seiner Aufgabe dienenden Prozesse zu rechnen, während das engere Konkursverfahren keinen Rechtsstreitcharakter[10]) hat.

Wie bei den ein Leistungsbegehren betreffenden sonstigen Verfahrensarten (Feststellung, Zwangsvollstreckung und Arrest), bilden auch im Konkurse den Gegenstand des Verfahrens die Forderungen der Gläubiger selbst und nicht besondere Rechtsschutzansprüche (Konkursansprüche).[11])

Der Zweck des Konkurses wird in erster Linie dadurch erreicht, daß das Vermögen, soweit es zur Befriedigung der Gläubiger herangezogen werden kann (Konkursmasse),[12]) in Geld umgesetzt wird und daß die sich dann ergebende Teilungsmasse[13]) auf die die Schuldenmasse[14]) bildenden Forderungen verteilt wird.[15])

Daneben steht die Befriedigung im Wege des Zwangsvergleichs.[16])

Regelmäßig wird, wie bei der einzelnen Geldvollstreckung, eine Befriedigung der Forderungen aus dem ganzen Vermögen eines lebenden Menschen[17]) oder einer bestehenden juristischen Person[18]) gesucht.

Daneben ist aber, wie eine Zwangsvollstreckung, so auch ein, von dem Konkurse über das Vermögen eines Mitglieds oder Gesellschafters streng zu scheidender Konkurs über das Vermögen des passiv parteifähigen, aber nicht rechtsfähigen Vereins[19]) und derjenigen Handelsgesellschaften möglich, welche zwar nicht Rechtsfähigkeit, aber Parteifähigkeit besitzen.[20])

---

[10]) Oben § 2 A. 6.

[11]) Vgl. § 112 A. 6. Allerdings arbeiten die Motive zur K.O. mit dem verfehlten Gebilde des Konkursanspruches. Sie haben aber das Gesetz selbst nicht schädlich beeinflußt.

[12]) Unten § 120. [13]) Unten § 125. [14]) Unten §§ 126, 127.

[15]) Unten § 130. [16]) Unten § 131.

[17]) Einen solchen versteht die K.O. (vgl. § 1 mit §§ 213, 214) zunächst unter dem Gemeinschuldner.

[18]) K. § 213 auch 204. — Ein „Staatsbankerott" ist auch gegenüber ausländischen Staaten ausgeschlossen (oben § 97 A. 4), nicht aber ein Konkurs über den Staat zugefallene Nachlässe oder andere Sondervermögen. Wie die Zwangsvollstreckung (oben § 97 A. 6), so kann auch der Konkurs gegenüber juristischen Personen des öffentlichen Rechts durch das Landesrecht ausgeschlossen oder beschränkt werden, E.G. 17. 5. 98 a. 4. — Bay. A.G.Z. a. 10, Elf.Lothr. A.G.Z. u. K. 13. 11. 99 § 11.

[19]) K. § 213. [20]) K. § 209.

In allen diesen Fällen ist aber ein inländischer Gesamtkonkurs über das Gesamtvermögen nur möglich, wenn ein *allgemeiner* Gerichtsstand im Inlande besteht.[21])

Außerdem ist, wie eine Zwangsvollstreckung, so auch ein Konkurs über einen *Nachlaß* und das *Gesamtgut* einer *fortgesetzten* Gütergemeinschaft gegeben, wenn der *Erblasser* bezw. der verstorbene Ehegatte seinen allgemeinen Gerichtsstand im Inlande hatte.[22]) Daß der Erbe sein Ausschlagsrecht noch nicht verloren hatte, ist nicht erforderlich.[23]) Aber auch die Teilung und der Eintritt unbeschränkter Haftung stehen nicht entgegen, ebensowenig die Veräußerung der Erbschaft im Ganzen.[24]) Von dem Konkurse über das Vermögen des Erben oder des überlebenden Ehegatten ist das Verfahren ganz getrennt zu halten.

Auch ein Konkurs über das Vermögen einer juristischen Person oder eines anderen parteifähigen Gebildes kann nach dem *Untergange* des Vermögensträgers noch solange stattfinden, als die Verteilung des Vermögens noch nicht vollzogen und damit auch der allgemeine Gerichtsstand geblieben ist.[25])

*Fehlt* es an einem allgemeinen Gerichtsstand im Inlande, so kann lediglich ein Konkurs bezüglich des im *Inlande* befindlichen Vermögens stattfinden, aber nur wenn der Gerichtsstand der *gewerblichen* oder der besonderen landwirtschaftlichen Niederlassung besteht.[26])

*Andere* Sondervermögen, wie die einer Gesellschaft des bürgerlichen Rechts, einer stillen Gesellschaft, einer Reederei, eingebrachtes Gut, Gesamtgut in stehender Ehe, Erbteile und Anteile am Gesamtgut, Sammelvermögen und herrenlose Grundstücke, können auch, soweit eine besondere Zwangsvollstreckung in sie stattfindet, doch *nicht* Gegenstand eines besonderen Konkursverfahrens sein.[27])

---

[21]) § $238^{1}$. Zuständig ist für den Gesamtkonkurs gleichwohl in erster Linie das Gericht der gewerblichen Niederlassung, unten § 118 A. 2. Befreiungen von der deutschen Gerichtsgewalt (oben § 6 A. 12 ff.) hindern auch den inländischen Konkurs.

[22]) K. §§ 214, 235, 236. [23]) B.G.B. § 2014 hindert nicht.

[24]) K. §§ 216, 232, 233.

[25]) K. §§ $207^{2}$, $209^{2}$, 213, E.K. § $6^{2}$, GmbH. § $63^{2}$, Gen.G. § $98^{2}$.

[26]) K. § 238.

[27]) Für Erbteile ausdrücklich K. § 235. Folgt im übrigen aus dem Schweigen des Gesetzes. — E.B.G.B. a. 59, E.K. § 5 überlassen dem Landesrecht die Einrichtung eines Sonderkonkurses über Stammgüter, Lehen, Fideikommisse. Pr. Entw. eines FamiliengüterG. §§ 56 ff., 243.

Die Sondervermögen, über welche hiernach Konkurs möglich ist, können im Eigentum Mehrerer stehen. Im übrigen ist ein gemeinschaftlicher Konkurs über das Vermögen mehrerer Personen, insbesondere beider Ehegatten, nicht zulässig; aber in den Konkurs über das Vermögen eines gütergemeinschaftlichen Ehemannes oder eines die Gemeinschaft fortsetzenden Gatten fällt auch das ganze Gesamtgut,[28]) und der Konkurs über Genossenschaften dient auch zur Befriedigung der Gläubiger aus der Haftpflicht der Genossen.[29])

## § 117. Parteien.

Durch die dem französischen und preußischen Recht entsprechende Beschränkung des engeren Konkursverfahrens auf die Befriedigung persönlicher Gläubiger ist gegenüber dem gemeinen Recht eine erhebliche Vereinfachung und Beschleunigung des Verfahrens erzielt.

Die Rolle der handelnden Hauptpartei liegt demgemäß nur bei den Konkursgläubigern, d. h. denjenigen zur Zwangsvollstreckung in das Vermögen, über welches der Konkurs eröffnet wird, berechtigten persönlichen Gläubigern, die eine zur Zeit der Konkurseröffnung[1]) bereits begründete Forderung haben, welche entweder in Geld besteht oder doch, weil sie in Geld schätzbar ist, geeigneter Gegenstand einer Geldzwangsvollstreckung werden kann.[2])

Es ist wie bei der Zwangsvollstreckung nicht erforderlich, daß für die Feststellung der Forderung der Rechtsweg zulässig ist.[3])

Ausländische Gläubiger stehen den inländischen gleich, soweit nicht Anwendung eines Vergeltungsrechts angeordnet wird.[4])

Die näheren Regeln für das Befriedigungsrecht der Konkursgläubiger und seine Begrenzung sind erst später darzulegen.[5])

---

[28]) K. § 2.

[29]) Gen G. §§ 105 ff. Ebenso der Konkurs über Versicherungsvereine mit beitragspflichtigen Mitgliedern, V.A.G. §§ 50 ff.

[1]) K. § 3[1]. — Im Gesellschaftskonkurse muß es eine Gesellschaftsverbindlichkeit sein, im Nachlaßkonkurse eine Nachlaßforderung (K. § 226[1]), im Gesamtgutskonkurse eine Gesamtgutsverbindlichkeit, die bereits zur Zeit des Eintritts der fortgesetzten Gütergemeinschaft bestand (K. § 236 S. 2).

[2]) K. § 69.

[3]) K. § 146[5], oben § 97 A I, 1.

[4]) K. § 5.

[5]) Unten § 127.

Die allgemeinen Vorschriften über Parteien[6]) finden auch auf die Konkursgläubiger Anwendung, so die über Partei- und Prozeßfähigkeit, gesetzliche und freiwillige Vertretung. Insbesondere kann statt des privatrechtlichen Gläubigers ein Güterpfleger oder sonstiger nach den Regeln über die Parteirichtigkeit zur Prozeßführung im eigenen Namen Berechtigter[7]) als Konkursgläubiger im prozessualischen Sinne in Frage kommen.[8])

Als Gemeinschuldner oder leidende Partei kommt auch im Konkurse derjenige in Betracht, welchem nach allgemeinen Regeln die Parteirichtigkeit (Passivlegitimation) bezüglich der den Gegenstand des Verfahrens bildenden Vermögens zukommt, also neben lebenden Menschen[9]) auch die juristischen Personen, die Handelsgesellschaften ohne juristische Persönlichkeit und der nicht rechtsfähige Verein.[10])

Wenn es sich um ein in Güterpflege befindliches Vermögen handelt, wie bei der Pflegschaft über einen Abwesenden oder über das beschlagnahmte Vermögen eines flüchtigen Verbrechers, so liegt die Rolle des Gemeinschuldners bei dem Güterpfleger,[11]) wenngleich der Besonderheit seiner Stellung Rechnung getragen werden muß und es sich empfehlen wird, bei der Bezeichnung eines solchen Konkurses auch den Namen des Vermögensinhabers anzugeben.

Beim Nachlaßkonkurse können weder der Erblasser noch der Nachlaß selbst als Gemeinschuldner in Frage kommen. Regelmäßig sind die Erben[12]) güterpflegliche Gemeinschuldner, an deren Stelle aber infolge des Eintritts der Nacherbenfolge der Nacherbe[13]) und infolge der Erbschaftsveräußerung ein erster oder auch ein weiterer Erbschaftserwerber[14]) treten kann.[15])

---

[6]) Oben §§ 17—20. [7]) Oben §§ 21, 22, 42.

[8]) Im Konkurse über das Vermögen eines Ausstellers von Schuldverschreibungen geht die Leitung der für die Wahrung der gemeinsamen Interessen vorgeschriebenen Gläubigerversammlung auf das Konkursgericht über, und es ist über die Bestellung eines gemeinsamen Vertreters im Konkurse zu beschließen, wenn ein solcher Vertreter nicht bereits vorhanden war, näheres Schuldverschr.G. §§ 18, 20.

[9]) Durch den Tod wird aber der Konkurs nicht beendigt. Nach dem Tode kann dagegen nur ein Nachlaßkonkurs in Frage kommen.

[10]) Oben §§ 22, 42. [11]) Oben §§ 21, 42.

[12]) K. § 217. — Der erbenden Ehefrau tritt der Mann hinzu, wenn ihr Erbteil zum eingebrachten Gut oder Gesamtgut gehört, K. § 218.

[13]) K. § 231. [14]) K. §§ 232, 233.

[15]) Vgl. auch K. § 217.

Steht der gesamte Nachlaß unter einer die Konkurseröffnung überdauernden ausschließlichen Güterpflege, so sind die Güterpfleger (Testamentsvollstrecker, Nachlaßpfleger, Nachlaßverwalter) als Gemeinschuldner anzusehen.[16]) Sie sind insbesondere vor dem Verluste des Ausschlagungsrechts des Erben die einzig möglichen Gemeinschuldner, da vorher der Erbe ebensowenig als Gemeinschuldner in Frage kommen kann wie als Zwangsvollstreckungsschuldner.[17])

Bei dem Konkurse über das Gesamtgut einer fortgesetzten Gütergemeinschaft hat der überlebende Ehegatte allein die Stellung des Gemeinschuldners.[18])

Die juristischen Personen und sonstigen parteifähigen Gebilde handeln, so lange sie bestehen, durch ihre, im allgemeinen gesetzlichen Vertretern gleichgestellte[19]) Organe. Da sie aber im großen Umfange durch die Konkurseröffnung ihr Dasein verlieren,[20]) so können sie für die Zeit nach der Konkurseröffnung auch nicht mehr Gemeinschuldner sein, vielmehr nur die berufenen Güterpfleger, insbesondere die Liquidatoren,[21]) als Gemeinschuldner in Betracht kommen, die von vornherein als Gemeinschuldner gelten müssen, wenn der Untergang bereits vor der Konkurseröffnung erfolgt war.[22])

Der Zuziehung des Gemeinschuldners im Verfahren bedarf es nur, soweit dieses im Gesetz besonders bestimmt ist.[23]) Er kann im Interesse des Verfahrens besonderen Freiheitsbeschränkungen,

---

[16]) Oben § 98 A. 20. — Das gilt auch für die Fortsetzung eines Konkurses nach dem Tode des Gemeinschuldners.

[17]) Oben § 98 A. 17.

[18]) K. § 236.

[19]) Oben § 19 A. 17.

[20]) So rechtsfähige und nicht rechtsfähige Vereine (B.G.B. § 42 im Zusammenhalt mit §§ 54, 728), Versicherungsvereine auf Gegenseitigkeit (V.A.G. §§ 49, 53), fakultativ auch Berufsgenossenschaften für Unfallversicherung (Vers.O. § 647), Stiftungen (B.G.B. § 86), Innungen ([Innungsausschüsse, Innungsverbände] Gew.O. §§ 97[4], 100c, 102[4], 104), Genossenschaften (Gen.G. § 101), Gesellschaften mit beschränkter Haftung (GmbH.G. § 60) und alle übrigen Gesellschaften des Handelsrechts (H.G.B. §§ 131[5], 144[1], 145[2], 161, 292, 294[1], 307[2], 330[2]), Notenbanken verlieren jedenfalls das Recht der Notenausgabe (BankG. § 49 Nr. 3).

[21]) Vgl. K. §§ 208, 210[1], 213, E.K. § 6.

[22]) Bei Genossenschaften hat eine Generalversammlung der ehemaligen Genossen über die anderweite Besetzung des Vorstandes und Aufsichtsrats zu beschließen, Gen.G. § 104. Für bay. Erwerbs- und Wirtschaftsgesellschaften E.K. § 6[2].

[23]) Näheres unten § 125 A. 46, § 127 A. 31.

insbesondere dem Entfernungsverbot und erforderlichenfalls der zwangsweisen Vorführung und der Haft unterworfen werden.[24])

Andrerseits kann er, selbstverständlich soweit es sich nicht um eine juristische Person oder um einen Güterpfleger handelt,[25]) nebst seiner Familie aus der Konkursmasse unterstützt werden.[26])

Allgemeine Ehrenminderung tritt weder dauernd noch für die Zeit des Verfahrens ein. Dagegen bestehen — ebenfalls selbstverständlich mit Ausnahme der Güterpfleger — nach Reichs- und Landesrecht gewisse Beeinträchtigungen der allgemeinen staatsbürgerlichen Stellung, welche insbesondere den Ausschluß von Wahlrechten, die Zulassung zur Rechtsanwaltschaft, den Ausschluß von der Vormundschaft und anderen Ehrenämtern, das Verbot des Börsenbesuchs betreffen,[27]) im allgemeinen aber nur für die Dauer des Verfahrens Platz greifen.[28]) Satzungen können den Ausschluß aus Vereinen und anderen Verbänden vorsehen.

Auch auf den Gemeinschuldner und seine Tätigkeit im Konkursverfahren finden die allgemeinen Vorschriften über die Parteien, insbesondere über gesetzliche und freiwillige Vertretung, Anwendung. Doch erscheint er nicht befugt, sich eines freiwilligen Vertreters zu bedienen, wenn das Verfahren seine persönliche Anwesenheit oder Tätigkeit erheischt. Gesetzliche Vertreter haben die Pflichten des Gemeinschuldners, die ihnen gegenüber in gleicher Weise erzwungen werden können, wie gegenüber dem Gemeinschuldner selbst.

Außer den Hauptparteien kommen als Beteiligte oder Nebenparteien solche in Betracht, welche nicht als Konkursgläubiger, sondern als Massegläubiger,[29]) Aussonderungs-,[30]) Absonderungs-,[31]) Aufrechnungsberechtigte[32]) Rechte gegenüber der

[24]) K. §§ 101, 106, auch Post- und Telegraphensperre (K. § 121), die aber Güterpflegern gegenüber jedenfalls auf das die Konkursmasse Betreffende zu beschränken ist.

[25]) Das ist kein Widerspruch zu § 35 A. 2.

[26]) K. § 132.

[27]) Z. B. G. 31. 5. 69 §§ 3, 4, G.V. §§ 32 Nr. 3, 85², 113², R.A.O. §§ 5 Nr. 3, 22, 43² Nr. 1, Gew O. § 83² Nr. 3, Börs G § 7¹, B.G.B. § 1781 Nr. 3. Die Bestrafung wegen betrügerischen oder einfachen Bankerotts und Begünstigung des ersteren hat besondere Voraussetzungen (K. §§ 239, 240, 242, 244).

[28]) So pr. A.G.K.O. §§ 51, 52. — Wiederzulassung zur Börse kann unter Umständen auch später verweigert werden, Börs.G. § 7².

[29]) Unten § 126.

[30]) Unten § 120.

[31]) Unten § 129.

[32]) Unten § 128.

Konkursmasse verfolgen oder welche, ohne Gemeinschuldner zu sein, durch die Konkurseröffnung in Mitleidenschaft gezogen worden, wie die Besitzer von Konkursgegenständen,[33]) Konkursschuldner,[34]) die gütergemeinschaftliche Ehefrau des Gemeinschuldners,[35]) die anteilsberechtigten Abkömmlinge bei der fortgesetzten Gütergemeinschaft[36]) und die haftenden Mitglieder einer Genossenschaft.[37]) Diese Beteiligten nehmen am engeren Konkursverfahren nicht teil. Ihre Beziehungen zum Konkurse werden zwischen ihnen und dem Konkursverwalter, nötigenfalls durch Klage und Zwangsvollstreckung, geregelt. Nur bei den Genossenschaftsgliedern findet eine beschränkte Heranziehung zum gemeinschaftlichen Verfahren statt.[38])

## § 118. Organe.

I. Konkursgericht. Sachlich zuständig ist stets das Amtsgericht. Auch die örtliche Zuständigkeit ist wie bei der Zwangsvollstreckung ausschließlich. Im allgemeinen ist zwar der allgemeine Gerichtsstand maßgebend. Hat aber der Gemeinschuldner eine gewerbliche Niederlassung mit oder ohne[1]) Wohnsitz, so bestimmt diese die Zuständigkeit.[2]) Beim Nachlaß und dem Gesamtgut der fortgesetzten Gütergemeinschaft kommt der allgemeine Gerichtsstand des Erblassers,[3]) beim Sonderkonkurs über das inländische Vermögen eines des inländischen allgemeinen Gerichtsstandes Ermangelnden der Gerichtsstand der gewerblichen, insbesondere auch der landwirtschaftlichen Niederlassung in Betracht.[4])

Unter mehreren zuständigen Gerichten entscheidet der Zeitpunkt des Eröffnungsantrags.[5])

Dem Gericht liegt zunächst nur die Einleitung und Aufhebung, sowie die allgemeine Leitung und Beauf-

[33]) Unten § 125.
[34]) Unten § 125.
[35]) Unten § 120.
[36]) K. § 236 S. 3.
[37]) Unten § 130.
[38]) Unten § 130. Auch die Anhörung der Gütergemeinschaftsgenossen (§ 236 S. 3) erfolgt im engeren Verfahren.

[1]) K. § 71. Gleichwohl bleibt das Vorhandensein des inländischen allgemeinen Gerichtsstandes unerläßliche Voraussetzung des Gesamtkonkurses, oben § 116 A. 21.
[2]) K. §§ 214, 236.
[3]) K. § 238.
[4]) K. § 71[1].
[5]) § 71[2]. Ein auf den zweiten Antrag etwa eröffnetes zweites Verfahren wäre einzustellen.

sichtigung des Verfahrens ob,[6]) dazu treten aber die im Einzelnen zugewiesenen Verrichtungen. Die nähere Durchführung des Konkurses ist dem Konkursverwalter (II) übertragen, außerdem werden auch die beteiligten Konkursgläubiger zur Mitwirkung im Wege der Selbstverwaltung zugezogen (III und IV).

Wie bei der Zwangsvollstreckung besteht im engeren Verfahren kein Mündlichkeitszwang; alle Entscheidungen ergehen in Beschlußform und unterliegen der sofortigen Beschwerde,[7]) soweit nicht die Anfechtung im Einzelnen ausgeschlossen ist.[8])

Eine Besonderheit liegt aber darin, daß Entscheidungen des Beschwerdegerichts erst mit der Rechtskraft wirksam werden, wenn das Beschwerdegericht nicht ihre sofortige Wirksamkeit anordnet.[9])

Auch ist besonders verordnet, daß für die Berücksichtigung von Entscheidungsstoff die Verhandlungsmaxime nicht gilt.[10])

Die Zustellungen erfolgen von Amts wegen,[11]) daneben tritt die näher geordnete öffentliche Bekanntmachung, welche zugleich die Zustellung ersetzt und für die neben ihr vorgeschriebenen Zustellungen Formerleichterungen mit sich bringt.[12])

Im übrigen gelten auch für das Verfahren des Konkursgerichts die allgemeinen zivilprozessualischen Bestimmungen.[13])

II. Konkursverwalter. Dem Konkursverwalter liegt es ob, namentlich mittels des auf ihn übergehenden Verwaltungs- und Verfügungsrechts des Gemeinschuldners hinsichtlich der Konkursmasse,[14]) das Verfahren durchzuführen. Er tut dies, wie bereits dargelegt wurde,[15]) als Güterpfleger im eigenen Namen und als ein amtliches Organ; er ist in den Prozessen, die er für die Rechnung der Masse führt, als Partei zu behandeln.

Seine Ernennung, für welche besondere Erfordernisse, wie Alter, männliches Geschlecht, Vorbildung nicht bestehen, erfolgt,

---

[6]) Näheres unten § 125.

[7]) K. § 73[1] u. [3] im Vergleich mit Z. § 793.

[8]) K. §§ 95, 96, 163, 190, Z. § 99[1].

[9]) K. § 74 gegenüber Z. § 572.

[10]) K. § 75.

[11]) K. § 73[2].

[12]) K. §§ 76, 77[1].

[13]) Insbesondere die des G.V. und der Z.P.O., K. § 72, E.K. § 1.

[14]) K. § 6, unten § 121.

[15]) Oben § 21 A. 26.

entgegen dem französischen Recht, durch das Gericht.[16]) Zwar kann die nächste Gläubigerversammlung einen anderen Verwalter *wählen*, doch braucht das Gericht den Erwählten nicht zu ernennen.[17])

Der Verwalter, der zur Übernahme des Amts nicht gezwungen werden kann, erhält eine *Bestallung*. Auch wird sein Name *bekannt gemacht*.[18]) Umfaßt die Verwaltung mehrere Geschäftszweige, so können auch *mehrere* voneinander unabhängige Verwalter ernannt werden.[19])

Regelmäßig *endet* das Amt des Verwalters erst mit der vollständigen *Abwicklung* der Geschäfte, welche bei der Aufhebung des Konkurses, da diese sich an den Schlußtermin unmittelbar anschließen muß,[20]) noch nicht beendet ist. Es kann aber eine vorzeitige Beendigung durch freiwillige oder unfreiwillige *Entlassung* seitens des Gerichts eintreten, welche letztere aber nur nach Anhörung des Verwalters und, nachdem die erste Gläubigerversammlung begonnen hat, nur auf Antrag einer Gläubigerversammlung oder des Gläubigerausschusses stattfinden darf.[21]) Außerdem müssen aber auch *Tod* des Verwalters und Verlust der unbeschränkten Geschäftsfähigkeit zur unmittelbaren Beendigung seines Amts führen, dessen einseitige Niederlegung ihm aber nicht zusteht.

In den Fällen *vorzeitiger* Beendigung muß der Verwalter bezw. sein Erbe der *Gläubigerversammlung Schlußrechnung* legen.[22])

Bei der *regelmäßigen* Beendigung seines Amtes liegt die Rechnungslegung zunächst in der im *Schlußtermin* von der Versammlung abzunehmenden *Schlußrechnung*.[23]) Eine Rechnungslegung über die *spätere* Tätigkeit kann nur dem *Gericht* gegenüber erfolgen, da nach Aufhebung des Konkurses Gläubigerversammlungen nicht mehr berufen werden können.[24])

Der Verwalter ist, da er eine amtliche Aufgabe im Interesse aller Beteiligten durchzuführen hat und nicht Vertreter bestimmter Interessenten ist, *allen* durch Verletzung seiner Pflichten Geschädigten nach allgemeinen Grundsätzen *schadensersatzpflichtig*.[25])

---

16) K. § $78^{1}$.

17) K. § 80.

18) K. § 81.

19) K. § 79.

20) K. § 163, unten § 130.

21) K. § 84.

22) K. § 86.

23) K. § 162.

24) Vgl. auch K. § 166

25) K. § 82.

Er steht unter Aufsicht des Gerichts, das gegen ihn, wenn es ihn nicht entlassen will, auch nach vorheriger Androhung Ordnungsstrafen bis zu 200 Mark festsetzen kann.[26])

Auch kann es ihm die Leistung einer Sicherheit auferlegen.[27])

Der Verwalter kann nicht bloß Erstattung seiner angemessenen Auslagen, sondern auch eine Vergütung verlangen. Erstattung und Vergütung setzt das Konkursgericht fest, wobei hinsichtlich der Vergütung die etwaigen allgemeinen Anordnungen der Landesjustizverwaltung zu berücksichtigen sind.[28])

Bezüglich seines Verfahrens ist der Verwalter an bestimmte Formvorschriften im allgemeinen nicht gebunden, namentlich auch nicht hinsichtlich seiner Mitteilungen an Beteiligte.[29])

III. Gläubigerversammlung. In jedem Konkurse wird aus den Gläubigern ein amtliches Organ geschaffen, welches bei der Durchführung des Verfahrens dadurch mitwirken soll, daß es über Angelegenheiten, für welche dieses vorgeschrieben ist oder angemessen erscheint, Beschlüsse faßt.[30])

Teilnahmeberechtigt sind sämtliche Konkursgläubiger, regelmäßig auch die bevorrechtigten.[31]) Entscheidend ist, abgesehen von der Wahl des Gläubigerausschusses, die einfache absolute Stimmenmehrheit der Erschienenen, aber berechnet nach den Beträgen der zum Stimmen berechtigenden Forderungen. Die Stimmberechtigung für streitig gebliebene, noch nicht geprüfte Forderungen, sowie für Forderungen unter aufschiebender Bedingung und für Forderungen, bezüglich welcher abgesonderte Befriedigung beansprucht wird (bei letzteren handelt es sich zunächst nur um mutmaßliche Ausfälle), wird im Streitfalle durch unanfechtbare, aber abänderliche Entscheidung des Konkursgerichts festgestellt.[32])

---

[26]) K. §§ 83, 84. — Dagegen keine Auferlegung von Kosten nach Z. § 108

[27]) K. § 78². [28]) K. § 85. [29]) K. § 77².

[30]) K. §§ 93, 94. Näheres unten § 125.

[31]) Ausnahme K. § 173.

[32]) K. §§ 95, 96, 97. — Der Abstimmende darf sich von seinem persönlichen Interesse leiten lassen. Strafbar aber die Annahme von Vorteilen für die Abstimmung, K. § 243.

Abgesehen von den Fällen, in denen die Gläubigerversammlung gesetzlich erforderlich ist,[33]) muß die Berufung erfolgen, wenn sie von dem Verwalter oder dem Gläubigerausschuß oder von mindestens fünf Konkursgläubigern beantragt wird, deren Forderungen schätzungsweise den fünften Teil der Forderungsmasse erreichen.[34]) Das Gericht beruft die Gläubigerversammlung durch öffentliche Bekanntmachung unter Angabe der Tagesordnung.[35])

Sie wird vom Richter geleitet.[36]) Ihre Beschlüsse bedürfen keiner Bestätigung. Das Gericht kann aber die Ausführung auf den sofortigen Antrag des Verwalters oder eines überstimmten Gläubigers untersagen, wenn es findet, daß sie dem gemeinsamen Interesse der Konkursgläubiger widersprechen.[37])

Besonders geordnete Gläubigerversammlungen sind die erste Gläubigerversammlung,[38]) der allgemeine und die besonderen Prüfungstermine,[39]) der Schlußtermin[40]) und der Vergleichstermin.[41])

IV. Gläubigerausschuß. Der Gläubigerausschuß, dessen Bildung, abgesehen von dem Genossenschaftskonkurse, wo er unentbehrlich ist,[42]) von dem Ermessen des Gerichts und nach Beginn der ersten Gläubigerversammlung von deren Beschlußfassung abhängt,[43]) besteht aus einer kleineren Anzahl von Konkursgläubigern oder deren Vertretern und, bei Bestellung durch die Gläubigerversammlung, auch aus anderen Personen.[44])

Die allgemeine Aufgabe ist die Unterstützung und Überwachung des Verwalters, verbunden mit dem Rechte auf Berichterstattung, eigene Prüfung des Ganges der Geschäfte, Einsicht der Bücher und Schriften und Untersuchung der Kasse, welche allmonatlich durch ein Mitglied vorgenommen werden muß.[45])

Dazu treten besondere Aufgaben, welche, wenn ein Gläubigerausschuß nicht besteht, teils wegfallen,[46]) teils auf die Gläubigerversammlung übergehen.[47])

---

33) Z. B. K. § 131.
34) K. § 93[1].
35) K. §§ 93, 98.
36) K. § 94[1].
37) K. § 99.
38) Unten § 125.
39) Unten § 127.
40) Unten § 130.
41) Unten § 131.
42) Gen G. § 103.
43) K. § 87. Auch hinsichtlich des Fortbestandes.
44) K. § 87.
45) K. § 88, näheres unten § 125.
46) So im Falle K. § 133.
47) So K. § 134.

Bei der Wahl der Mitglieder durch die Gläubigerversammlung genügt relative Mehrheit der Stimmen.[48]) Die Bestellung ist jederzeit widerruflich. Der Widerruf steht dem Gericht oder der Gläubigerversammlung zu, je nachdem die Bestellung durch das Gericht oder durch die Gläubigerversammlung erfolgt ist.[49])

Die Sitzungen des Gläubigerausschusses finden ohne Gerichtsleitung statt. Zur Beschlußfähigkeit gehört Teilnahme der Mehrheit der Mitglieder. Die Abstimmung erfolgt nach Köpfen.[50])

Wegen des Rechts auf Auslagen, Erstattung und Vergütung wie bezüglich der Haftung gegenüber den Beteiligten stehen die Mitglieder wie der Verwalter.[51])

## 2. Abschnitt.

## Eröffnung.

### § 119. Eröffnungsbeschluß.

I. Voraussetzungen. Das Konkursverfahren ist nur für die Schuldenbefriedigung im Falle eines Vermögensverfalls bestimmt. Seine regelmäßige Voraussetzung[1]) ist die Zahlungsunfähigkeit, welche, wenigstens wenn im Vermögensinhaber eine werbende Kraft vorhanden ist, mit der Überschuldung nicht notwendig gegeben ist, aber auch ohne Überschuldung eintreten kann, wenn der Schuldner durch besondere Umstände, wie z. B. die Unmöglichkeit, sein Vermögen flüssig zu machen, nicht bloß vorübergehend außerstande ist, seine laufenden Verbindlichkeiten zu erfüllen.[2])

Die Zahlungseinstellung, unter welcher tatsächliches Aufhören[3]) der regelmäßigen Erfüllung der laufenden Verbindlich-

---

[48]) K. § 94[2].

[49]) K. § 92.

[50]) K. § 90.

[51]) K. § 89, 91.

[1]) Nach Kriegsrecht bestehen für die Vermögen ausländischer Unternehmungen dieselben Beschränkungen wie bei der Zwangsvollstreckung, oben § 97 A. 10. — Ist während des Krieges infolge voraussichtlicher Heilbarkeit der Konkursursache oder Abwendbarkeit durch Übereinkommen mit den Gläubigern eine Geschäftsaufsicht gerichtlich angeordnet, so darf vor ihrer Aufhebung kein Konkurs eröffnet werden, V. 14. 12. 16 § 6[1].

[2]) K. § 102[1].

[3]) Im Gegensatz zur vorübergehenden Stockung und zur Weigerung im Einzelnen.

keiten zu verstehen ist, erweckt den Schein der Zahlungsunfähigkeit derart, daß es alsdann einer Untersuchung der Zahlungsunfähigkeit nicht mehr bedarf.[4]) Für den inländischen Sonderkonkurs ersetzt die Eröffnung des Konkurses im Auslande die Feststellung der Zahlungsunfähigkeit.[5])

Beim Nachlaß ist nicht die Zahlungsunfähigkeit, sondern die Überschuldung maßgebend.[6]) Bei juristischen Personen, insbesondere Aktiengesellschaften, Kommanditgesellschaften auf Aktien und Gesellschaften mit beschränkter Haftung, sowie bei nicht rechtskräftigen Vereinen genügt neben der Zahlungsunfähigkeit auch die Überschuldung. Bei Genossenschaften kommt die Überschuldung nur nach deren Auflösung in Betracht, sowie bei beschränkter Nachschußpflicht, sofern die Überschuldung ein Viertel aller Haftsummen überschreitet, während es bei offenen Handelsgesellschaften und gewöhnlichen Kommanditgesellschaften nur auf die Zahlungsunfähigkeit ankommt.[7])

Da das Konkursverfahren auch bei kleinen Vermögen mindestens einige Hundert Mark Kosten verursacht, so erscheint bei dürftigen Vermögen, d. h. solchen, die eine den Kosten des Verfahrens entsprechende Konkursmasse nicht ergeben würden, das Konkursverfahren nicht angebracht. Gleichwohl ist eine hinreichende Konkursmasse nicht unerläßliches Erfordernis der Eröffnung. Das Gericht kann aber und wird regelmäßig in einem solchen Falle den Eröffnungsantrag abweisen, und muß dann den Namen des[8]) Gemeinschuldners in ein Verzeichnis aufnehmen, welches in ähnlicher Weise geführt wird, wie bezüglich derjenigen Schuldner, welche den Offenbarungseid geleistet haben.[9])

Wenn der Antragsteller einen zur Deckung der Massekosten ausreichenden Betrag vorschießt, so muß die Abweisung unterbleiben.[10]) Ebenso ist sie im Genossenschaftskonkurs mit Rücksicht auf die Haftpflicht der Genossen ausgeschlossen.[11])

Im Gegensatz zum früheren gemeinen Recht wird der Konkurs heute nur auf Antrag eröffnet. Antragsberechtigt ist

---

[4]) K. § 102². [5]) K. § 238³. [6]) K. § 214.

[7]) K. §§ 207, 209¹, 213, GmbH.G. § 63, Gen.G. §§ 98, 140. Für bay. Erwerbs- und Wirtschaftsgesellschaften E K. § 6¹.

[8]) Nicht bloß Güterpflegenden.

[9]) K. § 107². — Über die Bedeutung dieser Abweisung für die Erbenhaftung B G.B. § 1990.

[10]) K. § 107¹ S. 2. [11]) Gen.G. § 100, oben § 117.

aber nicht nur jeder Konkursgläubiger, sondern auch der Gemeinschuldner, und wenn die Rolle des Gemeinschuldners bei mehreren Personen liegt,[12]) jede einzelne von diesen.[13])

Besonders geregelt ist das Antragsrecht beim Nachlasse und der fortgesetzten Gütergemeinschaft.[14])

Bei Versicherungsunternehmen ist nur die Aufsichtsbehörde antragsberechtigt.[15])

Eine Verpflichtung, die Konkurseröffnung zu beantragen, besteht schlechthin nur für die Vorstände von juristischen Personen.[16])

Außerdem hängt für den Erben bei nicht dürftigen Nachlässen die Befreiung von der unbeschränkten persönlichen Haftung für die Nachlaßschulden bezw. die Vermeidung eines Schadensersatzes

---

[12]) Oben § 117 A. 12, 19, 28.

[13]) K. §§ 103, 208, 210¹, 213, 217¹, Gmb.H.G. § 63², Gen.G. § 100¹. — Konkurse über das Vermögen von Kriegsteilnehmern im engeren Sinne (oben § 37 A. 38) werden während des Krieges nur auf deren eigenen Antrag eröffnet. Sie werden auch auf ihren Antrag, aber nach Fristablauf auch auf Antrag des Verwalters oder eines Konkursgläubigers ausgesetzt, G. 4. 8. 14 § 6.

[14]) Den im Aufgebotsverfahren ausgeschlossenen Gläubigern sowie den Vermächtnisnehmern und den zur Forderung der Vollziehung einer Auflage Berechtigten ist, wenn sich der Erbe bezw. der überlebende Gatte im Konkurse befindet, wegen ihrer später zu erörtenden besonderen Stellung das Antragsrecht nur gegeben, um die Absonderung des Nachlasses bezw. Gesamtguts durchsetzen zu können. Hat eine gütergemeinschaftliche Ehefrau geerbt, so ist der Konkurs des Ehemannes Voraussetzung fur den Antrag auf Eröffnung des Nachlaßkonkurses (K. §§ 219, 236 S. 1). Sämtliche Nachlaßgläubiger sind von dem Antragsrecht ausgeschlossen, wenn der Erbe bereits 2 Jahre lang das Ausschlagungsrecht verloren hatte (K. §§ 220, 236 S. 1).

Bei dem Gesamtgutskonkurs haben außerdem diejenigen Gläubiger kein Antragsrecht, denen schon bei der Entstehung der fortgesetzten Gütergemeinschaft der überlebende Ehegatte persönlich haftete (K. § 236 S. 3).

Bei dem in Güterpflege stehenden Nachlaß haben sowohl die Güterpfleger, wie die Erben das Antragsrecht (K. § 217¹). Gehört der Nachlaß zum eingebrachten Gut oder zum Gesamtgute einer, wenn auch schon beendigten Gütergemeinschaft, so ist jeder Gatte antragsberechtigt (K. § 218¹) Die Abkömmlinge haben bei der fortgesetzten Gütergemeinschaft kein Antragsrecht (K. § 236 S. 4).

[15]) V.A.G. § 68¹.

[16]) B.G.B. §§ 42, 48², 53, 86, 89², H.G.B. §§ 240, 241, 298², 315, 320³, 325, Gmb.H.G. §§ 43, 64, 71, 84, Gen.G. §§ 34, 99, 118, 140, 148. — Das Kriegsrecht hat diese Pflicht im Bereich des Handelsrechts beseitigt, V. 8. 8. 14 (S. 365). — Bei Versicherungsunternehmen Anzeigepflicht bei der Aufsichtsbehörde, V.A.G. § 68².

davon ab, daß er den Nachlaßkonkurs oder die Nachlaßverwaltung[17]) beantragt.[18])

Eine Mehrheit von Konkursgläubigern ist nirgends erfordert. Auch ein einzelner Gläubiger kann ein Interesse an der Eröffnung haben, um den Zugriff in die Vermögensstücke zu erlangen, welche vor völligem Vermögenszusammenbruch außerhalb des Konkurses dem Vollstreckungszugriff entzogen sind.[19])

II. Verfahren. Wird der Eröffnungsantrag von dem Gemeinschuldner, d. h. bei einer Personenmehrheit von allen den Gemeinschuldner darstellenden Personen, gestellt, und ist auch die Anhörung anderer Personen nicht vorgeschrieben,[20]) so kann die Eröffnung ohne weitere Ermittlungen auf Grund der bloßen Behauptung der Voraussetzungen eröffnet werden.[21])

Dem Antrage soll zwar ein Verzeichnis der Gläubiger und Schuldner, sowie eine Übersicht der Vermögensmasse beigefügt werden, doch kann bei Untunlichkeit der sofortigen Einreichung auch Nachlieferung gestattet und vorher der Konkurs eröffnet werden.[22])

Wenn dagegen der Antrag nicht von allen den Gemeinschuldner darstellenden Personen[23]) gestellt oder die Anhörung Anderer vorgeschrieben ist,[24]) so muß zunächst über seine Zulassung befunden werden. Diese setzt voraus, daß die Berechtigung des Antragstellers und die Zahlungsunfähigkeit glaubhaft gemacht sind.[25])

Nach der Zulassung sind die den Gemeinschuldner darstellenden Personen, soweit sie nicht zu den Antragstellern gehören und die

---

17) B.G.B. §§ 1981 ff.

18) B.G.B. §§ 1975, 1990, 1991, auch 1976–78, 1980, 1988, 1989, 2000.

19) Unten § 120 A. 6. — Das vermeintliche Erfordernis könnte sonst durch Teilabtretung leicht hergestellt werden.

20) Als solche kommen in Betracht die anteilsberechtigten Abkömmlinge bei einer fortgesetzten Gütergemeinschaft (K. § 236 S. 4), der Erbe bezw. der Testamentsvollstrecker bei dem vom Testamentsvollstrecker verwalteten Nachlasse (K. § 217⁴) und der andere Ehegatte, wenn ein Nachlaß zum eingebrachten Gute oder Gesamtgut der Ehe gehört (K. § 218²).

21) Folgt aus § 105² und den in A. 23 angezogenen Bestimmungen.

22) K. § 104.

23) K. §§ 105¹, 208², 210², 213, 217², ³, 218², 236 S. 4, E.K. 6¹, Gmb.H.G. § 63², Gen.G. § 100².

24) Oben A. 20. 25) K. § 105¹.

Personen, deren Anhörung besonders vorgeschrieben ist, zu hören, wenn ihnen im Inlande eine Ladung zugestellt werden kann, sonst ist möglichst ein Vertreter zu hören.[26])

Werden die Voraussetzungen der Konkurseröffnung bestritten, so ist, soweit es zu ihrer Feststellung erforderlich erscheint, vor der Entscheidung Beweis zu erheben.[27])

In der Zwischenzeit kann der Gemeinschuldner zwangsweise vorgeführt, auch verhaftet werden. Ferner können einstweilige Anordnungen zur Sicherung der Masse getroffen werden, insbesondere der Erlaß eines allgemeinen Veräußerungsverbots, welches auch in das Grundbuch einzutragen ist.[28])

Nach Abschluß der Ermittlungen erfolgt die Entscheidung, ob das Konkursverfahren zu eröffnen oder der Antrag unter Aufhebung der etwa getroffenen Sicherungsmaßregeln abzuweisen ist.[29])

Das Beschwerderecht hat gegenüber der Eröffnung nur der Gemeinschuldner[30]) und gegenüber der Abweisung nur der Antragsteller.[31]) Im Falle des Versicherungskonkurses ist es ausgeschlossen.[32])

Der entscheidende Teil (Formel) des Eröffnungsbeschlusses ist der Ausspruch, daß über ein Vermögen, welches unter Angabe des Gemeinschuldners zu bezeichnen ist, zu einer bestimmten Stunde der Konkurs eröffnet sei.[33]) Fehlt die Angabe der Stunde, so gilt als Eröffnungsstunde die Mittagsstunde.[34])

Die Eröffnung[35]) wird öffentlich bekannt gemacht und zwar auszugsweise auch im Deutschen Reichsanzeiger. Außerdem ist sie dem Gemeinschuldner[36]) und dessen Gläubigern und Schuldnern mit bekanntem Wohnort zuzustellen.[37])

---

[26]) K. §§ $105^{2}$, $^{3}$, $208^{2}$ S. 2, $210^{2}$ S. 2, 213, $217^{2}$, $^{3}$, E.K. § $6^{1}$, Gmb.H.G. § $63^{2}$, Gen.G. § $100^{2}$.

[27]) K. § $105^{2}$.

[28]) Näheres K. §§ $106^{1}$, 113—115.

[29]) Für die Abweisung K. §§ $106^{2}$, 115.

[30]) K. § 109.

[31]) Aber keine einstweilige Aussetzung der Vollziehung aus Z. § $572^{3}$, vielmehr Aufhebung erst durch die Rechtskraft des Aufhebungsbeschlusses, K. § 116.

[32]) V A G. § $68^{1}$.

[33]) K. § $108^{1}$.

[34]) K. § $108^{2}$.

[35]) Der entscheidende Teil des Beschlusses, ohne die etwaige Begründung.

[36]) Diesem mit den etwaigen Gründen schon wegen K. § 109.

[37]) K. § 111 mit §§ 76, 77.

Auch erfolgt Mitteilung an die Dienstbehörde des Gemeinschuldners, an die Behörde für die Führung der Vereins-, Handels- und Genossenschaftsregister, sowie, wenn Grundstücke zur Konkursmasse gehören, an das Grundbuchamt mit dem Ersuchen um Eintragung des Konkursvermerks.[38])

Mit dem Eröffnungsbeschlusse auf Konkurseröffnung sind zu verbinden und in die Bekanntmachung der Eröffnung mit aufzunehmen:

1. die Ernennung des Verwalters,[39])

2. der Erlaß des „offenen Arrestes“, d. h. einer Anordnung, durch welchen den Besitzern von zur Konkursmasse gehörigen Sachen und den Schuldnern des Gemeinschuldners aufgegeben wird, nicht an den Gemeinschuldner zu leisten und dem Konkursverwalter innerhalb einer zu bestimmenden Frist von ihrem Besitz und den Forderungen, für welche sie etwa aus ihm abgesonderte Befriedigung in Anspruch nehmen, Anzeige zu machen.[40])

3. Anberaumung der ersten Gläubigerversammlung, welche nicht über einen Monat hinauszuschieben ist.[41])

4. Bestimmung der Frist zur Anmeldung der Konkursforderungen auf 2 Wochen bis 3 Monate.[42])

5. Bestimmung des allgemeinen Prüfungstermins auf 1 Woche bis 2 Monate nach dem Ablauf der Anmeldungsfrist. Er kann mit der ersten Gläubigerversammlung verbunden werden, wenn die Masse oder der Kreis der Gläubiger gering ist oder ein Zwangsvergleichsvorschlag vorliegt.[43])

Hat der Gemeinschuldner Bücher geführt, so ist ein Gerichtsschreiber mit dem sofortigen Bücherschluß zu beauftragen.[44])

Außerdem hat das Gericht zu erwägen, ob es einen Gläubigerausschuß ernennen will,[45]) ob der Verwalter Sicherheit leisten soll,[46]) ferner zu bestimmen, ob und in welcher Weise der Verwalter Gelder, Wertpapiere und Kostbarkeiten hinterlegen

---

[38]) K. §§ 112—115, B.G.B. § 75, H.G.B. §§ 32, 34, Gen.G. § 102 — In Pr. auch an die Staatsanwaltschaft bei dem Landgericht, pr. A.G.K.O. § 12.

[39]) K. §§ 81, 110. — Ihm ist auch sofort die Bestallung zu erteilen. K. § 81².

[40]) K. §§ 110, 118.

[41]) K. §§ 110, 131.

[42]) K. §§ 110, 138.

[43]) K. §§ 110, 138.

[44]) K. § 122².

[45]) K. § 87¹.

[46]) K. § 78².

soll,[47]) sowie, ob und in welchem Umfang gegen den Gemeinschuldner die Post- und Telegraphensperre zu verhängen ist.[48])

Damit ist zunächst die Tätigkeit des Konkursgerichts, soweit sie sich auf das Eröffnungsverfahren bezieht, beendet.

Wird der Eröffnungsbeschluß auf Beschwerde aufgehoben, so erfolgt nach eingetretener Rechtskraft des Aufhebungsbeschlusses öffentliche Bekanntmachung, Benachrichtigung an die Dienst- und Registerbehörden, sowie Löschung des Konkursvermerks. Doch bleibt der Konkurs auch dann nicht ohne sachliche Einwirkung. Der Verwalter muß die unbestrittenen Masseansprüche und festgestellten bevorrechtigten Konkursforderungen berichtigen, aber auch die bestrittenen Masseansprüche und die glaubhaft gemachten bevorrechtigten Forderungen sicher stellen.[49])

## § 120. Konkursmasse.

Unter Konkursmasse versteht man das Vermögen, über welches der Konkurs eröffnet ist, soweit es dem Zwecke des Konkurses dient. Die Konkursmasse deckt sich im allgemeinen mit der Zwangsvollstreckungsmasse, also demjenigen Vermögen, welches mittels der Einzelvollstreckung für eine persönliche Geldforderung in Anspruch genommen werden darf.[1])

Maßgebender Zeitpunkt ist die Stunde der Konkurseröffnung. Nur das zu diesem Zeitpunkte bereits erworbene Vermögen fällt in die Konkursmasse, während der Erwerb des Gemeinschuldners während des Konkurses frei bleibt. Es genügt aber, daß der Rechtsgrund des Erwerbs vor der Konkurseröffnung liegt, so daß ein auf solcher Grundlage nach der Eröffnung gemachter Erwerb allerdings in die Konkursmasse fällt.

Da der Ehemann und Vater den gesetzlichen Nießbrauch am Frauen- und Kindesvermögen mit der Rechtskraft der Konkurseröffnung

---

[47]) K. § 129². [48]) K. § 121.

[49]) K. § 116, H.G.B. §§ 32, 34.

[1]) K. § 1¹, oben §§ 97, 107—109. Auch Gegenstände, deren Pfändung verboten, aber nicht ungültig ist, gehören nicht zur Masse, K. § 1⁴. Ebensowenig gehören zu ihr Forderungen, die nur zugunsten einzelner Gläubiger pfändbar sind, z. B. Z. § 350⁴, R.V.O. § 109, oben § 109 A. 7. — Im Falle der Sicherungsübereignung gehört nur das Heimfallsrecht bezw. der Rückgewähranspruch des Gemeinschuldners zur Masse. Wegen der Sicherungsübereignung an den Gemeinschuldner oben § 97 A. 23.

verliert,[2]) auch die Errungenschaftsgemeinschaft im Gegensatz zu anderen Gütergemeinschaften aufhört,[3]) so kann ein späterer[4]) Erwerb auf Grund des väterlichen oder ehemännlichen Nutzungsrechts oder der Errungenschaft nicht in Frage kommen.

Der Gegenstand darf nicht auch schon vor der Konkurseröffnung aus dem Vermögen ausgeschieden sein, vorbehaltlich der Nichtigkeit oder Anfechtbarkeit nachteiliger Veräußerungen.[5])

Abweichend von der Einzelzwangsvollstreckung wegen einer persönlichen Forderung hindern die nur den Schutz bestimmter Personen bezweckenden Veräußerungsverbote, welchen auch die von der Staatsgewalt ausgehenden Veräußerungsverbote im allgemeinen gleichstehen, den Zugriff in den von dem Verbot betroffenen Gegenstand nicht. Doch macht die Beschlagnahme bei der Liegenschaftsvollstreckung eine Ausnahme.[6])

Die nur im Interesse der Aufrechterhaltung des Betriebs vorgeschriebenen Einschränkungen der Zwangsvollstreckung in Apotheken, Landwirtschaften, Eisenbahnen und Posthaltereien fallen fort.[7])

Auch die Geschäftsbücher des Gemeinschuldners[8]) werden wegen ihrer Bedeutung für die Durchführung des Verfahrens zur Konkursmasse gezogen, obwohl sie im allgemeinen nicht verwertet werden dürfen.[9])

Zur Konkursmasse des Vorerben gehört auch die Nacherbschaft. Der Nacherbe ist aber in derselben Weise geschützt wie bei einer Zwangsvollstreckung gegen den Vorerben.[10])

Zur Konkursmasse des gütergemeinschaftlichen Ehemannes bezw. der Witwe gehört, wie bereits bemerkt wurde,[11]) ebenso wie zur

---

[2]) B.G.B. §§ 1419, 1647. [3]) B.G.B. §§ 1543, 1547.

[4]) Wohl aber ein zwischen der Eröffnung und dem Eintritt der Rechtskraft (oben § 67 A. 67) liegender. Zu beachten aber oben § 109 A. 60.

[5]) Unten § 123. [6]) K. § 13 gegenüber Z. § 772.

[7]) K. § 1[2].

[8]) Bei Sonderkonkursen nur die das Sondervermögen betreffenden Bücher.

[9]) K. §§ 1[3], 117[2], unten § 126.

[10]) K. § 128 gegenüber Z. § 773, oben § 98 A. 19.

[11]) Oben § 116 A. 28.

Zwangsvollstreckungsmasse dieser Personen, auch das ganze Gesamtgut, während es durch den Konkurs über das Vermögen der Ehefrau[12]) bezw. der Abkömmlinge nicht betroffen wird.[13])

Unabhängig vom Güterstande ergreift der Konkurs über das Vermögen des Ehemanns, anders wie die Einzelvollstreckung, auch dasjenige Vermögen der Frau, welches sie während der Ehe mit Mitteln des Ehemanns von Dritten für sich erworben hat,[14]) wobei es nicht darauf ankommt, ob der Mann ihr diese Mittel vorher zu diesem Zwecke übereignet hatte oder nicht.

Ist der Gemeinschuldner an einer Gemeinschaft beteiligt, so fallen in die Konkursmasse gleich wie in die Zwangsvollstreckungsmasse nur die Rechte des Gemeinschuldners an der Gemeinschaft. Der Konkurs hat aber über die bei der Anteilspfändung gegebenen Einzelvorschriften hinaus[15]) die Wirkung, daß bei allen Gemeinschaften mit ideellen Anteilen ein Ausschluß oder Aufschub der Auseinandersetzung durch Vertrag oder Verfügung von Todes wegen im Gegensatz zu den gesetzlichen Ausschluß- und Aufschiebungsgründen[16]) nicht beachtet wird.[17]) Außerdem kommt in Betracht, daß in einem später zu erörternden Umfange Gemeinschaften zur Auflösung gelangen, wenn über das Vermögen eines Gesellschafters der Konkurs eröffnet wird.[18])

Die hiernach erforderliche Aussonderung (sogenannte separatio ex jure dominii) von nicht zur Konkursmasse gehörigen Gegenständen, sowie die Auseinandersetzung hinsichtlich der Gemeinschaften wird außerhalb des engeren Verfahrens durch den Konkursverwalter bezw. ihm gegenüber bewirkt.[19])

Zur Inanspruchnahme eines nicht zur Masse gehörenden Gegenstandes genügt wie bei der Zwangsvollstreckung auch ein persönliches Recht.[20])

Für die Ehefrau ist dabei in Anlehnung an die römische praesumtio Muciana bezüglich ihrer während der Ehe von Dritten

---

[12]) Auch der Handelsfrau trotz B.G.B. § 1452.

[13]) K. § 2 mit Z. §§ 740, 745, oben § 98 A. 26. — Wegen des selbständigen Konkurses über das Gesamtgut der fortgesetzten Gemeinschaft oben § 116 A. 22.

[14]) K. § 45.

[15]) K. § 16¹.

[16]) Das Landesrecht kann das Recht des Verwalters, die Aufhebung des Stockwerkeigentums zu verlangen, ausschließen, E.B.G.B. a. 131.

[17]) K. § 16².

[18]) Unten § 128 Nr. 9.

[19]) K. §§ 16¹, 43.

[20]) K. § 43, oben § 97 A. 80.

erworbenen Gegenstände nicht nur darzutun, daß sie ihr gehörten, sondern auch, daß sie nicht mit Mitteln des Mannes erworben sind.[21])

An Stelle der vom Gemeinschuldner vor der Eröffnung oder von dem Verwalter nach der Eröffnung veräußerten Gegenstände tritt hinsichtlich der Aussonderung die zur Masse gezogene Gegenleistung bezw. die Abtretung des zur Masse gehörigen Rechts auf die noch ausstehende Gegenleistung.[22])

## § 121. Wirkungen der Konkurseröffnung.

I. Hinsichtlich der Konkursmasse. Die Konkursmasse wird in ihrem Bestande im allgemeinen nicht berührt. Berechtigter hinsichtlich des Eigentums und der sonstigen zur Masse gehörigen Rechte bleibt der, auch in seiner persönlichen Geschäftsfähigkeit nicht beeinträchtigte Gemeinschuldner.

Dagegen gehen in dem Augenblicke der Anordnung der Konkurseröffnung Verwaltung und Verfügung, bezüglich der Konkursmasse, auch die Prozeßführung, auf den Verwalter über,[1]) der diese Rechte als güterpflegender Nachfolger[2]) des Gemeinschuldners in seinem eigenen Namen[3]) ausübt, während der Gemeinschuldner bezüglich seines nicht zur Konkursmasse gehörigen Vermögens unbeeinträchtigt bleibt. Nur das nicht zur Masse gehörige Recht zur Rücknahme einer an Erfüllungsstatt hinterlegten Sache kann auch von dem Gemeinschuldner nicht ausgeübt werden.[4])

Im Konkurse über Aktiengesellschaften und Kommanditgesellschaften gehen auf den Verwalter auch die Rechte über, welche den Gesellschaftsgläubigern gegen Aktionäre und Kommanditisten wegen ungerechtfertigter Empfänge oder rückständiger Einlage zustehen.[5])

Die Einwirkung des Konkurses auf die Erfüllung der Rechtsgeschäfte des Gemeinschuldners,[6]) auf die Gültigkeit seiner Rechtshandlungen[7]) und auf die schwebenden Prozesse[8]) ist demnächst besonders darzulegen.

---

[21]) K. § 45. — Das geht über B.G.B. § 1762 hinaus.

[22]) K. § 46.

[1]) K. § 6. Anwendung auf die Nachlaßverwaltung, B.G.B. § 1984[1].

[2]) Wichtig für die Eideszuschiebung nach Z. § 445.

[3]) Oben § 21 A. 26 und § 118 A. 15.

[4]) B.G.B. § 377[2], oben § 109 A. 9.

[5]) H.G.B. §§ 171[2], 217[2].

[6]) Unten § 128.

[7]) Unten § 121.

[8]) Unten § 124.

II. Auf die Konkursforderungen. Ihr privatrechtlicher Bestand bleibt, abgesehen davon, daß nur der Schätzungswert in Geld in Frage kommt,[9]) unverändert, und es besteht auch kein besonderer Konkursanspruch.[10]) Aber ihre Befriedigung aus der Konkursmasse kann nur nach den besonderen Regeln und in den Formen des Konkursrechts erfolgen, so daß sie, soweit sie nicht durch Vorrecht, abgesonderte Befriedigung oder Aufrechnung bevorzugt sind, nur gleichmäßig nach Maßgabe der vorhandenen Teilungsmasse befriedigt werden können.[11])

Vom Zeitpunkt der Konkurseröffnung ab ist jede Verstärkung des Befriedigungsrechts der Konkursgläubiger durch Erwerb von Vorzugs- und Zurückbehaltungsrechten ausgeschlossen.[12]) Daher kann auch auf Grund einer bereits ergangenen einstweiligen Verfügung eine Vormerkung in das Grundbuch oder Schiffsregister wirksam nicht mehr eingetragen werden.[13])

Dadurch wird aber die Wirksamkeit des Erwerbs von einem dritten Scheinberechtigten auch gegenüber der Konkursmasse über das Vermögen des wahren Berechtigten nicht beeinträchtigt.[14])

Wie bei der Zwangsvollstreckung bereits dargelegt wurde,[15]) ist den Konkursgläubigern nicht nur die Einzelvollstreckung in die Masse, sondern auch jeder Zugriff in das nicht zur Konkursmasse gehörige Vermögen des Gemeinschuldners, insbesondere in seinen nach der Konkurseröffnung liegenden Erwerb für die Dauer des Verfahrens genommen.[16])

Ein im Auslande eröffneter Konkurs hindert aber die inländische Einzelvollstreckung so lange nicht, als nicht der Reichskanzler mit Zustimmung des Bundesrats eine Ausnahme angeordnet hat.[17])

---

[9]) K. § 69. [10]) Oben § 116 A. 11.

[11]) Unten §§ 127—129. [12]) K. § 15.

[13]) K. § 14². Für den Nachlaßkonkurs bildet schon der Erbfall die Grenze, K. § 221².

[14]) K. § 15 S. 2. [15]) Oben § 97.

[16]) K. § 14¹. Nach Eröffnung des Nachlaßkonkurses kann der Erbe im Wege des Rechtsstreits die Aufhebung der Vollstreckung von Nachlaßforderungen in sein übriges Vermögen durchsetzen, Z. §§ 784, 785. Entsprechende Anwendung auf den Gesamtgutskonkurs, § 786.

[17]) K. § 237.

## § 122. Erfüllung der Rechtsgeschäfte des Gemeinschuldners.

Wie gezeigt wurde,[1]) hat der Konkurs auf die Rechte des Gemeinschuldners gegenüber Anderen keinen Einfluß, während die Befriedigung der Forderungen der Konkursgläubiger nur in konkursmäßiger Weise erfolgen und tatsächlich auf das Maß der bei Anwendung der Konkursgrundsätze auf die Verteilung der sich ergebenden Teilungsmasse möglichen Befriedigung (Konkursquote) herabgedrückt ist.

Handelt es sich um einseitige Verpflichtungen des Gemeinschuldners oder des anderen Teils oder um solche gegenseitige Verpflichtungen, bei denen zufolge vollständiger Erfüllung von einer Seite bereits vor der Konkurseröffnung nur noch auf einer Seite Verpflichtungen bestanden, so hat die Durchführung dieses Grundsatzes keine Schwierigkeit.

Dagegen würde es bei gegenseitigen Verpflichtungen aus einem Vertrage, welcher von keiner Seite vollständig erfüllt ist, zu einer großen Härte gegenüber dem anderen Teil führen, wenn er seinerseits voll erfüllen müßte, aber als Gegenleistung nur die regelmäßig erheblich hinter der vereinbarten Gegenleistung zurückbleibende Konkursquote erhalten würde.

Die allgemeine Vorschrift zur Hebung dieser Härte geht dahin, daß der Verwalter die Wahl hat, ob Erfüllung bezw. Weitererfüllung erfolgen soll oder ob er auf der Erfüllung nicht bestehen will. Unterläßt er die unverzügliche Erklärung trotz Aufforderung des anderen Teils, so steht dies der Erklärung, daß er auf Erfüllung nicht bestehe, gleich.[2]) Das Verhalten des Verwalters ist auch in dieser Beziehung für den Gemeinschuldner selbst bindend.[3])

Wählt der Verwalter die Erfüllung, so muß von beiden Seiten vollständig erfüllt werden. Der andere Teil ist dann bezüglich seiner Forderungen Massegläubiger.[4])

Wenn auf der Erfüllung nicht bestanden wird, so hat dies nicht die Folge, daß der ganze Vertrag als aufgelöst angesehen wird. Daher sind auch etwaige beiderseitige Teilleistungen nicht ohne weiteres rückforderbar. Der andere Teil behält vielmehr sein Recht auf die Gegenleistung und auch das

---

[1]) Oben § 121 A. 1.
[2]) K. § 17.
[3]) R. 79 211.
[4]) K. § 59 Nr. 2.

Recht auf Schadensersatz, auch Vertragsstrafe, wegen Nichterfüllung. Er kann aber, sofern ihm nicht das Recht auf abgesonderte Befriedigung zusteht,[5]) beides nur als Konkursforderung geltend machen. Für die Konkursmasse besteht dagegen infolge der Ablehnung des Verwalters kein Recht auf Erfüllung mehr. Sind Teilleistungen an den Vertragsgegner gemacht worden, so können sie nur nach den Grundsätzen der ungerechtfertigten Bereicherung zurückgefordert werden. Dabei muß sich aber die Konkursmasse gefallen lassen, daß der Vertragsgegner wegen seiner Ansprüche auf Erfüllung bezw. Schadensersatz wegen Nichterfüllung Aufrechnung und Zurückbehaltung geltend macht.[6])

Eine Reihe von Einzelfällen hat eine besondere Ordnung gefunden, welche teilweise außerhalb der Konkursordnung erfolgt ist. Auch das Landesrecht kann solche besonderen Bestimmungen innerhalb der Vorbehalte treffen, welche das Landesprivatrecht bestehen lassen.[7])

1. Vormerkung. Wenn bereits vor[8]) der Konkurseröffnung im Grundbuch oder Schiffsregister eine Vormerkung zur Sicherung der Einräumung, Änderung oder Aufhebung eines Rechts an dem Grundstücke oder Schiffe eingetragen war, so schützt das auch gegen die nachteilige Einwirkung des Konkurses. Deshalb muß der Verwalter die entsprechende endgültige Eintragung herbeiführen,[9]) wenn der darauf gerichtete Anspruch zu Recht besteht.

2. Verfolgungsrecht (droit de suite, right of stoppage, revendication).[10]) Von auswärts versandte Waren kann der Versender, bevor sie am Ablieferungsort in die tatsächliche Gewalt[11]) des Gemeinschuldners gelangt sind, mit der Wirkung zurückfordern, daß hinsichtlich der versandten Ware eine Erfüllung seitens des Versenders vor der Konkurseröffnung nicht vorliegt, der Vertrag aber zunächst bestehen bleibt. Infolgedessen hat der Verwalter die Wahl, ob er auf der Erfüllung bestehen will oder nicht. Besteht er auf der Erfüllung, so muß der Versender die Ware hergeben, bekommt aber die Gegenleistung als Masseforderung.

---

[5]) Unten § 129.

[6]) K. § 26.

[7]) K. § 25.

[8]) Über die Eintragung nachher oben § 121 II A. 13.

[9]) K. § 24.

[10]) Code de commerce a. 576.

[11]) Besitz ohne tatsächliche Gewalt genügt nicht.

Lehnt der Verwalter aber ab, so verbleiben die angehaltenen Waren dem Versender und es ist das Verhältnis von diesem Standpunkte aus nach den allgemeinen Regeln abzuwickeln.[12])

Eine teilweise Vorausbezahlung der Waren durch den Gemeinschuldner steht der Ausübung des Verfolgungsrechts nicht entgegen.[12])

3. Fixgeschäft. Ist über markt- oder börsenfähige Waren ein Fixgeschäft geschlossen, dessen Stichtag nach der Konkurseröffnung liegt, so tritt an die Stelle der beiderseitigen Erfüllungsforderungen die Forderung des einen Vertragsschließenden auf den Unterschied zwischen dem Kaufpreise und dem für den zweiten Werktage nach der Eröffnung des Verfahrens, als dem ersten für ein Deckungsgeschäft in Betracht kommenden Tage, für Geschäfte mit der bedungenen Erfüllungszeit zu ermittelnden Markt- oder Börsenpreis, welche bei einem Fallen des Kurses dem Verkäufer, bei einem Steigen dem Käufer gebührt. Steht die Unterschiedsforderung dem Gemeinschuldner zu, so muß sie voll befriedigt werden, während der andere Teil seine Forderungen regelmäßig nur als Konkursforderungen geltend machen kann.[13])

4. Sachmiete.[14]) War der Gemeinschuldner Mieter, so haben beide Teile ein Rücktrittsrecht. Wenn das Verhältnis bereits begonnen hatte, so muß die gesetzliche oder kürzere vertragsmäßige Kündigungsfrist eingehalten werden. Anspruch auf Schadensersatz hat nur der andere Teil.[15])

War der Gegenstand noch nicht überlassen, so kann zunächst nur der andere Teil frist- und ersatzlos zurücktreten. Erklärt dieser den Nichtrücktritt oder unterläßt er trotz Aufforderung jede Erklärung, so hat nach allgemeinen Grundsätzen der Verwalter die Wahl, ob das Verhältnis für Rechnung der Masse ins Leben treten oder, mit den allgemeinen Folgen, auf Erfüllung nicht bestanden werden soll.[16])

War der Gemeinschuldner Vermieter, so hat der Konkurs eine Einwirkung nur, wenn es sich um Grundstücke oder Räume in ihnen handelt.[17])

---

[12]) K. § 44.
[13]) K. § 18.
[14]) Ebenso Pacht.
[15]) K. § 19.
[16]) K. § 20.
[17]) K. § 21[1].

Die Grenze für Vorausverfügungen des Gemeinschuldners über den Mietszins wird hier schon durch die Konkurseröffnung bestimmt.[18])

Eine weitere Wirkung besteht darin, daß eine freiwillige Veräußerung durch den Verwalter ebenso einwirkt wie eine Zwangsversteigerung, unbeschadet der bereits durch die Eröffnung bestimmten Grenze für die Wirksamkeit der Vorausverfügungen über den Mietzins.[19])

5. Dienstmiete. Ist der Gemeinschuldner Mieter, so besteht bei begonnenem Dienste eine ähnliche Regelung wie bei der Sachmiete, während sonst die allgemeinen Regeln gelten.[20])

6. Ist der Gemeinschuldner Akzeptant eines Wechsels, so kann auf Grund der Konkurseröffnung Sicherheit von ihm verlangt, diese Forderung aber nur als Konkursforderung geltend gemacht werden.[21])

7. Von einem Verlagsvertrage darf im Falle des Konkurses des Verlegers auch der Verfasser zurücktreten, wenn mit der Vervielfältigung noch nicht begonnen war.[22])

8. Aufträge und auf Geschäftsbesorgung gerichtete Dienst- und Werkverträge, bei denen der Gemeinschuldner Auftraggeber ist, erlöschen durch die Konkurseröffnung, soweit sie die Masse betreffen, mit der Maßgabe, daß der Beauftragte, solange er in nicht fahrlässiger Unkenntnis der Konkurseröffnung ist, geschützt wird, auch bei Gefahr im Aufschub noch handeln darf. Bezüglich seiner Ersatzansprüche ist der Beauftragte, soweit er zur Abwendung einer Gefahr handelt, Massegläubiger.[23])

9. Lebens-, Kranken- und Unfallversicherungen erlöschen durch die Eröffnung des Konkurses über das Vermögen des Unternehmers. Die Versicherten behalten ihre vertragsmäßigen Ansprüche als Konkursforderungen, erhalten aber daneben eine mit besonderem Vorrecht[24]) ausgestattete Forderung auf die Prämienreserve. Auch wird ihnen zur Wahrung ihrer Rechte ein Pfleger bestellt.[25])

---

[18]) K. § 21$^{2}$ (F.G. 8. 6. 15). Für die Zwangsvollstreckung bildet erst die Beschlagnahme die Grenze, oben § 111 A. 97.

[19]) K. § 21$^{3}$.

[20]) K. § 22.

[21]) W.O. § 29.

[22]) VerlagsG. § 36.

[23]) K. §§ 23, 27.

[24]) Unten § 129 A. 19.

[25]) V.A.G. §§ 61—63.

Schadensversicherungen enden einen Monat nach der Konkurseröffnung über das Unternehmen. Bis dahin müssen sie als Masseforderungen erfüllt werden.[26])

Bei der Seeversicherung hat der Versicherte im Falle der Zahlungsunfähigkeit des Versicherers die Wahl zwischen einer Deckungsversicherung auf Kosten des Versicherers unter Aufrechnung mit den geschuldeten Prämien oder dem Rücktritt unter Geltendmachung der Rückzahlung der bisherigen Prämien als Konkursforderung, wenn ihm nicht vorher Sicherheit bestellt wird.[27])

Weitere Vorschriften betreffen den Einfluß des Konkurses des Versicherten auf die Rechte des Versicherungsnehmers bei der Seeversicherung auf fremde Rechnung. Der Versicherungsnehmer hat ein Recht auf abgesonderte Befriedigung.[28]) Bevor er befriedigt ist, braucht er die Police nicht herauszugeben. Auch macht sich der Versicherer verantwortlich, wenn er zum Nachteil des Versicherungsnehmers an die Konkursmasse des Versicherten leistet oder sonstige Rechte des Versicherungsnehmers beeinträchtigt.[29])

10. Gesellschaften. Inwieweit durch den Konkurs über das Vermögen einer konkursfähigen Gesellschaft oder eines sonstigen konkursfähigen Verbandes die Gesellschaft oder der Verband aufgelöst wird, wurde bereits erörtert.[30]) Eine andere Frage ist es, inwieweit Gesellschaften und andere Verbände durch den Konkurs eines Mitgliedes aufgelöst werden.

Dies ist, vorbehaltlich vertragsmäßiger Abweichung, zu bejahen für die Gesellschaft des bürgerlichen Rechts[31]) und den nicht rechtsfähigen Verein,[32]) ferner für Handelsgesellschaften ohne juristische Persönlichkeit, jedoch mit der Maßgabe, daß bei der Kommanditgesellschaft auf Aktien der Konkurs eines Aktionärs nicht in Betracht kommt,[33]) zu verneinen dagegen für die Reederei[34]) und alle

---

[26]) V.V.G. §§ 13, 100. Rückforderung der Prämie für die Zukunft, § $40^{3}$. Dagegen gibt die Vereinbarung des Erlöschens oder Kündigungsrechts für den Fall des Konkurses des Versicherungsnehmers dem Versicherten kein Recht, § 14.

[27]) H.G.B. § 898

[28]) Unten § 129 A. 11.

[29]) H.G.B. §§ 888, 889.

[30]) Oben § 117 A. 20.

[31]) B.G.B. §§ 728, 736.

[32]) B.G.B. § 54 mit § 728 S. 1.

[33]) H.G.B §§ 131 Nr. 3, 138, auch 141, $146^{2}$, $161^{2}$, $330^{2}$ und (für die stille Gesellschaft) B.G.B. § 728. — Bei Genossenschaften mit beschränkter Haftung Auflösung nur infolge Vertragsbestimmung, Gmb H.G. § $60^{2}$.

[34]) H.G.B. § $505^{2}$.

Gesellschaften und Verbände mit juristischer Persönlichkeit, insbesondere die Genossenschaften und Gesellschaften mit beschränkter Haftung.

Der geschäftsführende Gesellschafter der aufgelösten Gesellschaft wird aber ähnlich wie ein Beauftragter gegen die Unkenntnis der Beendigung geschützt und zur einstweiligen Fortführung der Geschäfte der insoweit als fortbestehend geltenden Gesellschaft für befugt erachtet.[35]) Seine Ansprüche gegenüber dem Konkurse des Gesellschafters sind ähnlich gestaltet wie bei einem Beauftragten des Gemeinschuldners.[36])

Wird bei der stillen Gesellschaft über das Vermögen des Inhabers des Handelsgeschäfts der Konkurs eröffnet, so muß der stille Gesellschafter die rückständige Einlage bis zur Deckung seines Anteils am Verlust einzahlen. Bezüglich seiner bereits gemachten, den Betrag dieses Anteils übersteigenden Einlage ist er Konkursgläubiger.[37])

Alle diese Regeln betreffen Rechtsverhältnisse mit dem Gemeinschuldner. Außerdem wirkt der Konkurs auch auf die Verhältnisse Dritter ein, so z. B. auf das Verhältnis des Gläubigers zum Bürgen des Gemeinschuldners,[38]) ferner in der Begründung des Sicherheitsregresses des Wechselinhabers gegen die Vormänner durch den Konkurs des Akzeptanten.[39]) Für das Konkursverfahren ist das ohne besondere Bedeutung.

## § 123. Nichtigkeit und Anfechtbarkeit von Rechtshandlungen des Gemeinschuldners.

I. Nichtigkeit. Da mit dem Zeitpunkt der Konkurseröffnung das Verfügungsrecht des Gemeinschuldners aufhört, indem es auf den Konkursverwalter übergeht, so gilt der Grundsatz, daß alle nach der Eröffnung des Verfahrens vorgenommenen Rechtshandlungen des Gemeinschuldners ohne weiteres nichtig sind; doch handelt es sich dabei nur um eine zwar gegen jedermann wirksame, aber nur zugunsten der Konkursgläubiger wirkende Nichtigkeit.[1])

---

[35]) B.G.B. § 728 S. 2, H.G.B. §§ 137[2], 161[2].

[36]) K. § 28.

[37]) H.G.B. § 341.

[38]) B.G.B. § 773 Nr. 3.

[39]) W.O. a. 29.

[1]) K. § 7[1] Halbs. 1 entsprechend oben § 115 A. 6. Anwendung auf die Nachlaßverwaltung, B.G.B. § 1984[1].

Die Wirksamkeit in bezug auf andere Personen wird nicht weiter beeinträchtigt, als es das Interesse der Konkursgläubiger erfordert.

Bei Handlungen vom Tage der Konkurseröffnung wird die Vornahme nach der Eröffnung vermutet.[2])

Die infolge der Nichtigkeit entstehende Forderung des Vertragsgegners auf Rückgewähr gilt als Masseforderung, soweit die Masse bereichert ist.[3])

Ausnahmen von diesem Grundsatz tragen dem Rechtsschein Rechnung:

1. Nicht in die Masse gelangte Leistungen an den Gemeinschuldner befreien den Pflichtigen nur dann nicht, wenn ihm bei der Leistung die Konkurseröffnung bekannt war, was aber nach der öffentlichen Bekanntmachung vermutet wird.[4])

2. Grundbuchmäßiger Erwerb ist nicht nichtig, wenn nicht die Konkurseröffnung aus dem Grundbuch ersichtlich war oder dem Erwerber bekannt gewesen ist.[5])

Was die vor der Eröffnung des Verfahrens vorgenommenen Rechtshandlungen anbelangt, so wurde bereits erwähnt, daß die Wirksamkeit von Vorausverfügungen über Miet- und Pachtzins zeitlich beschränkt ist.[6])

Im Nachlaßkonkurse gilt außerdem die Besonderheit, daß die nach dem Eintritte des Erbfalls im Wege der einstweiligen Verfügung erlangten Vormerkungen nichtig werden.[7])

II. Anfechtung. Soweit das Verhalten des Gemeinschuldners vor der Konkurseröffnung liegt und nicht ausnahmsweise ohne weiteres nichtig ist[8]) oder infolge der Rechtsscheinwirkungen des Grundbuchs auch bei Vornahme nach der Konkurseröffnung gegen die ohne weiteres eintretende Nichtigkeit geschützt ist,[9]) kann die Wirksamkeit nur durch Anfechtung beseitigt werden, welche sich geschichtlich in Verbindung mit der Zwangsvollstreckungsanfechtung[10]) entwickelt hat, aber im einzelnen Abweichungen und namentlich Erweiterungen der Anfechtungsmöglichkeiten zeigt.

---

[2]) K. § 7[3].

[3]) K. §§ 7[2], 59 Nr. 3.

[4]) K. § 8.

[5]) K. § 7[1] Halbs. 2.

[6]) Oben § 122 Nr. 4.

[7]) K. § 221[2].

[8]) Oben A. 6 u. 7, K. § 29.

[9]) Oben A. 4, K. § 42.

[10]) Oben § 115.

Der Gegenstand der Anfechtung ist der gleiche wie bei der Zwangsvollstreckung, insbesondere auch, was die Anfechtung des mit Hilfe der Gerichtsbarkeit Erzielten anbelangt.[11])

Die Anfechtung, welche Nichtigkeit gegen jedermann zugunsten der Konkursgläubiger bewirkt,[12]) erfolgt auch hier im Wege des Rechtsstreits, aber auch hier sowohl angriffsweise wie zur Verteidigung. Die Wirkung geht aber abweichend auf Rückgewähr des Entfremdeten zur Konkursmasse, wobei auch hier der gutgläubige Empfänger der unentgeltlichen, wenn auch nicht auf einem Schenkungsvertrage beruhenden, Leistung nur für die noch vorhandene Bereicherung haftet.[13])

Dagegen kann das Recht auf die Gegenleistung und auf Befriedigung der wiederauflebenden, anfechtbar getilgten Forderung gegenüber der Konkursmasse geltend gemacht werden, aber als Masseforderung nur, soweit durch die Gegenleistung eine Bereicherung bewirkt ist, sonst nur als Konkursforderung.[14])

Anfechtungsberechtigt ist hier ausschließlich der im eigenen Namen handelnde[15]) Konkursverwalter. Die Erfordernisse eines Schuldtitels oder der Aussichtslosigkeit der Zwangsvollstreckung erübrigen sich.[16])

Der Anfechtungsgegner ist der gleiche wie bei der Zwangsvollstreckungsanfechtung; das gilt insbesondere auch von der Richtung gegen Erben und andere Rechtsnachfolger.[17])

Die Ausschlußfrist von dreißig Jahren seit der Vornahme der Rechtshandlung besteht auch hier. Daneben tritt aber, abweichend von der Vollstreckungsanfechtung, für alle Fälle eine einjährige Frist seit der Eröffnung des Verfahrens bezw. der späteren Vornahme der Rechtshandlung, welche auch hier nach Verjährungsgrundsätzen behandelt wird. Der Ausschluß durch Fristablauf bezieht sich aber nicht auf eine verteidigungsweise geltend zu

[11]) K. §§ 29, 35 entsprechend Anf.G. §§ 1, 6.

[12]) K § 29, oben A. 1

[13]) K. § 37 entsprechend Anf.G. §§ 1, 9 — Über den Ausschluß der Pflichtteilsberechtigten, Vermächtnisnehmer und Auflageberechtigten von dem Zurückgewährten im Nachlaßkonkurse K. § 228 [1].

[14]) K. §§ 38, 39 entsprechend Anf.G. § 8.

[15]) Oben § 118 A. 15.

[16]) K. § 36 gegenüber Anf.G. §§ 2, 4, 5, 10

[17]) K. § 40 gegenüber Anf.G. § 6.

machende Leistungsverweigerung, insbesondere auch gegenüber Aussonderungsansprüchen.[18])

Sämtliche Anfechtungsgründe, welche bei der Zwangsvollstreckungsanfechtung anerkannt sind, bestehen auch hier.[19])

Im Nachlaßkonkurse stehen dabei Befriedigungen von Pflichtteilansprüchen, Vermächtnissen und Auflagen den unentgeltlichen Verfügungen gleich.[20])

Die erheblichen Erweiterungen der Anfechtungsgründe beruhen auf dem Gesichtspunkte, daß die schon vor der Konkurseröffnung eingetretene Konkurslage berücksichtigt wird.

Rechtshandlungen aller Art können angefochten werden, wenn sie nach dem Antrage auf Konkurseröffnung oder nach der Zahlungseinstellung vorgenommen sind, welche jedoch für Rechtshandlungen, welche früher als 6 Monate vor der Eröffnung[21]) erfolgt sind, nicht in Betracht kommt. Erforderlich ist dabei Benachteiligung der Konkursgläubiger und Kenntnis des Anfechtungsgegners von dem Eröffnungsantrage oder der Zahlungseinstellung.[22])

Diese Regel gilt auch für eine reine Befriedigung, welche Fälligkeit der Forderung und Gleichartigkeit der Befriedigung voraussetzt und auch die pflichtmäßige Sicherung in sich begreift.[23])

Bei Wechselzahlungen kann aber die Anfechtung nur gegen den letzten Regreßschuldner bezw. dessen Hintermann gerichtet werden.[24])

Dagegen ist die Anfechtung bei nicht reiner Befriedigung und nicht pflichtmäßiger Sicherung[25]) weiter dadurch erleichtert, daß noch die letzten 10 Tage[26]) vor der Zahlungseinstellung[27]) oder dem Eröffnungsantrage in Betracht ge-

---

[18]) K. §§ 41, 42 S. 2 entsprechend Anf.G. §§ 3, 12.

[19]) K. §§ 31, 32 entsprechend Anf.G. §§ 3, 3 a, 4.

[20]) K. § 222.

[21]) Nach Kriegsrecht wird in sämtliche Fristen, die von der Konkurseröffnung, dem Eröffnungsantrage oder der Zahlungseinstellung rückwärts gerechnet werden, die Dauer einer Geschäftsaufsicht, sowie die der Zahlungsunfähigkeit eines Kriegsteilnehmers i. e. S. (oben § 37 A. 38) nicht eingerechnet, V. 14. 12. 16 § 75, 5. 7. 17 a. 1, oben § 115 A. 24.

[22]) K. § 30 Nr. 1, 33.

[23]) K. § 30 Nr. 1.

[24]) K. § 34.

[25]) Über ihre Bestrafung gegenüber dem mit Begünstigungsabsicht handelnden Gemeinschuldner K. § 241.

[26]) So schon code de commerce a. 446.

[27]) Oben § 119 A. 3, vgl. auch K. § 199.

zogen werden. Für diesen Zeitraum ist dann subjektiv erforderlich, daß der Gemeinschuldner den Anfechtungsgegner begünstigen wollte und dieser solche Absicht kannte. Für das Vorhandensein der subjektiven Erfordernisse, und zwar bei Vornahme nach Zahlungseinstellung oder Eröffnungsantrag auch für die Kenntnis der Einstellung oder des Antrags, besteht eine Tatvermutung.[28])

Die Rückgewähr der Einlage eines stillen Gesellschafters oder der Erlaß seines Verlustanteils im letzten Jahre vor der Konkurseröffnung sind ohne weiteres anfechtbar, wenn nicht der Konkurs in Umständen seinen Grund hatte, die erst nach der Vereinbarung der Rückgewähr oder des Erlasses eingetreten sind.[29])

## § 124. Einwirkung auf Prozesse.

I. Feststellungsverfahren. Sämtliche Feststellungsverfahren (auch Mahnverfahren)[1]) für und gegen den Gemeinschuldner, welche die Konkursmasse aktiv oder passiv betreffen, namentlich auch die Geltendmachung persönlicher Forderungen gegen den Gemeinschuldner zum Gegenstande haben, werden durch die Konkurseröffnung unterbrochen.[2])

Ebenso werden die Prozesse unterbrochen, in welchen ein einzelner Gläubiger die Zwangsvollstreckungsanfechtung betreibt, wenn die anzufechtende Rechtshandlung die Konkursmasse betrifft. Ist ein Prozeß letzterer Art bereits rechtskräftig erledigt, so steht das erstrittene Recht dem Konkursverwalter zu, der aber aus dem Erstrittenen die Prozeßkosten des Gläubigers vorweg zu erstatten hat.[3])

Die Unterbrechung dauert bis zur Beendigung des Konkurses oder bis zur konkursmäßigen Aufnahme.[4]) Bezüglich der letzteren ist zu unterscheiden:

1. Ist der Gemeinschuldner Kläger, so ist der Verwalter berechtigt, aber nicht verpflichtet, in den Rechtsstreit einzutreten. Er

---

[28]) K. § 30 Nr. 2. Kriegsrecht für die Frist oben A. 21.

[29]) H.G.B. § 342. Kriegsrecht für die Frist oben A. 21.

[1]) Aufgebote von Nachlaßgläubigern werden ergebnislos beendigt und können nicht mehr stattfinden, Z. § 993.

[2]) Soweit sie nicht beim Nachlaßkonkurs schon durch den Tod des Erblassers (§ 239) unterbrochen waren, Z. § 240.

[3]) Anf.G. § 13 [1] u. [5].

[4]) Z. §§ 240, 243, Anf.G. § 13[4].

muß sich aber auf Aufforderung erklären. Bei seiner Ablehnung kann der Prozeß mit dem Gemeinschuldner fortgesetzt werden.[5])

2. Ist der Gemeinschuldner Beklagter, so kann der Prozeß, wenn er eine Konkursforderung betrifft, erst nach Anmeldung und Prüfung der Forderung im Konkursverfahren fortgesetzt werden.[6]) Für andere die Konkursmasse betreffende Prozesse gegen den Gemeinschuldner ist jetzt der Verwalter die richtige Partei. Bei seinem sofortigen Anerkenntnis bleibt aber die Masse von den Prozeßkosten befreit.[7])

3. Die Anfechtungsprozesse können zunächst nur vom Verwalter bezw. gegen ihn aufgenommen werden, dem bisherigen Kläger werden seine erfolgreich aufgewendeten Kosten ersetzt. Lehnt der Verwalter die Aufnahme ab, so kann der Rechtsstreit nur wegen der Prozeßkosten fortgeführt werden. Der Verwalter behält aber das Recht, im Wege einer besonderen Klage die Konkursanfechtung auszuüben.[8])

Übrigens kann auch die im Wege der Zwangsvollstreckungsanfechtung von einem Gläubiger gegenüber dem Anfechtungsgegner nach der Zahlungseinstellung oder dem Eröffnungsantrage erzielte Sicherung oder Befriedigung vom Verwalter im Wege einer gegen diesen Gläubiger zu richtenden Anfechtung zur Konkursmasse gezogen werden, wenn diesem Gläubiger gegenüber die besonderen Voraussetzungen der Konkursanfechtung vorliegen.[9])

4. Beim Tode oder anderweitem Wegfalle des Verwalters gelten die allgemeinen Grundsätze über den Wechsel einer als Güterpfleger anzusehenden Partei.[10])

II. Zwangsvollstreckungsverfahren.

1. Die vom Gemeinschuldner betriebenen Vollstreckungen erleiden keine Unterbrechung. Gläubiger im prozessualischen Sinne[11]) ist jetzt der Verwalter.

2. Auch die gegen ihn laufenden Vollstreckungen, die nicht für Konkursforderungen erfolgen, werden nicht unterbrochen und richten sich jetzt gegen den Verwalter als Schuldner.

---

[5]) K. § 10.

[6]) Näheres unten § 127.

[7]) K. § 11.

[8]) Anf.G. § 13[2].

[9]) Anf.G. § 13[3].

[10]) Oben § 80 I, 6.

[11]) Oben § 98 A. 1.

Dagegen konnen Vollstreckungen von Konkursforderungen nur fortgesetzt werden, soweit bereits vor der Eröffnung ein Recht auf abgesonderte Befriedigung erlangt war.[12])

# 3. Abschnitt.

## Teilungs- und Schuldenmasse.

### I. Teilungsmasse.

### § 125.

Die Hauptaufgabe des Konkursverwalters in bezug auf die Konkursmasse ist ihr, der Verwertung der Vollstreckungsgegenstände bei der Einzelvollstreckung[1]) entsprechender Umsatz in die zur Verteilung unter die Gläubiger erforderliche Geldmasse (Teilungsmasse).

Zunächst hat der Verwalter die Konkursmasse sofort in Besitz zu nehmen und ihren Bestand festzustellen. Gegenüber dem Gemeinschuldner[2]) kann er sich selbst, auch gegen dessen Willen in den Besitz setzen, ohne verbotene Eigenmacht zu begehen.[3]) Eines vollstreckbaren Schuldtitels oder der Mitwirkung des Gerichtsvollziehers bedarf es nicht.[4])

Als Sicherungsmaßregel steht ihm die Siegelung durch einen zuständigen Beamten zu Gebote.[5]) Der Sicherung dient auch der bereits erwähnte Schluß der Geschäftsbücher durch den Gerichtsschreiber.[6])

Sodann soll er alle zur Konkursmasse gehörigen Gegenstände unter Zuziehung einer Urkundsperson aufzeichnen, und zwar unter Angabe ihres, durch Sachverständige zu ermittelnden

---

[12]) K. §§ 13, 14, 49 Nr. 2, oben § 121 II, unten § 129.

[1]) Oben §§ 108, 109, 111.

[2]) Strafmaßregeln K. §§ 239, 242, 244.

[3]) K. § 117[1]. — Daß der Erbe wegen seiner Verwendungsansprüche gegenüber dem Nachlaß nicht dessen Ausantwortung an den Verwalter verweigern darf, würde sich, wenn er Gemeinschuldner ist, trotz B.G.B. § 273[2], von selbst verstehen. Es gilt aber allgemein, insbesondere auch für den Vorerben im Konkurse des Nacherben, K. §§ 223, 231.

[4]) Damit endet die Verwaltung des Gemeinschuldners, auch des güterpflegerischen. Über die Verantwortlichkeit des Erben für die bisherige Nachlaßverwaltung B.G.B. § 1978.

[5]) K. § 122[1]. [6]) Oben § 119 A. 44.

Werts. Das Gericht kann ihn aber auf seinen Antrag von der Aufzeichnung oder von der Zuziehung der Urkundsperson befreien.[7])

Auf Grund dieser Aufzeichnung hat er Inventar und Bilanz zu fertigen und neben der etwaigen Niederschrift über die Siegelung und Entsiegelung auf der Gerichtsschreiberei offenzulegen.[8]) Diese bilden zugleich die Grundlage seiner Verwaltung.

Endlich kann er nach der Inventarlegung die Leistung des Offenbarungseids durch den Gemeinschuldner herbeiführen. Das außerhalb des engeren Konkursverfahrens liegende Verfahren, für welches aber das Gericht, bei welchem der Konkurs schwebt, als Vollstreckungsgericht ausschließliche Zuständigkeit hat, ist das gleiche wie bei dem Offenbarungseid in der Einzelgeldvollstreckung.[9]) Der Schuldner hat auch in diesem Falle zu beschwören, daß er nach bestem Wissen sein Vermögen so vollständig angegeben habe, als er dazu imstande sei. Als Vermögensverzeichnis wird aber dabei das Inventar dienen können. Neben dem Konkursverwalter kann auch jeder angemeldete Konkursgläubiger die Leistung des Offenbarungseides betreiben.[10])

Der Förderung der Herbeischaffung von Gegenständen der Konkursmasse, die im Besitz Dritter sind, dient der bereits erwähnte „offene Arrest"[11]) und die damit verbundene Anzeigepflicht, deren Verletzung Schadensersatz zur Folge hat, sowie die Verpflichtung der Absonderungsberechtigten,[12]) die von ihnen besessenen Sachen vorzuzeigen und ihre Abschätzung zu gestatten,[13]) endlich die ebenfalls bereits erwähnte gerichtliche Postsperre.[14])

Zur Erlangung der Sachen von Dritten und zur Beitreibung von Forderungen ist der Konkursverwalter auf den Weg der Klage und der Zwangsvollstreckung angewiesen.

Für die Art der Verwaltung[15]) sind allgemeine Vorschriften nicht gegeben. Die Verwaltungshandlungen berechtigen und verpflichten die Masse.[16])

---

[7]) K. § 123. [8]) K. § 124. [9]) Oben § 114 A. 3.
[10]) K. § 125. [11]) Oben § 119 A. 40. [12]) Unten § 129.
[13]) K. §§ 118—120. [14]) Oben § 119 A. 48. [15]) K. § 117¹.

[16]) K. § 59 Nr. 1. Soweit Zwangsvollstreckungshandlungen privatrechtlich den Verfügungen des Schuldners gleichgestellt sind (oben § 95 A. 3), gilt dies im

Zu den Verwaltungshandlungen gehört insbesondere die Fortführung oder der Schluß des etwaigen Geschäfts des Gemeinschuldners,[17] die Hinterlegung der Gelder, Wertpapiere und Kostbarkeiten, sowie die Gewährung notdürftigen Unterhalts an den Gemeinschuldner und dessen Familie, auf welche aber kein Recht besteht.[18]

Die Verwertung der Masse hat sich auf alle veräußerlichen Vermögensstücke zu erstrecken, die Geschäftsbücher dürfen aber nur veräußert werden, soweit sie zur Fortführung des im ganzen veräußerten Geschäfts unentbehrlich sind.[19]

Für die Verwertung steht dem Verwalter der Weg der freihändigen Veräußerung,[20] der Zwangsvollstreckung (bei Liegenschaften der Zwangsversteigerung und der Zwangsverwaltung) und bei Fahrnisgegenständen auch des außergerichtlichen Pfandverkaufs offen.[21]

Die Zwangsvollstreckung ist, aber ohne daß es eines Schuldtitels bedarf, so zu bewirken, als wenn sie von einem persönlichen Gläubiger beantragt wäre, wobei auch der Weg der Anschlußpfändung und des Beitritts zu einem schwebenden Verfahren zulässig ist.[22] Doch kommt die Entstehung des Pfändungspfandrechts bezw. der Beschlagnahmewirkungen für den Verwalter nicht in Frage.[23] Auch besteht bei der Zwangsversteigerung von Liegenschaften die Besonderheit, daß jeder zur Befriedigung aus dem Gegenstande Berechtigte auch ohne Beitritt zum Verfahren verlangen kann, daß das geringste Gebot nur so bemessen werde, als wenn er die Zwangsversteigerung betriebe.[24]

---

allgemeinen, aber nicht immer, auch von den Verfügungen des Verwalters, so z. B. nach B.G.B. §§ 161, 184², 353², 499, 2115, nicht aber nach § 135¹ u. Anf.G. § 6.

17) K. § 129². 18) K. § 129.

19) K. § 117. Wegen der Nacherbschaft oben § 120 A. 10.

20) Auch dabei ist der Erwerb durch den Veräußerer und seine Gehilfen (B.G.B. § 457) und die Ausübung eines nicht dinglichen Vorkaufsrechts (B.G.B. § 512 gegenüber § 1098¹) ausgeschlossen.

21) K. §§ 126, 127, Z.V. § 172.

22) Z.V. § 172. — Eine Zwangsversteigerung zur Befriedigung der dinglichen Gläubiger (Z.V. § 175) kann der Erbe nicht mehr beantragen (Z.V. § 178¹). Schwebt sie bereits, so tritt der Verwalter an die Stelle des Erben (Z.V. § 178²).

23) Z.V. § 173. 24) Z.V. § 174.

Daß die *freiwillige* Veräußerung von Grundstücken durch den Verwalter auf *Pacht und Miete* wie eine Zwangsversteigerung wirkt, wurde bereits erwähnt.[25])

Freihändige Veräußerung von Fahrnis braucht ein *Sachhaftungsberechtigter* nicht anzuerkennen. Dagegen kann er der Zwangsversteigerung und dem außergerichtlichen Pfandverkauf nur dann widersprechen, wenn er *selbst* berechtigt ist, sich ohne gerichtliches Verfahren zu befriedigen,[26]) aber auch dann nur bis zum Ablauf einer ihm auf Antrag des Verwalters nach seiner Anhörung durch das Konkursgericht zu bestimmenden *Verwertungsfrist*.[27])

Ist ein *Gläubigerausschuß* bestellt, so steht diesem eine bedeutsame Mitwirkung bei der Behandlung der Teilungsmasse zu. Abgesehen von der schon erwähnten allgemeinen Überwachung und Unterstützung des Verwalters[28]) sowie der zur Gültigkeit erforderlichen *Mitzeichnung* von Quittungen und Anweisungen gegenüber der Hinterlegungsstelle,[29]) steht es dem Gläubigerausschuß zu, den Antrag auf *Befreiung* von der Vermögensaufzeichnung oder der Zuziehung einer Urkundsperson bei Gericht zu stellen,[30]) ferner über die Schließung oder Fortführung des *Geschäfts* und über die *Hinterlegung* der Gelder, Wertpapiere und Kostbarkeiten zu beschließen.[31])

Namentlich aber ist zu folgenden Verwaltungshandlungen des Konkursverwalters — aber nicht als Gültigkeitsvoraussetzung — die *Genehmigung* des Gläubigerausschusses erforderlich:

1. *Unterhaltsgewährung* an den Gemeinschuldner und seine Familie,[32])
2. Vornahme nicht offenbar notwendiger *Veräußerungen vor* dem allgemeinen *Prüfungstermin* oder einem

[25]) Oben § 122 Nr. 4.

[26]) B.G.B. §§ 1221, 1224, 1228, 1235, 1245, 1247, H.G.B. §§ 368, 398 ff., 410 ff. mit $407^{2}$, $626^{3}$, $627^{2}$.

[27]) K. § 127. Bei den Pfändern der aus Anlaß des Krieges begründeten Darlehnskassen ist die Fristsetzung ausgeschlossen, G. 4. 8. 14 (S. 341) § 11. — Im Falle der Sicherungsübereignung (oben § 120 A. 1) kann dem fiduziarischen Eigentümer keine Frist gesetzt werden.

[28]) K § 88, oben § 118, IV.

[29]) K. § 137.

[30]) K. § $123^{2}$.

[31]) K. § $129^{2}$.

[32]) K. § $129^{1}$.

spätestens in ihm eingereichten Zwangsvergleichsvorschlag,[33])

3. freihändige Veräußerung von Liegenschaften, des Geschäfts im ganzen, des Warenlagers oder des Rechts auf wiederkehrende Einkünfte,[34])
4. Aufnahme von Darlehen, Übernahme fremder Verbindlichkeiten, Verpfändung von Gegenständen der Konkursmasse,[35])
5. Erwerb von Grundstücken,[36])
6. Bestehen auf der Erfüllung von Rechtsgeschäften, nicht aber deren Ablehnung,[37])
7. Prozeßführung und Ablehnung der Aufnahme von Prozessen, Abschluß von Vergleichen und Schiedsverträgen,[37])
8. Einlösung von Pfandstücken,[37])
9. Veräußerung von Forderungen,[37])
10. Anerkennung von Aussonderungs-, Absonderungs- und Masseansprüchen.[37])

In den Fällen zu 6 bis 10 muß es sich aber um einen Wert von mehr als 300 Mark handeln.

In einigen Fällen hat auch die Gläubigerversammlung mitzuwirken. Abgesehen von der bereits erwähnten Befugnis zur Wahl eines anderen Verwalters[38]) und der ebenfalls bereits erwähnten Beschlußfassung über die Bestellung eines Gläubigerausschusses von der ersten Versammlung ab,[39]) steht ihr namentlich die endgültige Beschlußfassung über die Unterstützung des Gemeinschuldners und dessen Familie, die Schließung oder Fortführung des Geschäfts und die Anlegung oder Hinterlegung von Geldern, Wertpapieren und Kostbarkeiten zu.[40]) Sie kann auch die Bestimmung über die Mitzeichnung der Quittungen und Anweisungen des Verwalters bei der Hinterlegungsstelle abändern.[41])

---

[33]) K. § 133¹.
[34]) K. § 134¹.
[35]) K § 134².
[36]) K. § 134².
[37]) K. § 133 Nr. 2
[38]) K. § 80, oben § 118 A. 17.
[39]) K. § 87, oben § 118 A. 43
[40]) K. § 132¹.
[41]) K § 137.

Sodann hat sie zu bestimmen, in welcher Weise und in welchen Zeiträumen der Verwalter ihr oder einem Gläubigerausschuß Bericht erstatten und Rechnung legen soll.[42])

Jedenfalls muß in der ersten Gläubigerversammlung der Verwalter über die Ursachen des Konkurses, die Sachlage und die ergriffenen Maßregeln berichten.[43]) Auch hat er, wie bereits erwähnt wurde, bei der Schlußverteilung bezw. der vorher erfolgenden Beendigung seines Amts der Gläubigerversammlung Rechnung zu legen.[44])

Wenn kein Gläubigerausschuß besteht, so muß die Genehmigung, welche der Gläubigerausschuß in den oben zu Nr. 3 bis 5 erwähnten Fällen zu erteilen hatte, durch die Gläubigerversammlung erfolgen,[45]) während die übrigen Genehmigungen des Gläubigerausschusses in Wegfall kommen.

Der Gemeinschuldner ist, wenn er ohne Aufschub zu erlangen ist, bei der Aufzeichnung der Konkursmasse zuzuziehen,[46]) ferner soll ihm dann von der beabsichtigten Schließung des Geschäfts Mitteilung gemacht werden,[47]) sowie von denjenigen Maßregeln, welche der Genehmigung des Gläubigerausschusses oder der Gläubigerversammlung bedürfen.[48]) Er kann dann, wenn nicht die Gläubigerversammlung die Genehmigung erteilt hat, bei Gericht die vorläufige Untersagung der Maßregel beantragen.[49]) Die Schließung des Geschäfts kann aber das Gericht nur untersagen, wenn der Gemeinschuldner einen Zwangsvergleichsvorschlag eingereicht hat.[50])

Die Postsperre kann vom Gericht auf Antrag des Gemeinschuldners nach Anhörung des Verwalters aufgehoben oder gemildert werden.[51])

Im übrigen hat das Gericht, abgesehen von den mit der Eröffnung des Verfahrens notwendig oder nach Ermessen zu verbindenden Maßregeln,[52]) außerhalb der von ihm zu leitenden Gläubigerversammlungen und soweit es nicht die ihm obliegende

---

[42]) K. § 132².

[43]) K. § 131.

[44]) K. §§ 86, 162, oben § 118 A. 22, 23.

[45]) K. § 134. Sie ist auch dann nicht Gültigkeitsvoraussetzung.

[46]) K. § 123¹.

[47]) K. § 130¹.

[48]) K. § 135¹.

[49]) K. § 135².

[50]) K. § 130².

[51]) K. § 121².

[52]) Oben § 119 A. 39 ff.

allgemeine Aufsichtspflicht notwendig macht, nur in einzelnen gesetzlich bestimmten Fällen auf Antrag tätig zu werden. Es handelt sich dabei namentlich um die auch schon erwähnten Fälle der Befreiung von einer beurkundeten Aufzeichnung der Konkursmasse[53]) und der Bestimmung einer Verwertungsfrist für die private Selbstbefriedigung von Gläubigern.[54])

## II. Schuldenmasse.

### § 126. Masseforderungen.

Als Forderungen, welche aus der Teilungsmasse vor der Befriedigung der Konkursgläubiger aus besonderen Gründen befriedigt werden müssen,[1]) kommen in Betracht:

1. Die Masseschulden. Es sind dies die die Güterpflege des Verwalters betreffenden Verpflichtungen, also die Ansprüche aus seinem rechtmäßigen und rechtswidrigen Verhalten, aus gegenseitigen Verträgen des Gemeinschuldners, deren Erfüllung zur Masse nach Gesetz oder auf Grund des Verlangens des Verwalters erfolgen muß,[2]) und aus einer rechtlosen Bereicherung der Masse.[3])

Im Nachlaßkonkurs tritt eine Reihe von Forderungen des Erben[4]) hinzu, welche die Nachlaßbehandlung betreffen, insbesondere die Ansprüche aus seiner ordnungsmäßigen Verwaltung und Berichtigung von Nachlaßverbindlichkeiten, die Kosten der standesmäßigen Beerdigung des Erblassers, der Eröffnung seiner Verfügungen von Todes wegen, der gerichtlichen Sicherung des Nachlasses, der Nachlaßpflegschaft, des Aufgebots der Nachlaßgläubiger und der Inventarerrichtung, ferner die Verbindlichkeiten aus Rechtsgeschäften eines Nachlaßpflegers oder Testamentsvollstreckers und die Verbindlichkeiten des Erben gegenüber einem Nachlaßpfleger, Testamentsvollstrecker oder einem Erben, der die Erbschaft ausgeschlagen hat, nach den Grundsätzen der vertraglichen Geschäftsbesorgung.[5])

2. Die Massekosten, d. h. die Kosten, welche durch das gemeinschaftliche gerichtliche Verfahren, sowie durch die

---

[53]) K. § 123².

[54]) K. § 127².

[1]) K. § 57.

[2]) Oben § 122.

[3]) K. § 59.

[4]) Des Vorerben auch noch nach Eintritt der Nacherbfolge, K. § 231.

[5]) K. § 224.

Verwaltung, Verwertung und Verteilung der Masse entstanden sind.[6])

3. Die dem Gemeinschuldner und dessen Familie bewilligte Unterstützung, welche das Gesetz ebenfalls als Massekosten bezeichnet.[7])

Die Befriedigung erfolgt in der durch die vorstehende Dreiteilung gegebenen Rangordnung, und zwar in der einzelnen Klasse unter verhältnismäßiger Teilung bei unzureichender Masse.[8])

Die Massegläubiger nehmen am engeren Verfahren nicht teil, sondern sind unabhängig davon durch den Verwalter zu befriedigen. Erforderlichenfalls haben sie ihre Rechte gegenüber dem Verwalter durch Klage und Zwangsvollstreckung geltend zu machen, wobei auch ein durch die Konkurseröffnung unterbrochener Rechtsstreit aufgenommen werden kann.[9])

Die Masseforderungen unterliegen aber dem Ausschluß bei den Verteilungen im engeren Verfahren, wenn sie nicht vorher zur Kenntnis des Verwalters gelangt waren.[10])

## § 127. Konkursforderungen.

I. Befriedigungsrecht.

Befriedigungsberechtigt sind, wie bereits dargelegt wurde, grundsätzlich alle in Geld schätzbaren persönlichen Forderungen, welche zur Zeit der Eröffnung bestehen.[1]) Es muß dabei aber genügen, wenn der rechtliche Grund der Forderung durch die Konkurseröffnung gelegt wird.

Ausgeschlossen bleiben Geldstrafen und Forderungen aus einer Freigebigkeit.[2])

Ferner können gesetzliche Unterhaltsansprüche auf Grund des Familienrechts,[3]) auch wenn sie bereits bestehen, für die Zukunft nur dann geltend gemacht werden, wenn der Gemeinschuldner als Erbe des Verpflichteten haftet und somit die Verpflichtung

---

[6]) K. § 58 Nr. 1 u. 2. Gerichtskosten nach K.G. §§ 50 ff. Nach Kriegsrecht auch die Kosten einer vorangegangenen Geschäftsaufsicht, V. 14. 12. 16 § 71. Nicht in Betracht kommen die Kosten, welche nach allgemeinen Grundsätzen oder besonderen Bestimmungen anderen zur Last fallen, z. B. K. § 142[a], K.G. §§ 53, 54, 57.

[7]) K. § 58 Nr. 3.

[8]) K. § 60.

[9]) K. § 11.

[10]) K. § 172.

[1]) Oben § 117 A. 1.

[2]) K. § 63 Nr. 3 u. 4.

[3]) Auch die Ansprüche des unehelichen Kindes und seiner Mutter.

nicht mehr auf einem fortdauernden familienrechtlichen Verhältnisse beruht.[4])

Ausgeschlossen von der Befriedigung bleiben auch die nach der Eröffnung des Verfahrens entstehenden Kosten und Zinsen, im Gegensatz zu den vorher erwachsenen Kosten und Zinsen,[5]) während Vertragsstrafen auch bei Verfall nach der Eröffnung befriedigungsberechtigt bleiben,[6]) wobei jedoch zu bemerken ist, daß die ohne weiteres eintretenden konkursmäßigen Änderungen der Erfüllung nicht zur Verwirkung führen.

Die Befriedigung im Konkurse erfolgt im Gegensatze zu der Einzelvollstreckung nach dem Grundsatze der Verlustgemeinschaft der Konkursgläubiger, und der danach bei unzureichender Masse erforderlichen Beschränkung der Befriedigung.

Den einfachen Konkursforderungen gehen aber die bevorrechtigten vor, welche derart in fünf Klassen geteilt sind, daß die höhere Klasse der niederen vorgeht und bei nicht ausreichender Masse verhältnismäßige Befriedigung in der letzten zur Befriedigung gelangenden Klasse eintritt. Die Forderungen der vier ersten Klassen beschränken sich auf das letzte Jahr vor der Eröffnung des Verfahrens. Es handelt sich um die Dienstbezüge der Haushalts- und Erwerbsgehilfen, die öffentlichen Abgaben und die taxmäßigen Gebührnisse der Heilpersonen. Dazu treten an letzter Stelle die Forderungen der Kinder und Pflegebefohlenen aus der gesetzlichen Vermögensverwaltung. Hier besteht nur insoweit eine zeitliche Beschränkung, als die Forderung binnen zwei Jahren nach Beendigung der Verwaltung gerichtlich geltend gemacht und bis zur Eröffnung des Verfahrens[7]) erfolgt sein muß.

Das Vorrecht geht auf Rechtsnachfolger über,[8]) wirkt aber nicht gegen Schuldübernehmer.[9])

[4]) K. § 3².

[5]) K. § 63 Nr. 1 u. 2 gegenüber § 62 Nr. 1 u. 3.

[6]) K. § 62 Nr. 2.

[7]) K. § 61. Wegen der in besonderen Fällen eintretenden sehr umfassenden Sondervorrechte unten § 129 A. 19. — Das Landesrecht kann Schuldbuchforderungen ein Vorrecht gegenüber jüngeren Konkursforderungen gewähren, E.K. § 17², wodurch allerdings in den Grundsatz verhältnismäßiger Befriedigung ohne Rücksicht auf die Entstehungszeit bedenklich eingegriffen würde.

[8]) B.G.B. § 401. [9]) B.G.B. § 418.

Sämtliche Forderungen können nur zum Schätzungswerte in Geld, und zwar in Reichswährung, geltend gemacht werden.[10])

Betagte Forderungen gelangen zur Befriedigung, aber unter Abzug des Zwischenzinses nach Hoffmannscher Methode und bei wiederkehrenden Leistungen nicht über den 25 fachen Betrag der Einzelleistung hinaus.[11])

Aufschiebend bedingte Forderungen werden wie unbedingte befriedigt, wenn die Bedingung während des Verfahrens eintritt, sonst werden sie nur durch Zurückbehaltung zur Sicherung befriedigt, aber auch diese entfällt, wenn auch noch zur Zeit der Schlußverteilung die Eintrittsmöglichkeit der Bedingung so entfernt ist, daß die bedingte Forderung wertlos erscheint.[12])

Auflösend bedingte Forderungen werden zwar zunächst wie unbedingte berücksichtigt; sie fallen aber fort, wenn die Bedingung während des Verfahrens eintritt. Wenn der Gläubiger auch außerhalb des Konkurses zur Sicherheitsleistung für den Fall des Eintritts der Bedingung verpflichtet ist, so erfolgt keine Auszahlung, sondern Zurückbehaltung, wenn er nicht Sicherheit leistet.[13])

Daß bei einer Forderung mehrere Verpflichtete vorhanden sind oder für solche eine Sachhaftung an nicht zur Konkursmasse gehörigen Gegenständen besteht, hindert nicht die Berücksichtigung im Konkurse zu ihrer vollen Höhe, namentlich auch dann nicht, wenn über das Vermögen mehrerer Schuldner das Konkursverfahren eröffnet ist. Nur die auf irgendeine Weise anderweit erfolgte volle Befriedigung setzt der Befriedigung im Konkurse ihre Grenze.[14])

Dagegen ist es ausgeschlossen, daß neben dem Gläubiger auch noch ein regreßberechtigter Mitverpflichteter, z. B. der Bürge, auf seine Regreßforderung anteilsmäßige Befriedigung erhält. Er kann seine Forderung nur für den Fall geltend machen, daß der Hauptgläubiger seine Forderung nicht geltend macht.[15])

Besondere Grundsätze bestehen, wenn ein Konkursgläubiger zur Aufrechnung oder abgesonderten Befriedigung berechtigt ist.[16])

---

10) K. § 69.

11) K. §§ 65, 70.

12) K. §§ 67, 154, 156, 168 Nr. 2. Der Wortlaut des § 67 ist irreführend

13) K. §§ 66, 168 Nr. 4.

14) K. § 68.

15) R. 14, 172.

16) Darüber unten §§ 128, 129.

Wenn ein Sonderkonkurs[17]) mit einem Konkurs über das Gesamtvermögen des Inhabers oder Mitinhabers des Sondervermögens zusammentrifft, so wird beim Fehlen einer diesen Fall behandelnden allgemeinen Bestimmung anzunehmen sein, daß bis zur vollen Befriedigung in jedem Verfahren der volle Betrag der Forderung geltend gemacht werden kann, so z. B. bei dem Sonderkonkurse über das Inlandsvermögen, oder über das Vermögen eines nicht rechtsfähigen Vereins. Es bestehen aber Ausnahmen, welche dem Umstande Rechnung tragen, daß es sich in Wirklichkeit ganz oder teilweise um das Vermögen eines Verpflichteten handelt. Gläubiger einer im Konkurs befindlichen Handelsgesellschaft können im Konkurse eines Gesellschafters nur den Ausfall fordern.[18]) Ähnlich können Nachlaßgläubiger ihre Befriedigung im Konkurse des unbeschränkt haftenden Erben, denen der Ehemann der zum Gesamtgut erbenden Frau gleichsteht, nur so suchen, wie ein zur abgesonderten Befriedigung an Gegenständen der Konkursmasse Berechtigter.[19])

Im Nachlaßkonkurs können auch die Erben für ihre wiederauflebenden Forderungen als Konkursgläubiger auftreten.[20]) Sie können im weiteren, solange sie die beschränkte Erbenhaftung nicht allgemein verwirkt haben, und zwar auch noch nach Eintritt der Nacherbenfolge, Nachlaßverbindlichkeiten geltend machen, und zwar berichtigte unbedingt und schlechthin, unberichtigte nur für den Fall, daß der Hauptgläubiger sie nicht geltend macht und sie im besonderen bereits unbeschränkt haften.[21])

Außerdem werden eine Reihe von Nachlaßverbindlichkeiten nur für den Fall zur Befriedigung zugelassen, daß zuvor die anderen Nachlaßverbindlichkeiten voll befriedigt sind. Dahin gehören die Forderungen aus Pflichtteilsrechten, Vermächtnissen und Auflagen, sowie die im Wege des Aufgebots oder wegen verspäteter Geltendmachung ausgeschlossenen Forderungen, aber auch alle übrigen, im gewöhnlichen Konkursverfahren von der Befriedigung ausgeschlossenen Haupt- und Nebenforderungen. Es besteht unter diesen nachgesetzten Forderungen eine besondere Rangordnung. Bei den

[17]) Oben § 116 A. 19 ff. [18]) K. § 212, unten § 129.

[19]) K. § 234, unten § 129.

[20]) B.G.B. § 1991. Ein Erbe kann also beide Parteirollen in seiner Person vereinigen.

[21]) K. § 225 mit § 231.

Forderungen aus Pflichtteilsrechten, Vermächtnissen und Auflagen ist die Befriedigung aus dem durch die *Konkursanfechtung*[22]) Erzielten ausgeschlossen.

Bei den Forderungen der durch Aufgebot oder Verspätung ausgeschlossenen Gläubiger entfällt die Befriedigung aus den zur Masse gehörigen Ersatzforderungen gegen den Erben, soweit nicht der Ersatz auch nach den allgemeinen Vorschriften über ungerechtfertigte Bereicherung begründet ist.[23])

Im Konkurse über Versicherungsvereine auf Gegenseitigkeit werden die Ansprüche auf Tilgung des Gründungsfonds und die Ansprüche der Mitglieder aus dem Versicherungsverhältnisse allen übrigen Konkursforderungen nachgesetzt, wobei die ersteren auch den letzteren nachstehen.[24])

II. *Feststellung.*

Die Feststellung wird durch die *Bekanntmachung* der Anmeldefrist und des allgemeinen Prüfungstermins vorbereitet.[25])

Die *Anmeldung*, welche auch mittels Gerichtsschreiberniederschrift angebracht werden kann und welcher die *urkundlichen* Beweisstücke, mindestens in Abschrift, beigefügt werden sollen, muß außer dem *Betrage* und dem etwa beanspruchten *Vorrecht* auch die individualisierte Angabe des Grundes der Forderung mit derselben Genauigkeit enthalten, wie sie für eine Klageschrift erforderlich ist.[26]) Die Anmeldung unterbricht die *Verjährung* wie eine Klageerhebung.[27]) Für den *Nachlaßkonkurs* genügt die Anmeldung im *Aufgebotsverfahren*.[28])

Die Anmeldungen werden auf der Gerichtsschreiberei *offen* gelegt und von dem *Gerichtsschreiber* in eine ebenfalls offen zu legende und dem Verwalter mitzuteilende *Tabelle* eingetragen[29]) und zwar ohne Mitwirkung des Richters, der daher auch für die Richtigkeit der Eintragung nicht unmittelbar verantwortlich ist.

---

[22]) Oben § 123 II.

[23]) K. §§ 226—228, auch B.G.B. § $1974^{2}$.

[24]) V.A.G. §§ 51, 53.

[25]) K. §§ 110, 111, 138, oben § 119.

[26]) K. § 139 im Vergleich mit Z. § $253^{2}$ Nr. 4, oben § 44 A. 25, § 55 A. 3. Besonderes für umlaufsfähige Schuldverschreibungen des Gemeinschuldners im Schuldverschr.G. § 19.

[27]) B.G.B. §§ $209^{2}$ Nr. 2, 214, 218.

[28]) K. § 229.

[29]) K. § 140.

Im allgemeinen Prüfungstermin werden die Forderungen ohne Rücksicht auf die Anwesenheit der Anmelder geprüft.[30]) Es können sich neben dem Verwalter, der hier an die Stelle des gemeinrechtlichen **contradictor** tritt, sämtliche anwesende Konkursgläubiger und der Gemeinschuldner über die Forderungen erklären.[31])

Das Ergebnis der Prüfung wird nach Anordnung des Richters in die Tabelle eingetragen und von dem Gerichtsschreiber auf den etwa vorgelegten Schuldurkunden vermerkt.[32])

Wenn eine Forderung nach dem Ablauf der Anmeldefrist angemeldet ist, so muß ihre Prüfung in einem besonderen, auf Kosten des Säumigen zu veranstaltenden Prüfungstermine erfolgen, wenn gegen die Prüfung im allgemeinen Termin Widerspruch erfolgt oder sie erst nach diesem angemeldet wird.[33]) Dagegen erfolgt ein Ausschluß der Befriedigung erst bei der Verteilung.[34])

Voraussetzung der Feststellung der Forderung und ihres etwa beanspruchten Vorrechts ist, daß weder der Verwalter noch ein Konkursgläubiger die Forderung ausdrücklich bestreitet.[35]) Sie gilt dann für die Befriedigung aus der Konkursmasse und gegenüber allen Konkursgläubigern wie auch gegenüber dem Gemeinschuldner festgestellt.[36])

Werden die Forderung oder ihr Vorrecht ganz oder teilweise bestritten, so hat im Regelfalle der einzelne anmeldende Gläubiger die Feststellung im Wege eines besonderen Rechtsstreits, gegebenenfalls durch Aufnahme eines unterbrochenen Rechtsstreits,[37]) zu betreiben, wobei eine Bindung an den bei der Anmeldung angegebenen und aus dem zu erteilenden Auszug sich ergebenden Klagegrund stattfindet.[38]) Zuständig ist das Konkursgericht und bei Überschreitung der amtsgerichtlichen Zuständigkeit das Landgericht des Bezirks.[39]) Die nur gegen die Bestreitenden als besondere Streitgenossen ergehende, aber gegenüber allen Konkursgläubigern Rechtskraft erlangende Entscheidung wird in die Tabelle übertragen.[40]) Der Wert des Streitgegenstandes wird nicht nach der ganzen Forderung, sondern nach dem voraussichtlichen

---

30) K. § 143. 31) K. § 141. 32) K. § 145[1].
33) K. § 142. 34) Unten § 130. 35) K. § 144[1].
36) K. §§ 145[2], 164[2].
37) Ein Fortschritt gegenüber der gemeinrechtlichen locatoria generalis.
38) K. § 146[1—4]. 39) K. § 146[2]. 40) K. §§ 146[7], 147 S. 1.

Betrage der Befriedigung berechnet.[41]) Die Prozeßkosten werden dem siegreichen Bekämpfer der Anmeldung aus der Masse erstattet, soweit diese einen Vorteil erlangt hat.[42])

Ist der Rechtsweg unzulässig, so muß die Feststellung bei der auch sonst zuständigen Behörde betrieben werden.[43])

War für die Forderung bereits ein, wenn auch noch nicht rechtskräftiges, Urteil vorhanden oder ein Vollstreckungsbefehl oder ein mit Vollstreckungsklausel versehener sonstiger Schuldtitel, so ist die Forderung, auch wenn sie bestritten wird, als vorläufig festgestellt zu behandeln. Die Bestreitenden können aber die Feststellung angreifen und das Ergebnis eines Widerspruchsprozesses eintragen lassen.[44])

Der Gemeinschuldner kann die Wirkung der Feststellung gegen sich persönlich dadurch ausschließen, daß er im Prüfungstermin die Forderung bestreitet oder bei dessen Versäumung die Wiedereinsetzung in den vorigen Stand erlangt.[45]) Dann kann die Feststellung gegen ihn persönlich durch neue Klage oder durch Aufnahme eines unterbrochenen Rechtsstreits verfolgt werden.[46])

## § 128. Aufrechnung.

Ein Konkursgläubiger, dessen Forderung sich bereits vor der Eröffnung bei Anwendung der gewöhnlichen Bestimmungen des Privatrechts[1]) in der Aufrechnungslage befand, erhält insoweit auch durch die nach der Konkurseröffnung erklärte Aufrechnung volle Befriedigung und braucht dieserhalb an dem engeren Konkursverfahren nicht teilzunehmen.[2])

Wie schon bei der deductio, welche dem römischen bonorum emptor entgegengesetzt werden konnte, ist das Aufrechnungsrecht dem Konkurszwecke entsprechend auf ungleichartige und noch nicht fällige Forderungen erweitert und sogar auf aufschiebend

---

[41]) K. § 148 [42]) K. § 147 S. 2.

[43]) K. § 146[5].

[44]) K. § 146[6], [7]. — Anders, wenn es sich um Strafgerichtsbarkeit (Buße) oder ausländische Gerichtsbarkeit handelt.

[45]) K. §§ 164[2], [3], 165. [46]) K. § 144[2].

[1]) Ausgeschlossen daher z. B. für die Mitglieder des in Konkurs befindlichen Versicherungsvereins auf Gegenseitigkeit gegenüber ihren Beitragsschulden, V.A.G. § 26.

[2]) K. § 53.

bedingte, unter Berücksichtigung ihrer Besonderheiten, ausgedehnt.[3])

Danach ist es selbstverständlich, daß die Aufrechnung ausgeschlossen ist, wenn sonstige Voraussetzungen der Aufrechnungsmöglichkeit zur Zeit der Konkurseröffnung noch nicht vorhanden waren.[4]) Insbesondere ist dem Pächter oder Mieter die Aufrechnung mit seinen Zinsschulden für die Zeit nach der Eröffnung soweit versagt, als eine Verfügung des Gemeinschuldners über sie der Masse gegenüber unwirksam sein würde.[5])

Die Aufrechnung ist außerdem ausgeschlossen, wenn die Aufrechnungslage erst nach Kenntnis der Zahlungseinstellung[6]) oder des Eröffnungsantrages herbeigeführt ist, sofern es sich nicht um pflichtmäßige Übernahme der Forderungen oder Pflicht zur Befriedigung des abtretenden Gläubigers handelte.[7])

Abtretung ins Ausland zur Herbeiführung einer nach inländischem Rechte unzulässigen Aufrechnung begründet Schadensersatzpflicht des inländischen Abtreters.[8])

Im Nachlaßkonkurs ist zu beachten, daß Aufrechnungen von Nachlaßschulden des Erben und Aufrechnungen von Erbenschulden gegen Nachlaßforderungen nunmehr als nicht erfolgt anzusehen sind.[9])

## § 129. Abgesonderte Befriedigung.

Im Gegensatze zu dem Falle, daß ein Sondervermögen Gegenstand eines besonderen Konkurses ist,[1]) steht der Fall, daß ein zur Konkursmasse gehöriges Vermögensstück oder Vermögensinbegriff den Gegenstand einer besonderen Verhaftung bildet. Der Grundsatz der Beschränkung des eigentlichen Konkurszweckes auf die Befriedigung der persönlichen Gläubiger[2]) hat die abgesonderte Behandlung (sog. separatio ex jure crediti) dieser Haftung zur notwendigen Folge.

---

[3]) K. § 54. Wegen des Aufrechnungsrechtes des stillen Gesellschafters oben § 122 A. 37.

[4]) Daher K. § 55 Nr. 1 u. 2.

[5]) K. § 21² S. 2, oben § 122 Nr. 4.

[6]) Oben § 119 A. 3. Vgl. auch K. § 199.

[7]) K. § 55 Nr. 3 mit Abs. 2.

[8]) K. § 56.

[9]) B.G.B. § 1977.

[1]) Oben § 116 A. 19 ff.

[2]) Oben § 117 A. 1.

Diejenigen, welche berechtigt sind, Gegenstände der Konkursmasse zu ihrer besonderen Befriedigung in Anspruch zu nehmen, erhalten, insoweit der Ertrag ihnen zufließt, volle Befriedigung.[3]) Sie nehmen, soweit sie lediglich diese abgesonderte Befriedigung betreiben, am engeren Verfahren nicht teil, sondern verfolgen ihr, der Anmeldung und Prüfung nicht bedürftiges[4]) Befriedigungsrecht außerhalb dieses Verfahrens gegen den Verwalter nach den auch außerhalb des Konkurses geltenden Vorschriften, erforderlichenfalls durch Klage und Zwangsvollstreckung.[5]) Zu diesem Zwecke können auch Prozesse gegen den Gemeinschuldner von dem Gläubiger oder dem Verwalter aufgenommen werden.[6])

1. Der wichtigste Fall abgesonderter Befriedigung ist der der Sachhaftung.[6]) Der Vergleich der dafür bestehenden Vorschriften mit denen über die vorzugsweise Befriedigung bei der Einzelvollstreckung eines einzelnen Gläubigers[7]) ergibt die einfache Regel, daß für Sachhaftungsberechtigte, insbesondere für Pfandgläubiger und ihnen gleichgestellte Zurückbehaltungsberechtigte das Recht auf abgesonderte Befriedigung im allgemeinen soweit geht, als ihnen bei der Einzelvollstreckung ein Recht auf vorzugsweise Befriedigung zustehen würde. Das Zurückbehaltungsrecht der Erben, auch der Vorerben, wegen ihrer Aufwendungen für den Nachlaß scheidet dagegen aus.[8])

Dieses Absonderungsrecht gebührt namentlich auch den persönlichen Gläubigern, welche vor der Konkurseröffnung — im Nachlaßkonkurse vor dem Eintritte des Erbfalls — im Wege der Zwangsvollstreckung oder des Arrestes (Pfändung, Beschlagnahme, Zwangshypothek) ein Recht auf vorzugsweise Befriedigung an den Gegenständen der Vollstreckung erlangt hatten.[9])

2. Ferner haben Gesellschafts- oder Gemeinschaftsgenossen des Gemeinschuldners ein Recht auf abgesonderte Befriedigung ihrer auf das Gemeinschaftsverhältnis sich gründenden Forde-

---

[3]) K. § 4[1].

[4]) Vorgeschrieben, aber nicht als Voraussetzung der Geltendmachung, Anzeige an den Verwalter K. § 118. Verwertungsfrist § 127[2]. Über das Verwertungsrecht und die sonstigen Rechte des Verwalters oben § 125 A. 19 ff.

[5]) K. § 4[2]. [6]) K. § 11, oben § 124 A. 7.

[7]) K. §§ 47—49 mit Z. § 804 und Z.V. § 172. Eine Erweiterung des kaufmännischen Zurückbehaltungsrechts in H.G.B. § 370 Nr. 1.

[8]) K. §§ 223, 231, oben § 125 A. 3.

[9]) K. §§ 47, 49 Nr. 2 mit § 221[1].

rungen an dem, was als Anteil des Gemeinschuldners an die Masse fällt.[10])

3. Im Konkurse eines Haftpflichtversicherungsnehmers hat der Dritte, gegenüber dem die Haftpflicht besteht, ein Recht auf abgesonderte Befriedigung aus der Forderung gegen den Versicherer.[11])

4. Soweit nach den Bestimmungen des Landesrechts Fideikommiß-, Stammguts- oder Lehnsvermögen in die Konkursmasse fällt,[12]) haben diejenigen, welche nach Landesrecht als Gläubiger dieser Vermögensmassen, wenn auch nur hinsichtlich der Einkünfte, zu betrachten sind, das Recht auf abgesonderte Befriedigung an dem zur Konkursmasse Gehörigen, welches ihnen das Landesrecht gewährt.[13])

Zum Schutz der Konkursmasse gegen Benachteiligungen, die dadurch herbeigeführt werden, daß nach der Eröffnung des Konkursverfahrens oder bei Kenntnis des Eröffnungsantrags oder der Zahlungseinstellung auch schon vorher mit Absonderungsrecht versehene Rechte dem ausländischen Besitzer des Absonderungsgegenstandes abgetreten werden, besteht eine ähnliche Schadensersatzpflicht wie bei der Abtretung ins Ausland behufs Herbeiführung einer unzulässigen Aufrechnung.[14])

Das Recht, für welches abgesonderte Befriedigung begehrt wird, kann zugleich eine persönliche Forderung gegen den Gemeinschuldner darstellen oder zur Sicherung einer solchen dienen. Dieser Umstand hat auf die Anmeldung, Prüfung und Feststellung einer solchen persönlichen Forderung als Konkursforderung keinerlei Einfluß. Das Recht auf abgesonderte Befriedigung braucht weder in der, auch hier die Voraussetzung der konkursmäßigen Befriedigung der Forderung bildenden Anmeldung, noch, da es nicht Gegenstand der Prüfung ist, in dem sie betreffenden Feststellungsvermerk in der Tabelle irgendwie erwähnt zu werden.[15])

[10]) K. § 51.

[11]) V.V.G. § 157. — Im wesentlichen gleich steht das Recht auf „vorzugsweise Befriedigung", welches beim Konkurse des Seeversicherten dem Versicherungsnehmer bezüglich der Forderung gegen den Versicherer und der eingegangenen Versicherungsgelder zusteht, H.G.B. § 888.

[12]) Über den Fall des Sonderkonkurses oben § 116 A. 19 ff. und § 127 A. 17.

[13]) K. § 52 mit E.B.G.B. a. 59, EK. § 5.

[14]) K. § 50, oben § 128 A. 8.

[15]) K. § 4². Wegen der Anzeigepflicht oben A. 4.

Dagegen erfolgt die Befriedigung des Konkursgläubigers, welcher ein Recht auf abgesonderte Befriedigung hat, bei den Konkursverteilungen nur in der Weise, daß diese Befriedigung nach dem Ausfall berechnet wird, welchen er bei der abgesonderten Befriedigung erlitten hat. Doch kann er durch den Verzicht auf die abgesonderte Befriedigung sich volle Berücksichtigung seiner Forderungen bei den Konkursverteilungen sichern.[16]) Im Zusammenhang damit steht es, daß auf Widerspruch eines Konkursgläubigers oder des Verwalters das Gericht darüber zu entscheiden hat, ob und zu welchem Betrage solchen Konkursforderungen in Ansehung ihres mutmaßlichen Ausfalls ein Stimmrecht zu bewilligen ist.[17])

Nach diesen Grundsätzen werden auch Konkursgläubiger eines Handelsgesellschafters behandelt, welche zugleich Gesellschaftsgläubiger sind, sowie Nachlaßgläubiger im Konkurse eines Erben oder des gütergemeinschaftlichen Ehemanns einer Erbin, wenn der Nachlaß zum Gesamtgut gehört.[18])

Die Beschränkung der Befriedigung auf den Ausfall gilt auch in den besonderen Fällen, in denen Konkursgläubigern ein auf eine Sondermasse beschränktes Vorrecht gewährt ist.[19]) Jedoch behalten diese das volle Stimmrecht bevorrechtigter[20]) Konkursgläubiger.[21]) Eine Anwendung dieser Grundsätze auf den Fall der Sicherungsübereignung ist dagegen nirgends bestimmt.[22])

---

[16]) K. §§ 64, 153, 168 Nr. 3. [17]) K. § 96. [18]) K. §§ 212, 234.

[19]) Vorrecht des Pfandbriefgläubigers im Konkurse der Hypothekenbank bezüglich der Befriedigung aus den registrierten Hypotheken und Wertpapieren einschließlich der zugeschriebenen eigenen Pfandbriefe und der vom Treuhänder verwahrten Deckungsgelder (Hyp.BankG. §§ 35, 40—42, 52, 53, ausdehnbar durch Landesrecht auf andere Kreditanstalten, E.K. § 17[1]), Vorrecht der Lebensversicherten wegen der Prämienreserve im Konkurse des Unternehmers bezüglich der Befriedigung auf die gesetzmäßig zum Prämienreservefonds registrierten Gegenstände (V.V.G. § 61[a], oben § 122 A. 24). Beide Vorrechte gehen allen sonstigen Konkursvorrechten, nicht aber — im Gegensatz zu den wahren Absonderungsberechtigten — den Massegläubigern vor.

[20]) Also zunächst unter Ausschluß des Stimmrechts für den Zwangsvergleich, K. § 173.

[21]) Im Unterschiede von den Absonderungsberechtigten müssen diese anderen hinsichtlich der Befriedigung auf den Ausfall beschränkten Konkursgläubiger am Konkurse teilnehmen und soweit sie ein Sonderrecht beanspruchen, auch dieses anmelden. Ihnen fehlt auch das Recht zum eigenen Betrieb ihres Befriedigungsrechts durch Klage und Zwangsvollstreckung.

[22]) Der Gesicherte ist also, solange er nicht befriedigt ist, wegen seines Anspruchs auf konkursmäßige Befriedigung in keiner Weise beeinträchtigt. Der Verwalter kann durch Befriedigung des Gesicherten den Heimfall der Sicherung (oben § 120 A. 1) herbeiführen, wenn dies im Interesse der Masse liegt (vgl. auch § 125 A. 27).

# 4. Abschnitt.

## Beendigung.

### § 130. Verteilung.[1])

Während Aussonderungsberechtigte, Absonderungsberechtigte und Massegläubiger außerhalb des engeren Konkursverfahrens befriedigt werden, erfolgt die Befriedigung der Konkursgläubiger grundsätzlich nur durch die förmlichen Verteilungen. Jedoch darf der Verwalter auch bevorrechtigte Konkursgläubiger mit Ermächtigung des Gerichts unabhängig von den Verteilungen befriedigen.[2])

Die Hauptverteilung ist die erst nach Verwertung der gesamten verwertbaren Konkursmasse erfolgende Schlußverteilung, an welche sich die Beendigung des Verfahrens anschließt. Ihr sollen aber nach Abhaltung des allgemeinen Prüfungstermins Abschlagsverteilungen vorangehen, sobald zur Verteilung an die nicht bevorrechtigten Konkursgläubiger hinreichende Teilungsmasse vorhanden ist.[3]) Auch können ihr Nachtragsverteilungen folgen, wenn sich später noch zu verteilende Masse ergibt.[4])

Bei der Schlußverteilung müssen alle Voraussetzungen der Befriedigung der Konkursforderungen[5]) vorhanden sein und nachgewiesen werden. Doch können, aber nur durch Zurückbehaltung der entfallenden Beträge, berücksichtigt werden:

1. Im Prozeß befindliche bestrittene Forderungen,[6])
2. berücksichtigungsfähige, von einer aufschiebenden Bedingung abhängende Forderungen,[7])
3. auflösend bedingte Forderungen, für welche der Gläubiger die Sicherheit nicht geleistet hat, zu welcher er verpflichtet ist.[8])

Dieselben Grundsätze gelten für die Nachtragsverteilungen.[9])

---

[1]) Über Begünstigungen unvertretener Kriegsteilnehmer G 4 8. 14 § 7 Nr. 2 u. 4.

[2]) K. § 170.

[3]) K. § 149.

[4]) K. § 166.

[5]) Oben § 127 1.

[6]) K. § 168 Nr. 1.

[7]) K. § 154[2], oben § 127 A. 12.

[8]) K. § 168 Nr. 4.

[9]) K. § 166.

Dagegen ist bei Abschlagsverteilungen die Berücksichtigung durch Zurückbehaltung noch weiter erleichtert:

1. Aufschiebend bedingte Forderungen werden ohne Rücksicht auf die Wahrscheinlichkeit des Bedingungseintritts berücksichtigt.[10])
2. Forderungen, mit denen ein Recht auf abgesonderte Befriedigung verbunden ist, oder die doch gleich solchen Forderungen nur zur Konkursquote von dem nachgewiesenen Ausfall berechtigen,[11]) werden zur Höhe des mutmaßlichen Ausfalls berücksichtigt, wenn die Veräußerung betrieben und die Höhe des Ausfalls glaubhaft gemacht ist.[12])

Das Verfahren ist bei jeder der drei Arten verschieden.

Die Abschlagsverteilungen bedürfen der Genehmigung des Gläubigerausschusses, wenn ein solcher besteht.[13])

Der Verwalter hat bei ihnen ein Verzeichnis der zu berücksichtigenden Konkursforderungen auf dem Gericht zur Einsicht niederzulegen und die Verteilungsmasse sowie die Gesamtsumme dieser Forderungen öffentlich bekannt zu machen.[14])

Nach Ablauf der Ausschlußfrist von zwei Wochen, binnen welcher nichtberücksichtigte Konkursgläubiger das zu ihrer Berücksichtigung Erforderliche nachbringen können,[15]) hat der Verwalter binnen drei Tagen die danach erforderlichen Abänderungen des Verzeichnisses vorzunehmen.[16])

Außerdem hat das Gericht über die Einwendungen zu entscheiden, welche Konkursgläubiger bis zum Ablauf einer Woche nach dem Ende der Ausschlußfrist gegen das Verzeichnis erheben. Die Frist für die gegen diese Entscheidung zulässige Beschwerde beginnt mit ihrer Niederlegung auf der Gerichtsschreiberei.[17])

Nach rechtskräftiger Erledigung der Einwendungen bewirkt der Verwalter die Verteilung durch Auszahlung bezw. Zurück-

---

10) K. §§ 154 ¹, 156, 171.
11) Oben § 129 A. 16
12) K. §§ 153 ², 156, 168 Nr. 3.
13) K. §§ 149, 150.
14) K. § 151.
15) K. §§ 152, 153, 234, V.A.G. § 61 ².
16) K. § 157.
17) K. § 158.

behaltung, wobei er den Prozentsatz den Gläubigern mitzuteilen hat.[18])

Wer bei einer Abschlagsverteilung wegen Fehlens der notwendigen Nachweisungen nicht berücksichtigt wurde, erhält, solange nicht eine neue Verteilungsausschlußfrist abgelaufen ist, aus der vorhandenen Restmasse das ihm Gebührende nachgezahlt, wenn er die Nachweise nachträglich erbringt.[19])

Zur Schlußverteilung bedarf es der Genehmigung des Gerichts.[20])

Der Verwalter hat seinem Antrage zweckmäßig die Schlußrechnung, welche die durchgeführte Verwertung der Masse ergeben muß, das Verzeichnis der zu berücksichtigenden Gläubiger (sogenanntes Schlußverzeichnis) und das Ersuchen um Festsetzung seiner Vergütung und Auslagen beizufügen.[21])

Das Gericht hat, wenn es dem Antrage stattgibt, den Schlußtermin so zu bestimmen, daß er nicht vor 3 Wochen und nicht nach 1 Monat stattfindet. Er wird durch Bekanntmachung und Offenlegung des Schlußverzeichnisses vorbereitet.[22])

Die gerichtliche Entscheidung über Einwendungen gegen das Schlußverzeichnis findet im Schlußtermin statt. Die Beschwerdefrist beginnt aber auch in diesem Falle erst mit der Niederlegung der Entscheidung auf der Gerichtsschreiberei.[23])

Außerdem dient der Schlußtermin zur Abnahme der Schlußrechnung und zur Beschlußfassung der Gläubiger über die aus tatsächlichen Gründen nicht verwertbaren Vermögensstücke, welche man in der Regel dem Gemeinschuldner zur Verfügung stellen wird.[24])

Die Ausführung der Verteilung durch Auszahlung und Hinterlegung des Zurückzubehaltenen[25]) kann erst nach Erledigung etwaiger Beschwerden gegen die Entscheidungen über das Schlußverzeichnis vorgenommen werden.

Dagegen muß nach bestimmter Vorschrift die Aufhebung des Verfahrens sofort nach dem Schlußtermin, also vor der Ver-

[18]) K. §§ 159, 160, 167, 168. [19]) K. §§ 155, 234, V.A.G. § 61[3]

[20]) K. § 161[2].

[21]) Mit Rücksicht auf K. §§ 85, 161, 162.

[22]) K. § 162[1]. [23]) K. § 162.

[24]) K. § 162.

[25]) K. §§ 169, 234. — Wegen der Verjährung B.G.B § 214[3].

teilung, von dem Gericht durch unanfechtbaren und öffentlich bekannt zu machenden Beschluß erfolgen.[26])

Mit dieser Aufhebung erlöschen die besonderen Wirkungen des Konkurses sowohl gegenüber dem Gemeinschuldner wie gegenüber den Konkursgläubigern.[27]) Insbesondere steht den letzteren die unbeschränkte Verfolgung ihrer Forderungen, soweit sie nicht befriedigt sind, gegen den Gemeinschuldner[28]) zu, wobei ihnen die Feststellung im Konkurse als Schuldtitel dient.[29])

Zu Nachtragsverteilungen ist Veranlassung gegeben:

1. wenn bei der Schlußverteilung zurückbehaltene Beträge verfügbar werden,[30])
2. wenn nachträglich zur Konkursmasse gehörige Gegenstände ermittelt werden,[31])
3. wenn zu Unrecht aus der Masse gezahlte Beträge zurückfließen.[32])

Die Verteilungen hat das Gericht anzuordnen, dem auch der Verwalter über die Verwaltung und Verteilung der Gegenstände der Nachtragsverteilung Rechnung zu legen hat. Die Berücksichtigung der Gläubiger richtet sich nach dem Schlußverzeichnis.[33])

Da der Genossenschaftskonkurs zugleich zur Verwirklichung der Haftpflicht der Genossen bestimmt ist, so sind für ihn besondere Maßnahmen vorgeschrieben,[34]) um mittels des Verfahrens das zur vollständigen Befriedigung der Konkursgläubiger Erforderliche von den Genossen durch Nachschüsse zur Konkursmasse[35]) beizutreiben.

Zunächst fertigt der Verwalter mit Unterstützung des Genossenschaftsvorstandes bezw. der Liquidatoren auf Grund seiner

---

[26]) K. § 163.

[27]) Beendigung der Unterbrechung der Verjährung B.G.B § 214[1].

[28]) Aber nicht gegen solche, welche, ohne Gemeinschuldner zu sein, haften, wie die Gesellschafter einer offenen Handelsgesellschaft oder die Mitglieder eines nicht rechtsfähigen Vereins.

[29]) K. § 164, 165, oben § 127 A. 36, 45. Wegen Verjährung B.G.B. § 218. — Über den Einfluß der Beendigung des Nachlaßkonkurses auf die persönliche Haftung des Erben B.G.B. §§ 1989, 2060 Nr. 3 mit § 2013.

[30]) K. § 166[1].

[31]) K. § 166[2].

[32]) K. § 166[1].

[33]) K. § 166[1]..

[34]) Entsprechende Anwendung auf die Nachschüsse und Umlagen im Konkurse über Versicherungsvereine auf Gegenseitigkeit, V.A.G. §§ 52, 53.

[35]) Gen.G. § 105.

Bilanz[36]) eine sogenannte Vorschußberechnung, in welcher er den Genossen im Rahmen ihrer Haftpflicht die Beiträge zur Last setzt, welche mutmaßlich zur vollen Befriedigung der Konkursgläubiger erforderlich sind.[37])

Das Konkursgericht setzt dann einen Termin an, zu dem die beteiligten Genossen besonders geladen werden und in welchem die Berechnung nach gerichtlicher Prüfung durch unanfechtbare Entscheidung für vollstreckbar erklärt wird.[38]) Der Verwalter kann von jedem Genossen den festgesetzten Betrag im Wege der Zwangsvollstreckung beitreiben.[39]) Doch hat der einzelne Genosse das Recht der Anfechtung der Berechnung im Wege des gegen den Verwalter anzustrengenden Rechtsstreits binnen einer einmonatlichen Notfrist. Die Entscheidung macht Rechtskraft für und gegen alle Genossen.[40]) Der Vorschußberechnung können ähnlich zu behandelnde Zusatzberechnungen folgen, wenn infolge des Unvermögens einzelner Genossen das Beigetriebene nicht ausreicht.[41])

Nach der Schlußverteilung hat der Verwalter die endgültige Nachschußberechnung aufzustellen und für vollstreckbar erklären zu lassen. Ergibt sich, daß die Beitreibungen auf Grund der Vorschuß- und Zusatzberechnungen mehr erbracht haben, als zur Befriedigung der Konkursgläubiger erforderlich war, so sind die Überschüsse[42]) zurückzuzahlen.[43])

## § 131. Zwangsvergleich.

Das Ziel des Konkursverfahrens, die Befriedigung der Konkursgläubiger im Rahmen des tatsächlich Möglichen, kann auch auf andere Weise als durch Verwertung und Verteilung der Konkursmasse erreicht werden.

Vor der Eröffnung des Konkurses bedarf es dazu einer privatrechtlichen Vereinbarung des Gemeinschuldners mit sämt-

---

[36]) Oben § 125 A. 8. [37]) Gen G. §§ 106, 117, 118.

[38]) Gen.G. §§ 107, 108. [39]) Gen.G. §§ 109, 110, 117, 118.

[40]) Gen G. § 111. Die Zuständigkeit richtet sich nach dem Konkurse, Gen.G. § 112, ebenso hinsichtlich der Abänderungsklage und der die Vollstreckungsklausel betreffenden Klagen, Gen.G. § 109[a].

[41]) Gen.G. §§ 113, 117, 118. [42]) Gen G. §§ 114, 115, 117, 118.

[43]) Besondere Bestimmungen für Genossenschaften mit unbeschränkter Haftpflicht §§ 122—125 und für Genossenschaften mit unbeschränkter Nachschußpflicht §§ 128—130, 141.

lichen Konkursgläubigern.[1]) Auch nach der Eröffnung des Konkurses ist eine solche Einigung möglich. Eine vielfach gewünschte besondere gesetzliche Regelung dieser Einrichtungen und ihrer Förderung durch gerichtliche Mitwirkung fehlt aber. Auf den Konkurs kann die Einigung nur im Wege der Einstellung[2]) Einfluß nehmen.[3])

Dagegen steht nach der Eröffnung des Konkurses auch der schon im mittelalterlichen italienischen Recht angebahnte Weg des Zwangsvergleichs offen, der aber gleich der Zwangsversteigerung[4]) kein privatrechtlicher Vertrag zwischen den Konkursgläubigern und dem Gemeinschuldner ist, sondern, der irreführenden gesetzlichen Ausdrucksweise ungeachtet, als eine auf Parteiantrag erfolgende Handlung der Gerichtsbarkeit angesehen werden muß, zu welcher ein Zusammenwirken aller Konkursorgane, in erster Linie des Konkursgerichts und der Gläubigerversammlung erforderlich ist.

Beim Genossenschaftskonkurs ist mit Rücksicht auf die Haftung der Genossen der Zwangsvergleich ausgeschlossen.[5])

Die bevorrechtigten Konkursgläubiger nehmen an der das Zwangsvergleichsverfahren betreffenden Gläubigerversammlung nicht teil, da ihre Forderungen durch den Zwangsvergleich nicht betroffen werden.[6]) Auch die im Nachlaßkonkurse nachgesetzten Gläubiger[7]) haben kein Stimmrecht, da sie regelmäßig nichts zu erwarten haben.[8])

Die Grundlage des Zwangsvergleichs bildet ein Antrag (Vergleichsvorschlag), der nur vom Gemeinschuldner bezw. bei einer Personenmehrheit von allen Gemeinschuldnern[9]) ausgehen kann, in welchem die Art der Befriedigung der nicht bevorrechtigten Konkursgläubiger angegeben, auch gesagt sein muß, ob und

---

[1]) Sog. außergerichtlicher Akkord. [2]) Unten § 132 A. 3.

[3]) Nach Kriegsrecht Zwangsvergleich während der Geschäftsaufsicht (oben § 117 A. 1), V. 14. 12. 16 §§ 33 ff.

[4]) Oben § 108 A. 32, § 111 A. 91.

[5]) Gen.G. § 116. Ebenso für bay. Erwerbs- und Wirtschaftsgesellschaften E.K. § 6², sowie für Versicherungsvereine auf Gegenseitigkeit V.A.G. § 52².

[6]) K. § 191¹, unten A. 32. [7]) Oben § 127 A. 3.

[8]) K. § 230². Aber unten A. 24.

[9]) Bei Handelsgesellschaften von allen persönlich haftenden Gesellschaftern, nicht bloß den geschäftsführenden (K. § 211¹), beim Nachlaß von allen Erben (K. § 230¹).

in welcher Weise sie sichergestellt werden soll.[10]) Es besteht dabei der Grundsatz der Gleichberechtigung, so daß Zurücksetzungen nur mit beizubringender Einwilligung der zurückgesetzten Gläubiger stattfinden dürfen, und auch die außerhalb des Antrags einzelnen Konkursgläubigern von dem Gemeinschuldner oder Anderen zugesagten Bevorzugungen nichtig sind.[11])

Gewöhnlich wird beantragt, daß die Konkursgläubiger nur bestimmte Bruchteile ihrer Forderungen erhalten, dagegen der Rest der Forderungen erlöschen soll. Vielfach wird dafür eine Verstärkung ihres Befriedigungsrechts dadurch bewirkt, daß dritte Personen als Mitschuldner und Bürgen für die Erfüllung der Verpflichtungen des Gemeinschuldners einzustehen sich bereit erklären.[12])

Bei Handelsgesellschaften ist die Begrenzung der Verpflichtung auch auf die persönliche Haftung des Gesellschafters zu beziehen, wenn nicht ein anderes festgesetzt ist.[13])

Der Antrag kann nur zwischen dem allgemeinen Prüfungstermin und der Genehmigung der Vornahme der Schlußverteilung gemacht werden,[14]) wenn nicht auf Antrag des Gemeinschuldners und des Gläubigerausschusses das Gericht genehmigt, daß schon der allgemeine Prüfungstermin als Vergleichstermin diene.[15])

Er hat zugleich die Wirkung, daß das Gericht bis zu seiner Erledigung die Schließung des Geschäfts untersagen kann[16]) und der Verwalter der Genehmigung des Gläubigerausschusses bedarf, wenn er vorher Gegenstände verkaufen will, deren Verkauf ohne offenbaren Nachteil ausgesetzt werden kann und nicht durch die Fortführung des Geschäfts veranlaßt wird.[17])

Solange der Gemeinschuldner flüchtig ist oder die Ableistung des Offenbarungseids verweigert oder gegen ihn eine Untersuchung wegen betrüglichen Bankerutts schwebt, ist der Zwangsvergleich unzulässig, ebenso nach der Verurteilung wegen betrügerischen Bankerutts.[18])

Außerdem kann das Gericht auf Antrag des Verwalters oder Gläubigerausschusses den Antrag des Gemeinschuldners auch dann

---

[10]) K. § 174. [11]) K. § 181. [12]) K. § 194.

[13]) K. § 211². Analog wohl auch auf die Haftung von Mitgliedern nicht rechtsfähiger Vereine.

[14]) K. § 173. [15]) K. § 180. [16]) K. § 130².

[17]) K. § 133 Nr. 1. [18]) K. § 175.

zurückweisen, wenn bereits ein Vergleichsvorschlag von der Gläubigerversammlung abgelehnt oder von dem Gericht verworfen oder von dem Gemeinschuldner nach der Bekanntmachung des Vergleichstermins zurückgezogen war.[19])

Nach der gerichtlichen Zulassung des Vergleichsvorschlags hat sich der Gläubigerausschuß über seine Annehmbarkeit zu erklären, d. h. ein Gutachten darüber abzugeben, ob er dem gemeinsamen Interesse der nicht bevorrechtigten Konkursgläubiger entspricht. Die Erklärung der Unannehmbarkeit hat aber zunächst nur die Folge, daß ein Widerspruch des Gemeinschuldners gegen die Verwertung der Masse nicht zu berücksichtigen ist.[20])

Das Gericht hat nunmehr eine Gläubigerversammlung (Vergleichstermin) nicht über einen Monat hinaus festzusetzen und bekannt zu machen, zu dem die durch Konkursanmeldung in das Verfahren eingetretenen, nicht bevorrechtigten Konkursgläubiger, der Gemeinschuldner und der Verwalter besonders zu laden sind.[21])

In der Gläubigerversammlung wird über den Antrag des Gemeinschuldners von den stimmberechtigten Gläubigern abgestimmt. Die Mehrheit wird aber in abweichender Weise berechnet. Neben der einfachen Kopfmehrheit der erschienenen Gläubiger wird erfordert, daß die Forderungen der zustimmenden Gläubiger dreiviertel der Gesamtsumme aller zum Stimmen berechtigten Forderungen (auch der nicht vertretenen) ausmachen. Zur Beschaffung einer der beiden Mehrheiten kann erforderlichenfalls ein neuer Termin bestimmt werden.[22])

Im allgemeinen wird dabei die Zustimmung des Ehegatten des Gemeinschuldners und derer, denen der Ehegatte später als ein Jahr vor der Eröffnung Forderungen, ohne dazu verpflichtet zu sein, abgetreten hatte, nicht mitgerechnet.[23])

Nach der dem Antrage stattgebenden und seine Zurücknahme ausschließenden Entscheidung der Gläubigerversammlung (Annahme des Vergleichs), erfolgt die Entscheidung des Gerichts über ihn (Bestätigung oder Verwerfung) nach Anhörung der stimmberechtigten Konkursgläubiger, des Verwalters und des Gläubigerausschusses und im Nachlaßkonkurse auch der nachgesetzten Gläubiger.[24])

---

[19]) K. § 176. [20]) K. § 177. [21]) K. § 179.
[22]) K. § 182. Gewöhnlich wird die Forderungsmehrheit fehlen.
[23]) K. § 183. [24]) K. §§ 184, 230².

Das Gericht muß die Verwerfung aussprechen, wenn der Antrag unzulässig ist, wenn die Entscheidung der Gläubigerversammlung unter Nichtbeachtung gesetzlicher Vorschriften zustande gekommen ist, wenn der Antrag den Gläubigern nicht mindestens zwanzig Prozent gewährt und der ungünstige Stand der Masse durch Unredlichkeit, insbesondere unredliches Verzögern des Konkursantrags seitens des Gemeinschuldners herbeigeführt ist. Ist er durch Leichtsinn bewirkt, so steht die Verwerfung im richterlichen Ermessen.[25])

Auf Antrag eines stimmberechtigten oder seine Forderung glaubhaft machenden Konkursgläubigers, welcher von der Glaubhaftmachung der begründenden Tatsachen begleitet sein muß, ist die Verwerfung auch dann auszusprechen, wenn die Entscheidung der Gläubigerversammlung in unlauterer Weise, namentlich durch Begünstigung eines Gläubigers, zustande gebracht ist oder wenn der Antrag dem gemeinsamen Interesse der beteiligten Konkursgläubiger widerspricht.[26])

Im Nachlaßkonkurse kann ein nachgesetzter Gläubiger den Verwerfungsantrag auf Verletzung seiner berechtigten Interessen stützen.[27])

Liegt kein Verwerfungsgrund vor, so muß die Bestätigung ausgesprochen werden.

Gegen den zu verkündenden Gerichtsbeschluß steht die sofortige Beschwerde dem Gemeinschuldner und jedem zum Verwerfungsantrage berechtigten Konkursgläubiger zu. Eine weitere Beschwerde ist ausgeschlossen.[28])

Die Aufhebung des Konkursverfahrens durch unanfechtbaren Beschluß schließt sich der Rechtskraft der Bestätigung unmittelbar an.[29])

Der Zwangsvergleich wirkt im Verhältnis zum Gemeinschuldner für und gegen alle nicht bevorrechtigten Konkursgläubiger und gibt einen vollstreckbaren Schuldtitel gegen den Gemeinschuldner und den für den Vorschlag eintretenden selbstschuldnerischen Bürgen.[30])

Der Gemeinschuldner erhält das Recht der freien Verfügung über die Konkursmasse zurück, soweit nicht der Inhalt des Zwangs-

---

[25]) K. §§ 186, 187. [26]) K. § 188. [27]) K. § 230². [28]) K. §§ 189, 230². [29]) K. § 190.

[30]) K. §§ 193, 194. Mithaftung Dritter und Sachhaftung werden nicht betroffen (§ 193 S. 2).

vergleichs entgegensteht.[31]) Der Verwalter hat aber für Masseforderungen und bevorrechtigte Forderungen ebenso zu sorgen wie bei einer Aufhebung der Konkurseröffnung.[32])

Die Konkursgläubiger sind, anders wie bei einem vertragsmäßigen Vergleich, nicht berechtigt, die Aufhebung des Zwangsvergleichs wegen Nichterfüllung zu verlangen.[33]) Dagegen können sie durch formlose, gegenüber dem Gemeinschuldner abzugebende Anfechtungserklärung die Nichtigkeit des durch den Zwangsvergleich eingetretenen Erlasses ihrer Forderung erreichen, wenn der Zwangsvergleich durch arglistige Täuschung des Gemeinschuldners zustande gebracht war, und dieses vor der Bestätigung nicht geltend gemacht werden konnte.[34])

Wenn der Gemeinschuldner wegen betrügerischen Bankerutts rechtskräftig verurteilt wird, so beseitigt dies ohne weiteres und allgemein den durch den Zwangsvergleich begründeten Erlaß, aber nicht die durch ihn, namentlich auch gegenüber Dritten erlangten Rechte.[35])

Das Konkursverfahren wird, wenn nicht der Mangel ausreichender Masse entgegensteht, wieder aufgenommen.[36])

## § 132. Einstellung.

Die Einstellung bedeutet eine förmliche Beendigung des Konkurses, ohne daß durch ihn das Ziel der Befriedigung der Gläubiger erreicht wird. Es handelt sich um zwei Fälle:[1])

1. Nach dem Ermessen des Gerichts kann die Einstellung des Verfahrens wegen Unzulänglichkeit der Masse erfolgen, soweit sie der Eröffnung entgegengestellt werden konnte.[2])

2. Die Einstellung muß erfolgen auf Antrag des Gemeinschuldners bei Zustimmung sämtlicher Konkursgläubiger, nament-

[31]) K. § 192. Wegen Fortsetzung der Handelsgesellschaften H.G.B. §§ 144, 161², 307², 320³. — Über den Einfluß auf die Erbenhaftung B.G.B. §§ 1989, 2060 Nr. 3.

[32]) K. § 191, oben § 119 A. 49. [33]) K. § 195.

[34]) K. § 196. Für die Frist gilt B.G.B. § 124.

[35]) K. § 197. [36]) Näheres K. §§ 198—201.

[1]) Neben der bereits erwähnten Aufhebung des Eröffnungsbeschlusses, oben § 119 A. 49, und der Einstellung eines zweiten Verfahrens, oben § 118 A. 5.

[2]) K. § 204, Gen.G. § 100, oben § 119 A. 9.

lich infolge außergerichtlicher Einigung (Konkursverzicht).[3]) Zustimmen müssen alle angemeldeten Gläubiger und vor dem Ablauf der Anmeldefrist auch alle bekannten Gläubiger. Das Gericht kann aber von der Zustimmung der Gläubiger noch nicht festgestellter Forderungen nach Ablauf der Anmeldefrist absehen.[4])

Im Genossenschaftskonkurse ist auch diese Art der Beendigung dadurch erschwert, daß sie erst nach Beginn des Vollzugs der Schlußverteilung erfolgen darf und der Zustimmung aller bei dieser berücksichtigten Gläubiger mit der Maßgabe bedarf, daß die Zustimmung der Gläubiger noch nicht festgestellter Forderungen oder deren Sicherstellung in gerichtlichem Ermessen steht.[5])

Im ersten Falle ist Anhörung der Gläubigerversammlung vorgeschrieben, aber nicht Bedingung der Gültigkeit,[6]) im zweiten Falle bedarf es öffentlicher Bekanntmachung behufs Ermöglichung des Widerspruchs von Konkursgläubigern. Auch müssen der Gemeinschuldner, der Verwalter und widersprechende Gläubiger gehört werden.[7])

Die Einstellung erfolgt in beiden Fällen durch einen öffentlich bekannt zu machenden Einstellungsbeschluß.[8])

Mit seiner Rechtskraft hören die Konkurswirkungen auf, der Gemeinschuldner erhält sein freies Verfügungsrecht zurück.[9])

Jedoch muß der Verwalter die Masseansprüche und bevorrechtigten Konkursforderungen ebenso sicherstellen bezw. befriedigen, wie bei Aufhebung des Eröffnungsbeschlusses.[10])

Außerdem behält die konkursmäßige Feststellung einer Forderung, welche gegenüber dem Gemeinschuldner wirksam war, ihre Kraft als Schuldtitel gegen diesen.[11])

---

[3]) Oben § 131 A. 1.

[4]) K. § 202.

[5]) Gen.G. § 116[2]. Ebenso für Konkurs der Versicherungsvereine auf Gegenseitigkeit, V.A.G. § 82[2].

[6]) K. § 204[2].

[7]) K. § 203.

[8]) K. § 205.

[9]) K. § 206[1], oben § 130 A. 27. Fortsetzung der Handelsgesellschaften, wie beim Zwangsvergleich, oben § 131 A. 31. — Einfluß auf die Erbenhaftung B.G.B. § 1990.

[10]) K. § 205 mit § 116, oben § 119 A. 49.

[11]) K. § 206[2].

# Sachregister.

(Die Zahlen verweisen auf die Paragraphen, die hochgestellten auf die Anmerkungen, bei oder in denen vom Stichwort gehandelt wird.)

## A.

## B.



## C.



## D.

## L.



## M.



## N.

## T.



## U.

## W.



## Z.

Druck der Breslauer Genossenschafts-Buchdruckerei, E. G. m. b. H.

FSC
www.fsc.org
MIX
Papier | Fördert
gute Waldnutzung
FSC® C083411

Kolibri 360 GmbH
Ferdinand-Jühlke-Straße 7
99095 Erfurt, Deutschland
produktsicherheit@kolibri360.de